刑事法律适用与案例指导丛书

总主编 胡云腾

金融犯罪案件
法律适用与案例指导

本册 | 主　编　黄祥青
　　　副主编　李长坤　张亚男

人民法院出版社

图书在版编目（CIP）数据

金融犯罪案件法律适用与案例指导 / 黄祥青主编；李长坤，张亚男副主编. -- 北京：人民法院出版社，2023.11
（刑事法律适用与案例指导丛书 / 胡云腾总主编）
ISBN 978-7-5109-3918-1

Ⅰ.①金… Ⅱ.①黄… ②李… ③张… Ⅲ.①金融犯罪—审判—案例—中国 Ⅳ.①D924.335

中国国家版本馆CIP数据核字(2023)第189382号

金融犯罪案件法律适用与案例指导

黄祥青　主编　　李长坤　张亚男　副主编

策划编辑	韦钦平　郭继良
责任编辑	罗羽净
封面设计	尹苗苗
出版发行	人民法院出版社
地　　址	北京市东城区东交民巷27号（100745）
电　　话	（010）67550640（责任编辑）　67550558（发行部查询） 　　　　　65223677（读者服务部）
客 服 QQ	2092078039
网　　址	http://www.courtbook.com.cn
E - mail	courtpress@sohu.com
印　　刷	三河市国英印务有限公司
经　　销	新华书店
开　　本	787毫米×1092毫米　1/16
字　　数	742千字
印　　张	30.5
版　　次	2023年11月第1版　2023年11月第1次印刷
书　　号	ISBN 978-7-5109-3918-1
定　　价	108.00元

版权所有　侵权必究

刑事法律适用与案例指导丛书
编辑委员会

总主编：胡云腾

成　员（按姓氏笔画）：

　　丁学君　王晓东　卢祖新　毕晓红　吕　俊
　　陈学勇　欧阳南平　胡红军　段　凰　袁登明
　　徐建新　黄祥青　梁　健　董国权　程庆颐
　　靳　岩

编辑部

主　任：韦钦平　郭继良
副主任：姜　峤　李安尼
成　员（按姓氏笔画）：

　　马梅元　王雅琦　王　婷　尹立霞　田　夏　冯喜恒
　　巩　雪　刘晓宁　刘琳妍　许　浩　杜东安　李长坤
　　李　瑞　吴伦基　沈洁雯　张　艺　张文波　张亚男
　　张　伟　张　怡　张树民　陈　思　罗羽净　周利航
　　周岸峦　赵芳慧　赵　爽　赵雪莹　祝柏多　高荣超
　　高　晖

金融犯罪案件法律适用与案例指导
编委会

主　　编：黄祥青

编委会成员：李长坤　张亚男

出版说明

人民法院的刑事审判工作是党领导人民规制犯罪和治理社会的重要渠道和有效手段，发挥着保障人权，惩罚犯罪，维护社会公平正义，保障社会安定团结的重要职能。在全面建设社会主义现代化国家的新征程上，刑事审判要深入贯彻落实习近平法治思想，全面贯彻党的二十大精神，落实总体国家安全观，紧紧围绕"公正与效率"主题着力提升刑事案件审判水平，充分发挥审判职能作用，更好服务推进中国式现代化，助推以新安全格局保障新发展格局。

司法实践的复杂性与不断发展变化性导致实务中出现的大量问题总是超越立法时的设计。面对层出不穷的各类实务问题，唯有不断加强法律适用研究才能妥当处置。而法律适用研究不单单是法教义学的使命和主题，通过刑事政策的居高引领，强调政治效果、法律效果和社会效果的高度统一也是应有之义。因此，本丛书的出发点和目的地就是试图从妥当处置实务问题的角度出发，通过法律适用问题的研究，回应法律实务之需，为法律实务工作者提供必备的工具助手和法律智囊。

本套丛书以习近平法治思想为指导，其内容涵盖刑法总则，危害公共安全，破坏社会主义市场经济秩序，金融犯罪，侵犯公民人身权利、民主权利，侵犯财产，妨害社会管理秩序，毒品犯罪，贪污贿赂、渎职，刑事诉讼十个专题。在最高人民法院有关领导和专家的指导帮助下，丛书编写汇聚了北京市高级人民法院、黑龙江省高级人民法院、上海市高级人民法院、江苏省高级人民法院、浙江省高级人民法院、山东省高级人民法院、云南省高级人民法院、天津市第一中级人民法院、上海市第一中级人民法院、重庆市第五中级人民法院刑事审判庭的集体智慧。丛书立足刑事审判业务前沿，从司法实务中具体的疑难问题出发，结合刑事法理论认真进行法律适用研究，提炼问题、分析问题并最终解决问题，以期在刑事案件的侦查、公诉、辩护和审判中对读者能有所裨益。质言之，丛书具有如下三大特点：

（一）全面性、系统性

本套丛书定位为全面系统梳理整个刑事法律实务内容的大型实务工具书，其全面性系统性表现在：一是从各类犯罪构成要件、审判态势、审判原则、审判理念到审判所涉及的法律法规、司法解释、刑事审判政策等审判依据的全面系统梳理阐述；二是从最高人民法院、最高人民检察院指导性案例、公报案例，到近10年来刑事审判参考案例、最高人民法院公布的典型案例、人民法院案例选案例、地方法院新型疑难典型案例的全面归纳整理；三是对审判实践中的重点、疑难新型问题全面系统梳理提炼。以上三点亦是本丛书中各类犯罪各章、节的组成部分，内容由总到分，由点及面，层层递进，步步深入，观照每一节内容的系统性和完整性，从而保障了丛书的全面性系统性。

（二）针对性、实用性

本套丛书着眼于刑事审判实践中的重点、疑难新型问题，具有极强的针对性。实务中问题的筛选范围时间跨度长达10年，不仅收录了审判实践前沿问题，亦收录了司法解释明确，但实践中存在理解不一致、不准确的问题，采用一问一案或多案解读的模式，详细阐明事理法理情理，鲜活生动，深入透彻。同时，对于类案审判实务中较难把握的审判价值取向、刑事政策等类案裁判规则集中进行了阐释分析。丛书收录近2000个问题，多达1800余个案例，涉及约300个罪名，力求在目录和案例标题中呈现每一个细致的问题，以便检索，增强实用性和便捷性。

（三）权威性、准确性

本套丛书以最高人民法院司法裁判资源为基础，精选案例、提炼观点，由审判实践一线的专家型、学者型法官及审判业务骨干参与编写，并由最高人民法院专家型法官把关，观点来源权威。选取地方法院案例时要求在裁判观点上与最高人民法院的案例观点保持一致，而且各观点之间要在法律适用上保持统一性，避免前后矛盾、裁判依据不统一等问题。准确性主要体现在两方面：一是法律法规、司法解释等审判依据的有效性、规范性，确保适用的是最新的立法和司法解释；二是案例和问题提炼精准。

需要说明的是各类案例在内容编写时，考虑篇幅的问题，对部分内容进行了适当删减和修改。

囿于编写者和编辑水平能力有限，丛书在内容上难免挂一漏万，不当与错误之处，敬请读者批评指正。

编者

2023年10月

前　言

金融安全是国家安全的重要组成部分，是国家经济社会健康平稳运行的重要前提和基础。党的二十大报告明确提出，"加强和完善现代金融监管，强化金融稳定保障体系，依法将各类金融活动全部纳入监管，守住不发生系统性风险底线。"新时期国内外经济金融环境发生深刻变化，不稳定、不确定、不安全因素明显增多，金融风险诱因和形态更加复杂，不论是集中爆发的涉众型非法集资犯罪，还是专业化、团伙化特征明显的证券、期货类犯罪，抑或是作案手段不断翻新的各类金融诈骗犯罪、洗钱犯罪等金融犯罪活动，已经成为危害国家金融安全、影响社会稳定的重要因素。为深入贯彻习近平法治思想、落实总体国家安全观，人民法院更应积极、充分发挥司法职能作用，切实做好各类金融犯罪案件的审判、财产处置等工作，将防范化解重大金融风险落到实处，确保国家安全和社会大局稳定，守好人民群众"钱袋子"安全。

上海作为全球金融要素市场最完备的地区之一，具有金融机构高度聚集、金融交易繁荣活跃等区位优势，并承担了党中央交付的设立上海证券交易所科创板、试点注册制、探索中国特色期货监管制度的重要金融任务以及加快建设国际金融中心的重大使命，在防范化解金融风险方面积累了丰富经验。依托上海金融中心这一特殊区位优势，依托上海国际金融中心这一特殊区位优势，上海市第一中级人民法院依法审理了一批在全国、全市有较大影响的金融犯罪案件，如依法审结"快鹿系""善林系""证大系"等特大规模非法集资案件近40件；依法审结"全国首例非法利用技术优势操纵期货市场案""全国首例虚假申报型操纵证券市场案""全国首例涉港股通证券犯罪案"以及"鲜某背信损害上市公司利益、操纵证券市场案""朱某明抢帽子交易操纵证券市场案"等多起具有指导意义的证券、期货犯罪案件；还依法审结"全国首例电票诈骗案"以及在全国有较大影响的"明天系"非法吸收公众存款、背信运用受托财产、违法运用资金、单位行贿等案件。这些大案要案的依法妥善审理，为总结类案办案经验、推进适法统一工作、震慑打击同类犯罪，以及防范化解金融风险提供了有力司法保障。

上海市第一中级人民法院作为经济犯罪案件审理重镇，同时也是最高人民法院确定的全国8家"人民法院证券期货犯罪审判基地"之一，有责任、有义务积极参与到金融犯罪审判延伸工作当中。因此，在接到人民法院出版社的邀请后，即组织和安排了审判实务经验丰富、理论水平扎实的审判业务专家、法官助理等参与到本书的编写工作中。本着"回应关切问题、解决实际需求、总结办案经验"的思路与导向，本书对常见金融犯罪审判实务中的法律适用难题、审理思路与原则，以及相关法律规范等进行了较为全面的梳理与分析，以期为一线办案法官、法官助理提供办案参考与指引。本书在罪名的选择上，聚焦选取了实践中较为常见、多发的金融犯罪案件类型；在篇章结构上，将每个罪名作为独立章节（非法吸收公众存款罪与集资诈骗罪合并为一章，即第四章"非法集资类犯罪"），下设"罪名概述""审判依据""审判实践中的疑难新型问题"三个部分。其中，在"罪名概述"部分，结合审判实践与审判经验，对各类犯罪的审理概况、热点难点问题、审理思路与原则进行了分析与阐述，尤其是将上海市第一中级人民法院在审理金融犯罪案件中已经形成的裁判思路与办案机制融入审理思路与原则部分的撰写当中。在"审判依据"部分，考虑到金融犯罪属于行政犯，因此本节内容并不局限于刑事法律的梳理，还对涉及到的前置性法律法规作了归纳整理。在"审判实践中的疑难新型问题"部分，注重梳理真问题、难问题、实问题，且把握好案例的时效性；在问题罗列顺序上，确保按照构成要件的内在逻辑进行排列，并将实践中困扰办案机关的涉案财物处置问题列入其中。

本书由上海市高级人民法院副院长、全国审判业务专家黄祥青主编，由时任上海市第一中级人民法院刑事审判庭副庭长、上海法院审判业务专家李长坤，以及上海市第一中级人民法院刑事审判庭法官助理张亚男负责全书15个章节的编写工作，全书由李长坤审改统稿，由黄祥青审定。本书在编写过程中，得到了最高人民法院、上海市高级人民法院、人民法院出版社的大力支持，特别是人民法院出版社在编写过程中认真做好组织、协调、统筹、把关工作，在此表示由衷的感谢！

由于金融犯罪专业性较强，犯罪手段层出不穷，再加上编者能力有限，难免会有疏漏之处，还请理论界与实务界的各位法律同行不吝批评指正！

本书编写组
2023 年 10 月 27 日

目录

第一章　擅自设立金融机构罪

第一节　擅自设立金融机构罪概述 / 001
一、擅自设立金融机构罪概念及构成要件 / 001
二、擅自设立金融机构刑事案件审理情况 / 001
三、擅自设立金融机构刑事案件审理热点、难点问题 / 002
四、擅自设立金融机构刑事案件审理思路及原则 / 002

第二节　擅自设立金融机构罪审判依据 / 003
一、法律 / 003
二、刑事政策文件 / 004

第三节　擅自设立金融机构罪审判实践中的疑难新型问题 / 004
问题1. 擅自设立金融机构罪中金融机构的认定 / 004
问题2. 金融机构已经设立的认定 / 007
问题3. 擅自设立金融机构并意图吸收公众存款行为的罪数判断 / 008

第二章　高利转贷罪

第一节　高利转贷罪概述 / 011
一、高利转贷罪概念及构成要件 / 011
二、高利转贷刑事案件审理情况 / 011
三、高利转贷刑事案件审理热点、难点问题 / 012
四、高利转贷刑事案件审理思路及原则 / 012

第二节　高利转贷罪审判依据 / 013
一、法律 / 013
二、刑事政策文件 / 014

第三节　高利转贷罪审判实践中的疑难新型问题 / 014

问题 1. 套取银行承兑汇票是否属于套取银行信贷资金 / 014

问题 2. 如何认定高利转贷罪中的"高利"标准 / 015

问题 3. 如果当事人未明确约定收取利息，且服务费与转贷资金的比例高出银行同期贷款利率，是否构成高利转贷 / 017

问题 4. 转贷牟利目的的认定以及信贷资金是否包括抵押贷款 / 019

第三章　骗取贷款、票据承兑、金融票证罪

第一节　骗取贷款、票据承兑、金融票证罪概述 / 021

一、骗取贷款、票据承兑、金融票证罪概念及构成要件 / 021

二、骗取贷款、票据承兑、金融票证刑事案件审理情况 / 022

三、骗取贷款、票据承兑、金融票证刑事案件审理热点、难点问题 / 022

四、骗取贷款、票据承兑、金融票证刑事案件审理思路及原则 / 023

第二节　骗取贷款、票据承兑、金融票证罪审判依据 / 023

一、法律 / 024

二、刑事政策文件 / 025

第三节　骗取贷款、票据承兑、金融票证罪审判实践中的疑难新型问题 / 025

问题 1. 关于重大经济损失的认定 / 025

问题 2. 骗取贷款罪中欺骗手段的认定 / 026

问题 3. 骗取贷款案件中行为人主观目的的认定 / 028

问题 4. 骗取贷款共同犯罪、关联犯罪的认定 / 040

问题 5. 含欺诈行为的民事借贷纠纷与诈骗罪如何区分 / 041

第四章　非法集资类犯罪——非法吸收公众存款罪、集资诈骗罪

第一节　非法集资类犯罪概述 / 042

一、非法集资类犯罪概念及构成要件 / 042

二、非法集资类刑事案件审理情况 / 043

三、非法集资类刑事案件审理热点、难点问题 / 044

四、非法集资类刑事案件审理思路及原则 / 045

第二节　非法集资类犯罪审判依据 / 046

一、法律 / 046

二、行政法规 / 047

　　三、司法解释 / 047

　　四、刑事政策文件 / 050

第三节　非法集资类犯罪审判实践中的疑难新型问题 / 056

　　问题 1. 关于非法集资类犯罪"非法性""公开性""利诱性""社会性"特征的认定 / 056

　　问题 2. 关于"违法性认识"与"非法占有目的"的认定 / 067

　　问题 3. 关于非法吸收公众存款及集资诈骗犯罪数额的认定 / 084

　　问题 4. 关于单位犯罪、单位犯罪中其他直接责任人员以及主从犯的认定 / 086

　　问题 5. 关于非法集资犯罪与其他罪名的区分认定 / 090

　　问题 6. 以私募基金之名实施非法集资行为的审查判断 / 095

　　问题 7. 以"养老"名义实施非法集资行为的审查判断 / 101

　　问题 8. 涉案财物的追缴和处置 / 103

第五章　妨害信用卡管理罪

第一节　妨害信用卡管理罪概述 / 107

　　一、妨害信用卡管理罪概念及构成要件 / 107

　　二、妨害信用卡管理刑事案件审理情况 / 108

　　三、妨害信用卡管理刑事案件审理热点、难点问题 / 108

　　四、妨害信用卡管理刑事案件审理思路及原则 / 108

第二节　妨害信用卡管理罪审判依据 / 109

　　一、法律 / 109

　　二、立法解释 / 109

　　三、司法解释 / 110

　　四、刑事政策文件 / 110

第三节　妨害信用卡管理罪审判实践中的疑难新型问题 / 111

　　问题 1. 关于妨害信用卡管理罪行为方式的认定 / 111

　　问题 2. 以牟利为目的，搭建专门运输通道向境外运送信用卡套件的行为定性 / 117

　　问题 3. 关于妨害信用卡管理罪与信用卡诈骗罪等罪名的区分认定 / 118

　　问题 4. 妨害信用卡管理罪与伪造信用卡犯罪和信用卡诈骗罪的界限 / 124

　　问题 5. 妨害信用卡管理罪与信用卡诈骗罪的罪数判断 / 124

第六章 擅自发行股票、公司、企业债券罪

第一节 擅自发行股票、公司、企业债券罪概述 / 127
  一、擅自发行股票、公司、企业债券罪概念及构成要件 / 127
  二、擅自发行股票、公司、企业债券刑事案件审理情况 / 128
  三、擅自发行股票、公司、企业债券刑事案件审理热点、难点问题 / 128
  四、擅自发行股票、公司、企业债券刑事案件审理思路及原则 / 128

第二节 擅自发行股票、公司、企业债券罪审判依据 / 129
  一、法律 / 129
  二、司法解释 / 130
  三、刑事政策文件 / 130

第三节 擅自发行股票、公司、企业债券罪审判实践中的疑难新型问题 / 131
  问题1. 关于未经批准擅自发行股票行为的性质认定 / 131
  问题2. 股票债券发行中"国家有关主管部门批准"包括核准制与注册制 / 135
  问题3. 擅自发行股票、公司、企业债券罪与非法吸收公众存款罪的区分认定 / 137
  问题4. 以转让股权等形式变相发行股票、债券是否属于擅自发行股票、债券行为以及应以何种罪名进行定罪处罚 / 141

第七章 内幕交易、泄露内幕信息罪

第一节 内幕交易、泄露内幕信息罪概述 / 143
  一、内幕交易、泄露内幕信息罪概念及构成要件 / 143
  二、内幕交易、泄露内幕信息刑事案件审理情况 / 144
  三、内幕交易、泄露内幕信息刑事案件审理热点、难点问题 / 144
  四、内幕交易、泄露内幕信息刑事案件审理思路及原则 / 145

第二节 内幕交易、泄露内幕信息罪审判依据 / 146
  一、法律 / 146
  二、司法解释 / 146
  三、刑事政策文件 / 149

第三节 内幕交易、泄露内幕信息罪审判实践中的疑难新型问题 / 150
  问题1. 内幕信息及内幕信息敏感期的认定 / 150
  问题2. 内幕信息知情人员的认定 / 155

问题 3. 非法获取内幕信息人员的范围及认定 / 157

问题 4. 相关交易行为明显异常的认定 / 162

问题 5. 关于内幕交易、泄露内幕信息犯罪阻却事由的理解 / 164

问题 6. 交易数额、违法所得数额的计算和适用 / 167

问题 7. 内幕信息知情人员建议他人买卖与内幕信息有关的证券但没有获利的行为如何定性 / 175

问题 8. 非法侵入计算机系统获取内幕信息后又实施内幕交易的行为如何定性 / 176

问题 9. 利用内幕信息是否系内幕交易、泄露内幕信息罪必要条件 / 180

问题 10. 内幕交易共同犯罪与泄露内幕信息的界定 / 183

问题 11. 内幕交易犯罪案件中"自动投案"和"如实供述主要罪行"如何认定 / 184

问题 12. 如何适用从业禁止 / 187

问题 13. 关于办理内幕交易、泄露内幕信息刑事案件的处罚原则 / 189

问题 14. 中国证监会的认定函及上海证券交易所法律部的函件可否作为证据采信 / 191

问题 15. 内幕交易、泄露内幕信息罪在缺乏被告人供述或被告人翻供的情况下，如何定罪 / 192

问题 16. 中国证监会应司法机关的需要就内幕信息有关问题出具的认定意见，能否作为定案根据 / 195

第八章 利用未公开信息交易罪

第一节 利用未公开信息交易罪概述 / 198

一、利用未公开信息交易罪概念及构成要件 / 198

二、利用未公开信息交易刑事案件审理情况 / 199

三、利用未公开信息交易刑事案件审理热点、难点问题 / 199

四、利用未公开信息交易刑事案件审理思路及原则 / 200

第二节 利用未公开信息交易罪审判依据 / 200

一、法律 / 201

二、行政法规 / 203

三、司法解释 / 203

四、刑事政策文件 / 205

第三节 利用未公开信息交易罪审判实践中的疑难新型问题 / 205

问题 1. 未公开信息如何认定 / 205

问题 2. 如何理解利用未公开信息交易罪中的"违反规定" / 208

问题 3. 明示、暗示他人从事相关交易活动如何认定 / 211

问题 4. "情节严重"与"情节特别严重"的认定标准 / 214

问题 5. 犯罪数额的认定及刑事处罚 / 220

问题 6. 利用未公开信息交易罪中的共犯认定 / 223

问题 7. 构成利用未公开信息交易罪是否以"先买先卖"同时具备为要件 / 224

问题 8. 利用未公开信息交易刑事案件的证据采信 / 226

第九章　操纵证券、期货市场罪

第一节　操纵证券、期货市场罪概述 / 230

一、操纵证券、期货市场罪概念及构成要件 / 230

二、操纵证券、期货市场刑事案件审理情况 / 231

三、操纵证券、期货市场刑事案件审理热点、难点问题 / 231

四、操纵证券、期货市场刑事案件审理思路及原则 / 232

第二节　操纵证券、期货市场罪审判依据 / 233

一、法律 / 233

二、司法解释 / 234

三、刑事政策文件 / 236

第三节　操纵证券、期货市场罪审判实践中的疑难新型问题 / 238

问题 1. 不同操纵类型的认定 / 238

问题 2. "以其他方法操纵证券、期货市场"的认定 / 255

问题 3. 抢先交易行为的认定 / 256

问题 4. 操纵证券、期货市场"情节严重"的认定标准 / 259

问题 5. 操纵证券、期货市场"情节特别严重"的认定标准 / 262

问题 6. 自己实际控制账户的认定 / 264

问题 7. 操纵证券、期货市场刑事案件犯罪数额的认定及刑事处罚 / 266

问题 8. 操纵新三板市场的认定 / 268

第十章　违法发放贷款罪

第一节　违法发放贷款罪概述 / 270

一、违法发放贷款罪概念及构成要件 / 270

二、违法发放贷款刑事案件的审理情况 / 271

三、违法发放贷款刑事案件审理热点、难点问题 / 271

四、违法发放贷款刑事案件的审理思路及原则 / 272

第二节　违法发放贷款罪审判依据 / 272

一、法律 / 273

二、刑事政策文件 / 273

第三节　违法发放贷款罪审判实践中的疑难新型问题 / 274

问题1. 违法发放贷款罪与非罪的区分认定 / 274

问题2. "违法性"的认定 / 275

问题3. 违法发放贷款造成损失及违法所得的认定 / 278

问题4. 单位犯罪与个人犯罪的区分认定 / 281

问题5. 银行等金融机构工作人员向"关系人"违法发放贷款如何认定 / 286

问题6. 发放贷款案件中挪用资金行为与违法发放贷款行为的区分认定 / 286

第十一章　洗钱罪

第一节　洗钱罪概述 / 291

一、洗钱罪概念及构成要件 / 291

二、洗钱刑事案件审理情况 / 292

三、洗钱刑事案件审理热点、难点问题 / 292

四、洗钱刑事案件审理思路及原则 / 293

第二节　洗钱罪审判依据 / 293

一、法律 / 294

二、司法解释 / 295

三、刑事政策文件 / 297

第三节　洗钱罪审判实践中的疑难新型问题 / 297

问题1. 洗钱犯罪的认定 / 297

问题2. 如何理解和认定洗钱罪的主观明知要件 / 299

问题3. "以其他方法洗钱"如何认定 / 306

问题4. 洗钱犯罪数额的认定 / 309

问题5. 洗钱罪与掩饰、隐瞒犯罪所得、犯罪所得收益罪及窝藏、转移、隐瞒毒品、毒赃罪的关系及处罚原则 / 312

问题6. 洗钱罪与上游犯罪共犯如何区分认定 / 324

问题7. 上游犯罪未经刑事判决确认的洗钱犯罪案件的处理 / 326

问题8. 洗钱犯罪的追赃挽损 / 332

第十二章 贷款诈骗罪

第一节 贷款诈骗罪概述 / 336
　　一、贷款诈骗罪概念及构成要件 / 336
　　二、贷款诈骗刑事案件审理情况 / 336
　　三、贷款诈骗刑事案件审理热点、难点问题 / 337
　　四、贷款诈骗刑事案件审理思路及原则 / 337
第二节 贷款诈骗罪审判依据 / 338
　　一、法律 / 338
　　二、刑事政策文件 / 338
第三节 贷款诈骗罪审判实践中的疑难新型问题 / 339
　　问题1. 关于贷款诈骗罪与非罪的区分认定 / 339
　　问题2. 犯罪数额的认定及赃款赃物的处理 / 345
　　问题3. 关于单位单独实施贷款诈骗或与自然人共同实施贷款诈骗行为的罪名适用 / 349
　　问题4. 对骗取银行信贷资金及购买理财产品资金的行为应当如何定性 / 353

第十三章 票据诈骗罪

第一节 票据诈骗罪概述 / 357
　　一、票据诈骗罪概念及构成要件 / 357
　　二、票据诈骗刑事案件审理情况 / 358
　　三、票据诈骗刑事案件审理热点、难点问题 / 358
　　四、票据诈骗刑事案件审理思路及原则 / 358
第二节 票据诈骗罪审判依据 / 359
　　一、法律 / 359
　　二、刑事政策文件 / 360
第三节 票据诈骗罪审判实践中的疑难新型问题 / 360
　　问题1. 关于主观故意的认定 / 360
　　问题2. 关于盗窃票据并使用行为的认定 / 364
　　问题3. 关于票据诈骗数额认定 / 375
　　问题4. 关于票据诈骗罪与合同诈骗罪的区分认定 / 378
　　问题5. 票据诈骗罪与伪造、变造金融票证罪的区分认定 / 386

第十四章　信用卡诈骗罪

第一节　信用卡诈骗罪概述 / 389

一、信用卡诈骗罪概念及构成要件 / 389

二、信用卡诈骗刑事案件审理情况 / 389

三、信用卡诈骗刑事案件审理热点、难点问题 / 390

四、信用卡诈骗刑事案件的审理思路及原则 / 390

第二节　信用卡诈骗罪审判依据 / 391

一、法律 / 391

二、立法解释 / 392

三、司法解释 / 392

四、刑事政策文件 / 393

第三节　信用卡诈骗罪审判实践中的疑难新型问题 / 394

问题1. 关于冒用信用卡的认定 / 394

问题2. 恶意透支犯罪地及犯罪数额如何认定 / 397

问题3. 信用卡诈骗未遂及主从犯的认定 / 414

问题4. 盗用他人支付宝绑定的银行卡内资金行为如何定性 / 416

问题5. 拖欠信用卡衍生贷款是否构成信用卡诈骗罪 / 418

问题6. 行为人利用他人遗忘在ATM机内已输好密码的信用卡取款行为应当如何定性 / 423

问题7. 窃取他人开卡邮件并激活信用卡使用的行为如何定性 / 428

问题8. 被告人盗窃"未激活"信用卡并挂失补办使用的行为应如何定性 / 431

问题9. 信用卡诈骗罪与妨害信用卡管理罪的区分认定 / 434

问题10. 犯信用卡诈骗罪后为抗拒抓捕而当场使用暴力能否转化为抢劫罪的问题 / 435

第十五章　保险诈骗罪

第一节　保险诈骗罪概述 / 439

一、保险诈骗罪概念及构成要件 / 439

二、保险诈骗刑事案件审理情况 / 440

三、保险诈骗刑事案件审理热点、难点问题 / 440

四、保险诈骗刑事案件审理思路及原则 / 441

第二节　保险诈骗罪审判依据 / 442

一、法律 / 442

二、刑事政策文件 / 443

第三节　保险诈骗罪审判实践中的疑难新型问题 / 443

问题1. 挂靠车辆的实际所有者能否成为保险诈骗罪的主体 / 443

问题2. 明知保险诈骗行为人意欲进行保险诈骗而为其提供其他条件或帮助的人是否能够成立保险诈骗罪的帮助犯 / 446

问题3. 没有特定身份的人能否构成保险诈骗罪 / 450

问题4. 保险诈骗罪犯罪主体的范围 / 452

问题5. 未实际骗得数额巨大的保险金，是否构成保险诈骗罪 / 453

问题6. 保险诈骗罪是否存在未完成形态 / 453

问题7. 伪造资料投保后因保险事故索赔行为的定性 / 455

问题8. 事后投保骗取保险金的定性 / 457

编后记 / 463

第一章
擅自设立金融机构罪

第一节 擅自设立金融机构罪概述

一、擅自设立金融机构罪概念及构成要件

擅自设立金融机构罪，是指未经中国人民银行批准，擅自设立商业银行、证券交易所、期货交易所、证券公司、期货经纪公司、保险公司或者其他金融机构的行为。1979年《刑法》没有规定此罪名。1995年6月30日公布的《全国人民代表大会常务委员会关于惩治破坏金融秩序犯罪的决定》第6条首先规定本罪，1997年修订《刑法》后吸收规定为第174条。1999年12月25日公布的《刑法修正案》第3条对该罪名的构成要件进行了修订，之后未有修改。

擅自设立金融机构罪的构成要件如下：（1）本罪侵犯的客体是国家对商业银行、证券交易所、期货交易所、证券公司、期货经纪公司、保险公司和其他金融机构的审批管理制度。根据法律规定，设立前述金融机构必须由中国人民银行、中国证券监督管理委员会、国家金融监督管理总局等国家指定的主管机关进行审批和监督管理。（2）本罪的客观方面表现为未经中国人民银行等国家有关主管部门批准，擅自设立商业银行或者其他金融机构行为。这里的"未经批准"既包括行为人未向国家有关主管部门依法提交申请材料的情形，也包括虽然提交了申请材料，但因不具备相应条件而未被批准的情形。（3）本罪的犯罪主体既包括自然人，也包括单位。（4）本罪的主观方面表现为故意，且一般具有营利目的。根据《刑法》第174条第1款的规定，犯擅自设立金融机构罪的，处3年以下有期徒刑或者拘役，并处或者单处2万元以上20万元以下罚金；情节严重的，处3年以上10年以下有期徒刑，并处5万元以上50万元以下罚金。单位犯本罪的，对单位判处罚金，并对其直接负责的主管人员和其他直接责任人员，依照前述规定处罚。

二、擅自设立金融机构刑事案件审理情况

通过中国裁判文书网检索，2017年至2021年，全国法院审结的一审、二审擅自设立

金融机构刑事案件数量较少,但社会危害性不容忽视。从司法实践看,此类案件数量较少的原因主要在于,擅自设立金融机构罪处罚的仅系设立行为,而实践中行为人设立金融机构后往往还会开展一系列的非法金融业务,如非法吸收公众存款、非法从事资金支付结算业务等,对于此类情形,法院大多以非法吸收公众存款罪、非法经营罪等罪名予以规制。此外,随着金融市场的不断开放和发展,各种新生业态不断出现,不少犯罪分子打着金融创新的旗号,未经批准设立能够提供金融服务的一些公司、机构,隐蔽化特征明显,加大了查处难度。

三、擅自设立金融机构刑事案件审理热点、难点问题

一是关于"其他金融机构"的认定。擅自设立金融机构罪的犯罪对象是金融机构。除罪状明确规定的商业银行、证券交易所、期货交易所、证券公司、期货经纪公司、保险公司等金融机构外,其他金融机构应当如何认定,实践中存有争议。

二是罪与非罪的界定。从罪状以及2022年4月6日公布的《最高人民检察院、公安部关于公安机关管辖的刑事案件立案追诉标准的规定(二)》[①]第19条关于本罪的追诉标准看,只要实施了擅自设立行为,就符合了本罪的构成要件及追诉标准。而擅自设立金融机构罪系法定犯,有必要为前置法处罚一般行政违法行为留下相应的处罚空间。司法实践中应当如何把握罪与非罪的界限,需要明确。

三是此罪与彼罪的界限。司法实践中,重点需要把握的是擅自设立金融机构罪与非法吸收公众存款罪、非法经营罪的界限。由于擅自设立金融机构罪处罚的仅系设立行为,对于其后续非法开展金融业务的行为如非法吸收公众存款,非法经营证券、期货和保险业务或非法从事资金支付结算业务的,应当如何评价,实践中存有争议。

四、擅自设立金融机构刑事案件审理思路及原则

一是准确把握其他金融机构的范围。一方面,有必要将前置法对于金融机构的认定作为参照依据。如《非法金融机构和非法金融业务活动取缔办法》[②]第3条关于"非法金融机构"的规定以及《非银行金融机构行政许可事项实施办法》第2条关于"非银行金融机构"的规定。另一方面,随着金融行业的不断创新、发展,具有一定金融功能、能够提供类金融服务的新型主体不断出现,能否将此类主体认定为金融机构,应当结合前置法的规定以及擅自设立此类主体的社会危害性等进行实质判断。

二是正确认定擅自设立行为。实践中存在的商业银行或其他金融机构为了扩大业务,不向主管机关申报而擅自设立营业网点,增设分支机构,或者虽向主管机关申报,在主管机关未批准前就擅自设立分支机构进行营业活动,此类行为虽属违法,但擅自设立分支机构的行为与擅自设立金融机构的行为在性质上及社会危害性上明显不同,擅自设立分支机构不宜认定为构成犯罪。

[①] 需要注意的是,该司法文件自施行之日起,《最高人民检察院、公安部关于公安机关管辖的刑事案件立案追诉标准的规定(二)》(公通字〔2010〕23号)和《最高人民检察院、公安部关于公安机关管辖的刑事案件立案追诉标准的规定(二)的补充规定》(公通字〔2011〕47号)同时废止。

[②] 需要说明的是,《防范和处置非法集资条例》自2021年5月1日起施行时,1998年7月13日国务院发布的《非法金融机构和非法金融业务活动取缔办法》同时废止。但该条例关于"非法金融机构"等内容的规定仍有一定参考意义。

三是正确区分此罪与彼罪。对于行为人擅自设立金融机构后，又从事非法吸收公众存款业务的，或者进行集资诈骗的，属于牵连犯罪，应当择一重罪处罚；对于行为人非法从事证券、期货、保险或资金支付结算业务，但未设立金融机构的，宜以非法经营罪进行定罪处罚。

四是注重刑法谦抑原则的适用，为前置法处罚一般行政违法行为留下必要空间。实践中，对于虽实施了擅自设立类金融机构行为，但社会危害性不大，未对金融秩序产生实质影响的行为人，不宜认定为犯罪，根据《中华人民共和国商业银行法》等前置法的规定，对其予以行政处罚并取缔相关非法金融机构即能充分评价其不法行为。

第二节　擅自设立金融机构罪审判依据

《全国人民代表大会常务委员会关于惩治破坏金融秩序犯罪的决定》第 6 条规定了擅自设立金融机构罪，后吸收规定为 1997《刑法》第 174 条。1999 年 12 月 25 日颁布的《刑法修正案》第 3 条对该罪构成要件进行了修订，即将"未经中国人民银行批准""擅自设立商业银行或者其他金融机构"修改为"未经国家有关主管部门批准""擅自设立商业银行、证券交易所、期货交易所、证券公司、期货经纪公司、保险公司或者其他金融机构"。2022 年 4 月 6 日公布的《最高人民检察院、公安部关于公安机关管辖的刑事案件立案追诉标准的规定（二）》对本罪立案标准进行了细化规定。

一、法律

《中华人民共和国刑法》（1979 年 7 月 1 日第五届全国人民代表大会第二次会议通过　1997 年 3 月 14 日第八届全国人民代表大会第五次会议修订　1997 年 3 月 14 日中华人民共和国主席令第 83 号公布　根据历次修正案和修改决定修正）（节录）

第一百七十四条　未经国家有关主管部门批准，擅自设立商业银行、证券交易所、期货交易所、证券公司、期货经纪公司、保险公司或者其他金融机构的，处三年以下有期徒刑或者拘役，并处或者单处二万元以上二十万元以下罚金；情节严重的，处三年以上十年以下有期徒刑，并处五万元以上五十万元以下罚金。

伪造、变造、转让商业银行、证券交易所、期货交易所、证券公司、期货经纪公司、保险公司或者其他金融机构的经营许可证或者批准文件的，依照前款的规定处罚。

单位犯前两款罪，对单位判处罚金，并对其直接负责的主管人员和其他直接责任人员，依照第一款的规定处罚。

二、刑事政策文件

1.《最高人民检察院、公安部关于公安机关管辖的刑事案件立案追诉标准的规定（二）》（2022年4月6日 公通字〔2022〕12号）（节录）

第十九条〔擅自设立金融机构案（刑法第一百七十四条第一款）〕未经国家有关主管部门批准，擅自设立金融机构，涉嫌下列情形之一的，应予立案追诉：

（一）擅自设立商业银行、证券交易所、期货交易所、证券公司、期货公司、保险公司或者其他金融机构的；

（二）擅自设立金融机构筹备组织的。

2.《全国法院审理金融犯罪案件工作座谈会纪要》（2001年1月21日 法〔2001〕8号）（节录）

关于破坏金融管理秩序罪：

1. 非金融机构非法从事金融活动案件的处理

1998年7月13日，国务院发布了《非法金融机构和非法金融业务活动取缔办法》。1998年8月11日，国务院办公厅转发了中国人民银行整顿乱集资、乱批设金融机构和乱办金融业务实施方案，对整顿金融"三乱"工作的政策措施等问题做出了规定。各地根据整顿金融"三乱"工作实施方案的规定，对于未经中国人民银行批准，但是根据地方政府或有关部门文件设立并从事或变相从事金融业务的各类基金会、互助会、储金会等机构和组织，由各地人民政府和各有关部门限期进行清理整顿。超过实施方案规定期限继续从事非法金融业务活动的，依法予以取缔；情节严重、构成犯罪的，依法追究刑事责任。因此，上述非法从事金融活动的机构和组织只要在实施方案规定期限之前停止非法金融业务活动的，对有关单位和责任人员，不应以擅自设立金融机构罪处理；对其以前从事的非法金融活动，一般也不作犯罪处理；这些机构和组织的人员利用职务实施的个人犯罪，如贪污罪、职务侵占罪、挪用公款罪、挪用资金罪等，应当根据具体案情分别依法定罪处罚。

第三节 擅自设立金融机构罪审判实践中的疑难新型问题

问题1. 擅自设立金融机构罪中金融机构的认定

【刑事审判参考案例】 张某、张某琴非法经营案[①]

一、基本案情

印台区人民法院经审理查明：被告人张某、张某琴未经工商部门登记注册，于2010年6月29日出资成立"顺发借寄公司"，主要从事贵重物品寄押、贷款收取利息业务。

[①] 康瑛：《张某、张某琴非法经营案——擅自设立金融机构罪、非法经营罪的认定》，载中华人民共和国最高人民法院刑事审判第一、第二、第三、第四、第五庭主办：《刑事审判参考》总第90集，法律出版社2013年版。

2010年8月至9月，彭某（另案处理）经与张某联系后，与张某琴三次签订借款合同，分别将从租车行骗租的三辆汽车抵押给"顺发借寄公司"，并借款人民币2万元（以下币种未经注明均为人民币）、3万元、5万元，共计10万元，扣除月息15%，实际得款85000元。2010年9月，杨某苍经与张某联系后，与张某琴签订借款合同，将从租车行骗租的一辆轿车抵押给"顺发借寄公司"，并借款3万元，扣除月息15%，实际得款25500元。

印台区人民法院经审理认为，印台区人民检察院申请撤回对被告人张某、张某琴犯非法经营罪的起诉，符合法律规定，依照《最高人民法院关于执行〈中华人民共和国刑事诉讼法〉若干问题的解释》第177条①之规定，裁定准许印台区人民检察院撤回对被告人张某、张某琴犯非法经营罪的起诉。

二、主要问题

擅自设立金融机构罪如何认定？

三、裁判理由

本案虽然以检察院撤回起诉的方式结案，但两名被告人的行为如何定性在立案侦查、起诉阶段均存在争议。

1. 两名被告人的行为是否构成擅自设立金融机构罪

根据《刑法》第174条的规定，擅自设立金融机构罪，是指未经国家有关主管部门批准，擅自设立金融机构的行为。该罪在客观方面的主要特征就是非法设立金融机构。实践中，行为人非法设立金融机构一般表现为两种情形：一是行为人没有向有权批准的中国人民银行等国家有关主管部门依法进行设立申请，这类情况多见于根本不具备设立金融机构条件的单位和个人；二是行为人虽然提交了申请材料，但有关主管部门经审查认为不符合条件而未予批准，没有颁发金融业务许可证的情况。需要强调的是，该罪是指没有取得经营金融业务主体资格的单位或者个人擅自设立金融机构的行为，对于已经取得经营金融业务主体资格的金融机构，如部分商业银行、期货经纪公司为了拓展业务，未向主管机关申报，擅自扩建业务网点、增设分支机构，或者虽向主管机关申报，但主管机关尚未批准就擅自设立分支机构进行营业活动，虽然表面上符合"未经国家有关主管机关批准"的要件，但由于已经取得了经营金融业务的主体资格，故与那些没有主体资格的单位或者个人擅自设立金融机构的社会危害有本质不同，一般不以该罪论处。

本案中，二被告人成立的所谓"顺发借寄公司"不仅没有经过任何金融主管部门批准，而且连在工商行政管理机关注册登记的条件都不具备，显然属于非法设立，因而认定本罪的关键在于二被告人非法设立的所谓"顺发借寄公司"是否构成《刑法》第174条规定的"金融机构"。

《刑法》第174条规定的金融机构，是指从事或者主要从事吸收存款、发放贷款、办理结算、票据贴现、资金拆借、信托投资、金融租赁、融资担保、外汇买卖等金融业务活动的机构，一般包括商业银行、证券交易所、期货交易所、证券公司、期货经纪公司、保险公司、融资租赁公司、担保公司、农村信用合作社等。从本案"顺发借寄公司"的实际经营业务看，其经营方式符合我国《典当管理办法》中关于典当行的特征，即"当

---

① 该规定现已失效。2021年《最高人民法院关于适用〈中华人民共和国刑事诉讼法〉的解释》第296条规定："在开庭后、宣告判决前，人民检察院要求撤回起诉的，人民法院应当审查撤回起诉的理由，作出是否准许的裁定。"

户将其动产、财产权利作为当物质押或者将其房地产作为当物抵押给典当行，交付一定比例费用，取得当金，并在约定期限内支付当金利息、偿还当金、赎回当物的行为"。从典当行为的本质看，典当行应当属于金融机构。由此而论，二被告人违法成立实际从事典当活动的"顺发借寄公司"，在形式上符合擅自设立金融机构罪的构成特征。

然而，从实质上分析，《刑法》规定擅自设立金融机构罪的立法本意并非如此简单，对该罪的认定应当结合罪质进行判断。由于金融机构所从事的业务在社会经济中担负着特殊功能，其对国民经济的健康发展和金融秩序的稳定起着至关重要的作用，对社会稳定也有着直接的影响，如果放任这些未经批准、擅自设立的金融机构开展金融业务，势必扰乱国家金融秩序，给国家金融安全和社会经济造成危害。该罪不要求有金融业务的具体开展，处罚的只是单纯设立行为，但《刑法》之所以将此种单纯设立行为直接认定为犯罪，在于该类行为对金融安全具有一种潜在的严重危险。从这一罪质分析，构成擅自设立金融机构罪，本质上必须是对金融安全产生潜在严重危险的行为，如果行为不可能对金融产生严重危险，则不能构成该罪。根据《刑法》第174条的字面规定，似乎只要行为人实施了非法设立金融机构的行为，就可构成擅自设立金融机构罪，但在具体案件中，对符合该罪构成特征的行为要认定构成该罪，还必须在情节上认定行为是否可能对金融安全产生严重的危险。

具体而言，构成擅自设立金融机构罪，首先在形式上，行为人非法设立的机构应当具备合法金融机构的一些必要形式特征，包括机构名称、组织部门、公司章程、营业地点等。因为在实践中，行为人设立的所谓金融机构之所以非法，仅仅是因为欠缺有关国家主管部门的批准要件，而其他要件往往是基本具备的，如此才可能使一般社会公众产生信任，否则也不会有人与其发生金融业务往来。其次在实质上，行为人非法设立的机构应当具备开展相应金融业务的实质能力，包括资金实力、专业人员等，如果不具备开展相应金融业务的实际能力，就没有可能面向社会开展有关金融业务，更谈不上有严重危害金融秩序和金融安全的危险。

就本案而言，二被告人共同设立所谓"顺发借寄公司"，仅是二人自行在该市一冷库市场内租用的一间房屋挂牌营业，没有履行任何包括最基本的在工商部门注册登记的审批手续。从形式方面看，该"公司"既没有冠以典当或其他金融机构的名称，也没有公司章程和相应制度规范，甚至连办公印章都没有；从实质方面看，该"公司"没有足够的运营资金（所贷资金均为业务往来中临时借用），开展的业务极不规范（有关押车贷款协议均为手写），也没有足够的专业从业人员（仅有二被告人且二被告人不具有专业金融知识背景）。综上所述，"顺发借寄公司"并不具备《刑法》第174条规定的金融机构的形式要件和实质要件，尚未达到足以威胁金融安全、破坏金融秩序的危害程度，故不能以擅自设立金融机构罪论处。

问题2. 金融机构已经设立的认定

【中国审判案例要览案例】 李某光擅自设立金融机构案[①]

[裁判要旨]

非法金融机构成立并开始运作、筹措资金的,应认定该金融机构已经设立。明知未经中国人民银行批准不能设立金融机构,仍指使他人设立的,成立擅自设立金融机构罪。

[基本案情]

1996年间,被告人李某光经人介绍结识了董某福(另处),即以中华民族团结发展促进会及所属的国际基金委员会负责人的身份,对董某福谎称经有关部门批准同意,中华民族团结发展促进会正在筹建大型融资机构:中华商业银行,要董某福为该银行筹措资金。李某光后即使用私刻的"中华民族团结发展促进会""中华民族团结发展促进会国际基金委员会"和虚假的"中华商业银行筹备处"等多枚印章,非法制作了中华民族团结发展促进会的任命书、委托书,任命董某福为国际基金委员会常务副主任兼中华商业银行副行长,委托董某福在筹建中华商业银行工作中,全权办理涉外引资及一切有关事项,还提供了银行章程及经营方案。1997年11月至1998年2月,李某光又私自打印了中华民族团结发展促进会关于在上海设立工作处及国际基金委员会在上海办公的申请书,任命驻上海的人员情况等文件,任命董某福为中华民族团结发展促进会驻上海工作处副主任,以便于董某福在上海筹备中华商业银行筹措资金。

董某福持被告人李某光提供的虚假文件,经上海某区政府批准,于1998年2月在本市中山南路1117号成立了中华民族团结发展促进会驻上海工作处。董某福又委托他人制作了中华商业银行筹备处招牌、中华商业银行企业GI形象识别系统总体策划书、中华商业银行新闻发布会策划书,同年7月,又向上海华政商务公司租用上海市东大名路4800平方米场地,准备用于中华商业银行开业的营业场所,并招募人员。同时,董某福以中华商业银行负责人的身份,在社会上四处游说,为开办银行积极筹措资金。1998年4月,董某福以为中华商业银行开业筹措资金的因由,以中华民族团结发展促进会驻上海工作处的名义,与河南省银汇实业有限公司签订借款意向书,并先后于该年4月4日、4月24日两次从该公司董事长魏某平处借得人民币20万元(现金)。董某福将该款主要用于支付场地费、发工资、购买办公用品等。

被告人李某光分别于1998年3月12日向董某福借款2.2万元,4月7日向董某福借款2万元,7月18日向董某福借款1.5万元,并出具借条。上述借款中后两笔计3.5万元,系董某福从河南省银汇实业有限公司借款中支出。

[法院认为]

李某光明知未经中国人民银行批准不能设立商业银行,却指使董某福为筹备该行积极活动到处筹集资金,并提供伪造的公文、批复及任命书,其擅自设立金融机构主观故意明显,客观上又实施了行为,符合擅自设立金融机构罪的主客观要件,故应定该罪予以惩处。

[裁判结果]

综上所述,上海市虹口区人民法院判决如下:

[①] 本案例载《中国审判案例要览(2000年刑事审判案例卷)》,中国人民大学出版社2002年版。

一、被告人李某光犯擅自设立金融机构罪，判处有期徒刑一年六个月，并处罚金人民币二万元。

二、为筹建非法金融机构中华商业银行而获得的人民币20万元予以追缴发还。

三、查获的有关印章、私自打印的文件及伪造的公文等物予以没收销毁。

[简要分析]

本案中华商业银行这一非法金融机构是否已经设立成为争议焦点。一种意见认为，金融机构的设立，应以其正式经营运作为标志；另一种意见认为，可以正式挂牌对外开业为标志。上述两种观点均认为中华商业银行筹备处不能成为中华商业银行这一金融机构已经设立的标志。法院认为，根据国务院于1998年7月13日发布的《非法金融机构和非法金融业务活动取缔办法》① 第3条第2款之规定：非法金融机构的筹备组织，应视为非法金融机构。中华商业银行筹备处已经成立，并开始运作，筹措资金，则能认定中华商业银行这一非法金融机构已经设立。李某光明知未经中国人民银行批准，不能设立金融机构，仍指使他人设立金融机构，且使中华商业银行筹备处这一金融机构得以设立，完全具备了擅自设立金融机构罪的构成要件，应以该罪予以定罪。

问题3. 擅自设立金融机构并意图吸收公众存款行为的罪数判断

【法律适用案例】胡某平擅自设立金融机构案②

[裁判要旨]

未经中国人民银行批准，非法设立银行的储蓄分支机构，私刻印章、伪造身份证明、印制金融票证、租赁房屋作为经营场所、招聘工作人员、悬挂储蓄所标牌，其行为已构成擅自设立金融机构罪。

[案情]

被告人胡某平，男，原深圳市华寿投资发展有限公司经理。胡某平因生意出现较大亏损，故预谋在北京设立一家储蓄所，骗取存款后再进行投资牟利。

1999年3月，被告人胡某平开始进行非法设立储蓄所的准备工作。首先，选择一家政策性银行——国家开发银行并以其名义"开办"储蓄所。其次，寻址作为私设储蓄所的地点。最后，胡某平私刻了"中国开发银行储蓄所管理处"和"中国开发银行行政专用章"印章，伪造了姓名为"王某成"的假居民身份证。一切准备工作就绪后，胡某平便以"中国开发银行储蓄管理处副处长王某成"的身份，以"中国开发银行储蓄管理处"的名义开始非法设立储蓄所的犯罪活动。

1999年4月初，被告人胡某平与复兴路××号的房屋产权单位签订了租房合同并找来装修队按照储蓄所的通常样式对该处房屋加以设计、装修。后又通过人才市场，招聘营业部主任、储蓄所会计、保安员、营业员、出纳员、储蓄员等工作人员若干名，并购买大量办公用品，订购储蓄机构专用电脑软件，还安装了监控专用的摄像头（但没有连

---

① 需要说明的是，虽然该规定现已失效，但关于"非法金融机构的筹备组织，应视为非法金融机构"的规定仍具有参考意义。

② 黄宝耀、范君：《擅自设立金融机构的行为如何适用法律——胡某平擅自设立金融机构案》，载《法律适用》2000年第2期。

接真正的监控设备)。胡某平根据商业银行票证的样式,设计了一套适用于其开办的这家储蓄所的存折、定期存款凭条、利息支取凭条等10种银行专用凭证,并委托北京盛华印刷厂印制。他还订制了一块"国家开发银行总行营业部万寿储蓄所"铜牌并悬挂起来。为了尽快骗取存款,胡某平一方面给招聘来的工作人员布置吸纳储蓄的定额任务,另一方面多次向他人宣称,这家储蓄所的储蓄利率比其他银行高,并有一定鼓励存款的措施。就在胡某平筹备开业的时候,国家开发银行保卫处根据群众反映的情况,向公安机关举报了胡某平的犯罪活动。4月20日,胡某平被公安机关抓获。

1999年9月2日,北京市海淀区人民检察院以被告人胡某平犯擅自设立金融机构罪,向北京市海淀区人民法院提起公诉。

[审判]

北京市海淀区人民法院经审理认定,被告人胡某平未经中国人民银行批准,非法设立银行的储蓄分支机构,私刻印章、伪造身份证明、印制金融票证、租赁房屋作为经营场所、招聘工作人员、悬挂储蓄所标牌,其行为已构成擅自设立金融机构罪,且情节严重,但系犯罪未遂。根据相关法律规定,以擅自设立金融机构罪,对被告人胡某平判处有期徒刑三年零六个月,罚金人民币十万元。判决后,被告人胡某平没有提出上诉。

[法院评论]

被告人胡某平实施的一系列行为,构成一罪还是数罪,应如何适用法律定性,是本案应当首要解决的问题。根据我国《刑法》的规定及有关理论,行为人触犯罪名的数量以其犯罪事实具备犯罪构成的数量为准。本案被告人胡某平前后所实施的行为,符合数个基本或修正的犯罪构成要件,触犯了数个罪名。现分述如下:

第一,构成非法吸收公众存款罪。胡某平的行为目的是"在北京设立一家储蓄所,吸收存款后,再用这笔钱投资牟利",而不是以占有为目的诈骗钱财,这一故意符合非法吸收公众存款罪的主观构成要件。在这一故意支配下,胡某平实施了伪造身份证明、设立假金融机构、高息揽储等一系列行为,虽然他的行为在筹备阶段被迫停止,尚不具备非法吸收公众存款的基本物质条件,但已构成了对国家金融管理秩序的破坏,符合非法吸收公众存款罪的客体要件和客观方面要件,构成非法吸收公众存款罪。鉴于尚未着手实施非法吸收公众存款的行为,可认定为犯罪预备。

第二,构成擅自设立金融机构罪。胡某平出于非法吸收公众存款的目的,故意不经中国人民银行批准,擅自设立"国家开发银行万寿储蓄所",破坏了国家关于金融机构的审批管理制度,构成擅自设立金融机构罪。只是由于其意志以外的原因,胡某平擅自设立金融的行为没有得逞,使其犯罪行为停止于正在实施的阶段,故应认定犯罪未遂。

本案在讨论中,有人认为擅自设立金融机构罪为举动犯,只要行为人一开始实施该罪客观要件所规定的行为,就构成既遂。我们不同意这种观点。举动犯在我国刑法分则中,一般是针对那些一旦进一步着手实行,就会造成很大的社会危害,危及国家政权的犯罪活动,如分裂国家罪、颠覆国家政权罪、间谍罪等;或者是那些带有教唆煽动性质的社会危害性非常大的犯罪,如煽动分裂国家罪、传授犯罪方法罪等。而刑法分则规定的破坏金融管理秩序犯罪不应被理解为举动犯,因为该罪行并不直接危及国家政权,也不带有教唆煽动他人犯罪的广泛之危害,其社会危害性显然不如前述犯罪行为大。擅自设立金融机构,需要一个由筹备到开始非法运作的过程,也就是"设立"的过程,所以此罪应当属于行为犯的范畴,只有"擅自设立"行为完成,非法金融机构能够开始运作,才是该罪的既遂。这样理解更符合《刑法》第 174 条的立法精神。

第三，构成伪造企业、事业单位印章罪和伪造居民身份证罪。胡某平为设立其非法金融机构，先后私刻了"中国开发银行储蓄管理处"和"中国开发银行行政专用章"印章、伪造了姓名为"王某成"的假居民身份证，并将印章、身份证用于大量金融的设立活动，符合这两罪的犯罪构成，且属犯罪既遂。

综上所述，胡某平实施的伪造居民身份证和伪造企业、事业单位印章的行为，是在为其开办储蓄所制造一个假身份，为擅自设立金融机构准备条件。条件成熟后，胡某平即实施了以开发银行的名义租房、招工、订牌匾、印单据等一系列设立非法金融机构的行为。一旦这些行为得逞，所谓的"国家开发银行万寿储蓄所"设立起来，具备对外营业的条件，胡某平必然开始着手实施非法吸收公众存款的犯罪行为。可以看出，这些犯罪行为之间具有手段与目的的内在联系，它们分别表现为手段行为或目的行为，相互间形成一个有机整体，具有牵连关系。依据有关司法解释，对于牵连犯除了法律有明确规定的以外应择一重罪处断。相比之下，伪造企业、事业单位印章罪和伪造居民身份证罪是轻罪，可不予考虑。对非法吸收公众存款罪之预备或擅自设立金融机构罪之未遂进行比较，这两个罪名的法定刑一致，但前者的从宽幅度显然大于后者，依照牵连犯择一重罪处断的原则，本案应定性为擅自设立金融机构，且属犯罪未遂。

第二章

高利转贷罪

第一节 高利转贷罪概述

一、高利转贷罪概念及构成要件

高利转贷罪,是指以转贷牟利为目的,将套取的金融机构信贷资金高利转贷给他人,违法所得数额较大的行为。本罪是1997年《刑法》增设的罪名,之后未有修改。

高利转贷罪的构成要件如下:(1)本罪侵犯的客体是国家金融信贷资金管理制度。(2)本罪在客观方面表现为行为人以编造虚假理由等手段套取金融机构的信贷资金,再以高于银行的利率转贷给他人,从中获取非法利益,违法所得数额较大的行为。需要注意的是,判断高利转贷的行为是否构成犯罪,应当以违法所得数额即转贷他人后所获取的利息差额部分作为认定依据,只要达到数额较大标准的,即构成犯罪;至于转贷的利率高于银行贷款利率多少,并不影响本罪的成立。(3)本罪的犯罪主体既包括自然人也包括单位。这里的自然人或单位,应当以取得银行贷款作为前提条件。金融系统的一些企业、单位利用有利条件,低息从金融机构获取贷款后,再高息转贷他人,违法所得数额较大的,同样也构成高利转贷罪。(4)本罪的主观方面表现为故意,且行为人具有非法牟利的目的。根据《刑法》第175条的规定,犯高利转贷罪的,处3年以下有期徒刑或者拘役,并处违法所得1倍以上5倍以下罚金;数额巨大的,处3年以上7年以下有期徒刑,并处违法所得1倍以上5倍以下罚金。单位犯本罪的,对单位判处罚金,并对其直接负责的主管人员和其他直接责任人员,处3年以下有期徒刑或者拘役。

二、高利转贷刑事案件审理情况

高利转贷犯罪案件,严重破坏了社会主义市场经济运行中的信贷秩序,容易滋生金融风险,依法应当惩处。通过中国裁判文书网检索,2017年至2021年,全国法院审理一审高利转贷刑事案件240件,其中2017年25件,2018年28件,2019年70件,2020年85件,2021年32件。

司法实践中，高利转贷案件主要呈现出以下特点及趋势：一是犯罪主体呈现多元化趋势。实践中，随着融资需求和融资规模的不断扩大，此类案件的犯罪主体已经从传统的自然人主体扩展至公司、企业等单位主体，甚至有个别担保公司、金融系统内一些所谓三产企业、单位等也参与进来，从事高利转贷业务，转贷对象也从熟人朋友发展至纯属牟利的陌生人之间，且多为资金周转困难的个体工商户、小微企业等。二是转贷利率明显偏高。此类案件的转贷利率多在年利率10%至24%之间，明显高于银行同期贷款利率，部分案件约定的利率远超法律保护上限，大大增加了银行信贷资金到期无法归还的风险。三是部分金融机构放贷管理存在疏漏。部分金融机构在审核贷款申请时往往将重点放在申请人提供的担保措施上，对贷款用途审核存在不严格情形；放贷完成后亦疏于对借款用途进行跟踪核查，导致部分人收到借款后转而用于放贷。四是此类案件往往与黑恶势力犯罪交织在一起。实践中不少黑恶势力案件均涉及高利转贷犯罪事实，犯罪分子通过暴力、胁迫等手段，进行逼债，获取非法利益，并滋生出其他犯罪，严重破坏经济、社会秩序，影响恶劣。

三、高利转贷刑事案件审理热点、难点问题

一是转贷牟利目的的产生时间是否影响本罪成立。实践中对此争议较大。有观点认为，若转贷牟利目的产生于套取信贷资金之后、高利转贷之前，由于该情形属于事后故意，转贷牟利行为的目的并不及于套取资金行为，故不构成高利转贷罪。[①] 也有观点认为，行为人转贷牟利目的产生的时间不应该成为影响本罪构成的因素。即使行为人在套取金融机构信贷资金后产生转贷牟利目的，同样可以构成本罪。[②]

二是"高利"标准的认定。如果行为人虽有套取信贷资金后的转贷行为，但其转贷利率并非属于"高利"，则只属于一般违法行为，仍不构成犯罪。实践中对于何谓"高利"存在争议。有观点认为，只要转贷的利率高于银行同期贷款利率就可以认定为高利，高出多少对本罪的成立没有影响。也有观点认为，高利应当参照民间借贷纠纷中高利贷的认定标准，即转贷利率不得高于同期一年期贷款市场报价利率的4倍。

三是将贷款余额高利转贷他人的行为定性。实践中，对于行为人在贷款使用过程中，将贷款余额高利转贷他人牟取利益的行为，在定性时是否需要考虑行为人主观方面的故意内容，分析有无套取信贷资金的行为，对此存有争议。

四是内外勾结型高利转贷行为的定性。实践中，借款人与金融机构工作人员相互勾结，并利用后者的职务便利，获取低息贷款后再高利转贷给他人的案件时有发生。对此类情形既有认定金融机构工作人员与借款人构成高利转贷共同犯罪的，也有将借款人认定高利转贷罪，金融机构工作人员构成挪用公款（或挪用资金）罪或者违法发放贷款罪的情形。

四、高利转贷刑事案件审理思路及原则

一是注重对客观性证据的审查和运用。实践中，行为人往往会以其向金融机构贷款

[①] 丁天球：《破坏社会主义市场经济秩序罪重点疑点难点问题判解研究》，人民法院出版社2005年版，第203页。

[②] 刘宪权：《高利转贷罪疑难问题的司法认定》，载《华东政法大学学报》2008年第3期。

时的主观意图并非为了高利转贷，但后来由于市场变化等客观原因，为了避免经济损失不得以才将贷款转贷他人，以其行为不构成犯罪进行抗辩。对此，在判断行为人是否具有转贷牟利意图时，应当结合行为人申请贷款的用途是否系虚构、获利情况、转贷与获取贷款间的时间跨度等客观性证据进行综合判决。

二是注重高利转贷罪与其他犯罪竞合时的处理。套取贷款高利转贷他人，实质上也是一种骗取贷款的行为。二者只是入罪的结果要件存在差异，高利转贷以违法所得数额较大为要件，骗取贷款罪以造成重大损失为要件。高利转贷同时具备违法所得数额较大和造成重大损失要件的，可以包容在骗取贷款行为范围内，两者可界定为特别法条规定之罪与一般法条规定之罪的关系，故一般应适用特别法条优于一般法条的规则定罪处理。对内外勾结型高利转贷行为，如果对双方的行为分别评价更为妥当的，可以分别认定为高利转贷罪与违法发放贷款罪等。

三是注重宽严相济刑事政策的应用。对于虽实施了高利转贷行为但尚未实际获利的，或者虽实施了高利转贷行为但能够及时归还银行贷款，未造成实际损失的，或者转贷利率并未明显高于银行同期贷款利率等情形，符合《刑法》第13条但书规定的，可不作为犯罪处理；对行为人定罪处理的，量刑时可以依法从宽处罚。

四是注重发挥刑事审判的价值引领作用。实践中部分高利转贷案件暴露出，一些金融机构在放贷管理过程中因对贷款用途审核不严，又疏于跟踪核查的问题，从而为一些不法分子实施高利转贷行为留下可乘之机。因此，司法机关在办理此类案件过程中，可以通过制作司法建议等形式，加强与银行等金融机构的沟通交流、进行风险提示，以减少此类案件的发生。

第二节　高利转贷罪审判依据

高利转贷罪是1997年《刑法》增设的罪名，之后未有修改。2022年4月6日公布的《最高人民检察院、公安部关于公安机关管辖的刑事案件立案追诉标准的规定（二）》对本罪的立案追诉标准予以细化规定。

一、法律

《中华人民共和国刑法》（1979年7月1日第五届全国人民代表大会第二次会议通过　1997年3月14日第八届全国人民代表大会第五次会议修订　1997年3月14日中华人民共和国主席令第83号公布　根据历次修正案和修改决定修正）（节录）

第一百七十五条　以转贷牟利为目的，套取金融机构信贷资金高利转贷他人，违法所得数额较大的，处三年以下有期徒刑或者拘役，并处违法所得一倍以上五倍以下罚金；数额巨大的，处三年以上七年以下有期徒刑，并处违法所得一倍以上五倍以下罚金。

单位犯前款罪的，对单位判处罚金，并对其直接负责的主管人员和其他直接责任人员，处三年以下有期徒刑或者拘役。

二、刑事政策文件

《最高人民检察院、公安部关于公安机关管辖的刑事案件立案追诉标准的规定（二）》
（2022年4月6日 公通字〔2022〕12号）（节录）

第二十一条〔高利转贷案（刑法第一百七十五条）〕以转贷牟利为目的，套取金融机构信贷资金高利转贷他人，违法所得数额在五十万元以上的，应予立案追诉。

第三节　高利转贷罪审判实践中的疑难新型问题

问题1. 套取银行承兑汇票是否属于套取银行信贷资金

【刑事审判参考案例】姚某高利转贷案[1]

一、基本案情

千山区人民法院经公开审理查明：

鞍山市第六粮库主任林某山（另案处理）得知鞍山市轧钢厂缺少生产资金急需融资，便找到被告人姚某商议，由姚某办理营业执照，利用林某山与银行相关人员熟悉的便利条件，通过办理银行承兑汇票后借给鞍山市轧钢厂以从中获利。姚某于1997年9月承包了鞍山市农垦工贸公司，以该公司名义向银行申请办理银行承兑汇票并转借给鞍山市轧钢厂。1997年11月，姚某以鞍山市农垦工贸公司名义向鞍山市农业发展银行办理承兑汇票500万元。在办理该笔承兑汇票时，鞍山市农垦工贸公司在鞍山市农业发展银行所设账户内没有存入保证金，也没有向鞍山市农业发展银行提供担保。林某山、姚某将该500万元银行承兑汇票借给鞍山市轧钢厂用于资金周转，从中获利35万元。

1999年6月，被告人姚某以鞍山市农垦工贸公司名义向鞍山市农业银行营业部办理承兑汇票490万元。在办理该笔承兑汇票时，鞍山市农垦工贸公司在鞍山市农业银行营业部所设账户内存款100万元作为保证金，并由鞍山市轧钢厂作为保证人提供担保，鞍山市农垦工贸公司、鞍山市农业银行营业部、鞍山市轧钢厂三方共同签订了保证担保借款合同，林某山、姚某将该490万元银行承兑汇票借给鞍山市轧钢厂用于资金周转，从中获利40万元。上述两笔银行承兑汇票到期后，本金共计990万元均由鞍山市农垦工贸公司返还给银行。

千山区人民法院认为，被告人姚某以转贷牟利为目的，套取金融机构信贷资金转贷给他人，违法所得数额巨大，其行为已构成高利转贷罪，应依法惩处。依照《中华人民共和国刑法》第175条、第52条、第53条、第64条的规定，以高利转贷罪对被告人姚某判处有期徒刑四年，并处罚金人民币七十五万元；被告人姚某所得赃款依法予以没收。

一审宣判后，被告人未提起上诉，公诉机关亦未提起抗诉，判决发生法律效力。

---

[1] 高洪江：《姚某高利转贷案——套取银行的承兑汇票是否属于套取银行信贷资金》，载中华人民共和国最高人民法院刑事审判第一、第二、第三、第四、第五庭主办：《刑事审判参考》总第62集，法律出版社2008年版。

二、主要问题

套取银行的承兑汇票是否属于套取银行信贷资金？

三、裁判理由

1. 以转贷牟利为目的，编造虚假交易关系并出具虚假购销合同取得银行承兑汇票的，属于《刑法》第175条规定的"套取金融机构信贷资金"的行为。

高利转贷罪客观方面表现为套取金融机构信贷资金，高利转贷他人，违法所得数额较大的行为。其中，对于"套取金融机构信贷资金"，根据《中国人民银行贷款通则》有关"借款人不得套取贷款用于借贷牟取非法收入"的规定，可以认为，凡是将金融机构贷款用于借贷牟取非法收入的行为，均属于套取金融机构信贷资金。可见，这里的套取实际是一种骗取，即行为人以虚假的贷款理由或者贷款条件，隐瞒将贷款用于转贷牟利的真实用途，向金融机构申请贷款，然后将贷款并非用于从金融机构贷款时约定的用途，而是以高利非法转贷他人。

本案涉及的一个问题是，被告人姚某套取的是银行的承兑汇票，并不是直接从银行套取贷款。在审理中有观点认为，在商业银行业务中，贷款业务和票据承兑等业务是相并列的，贷款关系与票据关系是两种不同的法律关系。因此，骗取银行的承兑汇票并不等同于套取银行信贷资金。同样，持票人的贴现是实现票据权利，是与银行之间的一种借贷关系，而不是从出票人处获得贷款，因此，被告人姚某的行为不能认定为高利转贷罪。

对此，我们认为，不能机械地理解《刑法》第175条的规定，而应把握高利转贷行为的本质并结合立法精神加以判定。虽然银行承兑汇票与银行贷款表现形式不同，借贷关系与票据关系在法律上也有不同之处，但银行承兑汇票是纳入信贷科目管理的，在银行内部的管理模式和性质上是相同的，银行承兑汇票贴现时使用的资金属于银行的信贷资金，票据贴现也是银行借出信贷资金的一种表现形式，因此套取银行承兑汇票然后转让他人进行贴现的实质上属于套取了银行的信贷资金。本案被告人姚某以农垦工贸公司的名义向银行申请办理承兑汇票时，编造了虚假的交易关系、出具了虚假购销合同，采用了欺骗手段，套取银行承兑汇票后，将汇票交给用款人，然后用款人向银行贴现，由此完成了转贷并且非法获得了高利，这只是套取银行信贷资金的手段形式不同，其实质是一种利用承兑汇票贴现套取银行资金的行为，符合《刑法》第175条规定的套取金融机构信贷资金的行为特征。所以，不能以被告人一方与银行、鞍山市轧钢厂之间具有形式上的票据关系而否认其实施了套取银行信贷资金的行为。

问题2. 如何认定高利转贷罪中的"高利"标准

【刑事审判参考案例】姚某高利转贷案[①]

一、主要问题

如何认定高利转贷罪中的"高利"标准？

[①] 高洪江：《姚某高利转贷案——套取银行的承兑汇票是否属于套取银行信贷资金》，载中华人民共和国最高人民法院刑事审判第一、二、三、四、第五庭主办：《刑事审判参考》总第62集，法律出版社2008年版。

二、裁判理由

本案中，被告人姚某转贷给他人共计990万元的银行承兑汇票，按照银行当期利率计算，贷款利息应为38万元，被告人非法转贷获得的利息是75万元。从数字分析看，姚某转贷的利率尚不是银行正常利率的2倍，那么，被告人将银行信贷资金转贷他人时的利率是否属于高利，将直接影响到对被告人非法转贷行为的定性。对此，有意见认为，依照最高人民法院于1991年发布的《关于人民法院审理借贷案件的若干意见》（以下简称《意见》）第6条的规定，人民法院在审理民间借贷纠纷案件时，高于银行贷款利率4倍以上的利率，才属于高利。① 故参照该意见，本案的获利不属于高利，故被告人的行为不宜作犯罪追究。

我们认为，尽管在《刑法》和司法解释中均对"高利"未作规定，但鉴于该罪是以转贷牟利为目的，因此只要转贷的利率高于银行的利率就应当属于"高利"，不必要求转贷利率必须达到一定的倍数。主要理由在于：首先，《刑法》没有对本罪中的"高利"进行诠释，《意见》中关于高于银行贷款利率4倍的规定对于"高利"的认定虽然有参照意义，但二者针对的对象不同，故不能简单以《意见》规定为准。该《意见》是就民间借贷而言，即行为人将自己所有的闲置资金直接借贷给他人使用的，如果只是略高于银行贷款利率而未超过4倍的，有利于社会资金的正常流转，并未侵害金融秩序，属于法律允许的资金融通行为。但是，就套取银行信贷资金而高利转贷他人的行为而言，鉴于其是一种扰乱金融秩序的行为，危害了金融安全，属于刑事违法行为，二者具有本质区别，因而《刑法》第175条中的"高利"不能简单依照《意见》的规定，以达到银行贷款利率的4倍为准。其次，根据《刑法》第175条的规定，只要"高利转贷他人"且违法所得数额较大，就构成高利转贷罪。根据《最高人民检察院、公安部关于经济犯罪案件追诉标准的规定》第23条规定，"个人高利转贷，违法所得数额在五万元以上的""单位高利转贷，违法所得在十万元以上的"，应予追诉。② 可见，司法解释关于该罪追诉标准的规定只对违法所得数额进行了界定，对高利的具体认定未加以规定，这并不是司法解释的疏漏，而是表明了该罪中"高利"的认定标准并非必须达到银行贷款的利率一定倍数。这样解释是符合高利转贷罪的立法意图的。我们认为，高利转贷行为涉及的利率倍数，仅仅是高利转贷行为社会危害性的表征之一，并不是反映该行为的真实社会危害性的唯一因素。如行为人以5倍银行贷款利率转贷他人，但如果其套取的银行贷款只有5000元，数额很小，尚不足以危害到金融秩序，故不应以犯罪论处；而如果行为人虽以2倍银行贷款利率转贷他人，但套取了2000万元的贷款，其违法所得巨大，其行为就危害了正常金融秩序，应以犯罪论处了。因此，对于高利转贷罪的定罪数额，刑法关注的是违法所得，这是能够真正反映其社会危害性的要件。对于利率标准的掌握不应过于苛严，只要高于银行贷款利率即可。认定高利转贷罪时，应将重点放在违法所得上。也就是说，只要违法所得较大，且转贷利率高于银行贷款利率，就应认定为高利转贷罪。本案被告人姚某违法所得在70万元以上，故认定属于"高利"。

---

① 该规定已于2015年9月1日失效。2020年8月20日起施行的《最高人民法院关于审理民间借贷案件适用法律若干问题的规定》第26条规定："出借人请求借款人按照合同约定利率支付利息的，人民法院应予支持，但是双方约定的利率超过合同成立时一年期贷款市场报价利率四倍的除外。"

② 该规定已经失效。目前高利转贷罪的立案追诉标准按照2022年4月6日公布的《最高人民检察院、公安部关于公安机关管辖的刑事案件立案追诉标准的规定（二）》第21条认定。

综上所述，被告人姚某以转贷牟利为目的，套取金融机构信贷资金高利转贷给他人，违法所得数额巨大，法院依法以高利转贷罪追究其刑事责任是正确的。

问题3. 如果当事人未明确约定收取利息，且服务费与转贷资金的比例高出银行同期贷款利率，是否构成高利转贷

【中国审判案例要览案例】上海度丰企业发展有限公司等高利转贷案[①]

［裁判要旨］

高利转贷行为所涉及的资金直接来源于金融机构的信贷资金，其侵犯的客体除利率管理制度，还有国家对信贷资金的发放管理秩序等。高利转贷中转贷利率具体高出银行同期贷款利率的多少，并不影响高利转贷罪的成立。

［基本案情］

被告人周某系被告单位上海度丰企业发展有限公司（以下简称度丰公司）的法定代表人，被告人曹某锋于2008年初进入该公司工作。2008年4月，曹某锋从龙潭公司法定代表人陈某良处得知，该公司欠上海华裕典当有限公司700余万元欠款即将到期，急需资金还债，该公司虽有多处房产，但因经营状况不佳，无法从银行申请到贷款。之后，曹某锋分别与周某及陈某良商量，决定以度丰公司需流动资金为由，向银行申请贷款，龙潭公司则以其房产作贷款抵押担保；度丰公司套取到信贷资金后再转贷给龙潭公司，并从中赚取好处费。

2008年4月，被告人周某以度丰公司的名义与中国工商银行股份有限公司上海市普陀支行签订了两份《小企业贷款合同》，一份贷款额度200万元（期限从2008年5月15日至2009年2月12日），一份800万元（期限从2008年5月15日至2009年5月14日），利息在中国人民银行一年期贷款基准利率的基础上上浮5%。同时，陈某良代表龙潭公司与银行签订了两份《最高额抵押合同》，提供多套房产作抵押担保；周某及前妻梁某与银行签订两份《最高额保证合同》，对贷款承担连带责任保证。同年5月27日，度丰公司在中国工商银行上海市曹杨新村支行的账户内收到银行发放的贷款1000万元，除50万元留于该账户用于支付各项贷款费用及贷款利息，余款950万元经转账，最终划至度丰公司中国光大银行账户。

2008年5月30日，度丰公司与龙潭公司在《借款合同》中约定，龙潭公司向度丰公司借款1000万元，其中先行扣除97万元作为归还银行的到期利息（后减少为90万元，另外7万元作为龙潭公司支付给曹某锋的劳务费），90万元作为龙潭公司支付给度丰公司的服务费，30万元作为龙潭公司归还本金的保证金暂扣于度丰公司账户，剩余783万元由度丰公司代龙潭公司归还上海华裕典当有限公司欠款。当日，度丰公司将在中国光大银行账户内的950万元，以783万元用于代龙潭公司偿还上海华裕典当有限公司的欠款，100万元划至度丰公司的中国工商银行上海市建国西路支行账户，66.8万元由曹某锋领取作为好处费，余款2000元于同年6月5日划至度丰公司的中国工商银行上海市建国西路支行账户。

度丰公司在中国工商银行上海市曹杨新村支行账户、上海市建国西路支行账户内留

---

① 本案例载《中国审判案例要览（2011年刑事审判案例卷）》，中国人民大学出版社2013年版。

下的共计 150.2 万元中，除 30 万元系贷款保证金外，13.7 万余元用于支付贷款顾问费、评估费等，45 万余元用于度丰公司归还银行自 2008 年 6 月至同年 12 月的贷款利息，其余 60 余万元均用于度丰公司的日常经营。

［法院认为］

被告单位度丰公司以转贷牟利为目的，套取金融机构信贷资金高利转贷他人，违法所得数额较大，其行为已构成高利转贷罪，依法应予惩处。被告人周某、曹某锋作为被告单位直接负责的主管人员及其他直接责任人员，其行为也构成高利转贷罪，依法应予惩处。鉴于度丰公司及周某系自首，依法可从轻处罚。两名被告人到案后还退赔了部分违法所得，可酌情从轻处罚。根据周某、曹某锋的犯罪情节和悔罪表现，依法可适用缓刑。

［裁判结果］

综上，上海市原闸北区人民法院判决如下："一、被告单位上海度丰企业发展有限公司犯高利转贷罪，判处罚金人民币 150 万元；二、被告人周某犯高利转贷罪，判处有期徒刑一年，缓刑二年；三、被告人曹某锋犯高利转贷罪，判处有期徒刑一年，缓刑一年；四、责令退赔违法所得，连同已在案的部分违法所得，一并予以没收。"

［简要分析］

本案涉及的法律问题是如何认定高利转贷罪中的"高利"，即如果当事人未明确约定收取利息，但约定收取一定服务费，且服务费与转贷资金的比例高出银行同期贷款利率，是否构成高利转贷的问题。

首先，从法律规定看，《中华人民共和国刑法》第 175 条的罪状表述没有要求行为人只有将金融机构信贷资金以高出金融机构贷款利率较多的利率转贷给他人才构成本罪。因此，只要行为人以转贷牟利为目的，实施了套取金融机构信贷资金并高利转贷给他人的行为就可能构成本罪。金融机构信贷资金的获得应当经过专门的申请审批程序，且资金的使用应当处于金融机构的监管之下。行为人套取金融机构信贷资金再转贷给他人的行为，会使一部分本来通过正当程序无法获得金融机构贷款的人获得信贷资金，造成该笔资金的使用失去监管，加大了金融机构的信贷风险。因此，与民间高利贷相比，本罪不仅侵犯了金融机构利率管理制度，还侵犯了金融机构贷款的发放和使用管理制度，所以，本罪中"高利"的认定标准应更加严苛，不能适用民间高利贷中"高利"的认定标准。只要行为人将信贷资金以高出金融机构同期贷款利率的标准进行转贷，即可认定为高利转贷。

其次，从司法实践看，如果以民间高利贷的标准作为衡量本罪的"高利"标准，可能导致对大多数转贷行为无法追究刑事责任的情况出现。民间借贷的利率之所以可以适当高于银行贷款利率，是为了缓解国家借贷资金不足，鼓励公民个人或企业出借所有的资金，提高闲置资金的使用效率，促进社会经济的发展。高利转贷所涉及的资金是金融机构的信贷资金，高利转贷行为的社会危害性体现在其不但违反利率管理制度，还扰乱了国家对信贷资金的发放管理秩序，因此，即使将金融机构信贷资金以比银行同期贷款利率的 4 倍利率低的利率转贷他人，其社会危害性仍远远大于民间高利贷。如果用民间高利贷标准来衡量本罪的"高利"，则会放纵犯罪。

最后，从立法宗旨看，立法者之所以要将高利转贷行为规定为犯罪，是因为行为人通过转贷行为而牟取非法利益。行为人牟取非法利益，并非只能通过高出银行法定标准的利率转贷信贷资金来实现。如果行为人以相同的贷款利率将资金提供给他人使用，但约定收取一定服务费、手续费的，同样算是牟取了非法利益。收取相关费用的方式与行为人以高于银行法定标准的利率转贷进行牟利，其危害性并无实质上的差异。因此，本案中，度丰公司虽然未明确将贷款以高于银行同期贷款利率转借给龙潭公司，并收取一定利息，但其预先从贷款中扣除了一笔服务费，且该笔服务费与信贷资金的比例也高出银行同期贷款利率，应当认定其牟取了非法利益，构成高利转贷。

问题4. 转贷牟利目的认定以及信贷资金是否包括抵押贷款

【地方参考案例】周某高利转贷案[①]

[裁判要旨]

判断行为人是否具有转贷牟利目的，应当结合行为人贷款时间、出借给他人时间、利息约定情况以及贷款实际用途等因素综合判断。

[基本案情]

2013年7月11日，被告人周某向江苏省沭阳县农村商业银行（以下简称农商行）申请短期非农个人生产经营性贷款60万元，年利率8.4%，贷款到期日为2014年7月10日，还款方式为按固定周期付息到期还本。同日，康某出具借据给周某，约定借周某60万元，每月支付利息1.8万元，借款期限为一年。次日，周某通过李光账户，将该60万元贷款出借康某。同年8月22日，周某归还农商行本金57万元；同年9月10日，周某归还农商行本息3.0273万元。其间，周某按约定每月归还银行相应利息。

2013年10月14日，康某向被告人周某借款并出具借据，约定向周某借款100万元，月利息3万元，按月结清，借款期限4个月。次日，周某向农商行申请短期非农个人生产经营性贷款70万元和30万元，年利率均为7.8%，贷款到期日为2014年10月14日，还款方式为按固定周期付息到期还本。2014年4月1日，周某归还农商行本金5万元；2014年10月8日，周某归还农商行本息共计95.3499万元。其间，被告人周某按约定每月归还银行相应利息。

另查明，2013年8月7日至2014年7月11日间，被告人周某收到康某以支付利息形式还款共计9.3万元；2015年8月10日，周某向法院提起民事诉讼，要求康某及其公司归还借款142万元及利息（利息自2015年7月10日起按年利率24%计算至还清款之日止）。截至2015年7月，周某收到康某归还的本息共计121.04万元。同年10月31日，康某向公安机关报案。

[法院认为]

被告人周某以转贷牟利为目的，套取金融机构信贷资金高利转贷他人，违法所得数额超过10万元，属违法所得数额较大，其行为已构成高利转贷罪。周某归案后能如实供述自己罪行，依法予以从轻处罚。周某已归还银行贷款，未造成金融机构的经济损失，对周某宣告缓刑对其所居住的社区亦无重大不良影响，结合周某的犯罪情节、犯罪后果、悔罪表现等，依法对其宣告缓刑。

[①] 江苏省沭阳县人民法院（2015）沭刑初字第01385号刑事判决书。

[裁判结果]

综上所述,江苏省沭阳县人民法院判决如下:

被告人周某犯高利转贷罪,判处有期徒刑六个月,缓刑一年,并处罚金人民币三十二万元。

[简要分析]

本案中,可以认定被告人周某实施了以转贷牟利为目的,套取金融机构信贷资金高利转贷他人的行为。理由如下:

1. 从时间上来看,贷款时间和出借给他人的时间基本同步。被告人周某从农商行贷出 60 万元当天,康某向其出具 60 万元借据,且于次日即将该 60 万元转账给康某;在康某向周某出具 100 万元借据的次日,周某又从农商行分别贷出 70 万元和 30 万元,并将该 100 万元转账给康某。由此可见,周某从银行贷款之日与康某向其出具借款之日基本同步,结合周某当庭供述其与康某间的借贷存在协商过程,可以认定周某向银行贷款的目的是转贷给康某。

2. 从利息约定情况看,被告人周某出借款项具有牟利性。周某借款给康某,约定月息 3 分,而其于 2013 年 7 月 11 日从银行贷出的 60 万元的年利率为 8.4%,2013 年 10 月 15 日从银行贷出的 70 万元及 30 万元的年利率均为 7.8%。显然,周某与康某约定的利率明显高于其从银行贷款的利率,可以认定周某转贷给他人主观上具有牟利目的。

3. 从手段行为看,周某的行为系套取银行资金行为。周某向银行申请贷款时注明用途为非农个人生产经营,但其从银行取得贷款资金后实际是出借他人,而《中国人民银行贷款通则》明确规定不得套取贷款牟取非法收入。

4. 信贷资金的范围包括抵押贷款资金。信贷资金是指金融机构根据中央银行有关贷款方针、政策,用于发放贷款的资金。根据我国有关金融管理法规,对用于发放贷款的信贷资金,贷款申请人必须明确贷款的合法用途、偿还能力、还款方式,原则上还应提供担保人或质押、不动产抵押等,经过银行及其他金融机构有关人员审查、评估后,方能确认是否发放贷款。由此可见,信贷资金不仅仅指信用贷款资金,也包括担保贷款资金。

第三章
骗取贷款、票据承兑、金融票证罪

第一节 骗取贷款、票据承兑、金融票证罪概述

一、骗取贷款、票据承兑、金融票证罪概念及构成要件

骗取贷款、票据承兑、金融票证罪，是指以欺骗手段取得银行或者其他金融机构贷款、票据承兑、信用证、保函等，给银行或者其他金融机构造成重大损失的行为。本罪系2006年6月29日公布的《刑法修正案（六）》增设的罪名，《刑法修正案（六）》将"造成重大损失"和"其他严重情节"并列规定为入罪条件。2020年12月26日公布的《刑法修正案（十一）》对本罪的入罪条件进行修改，删除了罪状中"或者有其他严重情节"的规定，意味着对于未造成重大损失的行为，不再作为犯罪处理。需要注意的是，《刑法修正案（十一）》仅对该罪的入罪条件进行了修改，法定刑升格条件仍然保留了"造成特别重大损失或者有其他特别严重情节"的双重标准。

骗取贷款、票据承兑、金融票证罪的构成要件如下：（1）本罪侵犯的客体是金融秩序和金融安全。（2）本罪的客观方面表现为采用虚构事实或隐瞒真相的欺骗手段，如谎报贷款用途、使用虚假证明材料、夸大偿付能力，取得银行或者其他金融机构贷款、票据承兑、信用证、保函等，给银行或者其他金融机构造成重大损失的行为。（3）本罪的犯罪主体系一般主体，包括自然人和单位。（4）本罪在主观方面表现为故意，且犯罪主体不能具有非法占有目的。根据《刑法》第175条之一规定，以欺骗手段取得银行或者其他金融机构贷款、票据承兑、信用证、保函等，给银行或者其他金融机构造成重大损失的，处3年以下有期徒刑或者拘役，并处或者单处罚金；给银行或者其他金融机构造成特别重大损失或者有其他特别严重情节的，处3年以上7年以下有期徒刑，并处罚金。单位犯前款罪的，对单位判处罚金，并对其直接负责的主管人员和其他直接责任人员，依照前款的规定处罚。

二、骗取贷款、票据承兑、金融票证刑事案件审理情况

通过中国裁判文书网检索，2017年至2021年，全国法院审结一审骗取贷款、票据承兑、金融票证罪刑事案件共计3985件，其中2017年1155件，2018年995件，2019年895件，2020年731件，2021年209件。其中，审结一审骗取贷款刑事案件共计3826件，其中2017年审结1093件，2018年955件，2019年869件，2020年707件，2021年202件；审结一审骗取票据承兑刑事案件共计125件，其中2017年50件，2018年34件，2019年22件，2020年14件，2021年5件；审结一审骗取金融票证刑事案件共计34件，其中2017年12件，2018年6件，2019年4件，2020年10件，2021年2件。

结合司法实践，此类案件主要呈现出以下特点：一是犯罪主体多为小微企业经营者、个体工商户。由于融资难、融资门槛高等原因，民营企业特别是小微企业、个体工商户因生产经营需要，通过骗取银行等金融机构贷款后用于生产经营、偿还债务等，后因资金链断裂导致贷款无法归还而案发。二是贷款名义多为生产经营。骗取贷款刑事案件中，绝大多数行为人以生产经营为由提出贷款，少部分案件系以购房、购车等名义骗取消费类贷款。三是骗取贷款手段多样。实践中，行为人骗取金融机构贷款的手段多样，主要表现为：借用、冒用他人名义贷款，虚构或更改贷款用途，通过制作虚假财务报告、审计报告或年收入报告等方式虚构或隐瞒债权债务情况，提供虚假担保等。四是犯罪后果严重。被害单位以银行、信用社居多；不少案件骗取贷款规模以及造成损失金额均在100万元以上，严重扰乱金融管理秩序。

三、骗取贷款、票据承兑、金融票证刑事案件审理热点、难点问题

一是其他金融机构的认定。针对其他金融机构是否包括授权给省级政府主管部门批准设立和主管的从事金融业务的机构，即小额贷款公司、融资担保公司、区域性股权市场、融资租赁公司、地方资产管理公司等"7+4"类机构，争议较大。

二是"以欺骗手段取得"的界定。主要涉及欺骗手段是否需要足以对金融机构发放贷款产生实质影响，是否需要金融机构产生错误认识，以及行为人提供了真实有效担保时是否构成骗取贷款等。

三是造成损失数额的认定。主要涉及列入损失的范围是否包含利息、保证金等，以及损失计算的时间节点。

四是罪名的认定。对于金融机构工作人员明知行为人采取欺骗手段骗取贷款，仍予发放的情形，是否构成犯罪以及认定构成违法发放贷款罪还是骗取贷款罪等存有争议。骗取贷款罪与贷款诈骗罪的区分认定也是实践中的难点。二者在客观行为上均表现为以虚构事实、隐瞒真相等手段骗取银行等金融机构贷款。实践中，对于骗取金融机构贷款后又无法归还的行为，基于此类情形复杂多样，究竟认定行为人构成骗取贷款罪还是贷款诈骗罪，也即判断主观上的非法占有目的存有争议。

五是法定刑升格条件的认定。《刑法修正案（十一）》将"有其他严重情节"从该罪入罪条件中删除，但法定刑升格条件仍然保留了"造成特别重大损失或者有其他特别严重情节"的双重标准。针对"其他特别严重情节"的认定是否应当以具备普通犯构成要件为前提，尤其是以"造成重大损失"结果为前提存有争议。

四、骗取贷款、票据承兑、金融票证刑事案件审理思路及原则

一是贯彻刑法谦抑原则，审慎把握一般违法行为与犯罪行为的界限。司法机关办理涉贷款类犯罪案件严厉打击金融犯罪、化解金融风险的同时，要贯彻中央保护民营企业、保护民营企业家的精神和刑事政策。如无确实充分的证据证明符合犯罪构成要件的，不宜作为犯罪处理。对于提供了足额真实担保，未给银行造成直接损失的，一般不应追究骗取贷款、票据承兑、金融票证罪的刑事责任

二是准确认定、惩治共同犯罪与关联犯罪。针对银行等金融机构人员明知他人实施骗取贷款等行为，仍提供帮助或者合谋、指导等，构成犯罪的，可依法以违法发放贷款罪、违规出具金融票证罪、对违法票据承兑、付款、保证罪等追究刑事责任。对于担保人明知他人实施骗取贷款、票据承兑、金融票证行为而为其提供虚假担保，不履行担保责任，给银行等金融机构造成损失的，可以按照共同犯罪处理。

三是严格区分本罪与对应的金融诈骗犯罪。准确界定行为人是否具有非法占有目的，从而将本罪与对应的贷款诈骗罪、票据诈骗罪、信用证诈骗罪等区别开来，以体现了刑事法网的严密性与立法技术的细密性。

四是注重选择性罪名的适用。行为人只要实施了骗取贷款、票据承兑、金融票证其中一种行为，即构成本罪；实施了两种以上的行为时，仍构成一罪，不实行并罚。

五是科学合理地计算损失数额。对损失的认定一般只包括本金，不宜将利息等计算在内。基于体系解释的角度，认定财产性犯罪的损失一般限于直接经济损失，诈骗类犯罪仅限于本金。《最高人民法院、最高人民检察院关于办理妨害信用卡管理刑事案件具体应用法律若干问题的解释》第9条中亦明确："恶意透支的数额，是指公安机关刑事立案时尚未归还的实际透支的本金数额，不包括利息、复利、滞纳金、手续费等发卡银行收取的费用。"同时，损失计算一般以刑事立案作为时间节点，不需要穷尽相关的民事救济手段。

第二节　骗取贷款、票据承兑、金融票证罪审判依据

骗取贷款、票据承兑、金融票证罪系《刑法修正案（六）》增设的罪名。《刑法修正案（十一）》对本罪的入罪条件进行修改，删除了"或者有其他严重情节"的规定，对正确区分贷款违法违规行为与犯罪行为，审慎处理民营企业融资案件有重要意义。2022年4月6日公布的《最高人民检察院、公安部关于公安机关管辖的刑事案件立案追诉标准的规定（二）》第22条对本罪的立案追诉标准予以细化规定。

一、法律

《中华人民共和国刑法》（1979 年 7 月 1 日第五届全国人民代表大会第二次会议通过 1997 年 3 月 14 日第八届全国人民代表大会第五次会议修订 1997 年 3 月 14 日中华人民共和国主席令第 83 号公布 根据历次修正案和修改决定修正）（节录）

第一百七十五条之一 以欺骗手段取得银行或者其他金融机构贷款、票据承兑、信用证、保函等，给银行或者其他金融机构造成重大损失的，处三年以下有期徒刑或者拘役，并处或者单处罚金；给银行或者其他金融机构造成特别重大损失或者有其他特别严重情节的，处三年以上七年以下有期徒刑，并处罚金。

单位犯前款罪的，对单位判处罚金，并对其直接负责的主管人员和其他直接责任人员，依照前款的规定处罚。

附：《中华人民共和国刑法修正案（十一）》解读[①]（节录）

2006 年《刑法修正案（六）》增加的骗取贷款类犯罪对于保护银行等金融机构信贷资金的安全，保障银行等金融机构的信誉体系发挥了重要作用。同时，适用中也出现了一些不当适用、扩大适用的情况。有的提出，本罪规定的"其他严重情节"的门槛低，按照有关司法解释的规定，融资数额超过一百万元或者多次骗贷的即构成犯罪，导致入罪范围过宽，涉及很多民营企业，不利于破解融资难等问题；有的提出，本罪并非诈骗银行资金，具有诈骗目的应当认定为刑法另外规定的贷款诈骗罪、票据诈骗罪、信用证诈骗罪、金融凭证诈骗罪等，本罪主要是从融资程序环节更好保护银行资金安全和信用作出的规定，对此应当通盘考虑融资环境的实际和当前信用体系制度建设的实际情况；有的提出，对由于"融资门槛高""融资难"等原因，民营企业因生产经营需要，在融资过程中虽然有一些违规行为，但并没有诈骗目的，最后未给银行造成重大损失的，一般可不作为犯罪处理；有的反映，造成"骗贷"的原因和情况复杂，银行在融资中处于"强势"地位，适用格式条款，融资条件严格，借款人对资金需求大，有的很难完全符合贷款条件要求，有的在一些材料上存在虚假提供的情况，从实践情况看甚至有的提供了真实的担保，因存在欺骗手段和涉及数额较大，也面临刑事案件风险；有的"骗取"行为是在银行人员授意、指导、帮助下进行的；有的"骗贷"案件由于竞争对手打压、股东斗争等被举报，个别执法力量借此不当介入民营经济活动，使本罪成为民营企业家涉嫌较多的罪名，成为民营企业生产经营过程中的一个刑事风险点。

《刑法修正案（十一）》对本罪入罪门槛作了适当调整，将给银行或者其他金融机构"造成重大损失或者有其他严重情节"修改为"造成重大损失"，删去了"其他严重情节"的规定。这一修改有利于正确区分违约与违法、违法与犯罪的关系，审慎处理涉民营企业融资案件，更好地落实党中央、国务院关于完善产权保护制度的规定。同时，也需要注意的是，修改后本罪原则上要求给银行等金融机构造成一定损失，以适当缩小打击面，但另外保留了第二档刑中情节犯的规定，主要是考虑到对特别重大的骗取融资行为，例如有的案件特别重大，损失一时还不好认定，或者给国家金融安全、银行资金安全造成特别重大风险，或者骗取手段极其恶劣，或者骗开数额特别巨大信用证等，可依

[①] 许永安主编：《〈中华人民共和国刑法修正案（十一）〉解读》，中国法制出版社 2021 年版，第 115～130 页。

法适用本罪，目的是维护重大金融安全和信用安全。

《刑法修正案（十一）》对定罪标准作了适当调整，并非意味着放松对骗取银行贷款等行为的惩治，在贷款等融资过程中采取欺骗手段，给银行等金融机构造成重大损失的，仍应当依法追究刑事责任。

二、刑事政策文件

《最高人民检察院、公安部关于公安机关管辖的刑事案件立案追诉标准的规定（二）》（2022年4月6日 公通字〔2022〕12号）（节录）

第二十二条〔骗取贷款、票据承兑、金融票证案（刑法第一百七十五条之一）〕以欺骗手段取得银行或者其他金融机构贷款、票据承兑、信用证、保函等，给银行或者其他金融机构造成直接经济损失数额在五十万元以上的，应予立案追诉。

第三节 骗取贷款、票据承兑、金融票证罪审判实践中的疑难新型问题

问题1. 关于重大经济损失的认定

【实务专论】①

《刑法修正案（十一）》对本罪入罪门槛作了修改，删去了原规定的"其他严重情节"，规定为"造成重大损失"的条件。因此，一般来说，对于并非出于诈骗银行资金目的，在向银行等金融机构融资过程中存在违规行为，使用了"欺骗手段"获得资金，但归还了银行资金，未给银行造成重大损失的，不作为犯罪处理。"给银行或者其他金融机构造成重大损失"是一个客观标准，指的是上述行为直接造成的经济损失，如贷款无法追回，银行由于出具的信用所承担的还款或者付款等实际经济损失。2010年《最高人民检察院、公安部关于公安机关管辖的刑事案件立案追诉标准的规定（二）》第27条对修改前本条的"造成重大损失"作了规定，"以欺骗手段取得贷款、票据承兑、信用证、保函等，给银行或者其他金融机构造成直接经济损失数额在二十万元以上的"，应予立案追诉。②"直接经济损失"是指侦查机关立案时逾期未偿还银行或者其他金融机构的信贷资金。实践中对于偿还了银行贷款，或者提供了足额真实担保，未给银行造成直接损失的，一般不应追究骗取贷款、票据承兑、金融票证罪的刑事责任。需要注意的是，实践中对是否造成"重大损失"的判断时点和标准不能过于拘泥，不能要求穷尽一切法律手段后才确定是否造成损失，如行为采取欺骗手段骗取货款，不能按期归还资金，也没有提供有效担保，就应认定给银行等金融机构造成重大损失，而不能要求银行等在采取诉讼等

---

① 许永安主编：《〈中华人民共和国刑法修正案（十一）〉解读》，中国法制出版社2021年版，第115~130页。

② 需要注意的是，该立案追诉标准已被2022年4月6日公布的《最高人民检察院、公安部关于公安机关管辖的刑事案件立案追诉标准的规定（二）》修订，现立案追诉标准为"给银行或者其他金融机构造成直接经济损失数额在五十万元以上的"。

法律手段追偿行为人房产等财产不能清偿之后，才判定其遭到重大损失。对于后期在判决前通过法律手段获得清偿的，可酌定从宽处罚。

对于构成本罪的，本款规定了两档刑，即：给银行或者其他金融机构造成重大损失的，处3年以下有期徒刑或者拘役，并处或者单处罚金；给银行或者其他金融机构造成特别重大损失或者有其他特别严重情节的，处3年以上7年以下有期徒刑，并处罚金。需要注意的是，本条第二档刑罚中保留了"特别严重情节"的规定。这种立法体例在《刑法》其他条文规定中也是有的，如诈骗罪、贷款诈骗罪等。"其他特别严重情节"一般也应当以"造成重大损失"为条件，如果具有欺骗手段特别严重或者涉嫌数额巨大，给国家金融安全造成特别重大风险的，也可依法追究刑事责任。

【刑事政策文件】

1.《最高人民法院刑事审判第二庭关于针对骗取贷款、票据承兑、金融票证罪和违法发放贷款罪立案追诉标准的意见》（2009年6月24日）（节录）

根据《中国人民银行贷款通则》第三十四条的规定，不良贷款是指呆账贷款、呆滞贷款、逾期贷款。《贷款分类指导原则》（试行）第三条规定，贷款分为正常、关注、次级、可疑和损失五类，后三类合称为不良贷款。因此，不良贷款根据不同的标准划分为不同级别，各个级别的风险程序也有差别，不宜一概以金融机构出具"形成不良贷款"的结论来认定"造成重大损失"。例如达到"次级"的贷款，虽然借款人的还款能力出现明显问题，依靠其正常经营收入已无法保证足额偿还本息，但若有他人为之提供担保的，银行仍然可以通过民事诉讼实现债权。因此，"不良贷款"不等于"经济损失"，亦不能将"形成不良贷款数额"等同于"重大经济损失数额"。

2.《最高人民检察院公诉厅关于对骗取贷款罪等犯罪立案追诉标准有关问题的回复意见》（2009年6月30日）

如果银行或者其他金融机构仅仅出具"形成不良贷款数额"的结论，不宜认定为"重大经济损失数额"。根据目前国有商业银行、股份制商业银行实行的贷款五级分类制，商业贷款分为正常、关注、次级、可疑、损失五类，其中后三类称为不良贷款，因此不良贷款尽管"不良"但不一定形成了既成的损失，不宜把形成不良贷款数额等同于"重大经济损失数额"。

问题2. 骗取贷款罪中欺骗手段的认定

【实务专论】[①]

所谓"欺骗手段"，是指行为人在取得银行或者其他金融机构的贷款、票据承兑、信用证、保函等信贷资金、信用时，采用的是虚构事实、隐瞒真相等手段，掩盖了客观事实，骗取了银行或者其他金融机构的信任。申请人在申请贷款的过程中有虚构事实、掩盖真相的情节，或者在申请贷款过程中，提供假证明、假材料。需要注意的是，对"欺骗手段"的理解不能过于宽泛，欺骗手段应当是严重影响银行对借款人资信状况、还款

[①] 许永安主编：《〈中华人民共和国刑法修正案（十一）〉解读》，中国法制出版社2021年版，第115~130页。

能力判断的实质性事项,这类事项应当属于银行等金融机构一旦知晓真实情况就会基于风险控制而不会为其融资的事项。如行为人编造虚假的资信证明、资金用途、抵押物价值等虚假材料,导致银行或者其他金融机构高估其资信现状的,可以认定为使用"欺骗手段"。

同时,在办理骗取贷款等犯罪案件时,在涉及企业生产经营领域,要充分考虑企业"融资难""融资贵"的实际情况,注意从借款人采取的欺骗手段是否属于明显虚构事实或者隐瞒真相,是否与银行工作人员合谋、受其指使,是否非法影响银行放贷决策、危及信贷资金安全,是否造成重大损失等方面,合理判断其行为危害性,不苛求企业等借款人。对于借款人因生产经营需要,在贷款过程中虽有违规行为,但未造成实际损失的,一般不作为犯罪处理。

【人民法院报案例】郑某骗取贷款案[①]

[裁判要旨]

行为人擅自改变贷款用途,虽然在签订合同时提供了抵押,但事后通过欺骗手段解除了抵押,且未按约定将另行获得的贷款用于偿还债务,而是继续转投风险很高的期货市场,给债权人造成重大损失,应认定为骗取贷款罪。

[基本案情]

2016年10月,被告人郑某谎称需要资金开发果业,用其2000余亩林权抵押,向广源小额贷款公司(以下简称广源公司)借款1000万元,并办理了抵押登记。10月15日,郑某收到贷款,当日全部转入炒期货,后亏损950余万元。2017年初,郑某与广源公司商议,农行贷款利率低,希望广源公司撤销抵押,郑某再用该林权到农行办理贷款,贷款下来立即还款给广源公司。2017年6月中旬,双方办理了抵押登记撤销手续;7月下旬,郑某以该林权抵押从农行办理贷款800万元,但未归还广源公司,而是随即又拿去炒期货,全部亏损。郑某尚有本金近700万元未能归还。

[争议问题]

被告人郑某取得广源公司贷款后,改变贷款用途,骗取撤销林权抵押又不按约定偿还债务,导致广源公司受到严重损失的行为是否构成骗取贷款罪?对此,存在两种观点:一种观点认为,郑某虽然改变了贷款用途,但在签订贷款合同时,提供了真实、合法、有效的抵押,并非属于欺骗,不应认定为骗取贷款罪。另一种观点认为,郑某擅自改变贷款用途,虽然在签订合同时提供了抵押,但事后通过欺骗手段解除了抵押,且未按约定将另行获得的贷款用于偿还债务,而是继续转投风险很高的期货市场,给广源公司造成重大损失,应认定为骗取贷款罪。

[简要分析]

郑某的行为构成骗取贷款罪。理由如下:擅自改变贷款用途属于欺骗手段。资金申请的用途是影响贷款风险的重要因素,因此,也成为实践中贷款风险度测定的重点并构成借款合同必备条款。中国人民银行《贷款通则》第71条就改变贷款用途作了专门限制,并明确列举了"用贷款在有价证券、期货等方面从事投机经营"这一行为,主要因为它的投机性及其对金融安全的风险。骗取贷款罪客观要件中的"欺骗手段",是指采取

---

① 徐英荣:《改变贷款用途并欺骗撤销抵押是否构成骗取贷款罪》,载《人民法院报》2018年6月14日。

虚构事实、隐瞒真相等手段，骗取银行或者其他金融机构的信任，如虚构假项目、提供假证明、使用假担保等骗取贷款，或者贷款资金没有按申请用途去使用，均属于欺骗。本案中郑某在具体贷款办理过程中，明确表示需要资金到福建投资果业，隐瞒了炒期货目的，并在贷款发放当天全部用于炒期货，改变资金用途的欺骗性主观意图和客观行为明显。

实践中，对于改变资金用途、夸大投资项目甚至提供虚假证明材料，但提供了合法有效抵押的，通常不认定为骗取贷款罪。这并非因为这些行为不是欺骗手段，而是因为该罪属于结果犯，要求造成重大损失。而合法有效的抵押能够担保债权实现，在借款人无力还贷时，通过实现抵押债权即可，一般不会造成银行或其他金融机构重大损失。但一旦行为人提供的是虚假担保，或者超出抵押物价值重复担保，或者在提供担保后骗取对方撤销担保，就会使贷款风险大幅上升。本案中，郑某利用其曾经做过广源公司股东这一熟人身份，并以撤销抵押后用该林权再抵押获得的贷款还钱给广源公司为由，骗得对方撤销抵押权，使得该笔债权失去了抵押担保，并客观上给广源公司造成了重大损失。对于本案，不能仅以贷款时抵押合法有效来排除骗取贷款罪的适用，而应综合全案发展进程来判断。在金融犯罪司法实践中，不少金融民事欺诈行为是逐步转化为金融犯罪的，如为获得更多贷款而夸大投资项目、提供虚假材料，如果之后偿还能力较好或是有足够可以实现的担保，则不会以犯罪来追诉；但如果出现高风险投资失败、多头债务无法周转、资金链断裂等因素，由于之前的欺骗手段及之后的重大损失，极可能转化成为刑事案件。

问题 3. 骗取贷款案件中行为人主观目的的认定

【实务专论】①

九、将以欺骗手段取得银行或者其他金融机构贷款、票据承兑、信用证、保函等行为增加规定为犯罪

在市场竞争日趋激烈的情况下，不应当把从银行获取贷款后还不上的，都作为贷款诈骗犯罪处理。将所贷款用于生产经营项目，只是由于经营不善、市场急剧变化或者决策失误，导致生产经营亏损，因而不能返还贷款，不应当认定为贷款诈骗罪。考虑到实践中以欺骗手段获取银行和金融机构贷款，有些虽然不具有非法占有目的，但的确给金融机构造成了损失，扰乱了正常金融秩序。实践中，除以欺骗手段获取金融机构贷款外，骗取银行开具以金融机构信用为基础的票据承兑、信用证、保函等其他信用的案件也屡见不鲜。骗取金融机构信用与贷款，使金融资产运行处于可能无法收回的巨大风险之中，有必要规定为犯罪。但考虑到行为人没有"非法占有目的"，刑罚应当比贷款诈骗轻一些。因此，《刑法修正案（六）》第10条规定，在《刑法》第175条后增加一条，作为第175条之一："以欺骗手段取得银行或者其他金融机构贷款、票据承兑、信用证、保函等，给银行或者其他金融机构造成重大损失或者有其他严重情节的，处三年以下有期徒刑或者拘役，并处或者单处罚金；给银行或者其他金融机构造成特别重大损失或者有其他特别严重情节的，处三年以上七年以下有期徒刑，并处罚金。""单位犯前款罪的，对单位

---

① 黄太云：《〈刑法修正案（六）〉的理解与适用（下）》，载《人民检察》2006 年第 15 期。

判处罚金,并对其直接负责的主管人员和其他直接责任人员,依照前款的规定处罚。"

本罪的犯罪主体是一般主体,自然人和单位都可成为犯罪主体。本罪与《刑法》第193条贷款诈骗罪从行为特征上看,虽然都采用了欺骗手段,但本罪的行为人主观上没有非法占有的目的,这在日常生活中并非少见。如有些单位知道自己不符合贷款条件或者经济效益很差,但为了从银行或金融机构获得贷款,隐瞒真相,编造虚假经济效益,获得贷款用以扩大生产规模、搞技术改造,或者为单位员工盖家属楼、发奖金、改善福利等,就不能认定具有非法占有的目的。

在司法实践中,认定是否具有非法占有的目的,应当坚持主客观相一致的原则,既要避免单纯根据损失结果客观归罪,也不能仅凭被告人自己的供述,而应当根据案件具体情况具体分析。最高人民法院于2001年1月21日发布的《全国法院审理金融犯罪案件工作座谈会纪要》中指出:"在处理具体案件时要注意以下两点:一是不能仅凭较大数额的非法集资款不能返还的结果,推定行为人具有非法占有的目的;二是行为人将大部分资金用于投资或生产经营活动,而将少量资金用于个人消费或挥霍的,不应仅以此便认定具有非法占有的目的。"这就要求,对于行为人采取欺骗手段从银行和其他金融机构取得贷款,但行为人将贷款主要用于生产经营活动,确因生产经营不善导致贷款不能归还的,不能认定具有非法占有的目的。这一规定不仅对认定贷款诈骗罪,对认定其他金融诈骗犯罪也有重要指导意义。

【刑事审判参考案例】陈某国犯骗取贷款案[①]

一、基本案情

罗山县人民法院经公开审理查明:2006年10月至2010年11月,被告人陈某国以他人名义在原河南省罗山县农村信用合作联社山店信用社,经信贷员方某彬、陈某、姚某勋、孟某鹏贷款115笔共计610.2万元;其中冒用他人名义贷款18笔共计84.5万元。2007年7月29日,陈某国以他人名义,在原东城信用社,经信贷员孟某鲲贷款1笔50万元。2007年3月至2008年9月,陈某国以他人名义,在原涩港信用社,经信贷员周某尤贷款5笔共计38万元。2008年6月30日,陈某国冒用张某枝、高某的名义担保,私刻二人印章,以虚假担保方式,从原莽张信用社贷款90万元。

陈某国以他人名义贷款或者担保贷款,将贷款领取后,到期未偿还贷款本金及利息。为应付信阳市清理冒名贷款的检查,山店信用社的信贷员方某彬于2011年7月28日申请将经其发放给陈某国所贷的款本息100万元转至其名下,并与罗山农村商业银行签订了借款合同。同日,陈某申请将经其发放给陈某国的贷款本息45万元转至其名下。同月27日,姚某勋申请将经其发放给陈某国的贷款本息70万元转至其名下。次日,孟某鹏申请将经其发放给陈某国的贷款本息转至其名下200万元;其经手发放的其余250万元,由陈某国申请转至陈某国本人名下。为担保转至信贷员方某彬、陈某、姚某勋名下的贷款,2011年7月24日,方某彬、陈某与陈某国签订了罗山县山店乡水电站、自来水经营管理使用权整体转让协议,协议约定如陈某国在2012年1月1日以前能够一次性偿还方某彬

[①] 孔晶晶:《陈某国骗取贷款案——如何认定骗取贷款案件中行为人是否具有非法占有目的》,载中华人民共和国最高人民法院刑事审判第一、第二、第三、第四、第五庭主办:《刑事审判参考》总第97集,法律出版社2014年版。

124.8万元借款、陈某52.3万元借款，合同作废；如到期不能还清借款，合同当天生效，陈某国将响水潭水库的自来水、发电站经营权作价177.1万元交由方某彬、陈某。后因乡政府与陈某国在2006年6月19日签订的水电站、自来水经营管理使用权整体转让协议上有限制转让的规定，方某彬、陈某未能实现水电站、自来水的经营权。

方某彬在陈某国既不还款，又无法取得水电站、自来水经营权的情况下，遂于2012年5月23日报案至罗山县公安局，称陈某国在事先未征得山店乡政府同意的情况下，将其承包山店乡政府的自来水及水电站的经营权转让与其及该行另一信贷员陈某，并将陈某国冒名所贷的170余万元贷款转至其与陈某名下，由其二人承担还本付息义务。次日，罗山县公安局以陈某国贷款诈骗立案侦查。案发后（2012年12月18日），方某彬、陈某与陈某国又达成如下协议：以陈某国的水电站、自来水经营权抵偿177万元的本金；以陈某国山店陈楼周山路边造林作价抵偿利息中的10万元，余款17.31万元以陈某国的轿车做抵押及由许少军担保偿还；今后陈某国如能用现金一次性全部结清借款本金和利息，方某彬、陈某同意返还水电站、自来水经营权和陈楼周山路边的林地。2011年7月23日姚某勋与陈某国达成协议：陈某国向姚某勋借款79.3521万元，陈某国以郑州的房产做抵押。陈某国同时将其在郑州的房产证交给了姚某勋。2011年7月23日，陈某国分别向方某彬、陈某、姚某勋出具了借到现金124.8万元、52.3万元、79.35万元的借条；2011年5月1日向孟某鹏出具了欠贷款479万元的欠条。后庭审审理时，方某彬、陈某、姚某勋当庭均证明将陈某国以他人名义的贷款转至其三人名下并非自愿的，而是迫于信阳市检查整改压力。姚某勋另证明转至其名下的贷款并非其本人的借款，应当由陈某国偿还。罗山农村商业银行称方某彬、陈某、姚某勋、孟某鹏与陈某国之间就陈某国以他人名义的贷款转到四人名下的行为是他们的个人行为，应当属于无效行为。以方某彬、陈某、姚某勋、孟某鹏名义办理的原陈某国以他人名义的贷款至今未偿还贷款本金。

罗山县人民法院认为，被告人陈某国多次冒用他人名义贷款84.5万元，冒用他人名义担保贷款90万元，共计骗取银行贷款174.5万元，情节严重，其行为构成骗取贷款罪。从在案证据分析，陈某国骗取贷款后，确有开发周党步行街房产、山店林场、山店乡水电站、自来水经营管理权等投资项目；案发前，陈某国与经办的信贷员签订了转贷协议，并将其资产证件交付了信贷员，可以证明陈某国确有还款的意愿。综上所述，认定陈某国主观上非法占有贷款的证据不足，公诉机关指控陈某国犯贷款诈骗罪的理由不能成立，应当以骗取贷款罪定罪处罚。

被告人陈某国以沈世林等18人的名义贷款845000元，应当计入骗取银行贷款的数额；公诉机关指控的其余各笔以他人名义的贷款，现有证据不能证明属于陈某国冒用他人名义贷款，只能证明陈某国以这些人的名义贷款，故公诉机关指控陈某国冒用他人名义骗取银行贷款6982000元不准确，陈某国冒用他人名义贷款应当认定为845000元。公诉机关指控陈某国冒用他人名义担保贷款900000元。因担保人高某、张某枝均证明没有为该笔贷款担保，借款手续上的担保人的签章并不是其本人所为，经手办理该笔贷款的信贷员刘中良亦证明担保人高某、张某枝并未到场办理担保手续，是陈某国提供的担保人的身份证和私章，故该笔贷款系陈某国冒用他人名义担保而取得的贷款，对于陈某国的该项辩解意见不予采纳。据此，依照《中华人民共和国刑法》第175条之一第1款、第64条之规定，罗山县人民法院判决如下：

1. 被告人陈某国犯骗取贷款罪，判处有期徒刑三年，并处罚金人民币五万元；

2. 陈某国于判决生效之日起三十日内退赔河南罗山农村商业银行股份有限公司人民币一百七十四万五千元。

一审宣判后，被告人陈某国未提出上诉，检察机关亦未抗诉，该判决已发生法律效力。

二、主要问题

如何认定骗取贷款案件中行为人是否具有非法占有目的？

三、裁判理由

骗取贷款罪与贷款诈骗罪同属于破坏社会主义经济秩序罪中的个罪，均以贷款为对象，司法实践中对两罪的认定容易混淆。根据《刑法》第175条之一的规定，骗取贷款罪是指以欺骗手段取得银行或者其他金融机构贷款，给银行或者其他金融机构造成重大损失或者有其他严重情节的行为。而根据《刑法》第193条的规定，贷款诈骗罪，是指以非法占有为目的，诈骗银行或者其他金融机构的贷款，数额较大的行为。从《刑法》规定的罪状分析，骗取贷款罪与贷款诈骗罪最主要的区别在于主观要件，即行为人主观上是否以非法占有为目的。贷款诈骗罪的目的不仅是骗取贷款，而且是非法占有贷款。而骗取贷款罪采用欺骗手段的目的是在不符合贷款条件的情况下取得贷款，不以非法占有为目的。

非法占有目的，是指行为人实施犯罪行为的目的，在于使财物脱离其合法所有人或者持有人的控制而将其据为己有。换言之，是指行为人改变公私财产所有权的目的。非法占有目的，是行为人的一种主观心理状态，但主观最终必定见诸客观，不可能完全脱离客观外在活动而存在。对行为人非法占有目的的认定，可以通过行为人具体实施的客观行为加以判断。实践中，有的行为体现非法占有的目的非常直接明显，如使用虚假证明骗取贷款后携款逃跑；但也有的行为难以单独体现行为人主观上的非法占有目的。如《刑法》第193条规定的五项情形：（1）编造引进资金、项目等虚假理由的；（2）使用虚假的经济合同的；（3）使用虚假的证明文件的；（4）使用虚假的产权证明作担保或者超出抵押物价值重复担保的；（5）以其他方法诈骗贷款的。上述五项情形，只能证明行为人主观上具有非法占有目的的可能性，是否实际具有非法占有的目的，还必须借助相关的客观事实加以分析认定。

最高人民法院2001年1月21日印发的《全国法院审理金融犯罪案件工作座谈会纪要》（以下简称《纪要》）强调，在司法实践中，认定是否具有非法占有为目的，应当坚持主客观相一致的原则，既要避免单纯根据损失结果客观归罪，也不能仅凭被告人自己的供述，而应当根据案件具体情况具体分析。结合司法实际，一般而言，对于行为人通过欺骗的方法非法获取资金，造成数额较大资金不能归还，并具有下列情形之一的，可以认定为具有非法占有的目的：（1）明知没有归还能力而大量骗取资金；（2）非法获取资金后逃跑的；（3）肆意挥霍骗取资金的；（4）使用骗取的资金进行犯罪活动的；（5）抽逃、转移资金、隐匿财产，以逃避返还资金的；（6）隐匿、销毁账目，或者搞假破产、假倒闭，以逃避返还资金的；（7）其他非法占有资金、拒不返还的行为。将上述一般性经验法则具体运用到骗取贷款案件中，我们认为，认定行为人主观上具有占有贷款目的，必须具备以下条件：（1）行为人是通过欺诈手段获取贷款，即行为人实施了《刑法》第193条规定的五项情形之一；（2）行为人到期没有归还贷款；（3）行为人贷款时即明知不具有归还能力或者贷款后实施了某种特定行为，如实施了《纪要》规定的七种情形之一。如果行为人同时具备上述三个条件,就可以认定行为人主观上具有非法占有贷款的目的;如果行为人骗取贷款的行为欠缺上述三个条件之一,则一般不应认定其主观上具有非法占有贷款的目的,从而不能认定构成贷款诈骗罪。

值得注意的是,骗取贷款罪与贷款诈骗罪可能相互转化,甚至导致案件性质从刑事转化为民事,民事转化为刑事。如行为人取得贷款之前没有非法占有的意图,但在取得贷款后,客观行为表现出其主观上不愿归还贷款的情形,贷款期满后不予归还,达到数额较大的,则构成贷款诈骗罪。

基于上述分析,具体到本案中,被告人陈某国多次冒用他人名义贷款,冒用他人名义担保贷款,从查明的证据来看,陈某国骗取贷款后,确有开发周党步行街房产、山店林场、山店乡水电站、自来水经营管理权等投资项目;案发前,陈某国与经办的信贷员签订了转贷协议,并将其资产证件交付了信贷员,可以证明陈某国确有还款的意愿。其对取得的贷款并没有非法占有的意图,但其以欺骗手段取得银行或者其他金融机构贷款,给银行或者其他金融机构造成重大损失的行为应认定为骗取贷款罪。

【刑事审判参考案例】钢浓公司、武某钢骗取贷款、诈骗案①

一、基本案情

武汉市中级人民法院经公开审理查明:

1. 骗取贷款的事实

被告单位钢浓公司于 2005 年 5 月 19 日在武汉市工商行政管理局蔡甸分局注册成立,注册资本 500 万元,被告人武某钢任公司法定代表人。钢浓公司在武汉市蔡甸区奓山街三家店村租赁 38.6 亩土地投资建厂,从事还原铁生产加工,产品销售给武汉钢铁集团金属资源有限责任公司(以下简称金资公司)。2007 年投产后,钢浓公司持续亏损,资金周转困难。2008 年 6 月,武某钢经他人介绍结识光大银行武汉分行青山支行副行长林某宁,武某钢表示希望从该行获取贷款,林某宁向其推荐了银行保理融资业务。为获得贷款,武某钢隐瞒钢浓公司持续亏损的事实,向光大银行武汉分行提供虚假的财务报告、应收款明细表。同年 9 月 16 日,钢浓公司与光大银行武汉分行签订《综合授信协议》,授信额度为 2000 万元,授信有效期 1 年,应收账款付款期限最长不得超过 90 天。同月 18 日,武某钢使用私刻的武汉钢铁股份有限公司(物资采购)合同专用章,假冒金资公司合同员周长工的签名,与光大银行武汉分行签订《关于武汉钢浓粉末冶金有限公司(卖方)有关应收账款转让问题的三方协议》。协议签订后,武某钢又伪造废钢买卖合同、产品合格证明、应收账款债权转让通知书等,于 2008 年 9 月 23 日、10 月 9 日两次从光大银行武汉分行骗取保理资金共计 2000 万元。

2009 年初,武汉钢铁(集团)股份有限公司内部管理机制调整,签订合同、结算账款由金资公司负责。同年 3 月 2 日,钢浓公司采取前述欺骗方法与光大银行武汉分行重新签订《综合授信协议》,授信额度仍为 2000 万元,授信有效使用期限至 2010 年 3 月 1 日。同年 5 月,因钢浓公司不能按约正常还款,林某宁对钢浓公司的财务章、合同章、公章进

---

① 郑娟、邓海兵:《钢浓公司、武某钢骗取贷款、诈骗案——使用虚假资料获取银行贷款的,如何认定行为人的非法占有目的》,载中华人民共和国最高人民法院刑事审判第一、第二、第三、第四、第五庭主办:《刑事审判参考》总第 111 集,法律出版社 2018 年版。

行监管。

2009年11月9日，武某钢与武汉盈科物资有限公司有关人员签订钢浓公司股权转让协议，并于同年11月19日在武汉市工商行政管理局蔡甸分局办理公司法人变更登记，武某钢不再持有钢浓公司股份，不再担任钢浓公司法定代表人。经鉴定，自2008年9月至2009年11月18日法定代表人变更止，钢浓公司累计收到光大银行青山支行授信保理贷款资金11094万元，偿还9094万元，尚欠2000万元。至2010年8月案发，钢浓公司尚欠保理融资本金1503.5万元。

2. 诈骗事实

2009年11月28日，被告人武某钢隐瞒钢浓公司法定代表人已变更的事实，对原材料供货商程某胜谎称需要资金回购钢浓公司股权，向程某胜借款278.24万元，期限6个月。同年12月15日，武某钢以股权回购资金不足为由，再次向程某胜借款309万元，承诺2010年1月20日归还。逾期后，程某胜多次向武某钢催还借款，武某钢于2010年9月至10月间归还借款35万元，并承诺同年10月1日起每月归还借款30万元。逾期后，武某钢假借各种理由不履行偿还义务。至案发，仍有本金552.24万元不能归还。

武汉市中级人民法院认为，被告单位钢浓公司及被告人武某钢在申请贷款过程中，提供虚假证明文件，夸大偿付能力，以欺骗手段取得光大银行青山支行保理融资款2000万元，并导致1503.5万元不能归还，给银行造成特别重大损失。钢浓公司及武某钢的行为，均已构成骗取贷款罪。武某钢以非法占有为目的，虚构事实，骗取他人财物552.24万元，数额特别巨大，其行为构成诈骗罪。武某钢犯数罪，应当数罪并罚。根据《中华人民共和国刑法》第175条之一、第266条、第30条、第31条、第56条第一款、第55条第一款、第69条、第53条、第64条之规定，判决如下：

1. 被告单位武汉钢浓粉末冶金有限公司犯骗取贷款罪，判处罚金人民币十万元。
2. 被告人武某钢犯骗取贷款罪，判处有期徒刑四年，并处罚金人民币五万元；犯诈骗罪，判处有期徒刑十一年，剥夺政治权利一年，并处罚金人民币五万元；决定执行有期徒刑十三年，剥夺政治权利一年，并处罚金人民币十万元。

一审宣判后，武汉市人民检察院以钢浓公司、武某钢对保理资金有非法占有目的，原审对该起事实定性错误，依法应以合同诈骗罪追究武某钢及钢浓公司刑事责任等为由提起抗诉。

被告人武某钢及其辩护人以借条、还款协议等证明武某钢找程某胜借款系民间借贷，武某钢不构成诈骗罪等为由提出上诉。

湖北省高级人民法院经审理认定的事实证据与一审相同。湖北省高级人民法院经审理认为，原审判决认定事实清楚，证据确实、充分，定罪准确，量刑适当。审判程序合法，故裁定驳回抗诉、上诉，维持原判。

二、主要问题

使用虚假资料获取银行贷款的案件中，如何认定行为人具有非法占有的目的？

三、裁判理由

本案在审理过程中，对于被告人武某钢使用虚假资料获取银行贷款的行为应如何定罪，存在两种观点：第一种观点认为，武某钢以非法占有目的，使用虚假的证明文件骗取贷款，应构成贷款诈骗罪；第二种观点则认为，武某钢虽然使用虚假的证明文件骗取贷款，但其没有非法占有的目的，应构成骗取贷款罪。

我们同意第二种观点。一般而言，使用虚假资料获取银行贷款，可能涉及两个罪名：骗取贷款罪和贷款诈骗罪。两罪同属破坏社会主义市场经济秩序犯罪，前罪侵犯的客体是金融秩序和安全，后罪侵犯的客体是国家对银行贷款的管理制度和公私财产的所有权。前罪在客观上要求以欺骗手段获取贷款后，给银行或者其他金融机构造成重大损失或者有其他严重情节，后罪仅要求骗取的贷款达到数额较大的标准即可。前罪最高法定刑为七年有期徒刑，并处罚金；后罪最高法定刑为无期徒刑，并处没收财产。两罪在客观要件和量刑上的区别，归根结底在于，前罪并无非法占有之目的或者没有确实、充分的证据证实借款人有非法占有之目的，后罪则以明确的非法占有为主观故意，意欲侵占银行经营管理的财产。

司法实践中，囿于借款人主观故意的隐蔽性和客观行为的相似性，对借款人的行为定性往往存在较大分歧。《刑法》第193条规定，使用虚假的经济合同、证明文件，或者使用虚假的产权证明作担保，或者超出抵押物价值重复担保等方法骗取贷款，且有非法占有目的，数额较大的，构成贷款诈骗罪。也就是说，刑法本身并不孤立看待申请贷款时的造假行为，只有行为人主观上具备非法占有之目的，才可能因客观上的造假行为以诈骗犯罪论处。换言之，审理此类案件的关键在于界定行为人是否有非法占有目的。

本案中，被告人武某钢确有使用虚假财务报告、应收款明细表等资料的行为，亦有私刻武汉钢铁股份有限公司（物资采购）合同专用章，假冒金资公司合同员周长工的签名，与光大银行武汉分行签订《关于武汉钢浓粉末冶金有限公司（卖方）有关应收账款转让问题的三方协议》的行为，但上述行为并不能单独构成诈骗犯罪，除了被告人对其主观目的的供述外，还应结合被告人及被告单位申请贷款之前的经济状况、获取贷款之后的款项用途、款项到期后的还款意愿及还款效果等综合评价，不能仅凭行为人有使用虚假资料骗取贷款的客观行为和实际未能还款的客观结果，片面认定行为人的主观故意。具体来说，应当主要根据以下三方面情况来判断行为人的主观故意：

（1）贷款之前的经济状况

通常情况下，借款人贷款之前的经济状况并不能直接反映借款人是否存有非法占有目的。但其经济状况和借款缘由可以在一定程度上反映借款人的后期还款能力和借款用途的真实性。如果借款人有正常经营的业务，经济能力较强，虽然使用了虚假资料获取贷款，但借款用途真实，后因正常经营风险无力还款，认定借款人有非法占有目的要慎重；如果借款人并无真实经营业务，资不抵债甚至长期负债，可以推定其主观上可能具有非法占有之目的，同时结合其申请贷款时的具体行为和实际造成的后果进一步界定其主观故意。

（2）获取贷款后的款项用途

一般而言，非法占有具有很强的主观性，很难通过客观事实直接证明，但行为人获取贷款后的用款方式、有无擅自改变贷款用途的行为可以在一定程度上反映行为人的主观状态。对于严格遵照贷款协议约定的贷款用途，真实诚信地使用所借款项，确因正常经营风险无力偿还贷款的，即使在申请贷款时使用了虚假资料或有其他民事欺诈行为，亦应首先考虑为贷款纠纷，确实给银行等金融机构造成重大损失或者有其他严重情节的，可以结合案件事实以骗取贷款罪论处，不能简单采取客观归罪的方式直接以诈骗犯罪处理。对于擅自改变贷款用途，导致贷款资金脱离银行等金融机构所能预期的经营状况，后因正常经营风险无力偿还的，既要考虑实际用款项目的正常盈利可能，也要结合行为人贷款前的实际经济状况，申请贷款时有无欺诈行为等具体情节，结合证人证言、被告人供述等言词证据准确界定行为人是否具有非法占有之故意。对于获取贷款后，将资金用于偿还个人债务、赌博、挥霍，后又实际未能偿还贷款的，除有证据证明行为人确有可靠资金来源保证偿贷能力，后因不可抗力或者意外事件等难以预料的因素导致偿贷资金灭失的，一般可以推定其主观上具有非法占有目的。

(3) 款项到期后的还款意愿和实际还款效果

按照主观见之于客观的原则，借款人在款项到期后的还款意愿和实际还款效果，一方面反映借款人的客观行为所造成的实际后果，另一方面也能直接反映行为人对所借款项是否具有非法占有的主观故意。在民商事法律关系中，按期还款是借款人应当履行的义务，逾期还款承担相应的违约责任。但违约责任的成立并不必然导致刑事责任的承担。一般而言，款项到期后，行为人虽一时不具备还款能力，但能够积极筹措资金，实际归还了全部或者大部分贷款的；或者虽无还款资金，但能够提供相应的无权属争议的担保物保证还款的，后又实际归还了全部或者大部分贷款的；或者有其他类似的积极还款行为以及保证还款措施的，均不宜认定行为人有非法占有的主观恶意。对于抽逃、转移资金，隐匿财产，或者隐匿、销毁账目，或者以假破产、假倒闭等方式逃避还贷的，以及获取贷款后逃跑的，实际造成数额较大的资金不能偿还的，可以认定行为人有非法占有的目的。

综上所述，被告人武某钢及被告单位钢浓公司是有明确主业的实体公司，虽有负债，但只是略有亏损，缺乏流动资金，确有引资必要，贷款借出时武某钢即与银行签订《最高额保证合同》，对保理资金承担连带保证责任，后亦无证据证实武某钢有将贷出的保理资金挪作个人使用或有挥霍保理资金等的行为，贷款逾期后武某钢书面承诺银行有权追索其名下房产，无充分证据证实武某钢有恶意逃债行为，不能排除银行资金损失与钢浓公司经营性亏损的关联性。换言之，虽然被告人武某钢及被告单位有使用虚假资料骗取贷款的欺诈行为，但无充分证据证实被告人武某钢及被告单位钢浓公司对骗取的资金具有非法占有目的。法院依法以骗取贷款罪追究被告人武某钢及被告单位钢浓公司的刑事责任，定性是准确的。

【人民司法案例】上海金源国际经贸发展有限公司、刘某军、周某进骗取贷款案[①]

[案例要旨]

以欺骗手段获取金融机构的贷款，是构成骗取贷款罪还是贷款诈骗罪或合同诈骗罪，除了犯罪后果上的区分外，判断的主要标准是行为人是否具有非法占有目的。以非法占有为目的骗取贷款的，构成贷款诈骗罪或者合同诈骗罪；不以非法占有为目的骗取贷款的，构成骗取贷款罪。对于误认为有偿还能力而骗取银行贷款的，不宜认定主观上有非法占有的目的，以骗取贷款罪论处。

[案情]

2007年底左右，浙江绍兴纵横集团有限公司（以下简称纵横集团，另案处理）董事长袁某仁（另案处理）虽明知该集团已经营困难，仍向被告人周某进提出通过被告单位

---

① 肖晚祥、肖伟琦：《非法占有目的是区分骗取贷款罪和贷款诈骗罪的关键》，载《人民司法·案例》2011年第16期。

金源公司以虚假循环贸易方式骗取银行贷款供纵横集团使用的要求。周某进在误信纵横集团届时有能力归还贷款的情况下，同意了袁某仁的要求，还提议向中国出口信用保险公司上海市分公司（以下简称中信保上海公司）投保以便顺利获得贷款。袁某仁亦予同意。

2008年1月，被告人周某进为了能够顺利获得保险和贷款，指使公司财务人员变更记账方法以隐瞒金源公司证券交易巨额亏损的真相，并将虚假财务报表按期提供给中国农业银行股份有限公司上海分行（以下简称农行上海分行）和中信保上海公司。同年3月至7月间，金源公司先后与中信保上海公司、纵横集团等签订了国内购销贸易框架合同等一系列合同，并先后获得了中信保上海公司3亿元的保险限额和农行上海分行3亿元的信贷额度。为了顺利获得贷款，纵横集团还先后找到浙江新洲集团有限公司等9家公司作为中间商参与虚假循环贸易。其间，周某进与袁某仁就合同总金额、预付款、中间商、单证传递、合同样本等事宜进行了商议。此后，周某进指令被告人刘某军代表金源公司负责具体事宜。2008年8月至9月间，刘某军在明知虚假循环贸易的情况下，仍根据周某进的要求，起草和签订了金源公司与纵横集团两个子公司即绍兴纵横高仿真化纤有限公司（以下简称纵横高仿真公司）和绍兴纵横聚酯有限公司（以下简称纵横聚酯公司）以及9家中间商之间11笔虚假循环购买和销售化纤原料合同。由此，纵横集团、中间商、金源公司之间依次两两签订标的相同、单价逐渐增加的循环封闭购销合同。金源公司从农行上海分行获得总金额为2.9亿余元的贷款，刘将放贷情况及时告知纵横集团，扣除相关费用，纵横集团实际获款2.5亿余元。2009年2月至3月间，农行上海分行持纵横聚酯公司和纵横高仿真公司开具的11份商业承兑汇票至绍兴市商业银行提示承兑，但被拒绝。被告单位金源公司向中信保上海公司提出索赔申请，亦被拒赔。截至同年8月，农行上海分行的经济损失为2.6亿余元。

[审理]

上海市第一中级人民法院经审理认为：被告单位金源公司在误信纵横集团有还款能力的情况下，伙同纵横集团，假借贸易名义向农行上海分行申请贷款，采用提供虚假财务报表和虚假合同等方法隐瞒公司巨额亏损、虚假循环贸易等真相的欺骗手段骗得被害单位的贷款共计2.92亿余元，造成被害单位经济损失2.6亿余元，其行为已构成骗取贷款罪，且属于造成特别重大损失之情形。被告人周某进作为金源公司直接负责的主管人员，对金源公司所犯骗取贷款罪起重要作用，故其行为亦构成骗取贷款罪。被告人刘某军作为金源公司的其他直接责任人员，对金源公司所犯骗取贷款罪起积极作用，故其行为也构成骗取贷款罪。考虑到金源公司于案发后能主动赔偿部分经济损失，对金源公司、周某进、刘某军均从轻处罚。据此，依照《中华人民共和国刑法》第175条之一、第64条、第72条、第73条之规定，以骗取贷款罪分别对被告单位金源公司判处罚金人民币900万元；对被告人周某进判处有期徒刑六年，并处罚金人民币100万元；对被告人刘某军判处有期徒刑三年，缓刑五年，并处罚金人民币10万元；违法所得予以追缴。

一审判决后，被告单位金源公司和被告人周某进不服，提出上诉。

上诉人金源公司及其辩护人认为，金源公司并非纵横集团的融资平台；原判认定公司法定代表人周某进与袁某仁共谋骗取农行贷款，涉案的11笔内贸均系虚假循环贸易的证据不充分；纵横集团现行支付给金源公司的不是预付款而是往来款；金源公司向中信保投保时提供虚假的财务报表是为了合理避税，且农行在放贷之前已知晓；司法鉴定书认定贷款及损失数额错误；请求上海市高级人民法院依法改判。

上诉人周某进及其辩护人提出，周某进没有骗取贷款的主观故意和客观行为，原判以袁某仁的孤证及有选择地采信证据，从而错误认定其有罪；周某进要求员工隐瞒公司财务数据是为了合理避税，且农行工作人员贷款前已经明知；司法审计鉴定结论认定的数据错误。故请求上海市高级人民法院对周依法改判无罪。

上海市人民检察院认为，上诉人金源公司、周某进不仅具有骗取贷款的主观故意，而且还具体实施了欺诈行为，给农行上海分行造成巨额经济损失。原审法院根据上诉人犯罪事实、性质、情节和对社会的危害程度，依照合法程序作出的判决是正确的，故建议二审法院驳回上诉，维持原判。

上海市高级人民法院经审理认为，（1）上诉人金源公司和周某进具有骗取贷款的主观故意。根据我国《合同法》①的规定，买卖合同是出卖人转移标的物的所有权于买受人，买受人支付价款的合同。其根本目的是实现标的物的流转，使得买受人获得标的物，出卖人获得价款。而本案中，纵横集团和金源公司虽然签订了一系列的买卖合同，但没有真正的标的物，自制的货权转让书也根本无法实现标的物的流转，其最终目的是使金源公司从银行获得巨额贷款供纵横集团使用。因此，形式合法的购销合同无法掩饰其虚假的本质。而上诉人周某进作为金源公司的负责人，在签订涉案的一系列虚假内贸合同，及策划由中信保公司保险从而骗取农行贷款供纵横集团使用等行为中均起到决策者的作用。这一事实不仅得到金源公司具体经办人原审被告人刘某军供述的证实，且得到纵横集团高管证言的印证。故上诉人周某进具有骗取贷款的主观故意，而上诉人金源公司的意志是通过直接负责的主管人员周某进和直接责任人员刘某军的意志表现出来，故金源公司主观上亦具有骗取贷款的故意。（2）金源公司和周某进实施了骗取贷款的客观行为。我国《合同法》、相关贷款管理规定及金源公司与农行签订的贷款合同均明确要求，借款人金源公司有义务提供真实、完整、有效的财务报表及其他相关资料。上诉人周某进明知金源公司申请贷款期间，证券投资造成巨额亏损，并造成公司巨额负净利润，纵横集团已实际支付预付款的情况下，仍旧隐瞒真相，向农行上海分行和中信保上海公司提供虚假财务报表。不仅如此，从相关证据来看，上诉人金源公司和周某进明知本案的内贸合同系虚假的循环封闭合同，所谓的标的物是以自制的货权转让书等文件进行空转，并无物流凭证等单据和常规文件，仍将虚假的货权转让书及相关文件提供给农行和中信保，从而获得贷款，具有实施骗取贷款的行为。（3）原判认定的司法鉴定意见书合法、有效。本案中鉴定人按照国家法律法规和规章规定的方式、方法和步骤，遵守和采用相关技术标准和技术规范，依法独立、客观、公正地进行鉴定，所作出的司法鉴定意见合法、有效。一审法院依法对鉴定结论进行质证，并作为定案证据并无不当。（4）原判认定的损失数额合理。案发时，上诉人金源公司已存在大量债务，根本无力偿还涉案的到期贷款本息，相关的担保单位和担保人也无能力履行担保义务。由于涉案的保险标的不存在，因此亦无法获得理赔。故农行的巨额经济损失已经客观存在，刑法意义上的危害结果已经造成。虽然农行仍在向金源公司行使追偿权，这是被害单位实施的民事救济行为，但这种事后救济行为并不影响对已经发生的损害后果的认定。综上，原判认定被告单位金源公司、被告人周某进、刘某军犯骗取贷款罪的事实清楚，证据确实充分，适用法律正

---

① 现为《民法典》，下文同。

确,量刑适当,审判程序合法,故作出驳回上诉,维持原判的终审裁定。

[法院评论]

《刑法修正案（六）》新增《刑法》第175条之一骗取贷款罪,规定以欺骗手段取得银行或者其他金融机构贷款、票据承兑、信用证、保函等,给银行或者其他金融机构造成重大损失或者有其他严重情节的,处3年以下有期徒刑或者拘役,并处或者单处罚金;给银行或者其他金融机构造成特别重大损失或者有其他特别严重情节的,处3年以上7年以下有期徒刑,并处罚金。单位犯前款罪的,对单位判处罚金,并对其直接负责的主管人员和其他直接责任人员依照前款的规定处罚。骗取贷款罪的构成要件是:(1) 本罪的主体是一般主体,即达到刑事责任年龄,具有刑事责任能力的自然人以及单位。(2) 主观方面是行为人明知自己的行为违反国家法律和有关行政法规,仍故意实施并希望自己的欺诈行为能够取得贷款。(3) 客观方面表现为行为人采用虚构事实、隐瞒真相的方法骗取银行或者其他金融机构的贷款,并给银行或者其他金融机构造成重大损失等严重后果。(4) 侵犯的客体是我国金融管理秩序和金融机构财产的使用权。该新罪名的设立,是为了保护我国金融机构贷款的安全,弥补我国刑法对严重贷款欺诈行为打击不力的先天不足,使得一些采用欺诈手段获取贷款,给金融机构造成重大损失,但没有非法占有的主观故意,或者非法占有的主观故意不明显或证据不足的行为,也可以纳入刑事制裁的范围。

根据《刑法》第193条贷款诈骗罪的规定,有下列情形之一,以非法占有为目的,诈骗银行或者其他金融机构的贷款,数额较大的,构成贷款诈骗罪:(1) 编造引进资金、项目等虚假理由的;(2) 使用虚假的经济合同的;(3) 使用虚假的证明文件的;(4) 使用虚假的产权证明作担保或者超出抵押物价值重复担保的;(5) 以其他方法诈骗贷款的。该罪的构成要件是:(1) 犯罪主体是达到刑事责任年龄,具有刑事责任能力的自然人,不包括单位;(2) 主观方面是行为人以非法占有为目的,明知自己行为违反国家法律和有关行政法规,仍故意实施并希望自己的欺诈行为能够取得贷款;(3) 客观方面表现为行为人采用编造虚假项目、理由、合同、文件等诈骗手段,骗取银行或者其他金融机构的贷款,数额较大;(4) 侵犯的客体是我国金融管理秩序和金融机构财产的所有权。

根据我国刑法规定,贷款诈骗罪只能由自然人构成,单位不能构成贷款诈骗罪。2001年1月21日最高人民法院《全国法院审理金融犯罪案件工作座谈会纪要》规定,在司法实践中,对于单位十分明显地以非法占有为目的,利用签订、履行借款合同骗取银行或者其他金融机构贷款,符合《刑法》第224条规定的合同诈骗罪的构成要件的,应当以合同诈骗罪定罪处罚。

可见,骗取贷款罪与贷款诈骗罪及合同诈骗罪在客观行为上是极为相似的,行为人都使用欺骗手段从银行或金融机构获得贷款,其本质区别在于主观故意。贷款诈骗罪和合同诈骗罪要求行为人具有非法占有的目的,获得贷款往往用于个人还债、挥霍等;而骗取贷款罪中,行为人主观上并不具有非法占有的目的,获得贷款往往用于生产经营、改善公司福利待遇等。正因为主观故意的恶性程度不同,《刑法》对骗取贷款罪和贷款诈骗罪及合同诈骗罪的入罪门槛和法定刑设置上也作了不同规定。贷款诈骗罪和合同诈骗罪只要实施欺骗手段,数额较大就构成犯罪,最高法定刑为无期徒刑;而骗取贷款罪必须要给银行或者金融机构造成重大损失或其他严重情节,最高法定刑为七年有期徒刑。

根据《全国法院审理金融犯罪案件工作座谈会纪要》的规定,对于行为人通过诈骗方法非法获取资金，造成数额较大的资金不能返还，并具有下列情形之一的，可以认定为具有非法占有目的：（1）明知没有归还能力而大量骗取资金的；（2）非法获取资金后逃跑的；（3）肆意挥霍骗取资金的；（4）使用骗取的资金进行违法犯罪活动的；（5）抽逃、转移资金，隐匿财产，以逃避返还资金的；（6）隐匿、销毁账目，或者搞假破产、假倒闭，以逃避返还资金的；（7）其他非法占有资金拒不返还的行为。这一规定可以作为认定行为人骗取贷款是否具有非法占有目的的参考。

在司法实务中如何认定行为人是否具有非法占有目的，骗取贷款是构成骗取贷款罪还是贷款诈骗罪或者合同诈骗罪，具体可以从以下几方面进行：

从骗取贷款的目的和用途看，如果骗取贷款是为了用于生产经营，并且实际上全部或者大部分资金也是用于生产经营，则定骗取贷款罪的可能性更大一些；如果骗取贷款是为了用于个人挥霍，或者用于偿还个人债务，或者用于单位或个人拆东墙补西墙，则定贷款诈骗罪或者合同诈骗罪的可能性更大一些。同样是用于经营活动，还可以进一步分析经营活动的性质。如果骗取的贷款是用于风险较低、较为稳健的经营，则定骗取贷款罪的可能性更大一些；如果骗取的贷款是用于风险很高的经营活动，则定贷款诈骗罪或者合同诈骗罪的可能性不能排除。

从单位的经济能力和经营状况来看，如果单位有正常业务，经济能力较强，在骗取贷款时具有偿还能力，则定骗取贷款罪的可能性更大一些；如果单位本身就是皮包公司，或者已经资不抵债，没有正常稳定的业务，则定贷款诈骗罪或者合同诈骗罪的可能性更大一些。

从造成的后果来看，如果骗取的贷款全部或者大部分没有归还，造成金融机构重大经济损失，则定骗取贷款罪或者合同诈骗罪的可能性更大一些；如果骗取的贷款全部或者大部分已经归还，则定贷款诈骗罪或者合同诈骗罪的余地就非常小，一般应定骗取贷款罪。如果实际没有归还，还要进一步考察没有归还的原因。如果资金全部或者大部分投入了生产经营，只是因为经营失败而造成不能归还，则骗取贷款罪的可能性更大一些；如果不是因为经营失败而造成不能归还，而是因为挥霍等其他原因造成不能归还，则定贷款诈骗罪或者合同诈骗罪的可能性更大一些。即使是因为经营失败造成资金不能归还，如果是用于风险非常高的经营活动导致经营失败不能归还，还是存在定贷款诈骗罪或者合同诈骗罪的余地；如果是用于一般的经营活动导致贷款不能归还，则定骗取贷款罪的可能性更大一些。

从案发后的归还能力看，如果案发后行为人具有归还能力，并且积极筹集资金实际归还了全部或者大部分贷款，则具有定骗取贷款罪的可能性；如果案发后行为人没有归还能力，而且全部或者大部分贷款没有实际归还，则具有定贷款诈骗罪或者合同诈骗罪的可能性。

在司法实务中，上述各个因素都应当综合考虑，以决定是定骗取贷款罪还是贷款诈骗罪或者合同诈骗罪。

本案中，被告单位金源公司为了给浙江纵横集团提供融资平台，与纵横集团及9家中间商签订一系列虚假的内贸循环合同，并隐瞒公司证券投资巨额亏损的事实，从银行获得总额为2.9亿余元的贷款供纵横集团使用，并最终造成银行2.6亿余元的损失。虽然金源公司为获得贷款实施了一系列骗取手段，但其系误信纵横集团到期有还款能力，主观上并无非法占有的目的。因此，金源公司不具有贷款诈骗的故意，而是构成骗取贷款罪。

被告人周某进作为公司负责人,在参与策划骗取贷款过程中起到重要作用,被告人刘某军具体实施了骗取贷款的行为,因此作为主管人员和直接责任人员亦构成骗取贷款罪。

【刑事政策文件】

《全国法院审理金融犯罪案件工作座谈会纪要》(2001年1月21日 法〔2001〕8号)(节录)

(三)关于金融诈骗罪

1. 金融诈骗罪中非法占有目的的认定

金融诈骗犯罪都是以非法占有为目的的犯罪。在司法实践中,认定是否具有非法占有为目的,应当坚持主客观相一致的原则,既要避免单纯根据损失结果客观归罪,也不能仅凭被告人自己的供述,而应当根据案件具体情况具体分析。根据司法实践,对于行为人通过诈骗的方法非法获取资金,造成数额较大资金不能归还,并具有下列情形之一的,可以认定为具有非法占有的目的:

(1)明知没有归还能力而大量骗取资金的;

(2)非法获取资金后逃跑的;

(3)肆意挥霍骗取资金的;

(4)使用骗取的资金进行违法犯罪活动的;

(5)抽逃、转移资金、隐匿财产,以逃避返还资金的;

(6)隐匿、销毁账目,或者搞假破产、假倒闭,以逃避返还资金的;

(7)其他非法占有资金、拒不返还的行为。但是,在处理具体案件的时候,对于有证据证明行为人不具有非法占有目的的,不能单纯以财产不能归还就按金融诈骗罪处罚。

问题4. 骗取贷款共同犯罪、关联犯罪的认定

【实务专论】[①]

准确认定和惩治有关共同犯罪。一是关于银行等金融机构人员明知他人实施骗取贷款等行为,仍为其提供帮助或者合谋、指导等,构成犯罪的,依法追究刑事责任。在常委会审议和调研过程中,有意见提出,在本罪中增加"银行或者其他金融机构人员明知行为人采取欺骗手段,仍为其贷款、票据承兑、开具信用证保函等,依照前款处罚"的规定。《刑法》第186条规定了违法发放贷款罪,第188条规定了违规出具金融票证罪,第189条规定了对违法票据承兑、付款、保证罪等,银行等金融机构工作人员构成上述犯罪的,应依法追究刑事责任。二是担保人明知他人实施骗取贷款、票据承兑、金融票证行为而为其提供虚假担保,不履行担保责任,给银行等金融机构造成损失的,可以按照共同犯罪处理。保证人明知他人有采取欺骗手段骗取贷款等行为,仍为其担保的,甚至担保人为免除其担保责任而故意举报行为人骗取贷款的,并不必然免除其担保责任,担保合同、担保责任是否有效依照民法有关规定处理。

本罪的犯罪对象是银行或者其他金融机构的贷款、票据承兑、信用证、保函等。这

[①] 许永安主编:《〈中华人民共和国刑法修正案(十一)〉解读》,中国法制出版社2021年版,第115~130页。

里所说的"银行",包括中国人民银行和各类商业银行。"其他金融机构",是指除银行以外的各种开展金融业务的机构,如证券、保险、期货、外汇、融资租赁、信托投资公司等。"贷款",是指贷款人向借款人提供的、按照借款合同的约定还本付息的货币资金。"信用证",是指开证银行根据客户(申请开证人)的请求或者自己主动向一方(受益人)所签发的一种书面约定,如果受益人满足了该书面约定的各项条款,开证银行即向受益人支付该书面约定的款项的凭证。实际上,信用证就是开证行有条件地向受益人付款的书面凭证。"票据承兑",是指汇票付款人承诺在汇票到期日支付汇票金额的票据行为,其目的在于使承兑人依票据载明的义务承担支付票据金额的义务。"保函",是指银行以自身的信用为他人承担责任的担保文件,是重要的银行资信文件。

问题5. 含欺诈行为的民事借贷纠纷与诈骗罪如何区分

【刑事审判参考案例】钢浓公司、武某钢骗取贷款、诈骗案[①]

一、主要问题

含欺诈行为的民事借贷纠纷与诈骗罪如何区分?

二、裁判理由

司法实践中,含欺诈行为的民事借贷纠纷与诈骗罪之间的定性争议常在。争议核心仍在于如何认定行为人主观上的非法占有故意。结合本案事实,我们认为非法占有目的的认定必须坚持在客观基础上的主观判断,不能仅凭被告人供述简单定案。具体可从以下三个方面来把握:一是行为人借款前的资产负债情况,有无还款能力;二是行为人实际借款用途有无保值增值可能;三是行为人有无隐匿财产、恶意转移财产、逃跑等逃避还款义务的行为。上述情节可以从客观方面反映行为人有无还款意愿和还款可能。对确因不可抗力、意外事件、正常的投资经营风险等债务人不能控制的因素导致债权人权益损失的,应当尊重民事法律规范的调整领域,不轻易激化矛盾上升到刑事追责的高度。对以欺骗方式获取借款,但借款时确有还款能力,借款后实际用于保值增值业务或者借款合同约定的借款用途,借款逾期后积极采取有效措施筹措还款的借款人,不宜认定行为人有非法占有的主观恶意。对明知自己无还款能力,以欺骗方式获取借款,事后无力归还,造成被害人损失的,依法追究相应的刑事责任。对以欺骗方式获取借款,实际用于赌博、挥霍或者违法活动的,造成被害人损失的,依法追究相应的刑事责任。对以欺骗方式获取借款,借款逾期后逃跑,或者有隐匿财产、恶意转移财产等恶意逃避还款的行为,造成被害人损失的,依法追究相应的刑事责任。

本案中,被告人武某钢明知自己无还款能力,负有大量外债,借款时已转让钢浓公司全部股权,隐瞒真相,虚构借款用途,使程春胜产生错误认识借给其巨额款项,逾期后拒不归还,原审法院认定其主观上具有非法占有目的,以诈骗罪追究刑事责任,定性准确。

[①] 郑娟、邓海兵:《钢浓公司、武某钢骗取贷款、诈骗案——使用虚假资料获取银行贷款的,如何认定行为人的非法占有目的》,载中华人民共和国最高人民法院刑事审判第一、第二、第三、第四、第五庭主办:《刑事审判参考》总第111集,法律出版社2018年版。

第四章
非法集资类犯罪
——非法吸收公众存款罪、集资诈骗罪

第一节 非法集资类犯罪概述

一、非法集资类犯罪概念及构成要件

非法集资类犯罪主要涉及非法吸收公众存款罪和集资诈骗罪两个罪名。其中，非法吸收公众存款罪，是指非法吸收公众存款或者变相吸收公众存款，扰乱金融秩序的行为。集资诈骗罪，是指以非法占有为目的，使用诈骗方法非法集资，数额较大的行为。1995年6月30日公布的《全国人民代表大会常务委员会关于惩治破坏金融秩序犯罪的决定》第7条、第8条首次规定了非法吸收公众存款罪、集资诈骗罪，后吸收规定为《刑法》第176条、192条。2020年12月26日公布的《刑法修正案（十一）》第12条、第15条分别对前述两个罪名的刑罚结构作出了调整，加大了对非法集资犯罪行为的处罚力度，同时强调追赃挽损工作的重要性。

非法吸收公众存款罪的构成要件如下：（1）本罪侵犯的客体是国家的金融管理制度。我国《商业银行法》第11条明确规定，未经国务院银行业监督管理机构批准，任何单位和个人不得从事吸收公众存款等商业银行业务。一些单位和个人未经批准擅自吸收公众存款或变相吸收公众存款，必然会影响国家对金融活动的宏观监督，扰乱金融秩序，损害存款人的合法权益。本罪的犯罪对象是不特定多数人的存款，如果吸收的只是少数个人或特定群体的存款，则不构成本罪。（2）本罪在客观上表现为行为人实施了非法吸收公众存款或者变相吸收公众存款的行为。本罪系行为犯，即只要实施了非法吸收公众存款或者变相吸收公众存款，扰乱金融秩序的行为，就构成犯罪既遂。根据《最高人民法院关于审理非法集资刑事案件具体应用法律若干问题的解释》第1条规定，违反国家金融管理法律规定，向社会公众（包括单位和个人）吸收资金的行为，同时具备下列四个条件的，除《刑法》另有规定的以外，应当认定为《刑法》第176条规定的"非法吸收公众存款或者变相吸收公众存款"：①未经有关部门依法许可或者借用合法经营的形式吸收资金；②通过网络、媒体、推介会、传单、手机信息等途径向社会公开宣传；③承诺

在一定期限内以货币、实物、股权等方式还本付息或者给付回报；④向社会公众即社会不特定对象吸收资金。未向社会公开宣传，在亲友或者单位内部针对特定对象吸收资金的，不属于非法吸收或者变相吸收公众存款。(3)本罪的犯罪主体包括单位和个人。这里的单位，既可以是具备经营吸收公众存款业务资质的商业银行等金融机构，也可以是不得经营吸收公众存款业务的金融机构与非金融机构。实践中多表现为具有法人资格的公司、企业。(4)本罪主观方面表现故意。根据《刑法》第176条的规定，犯非法吸收公众存款罪的，处3年以下有期徒刑或者拘役，并处或者单处罚金；数额巨大或者有其他严重情节的，处3年以上10年以下有期徒刑，并处罚金；数额特别巨大或者有其他特别严重情节的，处10年以上有期徒刑，并处罚金。单位犯前款罪的，对单位判处罚金，并对其直接负责的主管人员和其他直接责任人员，依照前款的规定处罚。有前两款行为，在提起公诉前积极退赃退赔，减少损害结果发生的，可以从轻或者减轻处罚。

集资诈骗罪的构成要件如下：(1)本罪侵犯的客体是复杂客体，即侵犯了国家的金融管理制度和公私财产的所有权。(2)本罪客观方面表现为行为人使用虚构集资款用途、提供虚假证明文件等诈骗方法非法集资，数额较大的行为。(3)本罪的犯罪主体包括单位和个人。(4)本罪主观方面表现为直接故意，并且具有非法占有集资款的目的。本罪与非法吸收公众存款罪的主要区别在于：一是犯罪目的不同。前者具有非法占有集资款的目的，而后者主观上并不具非法占有公众存款的目的，这是二者的本质区别所在。二是犯罪客体不同。前者侵犯的是复杂客体，而后者侵犯的是单一客体。三是犯罪行为不同。前者必须使用诈骗方法非法集资，而后者并无此要求。根据《刑法》第192条的规定，以非法占有为目的，使用诈骗方法非法集资，数额较大的，处3年以上7年以下有期徒刑，并处罚金；数额巨大或者有其他严重情节的，处7年以上有期徒刑或者无期徒刑，并处罚金或者没收财产。单位犯前款罪的，对单位判处罚金，并对其直接负责的主管人员和其他直接责任人员，依照前款的规定处罚。

二、非法集资类刑事案件审理情况

近年来，涉众型非法集资案件持续高发、多发，通过中国裁判文书网检索，2017年至2021年间，全国法院审结一审非法集资类犯罪刑事案件共计28855件，其中非法吸收公众存款罪刑事案件共计25491件，集资诈骗罪刑事案件共计3364件。审结的一审非法吸收公众存款罪刑事案件中，2017年4720件，2018年5233件，2019年6751件，2020年6777件，2021年2010件；审结的一审集资诈骗罪刑事案件中，2017年738件，2018年734件，2019年804件，2020年871件，2021年217件。

结合司法实践，此类案件主要呈现出以下特征及趋势：

一是案件数量持续上升，特大案件不断增多。2017年至2021年间，全国法院审理非法吸收公众存款案件、集资诈骗案件的绝对数量明显增长；同时，自2015年开始，涉案金额超百亿元的特大规模非法集资案件不断增多，社会影响恶劣。

二是涉案范围遍及全国，重灾区域相对集中。近五年来，全国法院依法审理了一批在全国范围内有较大影响的特大规模集资诈骗案件，如"e租宝案""快鹿案""善林案"等，由于相关涉案公司均借助互联网平台，在全国各地设置分支机构，层级扩张快，集资规模大，故总公司一旦发生兑付危机，与其相关联的各地系列案件也随之爆发，涉案范围遍布全国各地。其中，东部沿海地区与经济相对发达的中西部地区为系列分案的高发区域。

三是借助公司形式集资，中高层为打击重点。全国法院审结的涉众型非法集资案件中，大部分案件系借助公司形式实施犯罪；超六成被告单位以投资理财为名，从事各类金融业务；特大规模案件还涉及大量的分支机构和关联单位，层级复杂，专业化、集团化特征明显。审结的非法集资案件中，超九成被告人为公司中高层管理人员，系此类案件的打击重点。

四是集资金额持续攀升，集资方式不断翻新。非法集资案件历年涉案金额呈现逐年大幅攀升趋势，且涉案金额在1亿元以上的案件数量增幅明显。特大规模案件涉案金额动辄高达上百亿元。从集资方式看，此类案件集资名目繁杂多样，包括项目投资、委托理财、直接借贷、投资入股、销售保险、股权转让、债权转让、募集基金、房产销售等。随着股权众筹、私募股权投资等新型金融业态的出现，以债权转让、募集基金、委托理财等新型名目集资的案件比重不断上升。在互联网技术高速发展的背景下，此类案件的集资渠道也逐渐从"线下"向"线上"或"线上线下相结合"转变，导致监管难度加大。

五是追赃挽损比例偏低。受涉案财产去向复杂、程序衔接不畅、追赃挽损机制不健全等多种因素的影响，涉众型非法集资案件的追赃挽损难度极大。除个别在资金链断裂前即查处的案件，绝大部分案件的追赃挽损情况远低于被害人的心理预期，群访闹访事件频频发生。

三、非法集资类刑事案件审理热点、难点问题

一是涉案财物追缴、处置工作繁重。非法集资案件的涉案财物处置工作非常繁重，主要体现在以下几个方面：（1）查封、扣押、冻结工作繁重。在侦查阶段，公安机关查扣的财物往往众多，涉及大量的银行账户、房产、股权、汽车等，续封续冻工作繁重，容易导致脱封、脱冻情形出现。（2）涉案财物、资金归集难度大。特大规模非法集资案件的关联案件往往遍布全国各地，有必要对全国各地办案机关追缴的涉案财物进行归集和统一处置，由于沟通机制不健全等原因，涉案财物的归集难度较大。（3）财物处置、发还任务艰巨。鉴于此类案件涉案财物数量多，种类杂，特别是对查扣房屋、股权等财产的处置难度较大，在被害人人数众多的情况下，如何在较短时间内高效地清退、发还涉案资金任务艰巨。（4）异议答复工作繁重。司法机关在处置涉案财物以及继续追缴过程中，常常会遇到案外人、利害关系人、被告人针对财物权属、处置程序等提出异议的情形，如何对上述人员合法权利进行救济也是难点之一。

二是定性争议问题较多。审理非法集资案件过程中，各种新情况、新问题不断出现，导致此类案件罪与非罪、此罪与彼罪的界限不易把握。主要涉及：（1）如何判断被告人对非法集资行为具有违法性认识。实践中，有不少被告人认为其参与实施的是正常的融资活动，对非法集资行为缺乏违法性认识，没有参与非法集资的主观故意，其行为不构成犯罪。（2）如何认定主观上的非法占有目的。在多个被告单位、被告人参与、分工实施的非法集资犯罪中，应当围绕哪些要素判断被告单位及被告人的主观故意值得研究。（3）如何界定全案系单位犯罪还是自然人犯罪。实践中，非法集资行为多以单位形式组织实施，何种情形下认定为单位犯罪存有争议。（4）非法集资与相关行为的界限。司法实践中，有一些特殊金融业态的行为方式与非法集资行为相类似，如私募基金、公司发

债、股权众筹等，有不少犯罪分子打着这些金融业态的旗号从事非法集资行为，此时应当如何把握罪与非罪的界限值得研究。

三是犯罪数额及量刑情节的认定与适用。犯罪数额及量刑情节的准确认定关乎被告单位、被告人最终刑事责任的承担。此类案件在犯罪数额认定方面涉及的难点问题主要包括：（1）对于参与部分时段集资行为的被告人，如何认定其诈骗数额。（2）对于被告人本人或近亲属参与投资金额，是否应当计入吸收数额。（3）重复投资金额能否从吸收数额中扣除，是否应当区分账面滚动投资金额与提取后再投资金额分别处理。量刑情节的认定包括主从犯、自首情节的认定以及追缴、退赔对量刑的影响等。

四、非法集资类刑事案件审理思路及原则

法院审理过程中，应当充分认识到非法集资类案件审理的复杂性与重要性，并遵循以下原则与要求：

一是实现常态审理，加强沟通协调。对非法集资类案件的审理应从整体上把握以下四点：（1）实现常态审理，坚持司法公开。要以常态化审理为基调，节约使用司法资源；以公开审判为原则，尽力实现庭审公开、判决文书公开、涉案财物处理公开，力求最佳司法效果，展示法院良好形象。（2）认真耐心沟通，注重释明疏导。要正确对待被害人、集资参与人的合理诉求与关切，统一接访答复口径，耐心细致地做好解释工作，以换取被害人、集资参与人对法院工作的理解，避免人为形成对立。（3）仔细研判案情，强化文书说理。针对审理过程中存在的事实认定、法律适用等方面的争议，应当认真研判，判决文书要全面回应争议问题，敢于说理、善于说理，展现法院依法公开、公正裁判的决心与信心。（4）加强沟通协调，形成工作合力。对于分别在不同法院审理的同一系列非法集资案件，不同法院之间要加强沟通协调，确保法律适用统一与量刑均衡。法院还应加强与其他办案机关、党政相关部门的协调配合，并做好涉案财物的处置工作。

二是注重区别对待，突出打击重点。非法集资案件中，参与集资的被告人往往较多。对此，需要查明各被告人所处层级、岗位职责，并综合考虑被告人参与犯罪数额、个人违法所得、主观过错等事实、情节，在定罪量刑时予以区别对待、突出打击重点，做到罚当其罪。对于非法集资活动中的组织、策划、指挥者、主要实施者和主要获利者，应当重点打击，从严惩处；对于前述人员以外的被告人，虽然参与犯罪数额巨大或者特别巨大，但到案后积极退缴违法所得，尽力弥补本人行为所造成财产损失的，可依法从轻、减轻或者免除处罚。

三是强化追赃挽损，着力化解矛盾。非法集资类案件中的追缴、退赔工作是处理该类案件的重中之重，关乎每一个投资者的切身利益，处理不当会引发群访事件，形成社会不稳定因素。因此，最大限度追赃减损是办理非法集资案件的重要目标，也是预防不稳定因素的关键所在。审理过程中，法院应当强化追赃挽损意识，将此项工作放在与定罪量刑同等重要的位置，做好涉案财物的续封、续冻工作，重视涉案财物去向线索的搜集固定，做好继续追缴、退赔工作，在打击犯罪的同时充分保障集资参与人及被害人的合法利益。

第二节 非法集资类犯罪审判依据

1995年6月30日公布的《全国人民代表大会常务委员会关于惩治破坏金融秩序犯罪的决定》对非法吸收公众存款罪、集资诈骗罪的构成要件及刑罚作出规定,后被吸收规定至1997年《刑法》。2010年12月13日公布的《最高人民法院关于审理非法集资刑事案件具体应用法律若干问题的解释》对非法吸收公众存款罪的认定、集资诈骗罪非法占有目的的认定、犯罪数额标准以及共同犯罪认定等问题作出明确规定。2015年8月29日颁布的《刑法修正案(九)》第12条删除《刑法》第199条规定,废除了集资诈骗罪的死刑。2020年12月26日公布的《刑法修正案(十一)》第12条、第15条分别对前述两个罪名的刑罚结构作出了调整,加大了对非法集资犯罪行为的处罚力度。2022年2月23日《最高人民法院关于修改〈最高人民法院关于审理非法集资刑事案件具体应用法律若干问题的解释〉的决定》重点修改完善了非法吸收公众存款罪、集资诈骗罪的定罪量刑标准,同时进一步修改完善了非法吸收公众存款罪的特征要件和非法吸收资金的行为方式,明确了非法吸收公众存款罪、集资诈骗罪与组织、领导传销活动罪竞合处罚原则。此外,2014年3月25日《最高人民法院、最高人民检察院、公安部关于办理非法集资刑事案件适用法律若干问题的意见》、2019年1月30日《最高人民法院、最高人民检察院、公安部关于办理非法集资刑事案件若干问题的意见》等刑事政策文件对非法集资犯罪中涉及的"犯罪数额、主观故意、单位犯罪、共同犯罪、涉案财物的追缴和处置"等问题作出进一步规定。

一、法律

《中华人民共和国刑法》(1979年7月1日第五届全国人民代表大会第二次会议通过 1997年3月14日第八届全国人民代表大会第五次会议修订 1997年3月14日中华人民共和国主席令第83号公布 根据历次修正案和修改决定修正)(节录)

第一百七十六条 非法吸收公众存款或者变相吸收公众存款,扰乱金融秩序的,处三年以下有期徒刑或者拘役,并处或者单处罚金;数额巨大或者有其他严重情节的,处三年以上十年以下有期徒刑,并处罚金;数额特别巨大或者有其他特别严重情节的,处十年以上有期徒刑,并处罚金。

单位犯前款罪的,对单位判处罚金,并对其直接负责的主管人员和其他直接责任人员,依照前款的规定处罚。

有前两款行为,在提起公诉前积极退赃退赔,减少损害结果发生的,可以从轻或者减轻处罚。

第一百九十二条 以非法占有为目的,使用诈骗方法非法集资,数额较大的,处三年以上七年以下有期徒刑,并处罚金;数额巨大或者有其他严重情节的,处七年以上有期徒刑或者无期徒刑,并处罚金或者没收财产。

单位犯前款罪的,对单位判处罚金,并对其直接负责的主管人员和其他直接责任人员，依照前款的规定处罚。

二、行政法规

《私募投资基金监督管理条例》（2023年6月16日国务院第8次常务会议通过　国务院令第762号）（节录）

第十八条　私募基金应当向合格投资者募集或者转让，单只私募基金的投资者累计不得超过法律规定的人数。私募基金管理人不得采取为单一融资项目设立多只私募基金等方式，突破法律规定的人数限制；不得采取将私募基金份额或者收益权进行拆分转让等方式，降低合格投资者标准。

前款所称合格投资者，是指达到规定的资产规模或者收入水平，并且具备相应的风险识别能力和风险承担能力，其认购金额不低于规定限额的单位和个人。

合格投资者的具体标准由国务院证券监督管理机构规定。

第二十条　私募基金不得向合格投资者以外的单位和个人募集或者转让；不得向为他人代持的投资者募集或者转让；不得通过报刊、电台、电视台、互联网等大众传播媒介，电话、短信、即时通讯工具、电子邮件、传单，或者讲座、报告会、分析会等方式向不特定对象宣传推介；不得以虚假、片面、夸大等方式宣传推介；不得以私募基金托管人名义宣传推介；不得向投资者承诺投资本金不受损失或者承诺最低收益。

第四十八条　违反本条例第十七条、第十八条、第二十条关于私募基金合格投资者管理和募集方式等规定的，没收违法所得，并处违法所得1倍以上5倍以下的罚款；没有违法所得或者违法所得不足100万元的，并处10万元以上100万元以下的罚款。对直接负责的主管人员和其他直接责任人员给予警告，并处3万元以上30万元以下的罚款。

三、司法解释

《最高人民法院关于审理非法集资刑事案件具体应用法律若干问题的解释》（2022年2月23日　法释〔2022〕5号）

为依法惩治非法吸收公众存款、集资诈骗等非法集资犯罪活动，根据《中华人民共和国刑法》的规定，现就审理此类刑事案件具体应用法律的若干问题解释如下：

第一条　违反国家金融管理法律规定，向社会公众（包括单位和个人）吸收资金的行为，同时具备下列四个条件的，除刑法另有规定的以外，应当认定为刑法第一百七十六条规定的"非法吸收公众存款或者变相吸收公众存款"：

（一）未经有关部门依法许可或者借用合法经营的形式吸收资金；

（二）通过网络、媒体、推介会、传单、手机信息等途径向社会公开宣传；

（三）承诺在一定期限内以货币、实物、股权等方式还本付息或者给付回报；

（四）向社会公众即社会不特定对象吸收资金。

未向社会公开宣传，在亲友或者单位内部针对特定对象吸收资金的，不属于非法吸收或者变相吸收公众存款。

第二条　实施下列行为之一，符合本解释第一条第一款规定的条件的，应当依照刑法第一百七十六条的规定，以非法吸收公众存款罪定罪处罚：

（一）不具有房产销售的真实内容或者不以房产销售为主要目的，以返本销售、售后包租、约定回购、销售房产份额等方式非法吸收资金的；

（二）以转让林权并代为管护等方式非法吸收资金的；

（三）以代种植（养殖）、租种植（养殖）、联合种植（养殖）等方式非法吸收资金的；

（四）不具有销售商品、提供服务的真实内容或者不以销售商品、提供服务为主要目的，以商品回购、寄存代售等方式非法吸收资金的；

（五）不具有发行股票、债券的真实内容，以虚假转让股权、发售虚构债券等方式非法吸收资金的；

（六）不具有募集基金的真实内容，以假借境外基金、发售虚构基金等方式非法吸收资金的；

（七）不具有销售保险的真实内容，以假冒保险公司、伪造保险单据等方式非法吸收资金的；

（八）以网络借贷、投资入股、虚拟币交易等方式非法吸收资金的；

（九）以委托理财、融资租赁等方式非法吸收资金的；

（十）以提供"养老服务"、投资"养老项目"、销售"老年产品"等方式非法吸收资金的；

（十一）利用民间"会""社"等组织非法吸收资金的；

（十二）其他非法吸收资金的行为。

第三条 非法吸收或者变相吸收公众存款，具有下列情形之一的，应当依法追究刑事责任：

（一）非法吸收或者变相吸收公众存款数额在 100 万元以上的；

（二）非法吸收或者变相吸收公众存款对象 150 人以上的；

（三）非法吸收或者变相吸收公众存款，给存款人造成直接经济损失数额在 50 万元以上的。

非法吸收或者变相吸收公众存款数额在 50 万元以上或者给存款人造成直接经济损失数额在 25 万元以上，同时具有下列情节之一的，应当依法追究刑事责任：

（一）曾因非法集资受过刑事追究的；

（二）二年内曾因非法集资受过行政处罚的；

（三）造成恶劣社会影响或者其他严重后果的。

第四条 非法吸收或者变相吸收公众存款，具有下列情形之一的，应当认定为刑法第一百七十六条规定的"数额巨大或者有其他严重情节"：

（一）非法吸收或者变相吸收公众存款数额在 500 万元以上的；

（二）非法吸收或者变相吸收公众存款对象 500 人以上的；

（三）非法吸收或者变相吸收公众存款，给存款人造成直接经济损失数额在 250 万元以上的。

非法吸收或者变相吸收公众存款数额在 250 万元以上或者给存款人造成直接经济损失数额在 150 万元以上，同时具有本解释第三条第二款第三项情节的，应当认定为"其他严重情节"。

第五条 非法吸收或者变相吸收公众存款，具有下列情形之一的，应当认定为刑法第一百七十六条规定的"数额特别巨大或者有其他特别严重情节"：

（一）非法吸收或者变相吸收公众存款数额在5000万元以上的；

（二）非法吸收或者变相吸收公众存款对象5000人以上的；

（三）非法吸收或者变相吸收公众存款，给存款人造成直接经济损失数额在2500万元以上的。

非法吸收或者变相吸收公众存款数额在2500万元以上或者给存款人造成直接经济损失数额在1500万元以上，同时具有本解释第三条第二款第三项情节的，应当认定为"其他特别严重情节"。

第六条 非法吸收或者变相吸收公众存款的数额，以行为人所吸收的资金全额计算。在提起公诉前积极退赃退赔，减少损害结果发生的，可以从轻或者减轻处罚；在提起公诉后退赃退赔的，可以作为量刑情节酌情考虑。

非法吸收或者变相吸收公众存款，主要用于正常的生产经营活动，能够在提起公诉前清退所吸收资金，可以免予刑事处罚；情节显著轻微危害不大的，不作为犯罪处理。

对依法不需要追究刑事责任或者免予刑事处罚的，应当依法将案件移送有关行政机关。

第七条 以非法占有为目的，使用诈骗方法实施本解释第二条规定所列行为的，应当依照刑法第一百九十二条的规定，以集资诈骗罪定罪处罚。

使用诈骗方法非法集资，具有下列情形之一的，可以认定为"以非法占有为目的"：

（一）集资后不用于生产经营活动或者用于生产经营活动与筹集资金规模明显不成比例，致使集资款不能返还的；

（二）肆意挥霍集资款，致使集资款不能返还的；

（三）携带集资款逃匿的；

（四）将集资款用于违法犯罪活动的；

（五）抽逃、转移资金、隐匿财产，逃避返还资金的；

（六）隐匿、销毁账目，或者搞假破产、假倒闭，逃避返还资金的；

（七）拒不交代资金去向，逃避返还资金的；

（八）其他可以认定非法占有目的的情形。

集资诈骗罪中的非法占有目的，应当区分情形进行具体认定。行为人部分非法集资行为具有非法占有目的的，对该部分非法集资行为所涉集资款以集资诈骗罪定罪处罚；非法集资共同犯罪中部分行为人具有非法占有目的，其他行为人没有非法占有集资款的共同故意和行为的，对具有非法占有目的的行为人以集资诈骗罪定罪处罚。

第八条 集资诈骗数额在10万元以上的，应当认定为"数额较大"；数额在100万元以上的，应当认定为"数额巨大"。

集资诈骗数额在50万元以上，同时具有本解释第三条第二款第三项情节的，应当认定为刑法第一百九十二条规定的"其他严重情节"。

集资诈骗的数额以行为人实际骗取的数额计算，在案发前已归还的数额应予扣除。行为人为实施集资诈骗活动而支付的广告费、中介费、手续费、回扣，或者用于行贿、赠与等费用，不予扣除。行为人为实施集资诈骗活动而支付的利息，除本金未归还可予折抵本金以外，应当计入诈骗数额。

第九条 犯非法吸收公众存款罪，判处三年以下有期徒刑或者拘役，并处或者单处罚金的，处五万元以上一百万元以下罚金；判处三年以上十年以下有期徒刑的，并处十犯集资诈骗罪，判处三年以上七年以下有期徒刑的，并处十万元以上五百万元以下罚金；判处七年以上有期徒刑或者无期徒刑的，并处五十万元以上罚金或者没收财产。

第十条 未经国家有关主管部门批准，向社会不特定对象发行、以转让股权等方式变相发行股票或者公司、企业债券，或者向特定对象发行、变相发行股票或者公司、企业债券累计超过200人的，应当认定为刑法第一百七十九条规定的"擅自发行股票或者公司、企业债券"。构成犯罪的，以擅自发行股票、公司、企业债券罪定罪处罚。

第十一条 违反国家规定，未经依法核准擅自发行基金份额募集基金，情节严重的，依照刑法第二百二十五条的规定，以非法经营罪定罪处罚。

第十二条 广告经营者、广告发布者违反国家规定，利用广告为非法集资活动相关的商品或者服务作虚假宣传，具有下列情形之一的，依照刑法第二百二十二条的规定，以虚假广告罪定罪处罚：

（一）违法所得数额在10万元以上的；

（二）造成严重危害后果或者恶劣社会影响的；

（三）二年内利用广告作虚假宣传，受过行政处罚二次以上的；

（四）其他情节严重的情形。

明知他人从事欺诈发行证券，非法吸收公众存款，擅自发行股票、公司、企业债券，集资诈骗或者组织、领导传销活动等集资犯罪活动，为其提供广告等宣传的，以相关犯罪的共犯论处。

第十三条 通过传销手段向社会公众非法吸收资金，构成非法吸收公众存款罪或者集资诈骗罪，同时又构成组织、领导传销活动罪的，依照处罚较重的规定定罪处罚。

第十四条 单位实施非法吸收公众存款、集资诈骗犯罪的，依照本解释规定的相应自然人犯罪的定罪量刑标准，对单位判处罚金，并对其直接负责的主管人员和其他直接责任人员定罪处罚。

第十五条 此前发布的司法解释与本解释不一致的，以本解释为准。

四、刑事政策文件

1.《最高人民检察院、公安部关于公安机关管辖的刑事案件立案追诉标准的规定（二）》（2022年4月6日　公通字〔2022〕12号）（节录）

第二十三条 〔非法吸收公众存款案（刑法第一百七十六条）〕非法吸收公众存款或者变相吸收公众存款，扰乱金融秩序，涉嫌下列情形之一的，应予立案追诉：

（一）非法吸收或者变相吸收公众存款数额在一百万元以上的；

（二）非法吸收或者变相吸收公众存款对象一百五十人以上的；

（三）非法吸收或者变相吸收公众存款，给集资参与人造成直接经济损失数额在五十万元以上的；

非法吸收或者变相吸收公众存款数额在五十万元以上或者给集资参与人造成直接经济损失数额在二十五万元以上，同时涉嫌下列情形之一的，应予立案追诉：

（一）因非法集资受过刑事追究的；

（二）二年内因非法集资受过行政处罚的；

（三）造成恶劣社会影响或者其他严重后果的。

第四十四条〔集资诈骗案（刑法第一百九十二条）〕以非法占有为目的，使用诈骗方法非法集资，数额在十万元以上的，应予立案追诉。

2.《最高人民法院关于非法集资刑事案件性质认定问题的通知》（2011年8月18日 法〔2011〕262号）

各省、自治区、直辖市高级人民法院，解放军军事法院，新疆维吾尔自治区高级人民法院生产建设兵团分院：

为依法、准确、及时审理非法集资刑事案件，现就非法集资性质认定的有关问题通知如下：

一、行政部门对于非法集资的性质认定，不是非法集资案件进入刑事程序的必经程序。行政部门未对非法集资作出性质认定的，不影响非法集资刑事案件的审判。

二、人民法院应当依照刑法和最高人民法院《关于审理非法集资刑事案件具体应用法律若干问题的解释》等有关规定认定案件事实的性质，并认定相关行为是否构成犯罪。

三、对于案情复杂、性质认定疑难的案件，人民法院可以在有关部门关于是否符合行业技术标准的行政认定意见的基础上，根据案件事实和法律规定作出性质认定。

四、非法集资刑事案件的审判工作涉及领域广、专业性强，人民法院在审理此类案件当中要注意加强与有关行政主（监）管部门以及公安机关、人民检察院的配合。审判工作中遇到重大问题难以解决的，请及时报告最高人民法院。

3.《最高人民法院、最高人民检察院、公安部关于办理非法集资刑事案件适用法律若干问题的意见》（2014年3月25日 公通字〔2014〕16号）（节录）

一、关于行政认定的问题

行政部门对于非法集资的性质认定，不是非法集资刑事案件进入刑事诉讼程序的必经程序。行政部门未对非法集资作出性质认定的，不影响非法集资刑事案件的侦查、起诉和审判。

公安机关、人民检察院、人民法院应当依法认定案件事实的性质，对于案情复杂、性质认定疑难的案件，可参考有关部门的认定意见，根据案件事实和法律规定作出性质认定。

二、关于"向社会公开宣传"的认定问题

《最高人民法院关于审理非法集资刑事案件具体应用法律若干问题的解释》第一条第一款第二项中的"向社会公开宣传"，包括以各种途径向社会公众传播吸收资金的信息，以及明知吸收资金的信息向社会公众扩散而予以放任等情形。

三、关于"社会公众"的认定问题

下列情形不属于《最高人民法院关于审理非法集资刑事案件具体应用法律若干问题的解释》第一条第二款规定的"针对特定对象吸收资金"的行为，应当认定为向社会公众吸收资金：

（一）在向亲友或者单位内部人员吸收资金的过程中，明知亲友或者单位内部人员向不特定对象吸收资金而予以放任的；

（二）以吸收资金为目的，将社会人员吸收为单位内部人员，并向其吸收资金的。

四、关于共同犯罪的处理问题

为他人向社会公众非法吸收资金提供帮助，从中收取代理费、好处费、返点费、佣金、提成等费用，构成非法集资共同犯罪的，应当依法追究刑事责任。能够及时退缴上述费用的，可依法从轻处罚；其中情节轻微的，可以免除处罚；情节显著轻微、危害不大的，不作为犯罪处理。

五、关于涉案财物的追缴和处置问题

向社会公众非法吸收的资金属于违法所得。以吸收的资金向集资参与人支付的利息、分红等回报，以及向帮助吸收资金人员支付的代理费、好处费、返点费、佣金、提成等费用，应当依法追缴。集资参与人本金尚未归还的，所支付的回报可予折抵本金。

将非法吸收的资金及其转换财物用于清偿债务或者转让给他人，有下列情形之一的，应当依法追缴：

（一）他人明知是上述资金及财物而收取的；
（二）他人无偿取得上述资金及财物的；
（三）他人以明显低于市场的价格取得上述资金及财物的；
（四）他人取得上述资金及财物系源于非法债务或者违法犯罪活动的；
（五）其他依法应当追缴的情形。

查封、扣押、冻结的易贬值及保管、养护成本较高的涉案财物，可以在诉讼终结前依照有关规定变卖、拍卖。所得价款由查封、扣押、冻结机关予以保管，待诉讼终结后一并处置。

查封、扣押、冻结的涉案财物，一般应在诉讼终结后，返还集资参与人。涉案财物不足全部返还的，按照集资参与人的集资额比例返还。

六、关于证据的收集问题

办理非法集资刑事案件中，确因客观条件的限制无法逐一收集集资参与人的言词证据的，可结合已收集的集资参与人的言词证据和依法收集并查证属实的书面合同、银行账户交易记录、会计凭证及会计账簿、资金收付凭证、审计报告、互联网电子数据等证据，综合认定非法集资对象人数和吸收资金数额等犯罪事实。

七、关于涉及民事案件的处理问题

对于公安机关、人民检察院、人民法院正在侦查、起诉、审理的非法集资刑事案件，有关单位或者个人就同一事实向人民法院提起民事诉讼或者申请执行涉案财物的，人民法院应当不予受理，并将有关材料移送公安机关或者检察机关。

人民法院在审理民事案件或者执行过程中，发现有非法集资犯罪嫌疑的，应当裁定驳回起诉或者中止执行，并及时将有关材料移送公安机关或者检察机关。

公安机关、人民检察院、人民法院在侦查、起诉、审理非法集资刑事案件中，发现与人民法院正在审理的民事案件属同一事实，或者被申请执行的财物属于涉案财物的，应当及时通报相关人民法院。人民法院经审查认为确属涉嫌犯罪的，依照前款规定处理。

八、关于跨区域案件的处理问题

跨区域非法集资刑事案件，在查清犯罪事实的基础上，可以由不同地区的公安机关、人民检察院、人民法院分别处理。

对于分别处理的跨区域非法集资刑事案件，应当按照统一制定的方案处置涉案财物。

国家机关工作人员违反规定处置涉案财物，构成渎职等犯罪的，应当依法追究刑事

责任。

4.《最高人民法院、最高人民检察院、公安部关于办理非法集资刑事案件若干问题的意见》(2019年1月30日 高检会〔2019〕2号)(节录)

一、关于非法集资的"非法性"认定依据问题

人民法院、人民检察院、公安机关认定非法集资的"非法性",应当以国家金融管理法律法规作为依据。对于国家金融管理法律法规仅作原则性规定的,可以根据法律规定的精神并参考中国人民银行、中国银行保险监督管理委员会、中国证券监督管理委员会等行政主管部门依照国家金融管理法律法规制定的部门规章或者国家有关金融管理的规定、办法、实施细则等规范性文件的规定予以认定。

二、关于单位犯罪的认定问题

单位实施非法集资犯罪活动,全部或者大部分违法所得归单位所有的,应当认定为单位犯罪。

个人为进行非法集资犯罪活动而设立的单位实施犯罪的,或者单位设立后,以实施非法集资犯罪活动为主要活动的,不以单位犯罪论处,对单位中组织、策划、实施非法集资犯罪活动的人员应当以自然人犯罪依法追究刑事责任。

判断单位是否以实施非法集资犯罪活动为主要活动,应当根据单位实施非法集资的次数、频度、持续时间、资金规模、资金流向、投入人力物力情况、单位进行正当经营的状况以及犯罪活动的影响、后果等因素综合考虑认定。

三、关于涉案下属单位的处理问题

办理非法集资刑事案件中,人民法院、人民检察院、公安机关应当全面查清涉案单位,包括上级单位(总公司、母公司)和下属单位(分公司、子公司)的主体资格、层级、关系、地位、作用、资金流向等,区分情况依法作出处理。

上级单位已被认定为单位犯罪,下属单位实施非法集资犯罪活动,且全部或者大部分违法所得归下属单位所有的,对该下属单位也应当认定为单位犯罪。上级单位和下属单位构成共同犯罪的,应当根据犯罪单位的地位、作用,确定犯罪单位的刑事责任。

上级单位已被认定为单位犯罪,下属单位实施非法集资犯罪活动,但全部或者大部分违法所得归上级单位所有的,对下属单位不单独认定为单位犯罪。下属单位中涉嫌犯罪的人员,可以作为上级单位的其他直接责任人员依法追究刑事责任。

上级单位未被认定为单位犯罪,下属单位被认定为单位犯罪的,对上级单位中组织、策划、实施非法集资犯罪的人员,一般可以与下属单位按照自然人与单位共同犯罪处理。

上级单位与下属单位均未被认定为单位犯罪的,一般以上级单位与下属单位中承担组织、领导、管理、协调职责的主管人员和发挥主要作用的人员作为主犯,以其他积极参加非法集资犯罪的人员作为从犯,按照自然人共同犯罪处理。

四、关于主观故意的认定问题

认定犯罪嫌疑人、被告人是否具有非法吸收公众存款的犯罪故意,应当依据犯罪嫌疑人、被告人的任职情况、职业经历、专业背景、培训经历、本人因同类行为受到行政处罚或者刑事追究情况以及吸收资金方式、宣传推广、合同资料、业务流程等证据,结合其供述,进行综合分析判断。

犯罪嫌疑人、被告人使用诈骗方法非法集资,符合《最高人民法院关于审理非法集

资刑事案件具体应用法律若干问题的解释》第四条规定的，可以认定为集资诈骗罪中"以非法占有为目的"。

办案机关在办理非法集资刑事案件中，应当根据案件具体情况注意收集运用涉及犯罪嫌疑人、被告人的以下证据：是否使用虚假身份信息对外开展业务；是否虚假订立合同、协议；是否虚假宣传，明显超出经营范围或者夸大经营、投资、服务项目及盈利能力；是否吸收资金后隐匿、销毁合同、协议、账目；是否传授或者接受规避法律、逃避监管的方法，等等。

五、关于犯罪数额的认定问题

非法吸收或者变相吸收公众存款构成犯罪，具有下列情形之一的，向亲友或者单位内部人员吸收的资金应当与向不特定对象吸收的资金一并计入犯罪数额：

（一）在向亲友或者单位内部人员吸收资金的过程中，明知亲友或者单位内部人员向不特定对象吸收资金而予以放任的；

（二）以吸收资金为目的，将社会人员吸收为单位内部人员，并向其吸收资金的；

（三）向社会公开宣传，同时向不特定对象、亲友或者单位内部人员吸收资金的。

非法吸收或者变相吸收公众存款的数额，以行为人所吸收的资金全额计算。集资参与人收回本金或者获得回报后又重复投资的数额不予扣除，但可以作为量刑情节酌情考虑。

六、关于宽严相济刑事政策把握问题

办理非法集资刑事案件，应当贯彻宽严相济刑事政策，依法合理把握追究刑事责任的范围，综合运用刑事手段和行政手段处置和化解风险，做到惩处少数、教育挽救大多数。要根据行为人的客观行为、主观恶性、犯罪情节及其地位、作用、层级、职务等情况，综合判断行为人的责任轻重和刑事追究的必要性，按照区别对待原则分类处理涉案人员，做到罚当其罪、罪责刑相适应。

重点惩处非法集资犯罪活动的组织者、领导者和管理人员，包括单位犯罪中的上级单位（总公司、母公司）的核心层、管理层和骨干人员，下属单位（分公司、子公司）的管理层和骨干人员，以及其他发挥主要作用的人员。

对于涉案人员积极配合调查、主动退赃退赔、真诚认罪悔罪的，可以依法从轻处罚；其中情节轻微的，可以免除处罚；情节显著轻微、危害不大的，不作为犯罪处理。

七、关于管辖问题

跨区域非法集资刑事案件按照《国务院关于进一步做好防范和处置非法集资工作的意见》（国发〔2015〕59号）确定的工作原则办理。如果合并侦查、诉讼更为适宜的，可以合并办理。

办理跨区域非法集资刑事案件，如果多个公安机关都有权立案侦查的，一般由主要犯罪地公安机关作为案件主办地，对主要犯罪嫌疑人立案侦查和移送审查起诉；由其他犯罪地公安机关作为案件分办地根据案件具体情况，对本地区犯罪嫌疑人立案侦查和移送审查起诉。

管辖不明或者有争议的，按照有利于查清犯罪事实、有利于诉讼的原则，由其共同的上级公安机关协调确定或者指定有关公安机关作为案件主办地立案侦查。需要提请批准逮捕、移送审查起诉、提起公诉的，由分别立案侦查的公安机关所在地的人民检察院、人民法院受理。

对于重大、疑难、复杂的跨区域非法集资刑事案件，公安机关应当在协调确定或者指定案件主办地立案侦查的同时，通报同级人民检察院、人民法院。人民检察院、人民法院参照前款规定，确定主要犯罪地作为案件主办地，其他犯罪地作为案件分办地，由所在地的人民检察院、人民法院负责起诉、审判。

本条规定的"主要犯罪地"，包括非法集资活动的主要组织、策划、实施地，集资行为人的注册地、主要营业地、主要办事机构所在地，集资参与人的主要所在地等。

八、关于办案工作机制问题

案件主办地和其他涉案地办案机关应当密切沟通协调，协同推进侦查、起诉、审判、资产处置工作，配合有关部门最大限度追赃挽损。

案件主办地办案机关应当统一负责主要犯罪嫌疑人、被告人涉嫌非法集资全部犯罪事实的立案侦查、起诉、审判，防止遗漏犯罪事实；并应就全案处理政策、追诉主要犯罪嫌疑人、被告人的证据要求及诉讼时限、追赃挽损、资产处置等工作要求，向其他涉案地办案机关进行通报。其他涉案地办案机关应当对本地区犯罪嫌疑人、被告人涉嫌非法集资的犯罪事实及时立案侦查、起诉、审判，积极协助主办地处置涉案资产。

案件主办地和其他涉案地办案机关应当建立和完善证据交换共享机制。对涉及主要犯罪嫌疑人、被告人的证据，一般由案件主办地办案机关负责收集，其他涉案地提供协助。案件主办地办案机关应当及时通报接收涉及主要犯罪嫌疑人、被告人的证据材料的程序及要求。其他涉案地办案机关需要案件主办地提供证据材料的，应当向案件主办地办案机关提出证据需求，由案件主办地收集并依法移送。无法移送证据原件的，应当在移送复制件的同时，按照相关规定作出说明。

九、关于涉案财物追缴处置问题

办理跨区域非法集资刑事案件，案件主办地办案机关应当及时归集涉案财物，为统一资产处置做好基础性工作。其他涉案地办案机关应当及时查明涉案财物，明确其来源、去向、用途、流转情况，依法办理查封、扣押、冻结手续，并制作详细清单，对扣押款项应当设立明细账，在扣押后立即存入办案机关唯一合规账户，并将有关情况提供案件主办地办案机关。

人民法院、人民检察院、公安机关应当严格依照刑事诉讼法和相关司法解释的规定，依法移送、审查、处理查封、扣押、冻结的涉案财物。对审判时尚未追缴到案或者尚未足额退赔的违法所得，人民法院应当判决继续追缴或者责令退赔，并由人民法院负责执行，处置非法集资职能部门、人民检察院、公安机关等应当予以配合。

人民法院对涉案财物依法作出判决后，有关地方和部门应当在处置非法集资职能部门统筹协调下，切实履行协作义务，综合运用多种手段，做好涉案财物清运、财产变现、资金归集、资金清退等工作，确保最大限度减少实际损失。

根据有关规定，查封、扣押、冻结的涉案财物，一般应在诉讼终结后返还集资参与人。涉案财物不足全部返还的，按照集资参与人的集资额比例返还。退赔集资参与人的损失一般优先于其他民事债务以及罚金、没收财产的执行。

十、关于集资参与人权利保障问题

集资参与人，是指向非法集资活动投入资金的单位和个人，为非法集资活动提供帮助并获取经济利益的单位和个人除外。

人民法院、人民检察院、公安机关应当通过及时公布案件进展、涉案资产处置情况等方式,依法保障集资参与人的合法权利。集资参与人可以推选代表人向人民法院提出相关意见和建议;推选不出代表人的,人民法院可以指定代表人。人民法院可以视案件情况决定集资参与人代表人参加或者旁听庭审,对集资参与人提起附带民事诉讼等请求不予受理。

十一、关于行政执法与刑事司法衔接问题

处置非法集资职能部门或者有关行政主管部门,在调查非法集资行为或者行政执法过程中,认为案情重大、疑难、复杂的,可以商请公安机关就追诉标准、证据固定等问题提出咨询或者参考意见;发现非法集资行为涉嫌犯罪的,应当按照《行政执法机关移送涉嫌犯罪案件的规定》等规定,履行相关手续,在规定的期限内将案件移送公安机关。

人民法院、人民检察院、公安机关在办理非法集资刑事案件过程中,可商请处置非法集资职能部门或者有关行政主管部门指派专业人员配合开展工作,协助查阅、复制有关专业资料,就案件涉及的专业问题出具认定意见。涉及需要行政处理的事项,应当及时移交处置非法集资职能部门或者有关行政主管部门依法处理。

十二、关于国家工作人员相关法律责任问题

国家工作人员具有下列行为之一,构成犯罪的,应当依法追究刑事责任:

(一)明知单位和个人所申请机构或者业务涉嫌非法集资,仍为其办理行政许可或者注册手续的;

(二)明知所主管、监管的单位有涉嫌非法集资行为,未依法及时处理或者移送处置非法集资职能部门的;

(三)查处非法集资过程中滥用职权、玩忽职守、徇私舞弊的;

(四)徇私舞弊不向司法机关移交非法集资刑事案件的;

(五)其他通过职务行为或者利用职务影响,支持、帮助、纵容非法集资的。

第三节 非法集资类犯罪审判实践中的疑难新型问题

问题1. 关于非法集资类犯罪"非法性""公开性""利诱性""社会性"特征的认定

【实务专论一】①

鉴于非法集资犯罪活动的复杂性,为便于实践把握,《关于审理非法集资刑事案件具体应用法律若干问题的解释》(以下简称《解释》)对非法集资概念的特征要件予以具体细化。明确成立非法集资需同时具备非法性、公开性、利诱性、社会性四个特征,即:(1)未经有关部门依法批准或者借用合法经营的形式吸收资金;(2)通过媒体、推介会、传单、手机短信等途径向社会公开宣传;(3)承诺在一定期限内以货币、实物、股权等方式还本付息或者给付回报;(4)向社会公众即社会不特定对象吸收资金。较之于中国

---

① 刘为波:《〈关于审理非法集资刑事案件具体应用法律若干问题的解释〉的理解与适用》,载《人民司法》2011年第5期。

人民银行于1999年下发的《关于取缔非法金融机构和非法金融业务活动中有关问题的通知》的相关规定，《解释》作了两处重大修改：一是根据前述关于非法集资定义的修改，将《通知》规定的"未经有关部门依法批准"和"以合法形式掩盖其非法集资的性质"两个要件合并为非法性要件。据此，认定是否非法集资不再要求同时具备"未经有关部门依法批准"和"以合法形式掩盖其非法集资的性质"两个要件。二是增加公开性要件。其主要考虑是，公开宣传与否，是区分非法集资与合法融资的关键所在，也是判断是否向社会公众吸收资金的重要依据。准确理解该四个特征要件，需注意以下几点：

第一，关于非法性特征。非法性特征是指违反国家金融管理法律规定吸收资金，具体表现为未经有关部门依法批准吸收资金和借用合法经营的形式吸收资金两种。其中，"国家金融管理法律规定"包含三个层面的内容：一是金融管理法律规定不是单指某一个具体的法律，而是一个法律体系；二是非法集资违反的是融资管理法律规定，而不能是其他法律规定；三是只有融资管理法律规定明确禁止的吸收资金行为才有违法性。"未经有关部门依法批准"主要表现为以下四种情形：一是未经有关部门批准；二是骗取批准欺诈发行；三是具有主体资格，但具体业务未经批准；四是具有主体资格，但经营行为违法。"借用合法经营的形式吸收资金"的具体表现形式多种多样，实践中应当注意结合《解释》第2条以及《中国人民银行关于进一步打击非法集资等活动的通知》等关于非法集资行为方式的规定，根据非法集资的行为实质进行具体认定。

第二，关于公开性特征。公开性特征是指通过媒体、推介会、传单、手机短信等途径向社会公开宣传。首先，公开宣传是公开性的实质，而具体宣传途径可以多种多样。《解释》仅列举了通过媒体、推介会、传单、手机短信这几种公开宣传途径，主要是考虑到实践中这几个途径比较典型，但这只是例示性的规定，宣传途径并不以此为限，实践中常见的宣传途径还有标语、横幅、宣传册、宣传画、讲座、论坛、研讨会等形式。《解释》起草过程中有意见提出，实践中还大量存在口口相传、以人传人的现象，有必要在《解释》中特别指出。经研究，口口相传是否属于公开宣传，能否将口口相传的效果归责于集资人：需要根据主客观相一致的原则进行具体分析，区别对待，故《解释》未对此专门作出规定。对于通过口口相传进行宣传的行为，实践中可以结合"集资人"对此是否知情、对此态度如何，有无具体参与、是否设法加以阻止等主客观因素，认定是否符合公开性特征要件。其次，公开宣传不限于虚假宣传。实践中的非法集资活动通常会以实体公司的名义进行虚假宣传，蒙骗群众。但是，非法集资的本质在于违反规定向社会公众吸收资金，即使未采取欺骗手段进行虚假宣传，但因其风险控制和承担能力有限，且缺乏有力的内外部监管，社会公众的利益难以得到切实保障，法律仍有干预之必要。故此，尽管非法集资往往都有欺骗性，但欺骗性不属于非法集资的必备要件。

第三，关于利诱性特征。利诱性特征是指集资人向集资群众承诺在一定期限内以货币、实物、股权等方式还本付息或者给付回报。利诱性特征包含有偿性和承诺性两个方面内容。首先，非法集资是有偿集资，对于非经济领域的公益性集资，不宜纳入非法集资的范畴；其次，非法集资具有承诺性，即不是现时给付回报，而是承诺将来给付回报。回报的方式，既包括固定回报也包括非固定回报；给付回报的形式，除货币之外，还有实物、消费、股权等形式；具体给付回报的名义，除了较为常见的利息、分红之外，还有所谓的"工资""奖金""销售提成"等。

第四，关于社会性特征。社会性特征是指向社会公众即社会不特定对象吸收资金。

社会性是非法集资的本质特征，禁止非法集资的重要目的在于保护公众投资者的利益。社会性特征包含两个层面的内容。一是指向对象的广泛性；二是指向对象的不特定性。对于社会性特征的具体认定，除了结合上述公开性特征进行分析之外，还需要注意从以下两个方面进行具体判断：一是集资参与人的抗风险能力。生活中有很多种划分人群的标准，比如年龄、性别、职业、肤色、党派、宗教信仰等，但这些分类标准与非法集资中的社会公众的认定并无关系。法律干预非法集资的主要原因是社会公众缺乏投资知识，且难以承受损失风险。集资对象是否特定，应当以此为基础进行分析判断。二是集资行为的社会辐射力。对象是否特定，既要求集资人的主观意图是特定的，通常又要求其具体实施的行为是可控的。如果集资人所实施行为的辐射面连集资人自己都难以预料、控制，或者在蔓延至社会后听之任之，不设法加以阻止的，同样应当认定为向社会不特定对象进行非法集资。

此外，《解释》起草过程中有意见指出，一些集资行为的对象既有不特定的自然人，又有公司、企业等单位，"社会公众"是否包括公司、企业等单位，实践中存在理解分歧。经研究，这里的"社会公众"，不宜作为一个日常生活用语来理解。在法律上，自然人和单位均属于民商事行为的主体，具有平等的法律地位，单位同样可以成为非法集资的对象，以单位为对象的集资同样应当计入集资数额，故《解释》明确，社会公众包括单位和个人。

【实务专论二】[①]

（一）关于行政认定的问题

《最高人民法院、最高人民检察院、公安部关于办理非法集资刑事案件适用法律若干问题的意见》（以下简称《意见》）第 1 条对非法集资的行政认定问题作了规定，明确："行政部门对于非法集资的性质认定，不是非法集资刑事案件进入刑事诉讼程序的必经程序。行政部门未对非法集资作出性质认定的，不影响非法集资刑事案件的侦查、起诉和审判。公安机关、人民检察院、人民法院应当依法认定案件事实的性质，对于案情复杂、性质认定疑难的案件，可参考有关部门的认定意见，根据案件事实和法律规定作出性质认定。"主要考虑：一是非法集资行为涉嫌非法吸收公众存款、集资诈骗等犯罪，应当由公安机关、人民检察院、人民法院根据《刑法》《刑事诉讼法》的规定，对非法集资刑事案件依职权进行侦查、起诉和审判；行政部门的认定意见可以作为公安机关、人民检察院、人民法院进行性质认定时的参考。实践中个别地区在处理非法集资刑事案件时，将行政部门出具对于非法集资的性质认定意见作为前置条件和必经程序，既不符合有关法律的规定，也不符合办案实际需要。二是本条规定与此前有关规范性文件的规定精神是一致的。根据处置非法集资工作的实际情况，处置非法集资部际联席会议办公室在 2007 年就已提出在处置非法集资案件中应本着"提高效率、定性准确、处理稳妥的原则，不以行政认定为前置条件"的工作意见。2011 年《最高人民法院关于非法集资刑事案件性质认定问题的通知》也规定："行政部门对于非法集资的性质认定，不是非法集资案件进入刑事程序的必经程序。行政部门未对非法集资作出性质认定的，不影响非法集资刑事

[①] 韩耀元、吴峤滨：《〈关于办理非法集资刑事案件适用法律若干问题的意见〉理解与适用》，载《人民检察》2019 年第 9 期。

案件的审判。人民法院应当依照刑法和《最高人民法院关于审理非法集资刑事案件具体应用法律若干问题的解释》等有关规定认定案件事实的性质，并认定相关行为是否构成犯罪。对于案情复杂、性质认定疑难的案件，人民法院可以在有关部门关于是否符合行业技术标准的行政认定意见的基础上，根据案件事实和法律规定作出性质认定。"因此，《意见》第1条在此前有关规范性文件的基础上，对非法集资的行政认定问题作了进一步明确。

（二）关于"向社会公开宣传"的认定问题

《意见》第2条对非法集资刑事案件中"向社会公开宣传"的认定问题作了规定，明确："《最高人民法院关于审理非法集资刑事案件具体应用法律若干问题的解释》第一条第一款第二项中的'向社会公开宣传'，包括以各种途径向社会公众传播吸收资金的信息，以及明知吸收资金的信息向社会公众扩散而予以放任等情形。"根据最高人民法院2010年制定的《关于审理非法集资刑事案件具体应用法律若干问题的解释》（以下简称《2010年解释》）的规定，成立非法集资需同时具备非法性、公开性、利诱性、社会性等四个特征，其中"公开性"特征是指"通过媒体、推介会、传单、手机短信等途径向社会公开宣传"。司法实践中，对如何认定非法集资的"公开性"特征有不同认识和做法，因此，本条对这一问题作了专门规定，主要考虑：一是《2010年解释》列举了媒体、推介会、传单、手机短信几种典型的公开宣传途径，但这是例示性的规定，宣传途径不应以此为限。实践中常见的还有互联网、标语、横幅、宣传册、宣传画、讲座、论坛、研讨会等宣传方式，只要行为人通过这些途径主动向社会公众传播吸收资金的信息，即属于"向社会公开宣传"。二是对于实践中大量存在的口口相传、以人传人的宣传方式，是否属于公开宣传，能否将口口相传的效果归责于行为人，需要根据主客观相一致的原则进行具体分析，区别对待，实践中应当结合行为人对此是否知情、态度如何，有无具体参与、是否设法加以阻止等主客观因素，综合认定是否符合公开性特征。本条明确"明知吸收资金的信息向社会公众扩散而予以放任"也属于"向社会公开宣传"，是考虑到口口相传、以人传人的宣传方式，因为承诺内容具体明确（如承诺在一定期限内以货币、实物、股权等方式给付高额回报），信息来源熟悉可靠（如通过亲戚、朋友、同学、同事、熟人等途径传播）、传播方式比较隐蔽等，有时反而极易在社会公众中大范围地快速传播。如果行为人明知吸收资金的信息向社会公众扩散，而未设法加以阻止，而是放任甚至积极推动信息传播，这在实际效果上与主动向社会公众传播吸收资金的信息没有差异，将其认定为"向社会公开宣传"符合主客观相一致的原则。

（三）关于"社会公众"的认定问题

《意见》第3条对非法集资刑事案件中"社会公众"的认定问题作了规定，明确："下列情形不属于《最高人民法院关于审理非法集资刑事案件具体应用法律若干问题的解释》第一条第二款规定的'针对特定对象吸收资金'的行为，应当认定为向社会公众吸收资金：（一）在向亲友或者单位内部人员吸收资金的过程中，明知亲友或者单位内部人员向不特定对象吸收资金而予以放任的；（二）以吸收资金为目的，将社会人员吸收为单位内部人员，并向其吸收资金的。"

根据《2010年解释》的规定，非法集资的"社会性"特征是指"向社会公众即社会不特定对象吸收资金"，这是非法集资有别于民间借贷的重要特征。法律禁止非法集资的重要目的在于对广大公众投资者的利益给予特殊保护，主要有三个方面的考虑：一是不同于专业投资者，社会公众欠缺投资知识，缺乏投资理性；二是不同于合法融资，非法集资活动信息极不对称，社会公众缺乏投资所需的真实而必要的信息；三是社会公众抗风险能力较弱，往往难以承受集资款无法返还的损失风险，且牵涉人数众多，易引发社会问题。非法集资的"社会性"特征包含两个层面：一是指向对象的广泛性，即非法集资对象的众多性；二是指向对象的不特定性，即非法集资的对象为不特定多数人。如果有的行为人未向社会公开宣传吸收资金的信息，只是在亲友或者单位内部针对特定对象吸收资金，这种情形因集资对象限定于亲友圈或者单位内部人员等有限范围内，具有特定性，不符合非法集资的"社会性"特征。因此，《2010年解释》第1条第2款专门规定："未向社会公开宣传，在亲友或者单位内部针对特定对象吸收资金的，不属于非法吸收或者变相吸收公众存款。"

针对司法实践中非法集资犯罪手法翻新，行为人规避法律和司法解释规定的情况，《意见》第3条明确以下两种情形应当认定为向社会公众吸收资金：一是在向亲友或者单位内部人员吸收资金的过程中，明知亲友或者单位内部人员向不特定对象吸收资金而予以放任的情形。实践中，有的行为人最初是向亲友或者单位内部人员吸收资金，但随后吸收资金的渠道不断发生扩散、辐射，行为人的亲友或者单位内部人员又开始向他们的亲戚、朋友、熟人等吸收资金。如果行为人明知这一情况而予以放任，其行为性质就发生了变化，吸收资金的对象也从特定对象向社会不特定对象转化，对其应当认定为向社会公众吸收资金。二是以吸收资金为目的，将社会人员吸收为单位内部人员，并向其吸收资金的情形。实践中，有的单位通过公开招聘，在聘用同时向应聘人员筹集资金，集资参与人参与集资的同时即成为单位的员工；还有的单位先将社会人员聘为单位员工，之后再向其吸收资金。这种非法集资手段虽然具有一定的隐蔽性，但并未改变向社会不特定对象吸收资金的本质，也应当认定为向社会公众吸收资金。

【公报案例】只要行为人实施了非法吸收公众存款的行为，无论采取何种非法吸收公众存款的手段、方式，均不影响非法吸收公众存款罪的成立——渭南市尤湖塔园有限责任公司、惠某祥、陈某、冯某达非法吸收公众存款，惠某祥挪用资金案[①]

［裁判摘要］

未经中国人民银行批准，不以吸收公众存款的名义，向社会不特定对象吸收资金，但承诺履行的义务与吸收公众存款性质相同，即承诺在一定期限内返本付息的，属于《刑法》第176条规定的"变相吸收公众存款"。只要行为人实施了非法吸收公众存款的行为，无论采取何种非法吸收公众存款的手段、方式，均不影响非法吸收公众存款罪的成立。

［基本案情］

渭南市中级人民法院经审理查明：

被告单位尤湖塔园公司经被告人惠某祥和其他股东合作；于1998年7月7日在渭南市工商局正式注册成立。惠某祥担任公司董事长兼总经理。被告人陈某担任公司常务副总经理兼营销部经理、西安分公司（办事处）负责人，具体负责公司在西安的营销事项等。被告人冯某达自2001年起参与该公司在西安地区的塔位营销，2003年3月任该公司

---

① 《最高人民法院公报》2008年第6期。

市场总监，承包该公司在西安地区的塔位营销，按销售额提取28%至30%的销售费用。

被告单位尤湖塔园公司为解决资金困难问题，违反国家公墓销售的有关规定，在被告人惠某祥、陈某、冯某达等人的操纵下，非法吸收公众资金，其主要手段是将该公司塔园内用于安放死者骨灰的塔位分为使用型（选位型）、投资型（不选位型）两种，大肆向社会群众进行虚假宣传，谎称购买投资型塔位可以保值、增值，并承诺在塔位购买合同规定的期限内可更名、退单。尤湖塔园公司为了欺骗群众，在没有任何依据的情况下，不定期地随意调高塔位价格，并向客户公布价格调整情况，虚构塔位升值的假象，同时还将该公司前期退单情况向客户宣传，用以吸引社会群众购买。在惠某祥等人的操纵下，上述行为主要在西安地区实行，自1998年4月到2005年8月，在惠某祥任总经理、陈某任西安分公司（办事处）负责人期间，西安地区购买投资型塔位的被害群众高达4334人，尤湖塔园公司非法吸收公众资金9698万余元。此外，由于尤湖塔园公司资金严重短缺，惠某祥还决定面向该公司内部职工及社会群众高息借款。1998年12月至2006年7月间，尤湖塔园公司共计借款180余人次，总金额高达1098万余元。综上，尤湖塔园公司非法吸收公众存款1.07亿余元。惠某祥作为该公司董事长兼总经理，领导、策划并组织尤湖塔园公司实施非法吸收公众存款的犯罪行为，属直接负责的主管人员；陈某作为该公司常务副总经理兼营销部经理，参与该公司非法吸收公众存款9698万余元，冯某达作为该公司市场部总监，在任职期间参与该公司非法吸收公众存款2632万余元，均属直接责任人员。

被告人惠某祥在任被告单位尤湖塔园公司董事长兼总经理期间，分别于2003年11月10日、2004年8月30日两次指示时任该公司西安办事处负责人的被告人陈某，将该公司在西安销售塔位的收入400万元汇入江苏无锡市邱某雄的个人账号，作为惠某祥之妻葛某华与邱某雄合伙经营"忆江南餐饮有限公司"的投资。案发后追回赃款200万元。

根据本案查明的事实，被告单位尤湖塔园公司在对外销售其所谓的投资型塔位时，虚假宣传购买投资型塔位可以保值、增值，在没有任何依据的情况下，不定期随意调高塔位价格，将调价情况向社会公众发布，虚构塔位增值的假象，同时公布公司前期退单情况，吸引社会公众购买，该公司还承诺在合同规定的期限内负责更名、退单，变相地约定"返本付息"。事实上，尤湖塔园公司也实际进行了大量退单，并就此进行大肆宣传，以诱骗更多的社会群众购买塔位。尤湖塔园公司销售投资型塔位的上述行为，其根本目的是解决公司资金不足的问题而非法吸收公众资金，其向购买投资性塔位的客户承诺履行的义务也完全符合变相吸收公众存款的特征。此外，尤湖塔园公司还以协议的方式向个人和企业借款，并约定高额利息，该行为也符合非法吸收公众存款的特征。

被告单位尤湖塔园公司未经中国人民银行批准，非法吸收公众存款，数额巨大，严重扰乱金融秩序，其行为已构成非法吸收公众存款罪；惠某祥作为该公司董事长兼总经理，领导、策划、并组织尤湖塔园公司实施非法吸收公众存款的犯罪行为，属直接负责的主管人员，其行为构成非法吸收公众存款罪；被告人陈某作为该公司常务副总经理兼营销部经理，具体实施公司在西安的塔位营销活动，属直接责任人员，冯某达作为该公司市场部总监，在任职期间参与该公司的塔位销售，亦属直接责任人员，二被告人的行为亦构成非法吸收公众存款罪。

被告人惠某祥将被告单位尤湖塔园公司塔位销售款400万元用于个人营利活动的事实清楚，证据充分。尤湖塔园公司注册成立后，公司资产即独立于各出资人，即使是公司股东，也不能随意侵占、挪用，惠某祥与其他股东之间达成的分红和经营约定，并不代表惠某祥可以随意支配公司的财产，故惠某祥将尤湖塔园公司销售塔位的收入400万元，作为惠某祥之妻葛某华与他人合伙经营"忆江南餐饮有限公司"的投资的行为，构成挪用资金罪。惠某祥在公安机关已经掌握挪用资金犯罪事实的情况下予以交代，不构成自首。被告人陈某向公安机关检举惠某祥挪用资金的犯罪线索，使惠某祥挪用资金犯罪得以侦破，构成立功。

综上所述，被告单位尤湖塔园公司在本案中的行为构成非法吸收公众存款罪，且数额巨大。被告人惠某祥作为直接负责的主管人员，亦应以非法吸收公众存款犯罪追究刑事责任，惠某祥利用其担任尤湖塔园公司董事长兼总经理的职务之便，挪用该公司资金用于个人经营活动，挪用公司资金数额巨大，其行为构成挪用资金罪，依法应数罪并罚；被告人陈某作为直接责任人员，应以非法吸收公众存款犯罪追究刑事责任，鉴于其具有立功表现，应依法从轻处罚；被告人冯某达亦属直接责任人员，应以非法吸收公众存款犯罪追究刑事责任，鉴于其参与单位犯罪时间较短，作用较小，故予以从轻处罚；尤湖塔园公司将非法吸收的公众存款用于建设塔园和公司日常经营活动，因此对该公司非法吸收公众存款犯罪所得的一切财物均应依法追缴并返还被害人；惠某祥、陈某、冯某达在尤湖塔园公司非法吸收公众存款犯罪中的收入亦为违法所得，也应依法追缴并返还被害人。

陕西省高级人民法院二审认为：

根据取缔办法的规定，非法吸收公众存款，是指未经中国人民银行批准，向社会不特定对象吸收资金，出具凭证，承诺在一定期限内还本付息的活动；变相吸收公众存款，是指未经中国人民银行批准，不以吸收公众存款的名义，向社会不特定对象吸收资金，但承诺履行的义务与吸收公众存款性质相同的活动。在本案中，尤湖塔园公司与客户签订的合同，表面上是塔位销售合同，但双方在合同中明确约定，尤湖塔园公司对购买塔位的客户承担两年期还本返利的义务。此外，该公司推出的所谓"投资型"塔位不与特定死者的骨灰相对应，该公司承诺既可以根据塔位销售合同逐年返利，也可以更名、退单。所谓退单，是指由尤湖塔园公司按照市场价回购。由于尤湖塔园公司的虚假操作，在没有任何依据的情况下，投资型塔位的价格被不定期地不断调高，因此在退单的时候，尤湖塔园公司除了向用户返还购买时的原价，还需支付增值的部分，事实上就是变相的"返本付息"。因此，尤湖塔园公司的上述行为符合取缔办法第4条规定的变相吸收公众存款的特征，构成非法吸收公众存款罪，其上诉理由不能成立，不予采纳。

上诉人尤湖塔园公司未经金融主管机关批准，采取向社会公众销售投资型塔位，承诺到期退单兑付和向社会公众高息借款的手段，变相吸收公众存款，数额巨大，后果严重，严重扰乱了金融秩序和社会秩序，其行为已构成非法吸收公众存款罪，依法应予惩处。上诉人惠某祥作为该公司法定代表人和总经理，直接参与并组织、领导了该公司全部犯罪活动，是单位犯罪中直接负责的主管人员，依法构成非法吸收公众存款罪。原审被告人陈某作为该公司西安办事处负责人，组织、领导该公司在西安地区的非法吸收公众存款行为，也是单位犯罪中直接负责的主管人员；原审被告人冯某达是单位犯罪的直接责任人员，均应以非法吸收公众存款罪定罪处罚。

上诉人尤湖塔园公司是依法注册成立的有限责任公司，是拥有独立财产，能独立承担责任的法人。该公司的销售收入是独立的法人财产，未经公司决议机构决定，任何个人不能随意处分。上诉人惠某祥利用职务便利，擅自将该公司400万元资金用于个人营利活动，其行为构成挪用资金罪。公安机关在2006年10月19日即通过原审被告人陈某的检举掌握了惠某祥挪用资金的犯罪事实，而惠某祥是在同年10月31日被刑事拘留后，在公安机关的讯问下才供述了相关犯罪事实，不符合自首的法定条件。

综上所述，上诉人尤湖塔园公司及惠某祥提出的上诉理由均不能成立，不予采纳。一审判决认定原审被告人陈某属直接责任人员不当，应认定其为直接负责的主管人员。一审判决认定事实基本清楚，证据确实、充分，定罪准确，量刑适当，审判程序合法。据此，陕西省高级人民法院裁定驳回上诉，维持原判。

【最高人民检察院指导性案例】 单位或个人假借开展网络借贷信息中介业务之名归集不特定公众的资金设立资金池，构成非法吸收公众存款罪——杨某国等人非法吸收公众存款案[①]

[关键词]

非法吸收公众存款　网络借贷　资金池

[要旨]

单位或个人假借开展网络借贷信息中介业务之名，未经依法批准，归集不特定公众的资金设立资金池，控制、支配资金池中的资金，并承诺还本付息的，构成非法吸收公众存款罪。

[基本案情]

浙江望洲集团有限公司（以下简称望洲集团）于2013年2月28日成立，被告人杨某国为法定代表人、董事长。自2013年9月起，望洲集团开始在线下进行非法吸收公众存款活动。2014年，杨某国利用其实际控制的公司又先后成立上海望洲财富投资管理有限公司（以下简称望洲财富）、望洲普惠投资管理有限公司（以下简称望洲普惠），通过线下和线上两个渠道开展非法吸收公众存款活动。其中，望洲普惠主要负责发展信贷客户（借款人），望洲财富负责发展不特定社会公众成为理财客户（出借人），根据理财产品的不同期限约定7%～15%不等的年化利率募集资金。在线下渠道，望洲集团在全国多个省、市开设门店，采用发放宣传单、举办年会、发布广告等方式进行宣传，理财客户或者通过与杨某国签订债权转让协议，或者通过匹配望洲集团虚构的信贷客户借款需求进行投资，将投资款转账至杨某国个人名下42个银行账户，被望洲集团用于还本付息、生产经营等活动。在线上渠道，望洲集团及其关联公司以网络借贷信息中介活动的名义进行宣传，理财客户根据望洲集团的要求在第三方支付平台上开设虚拟账户并绑定银行账户。理财客户选定投资项目后将投资款从银行账户转入第三方支付平台的虚拟账户进行投资活动，望洲集团、杨某国及望洲集团实际控制的担保公司为理财客户的债权提供担保。望洲集团对理财客户虚拟账户内的资金进行调配，划拨出借资金和还本付息资金到相应理财客户和信贷客户账户，并将剩余资金直接转至杨某国在第三方支付平台上开设的托管账户，再转账至杨某国开设的个人银行账户，与线下资金混同，由望洲集团支配使用。

因资金链断裂，望洲集团无法按期兑付本息。截至2016年4月20日，望洲集团通过

[①] 本案例载《最高人民检察院公报》2020年第2号。

线上、线下两个渠道非法吸收公众存款共计 64 亿余元,未兑付资金共计 26 亿余元,涉及集资参与人 13400 余人。其中,通过线上渠道吸收公众存款 11 亿余元。

[指控与证明犯罪]

2017 年 2 月 15 日,浙江省杭州市江干区人民检察院以非法吸收公众存款罪对杨某国等 4 名被告人依法提起公诉,杭州市江干区人民法院公开开庭审理本案。

法庭调查阶段,公诉人宣读起诉书指控杨某国等被告人的行为构成非法吸收公众存款罪,并对杨某国等被告人进行讯问。杨某国对望洲集团通过线下渠道非法吸收公众存款的犯罪事实和性质没有异议,但辩称望洲集团的线上平台经营的是正常 P2P 业务,线上的信贷客户均真实存在,不存在资金池,不是吸收公众存款,不需要取得金融许可牌照,在营业执照许可的经营范围内即可开展经营。

法庭经审理认为,望洲集团以提供网络借贷信息中介服务为名,实际从事直接或间接归集资金,甚至自融或变相自融行为,本质是吸收公众存款。判断金融业务的非法性,应当以现行刑事法律和金融管理法律规定为依据,不存在被告人开展 P2P 业务时没有禁止性法律规定的问题。望洲集团的行为已经扰乱金融秩序,破坏国家金融管理制度,应受刑事处罚。

2018 年 2 月 8 日,杭州市江干区人民法院作出一审判决,以非法吸收公众存款罪,分别判处被告人杨某国有期徒刑九年六个月,并处罚金人民币五十万元;判处被告人刘某蕾有期徒刑四年六个月,并处罚金人民币十万元;判处被告人吴某有期徒刑三年,缓刑五年,并处罚金人民币十万元;判处被告人张某婷有期徒刑三年,缓刑五年,并处罚金人民币十万元。在案扣押冻结款项分别按损失比例发还;在案查封、扣押的房产、车辆、股权等变价后分别按损失比例发还。不足部分责令继续退赔。宣判后,被告人杨某国提出上诉后又撤回上诉,一审判决已生效。本案追赃挽损工作仍在进行中。

[指导意义]

1. 向不特定社会公众吸收存款是商业银行专属金融业务,任何单位和个人未经批准不得实施。根据《中华人民共和国商业银行法》第 11 条的规定,未经国务院银行业监督管理机构批准,任何单位和个人不得从事吸收公众存款等商业银行业务,这是判断吸收公众存款行为合法与非法的基本法律依据。任何单位或个人,包括非银行金融机构,未经国务院银行业监督管理机构批准,面向社会吸收公众存款或者变相吸收公众存款均属非法。国务院《非法金融机构和非法金融业务活动取缔办法》进一步明确规定,未经依法批准,非法吸收公众存款、变相吸收公众存款、以任何名义向社会不特定对象进行的非法集资都属于非法金融活动,必须予以取缔。为了解决传统金融机构覆盖不了、满足不好的社会资金需求,缓解个体经营者、小微企业经营当中的小额资金困难,国务院金融监管机构于 2016 年发布了《网络借贷信息中介机构业务活动管理暂行办法》等"一个办法、三个指引",允许单位或个人在规定的借款余额范围内通过网络借贷信息中介机构进行小额借贷,并且对单一组织、单一个人在单一平台、多个平台的借款余额上限作了明确限定。检察机关在办案中要准确把握法律法规、金融管理规定确定的界限、标准和原则精神,准确区分融资借款活动的性质,对于违反规定达到追诉标准的,依法追究刑事责任。

2. 金融创新必须遵守金融管理法律规定,不得触犯刑法规定。金融是现代经济的核心和血脉,金融活动引发的风险具有较强的传导性、扩张性、潜在性和不确定性。为了发挥金融服务经济社会发展的作用，有效防控金融风险，国家制定了完善的法律法规，对商业银行、保险、证券等金融业务进行严格的规制和监管。金融也需要发展和创新，但金融创新必须有效地防控可能产生的风险，必须遵守金融管理法律法规，尤其是依法须经许可才能从事的金融业务，不允许未经许可而以创新的名义擅自开展。检察机关办理涉金融案件，要深入分析、清楚认识各类新金融现象，准确把握金融的本质，透过复杂多样的表现形式，准确区分是真的金融创新还是披着创新外衣的伪创新，是合法金融活动还是以金融创新为名实施金融违法犯罪活动，为防范化解金融风险提供及时、有力的司法保障。

3. 网络借贷中介机构非法控制、支配资金，构成非法吸收公众存款。网络借贷信息中介机构依法只能从事信息中介业务，为借款人与出借人实现直接借贷提供信息搜集、信息公布、资信评估、信息交互、借贷撮合等服务。信息中介机构不得提供增信服务，不得直接或间接归集资金，包括设立资金池控制、支配资金或者为自己控制的公司融资。网络借贷信息中介机构利用互联网发布信息归集资金，不仅超出了信息中介业务范围，同时也触犯了《刑法》第 176 条的规定。检察机关在办案中要通过对网络借贷平台的股权结构、实际控制关系、资金来源、资金流向、中间环节和最终投向的分析，综合全流程信息，分析判断是规范的信息中介，还是假借信息中介名义从事信用中介活动，是否存在违法设立资金池、自融、变相自融等违法归集、控制、支配、使用资金的行为，准确认定行为性质。

【典型案例】上海微微爱珠宝公司、吴某微非法吸收公众存款案[①]

[案情简介]

上海微微爱珠宝公司（以下简称微微珠宝公司）系一家在沪经营多年的民营企业。2010 年 6 月至 2011 年 10 月间，微微珠宝公司法定代表人吴某微以投资或者经营需要资金周转等为由，通过出具借据或签订借款协议等方式，分别向涂某等向十余位借款人借款共计 1.5 亿余元，其中大多承诺较高利息，部分提供房产抵押或珠宝质押。所借款项主要用于偿还他人的借款本息、支付公司运营支出等。至案发，吴某微和微微珠宝公司对上述款项尚未完全支付本息，故被公诉机关指控犯非法吸收公众存款罪。

上海市黄浦区人民法院经审理认为，首先，从宣传手段上看，吴某微借款方式为或当面或通过电话一对一向借款人提出借款，并约定利息和期限，既不存在通过媒体、推介会、传单、手机短信等途径向社会公开宣传的情形，亦无证据显示其要求借款对象为其募集、吸收资金或明知他人将其吸收资金的信息向社会公众扩散而予以放任的情形；其次，从借款对象上看，吴某微的借款对象绝大部分与其有特定的社会关系基础，范围相对固定、封闭，不具有开放性，并非随机选择或者随时可能变化的不特定对象。对于查明的出资中确有部分资金并非亲友自有而系转借而来的情况，但现有证据难以认定吴某微系明知亲友向他人吸收资金而予以放任，此外，其个别亲友转借的对象亦是个别特定对象，而非社会公众；再次，吴某微在向他人借款的过程中，存在并未约定利息或回报的情况，对部分借款还提供了房产、珠宝抵押，故吴某微的上述行为并不符合非法吸收公众存款罪的特征。

[①] 本案例系 2019 年 5 月 16 日最高人民法院发布依法平等保护民营企业家人身财产安全十大典型案例之一。

综上所述，一审法院认为，公诉机关指控被告单位上海微微爱珠宝有限公司及被告人吴某微犯非法吸收公众存款罪的证据不足，指控罪名不能成立。依照《中华人民共和国刑事诉讼法》第 195 条第 3 项①之规定，判决：一、被告单位上海微微爱珠宝有限公司无罪；二、被告人吴某微无罪。一审宣判后，公诉机关提起抗诉。上海市第二中级人民法院经审理认为，原判认定事实和适用法律正确，所作的判决并无不当，且诉讼程序合法，裁定驳回抗诉，维持原判。

［典型意义］

民间融资作为民营企业重要的融资渠道，在解决民营企业资金短缺困境的同时，也增加了民营企业经营和法律风险。司法实践中要严格把握民间融资与非法集资的界限，审慎对待由于民间融资引发的经济纠纷，防止刑事手段过度干预民营企业生产经营。本案通过审理依法认定被告人既未向社会公开宣传，借款对象亦非不特定人员，其借款融资行为不符合非法吸收公众存款罪的构成要件，依法应宣告无罪。当然，吴某微及微微爱珠宝公司的借款行为虽未构成犯罪，但依法要承担相应的民事责任。借款人陆续通过诉讼、协商等方式，确保其债权的实现。

【司法解释】

《最高人民法院关于审理非法集资刑事案件具体应用法律若干问题的解释》（2022 年 2 月 23 日　法释〔2022〕5 号）（节录）

为依法惩治非法吸收公众存款、集资诈骗等非法集资犯罪活动，根据《中华人民共和国刑法》的规定，现就审理此类刑事案件具体应用法律的若干问题解释如下：

第一条　违反国家金融管理法律规定，向社会公众（包括单位和个人）吸收资金的行为，同时具备下列四个条件的，除刑法另有规定的以外，应当认定为刑法第一百七十六条规定的"非法吸收公众存款或者变相吸收公众存款"：

（一）未经有关部门依法许可或者借用合法经营的形式吸收资金；

（二）通过网络、媒体、推介会、传单、手机信息等途径向社会公开宣传；

（三）承诺在一定期限内以货币、实物、股权等方式还本付息或者给付回报；

（四）向社会公众即社会不特定对象吸收资金。

未向社会公开宣传，在亲友或者单位内部针对特定对象吸收资金的，不属于非法吸收或者变相吸收公众存款。

【刑事政策文件】

1.《最高人民法院、最高人民检察院、公安部关于办理非法集资刑事案件适用法律若干问题的意见》（2014 年 3 月 25 日　公通字〔2014〕16 号）（节录）

二、关于"向社会公开宣传"的认定问题

《最高人民法院关于审理非法集资刑事案件具体应用法律若干问题的解释》第一条第一款第二项中的"向社会公开宣传"，包括以各种途径向社会公众传播吸收资金的信息，以及明知吸收资金的信息向社会公众扩散而予以放任等情形。

---

① 现为《刑事诉讼法》（2018 年修正）第 200 条第 3 项。

三、关于"社会公众"的认定问题

下列情形不属于《最高人民法院关于审理非法集资刑事案件具体应用法律若干问题的解释》第一条第二款规定的"针对特定对象吸收资金"的行为，应当认定为向社会公众吸收资金：

（一）在向亲友或者单位内部人员吸收资金的过程中，明知亲友或者单位内部人员向不特定对象吸收资金而予以放任的；

（二）以吸收资金为目的，将社会人员吸收为单位内部人员，并向其吸收资金的。

2.《最高人民法院、最高人民检察院、公安部关于办理非法集资刑事案件若干问题的意见》（2019年1月30日　高检会〔2019〕2号）（节录）

一、关于非法集资的"非法性"认定依据问题

人民法院、人民检察院、公安机关认定非法集资的"非法性"，应当以国家金融管理法律法规作为依据。对于国家金融管理法律法规仅作原则性规定的，可以根据法律规定的精神并参考中国人民银行、中国银行保险监督管理委员会、中国证券监督管理委员会等行政主管部门依照国家金融管理法律法规制定的部门规章或者国家有关金融管理的规定、办法、实施细则等规范性文件的规定予以认定。

3.《最高人民检察院关于办理涉互联网金融犯罪案件有关问题座谈会纪要》（2017年6月1日　高检诉〔2017〕14号）（节录）

二、准确界定涉互联网金融行为法律性质

（一）非法吸收公众存款行为的认定

涉互联网金融活动在未经有关部门依法批准的情形下，公开宣传并向不特定公众吸收资金，承诺在一定期限内还本付息的，应当依法追究刑事责任。其中，应重点审查互联网金融活动相关主体是否存在归集资金、沉淀资金，致使投资人资金存在被挪用、侵占等重大风险等情形。

互联网金融的本质是金融，判断其是否属于"未经有关部门依法批准"，即行为是否具有非法性的主要法律依据是《中华人民共和国商业银行法》《非法金融机构和非法金融业务活动取缔办法》（国务院令第247号）等现行有效的金融管理法律规定。

问题2. 关于"违法性认识"与"非法占有目的"的认定

【实务专论】[①]

非法占有目的是成立集资诈骗罪的法定要件，是区分集资诈骗罪与其他非法集资犯罪的关键所在，同时又是集资诈骗罪司法认定当中的难点。为此，《最高人民法院关于审理非法集资刑事案件具体应用法律若干问题的解释》（以下简称《解释》）第4条在《最高人民法院关于审理诈骗案件具体应用法律的若干问题的解释》《全国法院审理金融犯罪案件工作座谈会纪要》等相关规定的基础上，结合当前审判工作实际规定了七种可以认定为"以非法占有为目的"的具体情形。适用本条规定时，应注意以下几个问题：

---

① 刘为波：《〈关于审理非法集资刑事案件具体应用法律若干问题的解释〉的理解与适用》，载《人民司法》2011年第5期。

第一，非法占有目的的认定原则。认定是否具有非法占有目的，应当坚持主客观相一致的原则，既要避免以诈骗方法的认定替代非法占有目的的认定，又要避免单纯根据损失结果客观归罪，同时也不能仅凭行为人自己的供述，而是应当根据案件具体情况具体分析。对于因经营不善、市场风险等意志以外的原因，造成较大数额的集资款不能返还的，不应当认定为集资诈骗罪；对于行为人使用诈骗方法非法集资，具有《解释》规定情形之一，致使数额较大集资款不能返还或者逃避返还，即使行为人不予供认的，也可以认定为集资诈骗罪。

第二，"明知没有归还能力"的理解。鉴于实践中反映《全国法院审理金融犯罪案件工作座谈会纪要》规定中的"明知没有归还能力"不易掌握，本条第1项将之修改规定为"集资后不用于生产经营活动或者用于生产经营活动与筹集资金规模明显不成比例"，故该项规定实际上是对"明知没有归还能力"的具体化。对于本项规定中的"生产经营活动与筹集资金规模明显不成比例"，起草过程中有意见指出该表述不够明确，操作上仍有困难，建议修改为"仅将少量资金（或者小部分资金）用于生产经营活动"。经研究，实践中的情况较为复杂，修改建议的表述较为具体，更便于实践操作，但过于绝对；现在的表述稍显原则，但将集资规模与生产规模联系起来，通过比例关系进行分析判断更具科学性和包容性。此外，另有意见提出，将后期所集资金主要用于支付前期本金和高额回报的情形，可以直接推定为以非法占有为目的。经研究，"以新还旧""以后还前"确实可以初步断定最终不具有归还能力，但其不具有归还能力的根本原因不在于是否支付本息，而是没有具体的生产经营活动，对此，完全可以适用本项规定认定为以非法占有为目的。同时，支付本息是非法集资的一个基本特征，在一定意义上，按期支付本金和高额回报反而有可能说明行为人主观上没有非法占有目的，为了防止不必要的误解，故未采纳。

第三，"肆意挥霍"的理解。首先，这里有一个度的把握问题。行为人将大部分资金用于投资或生产经营活动，而将少量资金用于个人消费或挥霍的，不应仅以此认定具有非法占有的目的。这也是《解释》强调"肆意"二字的本意所在。其次，"挥霍"通常指的是消费性支出。实践中存在一些"挥霍性投资"的情形，对此需要具体情况具体分析。如行为人仅将投资行为作为对外宣传等行骗手段，投资行为纯属消耗性的，行为人也不指望从该投资行为获取收益的，可以视为"挥霍"。

第四，"携带集资款逃匿"的理解。首先，逃匿包含逃跑和藏匿的双重含义。以往司法文件中均表述为"逃跑"，《解释》现修改为"逃匿"，意在突出行为人逃避刑事追究的一面，避免不加区分地将各种逃跑的情形一概作集资诈骗处理。其次，逃匿必须与携款联系起来进行综合分析。逃匿可能出于躲债、筹资等多种原因，只有携款潜逃的，才足以说明行为人具有拒绝返还集资款的主观目的。

第五，"将集资款用于违法犯罪活动"的理解。《解释》起草过程中有意见指出，"用于违法犯罪活动"与非法占有目的没有必然联系，建议删去。经研究，将"用于违法犯罪活动"作为认定非法占有目的的一种情形，主要是基于政策考虑所作出的一种法律上的拟制，以体现从严打击的需要，故未采纳。此外，有意见建议增加从事高风险行业的情形，与用于违法犯罪活动一并规定。我们认为，风险高低取决于多方面因素，不宜泛泛而谈，故未采纳。

第六，"拒不交代资金去向"的理解。鉴于实践中行为人拒不交代资金去向的情形较为突出，此种情形已经明显反映出非法占有的主观故意，为了从严打击此类犯罪分子，尽可能地挽回集资群众的经济损失，故《解释》增加规定了这一情形。

此外，考虑到非法集资犯罪活动往往时间较长，犯罪分子在非法集资之初不一定具有非法占有目的；非法集资犯罪活动参与实施人员众多，部分共犯不一定具有非法占有目的的犯意联络，为避免客观归罪，《解释》第3款明确，"集资诈骗罪中的非法占有目的，应当区分情形进行具体认定。行为人部分非法集资行为具有非法占有目的的，对该部分非法集资行为所涉集资款以集资诈骗罪定罪处罚；非法集资共同犯罪中部分行为人具有非法占有目的，其他行为人没有非法占有集资款的共同故意和行为的，对具有非法占有目的的行为人以集资诈骗罪定罪处罚。"据此，对于非法占有目的产生于非法集资过程当中的，应当只对非法占有目的支配下实施的非法集资犯罪以集资诈骗罪处理，对于之前实施的行为，应以其他非法集资犯罪处理，实行数罪并罚；对于共同非法集资犯罪案件，应当只对具有非法占有目的的犯罪人以集资诈骗罪处理；对于不具有非法占有目的犯意联络的犯罪人，应对其参与实施的全部事实以其他非法集资犯罪处理。

【公报案例】若行为人没有进行实体经营或实体经营的比例极小，根本无法通过正常经营偿还前期非法募集的本金及约定利息，将募集的款项隐匿、挥霍的，应当认定行为人具有非法占有的目的——许某成、许某卿、马某梅集资诈骗案①

[裁判摘要]

行为人以非法占有为目的，采取虚构集资用途，以虚假的证明文件和高回报率为诱饵，未经有权机关批准，向社会公众非法募集资金，骗取集资款的行为，构成《中华人民共和国刑法》第192条规定的集资诈骗罪。在认定行为人是否具有非法占有目的时，应当坚持主客观相统一的认定标准，既要避免单纯根据损失结果客观归罪，也不能仅凭被告人自己的供述，应当根据案件具体情况全面分析行为人无法偿还集资款的原因，若行为人没有进行实体经营或实体经营的比例极小，根本无法通过正常经营偿还前期非法募集的本金及约定利息，将募集的款项隐匿、挥霍的，应当认定行为人具有非法占有的目的。

[基本案情]

南京市中级人民法院一审查明：

2001年6月5日，被告人许某成伙同案外人冯某云（挂名股东）成立北京墨龙公司，并先后在广州、深圳、成都、重庆、南京等地设立分公司。2003年11月17日，许某成伙同案外人马某萍（挂名股东）设立北京冠成公司。2004年1月5日，许某成伙同被告人许某卿成立南京冠成公司。上述公司设立后，以实施集资诈骗犯罪为主要活动。许某成任北京冠成公司、南京冠成公司法定代表人，负责全面工作。许某卿任南京冠成公司总经理，代表南京冠成公司与本案被害人签订合同。被告人马某梅任北京冠成公司财务总监，具体管理许某成收取的包括南京冠成公司在内的各地上缴的集资款，并按许某成指示划拨兑付款及各项费用支出。

自2002年始，被告人许某成违反中国人民银行有关规定，未依照法定程序经有关部门批准，推行"星炬计划"非法集资，与客户签订特种药蚁销售合同、特种药蚁委托养

---

① 《最高人民法院公报》2010年第10期。

殖合同、特种药蚁回收合同等三种系列合同，承诺客户每窝蚂蚁投资人民币460元，1年后返还人民币640元，年回报率为39.13%。2004年10月后，合同调整为每窝蚂蚁投资人民币460元，1年后返回人民币540元，年回报率为17.39%。

2004年1月至2005年3月间，被告人许某成、许某卿、马某梅以南京冠成公司名义，在明知无法归还本息的情况下，以高额回报为诱饵，虚构集资用途非法集资，向不特定公众宣称集资款用于开发、研制蚂蚁产品，事实上，许某成虽与相关单位开展过一些有关开发、研制蚂蚁产品的合作，但投入的资金量占其募集资金的比例非常小。北京冠成公司基本没有经营活动，南京冠成公司的主要活动为募集客户资金及返还到期本金及利润，开发研制及销售蚂蚁产品、为养殖蚂蚁投入的资金量非常小。被告人在集资过程中虚构事实，夸大公司实力向不特定公众发布的宣传资料称，"星炬计划"被国务院扶贫办中国老区扶贫工作委员会、中国科技扶贫工作委员会在全国推广；"中国冠成国际科技集团"于2003年2月成立，南京冠成公司、北京冠成公司是中国冠成集团的下属公司、子公司。事实上，国务院扶贫开发领导小组办公室从未成立也未挂靠主管过中国老区扶贫工作委员会和中国科技扶贫工作委员会两个机构。许某成供述称：中国冠成集团成立后一直没有开展业务，与南京、北京冠成公司也没有关系，以中国冠成集团名义吸收资金的目的是宣传公司经济实力雄厚、规模大，让客户信赖公司有能力返还客户的投资款。三被告人用收到的后期投资款兑现前期投资款，骗取客户信任，共骗取社会不特定对象829人投资款合计人民币33278700元，骗取的巨额集资款均打入三被告人的个人账户，由三被告人占有、支配，除用于支付客户投资款和与客户约定的利息外，还用于个人生活消费、以个人的名义购置房产、汽车等。后三被告无力支付客户投资款和与客户约定的利息。

本案一审的争议焦点是：（1）本案是否为单位犯罪；（2）被告人许某成、许某卿、马某梅是否采取了诈骗的方法非法集资；（3）三被告人是否具有非法占有集资款的主观故意；（4）本案是否属于共同犯罪。

南京市中级人民法院认为：

公诉机关对被告人许某成、许某卿、马某梅起诉的罪名为集资诈骗罪。《刑法》第192条规定："以非法占有为目的，使用诈骗方法非法集资，数额较大的，处五年以下有期徒刑或者拘役，并处二万元以上二十万元以下罚金；数额巨大或者有其他严重情节的，处五年以上十年以下有期徒刑，并处五万元以上五十万元以下罚金；数额特别巨大或者有其他特别严重情节的，处十年以上有期徒刑或者无期徒刑，并处五万元以上五十万元以下罚金或者没收财产"。第199条规定："犯本节第一百九十二条、第一百九十四条、第一百九十五条规定之罪，数额特别巨大并且给国家和人民利益造成特别重大损失的，处无期徒刑或者死刑，并处没收财产。"根据上述规定，对于是否构成集资诈骗罪，要分析行为人在主观上是否具有非法占有集资款的故意；在客观方面，行为人是否使用诈骗方法非法集资，集资数额是否达到法定的标准。集资诈骗罪量刑的幅度，由非法集资的数额以及集资诈骗造成社会危害的大小决定。本案中，被告人骗取集资款合计33278700元，公安机关只追回了一小部分，该事实符合《刑法》第199条"数额特别巨大并且给国家和人民利益造成特别重大损失"的规定。因此，本案的关键是犯罪主体的认定、行为人是否采取诈骗的方法非法集资、行为人是否具有非法占有集资款的故意。

一、关于第一个争议焦点

被告人许某成辩护人认为本案应为单位犯罪。法院认为，虽然本案被害人确实是与几个涉案公司而非与被告人许某成、许某卿、马某梅签订合同，在名义上涉案行为是以单位名义实施的，但实际上，集资诈骗所得未归单位所有，集资款项均打入许某成、许某卿、马某梅的个人账户，由三被告人占有、支配。《最高人民法院关于审理单位犯罪案件具体应用法律有关问题的解释》第2条规定："个人为进行违法犯罪活动而设立的公司、企业、事业单位实施犯罪的，或者公司、企业、事业单位设立后，以实施犯罪为主要活动的，不以单位犯罪论处。"本案中，许某成为进行非法集资活动而设立北京冠成公司、南京冠成公司，且前述公司设立后以实施集资诈骗为主要活动，本案实际上是利用公司的外壳实施的自然人犯罪，不应认定为单位犯罪。

二、关于第二个争议焦点

《中国人民银行关于取缔非法金融机构和非法金融业务活动中有关问题的通知》第1条规定：非法集资是指单位或个人未依照法定程序经有关部门批准，以发行股票、债券、彩票、投资基金证券或者其他债权凭证的方式向社会公众筹集资金，并承诺在一定期限内以货币、实物及其他方式向出资人还本付息或给予回报的行为。它具有如下特点：（1）未经有关部门依法批准；（2）承诺在一定期限内给出资人还本付息；（3）向社会不特定对象即社会公众筹集资金；（4）以合法形式掩盖非法集资的性质。根据本案查明的事实，被告人许某成、许某卿、马某梅未经有关部门批准，通过与客户签订特种药蚁销售合同、特种药蚁委托养殖合同、特种药蚁回收合同等三种系列合同，承诺客户每窝蚂蚁投资人民币460元，1年后返还640元，年回报率为39.13%。2004年10月后，合同调整为每窝蚂蚁投资460元，1年后返回540元，年回报率为17.39%。上述合同系承诺在一定期限内给出资人还本付息方式，向社会不特定对象筹集资金，该筹集资金的行为属于非法集资。许某成、许某卿、马某梅在非法集资过程中，明知无法归还本息，仍以高额回报为诱饵，虚构集资用途，谎称其集资款用于养殖蚂蚁、开发研制及销售蚂蚁产品，在募集资金过程中虚构其实施的"星炬计划"被国务院扶贫办中国老区扶贫工作委员会、中国科技扶贫工作委员会在全国推广；虚构南京冠成公司、北京冠成公司是2003年2月成立的中国冠成集团的下属公司、子公司，实力雄厚，其行为属于通过虚构和夸大公司实力等手段欺骗不特定公众投资。综上所述，可以认定三被告人采取了诈骗的方法非法集资。

三、关于第三个争议焦点

对于认定集资诈骗罪中的"以非法占有为目的"，应当坚持主客观相统一的认定标准，既要避免单纯根据损失结果客观归罪，也不能仅凭被告人自己的供述，应当结合案情具体分析。本案中被告人许某成、许某卿、马某梅骗取巨额集资款后，款项均打入三被告人的个人账户，由三被告人占有、支配，并未将资金用于合同约定用途，为养殖蚂蚁以及开发研制、销售蚂蚁产品只投入极少资金，收到的后期投资款部分用于兑现前期投资款的本金以及约定的高额利息，其余部分，除了用于涉案公司的运作开支外，许某成、马某梅还以个人的名义购置房产、汽车。许某成称涉案公司无力兑现一部分客户的前期投资款本金以及约定的利息，给客户带来损失是因为经营方式有问题。事实上，三被告人进行实体经营的比例极小，根本无法通过正常经营偿还前期非法募集的本金及约定利息，甚至还将募集的款项进行挥霍，应当认定其主观上具有非法占有的目的。

四、关于第四个争议焦点

被告人许某成系北京冠成公司、南京冠成公司法定代表人,负责全面工作。被告人许某卿系南京冠成公司总经理,积极参与非法集资。被告人马某梅系北京冠成公司财务总监,按许某成指示,具体管理许某成集资诈骗得来的款项。许某成作为北京冠成公司、南京冠成公司法定代表人,许某卿作为南京冠成公司总经理,马某梅作为北京冠成公司财务总监,都清楚南京冠成公司募集集资款的基本状况及集资款用途、流向,对于相关蚂蚁产品开发研制尚未成熟,产量、产品远远无法兑现高额利息的情况,三被告人都应明知。在此情况下,三被告人仍在南京推行"星炬计划",各负其责,分工合作,共同造成了南京冠成公司非法集资巨额款项无力兑现的事实,应认定为共同犯罪。许某成策划、指挥集资诈骗活动,许某卿和被害人签订合同,收取投资款,积极参与集资诈骗活动,均系主犯。马某梅受许某成指使,实施收取集资款、划拨兑付款等行为,在共同犯罪中处于次要地位,应认定为从犯,可减轻处罚。

被告人许某成、许某卿、马某梅以非法占有为目的,采取虚构事实,以高回报率为诱饵的方法非法集资,骗取他人财物,数额特别巨大并且给人民利益造成特别重大损失,构成集资诈骗罪,系共同犯罪。江苏省南京市人民检察院指控许某成、许某卿、马某梅犯集资诈骗罪的事实清楚,证据确实、充分,指控的罪名成立。综上,南京市中级人民法院判决如下:

一、被告人许某成犯集资诈骗罪,判处死刑,缓期二年执行,剥夺政治权利终身,没收个人全部财产。被告人许某卿犯集资诈骗罪,判处无期徒刑,剥夺政治权利终身,没收个人全部财产。被告人马某梅犯集资诈骗罪,判处有期徒刑十五年,罚金人民币50万元。二、扣押在案的三被告人犯罪所得人民币1686656.02元、港币1257630元、美元6001元、卢布510元、韩币2万元,以及字画393幅,电脑主机2台、东芝笔记本电脑1台、移动DVD1台、佳能摄像机1台、三星手机1部、U盘1个、松下手机1部等财物,予以追缴,发还被害人;责令许某成、许某卿、马某梅继续退赔犯罪所得,发还被害人。

一审宣判后,在法定期限内,公诉机关没有提起抗诉,被告人许某成、许某卿、马某梅均未提起上诉,南京市中级人民法院依法将对许某成判决报江苏省高级人民法院核准。江苏省高级人民法院经复核,确认了一审认定的事实。[①]

【人民法院案例选案例】沈某雄、陈某文非法吸收公众存款案[②]

[裁判要旨]

行为人将大部分资金用于投资或生产经营活动,而将少量资金用于个人消费或挥霍的,不应仅以此便认定具有非法占有的目的。

[基本案情]

公诉机关:浙江省温州市龙湾区人民检察院。

公诉机关指控被告人沈某雄犯非法吸收公众存款罪、集资诈骗罪,被告人陈某文犯非法吸收公众存款罪。

温州市龙湾区人民法院经审理查明:2009年,被告人沈某雄开始向他人吸收资金,

---

① 需要说明的是,《刑法修正案(八)》废除了集资诈骗罪适用死刑的规定。
② 本案例载《人民法院案例选》2016年第5辑,人民法院出版社2016年版。

后伙同他人在温州市龙湾区永中街道江南锦苑 2 幢某室成立非法担保公司。2010 年 10 月左右，被告人陈某文出资人民币 500 万元加入该担保公司，并在该担保公司负责财务工作。其间，沈某雄、陈某文以高息为诱饵，以各自名义或互相担保向社会不特定公众吸收资金，由沈某雄决定将资金用于转贷、炒股、购买房产或支付利息，后因资金周转困难，致使大部分本金无法归还。截至 2010 年 10 月，沈某雄向张某某、季某某、刘某某吸收资金共计 1194 万元，截至 2011 年 7 月、8 月，沈某雄、陈某文向季某某、孔某某等 30 余人吸收资金共计 8365.3 万元。案发前，沈某雄、陈某文支付了部分利息和归还了小部分本金。

被告人沈某雄在上述非法吸收公众存款过程中自己没有资产的情况下，将其中至少 1273.64 万元投资在高风险的股票行业，导致亏损本金总计 589.80 万元。

2012 年 1 月 20 日、同年 3 月 8 日，被告人沈某雄、陈某文分别到公安机关投案，并如实供述了自己的罪行。归案后，沈某雄将赃款 100 万元退至公安机关。

[裁判结果]

浙江省温州市龙湾区人民法院于 2014 年 6 月 17 日作出 (2013) 温龙刑初字第 525 号刑事判决：一、被告人沈某雄犯集资诈骗罪，判处有期徒刑十年，并处罚金人民币 10 万元；犯非法吸收公众存款罪，判处有期徒刑六年，并处罚金人民币 30 万元。决定执行有期徒刑十三年，并处罚金人民币 40 万元。二、被告人陈某文犯非法吸收公众存款罪，判处有期徒刑四年，并处罚金人民币 20 万元。三、所有违法所得予以追缴，返还给各被害人。

一审宣判后，被告人沈某雄、陈某文不服，分别向浙江省温州市中级人民法院提起上诉，浙江省温州市中级人民法院于 2014 年 10 月 10 日作出 (2014) 浙温刑终字第 848 号刑事判决：一、维持浙江省温州市龙湾区人民法院 (2013) 温龙刑初字第 525 号刑事判决第三项，即所有违法所得予以追缴，返还给各被害人。二、撤销浙江省温州市龙湾区人民法院 (2013) 温龙刑初字第 525 号刑事判决第一项、第二项，即被告人沈某雄犯集资诈骗罪，判处有期徒刑十年，并处罚金人民币 10 万元，犯非法吸收公众存款罪，判处有期徒刑六年，并处罚金人民币 30 万元，决定执行有期徒刑十三年，并处罚金人民币 40 万元；被告人陈某文犯非法吸收公众存款罪，判处有期徒刑四年，并处罚金人民币 20 万元。三、被告人沈某雄犯非法吸收公众存款罪，判处有期徒刑六年，并处罚金人民币 30 万元。四、被告人陈某文犯非法吸收公众存款罪，判处有期徒刑二年，缓刑三年，并处罚金人民币 10 万元。

[裁判理由]

法院生效裁判认为：沈某雄炒股亏损的 589.8 万元仅占其吸存资金的小部分，且沈某雄炒股亏损大部分发生在 2010 年 10 月之前，而其大部分资金是在 2010 年 10 月之后吸收的，何况案发后，沈某雄能够积极退出赃款 100 万元，故难以认定其主观上具有非法占有的目的。沈某雄投资股票的大部分时间担保公司经营正常，并未出现资不抵债的情况，不能认定其是为弥补亏损，无视自身实力和抗风险能力，滥用他人资金盲目博弈，将集资款用于高风险投资。故一审认定沈某雄构成集资诈骗罪不当，应予以纠正，沈某雄及其辩护人提出不构成集资诈骗罪的意见，二审法院予以采纳。

[法院评论]

在本案审理过程中，对被告人沈某雄炒股所亏损的 589.8 万元能否认定为集资诈骗罪，合议庭存在较大争议，主要有以下两种不同的意见：

第一种意见认为，被告人沈某雄在非法集资过程中，为弥补亏损，无视自身实力和抗风险能力，滥用他人资金盲目博弈，将集资款用于高风险投资导致亏损589.8万元，可见其主观上具有非法占有的目的，对该部分炒股亏损的金额应当认定为集资诈骗罪。

第二种意见认为，被告人沈某雄用于炒股的金额远低于非法集资的总额，且亏损主要发生在2010年10月之前，当时正是民间借贷鼎盛时期，被告人沈某雄所经营的担保公司在当时的盈利情况也是相当好的，炒股所亏损的589.8万元不能认为超出了被告人的可控范围，被告人沈某雄对该笔资金不具有非法占有目的，故不构成集资诈骗罪。

笔者同意第二种意见。具体理由分析如下：

一、主观上是否具有非法占有目的是区分集资诈骗罪与非法吸收公众存款罪的关键

作为涉众型经济犯罪，集资诈骗罪与非法吸收公众存款罪具有许多相似之处，从犯罪构成要件上看，行为人主观上是否具有非法占有的目的，客观上有无实施虚构事实、隐瞒真相骗取集资款的行为是两罪的主要不同之处，其中非法占有目的又是区分两罪的关键。

那么，如何理解集资诈骗罪的主观要素——"非法占有目的"？首先，刑法上的非法占有有别于民法上的非法占有，虽然两者都是指行为人对财物事实上的支配和管理，但前者意图改变的是财物的所有权，后者意图改变的仅是财物的占有状态。也就是说，在认定集资诈骗罪非法占有目的时，不仅要看行为人是否有通过自己的欺诈行为非法控制他人资金的意图，还要看其是否具有将所骗集资款据为己有的永久意图。正如马克昌教授指出："将不法占有理解为不法所有，才是各种金融诈骗罪中'以不法占有为目的'的真正含义。"其次，从时间节点上看，"非法占有目的"存在于行为人实施非法集资行为之前，或产生于行为人实施非法集资行为之时，不能将行为人事后产生的非法占有目的溯及行为人行为时，否则相当于承认了存在事后的非法占有目的，有违主客观相统一原则和行为与责任同时存在原则。也就是说，集资诈骗罪必须要求行为人在具有非法占有目的的同时，虚构事实、隐瞒真相，使他人陷入错误之后自愿处分财产，即行为人实施欺诈行为必须在非法占有目的的支配下。

2008年《浙江省高级人民法院、浙江省人民检察院、浙江省公安厅关于当前办理集资类刑事案件适用法律若干问题的会议纪要》（以下简称《纪要》）第1条规定："未经依法批准，以承诺还本分红或者付息的方法，向社会不特定对象吸收资金，用于发放贷款、办理结算、票据贴现、资金拆借、信托投资、金融租赁、融资担保、外汇买卖、证券期货等非法营利活动的，应当依法按照非法吸收公众存款定性处理；行为人具有非法占有目的的，应当依法按照集资诈骗等处理。"

2011年《浙江省高级人民法院、浙江省人民检察院、浙江省公安厅关于当前办理集资类刑事案件适用法律若干问题的会议纪要（二）》（以下简称《纪要二》）第3条规定："行为人将集资款用于高风险行业的情况，能否认定其主观上具有非法占有目的，不宜一概而论，应当结合行为人的抗风险能力，如自有资金、亏损程度、负债状况等案件具体情况具体认定。行为人明知自己没有偿还能力仍予为之，并造成严重后果的，可认定行为人具有非法占有目的。"

2013年《浙江省高级人民法院、浙江省人民检察院、浙江省公安厅关于当前办理集资类刑事案件适用法律若干问题的会议纪要（三）》（以下简称《纪要三》）第3条规定：

"行为人在严重负债的情况下,明知自己无法偿还,仍以生产经营为幌子,以高息为诱饵,大肆非法集资,造成巨额集资款无法归还的,应当认定其主观上具有非法占有目的,以集资诈骗罪定罪处罚。"第六条规定:"行为人为弥补亏损,无视自身实力和抗风险能力,滥用他人资金盲目博弈,将集资款用于高风险投资(如期货、股票)的,一般不能认定为用于生产经营活动。"

浙江省高级人民法院、浙江省人民检察院、浙江省公安厅的会议纪要对集资诈骗问题作出了较详尽的规定,其目的就是说明实践中不能机械办案,防止客观归罪。就本案而言,被告人从事担保公司行业,此类公司的经营业务主要是转贷赚取利差,而非从事实业,各被害人对此也是知晓的,故本案不符合《纪要三》第3条关于以生产经营为幌子的要件。而被告人炒股行为主要发生于2010年之前,此时担保公司并未亏损,也不能适用《纪要三》第6条关于为弥补亏损的要件。被告人在担保公司盈利状况良好的情况下,将处于其可控范围内的少量集资款用于炒股,不能以此认定被告人从事高风险活动,从而直接推导出被告人具有非法占有的目的,何况证券期货的高风险也只是相对而言,从资金的可控性而言,将资金转借给他人在现实情况下可能风险更大。一审仅依据事后资金链断裂的情况将炒股亏损的589.8万元割裂开来认定为集资诈骗罪,有客观归罪之嫌。

二、在司法实务中如何正确认定集资诈骗罪中的"非法占有目的"

"非法占有目的"作为行为人的一种主观意图,蕴藏于行为人的客观行为之中。在司法实务中,对于这种主观意图的探究,在被告人不主动供述的情况下,只能借助于外在的客观情形加以推定。然而,近年来,随着涉众型经济犯罪的爆发,在我国目前整体刑事政策为"宽严相济"的背景下,单就打击经济犯罪而言,仍出现了"从严"的倾向,尤其是在认定集资诈骗罪的非法占有目的时,出现了非法占有目的情形增加、产生时间点不断扩张、司法推定增多、证明标准降低的趋势,从而使得犯罪圈不断扩大,打击力度不断加大。

2010年12月13日,《最高人民法院关于审理非法集资刑事案件具体应用法律若干问题的解释》第4条的规定列举了八种可以认定为"非法占有为目的"的情形,从内容上看,构成集资诈骗罪的情形都落脚在无法返还或拒不归还集资款上。但在司法实践中,在无法归还集资款的情况下,不能单从无法返还这一事实本身推断行为人主观上具有"非法占有目的",否则会混淆集资诈骗罪与非法吸收公众存款罪的界限,使非法占有目的在司法判断中流于客观实质化。

笔者认为,行为人是否具有非法占有目的,应当根据集资后资金的总体运用方式来认定。如果行为人集资后携款潜逃或者全部挥霍,当然可以认定具有非法占有目的,但实践中情形可能更为复杂,比如,行为人集资后将部分集资款用于生产经营,将部分集资款用于消费、偿债或高风险活动,这种情形下,如何判断行为人主观上是否具有非法占有目的?2001年1月21日,最高人民法院印发的《全国法院审理金融犯罪案件工作座谈会纪要》规定:"行为人将大部分资金用于投资或生产经营活动,而将少量资金用于个人消费或挥霍的,不应仅以此便认定具有非法占有的目的。"若行为人将大部分资金用于生产经营,用于消费的少量资金未超出预期收益,或者用于高风险活动的少量资金未超出可控范围,即使事后因经营失败无法归还集资款,也不能据以认定具有非法占有的目的。

就本案而言，被告人沈某雄非法集资金额达1亿余元，主要用于转贷、购买房产、支付利息，少量用于炒股，用于炒股的资金未超出其可控范围，不能以事后集资款不能返还就认定其对炒股亏损的589.8万元具有非法占有目的，故被告人沈某雄不构成集资诈骗罪。

【人民法院案例选案例】肖某非法吸收公众存款案[①]

[裁判要旨]

根据一般社会人的标准，行为人在明知行为违法性及其危害结果的情况仍积极参与实施，放任危害结果的发生，其主观上具有非法吸收公众存款的故意。

[案情]

北京市朝阳区人民法院经审理查明：杨某文（已判刑）系中行亚太公司（原北京中行亚太酒店管理有限公司，以下简称中行亚太公司）法定代表人，被告人肖某系中行亚太公司销售部经理。2007年5月至8月期间，中行亚太公司以筹集该单位与中国人民解放军总医院第二附属医院（原309医院）合作开发的玉泉山康复保健中心所需项目资金的名义，向朱某等99人发售带有返利性质的"健益宝"理财产品295份，非法吸收公众存款达人民币1774万元。

被告人肖某在杨某文的安排下，负责上述理财产品的销售工作。2009年6月28日，被告人肖某被抓获归案。

公诉机关指控，为筹集项目资金，杨某文私刻了玉泉山康复保健中心公章，被告人肖某伙同杨某文、冯某（另案处理）以中行亚太公司和康复保健中心名义，以支付高额利息的手段，非法向社会公众销售健益宝理财产品吸收公众存款，扰乱金融秩序，应当以非法吸收公众存款罪追究其刑事责任。

被告人肖某辩称其不知道涉案项目是非法的，不具备犯罪的主观故意。其辩护人认为，在案证据不能证明被告人肖某是中行亚太公司员工，被告人肖某不是单位犯罪的直接责任人员，不具有非法吸收公众存款的犯罪故意，故公诉机关指控被告人肖某犯罪事实不清，证据不足，建议法庭宣告无罪。

[审判]

北京市朝阳区人民法院经审理后认为：被告人肖某身为单位直接责任人员，为牟取非法利益，违反国家有关规定，伙同他人以公司名义非法向社会公众吸收存款，数额巨大，其行为触犯了《刑法》，已构成非法吸收公众存款罪，依法应予惩处。北京市朝阳区人民检察院指控被告人肖某犯非法吸收公众存款罪事实清楚，证据确实、充分，罪名成立。关于被告人肖某所提其不知道涉案项目是非法的，不具备犯罪的主观故意的辩解及其辩护人所提在案证据不能证明被告人肖某是中行亚太公司员工，被告人肖某不是单位犯罪的直接责任人员，不具有非法吸收公众存款的犯罪故意的辩护意见，经查：根据我国刑事法律对单位犯罪其他直接责任人员的认定标准，其他直接责任人员系在单位犯罪中具体实施犯罪并起较大作用的人员，既可以是单位的经营管理人员，也可以是单位的职工，包括聘任、雇用的人员。本案中被告人肖某受雇担任中行亚太公司销售部经理，在未见公司具备销售理财产品资质的情况下，在杨某文的安排下，负责招聘业务员、组

[①] 本案例载《人民法院案例选》2011年第3辑，人民法院出版社2011年版。

织业务员培训，采用返还高额利息的手段，积极实施非法吸收公众存款的具体行为；作为单位的直接责任人员，被告人肖某在主观和客观上均符合非法吸收公众存款罪的构成要件。故被告人肖某的辩解及其辩护人的辩护意见缺乏事实和法律根据，本院不予采纳。在单位共同犯罪中，中行亚太公司、杨某文在共同犯罪中起决定性的策划、领导作用，罪责明显高于肖某，有必要区分其在共同犯罪中的主从地位，以做到罪责刑相适应。故本院认定被告人肖某在共同犯罪中是从犯，对其所犯罪行依法予以减轻处罚。依照《中华人民共和国刑法》第176条、第25条第1款、第27条、第52条、第53条及第64条之规定，判决如下：被告人肖某犯非法吸收公众存款罪，判处有期徒刑一年六个月，罚金人民币5万元。

一审宣判后，肖某不服提起上诉。上诉理由是：其不是中行亚太公司的员工，且按照正常程序销售产品，获得佣金，没有犯罪的主观故意，不构成非法吸收公众存款罪。其辩护人提出，肖某不是中行亚太公司员工，双方不存在雇佣关系；肖某不具有犯罪的主观故意，一审事实不清，判决错误，建议二审法院作出公正判决。

二审中，北京市第二中级人民法院认定的事实和证据与一审一致。

二审法院认为：上诉人肖某作为单位的直接责任人员，违反国家规定，以单位名义非法吸收公众存款，数额巨大，其行为已构成非法吸收公众存款罪。关于肖某及其辩护人所提肖某不是中行亚太公司的员工，双方不存在雇佣关系的上诉理由及辩护意见，经查，肖某在杨某文的指挥下参与公司的销售工作，担任销售部的主要负责人，并以中行亚太公司的名义对外销售理财产品，符合刑罚中共同犯罪的构成要件。关于肖某所提其按照正常程序销售产品、获得佣金，没有犯罪的主观故意，不构成非法吸收公众存款罪的上诉理由及其辩护人所提肖某不具备犯罪的主观故意，一审事实不清、判决错误的辩护意见，经查，根据国家法律的规定，销售理财产品必须获得金融许可证，中行亚太公司不是金融机构，也没有销售理财产品的许可证，但肖某等人仍以该公司的名义销售理财产品，其行为严重扰乱了国家金融秩序，且造成巨额损失无法追回，其对自己的行为所造成的危害后果理应明知，故一审法院认定肖某犯非法吸收公众存款罪的事实清楚，证据充分，肖某的辩解及其辩护人的辩护意见无事实根据和法律依据，本院均不予采纳。一审法院根据肖某犯罪的事实、犯罪的性质、情节及对于社会的危害程度所作出的判决，定罪及适用法律正确。鉴于肖某系从犯，对其减轻处罚的量刑适当，对扣押物品及违法所得的处理亦无不当，审判程序合法，应予维持。故裁定驳回上诉，维持原判。

［法院评论］

一、非法吸收公众存款罪中被告人主观故意的认定

非法吸收公众存款罪要求行为人主观上具有非法吸收公众存款的故意。犯罪故意包括认识因素和意志因素两个方面。认识因素是指行为人认识到自己所实施行为是法律所禁止的行为；意志因素是指希望或者放任该行为所可能引起的危害结果发生。对于本案，认定被告人主观上是否具有非法吸收公众存款的故意，首先要对被告人客观行为的性质进行界定，在此基础上，综合案件证据材料，判断被告人主观上对于该行为的性质是否有认识，是否意识到其行为具有违法性。

非法吸收公众存款，在客观行为方式上包括非法吸收公众存款和变相吸收公众存款

两种形式。《非法金融机构和非法金融业务活动取缔办法》① 第 4 条第 2 款规定，所谓非法吸收公众存款，是指未经中国人民银行批准，向社会公众吸收资金、出具凭证，承诺在一定期限内还本付息的活动；所谓变相吸收公众存款，是指未经中国人民银行批准，不以吸收公众存款的名义，向社会不特定对象吸收资金，但承诺履行的义务与吸收公众存款性质相同的活动。两种形式的典型特征都是向社会公众承诺在一定期限内还本付息或给付回报。

国家为保证对社会资金流通的有效管理和调控，对吸收公众存款行为实行特许经营，现行法律对此也做出明确规定，我国《商业银行法》第 11 条第 2 款规定："未经国务院银行业监督管理机构批准，任何单位和个人不得从事吸收公众存款等商业银行业务……"对于公众存款的非法吸收，一是体现为主体的不合法，即不具备经营资格的单位或者个人从事了向社会公众吸收存款的行为；二是行为方式不合法，即行为人虽然具备相应资格，但通过抬高利率等不合法的手段吸收公众存款。刑法理论通说认为本罪的非法吸收指的是主体不合法，从具体实践情形来看，在吸收公众存款的过程中，往往是不合法主体通过许诺给予高于同期银行利息的方式吸引客户存款，主体不合法和行为不合法混合在一起，但成立本罪的非法性首要在于主体的非法性。

就本案而言，中行亚太公司为募集项目资金，以支付高额利息的手段，向社会公众销售"健益宝"理财产品，前后与 99 人签订了 295 份合同，共吸收资金达人民币 1774 万元。该行为虽然是以购销合同的形式向社会公众推销理财产品，从形式上看双方约定的是投资回报事项，但实质上却是向社会不特定对象承诺还本付息的吸收资金的行为。中行亚太公司的工商登记经营范围为酒店管理等项目，并未注明金融业务项目，且该公司也未取得银行监管部门颁布的金融许可证，不具备从事金融业务的经营资格。中行亚太公司在不具备从事金融业务资质的情况下，采取还本付息的方式向社会公众吸收资金，系不法主体非法吸收公众存款。

被告人肖某在中行亚太公司法人杨某文的指挥下参与公司的销售工作，负责"健益宝"理财产品的具体销售。从客观方面来看，被告人肖某的行为是未经允许向社会公众吸收存款的违法行为，但评判该行为是否有责、是否应承担刑事责任，还要看其对于该行为的违法性是否具有主观上的认知。肖某及其辩护人以肖某主观上不知道涉案项目是非法的，达不到认识违法性程度为由辩称肖某不具备犯罪故意，不构成犯罪的意见，我们认为是不能成立的。

司法过程中，评判行为人对于其行为性质的认识，并不仅仅依靠被告人的供述，而是在考察被告人客观行为的基础上，依据一般社会人的认识标准，判断其对于自身行为所具有的社会意义的认识程度，从而判定其是否认识到自身行为的违法性；而且这种法律禁止性的认识，也并不要求行为人对于法律规定有着具体明确的认识，而是一种观念上的盖然性认识，这种认识以未超出其依据日常生活经验所能获得的认知程度为限度。

吸收公众存款，系通过还本付息的方式向社会不特定的人借款。实际生活中，当企业或其他市场主体因资金不足时，常通过银行贷款、发行股票、债券等方式进行融资，而不是直接承诺以同等银行利息或者高额利息的方式向社会不特定对象吸收资金。上述行为的非法性，处于一般社会公众的认知范围内，而且该情形中也未包含某专业性、术

---

① 本办法已被 2021 年 5 月 1 日起施行的《防范和处置非法集资条例》废止。

语性的规范内容,并非只有达到一定知识层次的人才具有的违法性认识。因此,依据社会一般人的观念,对于一个从事酒店经营和管理的公司,以开发项目为名,向公众吸收资金,还本付息,实质就是非法吸收公众存款的行为。

纵观全案,中行亚太公司并非金融机构,在没有特许经营资格的情况下,面向社会公众通过销售理财产品的方式,吸收公众资金,显系违法行为。作为该公司销售部的负责人,被告人肖某对此行为的性质应具有相应的认识,该认识在其可知能力范围之内。在明知行为违法性及其危害结果的情况下,肖某仍积极参与实施,放任危害结果的发生,说明其主观上具有非法吸收公众存款的故意。

【最高人民检察院指导性案例】周某集资诈骗案[①]

[裁判要旨]

网络借贷信息中介机构或其控制人,募集所得资金大部分未用于生产经营活动,应认定为具有非法占有目的。

[关键词]

集资诈骗 非法占有目的 网络借贷信息中介机构

[基本案情]

2011年2月,被告人周某注册成立中宝投资公司,担任法定代表人。公司上线运营"中宝投资"网络平台,借款人(发标人)在网络平台注册、缴纳会费后,可发布各种招标信息,吸引投资人投资。投资人在网络平台注册成为会员后可参与投标,通过银行汇款、支付宝、财付通等方式将投资款汇至周某公布在网站上的8个个人账户或第三方支付平台账户。借款人可直接从周某处取得所融资金。项目完成后,借款人返还资金,周某将收益给予投标人。

运行前期,周某通过网络平台为13个借款人提供总金额170万余元的融资服务,因部分借款人未能还清借款造成公司亏损。此后,周某除用本人真实身份信息在公司网络平台注册2个会员外,自2011年5月至2013年12月陆续虚构34个借款人,并利用上述虚假身份自行发布大量虚假抵押标、宝石标等,以支付投资人约20%的年化收益率及额外奖励等为诱饵,向社会不特定公众募集资金。所募资金未进入公司账户,全部由周某个人掌控和支配。除部分用于归还投资人到期的本金及收益外,其余主要用于购买房产、高档车辆、首饰等。这些资产绝大部分登记在周某名下或供周某个人使用。2011年5月至案发,周某通过中宝投资网络平台累计向全国1586名不特定对象非法集资共计10.3亿余元,除支付本金及收益回报6.91亿余元外,尚有3.56亿余元无法归还。案发后,公安机关从周某控制的银行账户内扣押现金1.80亿余元。

[指控与证明犯罪]

2014年7月15日,浙江省衢州市公安局以周某涉嫌集资诈骗罪移送衢州市人民检察院审查起诉。

审查起诉阶段,衢州市人民检察院审查了全案卷宗,讯问了犯罪嫌疑人。针对该案犯罪行为涉及面广,众多集资参与人财产遭受损失的情况,检察机关充分听取了辩护人和部分集资参与人意见,进一步核实了非法集资金额,对扣押的房产等作出司法鉴定或

[①] 本案例载《最高人民检察院公报》2018年第5号。

价格评估。针对辩护人提出的非法证据排除申请，检察机关审查后发现，涉案证据存在以下瑕疵：公安机关向部分证人取证时存在取证地点不符合刑事诉讼法规定以及个别辨认笔录缺乏见证人等情况。为此，检察机关要求公安机关予以补正或作出合理解释。公安机关作出情况说明：证人从外地赶来，经证人本人同意，取证在宾馆进行。关于此项情况说明，检察机关审查后予以采信。对于缺乏见证人的个别辨认笔录，检察机关审查后予以排除。

2015年1月19日，浙江省衢州市人民检察院以周某犯集资诈骗罪向浙江省衢州市中级人民法院提起公诉。6月25日，衢州市中级人民法院公开开庭审理本案。

法庭调查阶段，公诉人宣读起诉书指控被告人周某以高息为诱饵，虚构借款人和借款用途，利用网络P2P形式，面向社会公众吸收资金，主要用于个人肆意挥霍，其行为构成集资诈骗罪。对于指控的犯罪事实，公诉人出示了四组证据予以证明：一是被告人周某的立案情况及基本信息；二是中宝投资公司的发标、招投标情况及相关证人证言；三是集资情况的证据，包括银行交易清单、司法会计鉴定意见书等；四是集资款的去向，包括购买车辆、房产等物证及相关证人证言。

法庭辩论阶段，公诉人发表公诉意见：被告人周某注册网络借贷信息平台，早期从事少量融资信息服务。在公司亏损、经营难以为继的情况下，虚构借款人和借款标的，以欺诈方式面向不特定投资人吸收资金，自建资金池。在公安机关立案查处时，虽暂可通过"拆东墙补西墙"的方式偿还部分旧债维持周转，但根据其所募资金主要用于还本付息和个人肆意挥霍，未投入生产经营，不可能产生利润回报的事实，可以判断其后续资金缺口势必不断扩大，无法归还所募全部资金，故可以认定其具有非法占有的目的，应以集资诈骗罪对其定罪处罚。

辩护人提出：一是周某行为系单位行为；二是周某一直在偿还集资款，主观上不具有非法占有集资款的故意；三是周某利用互联网从事P2P借贷融资，不构成集资诈骗罪，构成非法吸收公众存款罪。

公诉人针对辩护意见进行答辩：第一，中宝投资公司是由被告人周某控制的一人公司，不具有经营实体，不具备单位意志，集资款未纳入公司财务进行核算，而是由周某一人掌控和支配，因此周某的行为不构成单位犯罪。第二，周某本人主观上认识到资金不足，少量投资赚取的收益不足以支付许诺的高额回报，没有将集资款用于生产经营活动，而是主要用于个人肆意挥霍，其主观上对集资款具有非法占有的目的。第三，P2P网络借贷，是指个人利用中介机构的网络平台，将自己的资金出借给资金短缺者的商业模式。根据中国银行业监管委员会、工业和信息化部、公安部、国家互联网信息办公室制定的《网络借贷信息中介机构业务活动管理暂行办法》等监管规定，P2P作为新兴金融业态，必须明确其信息中介性质，平台本身不得提供担保，不得归集资金搞资金池，不得非法吸收公众资金。周某吸收资金建资金池，不属于合法的P2P网络借贷。非法吸收公众存款罪与集资诈骗罪的区别，关键在于行为人对吸收的资金是否具有非法占有的目的。利用网络平台发布虚假高利借款标募集资金，采取借新还旧的手段，短期内募集大量资金，不用于生产经营活动，或者用于生产经营活动与筹集资金规模明显不成比例，致使集资款不能返还的，是典型的利用网络中介平台实施集资诈骗行为。本案中，周某采用编造虚假借款人、虚假投标项目等欺骗手段集资，所融资金未投入生产经营，大量集资款被其个人肆意挥霍，具有明显的非法占有目的，其行为构成集资诈骗罪。

法庭经审理，认为公诉人出示的证据能够相互印证，予以确认。对周某及其辩护人提出的不构成集资诈骗罪及本案属于单位犯罪的辩解、辩护意见，不予采纳。综合考虑犯罪事实和量刑情节，2015年8月14日，浙江省衢州市中级人民法院作出一审判决，以集资诈骗罪判处被告人周某有期徒刑十五年，并处罚金人民币50万元。继续追缴违法所得，返还各集资参与人。

一审宣判后，浙江省衢州市人民检察院认为，被告人周某非法集资10.3亿余元，属于刑法规定的集资诈骗数额特别巨大并且给人民利益造成特别重大损失的情形，依法应处无期徒刑或者死刑，并处没收财产，一审判决量刑过轻。2015年8月24日，向浙江省高级人民法院提出抗诉。被告人周某不服一审判决，提出上诉。其上诉理由是量刑畸重，应判处缓刑。

本案二审期间，2015年8月29日，第十二届全国人大常委会第十六次会议审议通过了《刑法修正案（九）》，删去《刑法》第199条关于犯集资诈骗罪"数额特别巨大并且给国家和人民利益造成特别重大损失的，处无期徒刑或者死刑，并处没收财产"的规定。《刑法修正案（九）》于2015年11月1日起施行。浙江省高级人民法院经审理后认为，《刑法修正案（九）》取消了集资诈骗罪死刑的规定，根据从旧兼从轻原则，一审法院判处周某有期徒刑十五年符合修订后的法律规定。上诉人周某具有集资诈骗的主观故意及客观行为，原审定性准确。2016年4月29日，二审法院作出裁定，维持原判。终审判决作出后，周某及其父亲不服判决提出申诉，浙江省高级人民法院受理申诉并经审查后，认为原判事实清楚，证据确实充分，定性准确，量刑适当，于2017年12月22日驳回申诉，维持原裁判。

［指导意义］

是否具有非法占有目的，是正确区分非法吸收公众存款罪和集资诈骗罪的关键。对非法占有目的的认定，应当围绕融资项目真实性、资金去向、归还能力等事实、证据进行综合判断。行为人将所吸收资金大部分未用于生产经营活动，或名义上投入生产经营，但又通过各种方式抽逃转移资金，或供其个人肆意挥霍，归还本息主要通过借新还旧来实现，造成数额巨大的募集资金无法归还的，可以认定具有非法占有的目的。

集资诈骗罪是近年来检察机关重点打击的金融犯罪之一。对该类犯罪，检察机关应着重从以下几个方面开展工作：一是强化证据审查。非法集资类案件由于参与人数多、涉及面广，受主客观因素影响，取证工作易出现瑕疵和问题。检察机关对重大复杂案件要及时介入侦查、引导取证。在审查案件中要强化对证据的审查，需要退回补充侦查或者自行补充侦查的，要及时退查或补查，建立起完整、牢固的证据锁链，夯实认定案件事实的证据基础。二是在法庭审理中要突出指控和证明犯罪的重点。要紧紧围绕集资诈骗罪构成要件，特别是行为人主观上具有非法占有目的、客观上以欺骗手段非法集资的事实梳理组合证据，运用完整的证据体系对认定犯罪的关键事实予以清晰证明。三是要将办理案件与追赃挽损相结合。检察机关办理相关案件，要积极配合公安机关、人民法院依法开展追赃挽损、资产处置等工作，最大限度减少人民群众的实际损失。四是要结合办案开展以案释法，增强社会公众的法治观念和风险防范意识，有效预防相关犯罪的发生。

【司法解释】

《最高人民法院关于审理非法集资刑事案件具体应用法律若干问题的解释》（2022 年 2 月 23 日　法释〔2022〕5 号）（节录）

第七条　以非法占有为目的，使用诈骗方法实施本解释第二条规定所列行为的，应当依照刑法第一百九十二条的规定，以集资诈骗罪定罪处罚。

使用诈骗方法非法集资，具有下列情形之一的，可以认定为"以非法占有为目的"：

（一）集资后不用于生产经营活动或者用于生产经营活动与筹集资金规模明显不成比例，致使集资款不能返还的；

（二）肆意挥霍集资款，致使集资款不能返还的；

（三）携带集资款逃匿的；

（四）将集资款用于违法犯罪活动的；

（五）抽逃、转移资金、隐匿财产，逃避返还资金的；

（六）隐匿、销毁账目，或者搞假破产、假倒闭，逃避返还资金的；

（七）拒不交代资金去向，逃避返还资金的；

（八）其他可以认定非法占有目的的情形。

集资诈骗罪中的非法占有目的，应当区分情形进行具体认定。行为人部分非法集资行为具有非法占有目的的，对该部分非法集资行为所涉集资款以集资诈骗罪定罪处罚；非法集资共同犯罪中部分行为人具有非法占有目的，其他行为人没有非法占有集资款的共同故意和行为的，对具有非法占有目的的行为人以集资诈骗罪定罪处罚。

【刑事政策文件】

1.《最高人民法院、最高人民检察院、公安部关于办理非法集资刑事案件若干问题的意见》（2019 年 1 月 30 日　高检会〔2019〕2 号）（节录）

四、关于主观故意的认定问题

认定犯罪嫌疑人、被告人是否具有非法吸收公众存款的犯罪故意，应当依据犯罪嫌疑人、被告人的任职情况、职业经历、专业背景、培训经历、本人因同类行为受到行政处罚或者刑事追究情况以及吸收资金方式、宣传推广、合同资料、业务流程等证据，结合其供述，进行综合分析判断。

犯罪嫌疑人、被告人使用诈骗方法非法集资，符合《最高人民法院关于审理非法集资刑事案件具体应用法律若干问题的解释》第四条规定的，可以认定为集资诈骗罪中"以非法占有为目的"。

办案机关在办理非法集资刑事案件中，应当根据案件具体情况注意收集运用涉及犯罪嫌疑人、被告人的以下证据：是否使用虚假身份信息对外开展业务；是否虚假订立合同、协议；是否虚假宣传，明显超出经营范围或者夸大经营、投资、服务项目及盈利能力；是否吸收资金后隐匿、销毁合同、协议、账目；是否传授或者接受规避法律、逃避监管的方法，等等。

2. 《最高人民检察院关于办理涉互联网金融犯罪案件有关问题座谈会纪要》（2017年6月1日 高检诉〔2017〕14号）（节录）

（一）非法吸收公众存款行为的认定

09. 在非法吸收公众存款罪中，原则上认定主观故意并不要求以明知法律的禁止性规定为要件。特别是具备一定涉金融活动相关从业经历、专业背景或在犯罪活动中担任一定管理职务的犯罪嫌疑人，应当知晓相关金融法律管理规定，如果有证据证明其实际从事的行为应当批准而未经批准，行为在客观上具有非法性，原则上就可以认定其具有非法吸收公众存款的主观故意。在证明犯罪嫌疑人的主观故意时，可以收集运用犯罪嫌疑人的任职情况、职业经历、专业背景、培训经历、此前任职单位或者其本人因从事同类行为受到处罚情况等证据，证明犯罪嫌疑人提出的"不知道相关行为被法律所禁止，故不具有非法吸收公众存款的主观故意"等辩解不能成立。除此之外，还可以收集运用以下证据进一步印证犯罪嫌疑人知道或应当知道其所从事行为具有非法性，比如犯罪嫌疑人故意规避法律以逃避监管的相关证据：自己或要求下属与投资人签订虚假的亲友关系确认书，频繁更换宣传用语逃避监管，实际推介内容与宣传用语、实际经营状况不一致，刻意向投资人夸大公司兑付能力，在培训课程中传授或接受规避法律的方法，等等。

10. 对于无相关职业经历、专业背景，且从业时间短暂，在单位犯罪中层级较低，纯属执行单位领导指令的犯罪嫌疑人提出辩解的，如确实无其他证据证明其具有主观故意的，可以不作为犯罪处理。另外，实践中还存在犯罪嫌疑人提出因信赖行政主管部门出具的相关意见而陷入错误认识的辩解。如果上述辩解确有证据证明，不应作为犯罪处理，但应当对行政主管部门出具的相关意见及其出具过程进行查证，如存在以下情形之一，仍应认定犯罪嫌疑人具有非法吸收公众存款的主观故意：

（1）行政主管部门出具意见所涉及的行为与犯罪嫌疑人实际从事的行为不一致的；

（2）行政主管部门出具的意见未对是否存在非法吸收公众存款问题进行合法性审查，仅对其他合法性问题进行审查的；

（3）犯罪嫌疑人在行政主管部门出具意见时故意隐瞒事实、弄虚作假的；

（4）犯罪嫌疑人与出具意见的行政主管部门的工作人员存在利益输送行为的；

（5）犯罪嫌疑人存在其他影响和干扰行政主管部门出具意见公正性的情形的。

对于犯罪嫌疑人提出因信赖专家学者、律师等专业人士、主流新闻媒体宣传或有关行政主管部门工作人员的个人意见而陷入错误认识的辩解，不能作为犯罪嫌疑人判断自身行为合法性的根据和排除主观故意的理由。

（二）集资诈骗行为的认定

14. 以非法占有为目的，使用诈骗方法非法集资，是集资诈骗罪的本质特征。是否具有非法占有目的，是区分非法吸收公众存款罪和集资诈骗罪的关键要件，对此要重点围绕融资项目真实性、资金去向、归还能力等事实进行综合判断。犯罪嫌疑人存在以下情形之一的，原则上可以认定具有非法占有目的：

（1）大部分资金未用于生产经营活动，或名义上投入生产经营但又通过各种方式抽逃转移资金的；

（2）资金使用成本过高，生产经营活动的盈利能力不具有支付全部本息的现实可能性的；

（3）对资金使用的决策极度不负责任或肆意挥霍造成资金缺口较大的；
（4）归还本息主要通过借新还旧来实现的；
（5）其他依照有关司法解释可以认定为非法占有目的的情形。

15. 对于共同犯罪或单位犯罪案件中，不同层级的犯罪嫌疑人之间存在犯罪目的发生转化或者犯罪目的明显不同的，应当根据犯罪嫌疑人的犯罪目的分别认定。

（1）注意区分犯罪目的发生转变的时间节点。犯罪嫌疑人在初始阶段仅具有非法吸收公众存款的故意，不具有非法占有目的，但在发生经营失败、资金链断裂等问题后，明知没有归还能力仍然继续吸收公众存款的，这一时间节点之后的行为应当认定为集资诈骗罪，此前的行为应当认定为非法吸收公众存款罪。

（2）注意区分犯罪嫌疑人的犯罪目的的差异。在共同犯罪或单位犯罪中，犯罪嫌疑人由于层级、职责分工、获取收益方式、对全部犯罪事实的知情程度等不同，其犯罪目的也存在不同。在非法集资犯罪中，有的犯罪嫌疑人具有非法占有的目的，有的则不具有非法占有目的，对此，应当分别认定为集资诈骗罪和非法吸收公众存款罪。

16. 证明主观上是否具有非法占有目的，可以重点收集、运用以下客观证据：

（1）与实施集资诈骗整体行为模式相关的证据：投资合同、宣传资料、培训内容等；

（2）与资金使用相关的证据：资金往来记录、会计账簿和会计凭证、资金使用成本（包括利息和佣金等）、资金决策使用过程、资金主要用途、财产转移情况等；

（3）与归还能力相关的证据：吸收资金所投资项目内容、投资实际经营情况、盈利能力、归还本息资金的主要来源、负债情况、是否存在虚构业绩等虚假宣传行为等；

（4）其他涉及欺诈等方面的证据：虚构融资项目进行宣传、隐瞒资金实际用途、隐匿销毁账簿；等等。司法会计鉴定机构对相关数据进行鉴定时，办案部门可以根据查证犯罪事实的需要提出重点鉴定的项目，保证司法会计鉴定意见与待证的构成要件事实之间的关联性。

问题3. 关于非法吸收公众存款及集资诈骗犯罪数额的认定

【实务专论】[①]

关于非法吸收公众存款的数额计算。《最高人民法院关于审理非法集资刑事案件具体应用法律若干问题的解释》（以下简称《解释》）第3条第3款规定，"非法吸收或者变相吸收公众存款的数额，以行为人所吸收的资金全额计算。案发前后已归还的数额，可以作为量刑情节酌情考虑。"起草过程中有意见认为，将已归还资金在非法吸收公众存款的数额计算中予以扣除，更有利于控制刑事打击面和取得更好的社会效果。经研究，非法吸收公众存款不属于占有型犯罪，也不属于结果犯，将已归还数额计入犯罪数额可以更为全面客观地反映非法吸收公众存款的资金规模，更准确地判断其社会危害性的轻重程度。至于打击面的控制问题，可以通过该条第4款的规定来解决。此外，实践中还需注意，吸收公众存款的数额应为实际吸收的金额，约定的利息不应计入犯罪数额。比如，对于实际吸收资金80万元，约定利息20万元，登记吸收资金100万元的，应当实事求是

---

① 刘为波：《〈关于审理非法集资刑事案件具体应用法律若干问题的解释〉的理解与适用》，载《人民司法》2011年第5期。

地认定吸收存款80万元。

关于集资诈骗数额的认定。《解释》明确，"集资诈骗的数额以行为人实际骗取的数额计算，案发前已归还的数额应予扣除。行为人为实施集资诈骗活动而支付的广告费、中介费、手续费、回扣，或者用于行贿、赠与等费用，不予扣除。行为人为实施集资诈骗活动而支付的利息，除本金未归还可予折抵本金以外，应当计入诈骗数额。"具体适用本规定，需注意以下两个问题：

第一，诈骗数额的理解。实践中在该问题上存在多种理解：一种意见认为诈骗数额是指犯罪行为获取的全部数额；另一种意见认为诈骗数额包括犯罪行为所指向的数额。我们认为，该两种意见均有失偏颇。集资诈骗罪属于目的犯，应当从非法占有目的实现的角度来认定诈骗数额。司法实践中，非法集资的规模或者非法集资的标的数额可以作为量刑情节适当予以考虑，但是，"诈骗数额"应以行为人实际骗取的数额计算。据此，集资诈骗犯罪当中已返还部分不应计入诈骗数额。

第二，利息的计算。《解释》起草过程中对于计算诈骗数额时利息是否扣除及如何扣除存在不同意见。经研究，与返还本金不同，支付利息本质上属于对其实际骗取资金的处分，而且，利息是否计入诈骗数额还涉及赃款的认定、追缴以及其他受害人的公平受偿问题，故原则上应当计入诈骗数额。同时规定"本金未归还可予折抵本金"，主要是出于实践可操作性和避免矛盾激化的考虑。因为，集资诈骗案发后能够追回的案款毕竟有限，很难要求本金尚未得到偿付的集资群众先将利息退出后再按比例统一偿付。而且，实践中支付本金时往往已经扣除了利息部分，比如，名义上支付了100万元的本金，扣除高息20万元，仅实际支付80万元，对此实事求是地认定本金80万元也更为可取。

【司法解释】

《最高人民法院关于审理非法集资刑事案件具体应用法律若干问题的解释》（2022年2月23日　法释〔2022〕5号）（节录）

第六条第一款　非法吸收或者变相吸收公众存款的数额，以行为人所吸收的资金全额计算。在提起公诉前积极退赃退赔，减少损害结果发生的，可以从轻或者减轻处罚；在提起公诉后退赃退赔的，可以作为量刑情节酌情考虑。

第八条第三款　集资诈骗的数额以行为人实际骗取的数额计算，在案发前已归还的数额应予扣除。行为人为实施集资诈骗活动而支付的广告费、中介费、手续费、回扣，或者用于行贿、赠与等费用，不予扣除。行为人为实施集资诈骗活动而支付的利息，除本金未归还可予折抵本金以外，应当计入诈骗数额。

【刑事政策文件】

1.《最高人民法院、最高人民检察院、公安部关于办理非法集资刑事案件若干问题的意见》（2019年1月30日　高检会〔2019〕2号）（节录）

非法吸收或者变相吸收公众存款构成犯罪，具有下列情形之一的，向亲友或者单位内部人员吸收的资金应当与向不特定对象吸收的资金一并计入犯罪数额：

（一）在向亲友或者单位内部人员吸收资金的过程中，明知亲友或者单位内部人员向不特定对象吸收资金而予以放任的；

（二）以吸收资金为目的，将社会人员吸收为单位内部人员，并向其吸收资金的；

（三）向社会公开宣传，同时向不特定对象、亲友或者单位内部人员吸收资金的。

非法吸收或者变相吸收公众存款的数额，以行为人所吸收的资金全额计算。集资参与人收回本金或者获得回报后又重复投资的数额不予扣除，但可以作为量刑情节酌情考虑。

2. 《最高人民检察院关于办理涉互联网金融犯罪案件有关问题座谈会纪要》（2017年6月1日　高检诉〔2017〕14号）（节录）

11. 负责或从事吸收资金行为的犯罪嫌疑人非法吸收公众存款金额，根据其实际参与吸收的全部金额认定。但以下金额不应计入该犯罪嫌疑人的吸收金额：

（1）犯罪嫌疑人自身及其近亲属所投资的资金金额；

（2）记录在犯罪嫌疑人名下，但其未实际参与吸收且未从中收取任何形式好处的资金。

吸收金额经过司法会计鉴定的，可以将前述不计入部分直接扣除。但是，前述两项所涉金额仍应计入相对应的上一级负责人及所在单位的吸收金额。

12. 投资人在每期投资结束后，利用投资账户中的资金（包括每期投资结束后归还的本金、利息）进行反复投资的金额应当累计计算，但对反复投资的数额应当作出说明。对负责或从事行政管理、财务会计、技术服务等辅助工作的犯罪嫌疑人，应当按照其参与的犯罪事实，结合其在犯罪中的地位和作用，依法确定刑事责任范围。

13. 确定犯罪嫌疑人的吸收金额时，应当重点审查、运用以下证据：

（1）涉案主体自身的服务器或第三方服务器上存储的交易记录等电子数据；

（2）会计账簿和会计凭证；

（3）银行账户交易记录、POS机支付记录；

（4）资金收付凭证、书面合同等书证。仅凭投资人报案数据不能认定吸收金额。

17. 集资诈骗的数额，应当以犯罪嫌疑人实际骗取的金额计算。犯罪嫌人为吸收公众资金制造还本付息的假象，在诈骗的同时对部分投资人还本付息的，集资诈骗的金额以案发时实际未兑付的金额计算。案发后，犯罪嫌疑人主动退还集资款项的，不能从集资诈骗的金额中扣除，但可以作为量刑情节考虑。

问题4. 关于单位犯罪、单位犯罪中其他直接责任人员以及主从犯的认定

【人民法院案例选案例】肖某非法吸收公众存款案[①]

［裁判要旨］

单位犯罪中，被告人未与单位签订劳动合同能否认定为其他直接责任人员。

［审判］

南京市中级人民法院认为：被告人许某成辩护人认为本案应为单位犯罪。法院认为，虽然本案被害人确实是与几个涉案公司而非与被告人许某成、许某卿、马某梅签订合同，在名义上涉案行为是以单位名义实施的，但实际上，集资诈骗所得未归单位所有，集资

---

① 本案例载《人民法院案例选》2011年第3辑，人民法院出版社2011年版。

款项均打入许某成、许某卿、马某梅的个人账户,由三被告人占有、支配。《最高人民法院关于审理单位犯罪案件具体应用法律有关问题的解释》第2条规定:"个人为进行违法犯罪活动而设立的公司、企业、事业单位实施犯罪的,或者公司、企业、事业单位设立后,以实施犯罪为主要活动的,不以单位犯罪论处。"本案中,许某成为进行非法集资活动而设立北京冠成公司、南京冠成公司,且前述公司设立后以实施集资诈骗为主要活动,本案实际上是利用公司的外壳实施的自然人犯罪,不应认定为单位犯罪。

[法院评论]

单位犯罪中,被告人未与单位签订劳动合同能否认定为其他直接责任人员

本案中,被告人肖某具体参与了中行亚太公司的"健益宝"理财产品销售工作,但未与中行亚太公司签订书面的劳动合同,在薪酬方面,中行亚太公司也未向其发放工资,而是根据销售业绩进行提成。对于在单位犯罪中,未与单位签订劳动合同,应如何评判其身份及在单位犯罪中的地位和作用大小,也是控辩双方争议的另一焦点所在。

公诉机关认为肖某作为中行亚太公司的销售经理,具体组织、参与了"健益宝"理财产品的销售工作,应以单位犯罪中的其他直接人员追究其刑事责任。肖某的辩护人认为被告人肖某与中行亚太公司之间并未签订书面的劳动合同手续,仅以证人证言并不能充分证明肖某是中行亚太公司的员工,且肖某也未在中行亚太公司领取工资报酬,而是按照销售协议的约定,根据销售业绩进行提成,肖某与中行亚太公司之间实质是委托与被委托关系,并不是受雇关系,因此,肖某不能认定为中行亚太公司非法吸收公众存款犯罪中的其他直接责任人员,不应对中行亚太公司的犯罪行为承担刑事责任。

《刑法》及其司法解释对单位犯罪中相关人员的刑事责任有具体规定。《刑法》第30条、第31条规定,单位犯罪中,对单位行为直接负责的主管人员和其他直接责任人员须承担相应的刑事责任。《全国法院审理金融犯罪案件工作座谈会纪要》(以下简称《纪要》)对于单位直接负责的主管人员和其他直接责任人员作了明确区分:直接负责的主管人员,是在单位实施的犯罪中起决定、批准、授意、纵容、指挥等作用的人员,一般是单位的主管负责人,包括法定代表人;其他直接责任人员,是在单位犯罪中具体实施犯罪并起较大作用的人员,既可以是单位的经营管理人员,也可以是单位的职工,包括聘任、雇佣的人员。上述规定表明,单位犯罪中,无论是直接负责的主管人员,还是其他直接责任人员,都必须为单位的组成人员,至于该人员是单位的正式职工还是聘任人员,只是形式上的差别;承担刑事责任与否,依据的是:客观方面其是否是按照单位意志具体实施了犯罪行为,且在犯罪过程中起较大作用;主观方面则是认识到按照单位意志实施的行为具有违法性和社会危害性,希望或者放任该危害结果的发生。

本案中,销售理财产品属于中行亚太公司的实际经营行为,被告人肖某具体参与并负责实施该理财产品的销售工作,且负责该公司销售人员的培训及具体销售事务,客观上其按照单位的意志实施了具体犯罪行为,且作为具体负责实施的人员,所起作用较大。对于其是否为中行亚太公司的组成人员,从本案肖某签订的销售协议来看,该协议是肖某作为整个销售部门与公司签订的,并不仅是其单独的个人行为,该协议应理解为作为公司内部的销售部门,就产品的具体销售与公司之间签订的内部协议。肖某一方面负责公司销售部门的具体业务,另一方面作为公司销售部门的负责人与公司签订了销售协议,虽然从形式上看,肖某没有和公司签订劳动合同、办理相应手续,但实质上已经和公司之间形成了事实上的雇佣关系,是公司的销售主管人员。辩护人所称没有签订劳动协议,

也没有办理相应手续的辩护意见,只是单纯从形式上进行理解。在单位犯罪中,应结合被告人具体从事的工作性质、事实上与单位形成的关系来判断其是否为单位的组成人员,而非仅从形式上判断。如果仅是在外部条件下,帮助中行亚太公司发布销售产品信息,或对犯罪行为的实施起牵线搭桥的作用,从中收取好处费的,则不宜认定为单位的组成人员;但若是以单位工作人员的身份,具体参与违法经营行为,则应认定其为单位组成人员。本案中,被告人肖某对外以中行亚太公司销售部门负责人的身份,与公司签订分包销售协议,负责管理销售部人员,组织销售理财产品,应认定其为中行亚太公司的工作人员。

三、单位犯罪中主、从犯的认定

单位犯罪中,对于确定被告人刑事责任的大小,则应结合其所实施的具体行为以及在整个犯罪过程中的地位、作用等进行综合认定。《纪要》规定:对单位犯罪中的直接负责的主管人员和其他直接责任人员,应根据其在单位犯罪中的地位、作用和犯罪情节,分别处以相应的刑罚。主管人员与直接责任人员不是当然的主、从犯关系,有的案件主管人员与直接责任人员在实施犯罪行为的主从关系不明显的,可不分主、从犯。但具体案件可以分清主、从犯,且不分清主、从犯,在同一法定刑档次、幅度内量刑无法做到罪刑相适应的,应当分清主、从犯,依法处罚。上述规定表明对于具体案件,在必要时应分清单位犯罪直接责任人员的主、从犯身份,以保障罪刑相适应。

本案被告人肖某作为中行亚太公司的雇佣人员,在公司法定代表人杨某文的安排和指挥下参与组织公司的销售工作,担任销售部门的实际负责人,对外吸收公众存款。从中行亚太公司整个非法吸收公众存款的行为过程来看,肖某是在该公司确定实施非法吸收公众存款行为之后,经他人介绍参与进来,并不是发起者和具体策划者;另中行亚太公司以投资康复保健中心项目为名,通过销售理财产品吸收公众存款的行为,前后包括广告宣传、资金担保、具体销售、项目投入等多个环节,肖某只负责具体销售这一个环节,且也是在杨某文的安排下参与实施的;再者从犯罪所得来看,肖某实际所得仅为一万余元,占全部犯罪金额的比例甚小。所以,在单位犯罪中,与杨某文的行为相比,肖某所起作用较小,处于从属地位,故本着罪刑相适应的原则,可认定其为从犯。

【刑事政策文件】

《最高人民法院、最高人民检察院、公安部关于办理非法集资刑事案件若干问题的意见》(2019年1月30日 高检会〔2019〕2号)(节录)

二、关于单位犯罪的认定问题

单位实施非法集资犯罪活动,全部或者大部分违法所得归单位所有的,应当认定为单位犯罪。

个人为进行非法集资犯罪活动而设立的单位实施犯罪的,或者单位设立后,以实施非法集资犯罪活动为主要活动的,不以单位犯罪论处,对单位中组织、策划、实施非法集资犯罪活动的人员应当以自然人犯罪依法追究刑事责任。

判断单位是否以实施非法集资犯罪活动为主要活动,应当根据单位实施非法集资的次数、频度、持续时间、资金规模、资金流向、投入人力物力情况、单位进行正当经营的状况以及犯罪活动的影响、后果等因素综合考虑认定。

三、关于涉案下属单位的处理问题

办理非法集资刑事案件中,人民法院、人民检察院、公安机关应当全面查清涉案单位,包括上级单位(总公司、母公司)和下属单位(分公司、子公司)的主体资格、层级、关系、地位、作用、资金流向等,区分情况依法作出处理。

上级单位已被认定为单位犯罪,下属单位实施非法集资犯罪活动,且全部或者大部分违法所得归下属单位所有的,对该下属单位也应当认定为单位犯罪。上级单位和下属单位构成共同犯罪的,应当根据犯罪单位的地位、作用,确定犯罪单位的刑事责任。

上级单位已被认定为单位犯罪,下属单位实施非法集资犯罪活动,但全部或者大部分违法所得归上级单位所有的,对下属单位不单独认定为单位犯罪。下属单位中涉嫌犯罪的人员,可以作为上级单位的其他直接责任人员依法追究刑事责任。

上级单位未被认定为单位犯罪,下属单位被认定为单位犯罪的,对上级单位中组织、策划、实施非法集资犯罪的人员,一般可以与下属单位按照自然人与单位共同犯罪处理。

上级单位与下属单位均未被认定为单位犯罪的,一般以上级单位与下属单位中承担组织、领导、管理、协调职责的主管人员和发挥主要作用的人员作为主犯,以其他积极参加非法集资犯罪的人员作为从犯,按照自然人共同犯罪处理。

【刑事政策文件】

《最高人民检察院关于办理涉互联网金融犯罪案件有关问题座谈会纪要》(2017 年 6 月 1 日 高检诉〔2017〕14 号)(节录)

三、依法认定单位犯罪及其责任人员

20. 涉互联网金融犯罪案件多以单位形式组织实施,所涉单位数量众多、层级复杂,其中还包括大量分支机构和关联单位,集团化特征明显。有的涉互联网金融犯罪案件中分支机构遍布全国,既有具备法人资格的,又有不具备法人资格的;既有受总公司直接领导的,又有受总公司的下属单位领导的。公安机关在立案时做法不一,有的对单位立案,有的不对单位立案,有的被立案的单位不具有独立法人资格,有的仅对最上层的单位立案而不对分支机构立案。对此,检察机关公诉部门在审查起诉时,应当从能够全面揭示犯罪行为基本特征、全面覆盖犯罪活动、准确界定区分各层级人员的地位作用、有利于有力指控犯罪、有利于追缴违法所得等方面依法具体把握,确定是否以单位犯罪追究。

21. 涉互联网金融犯罪所涉罪名中,刑法规定应当追究单位刑事责任的,对同时具备以下情形且具有独立法人资格的单位,可以以单位犯罪追究:

(1)犯罪活动经单位决策实施;

(2)单位的员工主要按照单位的决策实施具体犯罪活动;

(3)违法所得归单位所有,经单位决策使用,收益亦归单位所有。但是,单位设立后专门从事违法犯罪活动的,应当以自然人犯罪追究刑事责任。

22. 对参与涉互联网金融犯罪,但不具有独立法人资格的分支机构,是否追究其刑事责任,可以区分两种情形处理:

(1)全部或部分违法所得归分支机构所有并支配,分支机构作为单位犯罪主体追究刑事责任;

（2）违法所得完全归分支机构上级单位所有并支配的，不能对分支机构作为单位犯罪主体追究刑事责任，而是应当对分支机构的上级单位（符合单位犯罪主体资格）追究刑事责任。

23. 分支机构认定为单位犯罪主体的，该分支机构相关涉案人员应当作为该分支机构的"直接负责的主管人员"或者"其他直接责任人员"追究刑事责任。仅将分支机构的上级单位认定为单位犯罪主体的，该分支机构相关涉案人员可以作为该上级单位的"其他直接责任人员"追究刑事责任。

24. 对符合追诉条件的分支机构（包括具有独立法人资格的和不具有独立法人资格）及其所属单位，公安机关均没有作为犯罪嫌疑单位移送审查起诉，仅将其所属单位的上级单位作为犯罪嫌疑单位移送审查起诉的，对相关分支机构涉案人员可以区分以下情形处理：

（1）有证据证明被立案的上级单位（比如总公司）在业务、财务、人事等方面对下属单位及其分支机构进行实际控制，下属单位及其分支机构涉案人员可以作为被移送审查起诉的上级单位的"其他直接责任人员"追究刑事责任。在证明实际控制关系时，应当收集、运用公司决策、管理、考核等相关文件，OA系统等电子数据，资金往来记录等证据。对不同地区同一单位的分支机构涉案人员起诉时，证明实际控制关系的证据体系、证明标准应基本一致。

（2）据现有证据无法证明被立案的上级单位与下属单位及其分支机构之间存在实际控制关系的，对符合单位犯罪构成要件的下属单位或分支机构应当补充起诉，下属单位及其分支机构已不具备补充起诉条件的，可以将下属单位及其分支机构的涉案犯罪嫌疑人直接起诉。

四、综合运用定罪量刑情节

25. 在办理跨区域涉互联网金融犯罪案件时，在追诉标准、追诉范围以及量刑建议等方面应当注意统一平衡。对于同一单位在多个地区分别设立分支机构的，在同一省（自治区、直辖市）范围内应当保持基本一致。分支机构所涉犯罪嫌疑人与上级单位主要犯罪嫌疑人之间应当保持适度平衡，防止出现责任轻重"倒挂"的现象。

26. 单位犯罪中，直接负责的主管人员和其他直接责任人员在涉互联网金融犯罪案件中的地位、作用存在明显差别的，可以区分主犯和从犯。对起组织领导作用的总公司的直接负责的主管人员和发挥主要作用的其他直接责任人员，可以认定为全案的主犯，其他人员可以认定为从犯。

问题5. 关于非法集资犯罪与其他罪名的区分认定

【实务专论】[①]

七、关于擅自发行股票、公司、企业债券行为的具体理解

实践中对于《刑法》第179条规定的"擅自发行股票、公司、企业债券"的具体行为方式存在理解分歧，对于以转让股权等形式变相发行股票、债券是否属于擅自发行股

[①] 刘为波：《〈关于审理非法集资刑事案件具体应用法律若干问题的解释〉的理解与适用》，载《人民司法》2011年第5期。

票、债券行为以及应以何种罪名进行定罪处罚存在顾虑。经研究,《证券法》《国务院办公厅关于严厉打击非法发行股票和非法经营证券业务有关问题的通知》等对此类行为的性质认定已有明确规定。比如,《证券法》规定,公开发行证券必须符合法律、行政法规规定的条件,并依法报经国务院证券监督管理机构或者国务院授权的部门核准;未经依法核准任何单位和个人不得公开发行证券;向不特定对象发行证券或者向特定对象发行证券累计超过 200 人的属于公开发行。《国务院办公厅关于严厉打击非法发行股票和非法经营证券业务有关问题的通知》第三条进一步明确,向特定对象发行股票后股东累计不超过 200 人的为非公开发行,非公开发行股票及其股权转让,不得采用广告、公告、广播、电话、传真、信函、推介会、说明会、网络、短信、公开劝诱等公开方式或变相公开方式向社会公众发行;严禁任何公司股东自行或委托他人以公开方式向社会公众转让股票;向特定对象转让股票,未依法报经证监会核准的,转让后,公司股东累计不得超过 200 人。据此,《最高人民法院关于审理非法集资刑事案件具体应用法律若干问题的解释》(以下简称《解释》)第 6 条规定,未经国家有关主管部门批准实施下述三种行为,均应认定为《刑法》第 179 条规定的擅自发行股票、公司、企业债券行为;构成犯罪的,以擅自发行股票、公司、企业债券罪定罪处罚:(1)向社会不特定对象发行股票或者公司、企业债券;(2)向社会不特定对象以转让股权等方式变相发行股票或者公司、企业债券;(3)向特定对象发行、变相发行股票或者公司、企业债券累计超过 200 人的。具体适用本条规定时,应注意与《解释》第 2 条第 5 项规定的区分。两者的不同之处在于是否真实发行股票或者债券。本条规定仅适用于违法但真实发行股票、债券的情形,对于不具有发行股票、债券的真实内容,以虚假转让股权、发售虚构债券等方式非法吸收资金,构成犯罪的,应以非法吸收公众存款罪定罪处罚。

此外,《解释》起草过程中对中介机构非法经营证券业务的定性处理问题进行了研究,形成了以下倾向性意见:中介机构违反国家规定代理买卖非上市公司股票,情节严重的,依照《刑法》第 225 条的规定,以非法经营罪定罪处罚;非上市公司和中介机构共谋擅自发行股票,同时构成《刑法》第 179 条和第 225 条规定的犯罪的,以处罚较重的犯罪的共犯论处。鉴于该问题在讨论当中意见分歧较大,且不属于《解释》重点解决的问题,故未作规定。司法实践中遇到此类问题,可以参照《最高人民法院、最高人民检察院、公安部、中国证券监督管理委员会关于整治非法证券活动有关问题的通知》的相关规定依法处理。

八、关于非法擅自募集基金行为的定性处理

非法发售基金份额募集基金是当前非法集资又一常见手段。对此,《证券投资基金法》第 36 条、第 85 条规定,基金管理人依照本法发售基金份额,募集基金,应当向国务院证券监督管理机构提交相关文件,并经国务院证券监督管理机构核准;未经国务院证券监督管理机构核准,擅自募集基金,构成犯罪的,依法追究刑事责任。据此,《解释》第 7 条明确规定,"违反国家规定,未经依法核准擅自发行基金份额募集基金,情节严重的,依照刑法第二百二十五条的规定,以非法经营罪定罪处罚"。需要注意的是,根据相关法律规定,本条规定所称"基金"目前仅指证券投资基金(公募基金)。《解释》未直接写明"证券投资基金",主要是出于两方面考虑:一是本条规定明确了"违反国家规定"这一非法性要件,不会出现不当扩大打击面的问题;二是其他类别的基金目前没有法律规制,不意味着将来不会立法规制,使用"基金"一词更具开放性和前瞻性。此外,适用本条规定时需注意与《解释》第 2 条第 6 项规定的区分。对于不具有募集基金的真实内容，以假借境外基金、发售虚构基金等方式非法向社会公众吸收资金，构成犯罪的，应以非法吸收公众存款罪定罪处罚。

九、关于非法集资活动当中虚假广告行为的性质认定和处罚标准

虚假广告在非法集资犯罪活动中起着重要的推波助澜作用。为使广大群众上当受骗，非法集资犯罪分子往往在社会宣传上不遗余力、不惜血本，通过媒体广告、明星代言、散发传单、内部刊物、口口相传、人物专访、举办研讨会、讲座、免费旅游、公益捐赠等各种或明或暗的方式，大肆宣传、虚张声势、制造假象。为依法打击非法集资犯罪背后的虚假广告行为，发挥刑事司法的教育和震慑作用，净化社会环境、营造良好的社会氛围，《解释》第 8 条对非法集资犯罪活动中的虚假广告行为的定罪标准以及违法宣传当中的共犯处理作出了明确规定。

1. 关于虚假广告罪的定罪量刑标准。《解释》第 8 条第 1 款规定，广告经营者、广告发布者违反国家规定："利用广告为非法集资活动相关的商品或者服务作虚假宣传，具有下列情形之一的，依照刑法第二百二十二条的规定，以虚假广告罪定罪处罚：（1）违法所得数额在 10 万元以上的；（2）造成严重危害后果或者恶劣社会影响的；（3）二年内利用广告作虚假宣传，受过行政处罚二次以上的；（4）其他情节严重的情形。"具体适用本款规定时，应注意以下几个问题：

第一，虚假广告罪犯罪主体的范围。《解释》起草过程中有意见提出，虚假广告罪的主体除了广告经营者、广告发布者之外，还有广告主，不应将广告主排除出去；如广告主同时构成非法集资犯罪的，可根据牵连犯的处断原则处理。经研究，几乎所有的非法集资犯罪都存在虚假广告的问题，如将广告主即非法集资犯罪分子纳入虚假广告罪的犯罪主体，会给案件处理带来很大负担；规定非法集资犯罪分子构成虚假广告罪没有实质性意义，虚假广告罪只是一个 2 年刑期以下的轻罪，而非法集资犯罪的刑罚明显要重得多，为突出本款规定的政策意图和打击重点，故未采纳该意见。

第二，情节严重的认定。虚假广告罪是情节犯，只有情节严重的虚假广告行为才构成犯罪。对此，《最高人民检察院、公安部关于公安机关管辖的刑事案件立案追诉标准的规定（二）》（以下称《追诉标准（二）》）第 75 条规定了六种情节严重的情形，分别是：（1）违法所得数额在 10 万元以上的；（2）给单个消费者造成直接经济损失数额在 5 万元以上的，或者给多个消费者造成直接经济损失数额累计在 20 万元以上的；（3）假借预防、控制突发事件的名义，利用广告作虚假宣传，致使多人上当受骗，违法所得数额在 3 万元以上的；（4）虽未达到上述数额标准，但两年内因利用广告作虚假宣传，受过行政处罚二次以上，又利用广告作虚假宣传的；（5）造成人身伤残的；（6）其他情节严重的情形。[①]《解释》仅规定了四种情节严重的情形，尽管两者在表述上有一定的出入，但基本内容相同，之所以未完全沿用《追诉标准（二）》的表述，主要是出于下述考虑：（1）非法集资犯罪案件具有一定的特殊性，集中表现为入罪门槛较高，危害后果通常由多种因素综合导致，故对《追诉标准（二）》第 2、4、5 项规定的内容采取了较为模糊的表述方式，即：造成严重危害后果或者恶劣社会影响，而情节的具体认定则留给司法机

---

① 2022 年 4 月 6 日发布的《最高人民检察院、公安部关于公安机关管辖的刑事案件立案追诉标准的规定（二）》第 67 条对于虚假广告罪的 6 种情节严重情形进行了修改。

关根据个案情况进行综合判定，以免出现集资行为人依法不构成犯罪，而广告经营者、发布者却构成虚假广告罪的不合理现象。尽管如此，《追诉标准（二）》确立的认定思路应予坚持，在认定危害后果时应主要从经济损失和人身伤亡等方面去判断；在认定影响恶劣时应主要从特定环境、犯罪形式、集资规模等方面去判断。（2）虚假广告行为情节是否严重，行为人的违法所得数额和被害人经济损失数额固然是重要的判断方面，但必须注意到，虚假广告罪是情节犯而非结果犯，不能仅从危害结果来判断是否构成犯罪，故《解释》保留了"其他情节严重的情形"这一兜底条款。对于该条款，实践中可以从虚假广告在媒体上发布所持续的时间，虚假广告在媒体播出的频率，虚假广告投放媒体的数量以及虚假广告内容的欺骗程度等方面进行判断。

此外，对于本条第3项关于"二年内利用广告作虚假宣传，受过行政处罚二次以上"的规定，《解释》起草过程中有意见指出该项规定有违"一事不再理"的处理原则。经研究，犯罪情节包括客观行为和主观恶性两个方面的内容，该项规定的核心意思是根据以前的违法行为及处罚情况判断行为人的人身危险性和再犯可能性等，其处罚的对象是新发生的行为，而非对以前处罚过的行为再次处罚，故该规定并不违反"一事不再理"原则。

2. 非法集资犯罪的共犯处理。《解释》第8条第2款规定，明知他人从事欺诈发行股票、债券，非法吸收公众存款，擅自发行股票、债券，集资诈骗或者组织、领导传销活动等集资犯罪活动，为其提供广告等宣传的，以相关犯罪的共犯论处。适用本款规定时，应注意与前述虚假广告罪的区分。具体言之，主要有以下三个方面：首先，明知内容不同。虚假集资广告犯罪中的明知，是指明知非法集资所依托的商品或者服务存在虚假信息；集资犯罪共犯的明知，是指明知他人正在实施集资犯罪活动。其次，宣传方式不同。虚假集资广告犯罪以违反广告法规定为前提，仅指通过商业广告进行虚假宣传的行为；集资犯罪的共犯的宣传方式则不受任何限制，既可以是商业广告，也可以是其他形式的广告，既可以是广告宣传，也可以是其他形式的宣传。第三，信息内容不同。虚假集资广告犯罪必须以信息虚假为前提；集资犯罪的共犯侧重于违法宣传，不以信息虚假为条件。

起草过程中有意见认为除了宣传类的共犯之外，实践中还有其他形式的共犯，建议在上述共犯规定之外，对集资犯罪的共犯问题作出一般性的规定。《解释》未采纳该意见，主要有以下方面的考虑：（1）集资犯罪多以单位名义实施，参与人员众多，为贯彻宽严相济刑事政策，有必要严格控制打击面。本着严惩首恶、教育协从的处理原则，对于积极参加人员的打击需要严格掌握，对外部帮助人员则一般不应追究；（2）实践中对于同一起集资犯罪案件往往区分犯罪人的主观方面、主体身份而适用不同的罪名。比如，区分是否具有非法占有目的而分别适用集资诈骗罪和非法吸收公众存款罪；（3）根据刑法和以往司法解释的规定，共犯行为主要表现为提供资金、场所等，而集资犯罪案件有其特殊性，被害人同时也是资金提供者，其中对于非法集资行为的性质存在主观认识的不乏其人。而且，被害人与行为人经常交错重叠，先是自己获利继而提供帮助的以及先是自己被骗继而去骗其他人的不在少数，此类人员通常不宜作为共犯处理。

最后，《解释》起草过程中还讨论了广告代言人的刑事处罚问题。一种意见认为，从立法精神、实践需要以及国外做法来看，均应将广告代言人纳入虚假广告罪的犯罪主体范围。经研究，基于当前法律规定，将广告代言人解释为虚假广告罪的犯罪主体尚有立

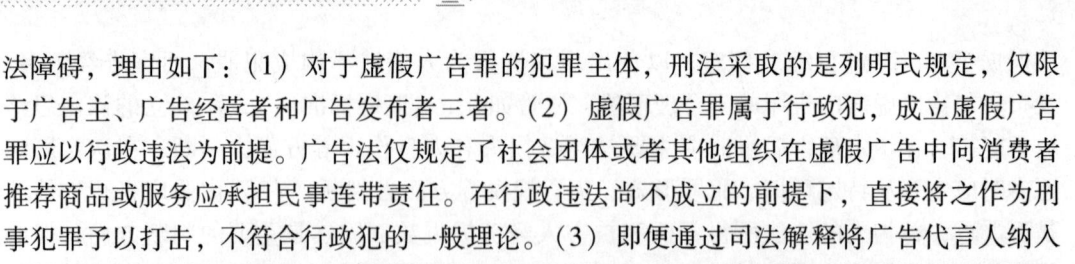

法障碍，理由如下：(1) 对于虚假广告罪的犯罪主体，刑法采取的是列明式规定，仅限于广告主、广告经营者和广告发布者三者。(2) 虚假广告罪属于行政犯，成立虚假广告罪应以行政违法为前提。广告法仅规定了社会团体或者其他组织在虚假广告中向消费者推荐商品或服务应承担民事连带责任。在行政违法尚不成立的前提下，直接将之作为刑事犯罪予以打击，不符合行政犯的一般理论。(3) 即便通过司法解释将广告代言人纳入虚假广告罪的主体范围，还将面临诸多实践操作问题。比如，虚假广告罪为故意犯罪，要求行为人具有主观明知，对此，实践中主要是根据行为人的法定注意义务来进行判断或者推定。而对于广告代言人的注意义务的内容、范围和程度等，当前还没有相关行政管理法律规定，在行为人辩称自己不具有主观明知的情况下，司法机关将很难证明。当然，广告代言人不属于虚假广告罪的主体，不意味着广告代言人在任何情况下均不构成犯罪，对于符合《解释》第 8 条第 2 款规定情形的，完全可以非法集资犯罪的共犯论处。

【司法解释】

《最高人民法院关于审理非法集资刑事案件具体应用法律若干问题的解释》（2022 年 2 月 23 日　法释〔2022〕5 号）（节录）

第十条　未经国家有关主管部门批准，向社会不特定对象发行、以转让股权等方式变相发行股票或者公司、企业债券，或者向特定对象发行、变相发行股票或者公司、企业债券累计超过 200 人的，应当认定为刑法第一百七十九条规定的"擅自发行股票或者公司、企业债券"。构成犯罪的，以擅自发行股票、公司、企业债券罪定罪处罚。

第十一条　违反国家规定，未经依法核准擅自发行基金份额募集基金，情节严重的，依照刑法第二百二十五条的规定，以非法经营罪定罪处罚。

第十二条　广告经营者、广告发布者违反国家规定，利用广告为非法集资活动相关的商品或者服务作虚假宣传，具有下列情形之一的，依照刑法第二百二十二条的规定，以虚假广告罪定罪处罚：

（一）违法所得数额在 10 万元以上的；
（二）造成严重危害后果或者恶劣社会影响的；
（三）二年内利用广告作虚假宣传，受过行政处罚二次以上的；
（四）其他情节严重的情形。

明知他人从事欺诈发行证券，非法吸收公众存款，擅自发行股票、公司、企业债券，集资诈骗或者组织、领导传销活动等集资犯罪活动，为其提供广告等宣传的，以相关犯罪的共犯论处。

第十三条　通过传销手段向社会公众非法吸收资金，构成非法吸收公众存款罪或者集资诈骗罪，同时又构成组织、领导传销活动罪的，依照处罚较重的规定定罪处罚。

问题6. 以私募基金之名实施非法集资行为的审查判断

【刑事审判参考案例】 如何审查判断以私募基金之名实施非法集资的行为——巨如集团、胡某勇集资诈骗案[①]

[裁判要旨]

办理"私募类"非法集资案件,首先应审查涉案"私募"是否存在违法违规行为。如果存在违法违规行为,则应当进一步分析判断该违法违规行为是否影响产品的私募基金性质。最后,再审查涉案"私募"是否具备非法集资的"四性",从而决定是否以非法集资犯罪论处。

一、基本案情

上海市第一中级人民法院经公开审理查明:

2014年,被告人胡某勇收购巨和投资管理(上海)有限公司、上海巨谷股权投资基金有限公司等。2015年4月,胡某勇组建被告单位巨如集团,并担任法定代表人,其后又设立上海丽贯金融信息服务有限公司、上海佑途物联网有限公司、上海博冶投资管理有限公司、上海永同资产管理有限公司、慧信财富管理有限公司,并逐步围绕上述公司组建"巨如意""巨和宝""币优铺""爱理不离""山海金""佑途物联网""巨如众吧""巨谷基金"等网络借贷或者融资平台,延续其所收购巨和公司的经营模式,通过销售各类理财产品等方式非法集资,筹集资金由巨如集团、胡某勇统一支配使用。

2015年至2018年4月,被告人胡某勇指使被告单位巨如集团金融板块负责人马某涌、前述各平台负责人严某松、王某、孙某、杨某国、李某科、陈某毅、石某、王某等人(均另案处理),违反国家有关规定,伪造借款人信息,虚构债权转让、股权转让及融资项目等,通过业务员上门推销、网络及新闻媒体宣传等方式,承诺7%至22%的高额回报,向社会公众公开销售理财产品。

其中,"巨如意""巨和宝""爱理不离""山海金""巨如众吧"等平台假借P2P形式,虚构借款人信息,虚设风险准备金,承诺虚假担保,诱骗投资人出借资金;"币优铺"平台虚设债权转让人,进行虚假债权转让;"佑途物联网"进行虚假的新三板股份转让;"巨谷基金"违反私募基金关于客户应为合格投资者、单个客户投资限额、基金产品备案及资金托管等相关规定,以投资上海巨荣投资管理合伙企业文化产业项目及上海洛秦投资管理合伙企业供应链项目为名违规销售基金产品。至案发,累计向2.9万余名投资人非法集资共计人民币(以下币种均同)39.4亿余元,用于向投资人兑付本息29亿余元,造成被害人实际经济损失共计10.4亿余元。

案发后,公安机关责令被告人胡某勇随传随到、等候处置;胡某勇到案后如实供述了基本犯罪事实。公安机关冻结、查封了相关银行账户、股权以及房产等财产。

上海市第一中级人民法院认为,被告单位巨如集团及其直接负责的主管人员被告人胡某勇,以非法占有为目的,使用诈骗方法非法集资,数额特别巨大,其行为均已构成集资诈骗罪。巨如集团、胡某勇的非法集资行为给被害人造成了重大经济损失,严重破坏了国家金融管理秩序,依法从严惩处;胡某勇到案后虽如实供述自己的罪行,但不足

[①] 罗开卷、许浩:《巨如集团、胡某勇集资诈骗案——以私募基金之名实施非法集资的行为如何认定》,载最高人民法院刑事审判第一、二、三、四、五庭编:《刑事审判参考》总第132辑,人民法院出版社2022年版。

以对其从轻处罚。据此,依照《中华人民共和国刑法》第192条、第200条、第67条第3款、第57条第1款、第52条、第53条、第64条之规定,判决如下:

一、被告单位上海巨如资产管理集团有限公司犯集资诈骗罪,判处罚金人民币四千万元。

二、被告人胡某勇犯集资诈骗罪,判处无期徒刑,剥夺政治权利终身,并处罚金人民币二千万元。

三、在案冻结的赃款按比例发还各名被害人,查封、冻结的房产、股权等拍卖或变卖后分别按比例发还各名被害人,责令被告单位、被告人退赔其余不足部分并按比例发还各名被害人。

一审宣判后,被告人胡某勇以原判定性错误、量刑过重为由,向上海市高级人民法院提起上诉。

上海市高级人民法院经依法审理,认为原判定罪准确,量刑适当,审判程序合法,依法裁定驳回上诉、维持原判。

二、主要问题

如何审查判断以私募基金之名实施非法集资的行为?

三、裁判理由

所谓私募基金,是指在中华人民共和国境内,以非公开方式向投资者募集资金的投资基金,具有募资主体和产品依法登记备案、募资项目真实、募资方式非公开、募资对象系合格投资者并有金额及人数限制、不得承诺或者变相承诺收益、募集资金设立银行托管账户、专款专用等特征。相对于公募基金而言,私募基金的募集对象是少数投资者而非大众,募集方式是非公开,在投资理念和管理模式上两者也有着显著不同。2014年8月21日,中国证监会公布了《私募投资基金监督管理暂行办法》(证监会令〔105〕号),对私募基金相关内容进行了规范。

私募基金是一种合法的金融业态,但是近年来,以私募基金之名实施非法集资的案件逐渐多发。也有很多非法集资案件的被告人辩称其发行的是私募基金,虽发行过程中存在一些违法违规行为,但不影响产品的私募基金性质,不属于非法集资。对此,办理"私募类"非法集资案件,首先应当审查涉案"私募"是否合法合规;如果存在违法违规行为,则应当进一步分析判断该违法违规行为是否影响产品的私募基金性质,进一步审查涉案"私募"是否具备非法集资的"四性",从而决定是否以非法集资犯罪论处,在此基础上准确定罪量刑。

(一)巨如集团募集资金行为违反私募基金的管理规定

根据《私募投资基金监督管理暂行办法》等的规定,应重点审查涉案"私募"在登记备案、合格投资者、资金募集、投资运作等方面是否存在违法违规行为。

第一,在登记备案方面,结合涉案公司的营业执照、相关经营资质文件、中国证券投资基金业协会(以下简称基金业协会)登记备案情况等证据,审查涉案公司是否存在未向基金业协会申请登记、涉案基金产品是否存在未向基金业协会办理备案手续等违法违规行为。

第二,在合格投资者方面,结合投资人的转账汇款记录、证人(包括投资人)证言等证据,审查涉案"私募"是否存在向非合格投资者募集资金、单只私募基金投资者人数累计超过法律规定的特定数量等违法违规行为。

第三，在资金募集方面，结合宣传资料、投资人的转账汇款记录、证人（包括投资人）证言等证据，审查涉案"私募"是否存在通过网络、媒体、推介会、传单、手机信息等方式向不特定对象进行宣传推介即面向社会公众进行公开宣传募集资金等违法违规行为。结合投资协议、相关产品宣传资料、证人（包括投资人）证言等证据，审查涉案"私募"是否存在向投资者承诺投资本金不受损失或者承诺最低收益等违法违规行为。

第四，在投资运作方面，结合募集资金项目有关证据以及募集资金流向等证据，审查涉案"私募"是否存在虚构募资项目、募集资金流入资金池等违法违规行为。

具体到本案中，围绕上述四个方面进行重点审查后发现，巨如集团旗下"巨谷基金"虽然系拥有基金业协会颁发的机构备案会员证书的私募基金公司，但其以投资上海巨荣投资管理合伙企业文化产业项目及上海洛秦投资管理合伙企业供应链项目为名发行"巨荣""洛秦"私募基金产品，并未按照《私募投资基金监督管理暂行办法》规定的要求到基金业协会办理备案手续，也未设立银行托管账户，募集过程中还违反应当向合格投资者募集、单只私募基金投资者人数累计不得超过法律规定的特定数量的规定。更为重要的是，在基金产品说明书中写明业绩基准为10%、按季度付息、到期还本等字样，即变相向投资者承诺还本付息；且募集的资金存在流入资金池，供被告人胡某勇统一支配使用的情况。可见，巨如集团的募集资金行为存在多处违法违规。

（二）巨如集团的募集资金行为从本质上不属于私募资金，具备非法集资"四性"，应以非法集资犯罪论处

募集资金中存在的违法违规行为根据内容、程度不同，所要承担的法律责任不同。如常见的私募基金违法违规问题，多数是在资金募集、投资运作等方面存在一般违法违规行为，也有的是存在从事损害基金财产和投资者利益、挪用资金财产等严重违法违规行为，甚至是触犯刑律，构成犯罪。对于违法违规行为，应予整改，加强行政监管，根据《私募投资基金监督管理暂行办法》《证券法》和《期货交易管理条例》的有关规定，视情节、严重程度等给予罚款、撤销业务许可、责令关闭、警告等不同的行政处罚，但实际上并不影响产品的私募基金性质。如《私募投资基金监督管理暂行办法》第38条规定，私募基金管理人、私募基金托管人、私募基金销售机构及其他私募服务机构及其从业人员违反关于登记备案、合格投资者、资金募集、投资运作等相关规定的，责令改正，给予警告并处三万元以下罚款；对直接负责的主管人员和其他直接责任人员给予警告并处三万元以下罚款；从事内幕交易、操纵交易价格及其他不正当交易活动的，按照《证券法》和《期货交易管理条例》的有关规定处罚；构成犯罪的，依法移交司法机关追究刑事责任。第39条规定："私募基金管理人、私募基金托管人、私募基金销售机构及其他私募服务机构及其从业人员违反法律法规和本办法规定，情节严重的，中国证监会可以依法对有关责任人员采取市场禁入措施。"第四十条规定："私募证券基金管理人及其从业人员违反《证券投资基金法》有关规定的，按照《证券投资基金法》有关规定处罚。"

但是实践中，有的公司、个人假借私募基金之名，进行公开宣传，以高额回报的虚假承诺向社会公众吸收资金，行非法集资之实。故《私募投资基金监督管理暂行办法》第5条强调，依法严厉打击以私募基金为名的各类非法集资活动。对于是否属于非法集资犯罪，仍然需要根据刑法和司法解释的规定进行认定。根据《最高人民法院关于审理非法集资刑事案件具体应用法律若干问题的解释》（法释〔2022〕5号）第1条的规定，认

定"非法吸收公众存款或者变相吸收公众存款"须同时具备四个条件,即"(1)未经有关部门依法许可或者借用合法经营的形式吸收资金;(2)通过网络、媒体、推介会、传单、手机信息等途径向社会公开宣传;(3)承诺在一定期限内以货币、实物、股权等方式还本付息或者给付回报;(4)向社会公众即社会不特定对象吸收资金"。这四个条件即非法集资的"四性":"非法性""公开性""利诱性"和"社会性"。

本案中,巨如集团的非法集资项目种类繁多,"私募类"只是其中一种,该"私募"在私募资金行为"非法性""公开性""利诱性"和"社会性"特征方面都比较明显。如发行的"巨荣""洛秦"私募基金产品,并未按照私募基金管理规定的要求到基金业协会备案,即未经有关部门依法许可,也未设立银行托管账户,具有"非法性";通过业务员上门推销、网络及新闻媒体宣传等方式,向社会公众公开销售,具有"公开性";在基金产品说明书中写明业绩基准为10%、按季度付息、到期还本等字样,变相向投资者承诺还本付息,具有"利诱性";募集过程中违反私募基金应当向合格投资者募集、单只私募基金投资者人数累计不得超过法律规定的特定数量的规定,向社会公众公开销售,具有"社会性"。综上所述,巨如集团的集资项目在产品备案、合格投资者、资金募集、投资运作等方面均背离了私募基金的本质特征,"四性"具备,属于假借私募基金之名实施的非法集资行为。

(三)本案构成集资诈骗罪

本案属于假借私募基金之名实施非法集资的典型案例,具体是构成非法吸收公众存款罪还是集资诈骗罪,需要根据案情作进一步分析判断。而且,该判断需建立在对巨如集团全部非法集资行为进行全面分析的基础之上,而不应仅针对其某一种产品或某一部分非法集资行为。在案证据证实,被告单位巨如集团和被告人胡某勇系以非法占有为目的,违反有关金融法律法规规定,使用诈骗方法进行非法集资,其行为均构成集资诈骗罪。

具体而言,第一,使用诈骗方法进行非法集资。如假借P2P等名义集资、提供虚假担保、隐瞒资金去向及用途、营造公司良好运营的假象等。第二,对所募资金的使用决策具有随意性,其投资项目大多不具备盈利能力。如主要由被告人胡某勇决策使用募集资金,其在项目选择上具有很强的主观性、随意性,部分项目甚至纯属消耗性支出,不能直接产生收益;而且,所投资项目没有盈利能力,其收益水平无法覆盖融资成本。第三,用于项目投资的资金与募集资金的规模明显不成比例。如用于项目投资的资金仅为3.8亿余元,不到集资总额的10%;其余资金主要用于兑付投资人本息、公司经营支出、归还债务及个人消费等。第四,归还本息主要通过借新还旧来实现。如所募集的39亿余元资金中,有高达29亿余元用于向投资人兑付本息。巨如集团融资、经营成本高企,所投项目又基本未能盈利,其维持运营的主要手段就是借新还旧,如此必然不可持续,成为"庞氏骗局",故可以认定本案被告单位及被告人具有非法占有目的。

综上所述,根据案件的事实、情节,人民法院认定被告单位巨如集团及被告人胡某勇以非法占有为目的,假借私募基金之名,使用诈骗方法非法集资的行为构成集资诈骗罪,是正确的。

【最高人民检察院指导性案例】向私募基金投资者隐瞒未将募集资金用于约定项目的事实，虚构投资项目经营情况，应当认定为使用诈骗方法——张某强等人非法集资案[①]

［关键词］

私募基金　非法集资　非法占有的　证据审查

［裁判要旨］

违反私募基金管理有关规定，以发行销售私募基金形式公开宣传，向社会公众吸收资金，并承诺还本付息的，属于变相非法集资。向私募基金投资者隐瞒未将募集资金用于约定项目的事实，虚构投资项目经营情况，应当认定为使用诈骗方法。非法集资人虽然将部分集资款投入生产经营活动，但投资随意，明知经营活动盈利能力不具有支付本息的现实可能性，仍然向社会公众大规模吸收资金，还本付息主要通过募新还旧实现，致使集资款不能返还的，应当认定其具有非法占有的。在共同犯罪或者单位犯罪中，应当根据非法集资人是否具有非法占有的，认定其构成集资诈骗罪还是非法吸收公众存款罪。检察机关应当围绕私募基金宣传推介方式、收益分配规则、投资人信息、资金实际去向等重点判断非法集资人是否具有非法占有的，针对性开展指控证明工作。

［基本案情］

2012年7月至2018年，被告人张某强、白某杰相继成立国盈系公司，其实际控制的国盈投资基金管理（北京）有限公司、中兴联合投资有限公司、国盈资产管理有限公司在中国证券投资基金业协会（以下简称中基协）先后取得私募股权、创业投资基金管理人、私募证券投资基金管理人资格（以下均简称"私募基金管理人"）。

2014年10月至2018年8月，张某强、白某杰将其投资并实际控制的公司的经营项目作为发行私募基金的投资标的，并在南京等多地设立分公司，采取电话联络、微信推广、发放宣传册、召开推介会等方式公开虚假宣传，夸大项目公司经营规模和投资价值，骗取投资人信任，允许不适格投资者以"拼单""代持"等方式购买私募基金，与投资人订立私募基金份额回购合同，承诺给予年化收益率7.5%至14%不等的回报。鹿某自2016年8月起负责国盈系公司"资金池"及其投资项目公司之间的资金调度、划拨以及私募基金本金、收益的兑付。张某强、白某杰控制国盈系公司通过上述方式先后发行销售133只私募基金，非法公开募集资金人民币76.81亿余元。张某强、白某杰指定部分公司账户作为国盈系公司"资金池"账户，将绝大部分募集资金从项目公司划转至"资金池"账户进行统一控制、支配。上述集资款中，以募新还旧方式兑付已发行私募基金本金及收益49.76亿余元，用于股权、股票投资3.2亿余元，用于"溢价收购"项目公司股权2.3亿余元，用于支付员工薪酬佣金、国盈系公司运营费用、归还国盈系公司及项目公司欠款等17.03亿余元，用于挥霍及支付张某强个人欠款等4.52亿余元。张某强所投资的项目公司绝大部分长期处于亏损状态，国盈系公司主要依靠募新还旧维持运转。案发时，集资参与人本金损失共计28.53亿余元。

2021年8月11日，南京市中级人民法院以犯集资诈骗罪判处被告人张某强无期徒刑，剥夺政治权利终身，并处没收个人全部财产；判处被告人白某杰有期徒刑十五年，没收财产一千五百万元；判处被告人鹿某有期徒刑十二年，没收财产一千万元。张某强、

[①] 本案例系2023年5月11日最高人民检察院发布第四十四批指导性案例之一。

白某杰、鹿某提出上诉，同年 12 月 29 日，江苏省高级人民法院裁定驳回上诉，维持原判。

此外，国盈系公司在南京、苏州、广州设立的分公司负责人组织业务人员以销售私募基金为由，向社会不特定公众公开宣传，以获取定期收益、承诺担保回购为诱饵，向社会公众公开募集资金，根据案件证据不能证明相关人员具有非法占某的，应以非法吸收公众存款罪追究刑事责任。经南京、苏州、广州相关检察机关依法起诉，相关人民法院以犯非法吸收公众存款罪，分别对 28 名分公司负责人、业务经理判处有期徒刑一年至五年（部分人适用缓刑）不等，并处罚金一万元至五十万元不等。

[指导意义]

（一）打着发行销售私募基金的幌子，进行公开宣传，向社会公众吸收资金，并承诺还本付息的，属于变相非法集资。私募基金是我国多层次资本市场的有机组成部分，在资本市场中发挥着重要作用。与公募基金不同，私募基金只需经过备案、无需审批，但不能以私募为名公开募集资金。检察机关办理以私募基金为名非法集资的案件，应当结合《中华人民共和国证券投资基金法》《私募投资基金监督管理暂行办法》等有关私募基金宣传推介途径、收益分配、募集对象等方面的具体规定，对涉案私募基金是否符合非法集资特征作出判断。违反私募基金有关管理规定，通过公众媒体或者讲座、报告会、分析会等方式向不特定对象宣传，属于向社会公开宣传；通过签订回购协议等方式向投资者承诺投资本金不受损失或者承诺最低收益，属于变相承诺还本付息；通过"拼单""代持"等方式向合格投资者之外的单位和个人募集资金或者投资者累计超过规定人数，属于向社会公众吸收资金。在发行销售私募基金过程中同时具有上述情形的，本质上系假借私募之名变相非法集资，应当依法追究刑事责任。

（二）以发行销售私募基金名义，使用诈骗的方法非法集资，对集资款具有非法占某的，应当认定集资诈骗罪。非法集资人是否使用诈骗方法、是否具有非法占某的，应当根据涉案私募基金信息披露情况、募集资金实际用途、非法集资人归还能力等要素综合判断。向私募基金投资者隐瞒募集资金未用于约定项目的事实，虚构投资项目经营情况，应当认定为使用诈骗方法。非法集资人虽然将部分集资款投入生产经营活动，但投资决策随意，明知经营活动盈利能力不具有支付本息的现实可能性，仍然向社会公众大规模吸收资金，兑付本息主要通过募新还旧实现，致使集资款不能返还的，应当认定其具有非法占某的。在共同犯罪或者单位犯罪中，由于行为人层级、职责分工、获利方式、对全部犯罪事实的知情程度不同，其犯罪目的也存在不同，应当根据非法集资人是否具有非法占某的分别认定构成集资诈骗罪还是非法吸收公众存款罪。

（三）围绕私募基金宣传推介方式、收益分配规则、投资人信息、资金实际去向等重点，有针对性开展引导取证、指控证明工作。检察机关指控证明犯罪时，不能局限于备案材料、正式合同等表面合乎规定的材料，必须穿透表象查清涉案私募基金实际运作全过程，提出引导取证意见，构建指控证明体系。（1）注重收集私募基金宣传推介方式、合格投资者确认过程、投资资金实际来源、实际投资人信息、实际利益分配方案等与募集过程相关的客观证据，查清资金募集过程及其具体违法违规情形。（2）注重收集募集资金投资项目、募集资金流向等与项目投资决策过程、经营管理状况、实际盈亏情况等相关客观性证据，在全面收集财务资料等证据的基础上，要求审计机构尽可能对资金流向进行全面审计，以查清募集资金全部流转过程和最终实际用途。（3）注重对犯罪嫌疑人、被告人的针对性讯问和有关人员的针对性询问,结合客观证据共同证明募集资金方式、资金去向、项目公司经营情况等关键性事实。

问题7. 以"养老"名义实施非法集资行为的审查判断

【典型案例】沈某平集资诈骗、顾某祥非法吸收公众存款案——以宣称"以房养老"为名实施非法集资犯罪①

[基本案情]

2015年1月至2017年11月,被告人沈某平先后成立、收购上海俐煜金融服务信息有限公司(以下简称俐煜公司)、上海灿宏融资租赁有限公司(以下简称灿宏公司),以投资经营德国米拉山奶粉、长青发公司等项目为幌子,以承诺高息回报为诱饵,通过借款方式向社会公众募集资金。2016年下半年,沈某平推出"以房养老"项目,引诱投资客户将房产抵押给小额贷款公司获取抵押款,再将抵押款转投灿宏公司。被告人顾某祥为获取好处费,明知沈某平通过俐煜公司、灿宏公司向社会不特定公众吸收资金,而引诱并帮助老年客户将房产抵押给小额贷款公司获取抵押款,再将抵押款转借给沈某平。截至案发,沈某平共计吸收资金2.98亿余元,造成集资参与人经济损失1.68亿余元。顾某祥参与房产抵押17套,帮助沈某平吸收资金5450万元,未兑付总额5006万余元。顾某祥投案后家属退缴2954万余元。

[裁判结果]

被告人沈某平集资诈骗案由上海市第二中级人民法院一审,宣判后,在法定期限内没有上诉、抗诉,原判已发生法律效力。被告人顾某祥非法吸收公众存款案由上海市静安区人民法院一审,上海市第二中级人民法院二审。

法院认为,被告人沈某平与他人结伙以非法占有为目的,以诈骗方法非法集资,数额特别巨大,其行为已构成集资诈骗罪。被告人顾某祥违反国家金融管理法律规定,非法吸收公众存款,数额巨大,其行为已构成非法吸收公众存款罪。顾某祥在共同犯罪中起次要作用,系从犯,应从轻处罚。顾某祥虽自动投案,但未如实供述所犯罪行,不构成自首。顾某祥家属退出2954万余元,可对顾某祥从轻处罚。据此,依法以集资诈骗罪判处沈某平无期徒刑,剥夺政治权利终身,并处没收个人全部财产;违法所得予以追缴,不足部分责令继续退赔。以非法吸收公众存款罪判处顾某祥有期徒刑三年四个月,并处罚金人民币五万元;责令顾某祥退赔违法所得,连同已冻结的钱款,按比例发还各集资参与人。

[典型意义]

本案是以宣称"以房养老"为名侵害老年人合法权益的典型犯罪案件,该类犯罪主要表现为以"房本在家无用""不耽误自住或出租"等类似话术为借口,诱骗老年人签订房产抵押担保的借贷合同或相关协议,将抵押房屋获得的资金购买其推介的所谓理财产品,借助诉讼、仲裁、公证等手段,非法占有老年人房屋。"以房养老"作为解决人口老龄化问题,缓解社会及家庭养老压力的可行方式,引起了社会广泛关注。然而,很多不法分子打着国家政策的旗号,营造"养老恐慌",利用老年人金融防范意识较差的特点,

---

① 本案例系2022年8月24日最高人民法院发布6起重点打击六类养老诈骗犯罪典型案例之一。

恶意设套，借"以房养老"实施非法集资。被告人沈某平、顾某祥诱使老年人抵押房屋以获得资金，再购买所谓高收益理财产品，最终因理财公司资金链断裂，房屋被行使抵押权，老年人落得"钱房两空"。人民法院根据案件事实、情节以及二人在共同犯罪中的地位和作用，分别以集资诈骗罪、非法吸收公众存款罪对沈某平、顾某祥定罪处罚，充分体现了宽严相济的刑事政策，罚当其罪。人民法院提示老年人增强金融风险防范意识，投资理财时不要盲目被高收益诱惑，同时子女也要关心、照顾老人，国家、社会、家庭和个人联动起来，最大限度挤压犯罪分子"行骗空间"，让养老诈骗无处遁形，守护老年人幸福晚年。

【典型案例】刘某平等人非法吸收公众存款案——通过"广场舞"应用软件向老年人非法集资[①]

[关键词]

养老诈骗　非法吸收公众存款罪　广场舞　互联网应用软件　延伸治理

[基本案情]

2014年至2015年，被告人刘某平先后成立北京红舞联盟科技有限公司（以下简称"红舞联盟"）等公司，伙同被告人李某鹏等人，在未经依法批准的情况下，以众筹开发老年人网络社交平台——"红舞联盟"手机应用软件为由，约定8%~14%年化收益率并承诺保本付息，向不特定社会公众特别是爱好广场舞的老年人公开宣传。为吸引老年人投资，刘某平等人在"红舞联盟"手机应用软件推出聊天交友、舞蹈教学、舞场定位、活动报名、积分换购、推荐抽奖等对老年广场舞爱好者具有吸引力的功能，拉拢老年人下载注册。同时，在线下通过发放统一服装、组织广场舞比赛、申请万人同舞"吉尼斯"世界纪录、组织用户旅游考察等方式进行宣传，吸引老年人关注。为拓展吸收资金渠道，刘某平等人吸纳原有社区广场舞队加入"红舞联盟"，将部分广场舞组织者、教学者发展为业务员吸收资金。为解决老年人线上签合同、转账操作不熟练等问题并规避监管，业务员均在线下与老年投资者签合同收取资金。

至2019年7月，被告人刘某平等人向1200余人非法吸收公众存款8.7亿余元。上述资金被用于支付集资参与人本息、向业务员发放提成、投入"红舞联盟"应用软件运营以及其他经营项目，给集资参与人造成本金损失3.3亿余元。

2022年4月2日，北京市海淀区人民法院以非法吸收公众存款罪，判处刘某平有期徒刑九年，并处罚金五十万元；判处李某鹏等24名被告人有期徒刑七年至二年四个月不等，并处罚金；判处王某华等7名被告人有期徒刑三年至二年，并处罚金，同时适用缓刑（本案根据从旧兼从轻原则，适用《刑法修正案（十一）》实施前的《刑法》条文）。一审判决后，刘某平等7名被告人上诉，2022年8月4日，北京市第一中级人民法院裁定驳回上诉，维持原判。

[典型意义]

当前，我国社会老龄化和互联网产业的高速发展，金融市场的不断创新，"银发族"与"互联网""金融圈"的交集不断扩大。不法分子利用老年人网络风险意识不强、互联

---

① 本案例系2022年11月9日最高人民检察院发布7起检察机关惩治养老诈骗违法犯罪典型案例（第二批）之一。

网运用不熟练等特点，专门针对老年人的兴趣爱好设计兼具交友、投资等功能的应用软件从事非法集资、诈骗等犯罪活动。这类犯罪以老年人的兴趣爱好为引子，以高额回报为诱饵，再通过身边人身边事打消老年人警惕心理，极易使老年人陷入骗局。老年人要牢记，任何未经金融管理部门批准，以高额回报为幌子吸收资金的行为，都是非法金融活动。检察机关在办理此类新型非法集资案件时，应当能动履职，延伸开展治理工作，从个案中研判类案风险，通过公益诉讼、线索移转等方式，积极协同有关监管部门开展相关行业领域溯源治理，实现"惩治一案、治理一片"的效果。对于手段翻新的养老诈骗案件，还可以通过视频短片等形式进行以案释法，及时向社会公众揭示新型犯罪手段，开展警示教育，提高防范意识。

问题 8. 涉案财物的追缴和处置

【实务专论一】[①]

（五）关于涉案财物的追缴和处置问题

涉案财物追缴和处置是非法集资案件处置工作中的重点和难点。目前，涉案财物追缴和处置一般程序为：案发地人民政府制定处置方案，组织相关部门开展涉案资产追缴、集资参与人登记核对、涉案财物拍卖变现等工作。集资款的清退，应根据清理后剩余的资金，按照集资参与人集资额比例予以清退。参与非法集资活动受到损失的，由集资参与人自行承担。根据处置非法集资工作的实际情况和有关规范性文件的规定，《最高人民法院关于办理非法集资刑事案件适用法律若干问题的意见》第 5 条明确了非法集资刑事案件中涉案财物的追缴和处置问题，共分四款。

第一款明确了涉案财物的追缴范围：向社会公众非法吸收的资金属于违法所得；以吸收的资金向集资参与人支付的利息、分红等回报，以及向帮助吸收资金人员支付的代理费、好处费、返点费、佣金、提成等费用，应当依法追缴；集资参与人本金尚未归还的，所支付的回报可予折抵本金。主要考虑：一是非法集资行为涉嫌非法吸收公众存款、集资诈骗等犯罪，行为人向社会公众非法吸收的资金是其因实施犯罪行为而取得的财物，根据《刑法》第 64 条的规定属于违法所得，应当予以追缴。二是行为人以吸收的资金向集资参与人支付的利息、分红等回报，以及向帮助吸收资金人员支付的代理费、好处费、返点费、佣金、提成等费用，因其属于行为人对违法所得的处分，不属于集资参与人和帮助吸收资金人员的合法收入，也应予以追缴。三是出于实践可操作性和避免激化矛盾的考虑，明确集资参与人本金尚未归还的，所支付的回报可予折抵本金。因为非法集资案件发生后能够追缴的财物往往不足以全额返还集资参与人，很难要求本金尚未得到返还的集资参与人先将利息、分红退出后再按比例统一偿付。而且，实践中有的集资参与人支付本金时往往已经扣除了利息部分。这一规定与最高人民法院于 2010 年制定的《关于审理非法集资刑事案件具体应用法律若干问题的解释》第 5 条第 3 款的规定是一致的。

第二款明确了将非法吸收的资金及其转换财物用于清偿债务或者转让给他人的追缴范围，具体包括五种情形：一是他人明知是上述资金及财物而收取的；二是他人无偿取

[①] 韩耀元、吴峤滨：《〈关于办理非法集资刑事案件适用法律若干问题的意见〉理解与适用》，载《人民检察》2019 年第 9 期。

得上述资金及财物的；三是他人以明显低于市场的价格取得上述资金及财物的；四是他人取得上述资金及财物系源于非法债务或者违法犯罪活动的；五是其他依法应当追缴的情形。本款规定参照了2011年《最高人民法院、最高人民检察院关于办理诈骗刑事案件具体应用法律若干问题的解释》第10条的规定，有利于最大限度追缴涉案财物，最大限度减少经济损失，同时还有利于维护既定的社会关系，保护善意第三人的利益。

第三款明确了易贬值及保管、养护成本较高涉案财物的处置问题，即查封、扣押、冻结的上述涉案财物，可以在诉讼终结前依照有关规定变卖、拍卖；所得价款由查封、扣押、冻结机关予以保管，待诉讼终结后一并处置。本款规定参照了2013年《公安机关办理刑事案件程序规定》第230条的规定，主要为了防止涉案财物因贬值、腐烂变质、保管困难等原因导致损失扩大。

第四款明确了涉案财物的处置原则，即查封、扣押、冻结的涉案财物，一般应在诉讼终结后，返还集资参与人；涉案财物不足全部返还的，按照集资参与人的集资额比例返还。非法集资案件往往涉案金额大、范围广、人数多，对涉案财物的处置应当遵循严格规范的操作流程，防止因仓促返还或者返还不均引发新的矛盾，因此本款对统一处置和比例返还的原则予以强调。

【实务专论二】[①]

1. 续封续冻工作的协调衔接

案件在法院立案后，涉案财物的查封、扣押、冻结工作一般即移交至法院。由于侦查机关对涉案财物的查扣情况更为熟悉，故法院受理该类案件后应立即与侦查机关沟通，详细了解查扣财物的种类、数量、特征、名称、权属、地址等详细情况以及查封与冻结的起止时间等，并函请侦查机关继续配合做好审理阶段涉案财物特别是侦查阶段线上集中查扣财物的续封、续冻工作；如果侦查机关无法继续该项工作，则可由刑事审判庭直接出具裁定书交由法院保全部门做好续封、续冻工作，防止因案件流转中的疏漏导致涉案财物脱封、脱冻情形的出现。

2. 易贬损财物等的先行处置

为最大限度减少经济损失，降低网络平台非法集资犯罪的次生风险对于查封、扣押、冻结的易贬值、易灭失以及保管、养护成本较高的涉案财物，如车辆、船舶等交通工具、鲜活易腐物品，可以在案件宣判前依照有关规定及时变卖、拍卖，有条件的，应优先采用互联网拍卖的方式。变卖、拍卖结束后，应及时将结果告知当事人，所得价款按规定妥善保管，待诉讼终结案件生效后一并处理。需要注意的是，先行处置的对象应当是权属已经查清且明确属于涉案资产的财物，对于权属存疑先行处置可能损害第三人利益的财物，不宜先行处置。原则上，先行处置工作的实施主体为原一审法院；必要时，公安机关在侦查阶段、检察机关在审查起诉阶段也可以开展易贬损财物的先行处置工作。

3. 继续追缴与责令退赔的范围

司法实践中，针对非法集资共同犯罪人员的损失退赔范围争议较大，并不统一。刑法理论通说认为共同犯罪被告人应对造成损失承担连带责任。也就是说，各名被告人对

[①] 余剑、李长坤、张亚男：《涉网络平台非法集资案件追赃挽损问题研究》，载最高人民法院刑事审判第一、二、三、四、五庭编：《刑事审判参考》总第132辑，人民法院出版社2022年版。

全案造成的损失均负有退赔义务。应当说,采取"连带责任说"对于最大限度追赃挽损能够起到积极作用,但是完全采用这一观点也会带来不少问题非法集资案件特别是特大规模集资诈骗案件中,所涉被告人人数较多作案时间较长。由于各名被告人所处层级、岗位职责、参与时段不同参与集资数额与造成损失数额也有明显区别。有些层级较低的被告人如业务员、团队经理等,其个人实际违法所得不多,但参与犯罪造成的损失数额巨大,如果责令其对参与犯罪造成损失均承担退赔义务,则有违罪刑相当原则和比例原则,过于严苛,不利于被告人正常回归社会。

我们认为,应当综合考虑各名被告人所处层级、实际岗位职责等,结合其参与非法集资行为造成损失数额与个人实际违法所得数额,合理确定其退赔责任。具体而言,可作如下区分:其一,对于涉案公司的实际控制人,应当责令其对实际控制公司、平台时间段内造成的全部损失承担退赔责任。其二,其他参与公司决策人员与高层管理人员,可视情要求其对参与非法集资时间段内造成的全部损失承担退赔责任,也可根据其造成损失数额的一定比例或按照违法所得的相应倍数确定退赔责任。其三,对于中层管理人员、团队长、业务员等中低层级人员,主要依法追缴其获得的工资、佣金、提成等违法所得,同时可根据其造成损失数额的一定比例或按照个人实际违法所得的相应倍数确定退赔责任。

【刑事政策文件】

1. 《最高人民法院、最高人民检察院、公安部关于非法集资刑事案件适用法律若干问题的意见》(2014年3月25日 公通字〔2014〕16号)(节录)

五、关于涉案财物的追缴处置问题

向社会公众非法吸收的资金属于违法所得。以吸收的资金向集资参与人支付的利息、分红等回报,以及向帮助吸收资金人员支付的代理费、好处费、返点费、佣金、提成等费用,应当依法追缴。集资参与人本金尚未归还的,所支付的回报可予折抵本金。

将非法吸收的资金及其转换财物用于清偿债务或者转让给他人,有下列情形之一的,应当依法追缴:

(一)他人明知是上述资金及财物而收取的;
(二)他人无偿取得上述资金及财物的;
(三)他人以明显低于市场的价格取得上述资金及财物的;
(四)他人取得上述资金及财物系源于非法债务或者违法犯罪活动的;
(五)其他依法应当追缴的情形。

查封、扣押、冻结的易贬值及保管、养护成本较高的涉案财物,可以在诉讼终结前依照有关规定变卖、拍卖。所得价款由查封、扣押、冻结机关予以保管,待诉讼终结后一并处置。

查封、扣押、冻结的涉案财物,一般应在诉讼终结后,返还集资参与人。涉案财物不足全部返还的,按照集资参与人的集资额比例返还。

2.《最高人民法院、最高人民检察院、公安部关于办理非法集资刑事案件若干问题的意见》（2019年1月30日 高检会〔2019〕2号）（节录）

九、关于涉案财物追缴处置问题

办理跨区域非法集资刑事案件，案件主办地办案机关应当及时归集涉案财物，为统一资产处置做好基础性工作。其他涉案地办案机关应当及时查明涉案财物，明确其来源、去向、用途、流转情况，依法办理查封、扣押、冻结手续，并制作详细清单，对扣押款项应当设立明细账，在扣押后立即存入办案机关唯一合规账户，并将有关情况提供案件主办地办案机关。

人民法院、人民检察院、公安机关应当严格依照刑事诉讼法和相关司法解释的规定，依法移送、审查、处理查封、扣押、冻结的涉案财物。对审判时尚未追缴到案或者尚未足额退赔的违法所得，人民法院应当判决继续追缴或者责令退赔，并由人民法院负责执行，处置非法集资职能部门、人民检察院、公安机关等应当予以配合。

人民法院对涉案财物依法作出判决后，有关地方和部门应当在处置非法集资职能部门统筹协调下，切实履行协作义务，综合运用多种手段，做好涉案财物清运、财产变现、资金归集、资金清退等工作，确保最大限度减少实际损失。

根据有关规定，查封、扣押、冻结的涉案财物，一般应在诉讼终结后返还集资参与人。涉案财物不足全部返还的，按照集资参与人的集资额比例返还。退赔集资参与人的损失一般优先于其他民事债务以及罚金、没收财产的执行。

第五章
妨害信用卡管理罪

第一节　妨害信用卡管理罪概述

一、妨害信用卡管理罪概念及构成要件

妨害信用卡管理罪，是指在信用卡的发行、使用等过程中，违反国家信用卡管理法规，妨害国家对信用卡的管理活动，破坏信用卡管理秩序的行为。本罪系2005年2月28日《刑法修正案（五）》第1条增设的罪名。

本罪的构成要件如下：(1) 本罪侵犯的客体是信用卡管理秩序，犯罪对象是信用卡。根据2004年12月29日《全国人民代表大会常务委员会关于〈中华人民共和国刑法〉有关信用卡规定的解释》的规定，刑法规定的"信用卡"，是指由商业银行或者其他金融机构发行的具有消费支付、信用贷款、转账结算、存取现金等全部功能或者部分功能的电子支付卡。(2) 本罪的客观方面表现为以下四种具体行为方式：一是持有、运输伪造的信用卡的，或者持有、运输伪造的空白信用卡，数量较大的。需要注意的是，这里的"伪造的信用卡"，不仅包括利用相应材料和技术手段仿造真信用卡制作的假信用卡，也包括在过期的、作废的、盗来的、捡来的等各种信息完整的真实信用卡上修改关键要素，如重新压印卡号、有效期和姓名，甚至对信用卡磁条重新写磁；或者是对非法获取的发卡银行的空白信用卡进行凸印、写磁，制成的假信用卡。[①] 二是非法持有他人信用卡，数量较大的。三是使用虚假的身份证明骗领信用卡的。四是出售、购买、为他人提供伪造的信用卡或者以虚假的身份证明骗领的信用卡的。(3) 本罪的犯罪主体仅包括自然人，单位不能成为本罪的主体。(4) 本罪的主观方面表现为故意，持有、运输伪造的信用卡或空白信用卡的，行为人必须以"明知"为前提。行为人妨害信用卡管理的动机和目的，不影响本罪的构成。根据刑法第177条之一的规定，犯妨害信用卡管理罪的，处3年以下有期徒刑或者拘役，并处或者单处1万元以上10万元以下罚金；数量巨大或者有其他严

[①] 黄太云：《立法解读：刑法修正案及刑法立法解释》，人民法院出版社2006年版。

重情节的,处 3 年以上 10 年以下有期徒刑,并处 2 万元以上 20 万元以下罚金。

二、妨害信用卡管理刑事案件审理情况

伴随着我国信用卡产业的高速发展,妨害信用卡管理刑事案件数量居高不下。通过中国裁判文书网检索,2017 年至 2021 年,全国法院审结一审妨害信用卡管理案件共计 6493 件,其中 2017 年 1143 件,2018 年 1128 件,2019 年 1354 件,2020 年 1962 件,2021 年 906 件。

从近五年来妨害信用卡管理犯罪审理情况看,此类案件主要呈现出以下特点:一是案件绝对数量较多,增速趋于平稳。随着掌上银行、第三方支付的发展,信用卡包括电子信用卡的申领和办理越来越便捷,相应的,犯罪分子实施骗领信用卡、伪造信用卡等妨害信用卡管理犯罪活动的成本也逐渐下降,案件绝对数量保持较高水平;同时,随着银行等金融机构的有效应对和防范,此类案件增速趋于平稳。二是犯罪活动呈现链条化特征。在特大规模涉信用卡犯罪案件中,妨害信用卡管理犯罪往往与后端的信用卡诈骗犯罪,以及前端的伪造信用卡犯罪交织在一起,形成全链条式的信用卡犯罪活动,社会危害性大,也带来了很多司法适用难题。如此罪与彼罪的区分、共同犯罪的界定、主从犯的认定等。三是犯罪活动组织化、产业化、跨国化特征明显。特大规模涉信用卡犯罪活动中,犯罪分子人数众多,且相互间分工明确,各个环节又相对独立,部分案件还具有跨国化特点。

三、妨害信用卡管理刑事案件审理热点、难点问题

一是罪与非罪的界限。《刑法》第 177 条之一以及相关司法解释对于"持有、运输伪造的信用卡,或者使用虚假的身份证明骗领信用卡,或者出售、购买、为他人提供伪造的信用卡或者以虚假的身份证明骗领信用卡"三种行为方式未设置数额标准,导致实践中有的地方法院不管信用卡数量多少,一律均作为犯罪处理,也有的地方法院针对前述情形设置了相应的入罪门槛,如何把握罪与非罪的界限,实践中做法不一。

二是妨害信用卡管理罪与伪造金融票证罪、信用卡诈骗罪的界限。妨害信用卡管理罪实质是伪造信用卡犯罪和信用卡诈骗犯罪的中间环节,前述三个罪名在客观行为方式、行为对象上具有一定的相似性或重合性,如何推定行为人的主观目的成为准确定罪量刑的关键。

三是链条化涉信用卡犯罪案件中不同环节行为人的定罪。此类案件中,从空白信用卡的印刷、运输、买卖,到磁条信息的录入、假卡的制作,再到最终的骗取财物环节,犯罪分子之间存在非常明确的分工,如何证明不同层级、不同分工行为人的主观故意,从而准确定罪量刑,一直是司法实践中的难点问题。

四、妨害信用卡管理刑事案件审理思路及原则

一是注重主观故意的审查认定,划清此罪与彼罪的界限。对于行为人非法持有可使用的伪造的信用卡情形,只有在现有证据足以证明行为人具有伪造信用卡行为或使用伪造信用卡实施诈骗行为的情况下,才能以伪造、变造金融票证罪或信用卡诈骗罪追究刑事责任;难以证明的,则以妨害信用卡管理罪追究刑事责任。同时,是否明知不能只看行为人本人的辩解,应当结合案件的有关证据材料全面分析,综合判断。

二是对于链条化涉信用卡犯罪案件，应当根据不同环节行为人的分工情况、层级情况、意思联络情况综合判断行为人的主观故意，准确定罪量刑。

三是注重但书条款的适用，划清罪与非罪的界限。虽然《刑法》第 177 条之一对于"持有、运输伪造的信用卡，或者使用虚假的身份证明骗领信用卡，或者出售、购买、为他人提供伪造的信用卡或者以虚假的身份证明骗领信用卡"三种行为方式未设置数额标准，但并非意味着只要实施了上述行为，不管数量多少，一律作为犯罪处理。实践中，对于情节显著轻微，确有必要适用《刑法》第 13 条但书条款的，可不作为犯罪处理。

第二节　妨害信用卡管理罪审判依据

妨害信用卡管理罪系《刑法修正案（五）》增设的罪名。2009 年 12 月 16 日起施行的《最高人民法院、最高人民检察院关于办理妨害信用卡管理刑事案件具体应用法律若干问题的解释》进一步明确了"使用虚假的身份证明骗领信用卡"等行为方式的认定，以及部分行为方式构成本罪及法定刑升格中的数额标准。2018 年 11 月 28 日，"两高"在修改前述司法解释时并未涉及妨害信用卡管理罪的相应条文。2022 年 4 月 6 日公布的《最高人民检察院、公安部关于公安机关管辖的刑事案件立案追诉标准的规定（二）》对本罪的立案追诉标准进行了细化规定。

一、法律

《中华人民共和国刑法》（1979 年 7 月 1 日第五届全国人民代表大会第二次会议通过　1997 年 3 月 14 日第八届全国人民代表大会第五次会议修订　1997 年 3 月 14 日中华人民共和国主席令第 83 号公布　根据历次修正案和修改决定修正）（节录）

第一百七十七条之一　有下列情形之一，妨害信用卡管理的，处三年以下有期徒刑或者拘役，并处或者单处一万元以上十万元以下罚金；数量巨大或者有其他严重情节的，处三年以上十年以下有期徒刑，并处二万元以上二十万元以下罚金：

（一）明知是伪造的信用卡而持有、运输的，或者明知是伪造的空白信用卡而持有、运输，数量较大的；

（二）非法持有他人信用卡，数量较大的；

（三）使用虚假的身份证明骗领信用卡的；

（四）出售、购买、为他人提供伪造的信用卡或者以虚假的身份证明骗领的信用卡的。

二、立法解释

《全国人大常委会关于〈中华人民共和国刑法〉有关信用卡规定的解释》（2004 年 12 月 29 日）

全国人民代表大会常务委员会根据司法实践中遇到的情况，讨论了刑法规定的"信用卡"的含义问题，解释如下：

刑法规定的"信用卡",是指由商业银行或者其他金融机构发行的具有消费支付、信用贷款、转账结算、存取现金等全部功能或者部分功能的电子支付卡。

三、司法解释

《最高人民法院、最高人民检察院关于办理妨害信用卡管理刑事案件具体应用法律若干问题的解释》(2018年11月28日　法释〔2018〕19号)(节录)

第二条　明知是伪造的空白信用卡而持有、运输十张以上不满一百张的,应当认定为刑法第一百七十七条之一第一款第一项规定的"数量较大";非法持有他人信用卡五张以上不满五十张的,应当认定为刑法第一百七十七条之一第一款第二项规定的"数量较大"。

有下列情形之一的,应当认定为刑法第一百七十七条之一第一款规定的"数量巨大":

(一)明知是伪造的信用卡而持有、运输十张以上的;

(二)明知是伪造的空白信用卡而持有、运输一百张以上的;

(三)非法持有他人信用卡五十张以上的;

(四)使用虚假的身份证明骗领信用卡十张以上的;

(五)出售、购买、为他人提供伪造的信用卡或者以虚假的身份证明骗领的信用卡十张以上的。

违背他人意愿,使用其居民身份证、军官证、士兵证、港澳居民往来内地通行证、台湾居民来往大陆通行证、护照等身份证明申领信用卡的,或者使用伪造、变造的身份证明申领信用卡的,应当认定为刑法第一百七十七条之一第一款第三项规定的"使用虚假的身份证明骗领信用卡"。

四、刑事政策文件

1. **《最高人民检察院、公安部关于公安机关管辖的刑事案件立案追诉标准的规定(二)》**(2022年4月6日公布　公通字〔2022〕12号)

第二十五条　〔妨害信用卡管理案(刑法第一百七十七条之一第一款)〕妨害信用卡管理,涉嫌下列情形之一的,应予立案追诉:

(一)明知是伪造的信用卡而持有、运输的;

(二)明知是伪造的空白信用卡而持有、运输,数量累计在十张以上的;

(三)非法持有他人信用卡,数量累计在五张以上的;

(四)使用虚假的身份证明骗领信用卡的;

(五)出售、购买、为他人提供伪造的信用卡或者以虚假的身份证明骗领的信用卡的。

违背他人意愿,使用其居民身份证、军官证、士兵证、港澳居民往来内地通行证、台湾居民来往大陆通行证、护照等身份证明申领信用卡的,或者使用伪造、变造的身份证明申领信用卡的,应当认定为"使用虚假的身份证明骗领信用卡"。

2. **《公安部经济犯罪侦查局关于对以虚假的工作单位证明及收入证明骗领信用卡是否可以认定为妨害信用卡管理罪请示的批复》**（2008年7月1日 公经金融〔2008〕107号）

山东省公安厅经侦总队：

你总队《关于以虚假的工作单位证明及收入证明骗领信用卡是否可以认定为妨害信用卡管理罪的请示》（鲁公经〔2008〕335号）收悉。经研究，并征求人民银行意见，以虚假的工作单位证明及收入证明骗领信用卡不能认定为妨害信用卡管理罪。

第三节 妨害信用卡管理罪审判实践中的疑难新型问题

问题1. 关于妨害信用卡管理罪行为方式的认定

【实务专论】[①]

关于妨害信用卡管理罪罪状中所具体列举的四项行为，分述如下：

1. 明知是伪造的信用卡而持有、运输的，或者明知是伪造的空白信用卡而持有、运输，数量较大的

我国刑法对于持有型犯罪有一些规定：如第128条非法持有、私藏枪支、弹药罪；第172条持有、使用假币罪；第282条非法持有国家绝密、机密文件、资料、物品罪；第348条非法持有毒品罪；第352条非法持有毒品原植物种子、幼苗罪。这些持有型犯罪在行为特点上既不是表现为积极的作为，也非表现为违背义务的消极的不作为，而是表现为行为人占有或者将国家禁止公民拥有的违禁品置于其实际支配、控制的状态下。

实际部门反映，在查办案件过程中发现，为了逃避打击，从事伪造信用卡的犯罪组织之间形成了细致的分工。从空白信用卡的印制、运输、买卖，到写入信用卡磁条信息制作成假卡，再到运输、出售，各个环节往往由不同犯罪组织的人员承担。除了在伪造和使用环节查获的案件以外，对其他环节查获的人员，如果按照共同犯罪来追究，行为人之间的共同犯罪故意很难查证。实践中查获的很多案件，行为人持有大量伪造的信用卡或者伪造的空白信用卡，但无法查明该信用卡系其本人伪造，或者已用于实施诈骗，这就很难追究刑事责任。而在世界上有些国家和地区，如日本、韩国、新加坡、加拿大、美国、英国、法国，在刑法中对持有、运输、携带伪造的信用卡的行为都规定为犯罪。

我国《刑法》已经规定有持有、使用假币罪。根据有关司法解释规定，明知是假币而持有、使用，总面额在四千元以上就构成犯罪。信用卡作为一种支付工具，授信额度一般都在万元以上。因此，持有一张伪造的信用卡的危害性绝不低于持有四千元假币。伪造的空白信用卡和真实的空白信用卡具有同样的功能，都可以用作信用卡磁条信息的载体。只要把个人信用卡磁条信息输入，就是一张可以使用的信用卡。而且持有、运输伪造的空白信用卡，往往就是伪造信用卡整个过程中的一个重要环节，社会危害性也很

[①] 黄太云：《〈中华人民共和国刑法修正案（五）〉的理解与适用》，载《人民检察》2005年第6期。

大。借鉴外国立法的有益经验，为更有力打击这类信用卡犯罪，修正案将"明知是伪造的信用卡而持有、运输的，或者明知是伪造的空白信用卡而持有、运输，数量较大的"作为妨害信用卡管理罪的行为之一作了规定。

在起草过程中，有的部门提出，本项除列举"伪造"外，还应加上"变造"。在立法调研时了解到，所谓的"变造"形式多样：有的是在过期卡、作废卡、盗窃卡、丢失卡等各种信息完整的真实信用卡上修改关键要素，如重新压印卡号、有效期和姓名，甚至对信用卡磁条重新写磁；有的是对非法获取的发卡银行的空白信用卡进行凸印、写磁，制成信用卡。立法机关经过研究后认为，这种所谓的"变造"，除只保留有信用卡的外形以外，其信用卡的内容与银行发行的真实信用卡都已经有很大不同，其实质就是一张伪造的信用卡，应当按伪造信用卡定性。因此，《刑法修正案（五）》没有对"变造"信用卡作规定。

在办案过程中，对本项行为应当注意两点：一是行为人对持有、运输的伪造的信用卡或者伪造的空白信用卡必须以明知为前提，不明知的不能认定为犯罪。当然，是否明知不能只听嫌疑人本人的辩解，应当结合案件的有关证据材料全面分析，综合判断；二是对持有、运输明知是伪造的信用卡的，构成犯罪并不要求必须达到数量较大的标准；而持有、运输明知是伪造的空白信用卡则必须达到数量较大，才构成犯罪。这主要是考虑到前者持有、运输的是已经伪造好的信用卡，已经具备随时使用的条件，只不过不是在使用环节查获罢了；持有、运输伪造的空白信用卡虽然最终目的也可能是用于伪造信用卡，但毕竟还只是处于半成品阶段，社会危害性是不一样的。至于构成"数量较大"的具体标准，法律目前还难以作出具体规定，应在总结司法办案实践的基础上，通过司法解释明确。

2. 非法持有他人信用卡，数量较大的

在使用信用卡进行消费活动的法律关系中，最为基础的就是发卡行、持卡人、特约商户和收单行之间的关系。主要行为流程包括：持卡人刷卡购物或者消费并在签购单上签字——特约商户向持卡人提供商品或者服务——收单行根据跨行交易清算数据向特约商户付款——发卡行根据跨行交易清算数据向收单行付款——发卡行向持卡人发付款通知——持卡人向发卡行归还透支贷款。

近年查获的多起持有大量他人信用卡的案件，反映出国际信用卡犯罪的一种新形式。国际信用卡犯罪集团在他国与资信状况不良者串通，帮助其领取信用卡后予以收买，然后将大量信用卡携带至我国境内消费或取现。当持卡人收到月度账单时，以未出境为由，向发卡行否认境外交易，将损失转嫁到外国发卡行和我国收单行。我国破获的利用某国信用卡诈骗案，涉及六省、市，金额几千万元，抓获中、外犯罪嫌疑人几十人，收缴非法持有外国发卡行发行的他人信用卡近两千张。

按照国际信用卡组织和中国人民银行的规定，信用卡及其账户只限经发卡行批准的持卡人本人使用，不得提供、出租或转借他人使用。虽然不排除在民事活动中，有的持卡人违反规定将信用卡交给他人使用的情况，但一般来讲，行为人持有他人信用卡的数量不会多，行为人与持卡人的关系也比较密切，有的还得到信用卡持卡人的授权。在这种情况下，持有他人信用卡行为虽属违法，但不具有刑事违法性。然而，如果发现行为人持有大量他人的信用卡，本人又说不清其来源的合法性，如果要求办案机关——查明行为人所持信用卡的来历，行为人与持卡人是否有串通情节等，十分困难。而这种情形往往是进行信用卡诈骗活动的一部分，国际信用卡犯罪集团也正是利用跨国取证难这一点来逃避打击。《刑法修正案（五）》将非法持有他人信用卡，数量较大，规定为妨害信用卡管理罪的行为之一，是完全必要的。

应当指出的一点是，该项中的"数量较大"，是指非法持有他人信用卡的数量，而不是指信用卡内的授信额度。

3. 使用虚假的身份证明骗领信用卡的

骗领信用卡，是指行为人在办理信用卡申领手续时，使用虚假的身份证明骗取银行信任，获得信用卡的行为。实践中发生的骗领信用卡的情况有多种：有的利用盗窃的或者伪造的身份证件、伪造的公司证明，或者通过招工、招生等名义收集他人身份资料或者骗取他人身份证复印件到银行申领信用卡；有的利用虚假的营业执照、公章或者法人代表章欺骗银行，骗领单位信用卡；有的利用长期不用或者基本无经营活动的法人执照，骗领单位信用卡，等等。

根据申领信用卡的有关规定，发卡行要求信用卡申领人提供的本人信息很多：如身份证明、住址、职业、工资收入、财产证明、联系方式，等等。《刑法修正案（五）》只把以虚假身份证明骗领信用卡的行为规定为犯罪，主要是考虑到行为人如果以真实身份申领信用卡，刷卡消费后只是由于财力不足以还款，大多属于民事范畴，可通过民事途径解决。但如果以虚假身份证明申领信用卡，行为人在申领信用卡时就没有打算归还用卡后所欠银行透支款项的企图就已十分明显。换句话讲，申领人从申领卡时就为利用信用卡进行诈骗活动埋下了伏笔。从银行骗领信用卡后大肆透支取现或者疯狂刷卡消费，直至授信额度用完。一旦被识破，即逃之夭夭。银行凭持卡人虚假身份证明、住址等资料，根本无法找到持卡人，也无法追回损失。实践中此类案件频频发生，已足以证明信用卡骗领人的犯罪用心。

以虚假身份申领信用卡，骗领成功与刷卡进行诈骗活动只差一步之遥，对信用卡管理秩序和银行资金安全构成了现实的威胁。但刑法对此行为并无规定。实践中只有在骗领人使用信用卡后银行出现损失的情况下，公安机关才能立案，追究信用卡骗领人的刑事责任。显然，这对于维护金融管理秩序和金融机构的资金安全是很不利的。因此，《刑法修正案（五）》将"使用虚假的身份证明骗领信用卡的"增加规定为妨害信用卡管理罪的行为之一，是完全必要的。

实践中应当注意区分使用虚假的身份证明骗领信用卡与申领人提供不实信息之间的区别，这也是区分罪与非罪的关键：最主要的一点就是看其是否以真实的身份证明申领信用卡。所谓"真实的身份证明"，并不仅仅意味着申领人只要写上自己的真实姓名就可以了，而是有其丰富的内容。中国人民银行《信用卡业务管理办法》规定：申领信用卡，应当提供公安部门规定的本人有效身份证件。根据有关规定，中国境内居民必须提供居民身份证复印件，现役军官必须提供军官证复印件，境外居民必须提供护照复印件。依据《中华人民共和国居民身份证法》要求，居民身份证上所载明的信息除姓名外，还有性别、民族、出生日期、常住户口所在地住址、公民身份证号码、本人照片、证件的有效期和签发机关。所有这些信息真实，才称得上提供了真实的身份证明。如果申领人提供的身份证明文件是真实的，只要在自己的财产证明、工资收入等方面进行夸大，向发卡行提供不实信息，以获取较高的信用卡授信额度，不属于本条所说的"使用虚假的身份证明骗领信用卡"，不构成犯罪。

4. 出售、购买、为他人提供伪造的信用卡或者以虚假的身份证明骗领的信用卡

信用卡是严禁出售、购买或者提供给他人使用的，更不要说是伪造的信用卡或者以虚假身份骗领的信用卡了。因为其本身就是可用于实施犯罪的工具，应当予以收缴。任何人出售用以谋利，或者购买以为己用，或者提供给他人都是非法的，只会使伪造的信用卡或者骗领的信用卡在社会上更为广泛地流传开来，对社会造成更大的危害。因此，《刑法修正案（五）》将"出售、购买、为他人提供伪造的信用卡或者以虚假的身份证明骗领的信用卡"增加规定为妨害信用卡管理罪的行为之一。"出售、购买、为他人提供"的对象有两个：伪造的信用卡或者以虚假的身份证明骗领的信用卡。

需要特别指出的是，在办理妨害信用卡管理罪案件时，对行为人具有《刑法修正案（五）》第1条所列第1、第4项行为的，办案人员应当尽量查明行为人所持的伪造的信用卡或者伪造的空白信用卡的来源。如果有证据证明行为人就是信用卡伪造集团的成员又实施上述行为的，应当以伪造信用卡罪追究刑事责任。只有在确实无法查清其是伪造的情况下，才以伪造金融票证罪追究。

【人民司法案例】张某宝、王某超、张某窃取、收买、非法提供信用卡信息、故意伤害案[①]

[裁判要旨]

行为人收购并出售他人信用卡的行为违反信用卡管理规定，对收买、出售他人信用卡行为的定性，应注意厘清刑法意义上的信用卡与信用卡信息资料的界限，避免混淆妨害信用卡管理罪与收买、非法提供信用卡信息罪的适用。非法持有他人信用卡数量较大的，应以妨害信用卡管理罪定罪处罚。

[案情]

经审理查明：2017年至2018年间，被告人张某宝将从亲友手中收买的10张银行卡出售给被告人王某超，王某超又出售给被告人张某，最终由张某将上述10张银行卡出售给他人。涉案银行卡均为借记卡，并开通了网银功能。2018年7月31日，被害人李某娟被他人利用手机QQ聊天转账的方式骗走80万元，用到上述10张银行卡中的一张。另2018年6月10日凌晨，张某宝在辽宁省朝阳市因琐事将被害人刘浪打成轻伤二级。

[审判]

永城市法院审理认为，被告人张某宝、王某超、张某收买、非法提供他人信用卡信息，其行为均构成收买、非法提供他人信用卡信息罪。张某宝故意伤害他人身体，致人轻伤，其行为构成故意伤害罪。遂判决：被告人张某宝犯收买、非法提供信用卡信息罪，判处有期徒刑4年，并处罚金2万元；犯故意伤害罪，判处有期徒刑1年6个月，决定执行有期徒刑5年，并处罚金2万元；被告人王某超、张某分别犯收买、非法提供信用卡信息罪，判处有期徒刑4年，并处罚金2万元；对三被告人的违法所得予以追缴。

一审宣判后，被告人张某不服判决，向河南省商丘市中级人民法院提出上诉。

商丘市中级人民法院认为，原判对被告人张某宝犯故意伤害罪定性准确，量刑适当，予以维持。被告人张某宝、王某超、张某非法持有他人信用卡，数量较大，其行为均构成妨害信用卡管理罪，原审定性错误，导致量刑不当，应予纠正。遂改判：被告人张某

[①] 陈晓辉、董海珠、崔召选：《非法持有他人信用卡的定性》，载《人民司法·案例》2020年第35期。

宝犯妨害信用卡管理罪，判处有期徒刑 2 年，并处罚金 2 万元；犯故意伤害罪，判处有期徒刑 1 年 6 个月，决定执行有期徒刑 3 年，并处罚金 2 万元；被告人王某超、张某分别犯妨害信用卡管理罪，判处有期徒刑 2 年，并处罚金 2 万元。

[评析]

本案争议的焦点在于定性问题，即三被告人收买他人信用卡又出售的行为定性。一、二审法院产生争议的核心条文是《刑法》第 177 条之一，涉及《刑法修正案（五）》增设的妨害信用卡管理罪与窃取、收买、非法提供信用卡信息罪两个罪名。上述两个罪名虽由同一法条规定，但适用两个罪名的司法解释不尽相同，对数量较大和数量巨大的认定标准存在区别，进而导致量刑出现较大差异。二审法院根据案件事实，改变一审的定性，将收买、非法提供信用卡信息罪改为妨害信用卡管理罪，由于二罪的量刑标准不相同，根据二审全面审查原则，调整了三被告人的刑期。

一、三被告人与下游犯罪不成立共同犯罪

从出售涉案信用卡的时间先后看，信用卡最终由被告人张某出售给下游诈骗分子，诈骗分子用其中一张信用卡诈骗被害人李某娟 80 万元。下游诈骗分子虽未到案，但可能构成诈骗罪。本案三名被告人的行为是否构成诈骗罪的共犯，关键在于能否认定其在出售涉案信用卡时明知他人购买信用卡是用于诈骗犯罪。从证据审查判断的角度看，本案被告人出售信用卡时，并没有与下游诈骗分子进行犯意上的沟通，不能准确判断自己所出售信用卡的流向和最终用途，难以判断在卖卡时与诈骗分子存在实施诈骗犯罪行为的意思联络。因此，三被告人不构成诈骗罪，即与下游犯罪不成立共同犯罪。

二、本案犯罪对象为刑法意义上的信用卡

信用卡与信用卡信息资料的内涵和外延完全不同，厘清本案的犯罪对象究竟是信用卡还是信用卡信息资料，对准确定性具有关键意义。从本案事实看，三被告人收买、出售的系他人的信用卡，并非信用卡信息资料。

（一）事实判断层面

张某宝以每张 100～200 元的价格从其亲友处购买 10 张成品信用卡，并非信用卡信息资料。相关司法解释对刑法意义上的信用卡有明确的界定。2004 年 12 月 29 日，《全国人民代表大会常委会关于〈中华人民共和国刑法〉有关信用卡规定的解释》规定：刑法意义上的信用卡，是指由商业银行或者其他金融机构发行的具有消费支付、信用贷款、转账结算、存取现金等全部功能或者部分功能的电子支付卡。概言之，刑法意义上的信用卡系具有特定功能的电子支付卡，其含义与目前银行和金融机构所规定的银行卡的范围是一样的。虽无明确的司法解释对信用卡信息资料进行界定，但根据最高人民法院、最高人民检察院 2009 年 12 月 26 日《关于办理妨害信用卡管理刑事案件具体应用若干问题的解释》第 3 条"窃取、收买、非法提供他人信用卡信息资料，足以伪造可进行交易的信用卡，或者足以使他人以信用卡持卡人名义进行交易"的规定，可以看出，信用卡信息资料，是指足以伪造可进行交易的信用卡，或者足以使他人以信用卡持卡人名义进行交易的资料。以常理不难判断，信用卡信息资料包括持卡人的居民身份证、军官证、士兵证、港澳台居民往来大陆通行证、护照、姓名、出生年月、开卡时预留手机号码、开户行、卡号等信息。因此，信用卡与信用卡信息资料有明显区别，涉案 10 张银行卡系成品信用卡，属于刑法意义上的信用卡，并非信用卡信息资料。

（二）法律及逻辑判断层面

毋庸置疑，如果将收买、非法提供他人信用卡的行为定性为收买、非法提供信用卡信息罪，将混淆刑法意义上的信用卡与信用卡信息资料的界限，进而混淆妨害信用卡管理罪与窃取、收买、非法提供信用卡信息罪的区别，妨害信用卡管理罪将失去存在的意义，既与法律规定相悖，也与常识常理不符。

三、对非法持有他人信用卡的理解和认定

本案三名被告人在出售他人信用卡过程中必然包含持有形态，且系非法持有。根据《刑法》第177条之一第一款的规定，非法持有他人信用卡，数量较大的，构成妨害信用卡管理罪。该罪有以下行为方式：（1）明知是伪造的信用卡而持有、运输的，或者明知是伪造的空白信用卡而持有、运输，数量较大的；（2）非法持有他人信用卡，数量较大的；（3）使用虚假的身份证明骗领信用卡的；（4）出售、购买、为他人提供伪造的信用卡或者以虚假的身份证明骗领的信用卡的。

在本案中，三被告人所持为他人信用卡没有争议，因此，关键在于三被告人的行为是否属于妨害信用卡管理罪中所列举的非法持有他人信用卡，这也是本案中区分三被告人行为究竟构成何罪的核心。

（一）从持有对象分析

非法持有他人信用卡，即行为人所持有的信用卡应当是他人信用卡，非本人所有。这里的本人，系指信用卡磁条内部储存信息所显示的持卡人。本案中三名被告人购买出售的10张信用卡均是由张某宝的亲友从银行正规办理，并非伪造的信用卡或伪造的空白信用卡，也不属于使用虚假的身份证明骗领的信用卡，三名被告人的行为显然不符合《刑法》第177条之一第1款第1项、第3项规定的情形。该条规定的第四种情形要求伪造的信用卡或者以虚假身份骗领的信用卡，由于对犯罪对象有特殊要求，三被告人的行为亦不属于第四种行为表现方式。

（二）从持有形态分析

非法持有他人信用卡，行为人客观上实施了持有的行为。这里的持有是一种延续的状态，并不仅限于行为人将卡隐匿于自己身上，暗藏于家中或者其他地方、委托他人代为保管等，均可成立持有。不论对象置于何方，只要行为人对其有实际的控制权或可自由支配即可。同时，应准确认定非法持有他人信用卡中的非法。非法持有至少包括两种情形：来源非法和来源合法但持有非法。就本案而言，被告人张某宝的亲友合法办理信用卡后出售给张某宝，卡的来源看似合法，但张某宝违反信用卡管理规定，以牟利为目的对外出售的行为具有当然的违法性。而依常识不难判断，本案三被告人收买、非法出售他人信用卡的行为过程中必然包含持有形态，据此，可以认定本案被告人基于买卖而对他人信用卡的持有属于非法持有。

（三）从持有意图来看

非法持有他人信用卡，行为人主观上应为明知而故意。持有行为成立犯罪，必然伴随着刑法所要求的罪恶心态，即行为人明知其实施的行为会违反法律禁止性规定，继而认定行为人的持有具有主观上违法犯罪的意图。本案中，张某宝明知其违反信用卡管理规定，从亲友处收购合法办理的信用卡，而后又以牟利为目的对外出售给王某超、张某，具有当然的违法性。三被告人在买卖他人信用卡过程中，必然包含持有意图的非法性。

（四）从持有数量来看

行为人非法持有他人信用卡的数量必须达到较大的程度，缺乏数量要件，则行为人持有行为的危害性尚未达到需要刑法处罚的地步，仅可视为一般违法行为。本案中，三被告人交易的信用卡数量为 10 张，看似不太多，但导致了相当大的社会危害，被害人李某娟被他人利用手机 QQ 聊天转账的方式骗走 80 万元，用到上述 10 张银行卡中的一张银行卡。因此，对于非法持有信用卡数量看似不多，但社会危害性结果较大的，也可以认定为达到了妨害信用卡管理罪的数量要件。

问题 2. 以牟利为目的，搭建专门运输通道向境外运送信用卡套件的行为定性

【典型案例】 施某凌等 18 人妨害信用卡管理案——多人参与、多途径配合搭建专门运输通道向境外运送银行卡套件①

［关键词］

妨害信用卡管理罪　银行卡　物流寄递

［要旨］

当前，银行卡已成为电信网络诈骗犯罪的基础工具，围绕银行卡的买卖、运输形成一条黑色产业链。检察机关要严厉打击境内运输银行卡犯罪行为，深入推进"断卡"行动，全力阻断境外电信网络诈骗犯罪物料运输通道。结合司法办案，推动物流寄递业监管，压实企业责任，提高从业人员的法治意识。

［基本案情］

2018 年 7 月至 2019 年 10 月间，时在菲律宾的被告人施某凌以牟利为目的，接受被告人王某韬以及"周某""龙虾"（均系化名，在逃）等人的委托，提供从国内运送信用卡套件到菲律宾马尼拉市的物流服务。

被告人施某凌接到订单后，直接或者通过被告人吴某鑫联系全国各地 1000 多名长期收集、贩卖银行卡的不法人员，通过物流快递和水客携带运输的方式，将购买的大量他人银行卡、对公账户通过四个不同层级，接力传递，运送至菲律宾。具体运输流程如下：首先由施某凌等人将从"卡商"处收购的大量银行卡以包裹形式运送至蔡某向等人经营的位于福建晋江、石狮一带的物流点；再由被告人施某补等人将包裹从上述物流点取回进而拆封、统计、整理后，乘坐大巴车携带运往郑某等人经营的广东深圳、珠海一带的物流点；后由往来珠海到澳门的"水客"以"蚂蚁搬家"方式，或由被告人郑某通过货车夹带方式，将包裹运往被告人施某莉在澳门设立的中转站；最终由施某莉组织将包裹从澳门空运至菲律宾。包裹到达菲律宾境内后，吴某鑫再组织人员派送给王某韬以及"周某""龙虾"等人。

经查，被告人施某凌等人参与运转的涉案银行卡套件多达 5 万余套，获利共计人民币 616 万余元。

［检察履职过程］

本案由福建省晋江市公安局立案侦查。2019 年 11 月 1 日晋江市人民检察院介入案件侦查。公安机关于 2020 年 4 月 20 日、10 月 4 日以妨害信用卡管理罪将本案被告人分两批

---

① 本案例系 2022 年 4 月 21 日最高人民检察院发布 10 件打击治理电信网络诈骗及关联犯罪典型案例之一。

移送起诉。检察机关于同年8月18日、11月4日以妨害信用卡管理罪对被告人分批提起公诉，晋江市人民法院对两批案件并案审理。2021年5月6日，晋江市人民法院以妨害信用卡管理罪判处施某凌、王某韬、吴某鑫、蔡某向、施某补、郑某、施某莉等18人有期徒刑九年至二年三个月不等，并处罚金人民币二十万元至二万元不等。部分被告人上诉，同年9月13日，泉州市中级人民法院二审维持原判决。

［典型意义］

（一）严厉打击境内运输银行卡犯罪行为，全力阻断境外电信网络诈骗犯罪物料运转通道。当前，境外电信网络诈骗犯罪分子为了转移诈骗资金，需要获取大量的国内公民银行卡，银行卡的转移出境成为整个犯罪链条中的关键环节。实践中，犯罪分子往往将物流寄递作为运输的重要渠道，通过陆路、水路、航空多种方式流水作业，将银行卡运送到境外。为此，检察机关要深入推进"断卡"行动，加强物流大数据研判分析，掌握银行卡在境内运转轨迹，依法严厉打击买卖、运输银行卡的犯罪行为，尤其是要切断境内外转运的关键节点，阻断银行卡跨境运转通道。

（二）推动社会综合治理，促进物流寄递业规范经营。物流寄递具有触角长、交付快、覆盖面广等特点，因而在运输银行卡过程中容易被犯罪分子利用。对此，检察机关要结合办案，主动加强沟通，推动物流寄递业加强行业监管，压实企业主体责任，严把寄递企业"源头关"、寄递物品"实名关"、寄递过程"安检关"。对于发现的涉大量银行卡的包裹，相关企业要加强重点检查，及时向寄递人核实了解情况，必要时向公安机关反映，防止银行卡非法转移。结合典型案例，督促物流企业加强培训宣传，通过以案释法，提高从业人员的法治意识和安全防范能力，防止成为电信网络诈骗犯罪的"帮凶"。

问题3. 关于妨害信用卡管理罪与信用卡诈骗罪等罪名的区分认定

【人民法院案例选案例】行为人使用骗领的部分信用卡进行消费，构成妨害信用卡管理罪——胡某丽娜妨害信用卡管理案[①]

［案例要旨］

信用卡诈骗罪与妨害信用卡管理罪的认定与区分应以现有证据为依托证明案件事实，以现有证据为基础合理运用自由心证。行为人冒用他人身份信息、编造虚假收入证明、填写虚假信息，骗取信用卡构成妨害信用卡管理罪。行为人使用骗领的部分信用卡进行消费，构成信用卡诈骗罪。行为人前一行为是后一行为发展的所经阶段，后一行为是前一行为的结果，符合吸收犯的要求。根据吸收犯从一重罪处罚之原则，应认定构成妨害信用卡管理罪。

［基本案情］

2007年3月至4月间，被告人胡某丽娜在祁某培、徐某娟、尤某娜、刘某丹、李某霞、李某、祁某、王某欣、晏某宣、贺某琼、刘某兵、李某敬、贾某振、褚某安、王某芳、胡某等人不知情的情况下，以提交祁某培等人的身份证复印件、在信用卡申请表内填写虚假的身份内容、提交虚假的单位及收入证明等手段，冒用祁某培等16人的名义骗领民生银行信用卡16张，并于2007年5月至7月间使用部分骗领的信用卡进行消费，消

[①] 本案例载《人民法院案例选》2013年第1辑，人民法院出版社2013年版。

费金额共计 5928.04 元。

被告人胡某丽娜于 2010 年 8 月 13 日被公安机关查获,涉案信用卡及赃款均未起获。

[裁判结果]

北京石景山人民法院认为:被告人胡某丽娜违背他人意愿,使用他人居民身份证等身份证明申领信用卡,数量巨大,其行为已构成妨害信用卡管理罪,依法应予惩处。北京市石景山区人民检察院指控被告人胡某丽娜犯信用卡诈骗罪的罪名不当,本院予以更正。依照《中华人民共和国刑法》第 177 条之一第 1 款第 3 项、第 52 条、第 53 条、第 64 条、第 47 条、第 61 条、《最高人民法院、最高人民检察院关于办理妨害信用卡管理刑事案件具体应用法律若干问题的解释》(以下简称《解释》)第 2 条,判决:(1)胡某丽娜犯妨害信用卡管理罪,判处有期徒刑六年,并处罚金人民币 10 万元。(2)继续追缴胡某丽娜违法所得人民币 5928.04 元,发还中国民生银行股份有限公司信用卡中心。

一审判决作出后,北京市人民检察院第一分院以"被告人胡某丽娜具有非法占有套现钱款的主观故意,应认定其犯信用卡诈骗罪,且对全部涉案人民币 35 万余元负责"为由提出抗诉,后于二审审理期间撤回抗诉。北京市第一中级人民法院经审理裁定准许北京市人民检察院第一分院撤回抗诉。

[裁判理由]

北京市石景山区人民法院经审理认为:公诉机关向本院提交的证据能够证实被告人胡某丽娜违背他人意愿,使用他人身份证明申领信用卡 16 张的事实;对于公诉机关指控被告人胡某丽娜使用骗领的 16 张信用卡提取现金及消费、骗取本金人民币 35 万余元的事实,在案证据仅能够证明胡某丽娜本人使用骗领的部分信用卡消费人民币 5000 余元的事实,没有充分证据证明涉案 16 张信用卡所有交易造成的 35 万余元本金损失均系胡某丽娜本人所为,故对此指控,由于缺乏证据支持,本院不予认定。被告人胡某丽娜违背他人意愿,使用他人居民身份证等身份证明申领信用卡,数量巨大,其行为已构成妨害信用卡管理罪,依法应予惩处。对于被告人胡某丽娜的辩护人关于公诉机关指控被告人胡某丽娜利用信用卡骗取 35 万余元的部分事实及证据未查清、存在瑕疵的辩护意见,本院予以采纳。

北京市第一中级人民法院经审理认为:原审法院认定原审被告人胡某丽娜犯妨害信用卡管理罪的事实清楚,证据确实、充分,定罪准确,量刑适当,审判程序合法。北京市人民检察院第一分院提出撤回抗诉的要求,符合法律规定。

[案例注解]

本案涉及的是信用卡诈骗罪与妨害信用卡管理罪的认定与区分问题,虽然二罪因侵犯法益不同,在刑法分则中隶属于不同的章节,但是因为二罪在客观表现、行为对象等方面较为近似,在证据的审查判断之后对犯罪行为的定性往往容易引起实务操作者的困扰。本案中,公诉机关与审判机关之所以认识不一,原因即在于此。下文将从本案具体案情谈起,结合二罪名涉及的相关法律、司法解释规定,就二罪的认定提出若干粗浅认识。

1. 案件事实的证明程度应以现有证据为依托

作为回溯性证明活动的一种,刑事审判程序的运行需依托于对涉案证据的审查判断,从而对过去发生的事实重新构建。司法实践中,由于受证据资格、取证时间、技术手段、人力物力等因素的限制,与案件有关的证据材料无法全部呈现在法庭之上。然而刑事审判活动的整个认证过程以及最终形成的结论，依托的基础只能是诉讼双方提交并经当庭举证、质证的现有证据，而不能超出这个范围。一方面，这是刑事审判权中立性、被动性属性要求所致，与我国《刑法修正案（八）》、刑事诉讼法修改决定所体现出的贯彻控审分离原则、注重庭审中心的精神相一致；另一方面，根据刑事举证责任分配的原则，对现有证据的审查方式可以督促侦查机关、公诉机关提高证据意识，提升取证、举证水平。

本案的第一次庭审中，公诉机关向法庭提交了上述除民生银行卡消费票据、对应文检鉴定书以及相关工作说明以外的所有证据，并提交了行为人胡某丽娜的庭前供述，意图证明其非法占有全部涉案金额的事实。在庭前接受讯问时行为人承认自己实施了骗领、使用信用卡以及套现钱款的行为，然而胡某丽娜当庭翻供，辩称仅仅使用了部分卡片，且套现款项都已还清，自己不具有非法占有的故意。被告人庭审供述与庭前供述相矛盾，且没有相关证据佐证被告人的庭前供述，前后供述的矛盾之处无法作出合理解释，故被告人供述未被法庭采用。除此以外，现有证据经举证、质证后仅能够证明行为人胡某丽娜冒用他人名义骗领信用卡的事实，包括骗领信用卡的原因、时间段、地点、行为方式等犯罪情节，但对于最关键的被告人套现使用全部涉案钱款的犯罪事实，却没有证据予以证实。

后经法庭建议，公诉机关补充举证了涉案的9×××信用卡消费单据，经过笔迹鉴定核对，其中户名为王某欣等4人的6张单据的持卡人签名均为胡某丽娜所写，涉案单据消费金额为人民币5928.04元。公诉机关补充举证的证据经质证之后被法庭依法采纳，证实被告人非法占有5928.04元的事实，但证据到此为止，再没有任何补充，与公诉机关指控的行为人胡某丽娜非法占有35万余元的犯罪事实仍然相差较远。从现有证据出发仅能得出行为人胡某丽娜骗领信用卡16张以及持部分骗领信用卡消费5 928.04元的结论，至于被告人骗领其余信用卡的目的是实施诈骗还是另有所图无从考证。

2. 以现有证据为基础合理运用自由心证

本案经一审宣判后，公诉机关坚持认为，既然能够证明行为人胡某丽娜利用部分骗领的信用卡消费5928.04元的犯罪事实，行为人胡某丽娜非法占有其余涉案钱款的犯罪事实，虽无直接证据予以证实，但可依法作出推论，并以此理由提出抗诉。

公诉机关所指的推论，其实就是法官在综合审查案件证据基础上的自由心证过程。但是自由心证并非主观归罪，根据我国相关证据规则的法律精神，对于通过推论所作出的结论亦必须要建立在对现有证据的审查判断基础之上，而且应达到排除一切合理怀疑、符合逻辑与经验判断的标准。从本案现有证据看，不宜作出行为人胡某丽娜诈骗全部涉案金额的推论。

首先，无法确定是否行为人胡某丽娜本人占有或使用了全部的涉案款项。本案涉案信用卡未起获，无法确定在案发时间段内其是否全部为被告人本人持有。除已被证实的5928.04元外，亦没有补充被告人本人消费使用涉案钱款消费票据、文书鉴定、证人证言等证据，无法排除涉案信用卡的其余损失金额系他人在案发时间段套现使用的可能。

其次，对于行为人的主观意图无法作出明确判断。从民生银行出具涉案信用卡的消费明细来看，涉案信用卡使用人一直在以银行要求的最低还款金额偿还套现钱款，胡某丽娜在庭审过程中也一再辩称是为了维持学校的正常运转而套现部分钱款，而不是为了个人或者单位占有，而公诉机关提交的证据无法完全推翻被告人辩解的合理性。由此也可以构建另一种在逻辑上行得通的推论，即行为人胡某丽娜利用银行信用卡管理方面的漏洞，冒用他人的身份证信息办理信用卡后套现金额维持学校的运转，并用后期套现的钱款偿还先行套现的钱款，后利用其中几张信用卡透支消费小额钱款。在此种推论下，其侵犯的客体一小部分是国家财产的所有权，但更主要的是国家的信用卡管理秩序。

3. 信用卡诈骗与妨害信用卡管理的关系认定

经以上的分析，通过证据审查认定的本案犯罪事实可归结为两个方面：一为行为人胡某丽娜在身份证事主不知情的情况下，通过提交他人的身份证复印件、填写虚假身份内容、编造虚假收入证明的方式骗领信用卡16张，属构成妨害信用卡管理罪情形之一；二为行为人胡某丽娜利用骗领的6张信用卡持卡消费，其行为亦符合信用卡诈骗罪的形式要件。对于上述二者之间的关系，在案件审理过程中存在不同的意见，分别为法条竞合、牵连、吸收关系。笔者赞成最后一种观点。

首先，二者不属于法条竞合关系。法条竞合是指一个行为同时符合了数个法条规定的犯罪构成，数个法条之间主要表现为两种情况：其一，一个行为同时符合普通刑事法律中的普通刑法与特别刑法。其二，一个行为同时触犯同一法律的普通条款与特别条款。从法条规定上来，信用卡诈骗罪作为金融诈骗犯罪的一种，其保护的是金融财产的所有权；妨害信用卡管理罪作为破坏社会主义市场经济秩序犯罪的一种，保护的是国家对信用卡的管理制度，两者不具备普通刑法与特别刑法、普通条款与特别条款的关系。

其次，行为人胡某丽娜的犯罪行为不具备牵连犯的本质要求。传统刑法观点认为，构成牵连犯要求行为人出于一个犯罪目的。本案现有证据并不能证明行为人胡某丽娜利用他人身份证信息、伪造收入证明骗领信用卡的行为目的是套现现金据为己有，因此难以证明二行为之间具有同一目的，不具备牵连犯的本质要求。

最后，我们认定行为人胡某丽娜前后两行为构成吸收犯主要是建立在对现有证据分析的基础上得出的结论。本案中，行为人胡某丽娜事实上实行了两个行为：其一，通过提交他人的身份证复印件、填写虚假身份内容、编造虚假收入证明的方式骗领信用卡；其二，行为人胡某丽娜利用骗领的6张信用卡持卡消费。前一行为是后一行为发展的所经阶段，后一行为是前一行为的结果，符合吸收犯的要求。

4. 吸收犯状态下的罪名认定

我国刑法总则中没有明文规定吸收犯的处罚原则，刑法理论上一般认为，对于吸收犯只能以一罪论处，但是应否从重处罚，尚未有定论，处理方法多散见于分则或司法解释中的个别条文。在此，我们根据行为人胡某丽娜的犯罪行为并结合法律规定，对其行为作出以下界定：

首先，行为人胡某丽娜冒用他人身份信息、编造虚假收入证明、填写虚假信息，骗取信用卡16张，根据《刑法》第177条之一的规定，其行为已经构成妨害信用卡管理罪。同时，根据《解释》的规定，行为人胡某丽娜使用虚假的身份证明骗领信用卡10张以上，属于妨害信用卡管理罪中的"数量巨大"，对应刑罚幅度为三年以上十年以下有期徒刑，并处2万元以上20万元以下罚金。

其次，行为人使用骗领的部分信用卡进行消费，根据《刑法》第196条的规定，符合信用卡诈骗罪的犯罪构成。同时，根据《解释》第5条之规定，使用伪造的信用卡、以虚假的身份证明骗领的信用卡，进行信用卡诈骗活动，数额在5000元以上不满5万元的，应当认定为《刑法》第196条规定的"数额较大"。行为人胡某丽娜进行信用卡诈骗

5928.04元，属数额较大范畴，对应量刑幅度为处五年以下有期徒刑或者拘役，并处2万元以上20万元以下罚金。

最后，根据吸收犯从一重罪处罚之原则，两者相比较，应认定胡某丽娜犯妨害信用卡管理罪。

【地方参考案例】行为人以虚假的身份证明骗领信用卡后正常使用，构成妨害信用卡管理罪——王某妨害信用卡管理案①

［裁判要旨］

行为人以虚假的身份证明骗领信用卡后正常使用，且不能认定其主观上具有非法占有目的的，应以妨害信用卡管理罪而非信用卡诈骗罪追究刑事责任。

［基本案情］

2010年8月，被告人王某因本人已办过多张信用卡后无法再申领新卡，窃得其朋友黄某某的身份证后用该身份证分别向工商银行、交通银行、中信银行、杭州银行共计骗领了五张信用卡，在骗领信用卡时提交了本人真实的手机号码和账单收寄地址。此后，王某透支骗领的信用卡用于个人还款及消费，但均正常使用透支功能，并基本能够按照银行的账单规定还款，虽有几次未能按时还款，但在银行发出催款函之后，均保持正常的手机联系并在较短的时间内还款。王某有固定的工作收入和房屋转租收益，月收入均近万元。在2012年3月14日案发前，其用朋友黄某某身份证申领的杭州银行信用卡欠款已还清，该卡也已被其注销，其余四张信用卡尚有透支本金人民币12972.6元未归还，案发后也亦全部归还。

杭州市上城区人民检察院指控被告人王某犯信用卡诈骗罪，向杭州市上城区人民法院提起公诉。王某对公诉机关指控的犯罪事实无异议，但对指控的罪名有异议，认为自己没有非法占有的故意，其行为应认定为妨害信用卡管理罪。

［法院认为］

被告人王某虽使用虚假的身份证明骗领信用卡，但其主观上不具有非法占有的目的，客观上也没有经发卡行催收后仍不归还的行为，故其行为不构成信用卡诈骗罪，但已构成妨害信用卡管理罪。公诉机关指控信用卡诈骗罪不当，应予纠正。被告人王某在案发后已经归还了透支款项，可以对其从轻处罚。

［裁判结果］

综上所述，杭州市上城区人民法院作出如下判决：

被告人王某犯妨害信用卡管理罪，判处有期徒刑一年，缓刑二年，并处罚金人民币10000元。

一审宣判后，杭州市上城区人民检察院提起抗诉。在二审审理过程中，杭州市人民检察院认为抗诉不当，决定撤回抗诉，杭州市中级人民法院裁定准许撤回抗诉。一审判决已生效。

［简要分析］

本案争议焦点在于，被告人王某在无法以自己名义申办信用卡的情况下，通过偷拿

---

① 一审：浙江省杭州市上城区人民法院（2012）杭上刑初字第270号刑事判决书；二审浙：江省杭州市中级人民法院（2012）浙杭刑终字第511号刑事判决书。

朋友的身份证并使用该身份证明向银行骗领多张信用卡后正常使用的行为，应以妨害信用卡管理罪还是信用卡诈骗罪追究刑事责任？

随着市场经济的发展，信用卡在日常生活消费中的应用日益普及，随之而来的涉信用卡犯罪也越来越多，原有刑法关于涉信用卡犯罪的规定已经不能完全适应防范和打击信用卡犯罪的实际需要。《中华人民共和国刑法修正案（五）》对涉信用卡犯罪作了修改，其中重要的内容就是将"使用虚假的身份证明骗领信用卡"和"使用以虚假的身份证明骗领的信用卡"的行为分别规定在妨害信用卡管理罪和信用卡诈骗罪中。这一针对信用卡犯罪环节上表现形式不同所作出的修改，为司法机关打击各类涉信用卡犯罪提供了刑法具体适用上的明确依据和标准。从文义解释的角度看，对于妨害信用卡管理罪中的"使用虚假的身份证明骗领信用卡"，立法只是将使用虚假的身份证明"骗领信用卡"的行为入罪，因为该行为侵害的法益是国家对信用卡的管理秩序。而信用卡诈骗罪中的"使用以虚假的身份证明骗领的信用卡的"，则是从"使用"的角度来认定行为人具有进行信用卡诈骗的故意，该行为侵害的法益除了国家的金融管理制度外，更重要的是财产的所有权。因此，在司法实践中认定行为人使用虚假的身份证明骗领的信用卡的行为是否构成信用卡诈骗罪，应综合考察行为人主观上是否具有非法占有的目的，以及在客观上是否表现为使用了虚假的身份证明骗领的信用卡从事诈骗活动。《最高人民法院、最高人民检察院关于办理妨害信用卡管理刑事案件具体应用法律若干问题的解释》对恶意透支构成信用卡诈骗罪如何认定"以非法占有为目的"作出了具体规定，即行为人有无以下情形之一：明知没有还款能力而大量透支，无法归还的；肆意挥霍透支的资金，无法归还的；透支后逃匿、改变联系方式，逃避银行催收的；抽逃、转移资金，隐匿财产，逃避还款的；使用透支的资金进行违法犯罪活动的；其他非法占有资金，拒不归还的行为。上述关于如何认定行为人主观上具有非法占有目的的有关规定，在界定行为人以虚假身份证明骗领信用卡系构成妨害信用卡管理罪还是信用卡诈骗罪时应同样适用。

司法实践中，部分行为人以虚假的身份证明骗领信用卡后是为了实施诈骗犯罪，但也存在有的行为人因各种原因无法以自己的真实身份信息申领信用卡却又意图通过信用卡的透支功能来实现一定的经济利益，故采用以虚假的身份证明申领信用卡的情形。本案中的被告人王某即属于该种情形。王某在自己已经办理过多张信用卡后无法再申领信用卡的情况下，因为资金周转的需要，偷拿了其朋友黄某某的身份证，并以黄某某的身份证明向中信银行等四家银行申领了信用卡。在办理信用卡后至案发的一年半时间里，王某正常使用信用卡的透支功能，并基本能够按照银行的账单规定还款，虽有几次未能按时还款，但在银行向其发出催款函之后，能在较短的时间内还款（最长时间为催款后半个月内归还），未有拒不归还的情形。总体而言，被告人王某与发卡银行依然维持着良好的借贷关系。虽然王某在申领信用卡时向银行提交的身份信息、联系地址均为虚假，但是紧急联系人系王某本人，账单收寄地址是王某的真实住址，预留的手机号码也是王某本人的真实号码，在银行向其催款时，其均以手机与对方保持联系并承诺还款，这与信用卡诈骗案件中行为人骗领信用卡后恶意透支并且预留联系方式不真实，使得银行在催讨欠款时困难重重有着显著的区别。而且本案系黄某某向公安机关报案称有人冒用其身份证信息向工商银行、交通银行、中信银行申领信用卡并透支消费而案发，并非因王某透支后经发卡银行两次催收后超过3个月仍不归还而银行报案。此外，涉案的信用卡中除中信银行的信用额度为11000元外，其他银行的信用额度均为5000元，至案发前王某欠银行本金为 12000 多元。王某有着稳定的工作和房屋转租收益，月均收入近万元，按照信用卡的透支功能和最低还款条款，王某能够以自己的收入来维持信用卡的正常运转。尚须指出，案发一年多前王某已将骗领的杭州银行信用卡欠款还清并注销。谈及本案的犯罪动机，王某供述因为做生意亏损后想自食其力而不愿意接受家人的帮助，故实施了上述行为。综上所述，本案一、二审法院将被告人王某以虚假的身份证明骗领信用卡后正常使用的行为认定为妨害信用卡管理罪是正确的。

问题 4. 妨害信用卡管理罪与伪造信用卡犯罪和信用卡诈骗罪的界限

【实务专论】[①]

妨害信用卡管理罪实质是伪造信用卡犯罪和信用卡诈骗罪的中间环节；立法规定本罪，主旨在于更加有效地打击和防范信用卡诈骗犯罪。（1）本罪与伪造金融票证罪的界限。如果能够证实行为人所持有、运输、出售、为他人提供的伪造的信用卡是行为人自行或者伙同他人伪造的，则其行为属于伪造金融票证罪和妨害信用卡管理罪的牵连犯或者吸收犯，应以伪造金融票证罪论处。（2）本罪与信用卡诈骗罪的界限。如果行为人是在持有、运输伪造的信用卡，或者是非法持有他人的信用卡，或者是使用虚假身份证明骗领信用卡，或者是购买伪造的信用卡、使用虚假身份证明骗领的信用卡的过程中被抓获，同时又能证明行为人目的是进行信用卡诈骗的，则其行为属于本罪与信用卡诈骗罪（预备）的想象竞合犯，根据"从一重处断"原则，应对行为人以本罪论处。如果行为人是在信用卡诈骗得手之后被抓获，同时又发现其据以行骗的信用卡是使用虚假身份证明骗领来的信用卡，或者是购买的伪造的信用卡，则其行为属于本罪与信用卡诈骗罪的牵连犯，应以信用卡诈骗罪论处；如果是在持有伪造的信用卡或者骗领的信用卡行骗的过程中被抓获的，则属于本罪与信用卡诈骗罪（未遂）的牵连犯，应根据"从一重处断"原则，对行为人定罪处罚。

问题 5. 妨害信用卡管理罪与信用卡诈骗罪的罪数判断

【地方性法院参考案例】 林某信用卡诈骗、妨害信用卡管理案[②]

[裁判要旨]

被告人以非法占有为目的，使用伪造的信用卡进行诈骗，其行为已构成信用卡诈骗罪，且数额巨大，依法应予惩处；被告人明知是伪造信用卡而持有，其行为已构成妨害信用卡管理罪，依法亦应予惩处，对被告人所犯信用卡诈骗罪、妨害信用卡管理罪并罚。

[基本案情]

2009 年 6 月 28 日，被告人林某在北京王府井百货大楼，使用伪造信用卡骗购周大福牌金条、香奈儿牌化妆品，诈骗金额共计人民币 31355.2 元。

2009 年 6 月 29 日，被告人林某在北京乐天银泰百货、北京东方新天地、北京王府半

[①] 胡云腾、熊选国、高憬宏、万春主编：《刑法罪名精释》，人民法院出版社 2022 年版，第 363、458 页。

[②] 本案例系北京市第二中级人民法院案例。

岛酒店，使用伪造信用卡骗购周大福牌金条、登喜路牌 T 恤、古驰牌背包、都彭牌打火机、施华洛世奇牌项链、爱马仕牌挎包，诈骗金额共计人民币 90760.7 元。

当日晚，被告人林某在北京王府半岛酒店，欲使用伪造信用卡骗购香奈儿牌背包 2 个，售价总计人民币 47600 元，被工作人员当场识破并扭送当地派出所。公安机关从林某身上查获伪造的信用卡 10 张，其中 2 张用于实施上述犯罪。

[法院认为]

林某以非法占有为目的，使用伪造的信用卡进行诈骗，其行为已构成信用卡诈骗罪，且数额巨大，依法应予惩处；林某明知是伪造信用卡而持有，其行为已构成妨害信用卡管理罪，依法亦应予惩处，对林某所犯信用卡诈骗罪、妨害信用卡管理罪并罚。鉴于林某部分犯罪系未遂，且到案后能主动交代公安机关未掌握的部分使用伪造信用卡诈骗的事实，具有坦白情节，依法对其从轻处罚。

[裁判结果]

综上所述，北京市第二中级人民法院作出如下判决：

一、被告人林某犯信用卡诈骗罪，判处有期徒刑 6 年，并处罚金人民币 6 万元；犯妨害信用卡管理罪，判处有期徒刑 1 年，罚金人民币 1 万元，决定执行有期徒刑 6 年 6 个月，罚金人民币 7 万元，附加驱逐出境；

二、继续追缴被告人林某的违法所得发还被害人；在案扣押的物品分别予以没收或变价后发还被害人。

一审宣判后，林某未提出上诉，公诉机关未提出抗诉，本案已发生法律效力。

[简要分析]

本案的核心问题在于：使用部分伪造的信用卡同时持有其他伪造的信用卡是否应当数罪并罚。第一种观点认为，林某是为了实施信用卡诈骗犯罪而持有伪造的信用卡的，两行为之间存在牵连关系，应当从一重罪定罪处罚，即以信用卡诈骗罪一罪追究林某的刑事责任。第二种观点认为，林某是为了实施信用卡诈骗犯罪而实施了使用伪造的信用卡和持有伪造的信用卡两个行为，而两个犯罪行为中所指向的信用卡是不同的，即使用的伪造信用卡与持有的伪造信用卡不是同一张或同几张信用卡，所以，使用伪造的信用卡行为和持有伪造的信用卡行为不存在牵连关系，分别构成信用卡诈骗罪和妨害信用卡管理罪，应当数罪并罚。

法院生效判决同意第二种观点，理由如下：

刑法关于妨害信用卡管理罪的规定是 2005 年《刑法修正案（五）》的新增罪名，在此罪增设之前，实践中对此罪涉及的某些行为曾以信用卡诈骗罪的共犯处理。实践中，信用卡诈骗行为与妨害信用卡管理行为具有十分密切的联系，从理论上讲，妨害信用卡管理的四种行为方式实际上是伪造信用卡行为系统中的一个环节，而伪造信用卡行为又是信用卡诈骗行为系统中的一个环节，因而两罪产生关联，妨害信用卡管理的行为实际上是信用卡诈骗罪的前奏。两罪的区别主要表现在：妨害信用卡管理罪是单纯的妨害信用卡管理的行为；而信用卡诈骗罪则还必须包括非法占有的目的以及诈骗公私财物数额较大的行为。如果行为人没有非法占有的目的，也没有实施诈骗行为则只构成妨害信用卡管理罪。如果行为人是基于实施信用卡诈骗的主观故意而实施了妨害信用卡管理行为，属于目的行为与手段行为之牵连，如果行为人实施了信用卡诈骗行为，且达到信用卡诈骗罪立案追诉标准的，应以信用卡诈骗罪论处；如果行为人尚未实施信用卡诈骗行为，或者虽然实施了，但尚未达到信用卡诈骗罪立案追诉标准的，应以妨害信用卡管理罪论处。

在本案中，林某无疑是为了实施信用卡诈骗犯罪而持有10张伪造的信用卡的，对于其使用其中2张伪造信用卡的行为构成信用卡诈骗罪并无争议。林某持有该2张伪造信用卡的行为和使用该2张伪造信用卡的行为，属于手段和目的的牵连关系，应当以信用卡诈骗罪一罪论处。而对于另外8张尚未来得及使用的伪造信用卡则不同，林某虽然系为了实施信用卡诈骗犯罪而持有这8张伪造的信用卡的，但并未使用这8张伪造的信用卡，显然尚不构成信用卡诈骗罪，而林某持有这8张伪造的信用卡已经构成妨害信用卡管理罪，在此种情形下，林某已不属于牵连犯，而是单独构成妨害信用卡管理罪。因此，应当对林某以信用卡诈骗罪和妨害信用卡管理罪并罚。

第六章
擅自发行股票、公司、企业债券罪

第一节　擅自发行股票、公司、企业债券罪概述

一、擅自发行股票、公司、企业债券罪概念及构成要件

擅自发行股票、公司、企业债券罪，是指未经国家有关主管部门批准，擅自发行股票或者公司、企业债券，数额巨大、后果严重或者有其他严重情节的行为。1995年2月28日颁布的《全国人民代表大会常务委员会关于惩治违反公司法的犯罪的决定》第7条首先规定了本罪，后吸收规定为《刑法》第179条。

擅自发行股票、公司、企业债券罪的构成要件如下：（1）本罪的犯罪客体是国家对股票和公司、企业债券的发行管理制度，犯罪对象是股票以及公司、企业的债权。（2）本罪的客观方面是行为人未经国家有关主管部门批准，擅自发行股票或者公司、企业债券，数额巨大、后果严重或者有其他严重情节的行为。具体表现为以下几种行为方式：①行为人不具有发行股票、债权的主体资格而擅自发行股票或者公司、企业债券的；②行为人的主体资格虽然合法，但未经法定程序由本公司股东大会作出决议而擅自发行股票或者公司、企业债券的；③行为人的主体资格虽然合法，但未依法报请国家有关主管部门批准，而擅自发行股票或者公司、企业债券的；④行为人虽依法申报，但未获批准，而擅自发行股票或者公司、企业债券的；⑤其他未经国家有关主管部门批准，擅自发行股票或者公司、企业债券的行为。根据刑法规定，擅自发行股票、公司、企业债券，数额较大，或者造成严重后果，或者有其他严重情节的，才构成犯罪。（3）本罪的犯罪主体是一般主体，自然人或单位均可构成。既包括那些根本不具备发行股票、公司、企业债券条件的单位和个人，也包括那些具备了发行股票、公司、企业债券条件，但未得到国家有关主管部门批准，而擅自发行股票、公司、企业债券的单位和个人。（4）本罪的主观方面表现为故意，且一般具有非法募集资金的目的。

根据《刑法》第179条的规定，犯擅自发行股票、公司、企业债券罪的，处5年以下有期徒刑或者拘役，并处或者单处非法募集资金金额百分之一以上百分之五以下罚金。

单位犯本罪的，对单位判处罚金，并对其直接负责的主管人员和其他直接责任人员，处 5 年以下有期徒刑或者拘役。

二、擅自发行股票、公司、企业债券刑事案件审理情况

擅自发行股票、公司、企业债券刑事案件严重扰乱了国家对证券市场的管理制度，侵犯了投资者、股东、社会公众和债权人等多方主体的合法利益，应予精准打击。通过中国裁判文书网检索，2017 年至 2021 年间，全国法院审结一审、二审擅自发行股票、公司、企业债券刑事案件共计 40 余件。与其他典型的非法集资类刑事案件相比，此类案件并不多发，但所涉资金金额、被害人数、社会影响并不亚于实践中频发、多发的非法吸收公众存款、集资诈骗刑事案件，处理不当，容易引发群体性事件，不利于社会稳定。

三、擅自发行股票、公司、企业债券刑事案件审理热点、难点问题

一是罪与非罪的界限。根据刑法规定，擅自发行股票或者公司、企业债券，数额巨大、后果严重或者有其他严重情节的，才构成犯罪。2022 年 4 月 6 日公布的《最高人民检察院、公安部关于公安机关管辖的刑事案件立案追诉标准（二）》列举了三种应予追诉的具体情形，涉及非法募集资金金额、直接经济损失数额、募集资金去向，并设置了"其他后果严重或者有其他严重情节的情形"有兜底条款。实践中对于如何理解、适用兜底条款存有争议。

二是此罪与彼罪的区分。主要有：（1）擅自发行股票、公司、企业债券罪与非法吸收公众存款罪的区分。两类行为均属于未经有关主管部门批准，擅自向社会公众融资的情形。实践中，存在将行为人采取发行股票形式非法募集资金的情形认定为非法吸收公众存款罪，也有认定为擅自发行股票罪的情形，适法并不统一。（2）擅自发行股票、公司、企业债券罪与集资诈骗罪的区分。关键在于判断行为人是否具有非法占有目的。（3）擅自发行股票、公司、企业债券罪与欺诈发行股票、公司、企业债券罪的区分。

四、擅自发行股票、公司、企业债券刑事案件审理思路及原则

一是明确法律政策界限，为处罚一般行政违法行为留下必要空间。实践中对于那些虽实施了擅自发行股票、公司、企业债券的行为，但如果数额尚未达到数额巨大、后果也不严重，或者不具有其他严重情节的，不宜认定为犯罪。如行为人一开始发行股票或者债券时未经国家有关主管部门批准，但在发行过程中或发行后获得审批的；或者虽实施了擅自发行股票或者债券行为，但是能够及时清偿或者清退投资人钱款的，一般不宜作为犯罪处理。

二是注重前置法相关规定的适用，做好行政执法与刑事司法的衔接。擅自发行股票、公司、企业债券罪系行政犯，《公司法》《证券法》《最高人民法院、最高人民检察院、公安部、中国证券监督管理委员会关于整治非法证券活动有关问题的通知》等前置法及行政规范针对股票及公司、企业债券发行的程序、要求以及禁止性内容作出明确规定，为刑事司法判断行为人是否系擅自发行股票、公司、企业债券提供了依据。在办理此类案件过程中，应当注重加强对前置性规定的理解和适用，做好行政执法与刑事司法的衔接。

三是正确划分此类彼罪的界限，准确定罪量刑。（1）擅自发行股票、公司、企业债

券罪与非法吸收公众存款罪最主要的区别在于行为人是否具有发行股票、债券的真实内容。行为人未经批准，以公开方式向不特定对象虚假转让股权、发售虚构债券等方式非法吸收资金，并承诺还本付息的，应认定构成非法吸收公众存款罪。如果行为人对募集的资金具有非法占有目的的，则认定为集资诈骗罪。（2）对于擅自发行股票、债券时采取了欺诈手段的情形，此时构成擅自发行股票、公司、企业债券罪与欺诈发行证券罪的竞合，鉴于两罪法定刑并不一致，前罪的法定最高刑为有期徒刑五年，而后罪的法定最高刑为有期徒刑十五年，明显更重，故一般应以欺诈发行证券罪定罪处理。

第二节 擅自发行股票、公司、企业债券罪审判依据

擅自发行股票、公司、企业债券罪是从《全国人民代表大会常务委员会关于惩治破坏金融秩序犯罪的决定》第 7 条的规定，吸收修改为《刑法》的具体规定。2022 年 4 月 6 日公布的《最高人民检察院、公安部关于公安机关管辖的刑事案件立案追诉标准的规定（二）》对本罪的立案追诉标准予以细化规定。

一、法律

1. **《中华人民共和国刑法》**（1979 年 7 月 1 日第五届全国人民代表大会第二次会议通过　1997 年 3 月 14 日第八届全国人民代表大会第五次会议修订　1997 年 3 月 14 日中华人民共和国主席令第 83 号公布　根据历次修正案和修改决定修正）（节录）

第一百七十九条　未经国家有关主管部门批准，擅自发行股票或者公司、企业债券，数额巨大、后果严重或者有其他严重情节的，处五年以下有期徒刑或者拘役，并处或者单处非法募集资金金额百分之一以上百分之五以下罚金。

单位犯前款罪的，对单位判处罚金，并对其直接负责的主管人员和其他直接责任人员，处五年以下有期徒刑或者拘役。

2. **《中华人民共和国证券法》**（2019 年 12 月 28 日第十三届全国人民代表大会常务委员会第十五次会议第二次修订 2020 年 3 月 1 日起施行）（节录）

第九条　公开发行证券，必须符合法律、行政法规规定的条件，并依法报经国务院证券监督管理机构或者国务院授权的部门注册。未经依法注册，任何单位和个人不得公开发行证券。证券发行注册制的具体范围、实施步骤，由国务院规定。

有下列情形之一的，为公开发行：

（一）向不特定对象发行证券；

（二）向特定对象发行证券累计超过二百人，但依法实施员工持股计划的员工人数不计算在内；

（三）法律、行政法规规定的其他发行行为。

非公开发行证券，不得采用广告、公开劝诱和变相公开方式。

二、司法解释

《最高人民法院关于审理非法集资刑事案件具体应用法律若干问题的解释》（2022年2月23日　法释〔2022〕5号）

第十条　未经国家有关主管部门批准，向社会不特定对象发行、以转让股权等方式变相发行股票或者公司、企业债券，或者向特定对象发行、变相发行股票或者公司、企业债券累计超过200人的，应当认定为刑法第一百七十九条规定的"擅自发行股票、公司、企业债券"。构成犯罪的，以擅自发行股票、公司、企业债券罪定罪处罚。

第十二条第二款　明知他人从事欺诈发行证券，非法吸收公众存款，擅自发行股票、公司、企业债券，集资诈骗或者组织、领导传销活动等集资犯罪活动，为其提供广告等宣传的，以相关犯罪的共犯论处。

三、刑事政策文件

1. **《最高人民检察院、公安部关于公安机关管辖的刑事案件立案追诉标准的规定（二）》**（2022年4月6日　公通字〔2022〕12号）

第二十九条　〔擅自发行股票、公司、企业债券案（刑法第一百七十九条）〕未经国家有关主管部门批准或者注册，擅自发行股票或者公司、企业债券，涉嫌下列情形之一的，应予立案追诉：

（一）非法募集资金金额在一百万元以上的；

（二）造成投资者直接经济损失数额累计在五十万元以上的；

（三）募集的资金全部或者主要用于违法犯罪活动的；

（四）其他后果严重或者有其他严重情节的情形。

本条规定的"擅自发行股票或者公司、企业债券"，是指向社会不特定对象发行、以转让股权等方式变相发行股票或者公司、企业债券，或者向特定对象发行、变相发行股票或者公司、企业债券累计超过二百人的行为。

2. **《最高人民法院、最高人民检察院、公安部、中国证券监督管理委员会关于整治非法证券活动有关问题的通知》**（2008年1月2日　证监发〔2008〕1号）

二、明确法律政策界限，依法打击非法证券活动

（一）关于公司及其股东向社会公众擅自转让股票行为的性质认定。《证券法》第十条[1]第三款规定："非公开发行证券，不得采用广告、公开劝诱和变相公开方式。"国办发99号文规定："严禁任何公司股东自行或委托他人以公开方式向社会公众转让股票。向特定对象转让股票，未依法报经证监会核准的，转让后，公司股东累计不得超过200人。"公司、公司股东违反上述规定，擅自向社会公众转让股票，应当追究其擅自发行股票的责任。公司与其股东合谋，实施上述行为的，公司与其股东共同承担责任。

（二）关于擅自发行证券的责任追究。未经依法核准，擅自发行证券，涉嫌犯罪的，依照《刑法》第一百七十九条之规定，以擅自发行股票、公司、企业债券罪追究刑事责

---

[1]　本条现对应《证券法》（2019年修订）第9条。

任。未经依法核准,以发行证券为幌子,实施非法证券活动,涉嫌犯罪的,依照《刑法》第一百七十六条、第一百九十二条等规定,以非法吸收公众存款罪、集资诈骗罪等罪名追究刑事责任。未构成犯罪的,依照《证券法》和有关法律的规定给予行政处罚。

(三)关于非法经营证券业务的责任追究。任何单位和个人经营证券业务,必须经证监会批准。未经批准的,属于非法经营证券业务,应予以取缔;涉嫌犯罪的,依照《刑法》第二百二十五条之规定,以非法经营罪追究刑事责任。对于中介机构非法代理买卖非上市公司股票,涉嫌犯罪的,应当依照《刑法》第二百二十五条之规定,以非法经营罪追究刑事责任;所代理的非上市公司涉嫌擅自发行股票,构成犯罪的,应当依照《刑法》第一百七十九条之规定,以擅自发行股票罪追究刑事责任。非上市公司和中介机构共谋擅自发行股票,构成犯罪的,以擅自发行股票罪的共犯论处。未构成犯罪的,依照《证券法》和有关法律的规定给予行政处罚。

第三节 擅自发行股票、公司、企业债券罪审判实践中的疑难新型问题

问题1. 关于未经批准擅自发行股票行为的性质认定

【公报案例】 上海市浦东新区人民检察院诉上海安基生物科技股份有限公司、郑某擅自发行股票案[①]

[裁判摘要]

非上市股份有限公司为筹集经营资金,在未经证券监管部门批准的情况下,委托中介机构向不特定社会公众转让公司股东的股权,其行为属于未经批准擅自发行股票的行为;数额巨大、后果严重或者有其他严重情节的,应当以擅自发行股票罪定罪处罚。

[基本案情]

上海市浦东新区人民检察院以被告单位上海安基生物科技股份有限公司(以下简称安基公司)及被告人郑某犯擅自发行股票罪向上海市浦东新区人民法院提起公诉。

上海市浦东新区人民法院一审查明:

被告单位安基公司成立于1997年4月,注册资金为人民币3400万元,股东包括2家单位和16名自然人。被告人郑某担任安基公司的董事长、法定代表人,持股比例为44%。安基公司经工商管理部门核准的经营范围为:生物制品加工、化工原料、建筑材料、金属材料销售。本企业自产生物制品和技术出口,本企业进料加工及三来一补业务。

2001年12月,被告单位安基公司为筹集研发资金,由被告人郑某提议经股东会集体同意后,委托中介公司及个人向社会不特定公众转让自然人股东的股权。此后直到2007年8月期间,由郑某负责联系并先后委托上海新世纪投资有限公司、上海天成投资实业公司、王某国、周某平、黄某等个人,以随机拨打电话的方式,对外谎称安基公司的股票短期内将在美国纳斯达克上市并能获取高额回报,向不特定社会公众推销郑某及其他自

[①] 《最高人民法院公报》2010年第9期。

然人股东的股权。郑某和中介人员具体商定每股转让价格为人民币 2～4 元间不等。安基公司与受让人分别签订《股权转让协议书》和《回购承诺书》（承诺如果三年内公司不能上市就回购股权），并发放自然人股东缴款凭证卡和收款收据。

经审计，被告单位安基公司向社会公众 260 余人发行股票计 322 万股，筹集资金人民币 1109 万余元，其中有 157 人在股权托管中心托管，被列入公司股东名册，并在工商行政管理部门备案。上述募集资金全部用于安基公司的经营活动和支付中介代理费。

被告单位安基公司成立后主要从事艾滋病药物的研发，一直处于研发阶段，没有任何生产和销售行为。案发后不能回购股票，不能退还钱款，仅有土地及房产被查封。

以上事实，有石某明等 260 余名购股投资人、被告单位安基公司员工潘某娜、中介人员陈某明等人的证言，被告单位的工商资料、财务账册、购股人员名单，涉案 260 余份《股权转让协议书》与《回购承诺书》，托管中心及工商部门提供的股东名册及被告人郑某的供述等证据予以证明，足以认定。

本案的争议焦点是：被告单位安基公司与被告人郑某的行为是否构成擅自发行股票罪。

上海市浦东新区人民法院一审认为：《刑法》第 179 条规定："未经国家有关主管部门批准，擅自发行股票或者公司、企业债券，数额巨大、后果严重或者有其他严重情节的，构成擅自发行股票、公司、企业债券罪。"依据《公司法》和《证券法》的规定，股份公司的股权表现形式就是股票，也包括未上市股份公司的股权。因此，这里的"发行股票"包括未上市公司转让股权。据此，判断行为人的行为是否构成擅自发行股票罪，应从以下几个方面分析：

一、发行股票行为是否经国家有关主管部门批准

我国法律、法规及相关政策对非上市股份公司的股权能否转让、如何转让，有三个阶段的限制性规定。

第一阶段，1998 年到 2002 年为严令禁止。1998 年国务院《转发证监会关于清理整顿场外非法股票交易方案的通知》、2003 年证监会《关于处理非法代理买卖未上市公司股票有关问题的紧急通知》、2004 年《关于进一步打击以证券期货投资为名进行违法犯罪活动的紧急通知》均明确禁止非上市公司从事股权交易，除进行股权整体转让外，严禁代理和买卖非上市公司股票。

第二阶段，2003 年到 2006 年为托管引导。其间，一些城市相继开展股权登记托管业务。2003 年初，上海成立股权托管中心与上海联合产权交易所。2005 年初，上海市发布《关于进一步规范本市发起设立股份有限公司审批、登记和备案相关事项的通知》，要求国有股权必须到上海联合产权交易所交易、到托管中心登记，对于私有股权采取自愿进场交易原则，依法禁止场外擅自交易。

第三阶段，2006 年至今为明确规范。《证券法》规定，向不特定对象或向特定对象累计超过 200 人发行证券，属于公开发行证券。公开发行证券，必须经国务院证券监管机构或国务院授权的部门核准。2006 年底，国务院办公厅发布的《关于严厉打击非法发行股票和非法经营证券业务有关问题的通知》规定，第一，严禁擅自公开发行股票，向不特定对象发行股票或向特定对象发行股票后股东累计超过 200 人的，为公开发行，应依法报经证监会核准。第二，严禁变相公开发行股票。非公开发行股票及其股权转让，不得采用广告、公告、广播、电话、传真、信函、推介会、说明会、网络、短信、公开劝诱等

公开方式或变相公开方式向社会公众发行。严禁任何公司股东自行或委托他人以公开方式向社会公众转让股票。

综上所述，国家一直禁止擅自进行非上市公司的股权交易。

本案中，被告单位安基公司与被告人郑某在2001年至2007年8月期间，连续不间断地擅自向社会公众转让股权，其行为违反上述规定，系在未经有关主管部门批准的情况下实施发行股票行为。

二、有无实施发行股票的行为

根据本案事实，被告单位安基公司与被告人郑某擅自向社会公众转让股权的行为，属于国务院办公厅《关于严厉打击非法发行股票和非法经营证券业务有关问题的通知》所严禁的行为，应当认定为《刑法》第179条规定的"擅自发行股票、公司、企业债券"的行为。

1. 受让人属于不特定对象。区分特定对象与不特定对象，应当结合投资者的选择程序、承担风险能力与人数等因素综合分析。通常情况下，出让方委托中介机构面向社会公众采用推广会等方式进行宣传，随后筛选出合适的投资人，审查投资人的资产价值与申报财产内容的真实性、是否具备识别并承担风险能力等内容，明确提示投资风险，有明确的人数和资金总量的限制。对于符合上述条件的，应当认定为属于特定对象。相反，对于不设定任何标准和人数条件，不考察投资人的具体情况，只要出资即予以接纳的情况，应当认为属于不特定对象。本案中，被告单位安基公司委托中介公司与个人，随机向上海及浙江宁波等地的居民进行推销，不审查财产状况且没有人数限制，应当认定为向不特定对象转让股权。

2. 转让股权的价格具有不确定性。合法的转让股权应由第三方对公司财务状况进行审计，结合审计结论、运营情况、公司拟上市后的预增利润等综合因素，由出让方确定统一合理的出让价格，报证券监管部门批准备案后向全社会公布。本案中，转让股权价格未经过任何审计、批准备案、公开的程序，仅由被告人郑某与中介公司商定，按照注册资本3400万元确定为3400万股，据审计报告显示，每股转让价格从1.5元到4.2元不等，包括12种不同价格。这充分说明涉案股权转让价格具有极大的随意性和不确定性。

3. 采用公开的形式转让股权。判断公开与非公开方式的标准，是信息沟通渠道是否畅通。非公开发行是指基于相互信任与意思自治原则，双方能够交流获取真实有效的信息，无须借助第三方力量来传递信息达到沟通目的。而公开发行由于面向社会公众且信息不对称，出让方需要借助中介力量，利用广告、公告、广播、电话、推介会、说明会、网络等方式传递信息，以达到吸引投资人获取资金的目的。本案中，被告单位安基公司与被告人郑某委托多家中介公司与个人，先采用随机拨打电话的方式，以提供理财帮助为名邀请不特定对象到中介公司，后由业务员介绍并推销股权，对于犹豫不决的客户，业务员反复打电话以动员劝诱。故可以认定涉案股权转让形式属于公开发行。

4. 转让股权的运作模式不合规。由于涉及社会公众权益，转让股权必须接受多方面的监管，要求运作模式必须合法规范，包括中介机构的主体资格、签订合同的内容、披露信息的要求、财务情况公开、区分收费账户与公司账户、按约履行权利义务等等。本案中，被告单位安基公司与被告人郑某转让股权没有详细工作计划，没有披露公司的详细财务状况，没有委托固定有资质的中介机构，没有签订规范的服务合同，在2002年到2007年8月间，被告方频繁地更换中介公司与个人，这种运作模式完全不符合规范。

5. 募集资金全部用于经营活动和支付中介费用。实践中，存在利用擅自发行股票的方法取得资金以实施集资诈骗的情况发生，这种集资诈骗罪与擅自发行股票罪的主要区别在于主观上是否具有非法占有的目的。集资诈骗罪是以非法占有为目的，行为人发行股票只是诈骗财产的一种手段，在取得钱款后往往出现携款逃跑、挥霍滥用、抽逃转移资金、隐匿销毁账目等情况。擅自发行股票罪的主观方面则是为了非法募集生产经营资金，不具备非法占有的目的。本案中，被告单位安基公司募集资金1109万元均存入公司账户，有400万元支付中介代理费，另有600余万元用于公司的生产经营活动，包括租用厂房、购买设备、支付工资、研发费用等等，且公司财务账册中未反映有挪用抽逃等不正常现象发生，仅仅由于客观上经营不善导致钱款不能返还，不能认定主观上具有非法占有目的。

根据《最高人民法院、最高人民检察院、公安部、证监会关于整治非法证券活动有关问题的通知》的规定，公司、公司股东违反规定擅自向社会公众转让股票，应当追究擅自发行股票罪的责任。根据《最高人民检察院、公安部关于经济犯罪案件追诉标准的规定》的规定，未经国家有关主管部门批准，擅自发行股票涉嫌下列情形之一的，应予追诉：数额在50万以上的、不能及时清偿或者清退的、造成恶劣影响的。这是对于擅自发行股票罪的情节要件规定，本案符合此项规定。

此外，本案中部分受让人到股权托管中心托管并到工商部门备案的情节不影响犯罪的认定。根据证监会〔2001〕5号文《关于未上市股份公司股权托管问题的意见》的规定，未上市股份公司股权托管问题，成因复杂，涉及面广，清理规范工作主要由地方政府负责。在这一政策指引下，许多地方政府都以行政规章的形式要求对非上市公司的股权进行集中托管，据此，上海市发布《关于进一步规范本市发起设立股份有限公司审批、登记和备案相关事项的通知》，在此背景之下，上海股权托管中心应运而生。依据股权托管中心提供的资料显示，其是专业从事非上市股份公司股权集中托管、过户、查询、分红等业务的股权托管登记服务机构，为非上市股份公司股权规范有序流动提供服务平台，其主要职能分为三类，股权托管、登记与服务功能。托管中心仅负责为股权转让双方办理过户登记手续，并向受让人发放托管卡，记载有股权名称、双方姓名、证件信息、转让份额、托管账号等信息，受让人凭托管卡号和账户密码，可以查询到个人持股情况及托管中心提供的公司相关信息。本案中，有157名受让人在购买股权后曾到股权托管中心进行登记领取托管卡，并被列入被告单位安基公司的股东名册且在工商部门备案。安基公司确认这157人具有公司股东的身份，但是，由于安基公司一直处于药物研发阶段，没有经营和销售行为，没有盈利分红，没有因重大事项召开过股东大会，因此这部分人没有参与公司经营管理和决策，实质上他们未能享受股东权利和履行股东义务。从全案情况分析，到托管中心登记的157人和未登记的106人，他们购买股权的动机和目的是完全一致的，由于安基公司谎称将在美国纳斯达克上市股票能获得巨大利润，并承诺如果不能上市将原价回购股票，使得全部受让人轻信这些言语且相信投资能够保本，他们投资购买股权的主观目的是希望通过投资换取未来的利润。托管中心作为第三方组织，对于股权转让行为只负责登记备案，并没有审核及监督义务，托管登记的形式，仅证实双方确有股权转让行为，但不能证明股权转让行为本身的合法与否。因此这一情节不影响本案的定性。

综上所述，被告单位安基公司违反国家政策及相关法律规定，未经证券监管部门的批准,委托他人以公开方式向不特定社会公众发行股票,情节严重,被告人郑某系安基公司直接负责的主管人员,其行为均已构成擅自发行股票罪。公诉机关指控的罪名成立,被告单位、被告人及辩护人的辩护理由不成立,不予采纳。被告单位与被告人均有自首情节,依法从轻处罚。对被告人应予数罪并罚。据此,上海市浦东新区人民法院依照《刑法》第179条、第67条、第69条、第70条、第53条、第64条之规定,判决如下:

一、被告单位安基公司犯擅自发行股票罪,判处罚金人民币三十万元。

二、被告人郑某犯擅自发行股票罪判处有期徒刑二年,维持(2008)六刑初字第82号刑事判决对郑某判处的有期徒刑四年,决定执行有期徒刑五年六个月。

三、违法所得予以追缴。

宣判后,被告单位安基公司与被告人郑某均未上诉,公诉机关未抗诉,一审判决已经生效。

问题2. 股票债券发行中"国家有关主管部门批准"包括核准制与注册制

【实务专论】[①]

《证券法》《公司法》《全民所有制工业企业法》等法律、法规和部门规章对发行股票、公司、企业债券规定了明确的条件和准许程序。随着我国金融体制改革不断深入,国家批准发行股票、公司、企业债券的主管部门和程序也在发生变化。目前"国家有关主管部门批准"主要指两种方式:核准制与注册制。

首先,关于核准制。核准制是传统意义上国家金融主管部门对股票、公司、企业债券发行实施的审查批准制度。需要注意的是,2019修订后的《证券法》已经明确了证券发行注册制,其中第九条规定:"证券发行注册制的具体范围、实施步骤,由国务院规定。"根据注册制改革过渡期的安排,核准制与注册制仍将在一段时期内同时存在。核准制的相关标准和要求,仍按照以前的法律、法规执行。核准制主要有以下几种情况:其一,采用募集设立形式设立股份有限公司需向社会发行股票募集股份的,或者股份有限公司成立后公开发行或者非公开发行新股的,都必须根据《公司法》和《证券法》的规定,符合国务院证券管理部门规定的发行股票的条件,并报国务院证券管理部门核准。根据2014年《证券法》第23条的规定,国务院证券监督管理机构依照法定条件负责核准股票发行申请。核准程序应当公开,依法接受监督。此外,该法第36条规定,公开发行股票,代销、包销期限届满,发行人还应当在规定的期限内将股票发行情况报国务院证券监督管理机构备案。其二,公司发行公司债券的,根据2014年《证券法》第17条的规定,应当向国务院证券监督管理机构报送相关文件,并由其核准;国有独资公司要发行公司债券的,根据《公司法》第66条的规定,必须由国有资产监督管理机构决定。此外,根据《公司法》第161条和2014年《证券法》第16条的规定,上市公司发行可转换为股票的公司债券,应当报国务院证券监督管理机构核准。上述规定,体现了国家对发行股票、公司债券活动的严格监督和管理。其三,企业发行企业债券的。这里的企业绝大多数具有法人资格,也有一些企业不具有董事会、监事会、股东大会等法人制度,仍保留党委会、职工代表大会、工会的企业组织形式,如全民所有制企业,其发行企

---

① 王爱立主编:《〈中华人民共和国刑法〉释解与适用(中)》,人民法院出版社2021年版。

债券时应符合全民所有制工业企业法的规定。负责监管企业发行企业债券的国家监管部门，在较长时间的金融改革中也有过变化。根据《国务院批准中国人民银行关于企业债券改由国家计委审批的请示（银发〔1999〕364号）》的规定，国家监管企业债券的部门由中国人民银行变更为国家发展计划委员会负责。2011年修订后的《企业债券管理条例》第十条规定，国家计划委员会会同中国人民银行、财政部、国务院证券委员会拟订全国企业债券发行的年度规模和规模内的各项指标，报国务院批准后，下达各省、自治区、直辖市、计划单列市人民政府和国务院有关部门执行。未经国务院同意，任何地方、部门不得擅自突破企业债券发行的年度规模，并不得擅自调整年度规模内的各项指标。该条例第11条规定，企业发行企业债券必须按照本条例的规定进行审批；未经批准的，不得擅自发行和变相发行企业债券。中央企业发行企业债券，由中国人民银行会同国家计划委员会审批；地方企业发行企业债券，由中国人民银行省、自治区、直辖市、计划单列市分行会同同级计划主管部门审批。需要注意的是，国家计划委员会的职能经多次国务院机构改革后现已由国家发展和改革委员会承担。

其次，关于注册制。注册制是比核准制更加市场化的股票、债券发行制度。从国际上看，成熟市场普遍实行注册制，但没有统一的模式。注册制的核心是信息披露，发行人要充分披露供投资者作出价值判断和投资决策所需的信息，确保信息披露真实、准确、完整。主管机构负责审核注册，落实发行人信息披露责任，提高信息披露质量。2015年12月，第十二届全国人民代表大会常务委员会第十八次会议通过了授权国务院在实施股票发行注册制改革中调整适用《证券法》有关规定的决定，为在《证券法》修订前推行注册制改革提供了法律依据。2018年2月，第十二届全国人民代表大会常务委员会第三十三次会议决定将上述授权延期两年。2019年12月，第十三届全国人民代表大会常务委员会第十五次会议通过了修订后的《证券法》，正式确立证券发行注册制度。修订后的《证券法》第9条规定，公开发行证券，必须符合法律、行政法规规定的条件，并依法报经国务院证券监督管理机构或者国务院授权的部门注册。未经依法注册，任何单位和个人不得公开发行证券。证券发行注册制的具体范围、实施步骤，由国务院规定。具体内容包括以下几种情况：其一，设立股份有限公司公开发行股票的。修订后的《证券法》第11条规定，设立股份有限公司公开发行股票，应当符合公司法规定的条件和经国务院批准的国务院证券监督管理机构规定的其他条件，向国务院证券监督管理机构报送募股申请和发起人协议、招股说明书等文件。其二，上市公司发行新股的。修订后的《证券法》第13条规定，公司公开发行新股，应当报送募股申请和招股说明书等相关文件。其三，公司公开发行公司债券的。修订后的《证券法》第16条规定，申请公开发行公司债券，应当向国务院授权的部门或者国务院证券监督管理机构报送公司债券募集办法等文件。此外，修订后的《证券法》第21条进一步明确，国务院证券监督管理机构或者国务院授权的部门依照法定条件负责证券发行申请的注册。证券公开发行注册的具体办法由国务院规定。按照国务院的规定，证券交易所等可以审核公开发行证券申请，判断发行人是否符合发行条件、信息披露要求，督促发行人完善信息披露内容。其四，企业发行企业债券。2020年3月《国家发展改革委关于企业债券发行实施注册制有关事项的通知》（发改财金〔2020〕298号）第一条规定，企业债券发行由核准制改为注册制。国家发展改革委为企业债券的法定注册机关，发行企业债券应当依法经国家发展改革委注册。国家发展改革委指定相关机构负责企业债券的受理、审核。其中，中央国债登记结算有限责任公司为受理机构,中央国债登记结算有限责任公司、中国银行间市场交易商协会为审核机构。企业债券发行人直接向受理机构提出申请,国家发展改革委对企业债券受理、审核工作及两家指定机构进行监督指导,并在法定时限内履行发行注册程序。该通知第四条同时规定,债券募集资金用于固定资产投资项目的,省级发展改革部门应对募投项目出具符合国家宏观调控政策、固定资产投资管理法规制度和产业政策的专项意见,并承担相应责任。省级发展改革部门要发挥属地管理优势,通过项目筛查、风险排查、监督检查等方式,做好区域内企业债券监管工作,防范化解企业债券领域风险。

综上所述,1997年修订《刑法》后,股票、债券市场经过持续改革和完善,将全面完成核准制向注册制的转变。根据股票、债券的具体情况,核准制和注册制都属于"国家有关主管部门批准"的一种方式。未经国家有关主管部门核准和注册,是不允许擅自发行股票和公司、企业债券的。

问题3. 擅自发行股票、公司、企业债券罪与非法吸收公众存款罪的区分认定

【地方参考案例】 不具有股票、公司、企业债券发行资格的单位或个人擅自发行股票、公司、企业债券的性质认定问题——海南赛格公司、李某某等擅自发行股票、公司、企业债券案[①]

[裁判要旨]

具有股票、公司、企业债券发行资格的行为人未经国家有关主管部门批准,擅自以股票、公司、企业债券的形式非法募集资金的,应认定为擅自发行股票、公司、企业债券罪;不具有股票、公司、企业债券发行资格的行为人擅自以股票、公司、企业债券的形式非法募集资金的,应认定为非法吸收公众存款罪。

[基本案情]

1996年9月,海南赛格公司为了清偿证券回购债务,向中国人民银行申请发行特种金融债券。中国人民银行11月批准赛格公司发行特种金融债券2.7亿元,期限为3年,年利率为12%。这批债券于当年12月底在人民银行海南省分行指定的海南金融印刷厂印制,并开始发行。

由于赛格公司所欠的债务较多,许多公司逼赛格公司还债,为了维持公司的运转,1997年初,公司原总经理李某某召集原负责人万某某、阮某某商议,决定印制超发的特种金融特种债券2.7亿元,由江西南昌证券印刷厂印制。1997年3月,赛格公司让南昌证券印刷厂再次印制特种金融债券2.7亿元。这两批债券由资金调度中心、信托部、各证券营业部等下属部门向外发行。

从1997年9月至1998年5月,先后有西宁财政证券交易所等20家单位将其所持有的14190.6万元赛格公司特种金融债券送交赛格公司办理托管。但赛格公司没有按照规定将全部托管债券送交中央国债登记结算有限公司,而将上述托管债券中的9319.7万元,由资金调度中心办理出库手续,再次用于发行。

[法院认为]

海南赛格国际信托投资公司未经国家主管部门批准,采取超额发行、重复发行、变

[①] 海南省海口市新华区人民法院(2002)新刑初字第134号刑事判决书。

相发行的手段，擅自发行公司债券，数额巨大，后果严重，其行为已构成擅自发行公司债券罪。

[裁判结果]

综上所述，法院以擅自发行公司债券罪，对被告人李某某、万某某、阮某某分别判处有期徒刑三年、两年六个月、两年六个月。

[简要分析]

根据我国刑法的规定，未经有关主管部门批准，擅自向社会公众融资的行为可能触犯的罪名有非法吸收公众存款罪、擅自发行股票、公司、企业债券罪和集资诈骗罪。对于前二罪与集资诈骗罪的区别，关键在于行为人犯罪目的的不同，后罪行为人具有非法占有的目的，前二罪则不要求具有该目的。因此，存在疑难的是如何区分擅自发行股票、公司、企业债券罪与非法吸收公众存款罪。

根据《非法金融机构和非法金融业务活动取缔办法》第4条的规定，非法吸收公众存款，是指未经中国人民银行批准，向社会不特定对象吸收资金，出具凭证，承诺在一定期限内还本付息的活动；变相吸收公众存款，是指未经中国人民银行批准，不以吸收公众存款的名义，向社会不特定对象吸收资金，但承诺履行的义务与吸收公众存款性质相同的活动。因此，从该条规定来看，擅自发行股票、公司、企业债券行为在某种意义上而言也属非法借贷或非法吸收公众存款行为，属变相吸收公众存款的行为。

此外，从犯罪主体上看，我国大多数学者均认为擅自发行股票、公司、企业债券罪为一般主体。对于无发行资格者未经国家有关主管部门批准而擅自发行股票、公司、企业债券，数额巨大、后果严重或者有其他严重情节的，应认定成立擅自发行股票、公司、企业债券罪。这样一来，从犯罪主体上也无法区分非法吸收公众存款罪与擅自发行股票、公司、企业债券罪。因此，理论上一致认为从是否采用了股票、公司、企业债券的外观、发行程序等形式上的特征来区分二罪。即擅自发行股票、公司、企业债券罪是以发行股票或公司、企业债券的方式非法募集资金；而非法吸收公众存款罪则以出具类似银行存折、存单等方式非法募集资金。然而，从我国法院判处的一些非法吸收公众存款案件来看，这些案件中的行为人采取的也是股票或公司、企业债券的形式，而最终处理结果并非认定为擅自发行股票、公司、企业债券罪。

例如，1994年5月20日，财政部、中国人民银行、中国证监会联合下发《关于坚决制止国债券卖空行为的通知》后，鞍山证券公司在未得到人民银行正式批准的情况下，使用"高息债券转让单""证券转让单"等凭证继续向社会公众出售高息债券。从1995年7月1日至2002年8月9日被撤销时止，发行债券金额总计人民币151亿多元。

法院认为，鞍山证券公司在未得到人民银行正式批准的情况下，使用"高息债券转让单""证券转让单"等凭证向社会公众出售高息债券，数额巨大，已构成非法吸收公众存款罪。8名被告为鞍山证券公司的直接负责主管责任人员，其行为均已构成非法吸收公众存款罪。被告人陈某是鞍山证券公司违规发行高息债券的最初决策者之一，应承担主要责任。本案中，鞍山证券即是在未经有关主管部门批准下，擅自发行公司债券，法院最终对其直接负责的主管人员和其他直接责任人员认定为非法吸收公众存款罪，而非擅自发行公司债券罪。

也有观点认为，根据《公司法》的规定，只有以募集方式设立股份有限公司的发起人，才可以发行股票，其他人无权发行股票。此外，只有股份有限公司才可以发行股票和公司债券，只有国有独资公司和两个以上的国有企业或者其他两个以上的国有投资主体投资设立的有限责任公司才可以发行公司债券，因此，只有具备上述资格的自然人和单位才能构成擅自发行股票、公司、企业债券罪。凡不具有本罪主体资格的自然人或单位，擅自发行股票或者公司、企业债券的，根据具体情况，可能构成刑法所规定的非法吸收公众存款罪等罪。

根据《证券法》的规定，公开发行证券，必须符合法律、行政法规规定的条件，并依法报经国务院证券监督管理机构或者国务院授权的部门核准；未经依法核准，任何单位和个人不得公开发行证券。非公开发行证券，不得采用广告、公开劝诱和变相公开方式。设立股份有限公司公开发行股票，应当符合《公司法》规定的条件和经国务院批准的国务院证券监督管理机构规定的其他条件，向国务院证券监督管理机构报送募股申请和有关。上市公司非公开发行新股，应当符合经国务院批准的国务院证券监督管理机构规定的条件，并报国务院证券监督管理机构核准。公司公开发行新股，应当向国务院证券监督管理机构报送募股申请和相关文件。申请公开发行公司债券，应当向国务院授权的部门或者国务院证券监督管理机构报送相关文件。依照本法规定聘请保荐人的，还应当报送保荐人出具的发行保荐书。

也就是说，国家对股票和公司、企业债券的发行资格作出了特殊规定，无特殊主体资格的单位和自然人是不能发行股票和公司、企业债券的。而不具有股票、公司、企业债券发行资格的单位和自然人擅自发行股票、公司、企业债券所造成的严重社会危害性，显然远远大于具有特殊资格的行为人擅自发行股票、公司、企业债券行为的社会危害性。将两类具有不同社会危害性的行为规定为同一罪之中，处以相同的法定刑，显然无法做到罪刑均衡。因此，我们赞同擅自发行股票、公司、企业债券罪的主体为特殊主体的观点。这样的话，具有股票、公司、企业债券发行资格的行为人未经国家有关主管部门批准，擅自以股票、公司、企业债券的形式非法募集资金的，应认定为擅自发行股票、公司、企业债券罪；不具有股票、公司、企业债券发行资格的行为人擅自以股票、公司、企业债券的形式非法募集资金的，应认定为非法吸收公众存款罪。

案例中，被告人李某某等人作为依法具有公司债券发行资格的海南赛格国际信托投资公司直接负责的主管人员，未经国家有关主管部门批准，采取超额发行、重复发行、变相发行的手段，擅自发行公司债券，数额巨大，后果严重，其行为已构成擅自发行公司债券罪。一审法院认定其构成擅自发行公司债券罪的判决是正确的。

【地方参考案例】未经有关部门依法批准，通过中介机构以虚假对外转让股权的方式变相向不特定社会公众吸收存款，应以非法吸收公众存款罪定罪处罚——西安文华信通科技股份有限公司、李某、李某蓉非法吸收公众存款案[①]

[裁判要旨]

未经有关部门依法批准，通过中介机构以虚假对外转让股权的方式变相向不特定社会公众吸收存款，应以非法吸收公众存款罪定罪处罚。

[基本案情]

2001年11月26日，西安文华信通科技股份有限公司（以下简称文华信通公司）注

[①] 陕西省高级人民法院（2014）陕刑二终字第00063号刑事判决书。

册成立，李某任该公司法定代表人。2002年1月21日，文华信通公司与三秦托管公司签订《股权托管协议》，将本公司全部股权交由三秦托管公司托管，并指派李某蓉全权办理该公司在三秦托管公司股权托管登记事宜。后文华信通公司为筹集经营资金，在未经有关部门依法批准的情况下，由李某指使李某蓉与中大产权公司签订股权委托转让协议，委托中大产权公司转让文华信通公司股东富邦公司及周某某、靳某等人所持的股权，共委托中大产权公司转让李某蓉担任法定代表人的富邦公司所持的300万股股权。上述中介机构以每股2.8~5.5元不等的价格向社会公众推销文华信通公司股权，并宣传文华信通公司将在2006年三季度以前以3~5新加坡元的价格海外上市，承诺如不能上市，将对投资人的投资还本付息。通过上述方式，文华信通公司共计转让股权1849人次、股权28177920股，大大超出上述股东所持股权数量，其中中大产权公司向648人次转让富邦公司所持文华信通公司股权362.7万股，超出委托协议约定62.7万股。李某蓉根据李某的指使，参与办理股权转让托管登记手续，收取股权转让款，并将所收取的股权转让款以还款名义交给文华信通公司，用于该公司经营支出。

［法院认为］

西安市中级人民法院、陕西省高级人民法院均认为，文华信通公司违反国家金融管理制度，以虚假对外转让股权的方式向不特定的社会公众非法吸收资金，其行为已经构成非法吸收公众存款罪。李某和李某蓉作为文华信通公司直接负责的主管人员和直接责任人员，其行为均已构成非法吸收公众存款罪，均应依法予以惩处。且其非法吸收公众存款数额巨大，给群众造成了巨额损失，依法应从重惩处。

［裁判结果］

综上所述，西安市中级人民法院判决如下：

（1）被告单位西安文华信通科技股份有限公司犯非法吸收公众存款罪，判处罚金人民币二百万元；

（2）被告人李某犯非法吸收公众存款罪，判处有期徒刑九年；

（3）被告人李某蓉犯非法吸收公众存款罪，判处有期徒刑五年又六个月；

（4）被告单位西安文华信通科技股份有限公司非法吸收公众存款的资金依法予以追缴，发还投资人；

（5）公安机关冻结扣押的资产待评估拍卖后按比例发还投资人。

一审判决后，文华信通公司、李某以"文华信通公司所转让的股权是真实存在的股权，转让股权所收入的所有款项均用于公司经营活动，且对所有股民进行过股利及配股的分配，属于真实的股权转让，文华信通公司的行为属于擅自发行股票的行为，原审判决认定文华信通公司与李某、李某蓉构成非法吸收公众存款罪属定性错误"为由提出上诉。

陕西省高级人民法院经审理后，认为原审判决定罪准确，审判程序合法，但对李某量刑过重，应依法改判。故判决如下：

一、维持西安市中级人民法院（2011）西刑二初字第00049号刑事判决第一项、第三项、第四项及第二项对被告人李某的定罪部分，即被告单位西安文华信通科技股份有限公司犯非法吸收公众存款罪，判处罚金人民币二百万元、被告人李某蓉犯非法吸收公众存款罪，判处有期徒刑五年又六个月、被告单位西安文华信通科技股份公司非法吸收公众存款的资金依法予以追缴，发还投资人的部分。

二、撤销西安市中级人民法院（2011）西刑二初字第00049号刑事判决第二项中对被告人李某的量刑部分及第五项公安机关冻结扣押的资产待评估拍卖后按比例发还投资人的部分。

三、上诉人李某犯非法吸收公众存款罪，判处有期徒刑六年。

四、公安机关冻结扣押的文华信通公司位于西安市高新技术产业开发区高新一路14号文华信通大厦评估后拍卖，按比例发还投资人。

[简要分析]

最高人民法院于2010年12月13日颁布的《关于审理非法集资刑事案件具体应用法律若干问题的解释》第2条规定，"实施下列行为之一，符合本解释第一条第一款规定的条件的，应当依照刑法第一百七十六条的规定，以非法吸收公众存款罪定罪处罚：……（五）不具有发行股票、债券的真实内容，以虚假转让股权、发售虚构债券等方式非法吸收资金的……"本案中，文华信通公司未经批准，以公开方式向不特定对象转让股权，并承诺还本付息，符合前述司法解释第1条规定的非法吸收公众存款具有的"非法性""公开性""利诱性""社会性"四个特征；同时结合在案证据，该公司股权转让的数量大大超出了转让股权股东所持股权数量，且股权转让款是通过虚假还款的方式转入文华信通公司，不具有股票的真实内容，为虚假转让股权，因此构成非法吸收公众存款罪而非擅自发行股票罪。

【司法解释】

《最高人民法院关于审理非法集资刑事案件具体应用法律若干问题的解释》（2022年2月23日　法释〔2022〕5号）

第二条　实施下列行为之一，符合本解释第一条第一款规定的条件的，应当依照刑法第一百七十六条的规定，以非法吸收公众存款罪定罪处罚：……（五）不具有发行股票、债券的真实内容，以虚假转让股权、发售虚构债券等方式非法吸收资金的……

第十条　未经国家有关主管部门批准，向社会不特定对象发行、以转让股权等方式变相发行股票或者公司、企业债券，或者向特定对象发行、变相发行股票或者公司、企业债券累计超过200人的，应当认定为刑法第一百七十九条规定的"擅自发行股票、公司、企业债券"。构成犯罪的，以擅自发行股票、公司、企业债券罪定罪处罚。

问题4. 以转让股权等形式变相发行股票、债券是否属于擅自发行股票、债券行为以及应以何种罪名进行定罪处罚

【实务专论】[①]

实践中对于《刑法》第179条规定的"擅自发行股票、公司、企业债券"的具体行为方式存在理解分歧，对于以转让股权等形式变相发行股票、债券是否属于擅自发行股票、债券行为以及应以何种罪名进行定罪处罚存在顾虑。经研究，《证券法》《国务院办公厅关于严厉打击非法发行股票和非法经营证券业务有关问题的通知》等对此类行为的

[①] 刘为波：《〈关于审理非法集资刑事案件具体应用法律若干问题的解释〉的理解与适用》，载《人民司法》2011年第5期。

性质认定已有明确规定。比如,《证券法》第 10 条[①]规定,公开发行证券必须符合法律、行政法规规定的条件,并依法报经国务院证券监督管理机构或者国务院授权的部门核准;未经依法核准任何单位和个人不得公开发行证券;向不特定对象发行证券或者向特定对象发行证券累计超过 200 人的属于公开发行。《国务院办公厅关于严厉打击非法发行股票和非法经营证券业务有关问题的通知》第 3 条进一步明确,向特定对象发行股票后股东累计不超过 200 人的为非公开发行,非公开发行股票及其股权转让,不得采用广告、公告、广播、电话、传真、信函、推介会、说明会、网络、短信、公开劝诱等公开方式或变相公开方式向社会公众发行;严禁任何公司股东自行或委托他人以公开方式向社会公众转让股票;向特定对象转让股票,未依法报经证监会核准的,转让后,公司股东累计不得超过 200 人。据此,本解释第 6 条[②]规定,未经国家有关主管部门批准实施下述三种行为,均应认定为《刑法》第 179 条规定的擅自发行股票、公司、企业债券行为;构成犯罪的,以擅自发行股票、公司、企业债券罪定罪处罚:(1)向社会不特定对象发行股票或者公司、企业债券;(2)向社会不特定对象以转让股权等方式变相发行股票或者公司、企业债券;(3)向特定对象发行、变相发行股票或者公司、企业债券累计超过 200 人的。

具体适用本条规定时,应注意与本解释第 2 条第 5 项规定的区分。两者的不同之处在于是否真实发行股票或者债券。本条规定仅适用于违法但真实发行股票、债券的情形,对于不具有发行股票、债券的真实内容,以虚假转让股权、发售虚构债券等方式非法吸收资金,构成犯罪的,应以非法吸收公众存款罪定罪处罚。

此外,本解释起草过程中还对中介机构非法经营证券业务的定性处理问题进行了研究,形成了以下倾向性意见:中介机构违反国家规定代理买卖非上市公司股票,情节严重的,依照《刑法》第 225 条的规定,以非法经营罪定罪处罚;非上市公司和中介机构共谋擅自发行股票,同时构成《刑法》第 179 条和第 225 条规定的犯罪的,以处罚较重的犯罪的共犯论处。鉴于该问题在讨论当中意见分歧较大,且不属于本解释重点解决问题,故未作出规定。司法实践中遇到此类问题,可以参照《最高人民法院、最高人民检察院、公安部、中国证券监督管理委员会关于整治非法证券活动有关问题的通知》的相关规定依法处理。

[①] 本条现对应《证券法》(2019 年修订)第 9 条。
[②] 本条现对应《最高人民法院关于审理非法集资刑事案件具体应用法律若干问题的解释》(2022 年修正)第 10 条。

第七章
内幕交易、泄露内幕信息罪

第一节 内幕交易、泄露内幕信息罪概述

一、内幕交易、泄露内幕信息罪概念及构成要件

内幕交易、泄露内幕信息罪，是指证券、期货交易内幕信息的知情人员或者非法获取证券、期货交易内幕信息的人员，在涉及证券的发行，证券、期货交易或者其他对证券、期货交易价格有重大影响的信息尚未公开前，买入或者卖出该证券，或者从事与该内幕信息有关的期货交易，或者泄露该信息，或者明示、暗示他人从事上述交易活动，情节严重的行为。本罪系1997年刑法新增设罪名，并经过两次修订。1997年刑法仅对证券领域涉内幕交易、泄露内幕信息的行为进行处罚；1999年12月25日颁布的《刑法修正案》第4条对该罪名罪状进行修改，增加了处罚期货内幕交易、泄露期货内幕信息的规定；2009年2月28日颁布的《刑法修正案（七）》第2条又在罪状中增加了处罚"明示、暗示他人从事上述交易活动"的规定。2012年3月29日，最高人民法院、最高人民检察院联合发布了《关于办理内幕交易、泄露内幕信息刑事案件具体应用法律若干问题的解释》（以下简称《内幕交易解释》），对该罪定罪量刑过程中存在争议的问题作出了针对性规定。

内幕交易、泄露内幕信息罪的构成要件如下：（1）本罪侵害的客体是国家对证券、期货市场的正常管理秩序，以及投资者的合法权益。（2）本罪在客观上表现为行为人在其掌握或者非法获取的内幕信息尚未公开前，买入或者卖出与该内幕信息有关的证券、期货合约，或者泄露该内幕信息，或者明示、暗示他人从事上述交易活动，且情节严重的行为。（3）本罪的犯罪主体为特殊主体，即只能由证券、期货交易内幕信息的知情人员或者非法获取证券、期货交易内幕信息的人员构成。自然人和单位均可构成本罪的犯罪主体。（4）本罪在主观方面只能由故意构成，泄露内幕信息的行为也只能是故意泄露的情形才能构成犯罪。根据刑法第180条第1款之规定，犯内幕交易、泄露内幕信息罪的，处5年以下有期徒刑或者拘役，并处或者单处违法所得1倍以上5倍以下罚金；情节

特别严重的,处 5 年以上 10 年以下有期徒刑,并处违法所得 1 倍以上 5 倍以下罚金。单位犯前款罪的,对单位判处罚金,并对其直接负责的主管人员和其他直接责任人员,处 5 年以下有期徒刑或者拘役。

二、内幕交易、泄露内幕信息刑事案件审理情况

通过中国裁判文书网检索,2017 年至 2021 年间,全国法院审结一审利用内幕交易、泄露内幕信息刑事案件共计 12 件,其中,2017 年 5 件,2018 年 3 件,2019 年 2 件,2020 年 1 件,2021 年 1 件。相较于其他常见犯罪,虽然此类案件总体数量不多,但是在我国证券、期货交易活动中仍属于相对频发、多发案件。

司法实践中,内幕交易、泄露内幕信息犯罪案件主要呈现出以下特点及趋势:一是社会危害性大。证券、期货犯罪涉案金额大,社会影响面广,涉及投资者众多,严重危及资本市场运行安全和经济社会秩序。二是专业性强。资本市场关系复杂,技术手段先进,涉及证券、期货、法律、会计、计算机和网络通信技术等诸多领域,犯罪分子往往具有较深的专业背景,熟悉资本市场运行规则和信息技术,惯于利用规则和制度的漏洞逃避法律追缴。三是查处难度大。证券、期货交易具有无纸化、信息化等特点,犯罪分子往往利用互联网等先进技术传递信息和意图,加大了事后取证的难度,导致内幕交易、泄露内幕信息犯罪的实发案件数量存在较大落差。四是管辖地域集中。此类案件审理主要集中在上海、广东、北京、重庆、浙江、山东等经济发达、金融机构相对集中、证券交易活动繁荣活跃的省份及城市。

三、内幕交易、泄露内幕信息刑事案件审理热点、难点问题

一是证据的认定和把握问题。主要体现在:(1)交易行为与内幕信息之间的关联性是认定内幕交易行为的关键。在缺乏直接证据的情形下,当行为人对内幕信息的泄露、非法获取和内幕交易等情况均拒不供认时,如何利用证据规则及证据标准论证交易行为与内幕信息的关联性就成为定罪量刑的关键所在。(2)即使行为人对异常交易行为并不否认,但往往以其具有正当信息来源或依据自身专业知识、交易经验等提出抗辩,此时认定犯罪行为存在一定困难。(3)证监会等行政机关在执法过程中出具的包括内幕信息、敏感期、交易主体及数额等内容的认定意见能否作为证据使用以及属于何种证据种类,实践中存有一定争议。

二是犯罪主体的界定问题。本罪主体包括证券、期货交易内幕信息的知情人员或者非法获取证券、期货交易内幕信息的人员。实践中,对于内幕信息知情人员的范围,被动型获取内幕信息的人员能否认定为非法获取内幕信息人员以及认定内幕信息接收者为非法获取内幕信息人员是否受到层级限制等均存在一定争议。

三是内幕信息的理解与认定问题。主要包括:(1)内幕信息敏感期界定难。非公开性是判断内幕信息的核心要素。由于内幕信息的形成往往具有过程性、持续性的特点,故实践中对初始时间的确定难度较大。此外,内幕信息公开时间的认定是否受非官方指定媒体提前传播的影响也存有争议。(2)内幕信息的认定标准不一。内幕信息要求具有重大性并无异议,但如何界定重大性存有争议;对内幕信息是否要求具有真实性、确定性亦有不同认识。例如,对于公司发展战略等抽象信息、带有猜测性质的信息能否认定为内幕信息,实践中存有争议。

四是违法所得数额的计算问题。违法所得的认定是对被告人定罪量刑的重要依据。司法解释明确规定违法所得是指内幕交易所获利益或者避免的损失。该规定关于违法所得的计算比较原则和笼统，导致司法实践中争议较大，做法不一。针对多次实施内幕交易或者泄露内幕信息的违法所得数额能否盈亏相抵争议较大。在分别确定获利型、止损型内幕交易违法所得金额时，如何确定违法所得计算的时间节点，以及以该时间节点的何种价格加以计算，均存在较大争议。

五是关于不同内幕交易行为的罪名选择和认定。内幕交易犯罪和泄露内幕信息犯罪，在实践中的表现方式复杂多样，既可能构成上下游犯罪，又可能构成共同犯罪，在定罪方面争议较大，适法不统一的情况时有发生。

四、内幕交易、泄露内幕信息刑事案件审理思路及原则

一是坚持"零容忍"要求，依法从严打击内幕交易犯罪。坚持加大对内幕交易、泄露内幕信息大案要案的惩处力度，强化震慑效应，显著提高此类行为的违法犯罪成本。

二是强化统筹协调，注意行政认定与刑事处理的有机衔接。证券、期货类犯罪案件属于行政犯，二者的有机衔接对于惩处此类犯罪具有重要意义。一方面，对于内幕信息、内幕信息知情人员等实体问题的认定，在参照行政机关出具的《认定函》等认定意见的基础上，应当根据刑事认定规则作出独立判断；另一方面，考虑到刑事处罚作为最严厉的处罚手段，且证券期货行政违法案件的罚款数额可以冲抵罚金，故对于证监部门作出行政处罚后再移送司法机关的案件，除行政罚款数额高于刑法规定的违法所得五倍倍数的情形外，法院所判罚金一般不得低于行政处罚的罚款数额。此外，在审理案件过程中，还要注重行政程序与刑事程序的衔接问题。

三是重视对客观证据的审查运用，合理运用刑事推定规则，排除合理怀疑。办理此类案件过程中，法院应当加强与证券监管机构、公安机关、检察机关的协作配合，特别是对于行政机关在行政执法过程中搜集的客观性证据，要善于运用；强化对相关证券账户的交易记录、证券交易资金情况等客观证据材料的审查；同时，寻找被告人供述或证言的不合理之处与矛盾点，依靠严谨的证据体系和证明方法，合理排除案件矛盾，准确认定案件事实。

四是善于利用审查规则、法理对法律规定尚不明确的问题进行前瞻性分析，提高办案质量与效率。如前所述，司法机关在办理利用内幕交易、泄露内幕信息等案件过程中，各种新情况、新问题层出不穷，罪与非罪、此罪与彼罪的界限难以把握。对此，应当密切关注证券、期货犯罪理论研究的最新动向，针对司法前沿问题敢于、善于确立法律适用规则、推动适法统一。

第二节　内幕交易、泄露内幕信息罪审判依据

本罪系 1997 年《刑法》新增设罪名，并经过两次修订。1997 年《刑法》仅对证券领域涉内幕交易、泄露内幕信息的行为进行处罚；1999 年 12 月 25 日颁布的《刑法修正案》第 4 条对该罪名罪状进行修改，增加了处罚期货内幕交易、泄露期货内幕信息的规定；2009 年 2 月颁布的《刑法修正案（七）》第 2 条又在罪状中增加了处罚"明示、暗示他人从事上述交易活动"的规定。2012 年 3 月 29 日，《最高人民法院、最高人民检察院关于办理内幕交易、泄露内幕信息刑事案件具体应用法律若干问题的解释》进一步明确了"证券、期货交易内幕信息的知情人员""非法获取证券、期货交易内幕信息的人员""相关交易行为明显异常""内幕信息敏感期""情节严重及情节特别严重"等内容。2022 年 4 月 6 日公布的《最高人民检察院、公安部关于公安机关管辖的刑事案件立案追诉标准的规定（二）》对该罪的立案追诉标准予以细化规定。

一、法律

1.《中华人民共和国刑法》（1979 年 7 月 1 日第五届全国人民代表大会第二次会议通过　1997 年 3 月 14 日第八届全国人民代表大会第五次会议修订　1997 年 3 月 14 日中华人民共和国主席令第 83 号公布　根据历次修正案和修改决定修正）（节录）

第一百八十条　证券、期货交易内幕信息的知情人员或者非法获取证券、期货交易内幕信息的人员，在涉及证券的发行，证券、期货交易或者其他对证券、期货交易价格有重大影响的信息尚未公开前，买入或者卖出该证券，或者从事与该内幕信息有关的期货交易，或者泄露该信息，或者明示、暗示他人从事上述交易活动，情节严重的，处五年以下有期徒刑或者拘役，并处或者单处违法所得一倍以上五倍以下罚金；情节特别严重的，处五年以上十年以下有期徒刑，并处违法所得一倍以上五倍以下罚金。

单位犯前款罪的，对单位判处罚金，并对其直接负责的主管人员和其他直接责任人员，处五年以下有期徒刑或者拘役。

内幕信息、知情人员的范围，依照法律、行政法规的规定确定。

二、司法解释

《最高人民法院、最高人民检察院关于办理内幕交易、泄露内幕信息刑事案件具体应用法律若干问题的解释》（2012 年 3 月 29 日　法释〔2012〕6 号）（节录）

第一条　下列人员应当认定为刑法第一百八十条第一款规定的"证券、期货交易内幕信息的知情人员"：

（一）《证券法》第七十四条①规定的人员；

（二）《期货交易管理条例》第八十五条第十二项②规定的人员。

第二条 具有下列行为的人员应当认定为刑法第一百八十条第一款规定的"非法获取证券、期货交易内幕信息的人员"：

（一）利用窃取、骗取、套取、窃听、利诱、刺探或者私下交易等手段获取内幕信息的；

（二）内幕信息知情人员的近亲属或者其他与内幕信息知情人员关系密切的人员，在内幕信息敏感期内，从事或者明示、暗示他人从事，或者泄露内幕信息导致他人从事与该内幕信息有关的证券、期货交易，相关交易行为明显异常，且无正当理由或者正当信息来源的；

（三）在内幕信息敏感期内，与内幕信息知情人员联络、接触，从事或者明示、暗示他人从事，或者泄露内幕信息导致他人从事与该内幕信息有关的证券、期货交易，相关交易行为明显异常，且无正当理由或者正当信息来源的。

第三条 本解释第二条第二项、第三项规定的"相关交易行为明显异常"，要综合以下情形，从时间吻合程度、交易背离程度和利益关联程度等方面予以认定：

（一）开户、销户、激活资金账户或者指定交易（托管）、撤销指定交易（转托管）的时间与该内幕信息形成、变化、公开时间基本一致的；

（二）资金变化与该内幕信息形成、变化、公开时间基本一致的；

（三）买入或者卖出与内幕信息有关的证券、期货合约时间与内幕信息的形成、变化和公开时间基本一致的；

（四）买入或者卖出与内幕信息有关的证券、期货合约时间与获悉内幕信息的时间基本一致的；

（五）买入或者卖出证券、期货合约行为明显与平时交易习惯不同的；

（六）买入或者卖出证券、期货合约行为，或者集中持有证券、期货合约行为与该证券、期货公开信息反映的基本面明显背离的；

（七）账户交易资金进出与该内幕信息知情人员或者非法获取人员有关联或者利害关系的；

（八）其他交易行为明显异常情形。

第四条 具有下列情形之一的，不属于刑法第一百八十条第一款规定的从事与内幕

---

① 需要说明的是：《证券法》（2019年修订）第51条规定："证券交易内幕信息的知情人包括：（一）发行人及其董事、监事、高级管理人员；（二）持有公司百分之五以上股份的股东及其董事、监事、高级管理人员，公司的实际控制人及其董事、监事、高级管理人员；（三）发行人控股或者实际控制的公司及其董事、监事、高级管理人员；（四）由于所任公司职务或者因与公司业务往来可以获取公司有关内幕信息的人员；（五）上市公司收购人或者重大资产交易方及其控股股东、实际控制人、董事、监事和高级管理人员；（六）因职务、工作可以获取内幕信息的证券交易场所、证券公司、证券登记结算机构、证券服务机构的有关人员；（七）因职责、工作可以获取内幕信息的证券监督管理机构工作人员；（八）因法定职责对证券的发行、交易或者对上市公司及其收购、重大资产交易进行管理可以获取内幕信息的有关主管部门、监管机构的工作人员；（九）国务院证券监督管理机构规定的可以获取内幕信息的其他人员。"

② 《期货交易管理条例》（2017年修订）第81条第12项规定："内幕信息知情人员，是指由于其管理地位、监督地位或者职业地位，或者作为雇员、专业顾问履行职务，能够接触或者获得内幕信息的人员，包括：期货交易所的管理人员以及其他由于任职可获取内幕信息的从业人员，国务院期货监督管理机构和其他有关部门的工作人员以及国务院期货监督管理机构规定的其他人员。"

信息有关的证券、期货交易：

（一）持有或者通过协议、其他安排与他人共同持有上市公司百分之五以上股份的自然人、法人或者其他组织收购该上市公司股份的；

（二）按照事先订立的书面合同、指令、计划从事相关证券、期货交易的；

（三）依据已被他人披露的信息而交易的；

（四）交易具有其他正当理由或者正当信息来源的。

第五条 本解释所称"内幕信息敏感期"是指内幕信息自形成至公开的期间。

《证券法》第六十七条[①]第二款所列"重大事件"的发生时间，第七十五条[②]规定的"计划""方案"以及《期货交易管理条例》第八十五条第十一项[③]规定的"政策""决定"等的形成时间，应当认定为内幕信息的形成之时。

影响内幕信息形成的动议、筹划、决策或者执行人员，其动议、筹划、决策或者执行初始时间，应当认定为内幕信息的形成之时。

内幕信息的公开，是指内幕信息在国务院证券、期货监督管理机构指定的报刊、网站等媒体披露。

第六条 在内幕信息敏感期内从事或者明示、暗示他人从事或者泄露内幕信息导致他人从事与该内幕信息有关的证券、期货交易，具有下列情形之一的，应当认定为刑法

[①] 《证券法》（2019年修订）第80条规定："发生可能对上市公司、股票在国务院批准的其他全国性证券交易场所交易的公司的股票交易价格产生较大影响的重大事件，投资者尚未得知时，公司应当立即将有关重大事件的情况向国务院证券监督管理机构和证券交易场所报送临时报告，并予公告，说明事件的起因、目前的状态和可能产生的法律后果。前款所称重大事件包括：（一）公司的经营方针和经营范围的重大变化；（二）公司的重大投资行为，公司在一年内购买、出售重大资产超过公司资产总额百分之三十，或者公司营业用主要资产的抵押、质押、出售或者报废一次超过该资产的百分之三十；（三）公司订立重要合同、提供重大担保或者从事关联交易，可能对公司的资产、负债、权益和经营成果产生重要影响；（四）公司发生重大债务和未能清偿到期重大债务的违约情况；（五）公司发生重大亏损或者重大损失；（六）公司生产经营的外部条件发生的重大变化；（七）公司的董事、三分之一以上监事或者经理发生变动，董事长或者经理无法履行职责；（八）持有公司百分之五以上股份的股东或者实际控制人持有股份或者控制公司的情况发生较大变化，公司的实际控制人及其控制的其他企业从事与公司相同或者相似业务的情况发生较大变化；（九）公司分配股利、增资的计划，公司股权结构的重要变化，公司减资、合并、分立、解散及申请破产的决定，或者依法进入破产程序、被责令关闭；（十）涉及公司的重大诉讼、仲裁，股东大会、董事会决议被依法撤销或者宣告无效；（十一）公司涉嫌犯罪被依法立案调查，公司的控股股东、实际控制人、董事、监事、高级管理人员涉嫌犯罪被依法采取强制措施；（十二）国务院证券监督管理机构规定的其他事项。公司的控股股东或者实际控制人对重大事件的发生、进展产生较大影响的，应当及时将其知悉的有关情况书面告知公司，并配合公司履行信息披露义务。"第81条规定："发生可能对上市交易公司债券的交易价格产生较大影响的重大事件，投资者尚未得知时，公司应当立即将有关重大事件的情况向国务院证券监督管理机构和证券交易场所报送临时报告，并予公告，说明事件的起因、目前的状态和可能产生的法律后果。前款所称重大事件包括：（一）公司股权结构或者生产经营状况发生重大变化；（二）公司债券信用评级发生变化；（三）公司重大资产抵押、质押、出售、转让、报废；（四）公司发生未能清偿到期债务的情况；（五）公司新增借款或者对外提供担保超过上年末净资产的百分之二十；（六）公司放弃债权或者财产超过上年末净资产的百分之十；（七）公司发生超过上年末净资产百分之十的重大损失；（八）公司分配股利，作出减资、合并、分立、解散及申请破产的决定，或者依法进入破产程序、被责令关闭；（九）涉及公司的重大诉讼、仲裁；（十）公司涉嫌犯罪被依法立案调查，公司的控股股东、实际控制人、董事、监事、高级管理人员涉嫌犯罪被依法采取强制措施；（十一）国务院证券监督管理机构规定的其他事项。"

[②] 该部分内容在《证券法》（2019年修订）中已删除。修订后的《证券法》第52条、第80条、第81条对内幕信息的范围进行了规定。

[③] 《期货交易管理条例》（2017年修订）第81条第11项规定："内幕信息，是指可能对期货交易价格产生重大影响的尚未公开的信息，包括：国务院期货监督管理机构以及其他相关部门制定的对期货交易价格可能发生重大影响的政策，期货交易所作出的可能对期货交易价格发生重大影响的决定，期货交易所会员、客户的资金和交易动向以及国务院期货监督管理机构认定的对期货交易价格有显著影响的其他重要信息。"

第一百八十条第一款规定的"情节严重":

（一）证券交易成交额在五十万元以上的；
（二）期货交易占用保证金数额在三十万元以上的；
（三）获利或者避免损失数额在十五万元以上的；
（四）三次以上的；
（五）具有其他严重情节的。

第七条 在内幕信息敏感期内从事或者明示、暗示他人从事或者泄露内幕信息导致他人从事与该内幕信息有关的证券、期货交易，具有下列情形之一的，应当认定为刑法第一百八十条第一款规定的"情节特别严重"：

（一）证券交易成交额在二百五十万元以上的；
（二）期货交易占用保证金数额在一百五十万元以上的；
（三）获利或者避免损失数额在七十五万元以上的；
（四）具有其他特别严重情节的。

第八条 二次以上实施内幕交易或者泄露内幕信息行为，未经行政处理或者刑事处理的，应当对相关交易数额依法累计计算。

第九条 同一案件中，成交额、占用保证金额、获利或者避免损失额分别构成情节严重、情节特别严重的，按照处罚较重的数额定罪处罚。

构成共同犯罪的，按照共同犯罪行为人的成交总额、占用保证金总额、获利或者避免损失总额定罪处罚，但判处各被告人罚金的总额应掌握在获利或者避免损失总额的一倍以上五倍以下。

第十条 刑法第一百八十条第一款规定的"违法所得"，是指通过内幕交易行为所获利益或者避免的损失。

内幕信息的泄露人员或者内幕交易的明示、暗示人员未实际从事内幕交易的，其罚金数额按照因泄露而获悉内幕信息人员或者被明示、暗示人员从事内幕交易的违法所得计算。

第十一条 单位实施刑法第一百八十条第一款规定的行为，具有本解释第六条规定情形之一的，按照刑法第一百八十条第二款的规定定罪处罚。

三、刑事政策文件

《最高人民检察院、公安部关于公安机关管辖的刑事案件立案追诉标准的规定（二）》
（2022年4月6日 公通字〔2022〕12号）

第三十条 〔内幕交易、泄露内幕信息案（刑法第一百八十条第一款）〕证券、期货交易内幕信息的知情人员、单位或者非法获取证券、期货交易内幕信息的人员、单位，在涉及证券的发行，证券、期货交易或者其他对证券、期货交易价格有重大影响的信息尚未公开前，买入或者卖出该证券，或者从事与该内幕信息有关的期货交易，或者泄露该信息，或者明示、暗示他人从事上述交易活动，涉嫌下列情形之一的，应予立案追诉：

（一）获利或者避免损失数额在五十万元以上的；
（二）证券交易成交额在二百万元以上的；
（三）期货交易占用保证金数额在一百万元以上的；

（四）二年内三次以上实施内幕交易、泄露内幕信息行为的；

（五）明示、暗示三人以上从事与内幕信息相关的证券、期货交易活动的；

（六）具有其他严重情节的。

内幕交易获利或者避免损失数额在二十五万元以上，或者证券交易成交额在一百万元以上，或者期货交易占用保证金数额在五十万元以上，同时涉嫌下列情形之一的，应予立案追诉：

（一）证券法规定的证券交易内幕信息的知情人实施或者与他人共同实施内幕交易行为的；

（二）以出售或者变相出售内幕信息等方式，明示、暗示他人从事与该内幕信息相关的交易活动的；

（三）因证券、期货犯罪行为受过刑事追究的；

（四）二年内因证券、期货违法行为受过行政处罚的；

（五）造成其他严重后果的。

第三节　内幕交易、泄露内幕信息罪审判实践中的疑难新型问题

问题1. 内幕信息及内幕信息敏感期的认定

【实务专论一】[①]

1. 关于内幕信息敏感期的理解

根据《最高人民法院、最高人民检察院关于办理内幕交易、泄露内幕信息刑事案件具体应用法律若干问题的解释》（以下简称《解释》）第5条第1款的规定，"内幕信息敏感期"是指内幕信息自形成至公开的期间。在《解释》起草过程中，有观点认为，公开就是社会公众知悉的时刻，一旦公开，就谈不上敏感的问题，建议将"形成至公开的期间"修改为"形成至公开之前的期间"。经研究认为，《解释》第5条第1款"形成至公开的期间"的核心词汇是"期间"，公开只是一个点，公开之后，就不在此期限之内，因此"形成至公开的期间"的表述不至于造成混乱。"公开之前"表达的则是一个时段，"至公开之前"表述的期间模糊不定，在逻辑上欠缺严谨，故该意见未被采纳。

另有观点对本条规定的内幕信息敏感期的截止期提出异议，认为内幕信息公布后的较短时间内，内幕信息难以反馈到广大股民，内幕信息的部分影响力仍然存在，应当从实质影响力上把握内幕信息敏感期的截止期，建议将截止期延至内幕信息公布后的十二小时乃至二十四小时。由于刑法明文规定内幕交易、泄露内幕信息犯罪的时间点是内幕信息尚未公开前，从严格法律意义上讲，内幕信息公开了就不再是内幕信息，利用这些信息就不可能构成犯罪。再者，作为股民，应当对国务院证券监督管理机构指定报刊、

[①] 刘晓虎等：《〈关于办理内幕交易、泄露内幕信息刑事案件具体应用法律若干问题的解释〉的理解与适用》，载《人民司法》2012年第15期。

媒体发布的信息在第一时间了解和掌握，不积极了解和掌握这些信息所造成的不利后果应当归结于本人的责任。对不具有第一时间了解和掌握信息条件的股民而言，其不利条件在其入市炒股时就应考虑在内，从这一角度而言，也就存在公不公平的问题。基于上述分析，《解释》明确规定内幕信息敏感期的截止期为内幕信息的公开。

2. 关于内幕信息公开的形式

内幕信息的公开是否必须通过国务院证券监管机构指定的报刊、媒体发布，实践中对这一问题存在不同认识。一种观点认为，内幕信息是否公开是以市场是否消化内幕信息作为认定标准的，不以在国务院证券监管机构指定的报刊、媒体发布为要件，在非指定报刊、媒体上发布也应视为内幕信息的公开。另一种观点认为，根据《证券法》第 70 条[①]规定："依法披露的信息，应当在证券交易场所的网站和符合国务院证券监督管理机构规定条件的媒体发布，同时将其置备于公司住所、证券交易场所，供社会公众查阅。"的规定，内幕信息必须以在国务院证券监管机构指定的报刊、媒体发布的方式公开。

为使广大股民对非指定报刊、媒体披露的信息与指定报刊媒体公开的信息形成区别认识，保持对权威报刊、媒体发布内幕信息的信赖程度，《解释》第 5 条根据相关法律规定，明确内幕信息必须以在国务院证券监管机构指定的报刊、媒体发布的方式公开，强制披露信息人以外的人在非指定报刊、媒体披露内幕信息的，不能认定为内幕信息的公开。

3. 关于内幕信息形成之时的认定

司法实践中，一般将《证券法》第 67 条第 2 款所列"重大事件"的发生时间以及第七十五条规定的"计划""方案"[②]、《期货交易管理条例》第 85 条第 11 项[③]规定的"政策""决定"等的形成时间，认定为内幕信息的形成之时。

然而，随着证券、期货市场的飞速发展，上述认定模式越来越难适应打击证券、期货市场犯罪的需要。如广东董某内幕交易案。董曾是影响"广发证券借壳延边公路"内幕信息形成的主要决策人，董指使他人买入相关证券的行为远在内幕信息正式形成之前，按照传统理解，董的大部分行为都不在内幕信息敏感期内，对于该部分行为不能认定为内幕交易、泄露内幕信息的行为；再如江苏刘某内幕交易、泄露内幕信息案。刘曾是南京市经委主任，是牵头重组高淳陶瓷股份有限公司并借壳上市的主要参与人员。在洽谈过程中，刘指使其妻陈某买入高淳陶瓷股票 60 余万股，折合 430 万元，最终获利 700 多万元。刘是在重组计划、方案正式形成之前指使其妻从事相关证券交易的，按照传统理解，该部分行为不能认定为内幕交易、泄露内幕信息的行为。然而，这部分行为的社会危害性和所体现的行为人的主观恶性比传统内幕交易、泄露内幕信息行为有过之而无不及。因此，对于能够影响内幕信息形成的动议、筹划、决策或者执行人员，应当区别于普通的内幕信息的知情人员，内幕信息的敏感期应当自其动议、筹划、决策或者执行初始时间开始起算。

---

① 参见《证券法》（2019 年修订）第 86 条。
② 参见《证券法》（2019 年修订）第 52 条、第 80 条、第 81 条关于内幕信息范围的规定。
③ 参见《期货交易管理条例》（2017 年修订）第 81 条第 11 项。

【实务专论二】[1]

《最高人民法院、最高人民检察院关于办理内幕交易、泄露内幕信息刑事案件具体应用法律若干问题的解释》（以下简称《解释》）第5条第1款规定了内幕信息敏感期的认定，内幕信息敏感期是指内幕信息自形成至公开的期间。在《解释》起草过程中，有观点认为内幕信息公布后的较短时间内，公布的信息难以反馈到广大民众，内幕信息的部分影响力仍然存在，因此内幕信息敏感期的截止期限应从实质影响力上把握，一般应为内幕信息公布后的二十四小时或者十二小时。尽管上述观点符合一定的实践需要，但毕竟刑法明文规定内幕交易、泄露内幕信息罪的时间点必须是内幕信息尚未公开前，从严格法律意义上讲，内幕信息公开了就不应认定为内幕信息。

《解释》第5条第2、3款规定了内幕信息形成时间的认定的一般情形和特殊情形。对于内幕信息形成时间的认定的一般情形，《解释》第5条第2款规定，《证券法》第67条第2款所列"重大事件"的发生时间，第75条规定的"计划""方案"[2]以及《期货交易管理条例》第85条第11项规定的"政策""决定"等的形成时间[3]，应当认定为内幕信息的形成之时。随着证券、期货市场的飞速发展，上述认定模式越来越难适应打击证券、期货市场犯罪的需要。如广东董某内幕交易案。董曾是影响"广发证券借壳延边公路"内幕信息形成的主要决策人，董指使他人买入相关证券的行为远在内幕信息正式形成之前；再如江苏刘某内幕交易、泄露内幕信息案。刘曾是某市经委主任，是牵头重组高淳陶瓷股份有限公司并借壳上市的主要人员。在洽谈过程中，刘指使其妻陈某买入高淳陶瓷股票60余万股，折合430万元，最终获利700多万元。刘是在重组计划、方案正式形成之前指使其妻从事相关证券交易的。这类行为的社会危害性比传统的内幕交易、泄露内幕信息行为有过之而无不及。因此，对于内幕信息形成的动议者、筹划者或决策者而言，由于其能左右内幕信息的形成，内幕信息的敏感期应自其动议、决意或作出决策之时开始起算。因此，《解释》第5条第3款规定了内幕交易形成时间的认定的特殊情形，即影响内幕信息形成的动议、筹划、决策或者执行人员，其动议、决意、决策或者执行时间，应当认定为内幕信息的形成之时。

《证券法》第70条规定："依法必须披露的信息，应当在国务院证券监督管理机构指定的媒体发布，同时将其置备于公司住所、证券交易所，供社会公众查阅。"[4] 我国法律规定的信息公开标准属于要式公开，只要内幕信息在指定的媒体和场所公布后即视为信息公开。据此《解释》第5条第4款根据《证券法》的有关规定对公开内幕信息的认定作了规定，内幕信息的公开，是指内幕信息在国务院证券、期货监督管理机构指定的报刊、网站等媒体披露。在《解释》起草过程中，有观点建议在"内幕信息的公开"一款中增加规定"被一般投资者广泛知悉"。经研究认为，"一般投资者"以及"广泛知悉"的范围在实践中很难把握。如果因为信息披露的方式不当而导致了严重后果，可以追究

---

[1] 陈国庆、韩耀元、王文利：《〈关于办理内幕交易、泄露内幕信息刑事案件具体应用法律若干问题的解释〉解读》，载《人民检察》2012年11期。

[2] 参见《证券法》（2019年修订）第52条、第80条、第81条关于内幕信息范围的规定。

[3] 参见《期货交易管理条例》（2017年修订）第81条第11项。

[4] 《证券法》（2019年修订）第86条规定："依法披露的信息，应当在证券交易场所的网站和符合国务院证券监督管理机构规定条件的媒体发布，同时将其置备于公司住所、证券交易场所，供社会公众查阅。"

相关责任人违规披露或者泄露的责任，而不宜将内幕信息视为公开。

【公报案例】刘某春、陈某玲内幕交易案①

[裁判摘要]

国家工作人员因履行工作职责而获取对证券交易价格具有重大影响的、尚未公开的信息的，属于内幕信息的知情人员。在内幕信息敏感期内，知情人员与关系密切人共同从事证券交易活动，情节严重的，应当以内幕交易罪定罪处罚。

[基本案情]

江苏省南通市中级人民法院一审查明：

一、被告人刘某春负责联系重组洽谈，获悉内幕信息的事实

2009年1月，十四所为做强该所下属企业国睿集团，欲通过一家上市公司进行资产重组"借壳"上市，以配合南京市政府"再造十家百亿企业集团工程"的实施。时任南京市经委主任的被告人刘某春受南京市政府的指派，负责牵线联系十四所与高淳县政府洽谈由十四所重组高淳陶瓷公司事宜。2月上旬，刘某春介绍十四所与高淳县政府有关领导见面商谈、陪同实地考察，双方均表达了合作意向。2月中下旬，刘某春又约双方联系人到其办公室，指导双方磋商出台合作方案。3月6日，由十四所草拟的《合作框架》形成初稿，条款包括高淳县政府将所持的高淳陶瓷公司股权转让给十四所，使其成为该公司第一大股东、实际控制人等内容。后洽谈双方对合作框架多次进行磋商、修改。其间，双方将合作谈判进展情况告知刘某春，刘某春即向南京市政府分管领导作了汇报。4月19日，十四所将双方最终商定的《合作框架意向书》送至南京市经委，刘某春在该意向书上作为鉴证方签名并加盖南京市经委公章后，出席洽谈双方签署《合作框架意向书》的签字仪式。4月20日，高淳陶瓷股票在股市开盘后出现涨停。同日，高淳陶瓷公司发布《关于公司重大事项停牌公告》，宣布公司控股股东正在筹划重大资产重组事项，高淳陶瓷股票自4月21日起停牌。自4月21日至5月21日期间，高淳陶瓷公司例行发布《重大资产重组事项进展公告》《复牌公告》等一系列公告。5月22日，高淳陶瓷股票复牌交易后价格上扬，在该股票的交易日内连续10个涨停。

高淳陶瓷公司于2003年1月在上海证券交易所上市。在十四所重组前，高淳县国有资产经营（控股）有限公司持有的高淳陶瓷公司国有股占该公司总股本的31.33%，是该公司第一大股东、实际控制人。

二、被告人刘某春、陈某玲进行内幕交易的事实

2009年2、3月，被告人刘某春在牵线联系高淳陶瓷公司资产重组期间，将重组信息透露给在南京证券有限责任公司工作的配偶被告人陈某玲。在刘某春的授意下，被告人陈某玲分别于4月1日、7日、8日，在南京证券有限责任公司其办公室以电脑网上委托交易的方式，通过家庭实际控制的刘某海、费某珠股票交易账户，买入高淳陶瓷股票共计45800股，支付人民币共计318271.60元；4月13日，又通过家庭实际控制的刘某美股票交易账户，买入高淳陶瓷股票10100股，支付72975元。

4月初，被告人刘某春决定向他人借款并授意被告人陈某玲以借款资金购买高淳陶瓷股票。4月13日、14日，刘某春向蒋某春借得款项共计300万元。陈某玲分别于4月13

---

① 《最高人民法院公报》2013年第2期。

日、14 日、15 日，通过刘某海和临时借用的刘如兵的股票交易账户，买入高淳陶瓷股票共计 419500 股，支付共计 2999718.21 元。4 月 15 日，刘某春向薛某借得款项 100 万元。同日，陈某玲通过费忙珠股票交易账户，买入高淳陶瓷股票共计 138622 股，支付 1000218.39 元。

5 月初，被告人刘某春授意被告人陈某玲、刘如海将上述股票交易账户的所有高淳陶瓷股票在复牌后尽快卖出。自 5 月 22 日高淳陶瓷股票复牌至 6 月 24 日期间，刘如海、刘如兵以及陈某玲通过电脑网上委托和电话委托等交易方式，将刘某海、刘某兵、费某珠、刘某美股票交易账户中的 614022 股高淳陶瓷股票全部卖出，收入金额人民币共计 11890662.42 元。综上，被告人刘某春、陈某玲自 2009 年 4 月 1 日至 4 月 15 日期间，买入高淳陶瓷股票共计 614022 股，支付共计 4391183.20 元；自 2009 年 5 月 22 日至 6 月 24 日期间，将高淳陶瓷股票全部卖出，收入金额共计 11890662.42 元，非法获利共计 7499479.22 元。

2010 年 3 月 17 日、4 月 22 日，中国证券监督管理委员会（以下简称中国证监会）先后作出《关于刘某春等人涉嫌内幕交易、泄露内幕信息案有关问题的认定函》《关于刘某春等人涉嫌内幕交易案有关事项的补充认定函》，认定：2009 年 3 月 6 日，十四所与高淳县政府商洽重组高淳陶瓷公司，并形成合作框架初稿等事项，在公开披露前属于《证券法》第 75 条规定的内幕信息；被告人刘某春属于《证券法》第 74 条规定的证券交易内幕信息的知情人；内幕信息的价格敏感期为 2009 年 3 月 6 日至 4 月 20 日。

案发后，被告人刘某春、陈某玲退出全部违法所得。侦查机关扣押涉案电脑主机一台，冻结涉案股票账户和资金账户。

上述事实，有经庭审举证、质证的被告人刘某春、陈某玲的供述、证人证言、书证、物证、中国证监会认定函等证据证实，足以认定。

关于本案的争议焦点之一，即上市公司重大资产重组洽谈这一事件是否属于"内幕信息"，江苏省南通市中级人民法院一审认为：

根据《证券法》第 75 条的规定，内幕信息是指证券交易活动中，涉及公司的经营、财务或者对该公司证券的市场价格有重大影响的尚未公开的信息，包括：持有公司 5% 以上股份的股东或者实际控制人，其持有股份或者控制公司的情况发生较大变化；公司股权结构的重大变化；国务院证券监督管理机构认定的对证券交易价格有显著影响的其他重要信息。本案中，从参与主体和内容看，被告人刘某春牵线的高淳陶瓷公司资产重组，涉及相对控股 31.33% 的股东转让股权，属于持有公司 5% 以上股份的股东，其持有股份、控制公司的情况发生较大变化的法定重大事件；由十四所受让股权，拟成为第一大股东，属于公司股权结构的重大变化。上述事项均是法定的内幕信息。从时间上看，2009 年 3 月 6 日的《合作框架》是内幕信息的第一次书面化，虽双方对洽谈重组方案有几易其稿、不断完善的过程，但所涉十四所受让国有股、成为公司第一大股东和实际控制人等内容始终被保留，即十四所重组高淳陶瓷公司"借壳"上市的总思路从一开始即已确定。从知情范围看，自 2009 年 3 月 6 日形成《合作框架》初稿，到 4 月 20 日高淳陶瓷公司发布停牌公告、向社会公开披露重大资产重组事项前，该内幕信息的知悉人控制在很小的范围内，具有秘密性，完全符合内幕信息尚未公开的法定要求。从影响力看，因高淳陶瓷公司于停牌期间发布一系列公告信息，在 2009 年 5 月 22 日复牌交易后，高淳陶瓷股票连续 10 个涨停，充分说明资产重组事项对股票市场价格的重大影响。因此，中国证监会作出关于 2009 年 3 月 6 日，十四所与高淳县政府商谈由十四所重组高淳陶瓷公司，并形成合作框架，以上事项在公开披露前属于内幕信息，价格敏感期为 2009 年 3 月 6 日至 4 月 20 日的认定意见，有充分的事实依据和法律依据。刘某春关于其购买高淳陶瓷股票时内幕信息尚未形成的辩解及其辩护人关于刘某春知悉的信息不属"内幕信息"的辩护意见均不能成立。

【司法解释】

《最高人民法院、最高人民检察院关于办理内幕交易、泄露内幕信息刑事案件具体应用法律若干问题的解释》（2012 年 3 月 29 日　法释〔2012〕6 号）（节录）

第五条　本解释所称"内幕信息敏感期"是指内幕信息自形成至公开的期间。

证券法第六十七条[①]第二款所列"重大事件"的发生时间，第七十五条[②]规定的"计划""方案"以及期货交易管理条例第八十五条第十一项[③]规定的"政策""决定"等的形成时间，应当认定为内幕信息的形成之时。

影响内幕信息形成的动议、筹划、决策或者执行人员，其动议、筹划、决策或者执行初始时间，应当认定为内幕信息的形成之时。

内幕信息的公开，是指内幕信息在国务院证券、期货监督管理机构指定的报刊、网站等媒体披露。

问题 2. 内幕信息知情人员的认定

【实务专论】[④]

内幕信息的知情人员，包括基于管理地位、监督地位、职业地位或者通过职务行为能够接触或者获得内幕信息的人员。关于内幕信息的知情人员范围，《最高人民法院、最高人民检察院关于办理内幕交易、泄露内幕信息刑事案件具体应用法律若干问题的解释》（以下简称《解释》）援引了《证券法》第 74 条[⑤]、《期货交易管理条例》第 85 条第（十二）项[⑥]的规定。

司法实践中，对内幕信息知情人员的认定，要注意以下三个问题的把握：

1. 严格区分证券、期货监督管理机构的规定与证券、期货监督管理机构的认定

《证券法》第 74 条[⑦]、《期货交易管理条例》第 85 条第 12 项[⑧]的兜底项均授予监督管理机构有权规定内幕信息的知情人员。在理解和适用这两条的兜底项时，要将监督管理机构对内幕信息的知情人员的规定与具体案件中监督管理机构对内幕信息的知情人员

---

① 参见《证券法》（2019 年修订）第 80 条。
② 该部分内容在《证券法》（2019 年修订）中已删除。修订后的《证券法》第 52 条、第 80 条、第 81 条对内幕信息的范围进行了规定。
③ 参见《期货交易管理条例》（2017 年修订）第 81 条第 11 项。
④ 刘晓虎等：《〈关于办理内幕交易、泄露内幕信息刑事案件具体应用法律若干问题的解释〉的理解与适用》，载《人民司法》2012 年第 15 期。
⑤ 参见《证券法》（2019 年修订）第 51 条。
⑥ 参见《期货交易管理条例》（2017 年修订）第 81 条第 12 项。
⑦ 参见《证券法》（2019 年修订）第 51 条、第 80 条、第 81 条。
⑧ 参见《期货交易管理条例》（2017 修订）第 81 条第 12 项。

的认定区分开来。前者是一种抽象行政行为，具有部门规章的性质；而后者往往是应司法机关的请求，基于监督管理机构对专业知识、经验的把握而出具的一种意见材料，既不是抽象行政行为，也不是具体行政行为。证券、期货监督管理机构出具的认定意见，经司法机关审查，具有客观性、真实性和合法性的，可以作为定案的证据。

2. 发行人（上市公司）的控股股东、实际控制人控制的其他公司的董事、监事、高级管理人员不是法定的内幕信息知情人员

在《解释》起草过程中，有观点认为，上述人员可以通过发行人、上市公司的内部传阅文件获悉内幕信息，应当通过《解释》将上述人员明确为内幕信息的知情人员。后经征询有关部门，发行人（上市公司）的内部文件未必都传阅到其控股股东、实际控制人控制的其他公司的董事、监事、高级管理人员，而且这种可能性很大，因而《解释》未将上述人员明确规定为内幕信息的知情人员。

3. 内幕信息的知情人员不包括单位

对于内幕信息的知情人员，《证券法》与《期货交易管理条例》《刑法》采用的表述不同。《证券法》表述的是"知情人"，而期货管理条例和刑法表述的均是"知情人员"。由于《证券法》第74条①规定的内幕信息的知情人包括持有公司百分之五以上股份的股东（公司）、发行人控股的公司，有观点据此认为，《刑法》第180条规定的"人员"，也应当包括单位，将"人员"仅解释为自然人，与单位可以成为内幕交易、泄露内幕信息罪主体的刑法规定相矛盾。

经研究认为，"人员"指的仅是自然人，而不包括单位，这是汉语中的通解。这样的理解并不与刑法关于单位犯内幕交易、泄露内幕信息罪的规定相违背，因为单位犯罪并非由单位具体实施，而是必须通过具体自然人实施。如果自然人是按照单位集体决议，为了单位利益而从事内幕交易，就可以认定单位犯内幕交易罪。同理，非法获取内幕信息的人员也仅指自然人，不包括单位。

【公报案例】政府机关公务人员能否认定为证券交易内幕信息知情人——刘某春、陈某玲内幕交易案②

关于被告人刘某春作为国家工作人员，因履行工作职责参与上市公司的重组洽谈，是否属于内幕信息的知情人员，江苏省南通市中级人民法院一审认为：

根据《刑法》第180条的规定，内幕信息的知情人员范围，依照法律、行政法规的规定确定。根据《证券法》第74条的规定，证券交易内幕信息的知情人包括相关公司人员、证券监管人员以及国务院证券监督管理机构规定的其他人。本案中，被告人刘某春代表南京市经委，作为十四所与高淳县政府洽谈十四所对高淳陶瓷公司资产重组事项的南京市政府部门联系人，参与了重组过程。在此期间，洽谈双方均多次告知刘某春合作谈判的进展情况，刘某春也多次向南京市政府分管领导进行汇报。刘某春是因其担任的行政机关职务、履行其工作职责而获悉了内幕信息。刘某春在价格敏感期内外借巨资买入巨额高淳陶瓷股票、谋取巨额利益的行为，也充分证明其是内幕信息知情人。作为国务院证券监督管理机构的中国证监会作出刘某春属于《证券法》第74条规定的证券交易

---

① 参见《期货交易管理条例》（2017修订）第81条第12项。
② 《最高人民法院公报》2013年第2期。

内幕信息知情人的认定,有充分的事实依据和法律依据,应予采信。刘某春关于其不是内幕信息知情人的辩解及其辩护人关于刘某春是政府机关公务人员、作为内幕交易罪的犯罪主体不适格的辩护意见均不能成立。

【司法解释】

《最高人民法院、最高人民检察院关于办理内幕交易、泄露内幕信息刑事案件具体应用法律若干问题的解释》(2012年3月29日 法释〔2012〕6号)(节录)

第一条 下列人员应当认定为刑法第一百八十条第一款规定的"证券、期货交易内幕信息的知情人员":

(一)证券法第七十四条①规定的人员;
(二)期货交易管理条例第八十五条第十二项②规定的人员。

问题3. 非法获取内幕信息人员的范围及认定

【实务专论一】③

(一)关于非法获取内幕信息的人员的范围

非法获取内幕信息的人员概括起来包括三类:一是非法手段型获取内幕信息的人员,即获取信息的手段行为本身是非法的,如通过窃取、刺探手段获取内幕信息的;二是特定身份型获取内幕信息的人员,即获取信息的手段行为未必是非法的,但其作为特定身份的人员不应获取内幕信息,如内幕信息知情人员的配偶从知情人员处获取内幕信息;三是积极联系型获取内幕信息的人员,即主动联络、接触行为未必是非法的,但结合行为目的分析,行为人是从内幕信息的知情人员处获取不应该获取的内幕信息,因此获取行为是非法的。具体分述如下:

1. 关于非法手段型获取内幕信息的人员

《最高人民法院、最高人民检察院关于办理内幕交易、泄露内幕信息刑事案件具体应用法律若干问题的解释》(以下简称《解释》)第2条第1项对以非法手段获取内幕信息的人员进行了规定。在征求意见过程中,有观点提出,窃取、骗取、套取、窃听、利诱、刺探或者私下交易这些非法手段在含义上存在交叉、重复,不如从行为人有无内幕信息

---

① 《证券法》(2019年修订)第51条规定:"证券交易内幕信息的知情人包括:(一)发行人及其董事、监事、高级管理人员;(二)持有公司百分之五以上股份的股东及其董事、监事、高级管理人员,公司的实际控制人及其董事、监事、高级管理人员;(三)发行人控股或者实际控制的公司及其董事、监事、高级管理人员;(四)由于所任公司职务或者因与公司业务往来可以获取公司有关内幕信息的人员;(五)上市公司收购人或者重大资产交易方及其控股股东、实际控制人、董事、监事和高级管理人员;(六)因职务、工作可以获取内幕信息的证券交易场所、证券公司、证券登记结算机构、证券服务机构的有关人员;(七)因职责、工作可以获取内幕信息的证券监督管理机构工作人员;(八)因法定职责对证券的发行、交易或者对上市公司及其收购、重大资产交易进行管理可以获取内幕信息的有关主管部门、监管机构的工作人员;(九)国务院证券监督管理机构规定的可以获取内幕信息的其他人员。"

② 《期货交易管理条例》(2017年修订)第81条第十二项规定:"内幕信息知情人员,是指由于其管理地位、监督地位或者职业地位,或者作为雇员、专业顾问履行职务,能够接触或者获得内幕信息的人员,包括:期货交易所的管理人员以及其他由于任职可获取内幕信息的从业人员,国务院期货监督管理机构和其他有关部门的工作人员以及国务院期货监督管理机构规定的其他人员。"

③ 刘晓虎等:《〈关于办理内幕交易、泄露内幕信息刑事案件具体应用法律若干问题的解释〉的理解与适用》,载《人民司法》2012年第15期。

知情的权利角度认定获取内幕信息的行为是否非法,任何内幕信息知情人员以外的人获取内幕信息都属非法获取内幕信息,建议取消非法手段的规定。如果保留本项规定,建议增加被动获悉内幕信息而从事内幕交易的犯罪情形。

经研究认为,窃取、骗取、套取、窃听、利诱、刺探或者私下交易这些手段在含义上虽然不是彼此完全孤立的,但每种手段都具有明显的特色,将这些手段行为并列规定不至于造成混同。根据现有的刑法理论研究成果,在定罪过程中应当坚持主客观相统一原则。在这一原则主导下,要认定行为人是非法获取内幕信息,除了要求行为人在客观上有利用内幕信息从事证券、期货交易或者明示、暗示、泄露的行为表现,还要求行为人在获悉内幕信息时主观上明知是内幕信息。因此,从行为人有无内幕信息知情的权利角度认定是否非法获取内幕信息的观点难以在法理上经得住推敲。

2. 关于特定身份型非法获取内幕信息的人员

《解释》起草过程中,关于特定身份型非法获取内幕信息人员的范围,主要围绕以下两个问题展开分析讨论:

(1) 能否将特定身份型非法获取内幕信息的人员范围扩展到内幕信息知情人员的配偶、父母、子女之外的其他近亲属。由于内幕信息知情人员的近亲属获取内幕信息具有特殊的便利条件,要加大对内幕信息的保密力度,除了加大内幕信息知情人员的保密义务,还应适度设置此类人员的保密义务,所以《解释》第 2 条第 2 项将该类人员规定为特定身份型非法获取内幕信息的人员。在起草初期,基于打击面的考虑,《解释》将特定身份型非法获取内幕信息的人员范围限定为内幕信息知情人员的配偶、父母、子女。后考虑到内幕信息知情人员的兄弟姐妹、(外) 祖父母、(外) 孙子女以及其他近亲属与内幕信息知情人员的配偶、父母、子女具有同等便利,如果仅将特定身份型非法获取内幕信息的人员范围限制为配偶、父母、子女,容易给内幕交易犯罪分子获取非常大的规避法律的空间。基于这一考虑,《解释》将特定身份型非法获取内幕信息的人员范围扩展到内幕信息知情人员的所有近亲属。

(2) 能否将特定身份型非法获取内幕信息的人员范围扩展到与内幕信息知情人员关系密切的人。肯定观点认为,内幕信息知情人员的情妇、情夫以及其他与其关系密切的人,就获取内幕信息而言,具有与内幕信息知情人员的近亲属同等的便利条件,应当设置此类人员的保密义务,将该类人员明确为非法获取内幕信息的人员。建议参照以下两种模式予以规定:一种模式参照《最高人民法院、最高人民检察院关于办理受贿刑事案件适用法律若干问题的意见》的规定,使用"特定关系人"的表述;另一种模式参照《刑法修正案(七)》"利用影响力受贿罪"的规定,使用"关系密切的人"的表述。否定观点认为,目前我国证券、期货市场处于起步发展阶段,法治理念和法律体系、制度尚不健全,如果将关系密切的人纳入非法获取内幕信息人员的范围,可能会造成打击面过大,在实践层面上也不易操作,搞不好会带来不好的社会效果。

《解释》采纳了前一种观点。具体理由如下:一是与内幕信息知情人员关系密切的人从事内幕交易或者泄露内幕信息的现象越来越普遍,需要在政策上加大打击力度。二是关系密切的人从内幕信息知情人员那里获取内幕信息,具有与近亲属一样的便利条件,而且由于其身份更具隐秘性,规避法律的空间甚至更大,所以有必要纳入刑法调整范围。三是在非法获取内幕信息人员的范围上,行政法与刑法没有本质区别,《最高人民法院关于审理证券行政处罚案件证据若干问题的座谈会纪要》第 5 条采用了"内幕信息知情人员的配偶、父母、子女以及其他有密切关系的人"的规定，为加强行刑衔接，可以参照这一表述。四是就身份关系而论，与内幕信息知情人员关系密切的人从事内幕交易与《刑法》第388条之一规定的与国家工作人员关系密切的人利用影响力受贿，具有一定的相似性，在技术规范上援引《刑法》第388条之一的表述并无不妥。

3. 被动型获取内幕信息的人员能否认定为非法获取内幕信息的人员

这里，必须先明确两点：第一，此处被动型获取内幕信息的人员必须是非内幕信息知情人员的近亲属或者与其关系密切的人，如果是内幕信息知情人员的近亲属或者与其关系密切的人，则无论是主动还是被动获取，均属于非法获取内幕信息的人员；第二，被动型获悉内幕信息的人员主观上必须是明知，即必须明知是内幕信息知情人员泄露的内幕信息或者明知是他人非法获取的内幕信息。

以上述界定为前提，关于被动型获取内幕信息的人员应否认定为非法获取内幕信息的人员的讨论，理论界和实务界均未形成共识。

一种观点认为，刑法规定的内幕交易、泄露内幕信息罪的主体仅包括内幕信息的知情人员和非法获取内幕信息的人员两类。被动获悉内幕信息的人员对内幕信息不具有保密义务，其行为手段也不具有非法性，因此不能追究内幕交易、泄露内幕信息罪的刑事责任。

另一种观点认为，内幕交易、泄露内幕信息罪保护的法益是证券、期货交易的管理制度和投资者的合法权益，被动获悉内幕信息的人员应否认定为非法获取内幕信息的人员关键要看被动获悉内幕信息的人员是否具有利用内幕信息侵害这些法益的目的。应当借鉴一些境外的做法，对被动型获悉内幕信息的人员保留追究刑事责任的空间。如：美国是最早对内幕交易进行立法的国家，美国证券交易委员会制定的规则规定："当任何人已采取主要步骤进行公开收购或收购已正式展开时，其他取得与该公开收购有关的重要消息，且明知或可知此消息未公开，并明知该消息来自公开收购人或目标公司或其职员、内部人、代表进行公开收购之人，不得买进或卖出该公司之股份。"英国对内幕交易的现行立法主要体现在《1993年刑事审判法》。《1993年刑事审判法》第五章第57条规定了内幕人的认定条件：一是消息本身属于内幕信息或行为人知道其属于内幕信息；二是行为人从内部渠道获取的信息，或者知道该信息来自内部。欧盟关于内幕交易和市场操纵（市场滥用）2003/6号指令第4条明确，任何人如果知道或应当知道自己所掌握的信息是内幕信息，则不得从事与该内幕信息有关的证券、期货交易。日本将内幕交易罪的主体扩展到情报受领人，即包括从公司关系人处直接获悉的与上市公司内部业务相关的重要情报的人员。香港对内幕交易罪主体范围规定与上述国家相似。

上述两种观点均有一定道理，但考虑到我国证券、期货市场尚处于起步发展阶段，被动型获悉内幕信息的人员从事内幕交易或者泄露内幕信息的情形又十分复杂，实践中难以准确把握，出于审慎起见，《解释》未将被动型获悉内幕信息的人员明确规定为非法获取内幕信息的人员。值得强调的是，如果被动获悉内幕信息的人员与传递信息的人员具有犯意联络，则可能构成内幕交易、泄露内幕信息罪的共犯。

（二）关于非法获取内幕信息的人员的认定

由于窃取、骗取、套取、窃听、利诱、刺探或者私下交易这些手段本身是非法的，所以对于非法手段型获取内幕信息人员的认定相对简单。在《解释》起草过程中，争议的焦点主要围绕特定身份型、积极联系型非法获取内幕信息人员的认定问题上。

鉴于有关内幕信息的知情人员与其近亲属或者关系密切的人之间信息交流的取证十分困难，《解释》曾借鉴《最高人民法院、最高人民检察院、公安部关于办理毒品犯罪案件适用法律若干问题的意见》第2条的做法，规定内幕信息知情人员的近亲属或者与其关系密切的人在内幕信息敏感期内从事或者明示、暗示他人从事或者泄露内幕信息导致他人从事与该内幕信息有关的证券、期货交易的，必须对其明显异常交易或者泄露行为作出合理解释，不能作出合理解释的，应当认定为非法获取内幕信息的人员。后在征求意见过程中，有观点提出，上述规定是一种举证责任倒置，而举证责任倒置是无罪推定的例外，应当严格限制，且必须由法律明文规定。然而，多数观点认为，要求上述人员作出合理解释与举证责任倒置存在显著区别，认定上述人员非法获取内幕信息是基于敏感时期、敏感身份、敏感行为等基础事实所作的一种认定。换言之，根据这些基础事实就基本可以认定上述人员是非法获取内幕信息。"合理解释"本质上属于抗辩条款，发挥的是阻却犯罪事由的功能，体现的是有利被告人原则。

经多方分析论证，鉴于使用"合理解释"这样的措辞容易给人误导，《解释》规定：对特定身份型非法获取内幕信息人员的认定，先由司法机关认定相关交易行为是否明显异常；在确定这一前提下，司法机关必须进而认定相关明显异常交易有无正当理由或者正当信息来源。相关交易人员、明示、暗示人员或者泄露内幕信息人员可以就其行为有无正当理由或者正当信息来源提出抗辩；对无正当理由或者无正当信息来源的，应当认定行为人为非法获取内幕信息的人员。

《解释》对积极联系型获取内幕信息的人员的认定原理同上，在此不再赘述。

【实务专论二】[①]

（二）关于非法获取内幕信息人员的认定

《最高人民法院、最高人民检察院关于办理内幕交易、泄露内幕信息刑事案件具体应用法律若干问题的解释》（以下简称《解释》）第2条规定了三类非法获取内幕信息人员：一是利用窃取、骗取、套取、窃听、利诱、刺探或者私下交易等手段获取内幕信息的人员；二是本解释第一条规定的内幕信息知情人员的近亲属以及其他与内幕信息知情人员关系密切的人，在内幕信息敏感期内从事或者明示、暗示他人从事与内幕信息有关的证券、期货交易，或者泄露该内幕信息，相关交易行为明显异常，且无正当理由或者正当信息来源的；三是在内幕信息敏感期内，与内幕信息知情人员联络、接触的人员，从事或者明示、暗示他人从事与内幕信息有关的证券、期货交易，或者泄露该内幕信息，相关交易行为明显异常，且无正当理由或者正当信息来源的。

1.第一类人员属于典型意义上的非法获取内幕信息人员。《解释》根据实践对"非法获取"的具体手段进行列举，同时考虑到周延性，加了"等"字以防有遗漏。这里的"窃取"是指行为人通过采取非法手段秘密取得，"骗取"是指用欺骗方法获取，"套取"是指在与他人谈话时旁敲侧击、从他人话语中获取，"窃听"是指使用专用器材、设备偷听他人的谈话或者通话，"利诱"是指承诺给予他人金钱或物质利益以诱使他人主动提供而获得，"刺探"是指通过各种途径和手段非法探知，"私下交易"是指秘密以金钱或者

[①] 陈国庆、韩耀元、王文利：《〈关于办理内幕交易、泄露内幕信息刑事案件具体应用法律若干问题的解释〉解读》，载《人民检察》2012年11期。

其他物质利益为对价非法换取。

在起草过程中，有意见认为，任何知情人员以外的人获取内幕信息都属非法获取，应从行为人有无内幕信息知情权的角度界定其获取内幕信息的行为是否非法，建议规定无内幕信息知情权的人被动接受明示、暗示方式而获知内幕信息的也属于非法获取内幕信息。经研究认为，此种意见不符合主客观相一致的原则，《刑法》规定的"非法获取"在客观上应有主动行为，主观上必须明知是内幕信息而积极取得，如果对仅是被动知悉的也视为"非法获取"，会不当地扩大打击面。因此，没有采纳此种意见。

2. 本条第 2 项规定了内幕信息知情人员的近亲属以及其他有密切关系的人员认定为非法获取内幕信息人员的条件。近年来，内幕信息知情人员将内幕信息泄露给其配偶、子女、父母等近亲属或者与其有密切关系的人员，再由这些人直接从事或者明示、暗示他人从事内幕交易，或者泄露该内幕信息的现象越来越普遍。由于该类人员非法获取内幕信息具有一定的便利条件，有必要通过司法解释的形式有条件地明确为非法获取内幕信息人员，从而予以刑事打击。

对于近亲属的范围，法律和司法解释规定范围不同。由于《刑事诉讼法》与《刑法》均属于刑事法律范畴，对于相关法律概念的界定应保持一致性，且《刑事诉讼法》效力高于司法解释，因此，《解释》中的"近亲属"的范围，宜以《刑事诉讼法》规定为准。

上述人员被认定为非法获取内幕信息的人必须同时符合以下条件：一是在内幕信息敏感期内从事或者明示、暗示他人从事与内幕信息有关的证券、期货交易，或者泄露该内幕信息；二是相关交易行为明显异常，且无正当理由或者正当信息来源的。至于相关交易行为明显异常，且无正当理由或者正当信息来源，应结合《解释》第 3、4 条加以认定。

3. 本条第 3 项是对于第 1、2 项以外的人员在何种情形下应当被认定为非法获取内幕信息的人员的规定。在内幕信息敏感期内，与内幕信息知情人员联络、接触，从事或者明示、暗示他人从事与内幕信息有关的证券、期货交易，或者泄露内幕信息的人，相关交易行为明显异常，且无正当理由或无正当信息来源的，是否应当认定为非法获取内幕信息的人员，对此有不同认识。一种观点认为，这类人员不能认定为非法获取内幕信息人员。理由是，这类人员既不是内幕信息人员的近亲属，也不是其他关系密切的人，其与内幕信息知情人员联络、接触，并不必然与内幕信息有关，仅凭其交易行为异常，不能排除其他可能性，如果一概予以追究刑事责任，会导致打击面不当扩大。另一种观点认为，这类人员应认定为非法获取内幕信息人员。理由是，内幕信息知情人员主动泄露内幕信息，行为人从知情人员那里获悉内幕信息，是内幕交易比较常态的行为。如果对这类人员的行为不予刑法规制，那么势必会出现大量知情人员主动泄露内幕信息或者让第三人主动与其联络、接触，获悉内幕信息的现象，如此便会导致越来越多的内幕交易行为不被刑事追究。并且一旦对获悉信息人员的行为确定不予规制，其交易所得就难以认定为违法所得，从而主动泄露者的行为在定罪与量刑依据上也会出现问题。

经反复讨论研究，《解释》采纳了后一种意见。同时，考虑到明知情形下获取内幕信息的情形十分复杂，要认定行为人是非法获取，实践中应当注意从主、客观两个方面把握：主观方面必须明知，客观方面必须从事了与内幕信息有关的交易行为。主观明知的内容又至少包括两点：其一，必须明知是内幕信息。在利用转化型信息犯罪案件中，行为人必须明知转化型信息传递的是内幕信息内容；其二，必须明知泄露的主体是非法获取内幕信息人员。至于内幕信息人员是故意泄露还是过失泄露,在所不问。

本条所规定的相关交易行为,应当是指非法获取内幕信息的人员或者被明示、暗示人员或者因泄露而获悉内幕信息的人员从事的与内幕信息有关的交易行为。如果是非法获取内幕信息人员本人从事交易的,是指本人从事与内幕信息相关的交易行为;如果是非法获取内幕信息人员明示、暗示他人交易的,是指被明示者、暗示者从事与内幕信息相关的交易行为;如果是通过泄露内幕信息而交易的,是指获悉内幕信息者从事与内幕信息相关的交易行为。

【司法解释】

《最高人民法院、最高人民检察院关于办理内幕交易、泄露内幕信息刑事案件具体应用法律若干问题的解释》(2012年3月29日 法释〔2012〕6号)(节录)

第二条 具有下列行为的人员应当认定为刑法第一百八十条第一款规定的"非法获取证券、期货交易内幕信息的人员":

(一)利用窃取、骗取、套取、窃听、利诱、刺探或者私下交易等手段获取内幕信息的;

(二)内幕信息知情人员的近亲属或者其他与内幕信息知情人员关系密切的人员,在内幕信息敏感期内,从事或者明示、暗示他人从事,或者泄露内幕信息导致他人从事与该内幕信息有关的证券、期货交易,相关交易行为明显异常,且无正当理由或者正当信息来源的;

(三)在内幕信息敏感期内,与内幕信息知情人员联络、接触,从事或者明示、暗示他人从事,或者泄露内幕信息导致他人从事与该内幕信息有关的证券、期货交易,相关交易行为明显异常,且无正当理由或者正当信息来源的。

问题4. 相关交易行为明显异常的认定

【实务专论】[①]

(一)相关交易行为明显异常的认定

1. 关于"相关交易行为"的理解

《最高人民法院、最高人民检察院关于办理内幕交易、泄露内幕信息刑事案件具体应用法律若干问题的解释》(以下简称《解释》)规定的"相关交易行为",包括三类交易行为:第一类是指内幕信息的知情人员从事的与该内幕信息有关的证券、期货交易;第二类是指被明示、暗示的人员从事的与内幕信息有关的证券、期货交易;第三类是指非法获取内幕信息的人员从事的与内幕信息有关的证券、期货交易。

2. 关于"相关交易行为明显异常"的认定

实践中,对"相关交易行为明显异常"的认定主要综合从交易时间吻合程度、交易背景程度、利益关联程度三个方面进行把握。《解释》第3条吸收了这一做法,明确了从以下三个方面综合把握相关交易行为是否明显异常:

[①] 陈国庆、韩耀元、王文利:《〈关于办理内幕交易、泄露内幕信息刑事案件具体应用法律若干问题的解释〉解读》,载《人民检察》2012年11期。

一是时间吻合程度。即从行为时间与内幕信息形成、变化、公开的时间吻合程度把握。所要比对的时间主要有以下三类：行为人开户、销户、激活资金账户或者指定交易（托管）、撤销指定交易（转托管）时间；资金变化时间；相关证券、期货合约买入或者卖出时间。

二是交易背离程度。即从交易行为与正常交易的背离程度把握。正常交易主要体现在以下两点：基于平时交易习惯而采取的交易行为；基于证券、期货公开信息反映的基本面而理应采取的交易行为。

三是利益关联程度。即从账户交易资金进出与该内幕信息的知情人员或者非法获取人员有无关联或者利害关系把握。

所谓综合把握，是指不能单纯从上述某一个方面认定交易是否明显异常，而必须综合三个方面进行全面分析、论证。考虑到实际情况错综复杂，许多情形难以预料，《解释》第3条第8项还规定了兜底项。①

（二）关于相关交易行为明显异常的认定

对于《最高人民法院、最高人民检察院关于办理内幕交易、泄露内幕信息刑事案件具体应用法律若干问题的解释》（以下简称《解释》）第2条第2、3项规定的"相关交易行为明显异常"，《解释》第3条规定，要综合以下八种情形，从时间吻合程度、交易背离程度和利益关联程度等方面予以认定：（1）开户、销户、激活资金账户或者指定交易（托管）、撤销指定交易（转托管）的时间与该内幕信息形成、变化、公开时间基本一致的；（2）账户资金变化与该内幕信息形成、变化、公开时间基本一致的；（3）买入或者卖出与内幕信息有关的证券、期货合约的时间与内幕信息的形成、变化、公开时间基本一致的；（4）买入或者卖出与内幕信息有关的证券、期货合约的时间与获悉内幕信息的时间基本一致的；（5）买入或者卖出证券、期货合约行为明显与平时交易习惯相背离的；（6）买入或者卖出证券、期货合约行为，或者集中持有证券、期货合约行为与该证券、期货合约公开信息反映的基本面明显背离的；（7）账户交易资金进出与该内幕信息知情人员或者非法获取人员有关联或者利害关系的；（8）其他交易行为明显异常情形。

对于有否必要具体列明"相关交易行为明显异常"，在《解释》起草过程中有意见认为，具有一定敏感身份的人，在敏感时期从事与内幕信息有关的证券、期货交易足以表明交易情况明显异常，无须另外列明"相关交易行为明显异常"情形。经研究，为了防止打击面过大，应当列明"相关交易行为明显异常"情形。

从已发案例分析，"相关交易行为明显异常"主要体现在三个方面的典型特征：一是时间偶合程度。即从行为时间与内幕信息形成、变化、公开的时间偶合程度把握。所要比对的时间主要有以下三类：行为人开户、销户、激活资金账户或者指定交易（托管）、撤销指定交易（转托管）时间；账户交易资金变化时间；相关证券、期货买入或者卖出时间。二是交易背离程度。即从交易行为与正常交易的背离程度把握。正常交易主要体现在以下两点：基于平时交易习惯而采取的交易行为；基于证券、期货公开信息反映的基本面而理应采取的交易行为。三是利益关联程度。即从账户交易资金进出与该内幕信息知情人员或者非法获取人员有无关联或者利害关系把握。在证券监管部门提供相关意

---

① 刘晓虎等：《〈关于办理内幕交易、泄露内幕信息刑事案件具体应用法律若干问题的解释〉的理解与适用》，载《人民司法》2012年第15期。

见的基础上,《解释》具体列举了七种"相关交易行为明显异常"的情形。考虑到我国证券、期货市场当前处于起步发展阶段,还有许多情况难以预料,有必要为"相关交易行为明显异常"情形的认定保留一定的空间,因此规定了兜底项。

值得注意的是认定"相关交易行为明显异常",必须是全面综合考虑《解释》所列举的情形,而不是只要具有其中情形之一,就构成"相关交易行为明显异常"。

【司法解释】

《最高人民法院、最高人民检察院关于办理内幕交易、泄露内幕信息刑事案件具体应用法律若干问题的解释》(2012年3月29日 法释〔2012〕6号)(节录)

第三条 本解释第二条第二项、第三项规定的"相关交易行为明显异常",要综合以下情形,从时间吻合程度、交易背离程度和利益关联程度等方面予以认定:

(一)开户、销户、激活资金账户或者指定交易(托管)、撤销指定交易(转托管)的时间与该内幕信息形成、变化、公开时间基本一致的;

(二)资金变化与该内幕信息形成、变化、公开时间基本一致的;

(三)买入或者卖出与内幕信息有关的证券、期货合约时间与内幕信息的形成、变化和公开时间基本一致的;

(四)买入或者卖出与内幕信息有关的证券、期货合约时间与获悉内幕信息的时间基本一致的;

(五)买入或者卖出证券、期货合约行为明显与平时交易习惯不同的;

(六)买入或者卖出证券、期货合约行为,或者集中持有证券、期货合约行为与该证券、期货公开信息反映的基本面明显背离的;

(七)账户交易资金进出与该内幕信息知情人员或者非法获取人员有关联或者利害关系的;

(八)其他交易行为明显异常情形。

问题5. 关于内幕交易、泄露内幕信息犯罪阻却事由的理解

【实务专论一】[①]

(五)关于内幕交易、泄露内幕信息犯罪阻却事由的理解

内幕交易的抗辩条款在西方发达国家、我国香港地区被广泛应用。如:美国《刑事审判》对内幕交易抗辩条款有专章规定;香港《证券期货条例》也有专章规定。借鉴这些成熟资本市场国家和地区的做法,《最高人民法院、最高人民检察院关于办理内幕交易、泄露内幕信息刑事案件具体应用法律若干问题的解释》(以下简称《解释》)第4条采用"列举+兜底"方式规定了四项内幕交易、泄露内幕信息犯罪的阻却事由。

---

① 刘晓虎等:《〈关于办理内幕交易、泄露内幕信息刑事案件具体应用法律若干问题的解释〉的理解与适用》,载《人民司法》2012年第15期。

1. 如何理解和适用《解释》第 4 条第 1 项的规定

（1）如何理解《证券法》第 76 条第 2 款①的规定？《解释》第 4 条第 1 项规定的"持有或者通过协议、其他安排与他人共同持有上市公司百分之五以上股份的自然人、法人或者其他组织收购该上市公司股份的"援引了《证券法》第 76 条第 2 款前半部分的规定。有观点提出，《证券法》第 76 条第 2 款同时规定了"本法另有规定的适用其规定"，因此只有在排除适用《证券法》其他相关规定的前提下，才可将"持有或者通过协议、其他安排与他人共同持有上市公司百分之五以上股份的自然人、法人或者其他组织收购该上市公司股份的"行为认定为内幕交易犯罪的阻却事由。经研究认为，上述观点是对《证券法》第 76 条第 2 款的误读。该款行为无须附加任何其他条件，就应当认定为内幕交易犯罪的阻却事由。《证券法》第 76 条第 1 款②是禁止性规定，第 2 款相当于除外规定，第 2 款中的"本法另有规定"所明确的正是该类行为属于正当、合法交易。

（2）如何在实践中把握《解释》第 4 条第 1 项的适用条件

司法实践中，出现了不少以收购上市公司股份为由而实际从事内幕交易的案件，如何准确理解和适用《解释》第 4 条第 1 项，直接影响到罪与非罪的认定。

根据相关规定，上市公司百分之五以上股份的自然人、法人或者其他组织收购该上市公司股份的，必须向交易所报备，并在两天内不能再买卖该上市公司股票。如果拟收购百分之三十以上股份的，还必须发出要约公约，经证监会批准，才可以在不发出要约公约的条件下继续收购。上述信息无疑会严重影响到股票、期货的价格，对于收购人而言，属于强制披露的信息；对于收购人以外的人，属于禁止知悉的信息。由于收购信息与收购过程密不可分，为了鼓励、维护公司之间正常的收购，应当允许上市公司百分之五以上股份的自然人、法人或者其他组织，在该重大收购信息尚未公开前，利用该信息收购该上市公司股份。收购决议如果是经二个以上收购人商议通过的，收购行为被称为"一致行动"，收购人被称为"一致行动人"③。

实践中，对《解释》第 4 条第 1 项的适用，要注意从以下三个方面严格把握：一是关于收购人的把握。如果是单独持有上市公司百分之五以上的股份，收购人仅限单独持有人。如果是共同持有上市公司百分之五以上的股份，则收购人仅限共同持有人。二是关于收购信息的把握。如果是单独持有，收购信息指的是单独持有人拟收购上市公司的信息。如果是共同持有，则收购信息指的是共同持有人之间达成的拟收购上市公司的信息。三是关于收购行为的把握。只有收购人利用收购信息收购上市公司股票、期货的，才能适用《解释》第 4 条第 1 项的规定。收购人以外或者收购人利用收购信息以外的信息的，不能适用该项规定。如 B 公司拟收购 A 上市公司，A 上市公司百分之五以上的股东曹某获知此消息后，利用其控制的账户购入大量 A 上市公司股票。曹某与 B 公司显然不是一致行动，B 公司拟收购 A 公司的信息属于曹某收购 A 公司股份信息之外的信息，因此曹某的行为不能适用《解释》第 4 条第 1 项的规定。

---

① 对应《证券法》（2019 年修订）第 53 条第 2 款规定："持有或者通过协议、其他安排与他人共同持有公司百分之五以上股份的自然人、法人、非法人组织收购上市公司的股份，本法另有规定的，适用其规定。"下同。

② 对应《证券法》（2019 年修订）第 53 条第 1 款规定："证券交易内幕信息的知情人和非法获取内幕信息的人，在内幕信息公开前，不得买卖该公司的证券，或者泄露该信息，或者建议他人买卖该证券。"

③ 参见证监会《上市公司收购管理办法》（2008 年修订）第 83 条。

2. 如何理解按照事先订立的书面合同、指令、计划从事相关交易作为一种阻却事由

有观点认为，内幕交易人往往会制作虚假的书面合同、指令以及计划，用作规避内幕交易的事由，建议对《解释》中的该项内容不作规定。经研究认为，如果行为人按照事先订立的书面合同、指令、计划从事相关证券、期货交易，表明其完全是出于正当理由而从事交易。因此，从实体法的角度出发，按照事先订立的书面合同、指令、计划从事相关证券、期货交易，应当作为阻却内幕交易犯罪的事由。至于对《解释》该项规定可能引发大量制作虚假合同、指令、计划的担忧，实际涉及的是刑事证据的认定，属于另一层面的问题。基于上述考虑，《解释》保留了该项规定。

3. 如何理解依据已被他人披露的信息而交易作为一种阻却事由

《解释》第4条第3项规定的"他人披露"是指强制披露信息以外的其他人在国务院证券监管机构指定的报刊、媒体以外的报刊、媒体披露相关信息。《解释》第4条第3项规定的"依据已被他人披露的信息而交易"是指行为人之所以从事相关股票、期货交易是因为从非指定报刊、媒体获取了相关信息，换言之，是他人在非指定报刊、媒体披露的信息促使行为人从事相关股票、期货交易。广大股民对国务院证券监管机构指定的报刊、媒体披露的信息的信赖程度要远高于非指定报刊、媒体披露的信息。由于依据非指定报刊、媒体披露的信息从事股票、期货交易，实质上具有很大博弈的成分，所以即便从非指定报刊、媒体获悉的信息与后来指定报刊、媒体公布的内幕信息相同，行为人也可以基于这一事由主张自己的行为不构成犯罪。

值得强调的是，如果行为人在交易过程中同时从内幕信息的知情人员处获取了内幕信息，且真正促使行为人从事相关证券、期货交易的是行为人对内幕信息知情人员泄露的信息的信赖，则不能适用《解释》第4条第3项的规定。

4. 兜底抗辩事由

实践中，不可否认存在行为人依据本人的知识、经验判断或者通过其他正当途径获悉内幕信息的事实，这些事实难以一一列举，因此《解释》第4条第4项规定了兜底项。

【实务专论二】[①]

（三）关于相关交易行为明显异常的认定

对于《解释》第2条第2、3项规定的"相关交易行为明显异常"，《解释》第3条规定，要综合以下八种情形，从时间吻合程度、交易背离程度和利益关联程度等方面予以认定：（1）开户、销户、激活资金账户或者指定交易（托管）、撤销指定交易（转托管）的时间与该内幕信息形成、变化、公开时间基本一致的；（2）账户资金变化与该内幕信息形成、变化、公开时间基本一致的；（3）买入或者卖出与内幕信息有关的证券、期货合约的时间与内幕信息的形成、变化、公开时间基本一致的；（4）买入或者卖出与内幕信息有关的证券、期货合约的时间与获悉内幕信息的时间基本一致的；（5）买入或者卖出证券、期货合约行为明显与平时交易习惯相背离的；（6）买入或者卖出证券、期货合约行为，或者集中持有证券、期货合约行为与该证券、期货合约公开信息反映的基本面明显背离的；（7）账户交易资金进出与该内幕信息知情人员或者非法获取人员有关联或

[①] 陈国庆、韩耀元、王文利：《〈关于办理内幕交易、泄露内幕信息刑事案件具体应用法律若干问题的解释〉解读》，载《人民检察》2012年11期。

者利害关系的；(8) 其他交易行为明显异常情形。

对于有否必要具体列明"相关交易行为明显异常"，在《解释》起草过程中有意见认为，具有一定敏感身份的人，在敏感时期从事与内幕信息有关的证券、期货交易足以表明交易情况明显异常，无须另外列明"相关交易行为明显异常"情形。经研究，为了防止打击面过大，应当列明"相关交易行为明显异常"情形。

从已发案例分析，"相关交易行为明显异常"主要体现在三个方面的典型特征：一是时间偶合程度。即从行为时间与内幕信息形成、变化、公开的时间偶合程度把握。所要比对的时间主要有以下三类：行为人开户、销户、激活资金账户或者指定交易（托管）、撤销指定交易（转托管）时间；账户交易资金变化时间；相关证券、期货买入或者卖出时间。二是交易背离程度。即从交易行为与正常交易的背离程度把握。正常交易主要体现在以下两点：基于平时交易习惯而采取的交易行为；基于证券、期货公开信息反映的基本面而理应采取的交易行为。三是利益关联程度。即从账户交易资金进出与该内幕信息知情人员或者非法获取人员有无关联或者利害关系把握。在证券监管部门提供相关意见的基础上，《解释》具体列举了七种"相关交易行为明显异常"的情形。考虑到我国证券、期货市场当前处于起步发展阶段，还有许多情况难以预料，有必要为"相关交易行为明显异常"情形的认定保留一定的空间，因此规定了兜底项。

值得注意的是认定"相关交易行为明显异常"，必须是全面综合考虑《解释》所列举的情形，而不是只要具有其中情形之一，就构成"相关交易行为明显异常"。

【司法解释】

《最高人民法院、最高人民检察院关于办理内幕交易、泄露内幕信息刑事案件具体应用法律若干问题的解释》（2012 年 3 月 29 日　法释〔2012〕6 号）（节录）

第四条　具有下列情形之一的，不属于刑法第一百八十条第一款规定的从事与内幕信息有关的证券、期货交易：

（一）持有或者通过协议、其他安排与他人共同持有上市公司百分之五以上股份的自然人、法人或者其他组织收购该上市公司股份的；

（二）按照事先订立的书面合同、指令、计划从事相关证券、期货交易的；

（三）依据已被他人披露的信息而交易的；

（四）交易具有其他正当理由或者正当信息来源的。

问题 6. 交易数额、违法所得数额的计算和适用

【实务专论一】①

（七）内幕交易、泄露内幕信息的定罪量刑标准

1. 单次证券交易成交额、期货交易占用保证金数额的认定

如何认定单次证券交易成交额、期货交易占用保证金数额，实践中存在不同看法。一种观点认为，应当根据不同情形，以单次买入金额或者卖出金额作为成交额（占用保

---

① 刘晓虎等：《〈关于办理内幕交易、泄露内幕信息刑事案件具体应用法律若干问题的解释〉的理解与适用》，载《人民司法》2012 年第 15 期。

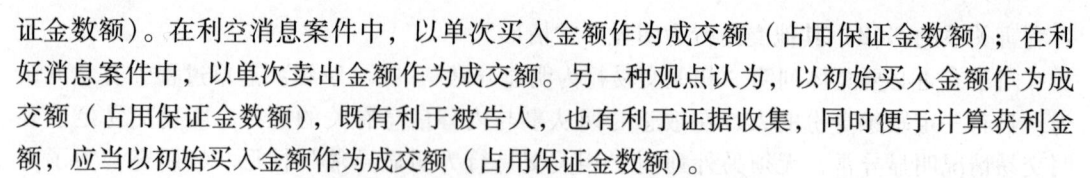

证金数额)。在利空消息案件中,以单次买入金额作为成交额(占用保证金数额);在利好消息案件中,以单次卖出金额作为成交额。另一种观点认为,以初始买入金额作为成交额(占用保证金数额),既有利于被告人,也有利于证据收集,同时便于计算获利金额,应当以初始买入金额作为成交额(占用保证金数额)。

经研究认为,买入金额、卖出金额均能体现行为的社会危害程度。在有的案件中,买入金额最能准确体现行为的社会危害大小,而在有的案件中,卖出金额最能准确体现行为的社会危害大小。考虑到具体案件中情况比较复杂,《最高人民法院、最高人民检察院关于办理内幕交易、泄露内幕信息刑事案件具体应用法律若干问题的解释》(以下简称《解释》)对此未确立一个统一的原则。实践中,对于单次买入金额、卖出金额不同的,比较普遍的做法是按照"从一重处断"原则,即将数量大的认定为成交额(占用保证金数额)。

2. 获利或者避免损失数额的认定

如何认定获利或者避免损失数额,是按照实际所得还是按照账面所得,是司法实践中经常遇到的问题。一种观点主张,获利或者避免损失数额应当按照实际所得计算,不能按照账面所得进行计算。另一种观点认为,获利或者避免损失数额应当按照账面所得进行计算。

经调研,在有的案件中,股票仅卖出一部分;在有的案件中,行为人为逃避处罚通常选择卖亏;而在有的案件中,对未抛售的涉案股票可能需要进行应急处理,根据具体股市行情决定是否抛售。考虑到实际情况纷繁多变,《解释》未对获利或者避免损失数额的认定确立一个总的原则。实践中比较倾向的观点是,对已抛售的股票按照实际所得计算,对未抛售的股票按照账面所得计算,但对为逃避处罚而卖亏的股票,应当按照账面所得计算。对于涉案股票暂不宜抛售的,在认定获利或者避免损失数额时,应当按照查封股票账户时的账面所得计算,但在具体追缴财产或退赔财产时,可按最终实际所得认定获利或者避免损失数额。

3. 情节严重与情节特别严重的量比

在起草之初,基于证券、期货犯罪涉及的数额一般都偏高的考虑,又鉴于其情节严重(起刑点标准)与最高人民检察院、公安部联合发布的相关立案追诉标准最好保持一致,《解释》曾单方面提高了情节特别严重的认定标准,将内幕交易、泄露内幕信息罪的情节严重和情节特别严重量化比例确定为1:10。后在征求意见过程中,不少意见认为,通常司法解释对情节严重与情节特别严重的量化比例确定在1:4至1:5之间,建议本解释遵循常例。参考这一意见,《解释》将"情节严重"与"情节特别严重"的量比确定为1:5。

(八)二次以上内幕交易或者泄露内幕信息相关交易数额的累计计算

1. "相关交易数额"的理解

《解释》第8条中的"相关交易数额"中的"相关交易"与《解释》第2条第2、3项规定的"相关交易"涵义相同。"相关交易数额",包括相关交易行为的成交额、占用保证金额、获利或者避免损失数额,不能仅理解为成交额。

2. 相关交易数额是否累计计算

实践中,对这一问题存在不同主张。一种观点认为,以初始成交额(占用保证金数额)、获利或者避免损失数额认定为行为人的犯罪数额,既有利于被告人,又有利于证据收集，还便于计算获利或者避免损失数额。如果进行累计计算，一旦涉案人员对证据进行了销毁，就难以准确计算相关交易数额总量。因此，应当以初始成交额（占用保证金数额）、获利或者避免数额作为最终的犯罪数额，反对将相关交易数额进行累计计算。另一种观点认为，证券、期货犯罪与其他挪用公款的职务犯罪不同，证券、期货犯罪主要体现在交易量的变化对市场秩序以及由此导致的对股民权益的侵害，应当对成交额（占用保证金数额）和获利或者避免损失数额进行累计计算。《解释》采纳了后一种观点。

3. 关于纳入累计的内幕交易行为的范围

《解释》第8条对内幕交易数额的累计计算仅作了原则性规定，即必须依法累计计算。对这一原则性规定，应理解为对内幕交易数额累计计算的限定，即单次内幕交易或者泄露内幕信息行为如不构成犯罪但超过行政处罚时效期限或者构成犯罪但超过追诉期限的，不在累计范围，但依照法律不受追诉期限限制的除外。

要准确认定累计数额，必须准确认定哪些行为能够作为累计对象。由于一般违法行为和犯罪行为的处罚时效不同，所以首先必须界分一般违法行为和犯罪行为。违法行为必须在行政处罚时效之内的限定旨在限制刑罚权的无限扩大，科学体现刑法的谦抑精神。行政违法行为，处罚时效一般为二年（逃税行为除外），对于已过处罚时效的一般违法行为，如果不能追究行政责任，那么无疑也不宜追究刑事责任，这应是社会主义法治精神的原则性要求。针对已经举报、行政执法机关或者司法机关已经立案，不受行政处罚时效期限或追诉期限限制的违法犯罪行为，行政处罚权或者刑罚权没有限制，因此对这类内幕交易行为应当纳入累计范围。

（九）犯罪数额构成不同情节的处罚原则

《解释》第9条第1款对犯罪数额构成不同情节的犯罪规定了处罚原则。

在内幕交易、泄露内幕信息案件中，只要成交额（期货案件为占用保证金额）、获利额其中之一达到入罪标准，就构成犯罪。从原理分析，社会危害性是定罪量刑最基本的依据，《解释》之所以将成交额、占用保证金额、获利额作为定罪依据，是因为这三者均能体现行为的社会危害程度。在有的案件中，交易数额（保证金额）最能准确体现行为的社会危害大小，而在有的案件中，获利或者避免损失数额最能准确体现行为的社会危害大小。理论界和实务界的主流观点均认为，同一行为成交额（占用保证金额）、获利或者避免损失数额构成不同情节的，应当按照"从一重处断"原则确定有关被告人的量刑幅度。

由于内幕交易、泄露内幕信息犯罪有情节严重和情节特别严重两个法定刑幅度，且情节严重、情节特别严重均是通过成交额（占用保证金额）、获利或者避免损失数额来体现的，所以三者不仅是区分罪与非罪的标准，还可能是区分此罪与彼罪的标准。如在牵连犯、想象竞合犯案件中，一般是按处罚较重的罪进行定罪处罚，这就要求准确找到能够体现最重罪行的犯罪数额。这一定罪逻辑，反过来表明，在同一案件中，如果犯罪数额构成不同情节的，一般按照处罚较重的数额确定量刑幅度。

基于上述分析和论证，《解释》第9条第1款规定："同一案件中，成交额、占用保证金额、获利或者避免损失额分别构成情节严重、情节特别严重的，按照处罚较重的数额定罪处罚。"

（十一）违法所得数额的理解

"违法所得数额"通常被理解为"获利数额"，如1995年《最高人民法院关于审理生产、销售伪劣产品刑事案件如何认定"违法所得数额"的批复》将"违法所得数额"界定为"生产、销售伪劣产品获利的数额"。由于生产、销售行业的违法犯罪行为很少涉及损失避免的认定,所以将此处的"违法所得"理解为"获利数额"有其一定的合理性。然而,证券、期货交易是一种高风险的投资行业,获取内幕信息后,买入行为可能获取暴利,卖出行为可能避免损失,因此,行为人在内幕信息敏感期内卖出证券、期货所避免的损失应当认定为《刑法》第180条第1款规定的"违法所得"。

【实务专论二】[①]

（七）关于相关数额的计算和适用

对于二次以上实施内幕交易或者泄露内幕信息的,除已经作行政处理、刑事处理的基于"一事不再理"的司法原理不应再纳入累计范围外,对于未经行政处理或者刑事处理的,其违法交易数额应累计计算,以体现罚当其罪。因此,《最高人民法院、最高人民检察院关于办理内幕交易、泄露内幕信息刑事案件具体应用法律若干问题的解释》（以下简称《解释》）第8条规定,实施内幕交易或者泄露内幕信息二次以上,未经行政处理或者刑事处理的,应当对相关交易数额累计计算。

《解释》第9条第1款规定了成交额、占用保证金额、获利或者避免损失额分别构成情节严重、情节特别严重的处罚标准。在内幕交易、泄露内幕信息案件中,只要成交额（期货案件为占用保证金额）、获利额其中之一达到入罪标准,就构成犯罪。由于内幕交易、泄露内幕信息犯罪情形比较复杂,且有情节严重和情节特别严重两个法定刑幅度,可能出现成交额、占用保证金额、获利或者避免损失额分别构成情节严重、情节特别严重的情形,对此应采用能够体现较重罪行的犯罪数额作为量刑标准。因此,第9条规定,同一案件中,成交额、占用保证金额、获利或者避免损失额分别构成情节严重、情节特别严重的,按照处罚较重的数额定罪处罚。

《解释》第9条第2款规定了共同犯罪的定罪处罚。一是构成内幕交易、泄露内幕信息罪共同犯罪的,按照共同犯罪行为人的成交总额、占用保证金总额、获利或者避免损失总额定罪处罚。二是考虑到共同犯罪的处罚的有效性,借鉴《最高人民法院、最高人民检察院、海关总署关于办理走私刑事案件适用法律若干问题的意见》第22条,《解释》对共犯情形的罚金刑适用作了明确："但判处罚金的总额应掌握在获利或者避免损失数额总额的一倍以上五倍以下。"

《解释》第10条是如何认定违法所得的规定。"违法所得数额"通常被理解为"获利数额",但证券、期货交易是一种高风险的投资行业,获悉内幕信息后,买入行为可能获取暴利,卖出行为可能避免损失,因此,行为人获悉内幕信息后卖出证券、期货所避免的损失应当认定为《刑法》第180条第1款的"违法所得"。因此,《解释》第10条第1款规定,违法所得是指通过内幕交易行为获利或者避免的损失。

《刑法》第180条第1款对内幕交易、泄露内幕信息罪规定了并处或者单处违法所得一倍以上五倍以下罚金,这里的"违法所得",对于泄露内幕信息者、明示者、暗示者来说,是指内幕交易违法所得还是指因泄露内幕信息或者明示、暗示行为而获取的报酬,

---

[①] 陈国庆、韩耀元、王文利：《〈关于办理内幕交易、泄露内幕信息刑事案件具体应用法律若干问题的解释〉解读》,载《人民检察》2012年第11期。

存在不同认识。一种观点认为,在不构成共犯的情形下,泄露内幕信息者未参与内幕交易,也就未从交易行为中获取所得,其违法所得只能是因其泄露而获取的报酬,而不能理解为内幕交易者的违法所得。而且,获取内幕信息者可能自己未从事内幕交易但将内幕信息再泄露,如此连锁泄露二、三次,根据所有人的内幕交易违法所得对泄露行为者进行处罚,便显失公平。另一种观点认为,无论是在内幕信息人员内幕交易情形下,还是内幕信息人员泄露内幕信息、他人交易的情形下,《刑法》第180条第1款的"违法所得"均应当理解为利用内幕信息进行交易的违法所得。《刑法》第180条第1款的立法本意在于打击内幕交易、泄露内幕信息的犯罪行为,而这种行为的社会危害性在于其利用内幕信息在证券、期货市场中非法获利,利用内幕信息进行交易非法获利的多少决定了其社会危害程度大小,因此,刑法 规定的违法所得应当是利用内幕信息进行交易非法获利的数额。对于泄露给其关系密切的人的情形下,泄露者可能根本不存在什么报酬,如果将"违法所得"理解为泄露行为的报酬,则不能对泄露者处以罚金,这样不符合立法原意。据此,《解释》采纳了第二种意见,规定内幕信息的泄露人员或者内幕交易的明示、暗示人员未实际从事内幕交易的,其罚金数额按照因泄露而获悉内幕信息人员或者被明示、暗示人员从事内幕交易的违法所得计算。

【刑事审判参考案例】 对利好型内幕信息公开后继续持股未卖的,内幕交易的违法所得如何认定——王某芳等内幕交易、泄露内幕信息案[①]

一、基本案情

2011年间,申银万国证券研究所有限公司(以下简称申万证券研究所)配合深圳市德赛电池科技股份有限公司(深圳证券交易所上市公司,以下简称德赛电池公司)筹划该公司重大资产重组及融资项目。2012年1月15日,申万证券研究所亦为此成立龙腾项目工作组,时任该所企业客户中心负责人的王某芳任负责人。

2012年2月3日下午,被告人王某芳在与被告人徐某全的电话联系过程中,向徐透露了德赛电池股票即将因该公司重大资产重组而停牌的信息。被告人徐某全获悉该信息后,于同年2月6日至8日,亏损抛售其控制的陈某、唐某花、徐某全、徐某喜证券账户内股票,筹资并在上述证券账户内连续买入德赛电池股票62万余股,成交金额1328万余元。2012年2月10日,德赛电池股票临时停牌;2月18日德赛电池发布《关于重大资产重组停牌公告》,并于2月20日正式停牌。同年3月26日,德赛电池发布《关于终止筹划重大资产重组事项暨公司证券复牌公告》并于同日复牌;该日,徐某全所购德赛电池股票以收盘价计算账面盈利150万余元。

2012年5月,被告人王某芳、徐某全在接受证券监管机构调查时均供认曾在交易敏感期内通过电话联系,徐还供认使用上述证券账户交易的事实;同年9月17日到案后,王某芳、徐某全陆续供述了全部犯罪事实。案发后,被告人徐某全已退缴全部违法所得。

上海市第一中级人民法院认为,被告人王某芳系相关证券交易内幕信息的知情人员,在该信息尚未公开前,向被告人徐某全泄露该信息;徐某全在非法获取该内幕信息后,

---

[①] 罗开卷:《王某芳泄露内幕信息、徐某全内幕交易案——对利好型内幕信息公开后继续持股未卖的,内幕交易的违法所得如何认定》,载中华人民共和国最高人民法院刑事审判第一、第二、第三、第四、第五庭主办:《刑事审判参考》总第95集,法律出版社2014年版。

买入该证券，交易金额高达1328万余元，非法获利150万余元。王某芳和徐某全的上述行为已分别构成泄露内幕信息罪和内幕交易罪，且均属情节特别严重。鉴于王某芳、徐某全具有自首情节，综合两名被告人的主观恶性、所实施的客观行为以及非法获利等犯罪情节，并结合到案后自愿认罪、退赔违法所得等悔罪表现，依法分别对两名被告人减轻处罚。

综上，上海市第一中级人民法院依法判决如下：

（1）被告人王某芳犯泄露内幕信息罪，判处有期徒刑三年，并处罚金人民币十万元；

（2）被告人徐某全犯内幕交易罪，判处有期徒刑四年，并处罚金人民币三百万元；

（3）违法所得予以追缴。

一审宣判后，被告人王某芳以其主观恶性较小，没有造成危害后果，具有自首情节为由提出上诉，请求二审改判适用缓刑。被告人徐某全以其买入德赛电池股票具有独立判断，违法所得应为90万余元，具有自首、退赔全部违法所得等情节为由提出上诉，请求二审改判适用缓刑。上海市高级人民法院经审理裁定驳回上诉，维持原判。

二、主要问题

对利好型内幕信息公开后继续持股未卖的，内幕交易的违法所得如何认定？

三、裁判理由

1. 利用利好型信息从事内幕交易的违法所得认定。

实践中，利好型内幕信息可能在复牌后兑现，也可能因为某种原因并未兑现，在这两种情况下对违法所得的认定需要区别对待。

第一，对于利好型内幕信息在复牌后兑现的，因复牌后的获利均与利用内幕交易存在因果关系，故不论行为人是在复牌日还是复牌日之后抛售股票，一般应以行为人抛售股票后的实际获利认定为违法所得。比较典型的如刘某、陈某内幕交易案。2009年2月至4月间，南京市经委原主任刘某代表南京市经委参与中国电子科技集团第十四研究所与高淳县政府洽谈重组高淳陶瓷事宜，在涉及对证券交易价格有重大影响的信息尚未公开前，刘某将该信息告知其妻子陈某。刘、陈两人在内幕信息价格敏感期内，以出售所持其他股票、向他人借款400万元所得资金，并使用其家庭控制的股票账户，由陈通过网上委托交易方式先后买入61万余股高淳陶瓷股票，并于股票复牌后3个月内全部卖出，非法获利749万余元。法院最终以刘某、陈某抛售股票后的实际获利749万余元认定为违法所得，判决予以追缴。同时，以内幕交易罪判处刘某有期徒刑5年，并处罚金750万元；判处陈某免予刑事处罚。此案中，刘某、陈某利用的内幕信息不仅是利好的信息，而且复牌后兑现了，由于复牌后的获利749万余元均与利用该内幕信息交易存在因果关系，故法院将复牌后3个月内抛售全部股票的实际获利均认定为违法所得。

第二，对于利好型内幕信息在复牌后兑现的，对已抛售的股票按照实际所得计算；如果没有抛售的，则应按照案发日的账面所得计算。

第三，对于利好型内幕信息在复牌后兑现的，如果行为人为了逃避处罚而故意低价卖亏股票的，应当按照抛售日的账面所得计算违法所得。如杨某内幕交易案。杨某自2010年5月起担任漳泽电力独立董事，2011年3、4月间从漳泽电力相关负责人处获悉该公司重大资产重组的内幕信息后，于4月15日抛售其妻尚某证券账户内的股票，筹集资金1600余万元，并以第三人李某名义开设证券账户。同年4月18日，杨某指使尚某将1500万元转入李某账户；同月19日及28日，杨某在李某账户内共买入漳泽电力股票268

万余股，成交金额合计1499万余元。同年6月7日，漳泽电力股票停牌；10月28日，漳泽电力公告重大资产重组信息并复牌。经杨某与尚某商议后，由尚操作，于复牌当日以集合竞价方式低价抛售全部漳泽电力股票，亏损82万余元。该案中，被告人杨某不仅利用了利好的内幕信息从事交易，而且该信息在复牌后兑现了，尽管表面上杨某在复牌日抛售所有涉案股票没有违法所得，但实质上是以故意低价抛售造成亏损为名行逃避处罚为实，因此，不能认为杨某没有违法所得。否则，内幕交易罪中以违法所得为基数判处罚金，因没有违法所得而象征性单处或并处罚金，难以从财产刑上有效惩治犯罪。根据《内幕交易解释》第6条、第7条的规定，获利或者避免损失数额并非内幕交易罪入罪或法定刑升格的唯一条件。本案中，即使被告人杨某没有违法所得，但仍然可能根据其涉内幕信息交易成交额1499万余元认定其构成内幕交易罪，且为情节特别严重。但根据刑法规定，对犯内幕交易罪的被告人可以单处罚金或者必须并处罚金，而罚金的数额以违法所得为基数，因此，对于故意低价抛售的，必须以账面获利认定违法所得，确保在财产刑上实现罪刑相当。根据前述观点，应以复牌日的账面所得认定为杨某内幕交易的违法所得。

第四，对于利好型内幕信息在复牌后未兑现的情况，有的选择在复牌后即抛售，有的选择在复牌后仍较长时间持股。对于在复牌后即抛售仍有获利的，因复牌后的获利涉及利用内幕交易，故应以抛售后的实际获利认定违法所得，实践中一般没有争议。但对于复牌后没有立即抛售而是继续持股的，这种情况下如何计算违法所得，存在两种不同意见。一种意见认为，应以复牌日的账面所得计算。另一种意见则认为，应以案发日的账面所得计算。笔者倾向于第一种意见。理由为：由于利好型内幕信息未兑现，往往不会对复牌后的股价产生直接影响，即后续的股价变化与内幕信息之间没有因果关系。在查处的内幕交易案件中，内幕信息主要为重大资产重组信息，故以资产重组的内幕信息为例。对于广大股民来说，停牌之前获知的信息是公司资产不重组，停牌时获知公司资产要重组，而后资产重组失败，复牌后广大股民得到的信息又是公司资产不重组。故一般认为，未兑现的利好内幕信息往往不会对复牌后的股价产生直接影响。行为人在复牌当日未抛售股票而选择继续持股，系基于对市场的判断而作出的选择，后续的获利或损失与内幕信息缺乏因果关系。因此，对于在复牌后仍较长时间持股的，以复牌当日的账目获利认定为违法所得较为合理。

第五，对于利用利好型内幕信息从事股票买卖，如果以账目的获利认定为违法所得，是以收盘价还是最低价或最高价，抑或最低价和最高价的平均价计算，由于没有相关明确规定，存在不同意见。实践中主要存在四种观点。第一种观点认为，应从有利于被告人角度以最低价计算账目获利。第二种观点认为，收盘价是市场参与者们所共同认可的价格，应以收盘价计算账目获利。第三种观点认为，应借鉴其他类似案件存在不同价格时取平均值的方法，以最低价和最高价的平均价计算账目获利。第四种观点认为，应以最高价计算账目获利，否则轻纵犯罪。

笔者倾向于第二种观点，即以收盘价计算账目获利。理由为：在证券市场中，收盘价是最重要的一个数据，是赚钱或赔钱的基准，是市场参与者们所共同认可的价格。最高价是大多数人认为好的卖出价格，最低价是大多数人认为好的买进价格，最高价和最低价是价格的两个极端。对复牌当日账目获利的认定，以最高价计算偏高，以最低价计算偏低，以收盘价计算较为合理。实践中，一般只有存疑时才作有利于被告人的选择，而此时不存疑，且最低价是大多数人认为好的买进价格，从理性人角度，一般不可能在最低价时将股票抛售，除非是为了逃避处罚，故第一种观点难以成立。对于平均价计算法，一般是在"遇到销售金额或其他数额高低不等难以具体查明时，取其平均数额予以认定"。而最高价和最低价是两种性质不同的价格，前者是大多数人认为好的卖出价格，后者是大多数人认为好的买进价格，显然不宜简单取两者的平均数。加之收盘价是市场参与者们所共同认可的价格，以收盘价计算具有内在的合理性，而被告人在最低价时抛售不符合逻辑，期望在最高价时抛售又只是一种可能，故以收盘价计算对被告人较为公平，第三种、第四种观点都不可取。

（二）利用利空型信息从事内幕交易的违法所得认定。

实践中，内幕交易不仅包括在利好型信息公开前买入股票等待获利，也包括在利空型信息公开前卖出股票规避损失。根据《内幕交易解释》第10条的规定，对于利用利空型内幕信息从事股票交易所避免的损失，就是内幕交易的违法所得。

值得注意的是，如果行为人在知悉利空型内幕信息之前即已持有股票，对于在内幕信息公开前尚未抛售的部分属于继续持有，不存在需要核定规避风险的利益，即不属于内幕交易的归责范围，不能作为违法所得认定。

【司法解释】

《最高人民法院、最高人民检察院关于办理内幕交易、泄露内幕信息刑事案件具体应用法律若干问题的解释》（2012年3月29日　法释〔2012〕6号）（节录）

第六条　在内幕信息敏感期内从事或者明示、暗示他人从事或者泄露内幕信息导致他人从事与该内幕信息有关的证券、期货交易，具有下列情形之一的，应当认定为刑法第一百八十条第一款规定的"情节严重"：

（一）证券交易成交额在五十万元以上的；

（二）期货交易占用保证金数额在三十万元以上的；

（三）获利或者避免损失数额在十五万元以上的；

（四）三次以上的；

（五）具有其他严重情节的。

第七条　在内幕信息敏感期内从事或者明示、暗示他人从事或者泄露内幕信息导致他人从事与该内幕信息有关的证券、期货交易，具有下列情形之一的，应当认定为刑法第一百八十条第一款规定的"情节特别严重"：

（一）证券交易成交额在二百五十万元以上的；

（二）期货交易占用保证金数额在一百五十万元以上的；

（三）获利或者避免损失数额在七十五万元以上的；

（四）具有其他特别严重情节的。

第八条　二次以上实施内幕交易或者泄露内幕信息行为，未经行政处理或者刑事处理的，应当对相关交易数额依法累计计算。

第十条　刑法第一百八十条第一款规定的"违法所得"，是指通过内幕交易行为所获利益或者避免的损失。

内幕信息的泄露人员或者内幕交易的明示、暗示人员未实际从事内幕交易的，其罚金数额按照因泄露而获悉内幕信息人员或者被明示、暗示人员从事内幕交易的违法所得计算。

问题 7. 内幕信息知情人员建议他人买卖与内幕信息有关的证券但没有获利的行为如何定性

【刑事审判参考案例】 李某红等内幕交易、泄露内幕信息案①

一、基本案情

2006 年年底，中山公用科技股份有限公司（以下简称科技公司）的控股股东中山公用事业集团有限公司（后更名为中山公用事业集团股份有限公司，以下简称集团公司）筹备集团公司整体上市。谭某中将集团公司整体资产注入科技公司的构思告诉郑某龄，共同研究资产重组的可行性。2007 年 6 月 11 日，谭某中向原中山市委书记陈根楷汇报了拟将集团公司优质资产注入科技公司实现集团公司整体上市的计划。陈根楷表示同意，并要求李某红具体负责此事。后谭某中即要求郑某龄准备好有关集团公司重组科技公司并整体上市的材料，并于 6 月 26 日向李某红全面汇报了公司整体上市的情况。2007 年 7 月 3 日，李某红、谭某中、郑某龄等人向中国证监会汇报了科技公司重大资产重组的初步方案。

2007 年 6 月，谭某中、李某红分别向林某安、林某雁泄露上述内幕信息。此后，林某雁筹集资金人民币（以下币种均为人民币）677 万元（其中 236.5 万元属李某红夫妇所有），于 2007 年 6 月 29 日至 7 月 3 日期间，累计买入科技股票 89.68 万股，并于 2007 年 9 月 18 日至 10 月 15 日期间陆续卖出，账面收益 19832350.52 元。

广州市中级人民法院认为，被告人李某红、郑某龄、谭某中身为内幕信息的知情人员，在涉及对证券交易价格有重大影响的信息尚未公开前，买入或建议他人买入该证券，并泄露该信息，情节特别严重，其行为均构成内幕交易、泄露内幕信息罪。被告人林某安从李某红、谭某中处非法获取内幕信息，被告人林某雁从李某红处非法获取内幕信息，被告人周某星、郑某枝从郑某龄处非法获取内幕信息，被告人陈庆云从郑浩枝处非法获取内幕信息，并利用该信息尚未公开前，买入相应证券，情节特别严重，其行为均构成内幕交易罪。

综上，广州市中级人民法院判决如下：

（一）被告人李某红犯内幕交易、泄露内幕信息罪，判处有期徒刑六年六个月，并处罚金两千万元。

（二）被告人林某雁犯内幕交易罪，判处有期徒刑五年六个月，并处罚金一千三百万元。

（三）被告人谭某中犯内幕交易、泄露内幕信息罪，判处有期徒刑五年，并处罚金七百万元。

（四）被告人林某安犯内幕交易罪，判处有期徒刑三年六个月，并处罚金三百万元。

……

---

① 黄建屏、梁美：《李某红等内幕交易、泄露内幕信息案——如何确定内幕信息价格敏感期、建议他人买卖与内幕信息有关的证券行为如何定性以及如何区分洗钱罪与掩饰、隐瞒犯罪所得罪》，载中华人民共和国最高人民法院刑事审判第一、第二、第三、第四、第五庭主办：《刑事审判参考》总第 83 集，法律出版社 2012 年版。

一审宣判后，上述被告人没有上诉，检察机关没有抗诉，判决已发生法律效力。

二、主要问题

内幕信息知情人员建议他人买卖与内幕信息有关的证券，但没有获利的行为，如何定性？

三、裁判理由

《中华人民共和国刑法修正案（七）》在《刑法》第 180 条中增设"明示、暗示他人从事上述交易活动"的规定，解决了实践中对建议他人买卖证券行为是否构成犯罪理解上的分歧。从该规定分析，内幕交易、泄露内幕信息的行为方式有买卖证券、泄露该信息和明示、暗示他人从事交易，是三种并列的行为方式，对建议他人买卖与内幕信息有关的证券行为是构成泄露内幕信息罪，还是构成内幕交易罪存在不同观点。一种观点认为，内幕信息知情人员的建议行为是泄露内幕信息的具体方式之一，是一种采用暗示的方式泄露内幕信息的行为，因此，应当认定构成泄露内幕信息罪。另一种观点认为，内幕信息知情人员的建议行为不是泄露内幕信息的行为，而是内幕交易行为，应当认定构成内幕交易罪。

我们同意后一种观点，理由如下：首先，泄露内幕信息的行为所指向的对象是内幕信息本身，即使是行为人在泄露时对内幕信息进行了加工、增加、缩减，其内容也必须与原信息基本一致，而建议他人买卖证券的行为，已不再是仅仅向他人提供内幕信息本身，因此不构成泄露内幕信息罪。其次，根据刑法关于共同犯罪的规定，内幕信息的知情人员建议他人买卖证券，极有可能是内幕交易实施者的犯意提起者、教唆者，建议者和交易者属于内幕交易的共同犯罪，均构成内幕交易罪。

根据修正后的《刑法》第 180 条，建议他人买卖证券行为的构成要件有：一是主体是内幕信息的知情人员或者非法获取内幕信息的人员；二是在他人交易前为他人提供交易建议，如提供交易时间、交易数额等；三是这些交易建议是基于知情内幕信息而作出的；四是他人根据交易建议实施了内幕交易。由此而论，无论建议人有否实际获利，或者建议人有否自己进行内幕交易，其建议行为均构成内幕交易罪。

就本案而言，谭某中建议林某安购买涉案股票和交易具体数额、具体运作方法等，谭某中的行为符合刑法关于共同犯罪的规定，其与林某安构成内幕交易共同犯罪，即构成内幕交易罪。

问题 8. 非法侵入计算机系统获取内幕信息后又实施内幕交易的行为如何定性

【刑事审判参考案例】非法侵入计算机系统获取内幕信息后又实施内幕交易的，应如何定罪——朱某某非法获取计算机信息系统数据、非法控制计算机信息系统、内幕交易案①

［基本案情］

葫芦岛市中级人民法院经公开审理查明：

---

① 李晓智、周发遘：《朱某某非法获取计算机信息系统数据、非法控制计算机信息系统、内幕交易案——非法侵入计算机系统获取内幕信息后又实施内幕交易的，应如何定罪》，载最高人民法院刑事审判第一、二、三、四、五庭编：《刑事审判参考》总第 133 辑，人民法院出版社 2022 年版。

（一）非法获取计算机信息系统数据、非法控制计算机信息系统事实

2004年至2016年间，被告人朱某海违反国家规定，制作并使用木马病毒（被命名为David病毒、证券幽灵病毒）非法侵入、控制他人计算机信息系统，非法获取相关计算机信息系统存储的数据。其间，朱某海非法控制计算机信息系统2474台，利用从华夏基金管理有限公司、南方基金管理有限公司、嘉实基金管理有限公司、海富通基金管理有限公司等多家基金公司计算机系统内非法获取的交易指令，进行相关股票交易牟利。其中：(1) 2015年11月16日至17日买入曙光股份共计65万股，成交金额人民币713.123752万元（以下未特别注明的均为人民币），同年11月17日至25日卖出，成交金额843.761148元万，获利130.637396万元。(2) 2015年3月25日至31日买入省广股份共计22.15万股，成交金额832.356898万元，同年3月26日至4月1日卖出，成交金额885.292529万元，获利52.935631万元。

（二）内幕交易事实

2009年间，被告人朱某海利用木马病毒从中信证券股份有限公司非法获取了《中信网络1号备忘录——关于长宽收购协议条款》《苏宁环球公司非公开发行项目》《美的电器向无锡小天鹅股份有限公司出售资产并认购其股份》《关于广州发展实业控股集团股份有限公司非公开发行项目的立项申请报告》《开滦立项申请报告》《赛格三星重组项目》等多条内幕信息，在相关内幕信息敏感期内实施与对应敏感信息相关的股票交易。其中，朱某海自2009年3月23日至10月29日，买入股份成交金额共计312.090487万元，卖出股票成交金额共计314.059282万元。

葫芦岛市中级人民法院认为，被告人朱某海违反国家规定，利用木马病毒侵入他人计算机信息系统，获取其中存储的数据，对计算机信息系统实施非法控制，情节特别严重，其行为已经构成非法获取计算机信息系统数据、非法控制计算机信息系统罪；朱某海又利用其非法获取的内幕信息，在内幕信息尚未公开前，买入、卖出与内幕信息有关的股票，情节严重，其行为又构成内幕交易罪，应依法数罪并罚。综合考虑朱某海的犯罪情节，获利情况及其认罪、悔罪表现，依照《刑法》第285条第2款、第180条第1款、第69条、第64条、第52条、第67条第3款之规定，判决如下：

被告人朱某海犯非法获取计算机信息系统数据、非法控制计算机信息系统罪，判处有期徒刑三年，并处罚金人民币一千八百万元；犯内幕交易罪，判处有期徒刑六个月，并处罚金人民币九万八千元；决定执行有期徒刑三年一个月，并处罚金人民币一千八百零九万八千元。

宣判后，公诉机关提出抗诉，被告人朱某海提出上诉。

辽宁省高级人民法院经审理认为，原审认定事实清楚，定罪准确。但对于非法获取计算机信息系统数据、非法控制计算机信息系统罪的罚金刑判处过高，应予调整；对于内幕交易罪适用法律不当，导致量刑畸轻，对辽宁省人民检察院的抗诉意见予以支持。综上，依法改判上诉人朱某海犯非法获取计算机信息系统数据、非法控制计算机信息系统罪，判处有期徒刑三年，并处罚金人民币三百六十万元；犯内幕交易罪，判处有期徒刑五年，并处罚金人民币九万八千元，数罪并罚，决定执行有期徒刑六年，并处罚金人民币三百六十九万八千万元。

二、主要问题

（一）行为人非法侵入他人计算机信息系统并实施非法控制，在获取计算机信息系统

数据后又实施内幕交易的,应定一罪还是数罪?

(二)如何理解内幕交易罪中的"情节严重"与"情节特别严重"?

三、裁判理由

本案在审理过程中,就上述问题均存在不同意见。

(一)朱某海非法侵入他人计算机信息系统并实施非法控制,在获取计算机信息系统数据后又实施内幕交易的,定一罪还是数罪。

第一种意见认为,被告人朱某海为实现非法目的,非法侵入他人计算机信息系统,对多台计算机信息系统实施非法控制,后利用非法获取的内幕信息实施内幕交易,上述行为虽可以分别评价为手段行为与目的行为,但由于作为手段行为的非法侵入计算机信息系统、非法控制计算机信息系统行为不能完全评价朱某海的内幕交易行为,故应数罪并罚。

第二种意见认为,朱某海非法侵入他人计算机信息系统并实施非法控制的行为属于手段行为,实施内幕交易的行为属于目的行为,二者成立牵连犯。根据对牵连犯从一重从重处罚的原则,应以非法侵入计算机信息系统、非法控制计算机信息系统罪或内幕交易罪一罪处罚,否则有重复评价之嫌。

笔者同意第一种意见。具体理由如下。

1. 朱某海非法侵入计算机信息系统并实施非法控制的行为与内幕交易的行为均具有严重的社会危害性,且属侵犯不同的刑法保护法益,因此构成不同的犯罪

本案中,被告人朱某海为实现不法牟利目的,违反国家规定,非法侵入多个计算机信息系统并获取计算机信息系统中存储的数据,对多达 2474 台的计算机信息系统实施非法控制。朱某海的上述行为包括非法获取计算机信息系统数据行为与非法控制计算机信息系统行为。由于《刑法》第 285 条第 2 款属选择性罪名,故应以非法获取计算机信息系统数据、非法控制计算机信息系统罪一罪认定。

此外,被告人朱某海利用木马病毒从中信证券股份有限公司非法获取多条内幕信息,在相关内幕信息敏感期内与对应敏感信息相关的股票交易,其行为又已构成刑法第一百八十条第一款规定的内幕交易罪。虽然朱某海并非涉案股票公司的内部知情人员,但其系通过非法手段获取相关内幕信息,根据 2012 年 3 月 29 日《最高人民法院、最高人民检察院关于办理内幕交易、泄露内幕信息刑事案件具体应用法律如果问题的解释》(以下简称《解释》)第 2 条的规定,属于非法获取证券交易内幕消息的人员。

朱某海非法获取计算机信息系统数据、非法控制计算机信息系统的犯罪行为与其内幕交易犯罪行为均具有严重的社会危害性。前者侵害了社会管理秩序这一社会法益,后者则侵害了金融管理秩序这一社会法益,由于二者系分属不同的社会法益,因此,朱某海的前述两类行为分别构成不同的犯罪,亦即,朱某海系一人犯数罪。对此,原则上应对之实施数罪并罚。

2. 朱某海非法侵入计算机信息系统并实施非法控制以实现非法获取信息的行为与其此后所实施的内幕交易行为之间,不具有类型性特征,不宜按牵连犯处理原则处理第一,牵连犯并非刑法所明文规定的罪数处理方法,而是刑法理论中关于罪数理论的学说观念,司法实践中必须严格遵照刑法原则与具体规定对犯罪行为所涉的罪数进行妥当处理。

第二,牵连犯成立的判断标准在理论上存在不同看法,实践中一般认为,手段行为与目的行为应当具有类型性特征,即手段行为与目的行为之间具有密切关联性,行为人

实施该目的行为时通常会使用该手段行为。如果将不具有类型性关联的行为均认定为牵连犯，必然导致罪刑不相适应。如入室强奸的，非法侵入他人住宅即属于手段行为，实施强奸则是目的行为，二者之间对于入室强奸而言具有惯常性，也符合社会常识经验与一般社会认知，因此，对之按牵连犯处理不会引起任何疑义，也能做到罪责刑相适应。又如，为实施合同诈骗，行为人私自伪造公司、企业印章的，前者即属于目的行为，后者则属于手段行为，二者在当前合同诈骗犯罪中也具有通常性，因此，可以认为其具有类型性的意义，对之以牵连犯处理即可。

本案中，朱某海前述两个犯罪行为之间却不具有类型性的特征。作为朱某海手段行为的非法侵入他人计算机信息系统、非法获取计算机信息系统数据的行为，与作为朱某海目的行为的内幕交易行为之间不具有惯常性即类型性关联。实践中，实施内幕交易的行为人并不以非法侵入他人计算机信息系统并非法获取计算机信息系统内的数据信息为通常手段行为，而非法侵入他人计算机信息系统的行为人一般也并不是为了实施内幕交易行为，而往往是为了获取公民个人信息或实现其他非法目的。因此，上述朱某海所实施的两类行为之间并不具有类型性特征，故不宜对之按牵连犯予以处理。

第三，以一罪处理并不能充分、全面地评价朱某海的全部犯罪行为。本案中，朱某海的上述行为均具有严重的社会危害性。其非法侵入他人计算机信息系统时间长达十余年、非法控制计算机信息系统多达2000多台，且非法获取了多家上市公司的内部数据信息，此后朱某海又对中信证券股份有限公司多只股票进行内幕敏感期内的非法交易。无论是以非法获取计算机信息系统数据、非法控制计算机信息系统罪一罪还是以内幕交易罪一罪处罚，均不能完全、充分地评价其全部犯罪行为，更不能实现罪责刑相一致。因此，对朱某海实施数罪并罚，既为贯彻刑法的基本原则所必需，也由本案的实际案情所决定。

（二）朱某海所实施的内幕交易行为属于"情节严重"还是"情节特别严重"

第一种意见认为，朱某海所实施的内幕交易行为属于"情节严重"。尽管根据《解释》的相关规定，朱某海的行为属于"情节特别严重"，但之后最高人民法院、最高人民检察院在2019年又规定违法所得数额达到1000万元以上的，属于"情节特别严重"。根据后法优于前法的法律适用规则，应当根据后一司法解释的规定，认定朱某海的行为属于"情节严重"。第二种意见认为，朱某海内幕交易行为依然应当属于"情节特别严重"。

笔者同意第二种意见。具体理由如下：

本案中被告人朱某海所涉犯罪系《刑法》第180条第1款规定的内幕交易罪。《解释》第7条规定："在内幕信息敏感期内从事或者明示、暗示他人从事或者泄露内幕信息导致他人从事与该内幕信息有关的证券、期货交易，具有下列情形之一的，应当认定为刑法第一百八十条第一款规定的情节特别严重：（一）证券交易成交额在二百五十万元以上的；（二）期货交易占用保证金数额在一百五十万元以上的；（三）获利或者避免损失数额在七十五万元以上的；（四）具有其他特别严重情节的。"据此，朱某海证券交易成交额累计为600余万元（按证券买入金额加上证券卖出金额累计计算），符合"情节特别严重"的规定，应在五年以上有期徒刑的法定刑幅度内量刑。值得指出的是，《解释》至今依然有效。

第一种意见实际上是对2019年7月1日最高人民法院、最高人民检察院颁布的《关于办理利用未公开信息交易刑事案件适用法律若干问题的规定》（以下简称《规定》）的一种误读。该规定系针对《刑法》180条第4款所规定的利用未公开信息交易罪进行明确。《规定》第4条规定:"利用未公开信息交易,具有下列情形之一的,应当认定为刑法第一百八十条第四款规定的'情节严重':(一)违法所得数额在一百万元以上的;(二)二年内三次以上利用未公开信息交易的;(三)明示、暗示三人以上从事相关交易活动的。"《规定》第六条规定:"利用未公开信息交易,违法所得数额在五十万元以上的,或者证券交易成交额在五百万元以上,具有下列情形之一的,应当认定为刑法第一百八十四条第四款规定的'情节严重':(一)以出售或者变相出售未公开信息等方式,明示、暗示他人从事相关交易活动;(二)因证券、期货犯罪行为受过刑事追究的;(三)二年内因证券、期货违法行为受过行政处罚的;(四)造成恶劣社会影响或者其他严重后果的。"为解决一些案件中对于此类犯罪行为是否属于"情节特别严重"的争议,《规定》第7条明确规定:"利用未公开信息交易,违法所得数额在一千万元以上的,应当认定为'情节特别严重':违法所得数额在五百万元以上的,或者证券交易额在五千万元以上,或者期货交易占用保证金数额在一千万元以上,具有该解释第六条规定的四种情形之一的,应当认定为情节特别严重。"

由此可见,《规定》旨在解决司法实践中对于利用未公开信息交易罪中是否存在"情节特别严重"的争议,而非对《解释》的内容进行改变。

内幕交易罪与利用未公开信息交易罪有明显区别,前罪是指内幕信息知情人员包括非法获取内幕信息人员在敏感期内从事内幕交易的行为,后罪是指证券交易所、基金公司的从业人员以及有关监管人员或者行业协会的工作人员,利用职务便利获取的内幕信息以外的其他未公开信息,从事与该信息相关的证券、期货交易的行为。一审法院根据2019年《规定》对《刑法》第180条第4款即对利用未公开信息交易罪的规定,去解决本案中应当适用《刑法》第180条第1款规定的内幕交易罪的"情节严重",属于适用法律不当。故二审法院对省检察院的支持抗诉理由予以采纳,并改判朱某海刑罚是正确的。

问题9. 利用内幕信息是否系内幕交易、泄露内幕信息罪必要条件

【地方参考案例】叶某某国有公司人员失职、滥用职权、内幕交易、顾某内幕交易案[①]

[裁判要旨]

内幕人员买卖证券、期货合约必须是利用内幕信息,建议他人买卖证券、期货合约也必须是依据内幕信息,泄露内幕信息也必须是法律、法规规定的内幕信息,只有这样,才能成立内幕交易、泄露内幕信息罪。

[基本案情]

被告人叶某某,原深圳经济特区房地产(集团)股份有限公司党委书记、董事长。被告人顾某,原深圳市赛博数码广场有限公司董事、副总经理。

2000年4月底,被告人顾某利用被告人叶某某将其安排在深房集团下属深圳市数码港投资有限公司筹备办工作的职务便利,掌握了包括深房集团董事会将于2000年6月19日就数码港公司正式揭牌一事在中国证券时报作重大事项公告在内的大量内幕信息。为

---

① 深圳市罗湖区人民法院(2003)深罗法刑初字第115号刑事判决书。

抓住时机炒作深深房股票牟利，被告人顾某遂向西安飞机工业铝业股份有限公司（下简称西飞铝业）财务负责人张某联系借款1000万元人民币。

同年5月初，被告人顾某为增强张某的借款信心，在向来深洽谈借款事宜的张某及西飞铝业经营部、证券部经理魏某某介绍了深房集团数码港项目的一些情况后，又将张、魏引荐给被告人叶某某相识。被告人叶某某明知被告人顾某欲向张某、魏某某借款买卖深深房股票，以深房集团董事长身份向张、魏详细叙说了数码港项目的经营状况、看好深深房前景等，张某、魏某某于是最终确信深深房股有重大炒作题材，遂决定挪用本公司买卖期货的1000万元人民币保证金以年息16%借给被告人顾某，借期三个月，同时要求顾某提供该资金的托管公司和100万元人民币的风险保证金。

被告人顾某将张、魏的要求告诉被告人叶某某，叶某某即与深圳途畅光电有限公司（以下简称途畅公司）总经理徐某某联系，要徐以其公司的名义托管和收转该资金，并向徐保证该资金运作绝对不会亏。被告人叶某某又联系了江南证券深圳营业部总经理×××，要求其为被告人顾某提供炒股账号与担任炒股资金的监管人。5月12日，张某、魏某某挪用本公司1000万元人民币，通过深圳途畅公司转到江南证券深圳营业部总经理张某某为被告人顾某提供的"叶某军"的股东账户上。5月15日至19日，被告人顾某将1000万元人民币全部买入深深房股票。5月22日，被告人叶某某转存100万元人民币到×××提供的"后某华"的股东账户上，作为被告人顾某借款炒股的风险保证金，同时要求被告人顾某亦为其全部买入深深房股票。同年7月26日至8月10日，被告人顾某将"叶某军"的股东账户上的深深房股票全部抛出，盈利78万余元人民币，除支付西飞铝业借款本金与利息外，仍获利42万余元人民币。

2001年1月，被告人顾某获悉并经被告人叶某某确认深房集团将转让本公司持有的汕头海湾大桥30%的股份收回过亿资金的内幕信息后，为图暴利又以年息16%向张某、魏某某借款600万元人民币，用来买卖深深房股票。被告人叶某某遂又联系了深圳市南海洲实业有限公司法人代表孟某某，要求以该公司的名义托管、收转资金，并继续以江南证券深圳营业部"后某华"账户内的股票为被告人顾某炒股提供担保。同年1月15日被告人顾某将借得的600万元人民币转入江南证券深圳营业部"吴某玉"的股东账户后，相继全部买入深深房股票，但因深房集团董事会直至当年11月才将汕头海湾大桥股份转让事项在证券时报上公告，而被告人顾某借款期限只签了二个月，不得已于当年3月底将深深房股票全部抛出，本息共亏损41万余元人民币，被告人叶某某为其支付了亏损的款数。

[法院认为]

被告人叶某某无视国法，身为国有公司工作人员，在股权转让履行职务过程中，严重不负责任、滥用职权，造成国有公司严重损失，致使国家利益遭受特别重大损失，其行为已构成国有公司人员失职、滥用职权罪，并有徇私舞弊情节，依法应当从重处罚。被告人叶某某、顾某作为证券交易内幕信息的知情人员，在涉及对本公司证券价格有重大影响的信息尚未公开前，买卖该证券，情节严重，其行为均已构成内幕交易罪。被告人叶某某、顾某基于共同的犯罪故意，共同实施内幕交易的行为，是共同犯罪。在共同犯罪中，被告人叶某某是上市公司的董事长，是"数码港揭牌"这一内幕信息的知情人员，对实施内幕交易的资金来源、数额、资金担保、买卖股票的具体运作细节均起关键作用，是主犯；被告人顾某起次要作用，是从犯，依法从轻处罚。被告人叶某某犯数罪，依法应当数罪并罚。检察机关认定被告人叶某某、顾某内幕交易"情节特别严重",因无相关法律规定和司法解释,不予采纳。被告人叶某某在被执行"双规"期间共计29日,应当在刑期执行时予以折抵。

[裁判结果]

综上,深圳市罗湖区人民法院判决如下:

一、被告人叶某某犯国有公司人员失职、滥用职权罪,判处有期徒刑六年;犯内幕交易罪,判处有期徒刑三年,罚金人民币八十万元;决定执行有期徒刑八年,罚金人民币80万元,上缴国库。

二、被告人顾某犯内幕交易罪,判处有期徒刑二年;罚金人民币八十万元,上缴国库。

[简要分析]

从《刑法》的规定来看,构成内幕交易、泄露内幕信息罪的行为有两种:一是内幕交易行为;二是泄露内幕信息行为。但关于内幕交易行为与内幕信息的关系,存在着不同的意见。一种观点认为,"利用内幕信息"并非本罪必要要件。另一种观点认为,根据我国法律的有关规定,不管内幕人员或非内幕人员实施的买卖、建议或泄露都与内幕信息密不可分,也就是说内幕信息是必要条件。

我们赞同第二种观点。根据《刑法》规定,证券期货交易内幕信息的知情人员或者非法获取证券、期货交易内幕信息的人员,在涉及证券的发行,证券、期货交易或者其他对证券、期货交易价格有重大影响的信息尚未公开前,买入或者卖出该证券,或者从事与该内幕信息有关的期货交易,或者泄露该信息,情节严重的,构成本罪。因为该条将证券、期货交易行为发生的时间限制在"证券、期货交易价格有重大影响的信息尚未公开前",这实质上暗含着行为人掌握并利用持有内幕信息的优势,从而通过该信息公开的时间差进行不公平交易,借以牟取非法利润或避免损失,同时也表明其交易行为与内幕信息具有直接的因果关系。因此,内幕人员买卖证券、期货合约必须是利用内幕信息,建议他人买卖证券、期货合约也必须是依据内幕信息,泄露内幕信息也必须是法律、法规规定的内幕信息,只有这样,才能成立内幕交易、泄露内幕信息罪。同理,非内幕人员也只有利用其非法获取的内幕信息进行证券、期货合约买卖,以非法获取的内幕信息建议他人买卖证券、期货合约的才构成本罪。

因此,内幕人员买卖证券、期货合约必须是利用内幕信息,建议他人买卖证券、期货合约也必须是依据内幕信息,泄露内幕信息也必须是法律、法规规定的内幕信息,只有这样,才能成立内幕交易、泄露内幕信息罪。同理,非内幕人员也只有利用其非法获取的内幕信息进行证券、期货合约买卖,以非法获取的内幕信息建议他人买卖证券、期货合约的才构成本罪。

所以,实践中认定某一行为是否构成内幕交易、泄露内幕信息罪,应首先确定其是否利用或依据内幕信息。即使是内幕人员,如果没有利用内幕信息或依据内幕信息所作的买卖或建议行为,不构成本罪。在司法实践中应避免法定内幕人员中心论,即只要是内幕人员实施的诸如买卖、建议等行为,均认为是内幕交易行为的不当做法。

问题 10. 内幕交易共同犯罪与泄露内幕信息的界定

【典型案例】王某、李某内幕交易案①

［基本案情］

被告人王某，系国某节能服务有限公司（以下简称"国某公司"）财务部主任；被告人李某，系王某前夫。

2014 年间，王某受国某公司总经理郭某指派，参与公司上市前期工作，并联系中某证券股份有限公司（以下简称中某证券）咨询上市方案。2015 年间，经国某公司与中某证券多次研究，对重庆涪某电力实业股份有限公司（以下简称涪某公司）等四家上市公司进行重点考察，拟通过与上市公司资产重组借壳上市。王某参加了相关会议。2015 年 10 月 26 日，国某公司召开上市准备会，研究借壳涪某公司上市相关事宜。会后，郭某安排王某了解涪某公司的资产情况。2015 年 12 月 30 日，经与国某公司商定，涪某公司公告停牌筹划重大事项。

2016 年 2 月 25 日，涪某公司发布有关其与国某公司重大资产重组事项的《重大资产购买暨关联交易草案》，该公告所述事项系内幕信息，内幕信息敏感期为 2015 年 10 月 26 日至 2016 年 2 月 25 日，王某系内幕信息知情人。2016 年 3 月 10 日，涪某公司股票复牌。

国某公司筹划上市期间，王某、李某于 2015 年 5 月 13 日离婚，但二人仍以夫妻名义共同生活。在内幕信息敏感期内，李某两次买入涪某公司股票，累计成交金额 412 万元，并分别于涪某公司股票停牌前、发布资产重组公告复牌后卖出全部股票，累计亏损 9 万余元。

［典型意义］

1. 以风险、收益是否共担为标准，准确区分内幕交易的共同犯罪与泄露内幕信息罪。内幕信息知情人将内幕信息泄露给他人，并对内幕交易共担风险、共享收益的，属于内幕交易的共同犯罪。内幕信息知情人仅泄露内幕信息给他人，不承担风险、不参与分赃的，单独认定为泄露内幕信息罪。本案中，虽然用于交易的证券账户和资金账户均在李某名下，但王某和李某资金混合，作为共同财产支配使用，二人不是泄露内幕信息与利用内幕信息交易的前后手犯罪关系，而是合谋利用内幕信息进行证券交易的共同犯罪，均应对内幕交易的成交总额、占用保证金总额、获利或避免损失总额承担责任。

2. 被告人不供述犯罪，间接证据形成完整证明体系的，可以认定被告人有罪和判处刑罚。内幕交易犯罪隐蔽性强，经常出现内幕信息知情人与内幕交易行为人订立攻守同盟、否认信息传递，企图以拒不供认来逃避惩罚的现象。对此，应通过收集行为人职务职责、参与涉内幕信息相关工作等证据证明其系内幕信息知情人；通过收集内幕信息知情人与内幕交易行为人之间的联络信息证明双方传递内幕信息的动机和条件；通过收集交易数据、资金往来、历史交易、大盘基本面等证据，证明相关交易行为是否存在明显异常等。对于间接证据均查证属实且相互印证，形成完整的证明体系，能够得出唯一结论的，应当依法定案。

3. 在内幕信息敏感期反复交易的，对交易成交额累计计算；实施内幕交易并亏损，

---

① 本案例系 2022 年 9 月 9 日最高人民法院、最高人民检察院、公安部、中国证监会联合发布的 5 件依法从严打击证券犯罪典型案例之四。

交易成交额符合追诉标准的,也要依法追究刑事责任。内幕交易犯罪以谋利为意图,破坏证券市场公平交易秩序,司法解释、立案追诉标准均规定,证券交易成交额、获利或者避免损失数额等其中之一达到相关标准的,即应当认定为《刑法》第180条第1款规定的"情节严重"。内幕交易成交额达到"情节严重"标准的,严重破坏了证券市场公平交易秩序,无论获利或者亏损,均应当依法追究刑事责任,且数次交易的交易数额应当依法累计计算。本案中,李某从王某处获悉内幕信息后两次实施内幕交易,虽然亏损9万元,但两次交易累计成交额为412万元,属于情节特别严重,依法判处其有期徒刑五年,体现了司法机关依法从严惩处证券犯罪、维护资本市场公平交易秩序的决心和力度。

问题11. 内幕交易犯罪案件中"自动投案"和"如实供述主要罪行"如何认定

【刑事审判参考案例】杨某山内幕交易案[①]

[裁判要旨]

只要行为人主动向基层组织或者证券监管部门如实反映自身涉案情况,并自愿等候有关部门处理的,均可以认定为自动投案。

一、基本案情

2010年5月起,被告人杨某山担任漳泽电力独立董事。2011年3月至4月间,杨某山从漳泽电力相关负责人处获悉该公司重大资产重组的内幕信息后,于同年4月15日抛售其妻尚某萍证券账户内的股票,共筹集资金人民币(以下币种同)1600余万元,并以第三人李桦的名义在中国建银投资证券有限责任公司上海物华路证券营业部开设证券账户。4月18日,杨某山指使尚某萍将1500万元转入李桦账户。同月19日、28日,杨某山在李桦账户内共买入漳泽电力股票268万余股,成交金额合计1499万余元。2011年6月7日,漳泽电力股票停牌。同年10月28日,漳泽电力公告重大资产重组信息并复牌。杨某山与尚某萍商议后,由尚操作,于复牌当日以集合竞价方式低价抛售上述全部漳泽电力股票,亏损82万余元。杨某山在证券监管机构调查期间主动向证券监管机构如实供述主要犯罪事实,在被侦查人员传唤到案后如实供述了上述犯罪事实。

上海市第一中级人民法院经审理认为,被告人杨某山作为证券交易内幕信息的知情人员,在相关信息尚未公开前,买入该股票1499万余元,其行为构成内幕交易罪,且情节特别严重。杨某山在证券监管机构调查期间,主动向证券监管机构交代其获悉漳泽电力可能重组的信息后,在信息敏感期内买入漳泽电力股票的事实,并表示愿意接受调查。在侦查机关到杨某山事先交代的住址传唤其到案接受调查时,杨某山亦供述了其主要犯罪事实,其行为可视为自动投案后如实供述主要犯罪事实,依法应当认定其具有自首情节。结合杨某山当庭自愿认罪、在漳泽电力股票复牌当日低价抛售股票等情节,可以对杨某山减轻处罚。

综上,上海市第一中级人民法院判决如下:

[①] 万志尧、邬小骋:《杨某山内幕交易案——如何理解内幕交易犯罪案件中的"自动投案"和"如实供述主要罪行"》,载中华人民共和国最高人民法院刑事审判第一、第二、第三、第四、第五庭主办:《刑事审判参考》总第100集,法律出版社2015年版。

被告人杨某山犯内幕交易罪,判处有期徒刑三年,并处罚金人民币五万元。

一审判决后,被告人杨某山不服,以量刑过重为由向上海市高级人民法院提出上诉,要求改判宣告缓刑。上海市高级人民法院经审理裁定驳回上诉,维持原判。

二、主要问题

如何理解内幕交易犯罪案件中的"自动投案"和"如实供述主要罪行"?

三、裁判理由

本案的争议的焦点在于,依照刑法及相关司法解释的规定,能否认定被告人杨某山的行为构成自首。对这一问题的论述,又可以从以下两个方面着手:杨某山被侦查人员上门传唤到案是否属于"自动投案";杨某山关于其购买涉案股票主要是基于专业判断的辩解是否影响对其"如实供述自己罪行"的认定。

(一)内幕交易犯罪案件中的"自动投案"

凡是证券监管部门移送的内幕交易犯罪案件,在将案件移送之前,证券稽查部门往往已启动了立案稽查程序。本案中,被告人杨某山获悉证券监管部门调查相关股票异动情况后,主动向证券监管部门反映自己购买股票的情况,并向证券监管部门提供了自己的联系方式及家庭住址,以便有关部门作进一步调查取证。证券监管部门经过数月的调查后,向公安机关移送案件材料,随后侦查人员到杨某山家中传唤其到案接受调查。杨某山主动找证券监管部门反映情况,且其在家中被公安机关传唤到案如实供述主要犯罪事实的行为是否属于自首,直接影响到对杨某山的量刑。鉴于庭审过程中,法庭对此存在争议,故有必要探讨。我们认为,杨某山主动找所在单位领导或者有关部门反映自身情况后,能够随传随到,并在自己的住址等候司法机关处理,依法应当认定为自动投案。

1. 只要行为人主动向基层组织或者证券监管部门如实反映自身涉案情况,并自愿等候有关部门处理的,均可以认定为自动投案。根据《解释》第1条的规定,自动投案,是指犯罪事实或者犯罪嫌疑人未被司法机关发觉,或者虽被发觉,但犯罪嫌疑人尚未受到讯问、未被采取强制措施时,主动、直接向公安机关、人民检察院或者人民法院投案;犯罪嫌疑人向其所在单位、城乡基层组织或者其他有关负责人员投案的。应当视为自动投案。根据《意见》第1条第1项的规定,"犯罪嫌疑人具有以下情形之一的,也应当视为自动投案:(1)犯罪后主动报案,虽未表明自己是作案人,但没有逃离现场,在司法机关询问时交代自己罪行的;(2)明知他人报案而在现场等待,抓捕时无拒捕行为,供认犯罪事实的……(5)其他符合立法本意,应当视为自动投案的情形"。由此可见,在现场等候抓捕,即使非本人主动报案,亦可视为主动投案。在内幕交易案件中,由于系先由证券监管部门调查,故行为人一般均是先向证券监管部门投案,如果行为人预留联系方式,并在预留地址自愿等候有关部门处理的,比照"明知他人报案而在现场等待"的规定,应当认定行为人系主动投案。行为人在自愿等候有关部门处理过程中,被公安抓获到案不影响自动投案的认定。质言之,如果因行为人在等候处理过程中,因未能及时向公安机关投案而否认行为人自动投案,则可能导致内幕交易案件中的行为人自动投案不能。原因在于内幕交易犯罪往往由证券监管部门先行调查,监管部门依照调查结论作出行政处罚或者移送司法机关处理。行为人在等候处理过程中一般也无法确知调查进展情况,更无从知晓案件是否移送到公安机关。在行为人无法准确了解何时需要向公安机关投案的情况下,不能因部门之间的协调程序影响对行为人自动投案的认定。当然,如果行为人向证券监管部门主动投案并预留联系方式和家庭住址后逃跑的,则因其不具有等候处理的自愿性,依法不能认定为自动投案。

2. 行为人向证券监管部门主动投案已实现自首制度中主动投案的立法价值。从自首的立法价值分析,立法者设置自首制度的目的在于减少司法机关的追诉负担和司法成本、有效实现刑罚预防犯罪的功能。如果行为人能向司法机关自动投案如实供述,将大大提高司法机关侦破案件的效率。行为人在公安机关介入之前即主动向有关部门主动投案,并在家中等候处理,证券监管部门依照行为人供述的内容进行调查、取证,必然减轻司法机关调查、取证的负担,也必定节约司法成本;因此,从这一角度分析,行为人向证券监管部门主动投案已实现自首制度中主动投案的立法价值。

从另一角度分析,内幕交易案件被移送公安机关后,由于行为人在预留的住址等候处理,公安机关即使上门采取拘留等强制措施,对司法资源的浪费也不明显,以此进行刑法负面评价的意义并不大。基于上述分析,我们认为,本案被告人杨某山的行为符合自动投案的特征。

(二) 内幕交易犯罪案件中的"主要罪行"

主要罪行系指主要犯罪事实,包括罪质事实和重大罪量事实。罪质事实,是指对犯罪嫌疑人行为性质认定具有重大影响的事实、情节;重大罪量事实,是指对量刑具有重大影响的事实、情节。其中,罪质事实主要是针对罪名的构成要件。对于故意犯罪,因系有意为之,行为人是否供述了主要犯罪事实,通常不难判断。值得注意的是,在具体案件中,因不同罪名的构成要件不同,如实供述罪行中的罪质事实也相应有所不同。如在盗窃案件中,行为人如实供述罪行时,供述的内容应当包括窃取的财物种类、数量等;而在故意杀人案中,行为人如实供述的内容应当主要包括作案工具、杀人手段等事实。我们认为,在内幕交易犯罪案件中,根据《刑法》第180条的规定,行为人的如实供述内容,应当包括:行为人的主体身份;所购买的相关股票名称、数量;行为人获悉内幕信息等相关情况。

1. 从犯罪行为性质分析。内幕交易犯罪是一种典型的行政犯,由于证券期货违法犯罪所涉专业性较强。人民法院通常是在参考证券监管部门出具的相关认定意见的基础上认定犯罪事实。然而,证券监管部门的认定意见本身不属于内幕交易犯罪本身的事实和情节,行为人对该认定意见进行辩解或者持不同看法,不影响对其如实供述罪行的认定。在其他行政犯罪案件中也存在类似的问题。如在重大责任事故犯罪案件中,在危害后果无须证实的情况下,对行为人罪责的认定关键在于对行为人是否违反特定规章制度所要求的注意义务的认定,而行为人是否严格遵守业务规章制度和认真履行特定监督管理职责,需要经过长时间、多渠道的调查才能确定。因此,在重大责任事故犯罪案件中,行为人应当对其依照行政规章的作为和不作为进行供述,但对其行为是否存在重大责任可以不作供述,即便做无责任辩解也不影响对其如实供述罪行的认定。在重大责任事故犯罪的场合,事故原因正在调查之中,刑事责任的范围及其具体责任人尚未确定,有关人员按时接受调查并如实陈述所知道的情况的,宜视为自动投案,依法应当认定为自首。

经由上述分析,在内幕交易犯罪案件中,行为人只要如实供述了其获悉内幕信息、从事了相关股票交易的事实,就基本可以认定其如实供述了主要罪行。至于行为人对犯罪性质的辩解,具体而言,对相关信息是否为内幕信息、其从事相关证券交易时是否处于价格敏感期等内容的辩解,不影响对其如实供述主要罪行的认定。

2. 从辩解性质分析。在内幕交易案件中,行为人通常作出其主要是基于专业判断而买卖相关股票的辩解。对于该类辩解是否影响对行为人如实供述主要罪行的认定，实践中存在争议。我们认为，该类辩解本质上属于性质辩解，不属于事实辩解。根据《最高人民法院关于被告人对行为性质的辩解是否影响自首的成立问题的批复》的规定，犯罪分子对行为性质的辩解不影响自首的成立，因此，在行为人如实供述犯罪事实的前提下，作出其是主要基于专业判断而买卖相关股票的辩解不影响对其如实供述罪行的认定。内幕交易犯罪相关司法解释明确规定了对获悉内幕信息和购买股票行为之间因果联系的认定规则，行为人对这种因果联系的辩解，在本质上属于一种性质辩解，而并非事实辩解。故即使行为人作出其购买股票主要是基于专业判断的辩解，只要其如实供述犯罪事实，也不影响对其如实供述罪行的认定。值得注意的是，如果行为人编造事实，否认自己购买股票，否认自己获悉相关信息的，则不应认定为自首。自动投案后，又编造事实为自己开脱罪责，不能认定为如实供述主要罪行。如行为人向证券稽查部门供述时称，购买股票全系自己妻子的行为，自己完全不知情也从未参与的，该辩解是一种事实辩解，不能认定为如实供述主要罪行。

综上，本案中，被告人杨某山主动找到证券监管部门反映自己涉案情况，预留了自己的联系方式和住所地址，并在上述地址等候有关部门处理，后经公安机关上门传唤到案，依法可以视为主动投案。杨某山在证券稽查阶段，说明自己系相关上市公司独立董事等身份，也交代了其知晓涉案上市公司资产重组的信息，并主动交代了其通过第三人账户购买涉案股票 1499 万余元的事实。后在公安机关侦查阶段，到案后亦如实供述了主要犯罪事实，故依法可以认定杨某山具有自首情节。杨某山关于其购买股票主要是基于自身专业知识判断的辩解，属于对其行为性质的辩解，不影响对自首情节的认定。

问题 12. 如何适用从业禁止

【地方参考案例】宁某、樊某内幕交易案[①]

[裁判规则]

证券从业人员违反从业规定，利用职业便利实施内幕交易犯罪并被判处刑罚的，人民法院可以根据其犯罪情况和预防其再犯罪的需要，依法禁止其在一定期限内从事与证券相关的职业。

[基本案情]

2016 年初，上海金力泰化工股份有限公司（以下简称金力泰公司）起意收购上海银橙文化传媒股份有限公司（以下简称银橙传媒公司）。2016 年 3 月上旬，金力泰公司收购银橙传媒公司项目启动。同年 3 月 22 日，金力泰公司发布《上海金力泰化工股份有限公司关于重大事项停牌公告》并于当日停牌。同年 6 月 2 日，金力泰公司发布《上海金力泰化工股份有限公司发行股份购买资产暨重大资产重组报告书（草案）》。同年 7 月 8 日，金力泰公司股票复牌。

此次金力泰公司收购银橙传媒公司股权事项，作为内幕信息其敏感期形成时间不晚于 2016 年 3 月 10 日，终止日期为 2016 年 6 月 2 日。被告人宁某原系广州证券股份有限

[①] 一审：上海市第二中级人民法院（2019）沪 02 刑初 55 号刑事判决书。二审：上海市高级人民法院（2020）沪刑终 71 号刑事裁定书。

公司上海分公司(以下简称广州证券公司)工作人员,曾于2016年2月23日至3月上旬,陪同金力泰公司及银橙传媒公司负责人互至对方公司考察,启动金力泰公司收购银橙传媒公司项目。作为内幕信息知情人,宁某将金力泰公司收购银橙传媒公司的利好消息告知其妻子被告人樊某。2016年3月18日,宁某、樊某在明知金力泰公司有重大利好系内幕信息的情况下,共同控制"徐某"名下中山证券账户,买入"金力泰"股票197,000股,成交金额1,379,793元;并于同年7月8日在金力泰复牌之后清仓该股票,非法获利金额总计160,788.87元。

2018年12月27日,被告人宁某、樊某被公安机关抓获。两人到案后均如实供述了涉案事实。

[法院认为]

被告人宁某、樊某在对证券交易价格有重大影响的信息尚未公开前,共同交易该证券,情节严重,其行为均已构成内幕交易罪,依法应予惩处。经查,被告人宁某将内幕消息告知其妻子樊某,两人共同控制"徐某"名下中山证券账户于内幕敏感期内买入"金力泰"股票,并于该公司股票复牌之后共同清仓。两人共同实施了内幕交易行为,樊某所起作用与宁某相当,不应认定为从犯。被告人宁某、樊某到案后能如实供述自己的罪行,且已退缴全部违法所得,依法可以从轻处罚。根据本案犯罪的事实、犯罪的性质、情节和对于社会的危害程度,结合被告人宁某、樊某在本案中的地位作用、认罪态度,对樊某适用缓刑,对宁某不适用缓刑。

[裁判结果]

综上,上海市第二中级人民法院判决如下:

一、被告人宁某犯内幕交易罪,判处有期徒刑一年,并处罚金三十万元。

二、被告人樊某犯内幕交易罪,判处有期徒刑一年,缓刑一年,并处罚金三十万元。

三、禁止被告人宁某自刑罚执行完毕之日或者假释之日起三年内从事与证券相关的职业。

四、违法所得予以追缴,查获的犯罪工具等予以没收。

一审宣判后,被告人宁某提出上诉。上海市高级人民法院于2020年9月28日作出(2020)沪刑终71号裁定:驳回上诉,维持原判。

[简要分析]

关于应否对被告人宁某宣告从业禁止的问题,法院认为,根据《中华人民共和国刑法》第37条之一第1款的规定,因利用职业便利实施犯罪,或者实施违背职业要求的特定义务的犯罪被判处刑罚的,人民法院可以根据犯罪情况和预防再犯罪的需要,对其采取从业禁止措施。证券犯罪具有职业高发性特征,在本质上即是对资源优势的滥用,涉嫌证券犯罪的被告人大多具备相应的证券从业资格或在证券机构担任一定的职务,证券犯罪行为大多系利用从事证券相关职业的便利条件而实施,因此对证券犯罪的被告人采取从业禁止措施,以剥夺其再犯罪的能力,具有必要性。另一方面,刑事从业禁止制度与证券市场禁入制度在法律性质、适用对象、法律后果等方面均存在明显差别,但二者并不矛盾和排斥,从业禁止制度具有预防再犯罪的独立价值和特殊优势。人民法院应当根据被告人的犯罪情况和预防再犯罪的需要,决定对被告人是否适用从业禁止措施。本案中,被告人宁某身为证券从业人员,明知所从事的收购项目系内幕信息,仍然违背职业的保密义务和道德要求等,利用其职业便利实现非法牟利,故为保护投资者的合法权益、防范和化解金融风险、保障证券市场的健康发展、维护金融市场的稳定，根据犯罪情况和预防再犯罪的需要，须对被告人宁某宣告从业禁止。

问题13. 关于办理内幕交易、泄露内幕信息刑事案件的处罚原则

【实务专论】[①]

（九）犯罪数额构成不同情节的处罚原则

《最高人民法院、最高人民检察院关于办理内幕交易、泄露内幕信息刑事案件具体应用法律若干问题的解释》（以下简称《解释》）第9条第1款对犯罪数额构成不同情节的犯罪规定了处罚原则。

在内幕交易、泄露内幕信息案件中，只要成交额（期货案件为占用保证金额）、获利额其中之一达到入罪标准，就构成犯罪。从原理分析，社会危害性是定罪量刑最基本的依据，《解释》之所以将成交额、占用保证金额、获利额作为定罪依据，是因为这三者均能体现行为的社会危害程度。在有的案件中，交易数额（保证金额）最能准确体现行为的社会危害大小，而在有的案件中，获利或者避免损失数额最能准确体现行为的社会危害大小。理论界和实务界的主流观点均认为，同一行为成交额（占用保证金额）、获利或者避免损失数额构成不同情节的，应当按照"从一重处断"原则确定有关被告人的量刑幅度。

由于内幕交易、泄露内幕信息犯罪有情节严重和情节特别严重两个法定刑幅度，且情节严重、情节特别严重均是通过成交额（占用保证金额）、获利或者避免损失数额来体现的，所以三者不仅是区分罪与非罪的标准，还可能是区分此罪与彼罪的标准。如在牵连犯、想象竞合犯案件中，一般是按处罚较重的罪进行定罪处罚，这就要求准确找到能够体现最重罪行的犯罪数额。这一定罪逻辑，反过来表明，在同一案件中，如果犯罪数额构成不同情节的，一般按照处罚较重的数额确定量刑幅度。

基于上述分析和论证，《解释》第9条第1款规定："同一案件中，成交额、占用保证金额、获利或者避免损失额分别构成情节严重、情节特别严重的，按照处罚较重的数额定罪处罚。"

（十）关于共犯情形罚金刑的适用

共同犯罪情形，是按照共同犯罪数额计算罚金，还是按照各自的犯罪数额计算罚金，在司法实践中不好把握，因此有必要予以明确。

一般情况下，定罪与量刑应坚持同一数额标准，但在共同犯罪案件中，特别是人数众多的共同犯罪案件中，这一原则应有所突破，否则必然导致罚金数额过大，而出现根本无法执行的情况。因此，《解释》第9条第2款借鉴最高人民法院、最高人民检察院、海关总署《关于办理走私刑事案件适用法律若干问题的意见》第22条的规定，对共同犯罪的罚金刑适用在总额上作了如下限制：构成共同犯罪的，按照共同犯罪行为人的成交总额、占用保证金总额、获利或者避免损失总额定罪处罚，但判处各被告人罚金的总额应掌握在各被告人获利或者避免损失总额的一倍以上五倍以下。

[①] 刘晓虎等：《〈关于办理内幕交易、泄露内幕信息刑事案件具体应用法律若干问题的解释〉的理解与适用》，载《人民司法》2012年第15期。

（十二）泄露内幕信息人员、明示人员、暗示人员的罚金数额

1. 非共犯情形下泄露内幕信息人员、明示人员、暗示人员的罚金数额

《刑法》第 180 条第 1 款对内幕交易、泄露内幕信息罪规定了并处或者单处违法所得一倍以上五倍以下罚金，然而，对于非共犯情形下的泄露内幕信息人员、明示人员、暗示人员，此处的"违法所得"是指从事内幕交易的违法所得还是指因泄露内幕信息或者明示、暗示行为而获取的报酬，该问题亟须明确。

有观点认为，非共犯情形下泄露内幕信息人员未参与内幕交易，也就未从交易行为中获取所得。由此而论，对于此类人员，违法所得只能是因其泄露、明示、暗示行为而获取的报酬，将此处的"违法所得"理解为内幕交易人员的违法所得，违背了刑法原意。另外，获取内幕信息人员可能自己未从事内幕交易但将内幕信息再泄露，甚至连锁泄露内幕信息二三次，根据所有人的内幕交易违法所得对泄露人员进行处罚，显失公平。经研究认为，《刑法》第 180 条第 1 款规定的"违法所得"应是指内幕交易人员的违法所得。该条之所以未具体明确违法所得主体，从一个角度可以理解为是立法者的疏漏，但从另一角度也可以理解为是一种立法技术，因此将此处的"违法所得"理解为内幕交易人员的违法所得，并未违背立法原意。对于关系密切的泄露内幕信息、明示、暗示人员与内幕交易人员而言，可能根本不存在什么报酬，因此，针对泄露内幕信息、明示、暗示人员，将"违法所得"理解为泄露、明示、暗示行为的报酬，与立法原意不符。基于这一分析，《解释》第 10 条第 2 款规定："内幕信息的泄露人员或者内幕交易的明示、暗示人员未实际从事内幕交易的，其罚金数额按照因泄露而获悉内幕信息人员或者被明示、暗示人员从事内幕交易的违法所得计算。"

2. 对二手以上的内幕信息传递行为是否追究刑事责任

一种观点认为，我国应当采取信息内容为主，传递身份为辅模式。对多级传递内幕信息行为的认定，主要看被传递人是否明知其接受的信息为内幕信息，其次考虑传递人与被传递人之间的关系。但从当前司法现状出发，对二手以上的内幕信息传递行为，原则上不应追究刑事责任，否则打击面过大。如在证券、期货市场比较发达的欧盟采取的是传递身份模式，对二手以下的传递者仅给予行政处罚，而日本对二手以下的传递者则不追究任何责任。

另一种观点认为，对于内幕交易、泄露内幕信息行为的认定，关键在于内幕信息传递人主观上是否明知。如果属于明知是内幕信息而予以传递的，即表明行为人在传递时具有主观恶性，属于恶意侵犯法益，无论是第几手传递内幕信息，都应当追究刑事责任。当前，世界各国对内幕信息多级传递行为的认定模式存在一定差别。我国当前证券、期货市场秩序过乱，应借鉴美国模式进行综合治理。美国采取的是信息内容模式，传递身份在所不问。2000 年，美国有个内幕交易案件，追究了内幕信息传递第六手的刑事责任。

经研究认为，并非所有存在二传、三传的案件都难以认定泄露内幕信息人员的责任，即便难以认定，在能够认定的限度内也应追究泄露内幕信息人员的责任。对于泄露内幕信息行为，即如二传、三传不是从内幕信息知情人员那里获悉信息，但如果泄露内幕信息人员知晓有二传、三传乃至之后的人在利用其泄露的内幕信息进行交易而不加制止或未有效制止，那么其就应当对这些从事内幕交易的行为承担责任。

（十三）关于无获利且未避免损失情形的罚金刑适用

在无违法所得的情况下，如何适用罚金刑，实践中存在分歧。

一种观点认为，应当处以罚金刑，具体适用时可以选择替代标准。理由是：首先，从刑罚设置原理分析，对经济犯罪处以财产刑是必要的；其次，从刑法条文的表述分析，"并处或者单处违法所得一倍以上五倍以下罚金"意味着必须处以罚金刑；再次，突破刑法规定，弥补立法漏洞的做法，在司法解释中已有先例可循。如生产、销售伪劣商品罪中的"销售金额"就是一适例。

另一种观点认为，并处罚金刑只是为了区别单处罚金刑，即在判处主刑的同时也可以判处罚金刑，但并非必须判处罚金刑，特别是在没有违法所得情形下。理由如下：首先，不处以罚金刑不等于不处罚，主刑的轻重仍然是罪刑均衡的主要参考指标；其次，刑法明文规定按照违法所得计算罚金，司法解释无权突破刑法对没有违法所得情形规定罚金计算标准；此外，在内幕交易、泄露内幕信息案件中，难以在违法所得之外找到计算罚金的替代标准，如果以交易额替代违法所得，那么将会大大加重内幕交易、泄露内幕信息行为人的财产刑。

《解释》对此未作明确。实践中，比较倾向的做法是对行为人判处一千元的罚金，即以罚金刑的下限作为判处行为人的罚金数额，如此解决了具体案件中无违法所得而无罚金参照标准与刑法规定的并处罚金而必须判处罚金之间的矛盾。

问题14. 中国证监会的认定函及上海证券交易所法律部的函件可否作为证据采信

【公报案例】刘某春、陈某玲内幕交易案[①]

[裁判摘要]

国家工作人员因履行工作职责而获取对证券交易价格具有重大影响的、尚未公开的信息的，属于内幕信息的知情人员。在内幕信息敏感期内，知情人员与关系密切人共同从事证券交易活动，情节严重的，应当以内幕交易罪定罪处罚。

[基本案情]

关于本案的争议焦点之一，即"中国证监会的认定函及上海证券交易所法律部的函件可否作为证据采信"，江苏省南通市中级人民法院一审认为：中国证监会是国务院证券监督管理机构，依法行使监督管理全国证券期货市场、维护证券期货市场秩序的行政职能。《证券法》赋予中国证监会对内幕信息、知情人员等的认定权。《最高人民法院、最高人民检察院、公安部、中国证监会关于整治非法证券活动有关问题的通知》规定，对非法证券活动是否涉嫌犯罪，由公安机关、司法机关认定；公安机关、司法机关认为需要有关行政主管机关进行性质认定的，行政主管机关应当出具认定意见。故中国证监会在法定职权范围内，对本案内幕信息、知情人员、价格敏感期起止日期以及利用内幕信息进行股票交易等出具的认定意见，是根据法律授权作出的专业认定，符合客观事实和法律规定，具有证明力。

至于上海证券交易所法律部受侦查机关的委托，经该所有关部门对涉案股票账户实际交易记录的相关数据进行核算后作出的专业统计，既与两被告人的供述、相关证人证言相一致，又与书证涉案账户股票交易的明细情况互相印证，亦具有证明力。因该回函

---

① 《最高人民法院公报》2013年第2期。

所证明的案件事实已经查清，函件经办人员无必要再到庭作证。故两被告人的辩护人关于中国证监会、上海证券交易所法律部出具的函件不应作为本案的证据采用的辩护意见不能成立，被告人刘某春的辩护人要求出具上述函件的经办人员出庭接受质询的申请，不予采纳。此外，对被告人刘某春和陈某玲关于买入高淳陶瓷股票之时没有意识到自己的行为是内幕交易犯罪的辩解，法院认为，行为时是否意识到犯罪，反映行为人主观恶性程度，可在量刑时酌情考量。但行为人对其行为的法律性质和法律后果存在认识上的错误，不影响司法机关对其行为的性质认定和责任追究。

对被告人刘某春的辩护人关于侦查机关在 2010 年 3 月 30 日移送审查起诉以后再补充证据材料属程序违法，应当予以排除的辩护意见，法院认为，根据《刑事诉讼法》的规定，在审查起诉阶段，人民检察院可以要求公安机关补充提供法庭审判所必需的证据材料。因此，在本案移送审查起诉之后，侦查机关补充收集、调取证据材料，进一步核实有关案件事实，符合法律规定。故该辩护意见不成立。

问题 15. 内幕交易、泄露内幕信息罪在缺乏被告人供述或被告人翻供的情况下，如何定罪

【人民司法案例】董某青等内幕交易、泄露内幕信息案[①]

［裁判要旨］

内幕交易、泄露内幕信息罪的定罪关键是要准确界定内幕交易知情人员，认定内幕信息的内容、形成时间、内幕交易的具体表现行为及其之间的关联。此类案件审查难度大，在缺乏被告人供述或被告人翻供的情况下，必须正确把握证据之间的关联。只要客观证据之间能形成证据链条，应定罪处罚。

［案情］

广发证券公司成立于 1993 年 5 月 21 日，公司股东包括辽宁成大及吉林敖东等公司。延边公路公司成立于 1999 年 3 月 31 日，系上市股份有限公司，公司股东包括吉林敖东等公司。

2006 年 2 月，广发证券公司决定采取借壳方式上市，由时任广发证券公司总裁的被告人董某青主持开展借壳工作。同年 4 月 17 日，董某青在其家中召开会议，提出了具体的选壳标准和要求。同年 5 月 7 日，广发证券公司员工肖某生根据董某青的要求制作了目标公司建议，初步分析、比较包括延边公路公司在内的六家公司的情况及借壳可能性。同年 5 月 8 日，董某青等广发证券高级管理人员与辽宁成大公司法定代表人尚书志在广州商讨，确定以辽宁时代公司、延边公路公司为备选壳。同年 5 月 10 日，广发证券公司员工周某根据讨论结果制作了广发证券股份有限公司借壳上市方案，广发证券公司确定了以延边公路公司和辽宁时代公司为备选壳的借壳上市方案。次日，因股票价格异常波动，延边公路公司发布公告，澄清该公司未与广发证券公司就借壳上市事项有任何接触。其后，董某青指派肖某生、周某先后前往吉林敖东公司和辽宁成大公司，向李某林（吉林敖东公司法定代表人）和尚某志汇报广发证券公司借壳延边公路公司和辽宁时代公司方

[①] 甘正培、丁卫红、梁夏生：《内幕交易、泄露内幕信息罪的审查和认定》，载《人民司法·案例》2009 年第 18 期。

案。同年5月底，董某青与李某林、尚某志在长春讨论，确定广发证券公司借壳目标公司以辽宁时代公司为主、延边公路公司候补的方案。同年6月2日，广发证券公司确定借壳延边公路公司。同年6月5日，延边公路公司、吉林敖东公司同时发布公告，称吉林敖东公司正与广发证券公司就借壳延边公路公司事项进行协商。同日，延边公路公司股票停牌。

经中国证监会认定，"广发证券公司借壳延边公路公司"为本案内幕信息，信息形成日为2006年5月10日，价格敏感期为2006年5月10日至2006年6月5日。

从2006年2月开始，被告人董某青多次要求被告人董某伟买入延边公路股票。董某伟于当月23日开始通过其控制的多个账户陆续买入延边公路股票。其中，2月份买入252159股，3月份买入3905050股，4月份买入9788057股（4月6日持股比例超过5%，4月17日持股比例超过10%）。同年5月10日，广发证券借壳延边公路信息形成后，董某青向董某伟泄露该内幕信息，建议董某伟买入延边公路股票。董某伟于5月份买入5386732股，最高峰值持有延边公路股票14573888股，占流通股比重15.639%。董某伟利用该内幕信息，在2006年5月10日至同年6月5日期间，通过其控制的多个账户买入、卖出延边公路股票，账面盈利人民币22846712.42元。

2006年5月11日，被告人赵某亚向被告人董某青求证广发证券公司是否会借壳延边公路公司，董某青遂将广发证券公司借壳延边公路公司的内幕信息泄露给赵某亚。赵某亚利用该内幕信息，在2006年5月11日至6月5日期间，利用其控制的"黄某婷"账户买入、卖出延边公路股票，账面盈利约人民币100万元。

为应付中国证监会的调查，被告人董某青、董某伟、赵某亚经密谋，由董某伟、赵某亚伙同他人向中国证监会作伪证。其间，被告人董某伟指使多人迅速提取买卖延边公路股票的全部资金。

2007年6月1日，被告人董某青向广发证券公司辞职。2007年6月11日，被告人董某伟到广东省公安厅投案，交代违规持仓问题。同年6月22日，被告人董某青在广州市被公安机关抓获归案。同年6月30日，被告人赵某亚在深圳市被公安机关抓获归案。

[审判]

被告人董某青作为广发证券公司借壳延边公路公司内幕信息的知情人员，在该内幕信息公开之前，向被告人董某伟、赵某亚泄露内幕信息，情节严重，其行为已构成泄露内幕信息罪。被告人董某伟、赵某亚非法获取广发证券公司借壳延边公路公司的内幕信息后，在该内幕信息公开前，买入、卖出延边公路股票，情节严重，其行为均已构成内幕交易罪。公诉机关指控被告人董某青犯泄露内幕信息罪，被告人董某伟、赵某亚犯内幕交易罪的罪名成立；指控被告人董某青犯内幕交易罪证据不足，不予支持。综上，广州市天河区人民法院判决如下：

一、被告人董某青犯泄露内幕信息罪，判处有期徒刑四年，并处罚金人民币300万元。

二、被告人董某伟犯内幕交易罪，判处有期徒刑四年，并处罚金人民币2500万元。

三、被告人赵某亚犯内幕交易罪，判处有期徒刑一年九个月，并处罚金人民币100万元。

四、追缴被告人董某伟、赵某亚的违法所得，上缴国库。

一审宣判后，三名被告人不服判决，均提出上诉。广州市中级人民法院经审理后裁定,驳回上诉,维持原判。

[评析]

司法实践中,对内幕交易、泄露内幕信息罪的认定涉及证券知识和证券法规,同时行为人又往往将其犯罪行为与合法的证券交易行为相混合、交叉或以合法的证券交易行为加以掩盖,因此,内幕交易、泄露内幕信息罪具有极大的隐蔽性和复杂性。与此同时,由于证券交易本身又具有较高的专业性和复杂性,要证明如何泄露内幕信息以及因获取内幕信息而交易二者之间的关系绝非易事。尤其是在被告人之间攻守同盟、缺乏口供的情况下,如何准确把握证据之间的关联认定客观事实是定罪的关键。

本案中,三名被告人以公诉机关缺乏三人之间的电话通话记录、本案缺乏核心证据为由否认泄露内幕信息及内幕交易,辩称董某伟、赵某亚只是根据市场公开信息及其多年证券交易的经验而自主买卖延边公路股票。因此,如何认定内幕信息是由董某青泄露给董某伟及赵某亚,是证据采信规则上必须要突破的难点,是本案定罪的关键。

法院认为,本案中,关于董某青向董某伟泄露内幕信息,董某伟利用该内幕信息买卖股票的主要证据包括:(1)董某青和赵某亚在侦查阶段均供认董某青向董某伟泄露内幕信息,并要求董某伟购入延边公路股票;(2)董某伟的账户交易资料证实董某伟买入或卖出延边公路股票的时间点与被告人董某青供认的要求董某伟买入或卖出该股的时间点相互吻合;(3)董某青、董某伟在中国证监会展开调查后的异常行为,如董某伟突然在短时间内提取全部交易延边公路股票的超过1亿元的获利,以及两人伙同赵某亚等人向证监会做伪证,这些异常行为反映了被告人董某青、董某伟企图掩盖其内幕交易行为的心理状态和真实意图。

关于董某青向赵某亚泄露内幕信息,赵某亚利用该内幕信息买卖股票的主要证据包括:(1)赵某亚与董某青在侦查阶段均供述在2006年5月中旬,董某青多次应赵某亚的要求,告知赵某亚广发证券公司借壳延边公路公司的内幕消息,赵某亚获取内幕信息后买卖延边公路股票,两人供述基本吻合;(2)赵某亚在短时间内突然大量买入或卖出延边公路股票的异常交易行为,与赵某亚、董某青的供述能够相互印证。

同时,针对辩方提出的通话记录是否属于本案核心证据问题,法院认为,在当今资讯发达的社会中,泄露内幕信息的方式和途径可以是多种多样,并非只有通过电话联系这一单一的方式。本案现有的证据足以证实董某青向董某伟、赵某亚泄露内幕信息,故缺少通话记录并不影响对案件基本事实的认定,换言之,通话记录并非本案核心证据,其缺失并不影响定罪。

综上分析,法院认为指控董某青、董某伟、赵某亚三人之间存在泄露内幕信息和因获取内幕信息而交易的事实,除了有客观的证券交易记录反映外,还有相应的言词证据及其他书证佐证。每个客观事实之间存在合理的前后关联,证据之间形成完整的证据链条,而三名被告人对于其在内幕信息公开前买卖股票的行为以及行为之间的关联不能作出合理解释,不能推翻现有证据所指向的客观事实。所以,尽管三名被告人均否认犯罪,现有证据已足以认定。

问题 16. 中国证监会应司法机关的需要就内幕信息有关问题出具的认定意见，能否作为定案根据

【刑事审判参考案例】肖某庆受贿、内幕交易案[①]

一、基本案情

2004年，肖某庆担任中国证监会上市公司监管部副主任期间，得知中国石油化工股份有限公司（以下简称中石化）拟对下属上市子公司进行整合试点，探索整体上市。2006年，肖某庆通过担任中石化下属上市公司财务顾问的机会，获悉中石化即将启动第二批下属上市公司的股改和重组工作的信息。2006年9月，原中国证监会工作人员申某让肖某庆刺探光大证券股份有限公司（以下简称光大证券）拟借壳中石化下属上市公司北京化二股份有限公司（以下简称北京化二）上市信息的准确性。肖某庆从光大证券财务总监胡某明处获取光大证券正在与中石化就借壳事宜进行谈判的信息后，于9月21日至29日指使肖某英、邹某庆利用其控制的马某勇、欧阳某梅、苏某英、肖某英、刘某等多个账户买入北京化二股票4306002股，交易成本35290545.12元。后来，中石化与国元证券股份有限公司（国元证券）就让壳重组达成协议，北京化二股票由此更名为"国元证券"。2007年10月国元证券股票复牌后，肖某庆指使邹某庆将所控制的刘某股票账户上的国元证券股票售出，指使肖某英将所控制的其他股票账户上的国元证券股票于2008年5月16日全部清仓。经司法会计鉴定，肖某庆等人从中获利共计103901338.92元。案发后，肖某庆亲属退回赃款72513058.9元。

郑州市中级人民法院认为，肖某庆利用非法获取的内幕信息买卖股票，获利103901338.92元，情节特别严重，其行为构成内幕交易罪。肖某庆一人犯有数罪，应实行并罚。

综上，郑州市中级人民法院判决如下：

被告人肖某庆犯内幕交易罪，判处有期徒刑八年，并处罚金人民币1.5亿元。

一审宣判后，肖某庆不服，以原判认定其犯内幕交易罪证据不足，缺乏合法根据，适用法律不当（受贿罪的上诉理由略），提出上诉。河南省高级人民法院经审理裁定驳回上诉，维持原判。

二、主要问题

1. 如何认定行为人是基于专业知识的研判还是基于对内幕信息的确信而从事相关的证券、期货交易？

2. 中国证监会应司法机关的需要就内幕信息有关问题出具的认定意见，能否作为定案根据？

三、裁判理由

1. 如何认定行为人是基于专业知识的研判还是基于对内幕信息的确信而从事相关的证券、期货交易？

在具体案件中，基于对内幕信息的确信而从事有关证券、期货交易的行为人往往会

[①] 刘晓虎：《肖某庆受贿、内幕交易案——因获取让壳信息而指使他人购买让壳公司股票，后借壳公司改变的，是否影响内幕信息的认定》，载中华人民共和国最高人民法院刑事审判第一、第二、第三、第四、第五庭主办：《刑事审判参考》总第85集，法律出版社2012年版。

辩解其是基于专业知识的研判而作出交易决定的。对于这一辩解的真伪,要结合具体案情,准确分析促使行为人作出交易决定的因素中有无内幕信息的影响。

本案被告人肖某庆辩解,其系利用自己的知识、智慧,根据股权改制的整体趋势作出判断而购买北京化二股票的。经查,肖某庆通过刺探所获取的信息,足以表明北京化二让壳重组已势在必行,一般人获取这种信息也可判断出购买北京化二股票将会获得非常优厚的市场回报。肖某庆指使他人重仓、全仓持有北京化二股票,看似孤注一掷的博弈行为,但实质上,促使其作出交易决定的是其对北京化二让壳重组的确信,而这恰恰是内幕信息的主要内容。股改是全方位、整体推进的,肖某庆却将全部资金投入北京化二,这一资金流向与其平时交易习惯明显背离。肖某庆在 2004 年便得知中石化探索整体上市的思路,却集中在 2006 年 9 月底全仓持有北京化二股票,这一交易时间点与内幕信息的形成以及其获取内幕信息的时间点高度吻合。可见,肖某庆的上述行为足以表明其交易行为明显异常,也足以说明促使其作出交易决定的真正因素是其对获取的内幕信息的确信,而非其根据专业知识对股改政策作出的判断。

此外,对于既利用了专业知识判断,又利用了获取的内幕信息而从事有关的证券、期货交易的行为,如何定性,实践中也存在一定的争议。鉴于近年来证券、期货市场犯罪的专业化、隐蔽化等特点,为从严打击证券、期货犯罪,对内幕信息的影响力不应作程度限制,不要求内幕信息对行为人交易决定的影响是唯一的,只要行为人获取的内幕信息对促使其交易决定有一定影响,即帮助其在一定程度上确信从事相关交易必定获得丰厚回报,就应当认定行为人是利用内幕信息从事内幕交易。具体把握的原则如下:

(1)对于具有专业知识的人员,即使是利用专业知识掌握了内幕信息的内容,只要其进行专业知识判断时依据其利用职务或工作便利获取的信息,也应当认定为内幕信息的知情人员。

(2)对于具有专业知识的人员,如果其通过非法手段获取了内幕信息,同时在此过程中也通过其专业知识加强了其判断,或者是先通过专业知识预判出重组对象,后通过获取内幕信息加强了对其预判的确信,原则上只要其从事与内幕信息有关的证券.期货交易,情节严重的,就应当追究内幕交易的刑事责任。

2. 中国证监会应司法机关的需要就内幕信息有关问题出具的认定意见,能否作为定案根据?

中国证监会就内幕交易有关问题出具的认定意见能否作为刑事诉讼证据的争议,由来已久。一种观点认为,中国证监会出具认定意见是依据行政处罚法而非刑事诉讼法作出的,作为行政主管机关,中国证监会无权收集刑事诉讼证据,因此其出具的认定意见不能作为刑事诉讼证据。另一种观点认为,中国证监会应司法机关的需要,基于其专业知识、经验的把握而出具的认定意见,可以作为刑事诉讼证据使用。

我们赞同后一种观点。对于行政执法机关根据行政法规合法收集的证据材料,是否可以直接作为刑事诉讼中的证据,曾有争议。2011 年最高人民法院、最高人民检察院、公安部、中国证监会联合印发的《关于办理证券期货违法犯罪案件工作若干问题的意见》第 4 条规定:"……证券监管机构可以根据司法机关办案需要,依法就案件涉及的证券期货专业问题向司法机关出具认定意见。"修改后的《刑事诉讼法》第 52 条也明确规定:"行政机关在行政执法和查办案件过程中收集的物证、书证、视听资料、电子数据等证据材料,在刑事诉讼中可以作为证据使用。"据此,我们认为,对于在行政执法中收集的实物性证据，因其具有客观性、稳定性，可以直接在刑事诉讼中使用。对于行政机关依据上述实物证据作出的检验报告、认定结论等，经司法机关审查，具有客观性、真实性和合法性的，可以作为定案的证据。

本案中，公安部向中国证监会发出《关于商请对肖某庆涉嫌北京化二股票内幕交易案有关事项进行认定的函》，发函中认定光大证券与中石化就借壳北京化二进行谈判属于内幕信息，该内幕信息的价格敏感期为2006年8月17日至2006年11月25日，胡某明属于内幕信息的知情人员，肖某庆属于非法获取内幕信息的人员。中国证监会就上述发函出具了回函意见，同意公安部发函中的认定意见。中国证监会出具的回函意见实际是对公安机关收集的书证、电子数据、证人证言、行政相对人（刑事诉讼中的被告人）陈述等证据作出的综合性、专业性的意见材料，可以作为刑事诉讼中的证据使用。

值得注意的是，中国证监会出具的认定意见在内容上虽然具有鉴定意见的性质，但因主体不具有鉴定资质，所以在具体证据类别上不能归类为鉴定意见。目前，实践中比较倾向的观点是将中国证监会出具的认定意见作为一种准书证予以使用。

第八章 利用未公开信息交易罪

第一节 利用未公开信息交易罪概述

一、利用未公开信息交易罪概念及构成要件

利用未公开信息交易罪，是指证券交易所、期货交易所、证券公司、期货经纪公司、基金管理公司、商业银行、保险公司等金融机构的工作人员以及有关监管部门或者行业协会的工作人员，利用因职务便利获取的内幕信息以外的其他未公开的信息，违反规定，从事与该信息相关的证券、期货交易活动，或者明示、暗示他人从事相关交易活动，情节严重的行为。2009年2月28日，《刑法修正案（七）》在《刑法》第180条中增加1款作为第4款，规定了利用未公开信息交易罪，明确该罪的构成要件和刑罚适用，为依法惩治利用未公开信息交易犯罪提供了法律依据。

利用未公开信息交易罪的构成要件如下：（1）本罪侵害的客体是国家对证券、期货市场的正常管理秩序，以及投资者的合法权益。（2）本罪在客观上表现为利用因职务便利获取的内幕信息以外的其他未公开的信息，违反规定，从事与该信息相关的证券、期货交易活动，或者明示、暗示他人从事相关交易活动，情节严重的行为。（3）本罪的犯罪主体为特殊主体，即金融机构的从业人员或有关监管部门、行业协会的工作人员才能构成。因为这些人员在证券、期货交易中具有先天的信息优势，具有可以先行知悉一些内幕信息以外的其他未公开信息的职务便利。需要注意的是，单位不能单独构成本罪的犯罪主体。（4）本罪在主观方面只能由故意构成，一般而言，行为人还需要具有牟取私利或者避免损失的犯罪目的。根据《刑法》第180条第4款及第1款之规定，犯利用未公开信息交易罪的，处5年以下有期徒刑或者拘役，并处或者单处违法所得1倍以上5倍以下罚金；情节特别严重的，处5年以上10年以下有期徒刑，并处违法所得1倍以上5倍以下罚金。

二、利用未公开信息交易刑事案件审理情况

通过中国裁判文书网检索，2017 年至 2020 年间，全国法院审结一审利用未公开信息交易刑事案件共计 67 件，其中，2016 年 5 件，2017 年 23 件，2018 年 17 件，2019 年 13 件，2020 年 9 件。相较于其他常见犯罪，利用未公开信息交易刑事案件整体数量不多。但在我国证券、期货交易活动中，仍属于相对多发的案件。

司法实践中，利用未公开信息交易犯罪案件主要呈现出以下特点及趋势：一是发案领域日趋广泛。此类案件涉及基金、银行、证券、保险、期货、资产管理等多个金融行业领域，且逐渐从证券发行、交易环节蔓延至基金托管、资产评估等环节，呈现出传统风险与新型风险相互交织的特点。二是内外勾结、合伙作案现象突出。此类案件中，金融机构的从业人员利用职务便利获得特定信息后，与外部人员相互勾结、明确分工，有人负责操控指挥，有人负责调集资金，有人负责传递信息，呈现出明显的"团伙化"特征。三是犯罪手段网络化趋势明显。随着信息网络技术的发展，证券、期货市场普遍采用无纸化交易、电脑自动撮合成交以及集中托管，不仅为证券、期货交易提供了成本更低、速度更快的渠道，也使犯罪分子的信息传递、交易操作更加隐蔽，转瞬间即可完成犯罪。四是犯罪分子反侦查意识较强。此类案件中，犯罪分子大多文化程度较高、精通金融知识、从业经验丰富，作案前计划周密，作案时采取隐蔽手段，作案后不易留下犯罪痕迹，甚至在监管机构调查、侦查机关侦查期间达成攻守同盟，导致犯罪发现难、取证难和认定难。五是管辖地域相对集中。此类案件审理主要集中在上海、广东、北京、重庆、浙江、山东等经济发达、金融机构相对集中、证券交易活动繁荣活跃的省份及城市。

三、利用未公开信息交易刑事案件审理热点、难点问题

一是证据标准难以把握。司法实践中，行为人利用职务便利获取未公开信息后，往往会采取与外部人员相互勾结、分工协作的方式进行秘密交易，犯罪隐蔽性较强，证据容易被隐匿、毁灭，证明犯罪的难度较大。特别是在双方均否认"明示、暗示"，案件出现"零口供"、缺乏直接证据的情形下，双方之间犯意联络的认定就会变得更加复杂。此种情形下，应当如何把握利用未公开信息交易犯罪的证据标准，如何准确认定"明示、暗示他人从事相关交易活动"，就成为定罪处理的关键所在。

二是关于"未公开信息"的理解与认定。我国证券、期货领域的相关政策以及相关法律、法规正在不断改革、完善之中，如证券领域中设立科创板并实行注册制改革，深化新三板改革设立北京证券交易所。在此背景下，很可能出现某些案件中所涉信息是否属于"未公开信息"难以认定的情况。此外，对于如何理解《解释》第 2 条规定的"其他可能影响证券、期货交易活动的信息"的范围也存在争议。

三是"从事与该信息相关的证券、期货交易活动"即趋同交易的理解与认定。从查处案件看，对于趋同交易的认定均采用"前五后二"的认定标准。实践中，对于利用未公开信息交易的时间范围是否需要严格限制为"前五后二"，以及"前五后二"标准是从形式上把握还是从实质上把握，如何界定同一基金产品由两人挂名担任基金经理情形下的趋同交易等问题，均存有一定争议。

四是犯罪数额的认定。利用未公开信息交易的相关交易数额或者违法所得数额是定

罪量刑的依据。《解释》第 8 条规定，二次以上利用未公开信息交易，依法应予行政处理或者刑事处理而未经处理的，相关交易数额或者违法所得数额累计计算。实践中，如何理解"依法应予行政处理或者刑事处理而未经处理"存在争议。同时，违法所得数额的认定与计算较为复杂，其中不少问题需要进一步厘清。

四、利用未公开信息交易刑事案件审理思路及原则

一是充分认识"老鼠仓"行为对证券、期货市场的危害，依法惩处犯罪。近日，中共中央办公厅、国务院办公厅印发了《关于依法从严打击证券违法活动的意见》，明确进一步推动资本市场高质量发展，依法从严打击证券违法活动。"老鼠仓"行为破坏了证券、期货市场的公平交易秩序，损害了投资者的合法权益及金融行业的信誉，影响国家金融安全和资本市场健康发展。司法机关应当充分认识此类犯罪的社会危害性，根据行为人的犯罪情节、退赃表现、认罪认罚等因素综合评价刑事责任，依法公正履职，力求发挥刑事司法工作对资本市场的规范引导和价值引领作用。

二是重视对客观证据的审查运用，排除合理怀疑，准确认定案件事实。办理此类案件过程中，法院应当加强与证券监管机构、公安机关、检察机关的协作配合，强化对相关证券账户的交易记录、电子计算机的 IP 地址、证券交易资金情况以及鉴定意见等客观证据材料的审查和运用，寻找行为人或操盘手供述或证言的不合理之处与矛盾点，依靠严谨的证据体系和证明方法，合理排除案件矛盾，准确认定案件事实。在没有言词证据的情况下，综合全案客观证据能够认定行为人实施了利用未公开信息交易犯罪的，应当认定构成犯罪。

三是善于利用审查规则对法律规定尚不明确的问题进行前瞻性分析，提高办案质量与效率。如前所述，司法机关在办理利用未公开信息交易犯罪等案件过程中，各种新情况、新问题层出不穷，罪与非罪、此罪与彼罪的界限难以把握。对此，应当密切关注证券、期货犯罪理论研究的最新动向，针对司法前沿问题敢于、善于确立法律适用规则、推动适法统一。

四是持续学习相关金融知识、法律法规及行业规则，为案件准确定性及适用法律打下坚实基础。与一般经济犯罪案件相比，利用未公开信息交易等金融证券、期货犯罪案件专业性更强，查处难度更大，因此对办案人员的专业化提出了更高的要求。为切实提高办案质量与效率，实现政治效果、法律效果与社会效果的有机统一，司法机关应当强化金融知识学习与业务交流，注重培养专业化、精细化办案人才，构建打击金融犯罪的专业化体系。

第二节　利用未公开信息交易罪审判依据

2009 年 2 月 28 日公布的《刑法修正案（七）》第 2 条第 2 款新增《刑法》第 180 条第 4 款，该款是关于利用未公开信息交易罪及其处罚的规定。2019 年 6 月 27 日，《最高人民法院、最高人民检察院关于办理利用未公开信息交易刑事案件适用法律若干问题的解释》对该款规定的"内幕信息以外的其他未公开的信息""违反规定""明示、暗示他

人从事相关交易活动"等规定作了进一步细化。特别是该解释第6条、第7条对该款规定的"情节严重""依照第1款的规定从重处罚"作了具体的说明。2022年4月6日公布的《最高人民检察院、公安部关于公安机关管辖的刑事案件立案追诉标准的规定（二）》对该罪的立案追诉标准予以细化规定。

一、法律

《中华人民共和国刑法》（1979年7月1日第五届全国人民代表大会第二次会议通过 1997年3月14日第八届全国人民代表大会第五次会议修订 1997年3月14日中华人民共和国主席令第83号公布 根据历次修正案和修改决定修正）（节录）

第一百八十条 证券、期货交易内幕信息的知情人员或者非法获取证券、期货交易内幕信息的人员，在涉及证券的发行，证券、期货交易或者其他对证券、期货交易价格有重大影响的信息尚未公开前，买入或者卖出该证券，或者从事与该内幕信息有关的期货交易，或者泄露该信息，或者明示、暗示他人从事上述交易活动，情节严重的，处五年以下有期徒刑或者拘役，并处或者单处违法所得一倍以上五倍以下罚金；情节特别严重的，处五年以上十年以下有期徒刑，并处违法所得一倍以上五倍以下罚金。

单位犯前款罪的，对单位判处罚金，并对其直接负责的主管人员和其他直接责任人员，处五年以下有期徒刑或者拘役。

内幕信息、知情人员的范围，依照法律、行政法规的规定确定。

交易所、期货交易所、证券公司、期货经纪公司、基金管理公司、商业银行、保险公司等金融机构的从业人员以及有关监管部门或者行业协会的工作人员，利用因职务便利获取的内幕信息以外的其他未公开的信息，违反规定，从事与该信息相关的证券、期货交易活动，或者明示、暗示他人从事相关交易活动，情节严重的，依照第一款的规定处罚。

附：《〈刑法修正案（七）〉内容解读（一）》（节选）[①]

二、修改了《刑法》第180条，增加了打击"老鼠仓"犯罪的刑法规定

近年来，基金公司、商业银行、保险公司、证券公司、期货公司等金融机构大都开展了投资理财业务或者客户资产管理业务，手中拥有大量客户资金，将客户资金投资于证券、期货等金融产品是代客投资理财和客户资产管理的主要方式之一。这类资产管理机构的一些从业人员，在用客户资金买入证券或者其衍生品、期货或者期权合约等金融产品前，以自己名义或假借他人名义或者告知其亲属、朋友、关系户，先行低价买入证券、期货等金融产品，然后用客户资金拉升到高位后自己率先卖出牟取暴利。由于这些人户大多隐秘，"偷食"金融产品上涨盈利，因而被形象地称为"老鼠仓"。它严重破坏金融管理秩序，损害市场的公平、公正和公开，严重损害客户投资者的利益和金融行业信誉，也损害从业人员所在单位的利益。

《刑法修正案（七）》将《刑法》第180条第1款修改为："证券、期货交易内幕信息的知情人员或者非法获取证券、期货交易内幕信息的人员，在涉及证券的发行，证券、期货交易或者其他对证券、期货交易价格有重大影响的信息尚未公开前，买入或者卖出

[①] 黄太云：《〈刑法修正案（七）〉内容解读（一）》，载《人民法院报》2009年4月12日。

该证券，或者从事与该内幕信息有关的期货交易，或者泄露该信息，或者明示、暗示他人从事上述交易活动，情节严重的，处五年以下有期徒刑或者拘役，并处或者单处违法所得一倍以上五倍以下罚金；情节特别严重的，处五年以上十年以下有期徒刑，并处违法所得一倍以上五倍以下罚金。"同时，为严厉惩治老鼠仓犯罪，《刑法修正案（七）》在第180条中增加1款作为第4款："证券交易所、期货交易所、证券公司、期货经纪公司、基金管理公司、商业银行、保险公司等金融机构的从业人员以及有关监管部门或者行业协会的工作人员，利用因职务便利获取的内幕信息以外的其他未公开的信息，违反规定，从事与该信息相关的证券、期货交易活动，或者明示、暗示他人从事相关交易活动，情节严重的，依照第一款的规定处罚。"

（一）老鼠仓的犯罪构成特征

1. 本罪的犯罪主体是特殊主体。一般来讲，资产管理金融机构的从业人员才能成为本罪的主体。而在证券、期货监管机构或者行业协会工作的人员，也有可能因职务便利获取不属于内幕消息的未公开信息，建立老鼠仓。因此，《刑法修正案（七）》将老鼠仓的犯罪主体规定为"证券交易所、期货交易所、证券公司、期货经纪公司、基金管理公司、商业银行、保险公司等金融机构的从业人员以及有关监管部门或者行业协会的工作人员"。

2. 行为人实施了"利用因职务便利获取的内幕信息以外的其他未公开的信息，违反规定，从事与该信息相关的证券、期货交易活动，或者明示、暗示他人从事相关交易活动"。所谓"内幕信息以外的其他未公开的信息"，主要是指资产管理机构、代客投资理财机构即将用客户资金投资购买某个证券、期货等金融产品的决策信息。因不属于法律规定的"内幕消息"，也未要求必须公开，故称"内幕信息以外的其他未公开的信息"。所谓"违反规定，从事与该信息相关的证券、期货交易活动"，不仅包括证券投资基金法等法律、行政法规所规定的禁止基金等资产管理机构的从业人员从事损害客户利益的交易等行为，也包括证监会发布的禁止资产管理机构从业人员从事违背受托义务的交易活动等行为。具体行为主要是指，资产管理机构的从业人员在用客户资金买入证券或者其衍生品、期货或者期权合约等金融产品前，自己先行买入，或者在卖出前，自己先行卖出等行为。

3. "情节严重的"才构成犯罪。情节严重主要指多次建立老鼠仓的；建老鼠仓非法获利数额巨大的，或者由于建立老鼠仓对客户资产造成严重损失的等情形。

实际中，老鼠仓犯罪的行为人在自己建仓的同时，常常以直接或者间接方式示意其亲朋好友也同时建仓，因此，《刑法修正案（七）》在《刑法》第180条第1款列举的内幕交易罪的具体行为方式中也增加了"或者明示、暗示他人从事上述交易活动"的规定。

（二）应当注意区分老鼠仓犯罪与其他犯罪的界限

1. 与内幕交易罪的区别

一是从信息的内容上看，内幕信息主要是围绕上市公司本身的信息，如公司的重组计划、公司高管人员的变动、公司的重大合同、公司的盈利情况等对该公司证券、期货的市场价格有重大影响、按照有关规定应及时向社会公开但还尚未公开的信息；而老鼠仓所利用的信息一般属于单位内部的商业秘密，属于"内幕信息以外的其他未公开的信息"；二是从犯罪行为损害的利益看，内幕交易更多是损害不特定的社会公众投资者和股民的合法权益，"老鼠仓"交易更多是损害资产管理机构的客户的利益。

2. 与操纵证券、期货市场罪的区别

老鼠仓行为主要是通过受托管理的客户资金来承担更多的市场风险从而减少行为人的自身风险，行为的目的是利用机构即将用客户资金购买证券、期货的信息来抢先建仓、提早撤仓从中获利，主观上并没有操纵证券期货交易价格的目的；而操纵证券期货市场主要是通过资金优势、信息优势或者对倒、对敲来影响证券、期货交易价格或者成交量，从而达到获利的目的。因此，老鼠仓无论从目的还是行为上，都无法构成操纵证券期货市场罪。

3. 与背信运用受托财产罪的区别

背信运用受托财产罪是单位犯罪，犯罪主体是金融机构，未规定金融机构从业人员的刑事责任，主要是指金融机构擅自运用客户资金和受托财产的决策本身与受托义务相违背，因而有可能使管理的客户资产陷入极大的风险之中；而老鼠仓是一种个人犯罪，犯罪主体是从事资产管理机构的从业人员，资产管理机构做出的投资购买证券、期货的决策本身并不违背受托义务，不属于擅自运用受托财产，主要打击的是资产管理机构的从业人员利用机构内部信息提前建仓谋取非法利益的行为。

二、行政法规

《私募投资基金监督管理条例》（2023年6月16日国务院第8次常务会议通过　国务院令第762号）（节录）

第三十条　私募基金管理人、私募基金托管人及其从业人员不得有下列行为：

（一）将其固有财产或者他人财产混同于私募基金财产；

（二）利用私募基金财产或者职务便利，为投资者以外的人牟取利益；

（三）侵占、挪用私募基金财产；

（四）泄露因职务便利获取的未公开信息，利用该信息从事或者明示、暗示他人从事相关的证券、期货交易活动；

（五）法律、行政法规和国务院证券监督管理机构规定禁止的其他行为。

三、司法解释

《最高人民法院、最高人民检察院关于办理利用未公开信息交易刑事案件适用法律若干问题的解释》（2019年6月27日　法释〔2019〕10号）（节录）

第一条　刑法第一百八十条第四款规定的"内幕信息以外的其他未公开的信息"，包括下列信息：

（一）证券、期货的投资决策、交易执行信息；

（二）证券持仓数量及变化、资金数量及变化、交易动向信息；

（三）其他可能影响证券、期货交易活动的信息。

第二条　内幕信息以外的其他未公开的信息难以认定的，司法机关可以在有关行政主（监）管部门的认定意见的基础上，根据案件事实和法律规定作出认定。

第三条　刑法第一百八十条第四款规定的"违反规定"，是指违反法律、行政法规、部门规章、全国性行业规范有关证券、期货未公开信息保护的规定，以及行为人所在的金融机构有关信息保密、禁止交易、禁止利益输送等规定。

第四条 刑法第一百八十条第四款规定的行为人"明示、暗示他人从事相关交易活动",应当综合以下方面进行认定:

(一)行为人具有获取未公开信息的职务便利;

(二)行为人获取未公开信息的初始时间与他人从事相关交易活动的初始时间具有关联性;

(三)行为人与他人之间具有亲友关系、利益关联、交易终端关联等关联关系;

(四)他人从事相关交易的证券、期货品种、交易时间与未公开信息所涉证券、期货品种、交易时间等方面基本一致;

(五)他人从事的相关交易活动明显不具有符合交易习惯、专业判断等正当理由;

(六)行为人对明示、暗示他人从事相关交易活动没有合理解释。

第五条 利用未公开信息交易,具有下列情形之一的,应当认定为刑法第一百八十条第四款规定的"情节严重":

(一)违法所得数额在一百万元以上的;

(二)二年内三次以上利用未公开信息交易的;

(三)明示、暗示三人以上从事相关交易活动的。

第六条 利用未公开信息交易,违法所得数额在五十万元以上,或者证券交易成交额在五百万元以上,或者期货交易占用保证金数额在一百万元以上,具有下列情形之一的,应当认定为刑法第一百八十条第四款规定的"情节严重":

(一)以出售或者变相出售未公开信息等方式,明示、暗示他人从事相关交易活动的;

(二)因证券、期货犯罪行为受过刑事追究的;

(三)二年内因证券、期货违法行为受过行政处罚的;

(四)造成恶劣社会影响或者其他严重后果的。

第七条 刑法第一百八十条第四款规定的"依照第一款的规定处罚",包括该条第一款关于"情节特别严重"的规定。

利用未公开信息交易,违法所得数额在一千万元以上的,应当认定为"情节特别严重"。

违法所得数额在五百万元以上,或者证券交易成交额在五千万元以上,或者期货交易占用保证金数额在一千万元以上,具有本解释第六条规定的四种情形之一的,应当认定为"情节特别严重"。

第八条 二次以上利用未公开信息交易,依法应予行政处理或者刑事处理而未经处理的,相关交易数额或者违法所得数额累计计算。

第九条 本解释所称"违法所得",是指行为人利用未公开信息从事与该信息相关的证券、期货交易活动所获利益或者避免的损失。

行为人明示、暗示他人利用未公开信息从事相关交易活动,被明示、暗示人员从事相关交易活动所获利益或者避免的损失,应当认定为"违法所得"。

第十条 行为人未实际从事与未公开信息相关的证券、期货交易活动的,其罚金数额按照被明示、暗示人员从事相关交易活动的违法所得计算。

第十一条 符合本解释第五条、第六条规定的标准,行为人如实供述犯罪事实,认罪悔罪,并积极配合调查,退缴违法所得的,可以从轻处罚;其中犯罪情节轻微的,可以依法不起诉或者免予刑事处罚。

符合刑事诉讼法规定的认罪认罚从宽适用范围和条件的，依照刑事诉讼法的规定处理。

四、刑事政策文件

《最高人民检察院、公安部关于公安机关管辖的刑事案件立案追诉标准的规定（二）》（2022年4月6日　公通字〔2022〕12号）

第三十一条〔利用未公开信息交易案（刑法第一百八十条第四款）〕证券交易所、期货交易所、证券公司、期货公司、基金管理公司、商业银行、保险公司等金融机构的从业人员以及有关监管部门或者行业协会的工作人员，利用因职务便利获取的内幕信息以外的其他未公开的信息，违反规定，从事与该信息相关的证券、期货交易活动，或者明示、暗示他人从事相关交易活动，涉嫌下列情形之一的，应予立案追诉：

（一）获利或者避免损失数额在一百万元以上的；

（二）二年内三次以上利用未公开信息交易的；

（三）明示、暗示三人以上从事相关交易活动的；

（四）具有其他严重情节的。

利用未公开信息交易，获利或者避免损失数额在五十万元以上，或者证券交易成交额在五百万元以上，或者期货交易占用保证金数额在一百万元以上，同时涉嫌下列情形之一的，应予立案追诉：

（一）以出售或者变相出售未公开信息等方式，明示、暗示他人从事相关交易活动的；

（二）因证券、期货犯罪行为受过刑事追究的；

（三）二年内因证券、期货违法行为受过行政处罚的；

（四）造成其他严重后果的。

第三节　利用未公开信息交易罪审判实践中的疑难新型问题

问题1. 未公开信息如何认定

【实务专论】[①]

（一）关于"未公开信息"的认定问题

根据《刑法》的规定，利用未公开信息交易罪与内幕交易罪的区别主要是信息的内容、性质不同。内幕信息是指对证券、期货交易价格有重大影响，应当及时向社会公开但尚未公开的信息，如涉及证券发行人的经营、财务，涉及期货的相关政策等信息。利

[①] 姜永义、陈学勇、王尚明：《〈关于办理利用未公开信息交易刑事案件适用法律若干问题的解释〉的理解与适用》，载《人民法院报》2020年4月30日。

用未公开信息交易罪中所利用的信息主要是指证券、期货等金融机构使用客户资金购买证券、期货的投资交易信息,一般属于单位内部的商业秘密,法律并未要求此类信息应当公开,不属于内幕信息的范围,而属于"内幕信息以外的其他未公开的信息"(以下简称"未公开信息")。

结合《证券法》《期货交易管理条例》等相关规定,《最高人民法院、最高人民检察院关于办理利用未公开信息交易刑事案件适用法律若干问题的解释》的理解与适用(以下简称《解释》)第1条就"未公开信息"作了界定。第1项是证券、期货的投资决策、交易执行信息,如基金投资公司即将建仓、出仓的信息等,这是"未公开信息"的常见类型,过去查处的"老鼠仓"案件所涉信息基本上属于此类信息。第2项是证券持仓数量及变化、资金数量及变化、交易动向信息,通常是指证券交易所、证券结算中心等金融机构工作人员利用职务便利能够获取,并且应当予以保密的重要信息,如本单位受托管理的资金的运营情况,客户的交易信息等。因这类信息不属于《证券法》规定的内幕信息,但又对证券交易活动具有影响,故作为"未公开信息"。需要注意的是,《期货管理条例》明确规定此类信息属于"内幕信息",不属于"未公开信息",如果在期货领域,利用此类信息进行非法交易的,应当以内幕交易、泄露内幕信息罪论处。第3项是其他可能影响证券、期货交易活动的信息。

司法实践中,对是否属于"未公开信息"难以认定的,《解释》第2条作了提示性规定。我国证券、期货领域的相关政策以及相关法律、法规正在不断改革、完善之中,如证券领域中设立科创板并实行注册制改革,新三板也在不断改革、完善等。在此背景下,很可能出现某些案件中所涉信息是否属于"未公开信息"难以认定的情况。对于"未公开信息"难以认定的,司法机关可以在有关行政主管、监管部门认定意见的基础上,根据案件事实和法律规定作出认定。

【人民法院报案例】齐某、乔某某利用未公开信息交易案[①]

[基本案情]

2004年9月至2015年6月,被告人齐某在东方证券公司证券投资业务总部先后担任副总经理、总经理、首席投资官,负责东方证券自营子账户的管理和股票投资决策等工作。2009年2月至2015年4月,齐某利用其负责东方证券自营的11001和11002资金账户管理和股票投资决策的职务便利,掌握了上述账户股票投资决策、股票名称、交易时点、交易价格、交易数量等未公开信息,伙同其丈夫被告人乔某某控制并操作罗某某等四人证券账户,先于、同期于或稍晚于齐某管理的东方证券上述自营资金账户买卖"永新股份""三爱富""金地集团"等相同股票197只,成交金额累计达人民币63.5亿余元,非法获利金额累计1657万余元。

法院经审理认为,齐某作为证券公司的从业人员,利用因职务便利获取的内幕信息以外的其他未公开的信息,违反规定,伙同乔某某从事与该信息相关的证券交易活动,两人的行为均已构成利用未公开信息交易罪,且情节特别严重。在共同犯罪中,齐某起主要作用,是主犯;乔某某起次要作用,是从犯,依法对乔某某减轻处罚。以利用未公开信息交易罪判处被告人齐某有期徒刑五年,判处乔某某有期徒刑三年,缓刑四年。

---

① 沈言:《内幕信息以外的其他未公开信息的认定》,载《人民法院报》2017年5月11日。

[争议观点]

第一种观点认为，关于我国《刑法》第 180 条第 4 款中规定的"内幕信息以外的其他未公开的信息"的定义，由于目前并没有相关前置性法律、法规、规章等作为判断依据，因此对其认定应持谨慎态度，其他未公开的信息主要是指资产管理机构、代客理财机构即将用客户资金购买某个证券、期货等金融产品的决策信息。本案被告人齐某所掌握的东方证券自营资金账户相关股票投资决策、股票名称、交易时点、交易价格、交易数量等不属于"内幕信息以外的其他未公开的信息"，故被告人齐某与乔某某不构成利用未公开信息交易罪。

第二种观点认为，第一种观点将金融机构利用自有资金投资金融产品的信息排除在其他未公开信息之外，对"内幕信息以外的其他未公开的信息"所作出的界定范围过于狭隘，未公开信息的范围既可以是金融机构的投资经营信息，也可以是监管部门制定的或作出的可能对证券交易价格产生重大影响的政策或决定。本案被告人齐某所掌握的东方证券自营资金账户股票投资决策、股票名称、交易时点、交易价格、交易数量等属于"内幕信息以外的其他未公开的信息"。齐某作为证券公司的从业人员，利用因职务便利获取的内幕信息以外的其他未公开的信息，明示他人从事相关证券交易活动，构成利用未公开信息交易罪。但是，由于本案的犯罪主体要求真正身份犯，因此被告人乔某某不构成利用未公开信息交易罪。

第三种观点认为，关于"内幕信息以外的其他未公开的信息"的认定同意第二种观点，其他未公开信息是指除内幕信息以外、对证券的市场价格有重大影响且尚未公开的信息。但是关于被告人乔某某是否构成犯罪，不同意第二种观点，认为本案系有身份者与无身份者合谋实施的共同犯罪，齐某与乔某某构成利用未公开信息的共犯。

[法院认为]

目前，关于"内幕信息以外的其他未公开信息"并没有相关前置性法律、法规、规章等作为判断依据，是我国证券期货犯罪体系中的一个全新要素。我国《刑法》第 180 条第 4 款只对其作了"内幕信息以外"的概括性规定，未公开信息的内涵、特征、范围均处于不明确的状态，极易造成司法适用上的混乱，因此如何认定未公开信息无疑是司法实践中极为重要的问题之一。

我们认为，"其他未公开信息"是指在证券、期货交易活动中，法定内幕信息以外的其他对证券、期货的市场价格有重大影响的尚未公开的信息。刑法该条款中规定的"未公开信息"具有未公开性与价格敏感性两个特征。所谓未公开性是指涉案信息在行为人从事相关交易时尚未公开，处于公众无从获悉该信息内容的秘密状态。所谓价格敏感性，是指涉案信息公布后将对相关证券期货交易价格产生重要影响。

2017 年 4 月 24 日，证券法修订草案提请全国人大常委会二审，该草案第 80 条的规定与我们的上述观点一致，并列举了四项未公开信息：一是证券交易场所、交易结算资金存放机构、证券资产托管机构、证券登记结算机构、依法设立的证券市场监测监控机构在经营、监控过程中形成或获取的证券交易、证券持有状况、资金数量等相关信息；二是证券经营机构、公募基金管理人、商业银行、保险公司、信托公司、社保基金、私募证券投资基金等金融机构的证券投资相关信息；三是政府主管部门、监管机构或者有关单位，制定或作出的可能对证券交易价格发生重大影响的政策或决定；四是国务院证券监督管理机构认定的其他信息。

具体到本案，乔某某获知齐某所掌握的东方证券自营账户股票投资决策、股票名称、交易时点、交易价格、交易数量等信息后控制并操作相关证券账户，先于、同期于或稍晚于齐某管理的东方证券自营资金账户买卖相同股票，此时，齐某所掌握的上述信息并不为公众所知悉。而且东方证券作为经营证券业务的专门公司，其使用大量资金买卖股票的信息会影响相关股票的交易价格，对其他投资者是否愿意以当前价格购买或者出售股票也会产生影响，属于证券法修订草案中规定的第2项。因此，被告人齐某掌握的上述信息属于我国《刑法》第180条第4款中规定的"内幕信息以外的其他未公开的信息"。

【司法解释】

《最高人民法院、最高人民检察院关于办理利用未公开信息交易刑事案件适用法律若干问题的解释》（2019年6月27日　法释〔2019〕10号）（节录）

第一条　刑法第一百八十条第四款规定的"内幕信息以外的其他未公开的信息"，包括下列信息：

（一）证券、期货的投资决策、交易执行信息；

（二）证券持仓数量及变化、资金数量及变化、交易动向信息；

（三）其他可能影响证券、期货交易活动的信息。

第二条　内幕信息以外的其他未公开的信息难以认定的，司法机关可以在有关行政主（监）管部门的认定意见的基础上，根据案件事实和法律规定作出认定。

问题2. 如何理解利用未公开信息交易罪中的"违反规定"

【实务专论】[①]

（二）关于"违反规定"的认定问题

《刑法修正案（七）》新增该罪主要是针对实践中金融机构从业人员以及有关监管部门或者行业协会的工作人员违背职业义务背信从事非法交易行为。这种行为既损害市场秩序，也损害金融机构本身或者委托人利益。鉴于当时证券法、证券投资基金法等相关法律、法规中都没有明确规定内幕信息之外的其他未公开信息的保护制度，行政立法相对滞后，打击该类违法、犯罪行为，主要依据监管部门或行业协会制定的金融机构从业人员职业规范。因此，新增该罪名时使用"违反规定"的表述。

从立法原意看，《刑法》第180条第四款规定的"违反规定"，除了违反法律、法规、规章、全国性行业规范之外，也包括违反金融机构内部关于信息保密、禁止交易、利益输送等规章制度。《最高人民法院、最高人民检察院关于办理利用未公开信息交易刑事案件适用法律若干问题的解释》第3条明确，"违反规定"包括违反法律、行政法规、部门规章、全国性行业规范有关证券、期货未公开信息保护的规定，以及行为人所在的金融机构有关信息保密、禁止交易、禁止利益输送等规定。之所以将"行为人所在金融机构有关信息保密、禁止交易、禁止利益输送等规定"纳入"违反规定"，主要考虑是：法律、行政法规、部门规章、全国性行业规范有关未公开信息保护的规定比较原则，实践

[①] 姜永义、陈学勇、王尚明：《〈关于办理利用未公开信息交易刑事案件适用法律若干问题的解释〉的理解与适用》，载《人民法院报》2020年4月30日。

中需要结合行为人所在的金融机构有关信息保密、禁止交易、禁止利益输送等规定予以认定。

【刑事审判参考案例】 李某利利用未公开信息交易案①

一、基本案情

2005年8月至2009年5月，被告人李某利担任基金公司投资决策委员会主席、投资总监，2007年8月开始兼任该公司蓝筹基金经理。在此期间，李某利参与基金公司所有基金的投资决策，并对蓝筹基金进行股票投资拥有决定权。2009年4月7日，在基金公司旗下蓝筹基金、交银施罗德成长股票证券投资基金（以下简称成长基金）进行工商银行和建设银行股票买卖的信息尚未披露前，李某利指令五矿证券深圳华富路证券营业部（现为五矿证券深圳金田路证券营业部，以下简称五矿金田营业部）总经理李某君，在名为"岳某建""童某强"实为李某利等控制的证券账户内，先于或者同期于基金公司买入工商银行、建设银行股票，累计成交额52,263,797.34元，并于同年6月将上述股票全部卖出，股票交易累计获利8,992,399.86元，同时分得股票红利1,723,342.50元。

上海市第一中级人民法院认为，被告人李某利作为基金管理公司的从业人员，利用因职务便利获取的未公开信息，违反规定，从事与该信息相关的证券交易活动，情节严重，其行为构成利用未公开信息交易罪。据此，依照《中华人民共和国刑法》第180条第1款、第4款，第53条，第64条之规定，上海市第一中级人民法院以利用未公开信息交易罪对被告人李某利判处有期徒刑四年，并处罚金1800万元；违法所得10715742.36元予以追缴。

一审判决后，被告人李某利向上海市高级人民法院提起上诉，辩称其未指令李某君购买工商银行、建设银行股票。

上诉人李某利的二审辩护人向上海市高级人民法院提出以下辩护理由：……根据《刑法》第180条第4款的规定，构成利用未公开信息交易罪必须"违反规定"，李某利没有违反规定，故不构成犯罪。

上海市高级人民法院经审理后认为，原判认定李某利犯利用未公开信息交易罪的事实清楚，证据确实、充分，适用法律正确，量刑适当，审判程序合法。上诉人李某利提出的上诉理由及其辩护人提出的辩护意见均不能成立。据此，上海市高级人民法院裁定驳回上诉，维持原判。

二、主要问题

如何理解利用未公开信息交易罪中的"违反规定"？

三、裁判理由

李某利的辩护人提出，根据《刑法》第180条第4款的规定，构成利用未公开信息交易罪必须"违反规定"，李某利没有违反规定，故不构成该罪。

对于这一问题，首先应当明确的是，《刑法》第180条第4款的表述是"违反规定"，而不是"违反国家规定"，两者存在很大的区别。根据《刑法》第96条的规定，"违反国

---

① 肖晚祥：《李某利利用未公开信息交易案——利用未公开信息交易罪司法认定中的证据和法律问题》，载中华人民共和国最高人民法院刑事审判第一、第二、第三、第四、第五庭主办：《刑事审判参考》总第96集，法律出版社2014年版。

家规定"，"是指违反全国人民代表大会及其常务委员制定的法律和决定、国务院制定的行政法规、规定的行政措施、发布的决定和命令"。《最高人民法院关于准确理解和适用刑法中"国家规定"的有关问题的通知》（法〔2011〕155号）尽管对"国家规定"的范围作了一定延伸，但与利用未公开信息交易罪中"规定"的范围相比，要窄得多，后者不仅包括法律、行政法规，还包括部门规章、地方性法规及行业规范，但公司的内部章程不包括在内。

本案中，李某利的行为不仅违反了国家法律，也违反了中国证监会的相关规定。全国人大常委会于2003年10月28日通过、2004年6月1日起施行的《中华人民共和国证券投资基金法》（以下简称《证券投资基金法》）第18条规定，基金管理人的董事、监事、经理和其他从业人员，不得从事损害基金财产和基金份额持有人利益的证券交易及其他活动。全国人大常委会于2012年12月28日修订、2013年6月1日起施行的《证券投资基金法》第19条亦有类似规定。中国证监会于2009年3月17日修订、2009年4月1日起施行的《基金管理公司投资管理人员管理指导意见》（以下简称《指导意见》）第6条第2款规定："投资管理人员不得利用基金财产或利用管理基金份额之便向任何机构和个人进行利益输送，不得从事或者配合他人从事损害基金份额持有人利益的活动。"《指导意见》第8条规定："投资管理人员应当恪守职业道德，信守对基金份额持有人、监管机构和公司作出的承诺，不得从事与履行职责有利益冲突的活动。"李某利利用因职务便利获取的所任职基金公司的未公开信息进行证券交易，违背了其作为基金从业人员对基金份额持有人、监管机构以及基金公司作出的承诺，与其职务行为存在利益冲突，损害了基金份额持有人的利益，违反了上述法律和规定。

《指导意见》第23条第3款还规定："除法律、行政法规另有规定外，公司员工不得买卖股票，直系亲属买卖股票的，应当及时向公司报备其账户和买卖情况。公司所管理基金的交易与员工直系亲属买卖股票的交易应当避免利益冲突。"根据这一规定，基金管理公司员工买卖股票原本就属于被禁止的行为，即使是修订后的《证券投资基金法》修改了对基金管理公司员工买卖股票的禁止性规定，但仍规定基金从业人员从事股票买卖，应当事先申报，并不得从事与基金份额持有人发生利益冲突的股票交易行为，其实质是更有针对性地严格监管和防止基金管理公司工作人员擅自买卖与所任职的基金公司交易种类相同的股票。李某利在其所任职的基金公司旗下基金投资买卖工商银行和建设银行股票的同时，未作申报，逃避监管，个人买卖相同股票，与基金份额持有人发生利益冲突，明显属于"违反规定"。

综上，被告人李某利作为基金管理公司的从业人员，利用因职务便利获取的未公开信息，违反规定，从事与该信息相关的证券交易活动，情节严重，其行为构成利用未公开信息交易罪。

【司法解释】

《最高人民法院、最高人民检察院关于办理利用未公开信息交易刑事案件适用法律若干问题的解释》（2019年6月27日　法释〔2019〕10号）（节录）

第三条　刑法第一百八十条第四款规定的"违反规定"，是指违反法律、行政法规、部门规章、全国性行业规范有关证券、期货未公开信息保护的规定，以及行为人所在的金融机构有关信息保密、禁止交易、禁止利益输送等规定。

问题3. 明示、暗示他人从事相关交易活动如何认定

【实务专论】[①]

（三）关于"明示、暗示他人从事相关交易活动"的认定问题

实践部门反映，由于资本市场关系复杂，技术手段先进，涉及证券、期货、法律、会计、计算机、网络通信等诸多领域，犯罪分子往往具有较深的专业背景，熟悉资本市场运行规则和信息技术，惯于利用规则和制度的漏洞逃避法律追究，又加上证券、期货具有无纸化、信息化交易等特点，查处难度大。实践中，稽查部门查明某投资者账户与某金融机构账户的交易高度趋同，该金融机构某工作人员涉嫌对交易人"明示、暗示"相关交易活动，但双方均否认"明示、暗示"，这类案件能否移送侦查、起诉或者审判，存在不同认识，甚至发生相互扯皮、"踢皮球"的不良现象。我们认为，综合全案证据，足以认定行为人明示、暗示他人从事相关交易活动的，即使行为人和被明示、暗示人拒不交代，也应当定罪处罚。结合审判实践，并参考《最高人民法院、最高人民检察院关于办理内幕交易、泄露内幕信息刑事案件应用法律若干问题的解释》（以下简称《解释》）有关规定，《解释》第四条从六个方面明确了"明示、暗示他人从事相关交易活动"的综合认定标准。

1. 第1项，行为人具有获取未公开信息的职务便利。即从主体方面判断行为人是否具有获取未公开信息的职务便利。本罪是特殊主体，行为人必须具备获取未公开信息的职务便利。行为人的职务不是金融机构的一般职务，而是涉密岗位的相关职务。对于非涉密岗位人员（如银行中与证券、期货投资无关的工作人员）偶然听到未公开信息而从事相关交易的，则不属于利用职务之便获取未公开信息。此外，还要结合《解释》第3条，看行为人是否违反所在金融机构对涉案信息的保密规定或者禁止交易的相关规定。

2. 第2项，行为人获取未公开信息的初始时间与他人从事相关交易活动的初始时间具有关联性。即从时间关联性来判断他人从事相关交易活动是否受到行为人的明示或者暗示。如，行为人系股票投资基金的决策者，他人在行为人投资决策期间买入了相关股票，行为人明示、暗示他人交易的关联性较强；如果他人系行为人投资决策之后买入相关股票，亦具有关联性，但关联性相对较弱，须结合其他项的规定进行综合判断；如果他人在行为人投资决策前或该信息失效后买入相关股票，则不具有关联性，应排除行为人明示、暗示他人从事相关交易活动的嫌疑。因此，要根据他人从事相关交易的初始时间，与未公开信息的生成时间、行为人获取信息的初始时间进行关联判断，是案件证据审查的重点内容之一。

3. 第3项，行为人与他人之间具有亲友关系、利益关联、交易终端关联等关联关系。即从行为人与他人之间的关联关系判断他人从事相关交易活动是否受到行为人的明示或者暗示。实践中，通常是从交易者与未公开信息知情人之间是否存在亲友关系、交易终端关联以及利益关联等方面进行排查，并据此发现明示、暗示他人交易的犯罪嫌疑人。

[①] 姜永义、陈学勇、王尚明：《〈关于办理利用未公开信息交易刑事案件适用法律若干问题的解释〉的理解与适用》，载《人民法院报》2020年4月30日。

如果交易者与行为人之间存在夫妻、父母、子女等密切关系，或者交易终端关联（共同使用交易的电脑、手机）等，一般可以锁定嫌疑人。如果交易者与某未公开信息知情人仅具有一般朋友关系，该知情人是否为明示、暗示人，则要结合其他证据进行综合判断。

4. 第4项，他人从事相关交易的证券、期货品种、交易时间与未公开信息所涉证券、期货品种、交易时间等方面基本一致。即从他人从事相关交易的证券、期货品种、交易时间与未公开信息所涉证券、期货品种、交易时间等方面是否基本一致，判断他人从事相关交易活动是否受到行为人的明示或者暗示。如，某个人账户与机构账户交易的多只股票重合度高，且在相近时间同买、同卖，即两个账户交易的股票品种及交易时间基本一致，实践中又称为"高度趋同交易"，这种情况下，明示、暗示他人从事相关交易活动的可能性就很大。趋同度的高低，通常是由证券交易所等监管机构以两个账户相近时间、交易方向相同的品种重合度等客观方面，再结合概率统计等科学方法，以百分比的方式计算趋同度。司法实践中，"高度趋同"一般是以趋同度达到60%以上为标准。这是认定他人利用未公开信息从事相关交易活动的重要客观依据。

5. 第5项，他人从事的相关交易活动明显不具有符合交易习惯、专业判断等正当理由。

6. 第6项，行为人对明示、暗示他人从事相关交易活动没有合理解释。即对明示、暗示他人从事相关交易活动的行为人和被明示、暗示人给予合理辩解的机会，并着重提示监管稽查人员及司法人员应当充分听取有关辩解，并查证辩解的合理性。

需要注意的是，行为人明示、暗示他人从事相关交易活动，如果"他人"是行为人的配偶、父母等特殊亲属，行为人与"他人"系不可分割的利益共同体，则可认定为共同犯罪。

【最高人民检察院指导案例】王某等人利用未公开信息交易案[①]

［关键词］
利用未公开信息交易　间接证据　证明方法
［裁判要旨］
具有获取未公开信息职务便利条件的金融机构从业人员及其近亲属从事相关证券交易行为明显异常，且与未公开信息相关交易高度趋同，即使其拒不供述未公开信息传递过程等犯罪事实，但其他证据之间相互印证，能够形成证明利用未公开信息犯罪的完整证明体系，足以排除其他可能的，可以依法认定犯罪事实。

［基本案情］
2008年11月至2014年5月，被告人王某担任某基金公司交易管理部债券交易员。在工作期间，王某作为债券交易员的个人账号为6610。因工作需要，某基金公司为王某等债券交易员开通了恒生系统6609账号的站点权限。自2008年7月7日起，该6609账号开通了股票交易指令查询权限，王某有权查询证券买卖方向、投资类别、证券代码、交易价格、成交金额、下达人等股票交易相关未公开信息；自2009年7月6日起又陆续增加了包含委托流水、证券成交回报、证券资金流水、组合证券持仓、基金资产情况等未公开信息查询权限。2011年8月9日，因新系统启用，某基金公司交易管理部申请关

---

① 本案例系最高人民检察院指导案例检例第65号。

闭了所有债券交易员登录6609账号的权限。

2009年3月2日至2011年8月8日期间，被告人王某多次登录6609账号获取某基金公司股票交易指令等未公开信息，王某强、宋某祥操作牛某、宋某祥、宋某珍的证券账户，同期或稍晚于某基金公司进行证券交易，与某基金公司交易指令高度趋同，证券交易金额共计8.78亿余元，非法获利共计1773万余元。其中，王某强交易金额9661万余元，非法获利201万余元；宋某祥交易金额7.8亿余元，非法获利1572万余元。

[指导意义]

经济金融犯罪大多属于精心准备、组织实施的故意犯罪，犯罪嫌疑人、被告人熟悉法律规定和相关行业规则，犯罪隐蔽性强、专业程度高，证据容易被隐匿、毁灭，证明犯罪难度大。特别是在犯罪嫌疑人、被告人不供认犯罪事实、缺乏直接证据的情形下，要加强对间接证据的审查判断，拓宽证明思路和证明方法，通过对间接证据的组织运用，构建证明体系，准确认定案件事实。

1. 明确指控的思路和方法，全面客观补充完善证据。检察机关办案人员应当准确把握犯罪的主要特征和证明的基本要求，明确指控思路和方法，构建清晰明确的证明体系。对于证明体系中证明环节有缺陷的以及关键节点需要补强证据的，要充分发挥检察机关主导作用，通过引导侦查取证、退回补充侦查，准确引导侦查取证方向，明确侦查取证的目的和要求，及时补充完善证据。必要时要与侦查人员直接沟通，说明案件的证明思路、证明方法以及需要补充完善的证据在证明体系中的证明价值、证明方向和证明作用。在涉嫌利用未公开信息交易的犯罪嫌疑人、被告人不供认犯罪事实，缺乏证明犯意联络、信息传递和利用的直接证据的情形下，应当根据指控思路，围绕犯罪嫌疑人、被告人获取信息的便利条件、时间吻合程度、交易异常程度、利益关联程度、行为人专业背景等关键要素，通过引导侦查取证、退回补充侦查或者自行侦查，全面收集相关证据。

2. 加强对间接证据的审查，根据证据反映的客观事实判断案件事实。在缺乏直接证据的情形下，通过对间接证据证明的客观事实的综合判断，运用经验法则和逻辑规则，依法认定案件事实，建立从间接证据证明客观事实，再从客观事实判断案件事实的完整证明体系。本案中，办案人员首先通过对三名被告人被指控犯罪时段和其他时段证券交易数据、未公开信息相关交易信息等证据，证明其交易与未公开信息的关联性、趋同度及与其平常交易习惯的差异性；通过身份关系、资金往来等证据，证明双方具备传递信息的动机和条件；通过专业背景、职业经历、接触人员等证据，证明交易行为不符合其个人能力经验；然后借助证券市场的基本规律和一般人的经验常识，对上述客观事实进行综合判断，认定了案件事实。

3. 合理排除证据矛盾，确保证明结论唯一。运用间接证据证明案件事实，构成证明体系的间接证据应当相互衔接、相互支撑、相互印证，证据链条完整、证明结论唯一。基于经验和逻辑作出的判断结论并不必然具有唯一性，还要通过审查证据，进一步分析是否存在与指控方向相反的信息，排除其他可能性。既要审查证明体系中单一证据所包含的信息之间以及不同证据之间是否存在矛盾，又要注重审查证明体系之外的其他证据中是否存在相反信息。在犯罪嫌疑人、被告人不供述、不认罪案件中，要高度重视犯罪嫌疑人、被告人的辩解和其他相反证据，综合判断上述证据中的相反信息是否会实质性阻断由各项客观事实到案件事实的判断过程、是否会削弱整个证据链条的证明效力。与证明体系存在实质矛盾并且不能排除其他可能性的，不能认定案件事实。但不能因为犯罪嫌疑人、被告人不供述或者提出辩解,就认为无法排除其他可能性。犯罪嫌疑人、被告人的辩解不具有合理性、正当性,可以认定证明结论唯一。

【司法解释】

《最高人民法院、最高人民检察院关于办理利用未公开信息交易刑事案件适用法律若干问题的解释》(2019年6月27日 法释〔2019〕10号)(节录)

第四条 刑法第一百八十条第四款规定的行为人"明示、暗示他人从事相关交易活动",应当综合以下方面进行认定:

(一)行为人具有获取未公开信息的职务便利;

(二)行为人获取未公开信息的初始时间与他人从事相关交易活动的初始时间具有关联性;

(三)行为人与他人之间具有亲友关系、利益关联、交易终端关联等关联关系;

(四)他人从事相关交易的证券、期货品种、交易时间与未公开信息所涉证券、期货品种、交易时间等方面基本一致;

(五)他人从事的相关交易活动明显不具有符合交易习惯、专业判断等正当理由;

(六)行为人对明示、暗示他人从事相关交易活动没有合理解释。

问题4. "情节严重"与"情节特别严重"的认定标准

【实务专论】①

(四)关于"情节严重"的认定标准

"老鼠仓"案件行为人利用未公开信息从事相关的证券、期货交易活动,或者明示、暗示他人从事相关交易活动,目的是获得巨额利益。"老鼠仓"犯罪之所以受到广大投资者的深恶痛恨,主要是因为"老鼠偷到了油",违法获得了巨额利益,严重破坏金融管理秩序,损害市场公平、公正、公开的交易秩序,严重损害客户投资者的利益。《最高人民法院、最高人民检察院关于办理利用未公开信息交易刑事案件适用法律若干问题的解释》(以下简称《解释》)第五条、第六条规定了"情节严重"的认定标准。其中第五条规定了三种应当认定为"情节严重"的情形,以违法所得数额作为入罪的主要标准,但并非唯一的入罪标准,同时结合实践,将"二年内三次以上利用未公开信息交易的""明示、暗示三人以上从事相关交易活动的"作为"情节严重"的情形。

1. 关于违法所得数额标准。《解释》第五条第一项规定违法所得数额100万元以上作为认定"情节严重"的数额标准,比《最高人民法院、最高人民检察院关于办理内幕交易、泄露内幕信息刑事案件具体应用法律若干问题的解释》(以下简称《内幕交易罪司法解释》)《最高人民检察院、公安部关于公安机关管辖的刑事案件立案追诉标准的规定(二)》〔以下简称《立案追诉标准(二)》〕规定的入罪标准(违法所得数额15万元以

---

① 姜永义、陈学勇、王尚明:《〈关于办理利用未公开信息交易刑事案件适用法律若干问题的解释〉的理解与适用》,载《人民法院报》2020年4月30日。

上)① 有所提高。主要考虑是：（1）与内幕交易罪相比较，内幕信息是应当向广大投资者公开，并对证券、期货价格具有重大影响的信息；未公开信息交易罪涉及的未公开信息通常是不对外公布的信息，影响范围较小，社会危害性相对较小。（2）根据违法犯罪真实案例统计数据，获利25万元以上占92%；获利50万元以上占69%；获利100万元以上占61%；获利500万元以上占35%；获利1000万元以上占20%。从实际进入司法程序的案件来看，95%以上的案件违法所得均在100万元以上。以违法所得数额100万元以上为标准，符合"老鼠仓"刑事案件实际。

2. 关于"二年内三次以上利用未公开信息交易"的认定。《解释》第5条第2项规定"二年内三次以上利用未公开信息交易的"作为"情节严重"的情形之一。需要注意的是，一是三次以上利用的未公开信息，是指不同的未公开信息，而不是指利用同一未公开信息进行三次以上交易；二是三次利用未公开信息交易的行为，均应达到依法应予行政处理或者刑事处理的程度，且尚未经处理的；三是三次以上利用未公开信息交易的时间段限定在二年内，超出二年时间达到三次的不属于此情形。

3. 关于"明示、暗示三人以上从事相关交易活动"的认定。《解释》第5条第3项规定"明示、暗示三人以上从事相关交易活动的"作为"情节严重"的情形之一。值得注意的是，其一，三人以上是指不同的人，三次以上明示、暗示同一人从事相关交易活动的不属于此种情形；其二，被明示、暗示人只有从事相关交易活动的，才构成犯罪；换言之，如果行为人仅是将信息泄露给他人，但他人没有从事相关交易活动的，不构成本罪。

4. 关于"数额+情节"的认定标准。在适当提高违法所得数额入罪标准的同时，为更有效打击该类犯罪，《解释》第6条又规定了"数额+情节"的入罪标准作为补充，明确了四种应当认定为"情节严重"的"数额+情节"的情形，即：利用未公开信息交易，违法所得数额在五十万元以上，或者证券交易成交额在五百万元以上，或者期货交易占用保证金数额在一百万元以上，具有以出售或者变相出售未公开信息等方式，明示、暗示他人从事相关交易活动的，或者因证券、期货犯罪行为受过刑事追究的，或者二年内因证券、期货违法行为受过行政处罚的，或者造成恶劣社会影响或者其他严重后果的，应当认定为《刑法》第180条第4款规定的"情节严重"。需要注意的是，《解释》第5条规定了"情节严重"的一般认定标准，第6条规定了"数额+情节"的认定标准，对于符合第6条规定的数额标准，但不具备第6条规定的四种情形之一，又不符合第五条规定的认定标准的，不能认定为"情节严重"。

关于是否将证券交易成交额、期货交易占用保证金数额单独作为入罪标准的问题。《内幕交易罪司法解释》规定证券交易成交额、期货交易占用保证金数额作为内幕交易犯罪的入罪标准。在起草过程中，对于本罪是否也应将证券交易成交额、期货交易占用保证金额单独作为入罪标准，有不同的观点。我们经研究，考虑利用未公开信息交易罪与内幕交易罪所涉信息性质和内容的不同，对证券、期货交易市场的危害程度有所差异，利用未公开信息交易罪的社会危害性主要体现在非法获利上；证券交易成交额、期货交易占用保证金数额往往与违法所得数额相关，大多数情况下可以通过违法所得这一入罪

---

① 需要说明的是，2022年4月6日公布的《最高人民检察院、公安部关于公安机关管辖的刑事案件立案追诉标准的规定（二）》已对该罪的立案追诉标准予以修订，将获利或者避免损失数额由15万元以上调整为100万元以上。

标准对利用未公开信息交易罪进行规制与惩罚,避免两种不同数额标准的重合与交叉;从"老鼠仓"案件的实际情况看,非法获利情况居多,不获利甚至亏本的情况较少,故《解释》没有将证券交易成交额、期货交易占用保证金数额单独作为入罪标准,而是结合其他情节,在第6条"数额+情节"的情形中作了相应规定。

(五)关于"情节特别严重"的认定标准

《刑法》第180条第4款规定"情节严重的,依照第1款的规定处罚",实践中对本罪是否包括《刑法》第180条第1款中"情节特别严重"的情形,存在较大分歧。2015年11月23日,最高人民法院审理了最高人民检察院提起抗诉的被告人马某利用未公开信息交易案,终审判决中明确本罪包括《刑法》第180条第1款中"情节特别严重"的情形。《解释》第7条第1款对此予以明确。

《解释》第7条第2款,参照有关司法解释,考虑本罪的实际和相关案例,按照"情节严重"违法所得数额标准的10倍确定"情节特别严重"的数额标准。相应地,《解释》第7条第3款规定了四种应当认定为"情节特别严重"的"数额+情节"的情形,即:违法所得数额在五百万元以上,或者证券交易成交额在五千万元以上、期货交易占用保证金数额在一千万元以上,具有以出售或者变相出售未公开信息等方式,明示、暗示他人从事相关交易活动的,或者因证券、期货犯罪行为受过刑事追究的,或者二年内因证券、期货违法行为受过行政处罚的,或者造成恶劣社会影响或者其他严重后果的,应当认定为"情节特别严重"。

【最高人民法院指导性案例】马某利用未公开信息交易案[①]

[关键词]

刑事　利用未公开信息交易罪　援引法定刑　情节特别严重

[裁判要点]

《刑法》第180条第4款规定的利用未公开信息交易罪援引法定刑的情形,应当是对第一款内幕交易、泄露内幕信息罪全部法定刑的引用,即利用未公开信息交易罪应有"情节严重""情节特别严重"两种情形和两个量刑档次。

[相关法条]

《中华人民共和国刑法》第180条

[基本案情]

2011年3月9日至2013年5月30日期间,被告人马某担任博时基金管理有限公司旗下的博时精选股票证券投资经理,全权负责投资基金投资股票市场,掌握了博时精选股票证券投资基金交易的标的股票、交易时间和交易数量等未公开信息。马某在任职期间利用其掌控的上述未公开信息,从事与该信息相关的证券交易活动,操作自己控制的"金某""严某甲""严某乙"三个股票账户,通过临时购买的不记名神州行电话卡下单,先于(1-5个交易日)、同期或稍晚于(1-2个交易日)其管理的"博时精选"基金账户买卖相同股票76只,累计成交金额10.5亿余元,非法获利18833374.74元。2013年7月17日,马某主动到深圳市公安局投案,且到案之后能如实供述其所犯罪行,属自首;马某认罪态度良好,违法所得能从扣押、冻结的财产中全额返还,判处的罚金亦能全额

---

① 本案例系最高人民法院第61号指导案例。

缴纳。

[裁判结果]

广东省深圳市中级人民法院(2014)深中法刑二初字第27号刑事判决认为,被告人马某的行为已构成利用未公开信息交易罪。但刑法中并未对利用未公开信息交易罪规定"情节特别严重"的情形,因此只能认定马某的行为属于"情节严重"。马某自首,依法可以从轻处罚;马某认罪态度良好,违法所得能全额返还,罚金亦能全额缴纳,确有悔罪表现;另经深圳市福田区司法局社区矫正和安置帮教科调查评估,对马某宣告缓刑对其所居住的社区没有重大不良影响,符合适用缓刑的条件。遂以利用未公开信息交易罪判处马某有期徒刑三年,缓刑五年,并处罚金人民币1884万元;违法所得人民币18833374.74元依法予以追缴,上缴国库。

宣判后,深圳市人民检察院提出抗诉认为,被告人马某的行为应认定为犯罪情节特别严重,依照"情节特别严重"的量刑档次处罚。一审判决适用法律错误,量刑明显不当,应当依法改判。

广东省高级人民法院(2014)粤高法刑二终字第137号刑事裁定认为,《刑法》第180条第4款规定,利用未公开信息交易,情节严重的,依照第1款的规定处罚,该条款并未对利用未公开信息交易罪规定有"情节特别严重"情形;而根据第180条第1款的规定,情节严重的,处五年以下有期徒刑或者拘役,并处或者单处违法所得一倍以上五倍以下罚金,故马某利用未公开信息交易,属于犯罪情节严重,应在该量刑幅度内判处刑罚。原审判决量刑适当,抗诉机关的抗诉理由不成立,不予采纳。遂裁定驳回抗诉,维持原判。

二审裁定生效后,广东省人民检察院提请最高人民检察院按照审判监督程序向最高人民法院提出抗诉。最高人民检察院抗诉提出,《刑法》第180条第四款属于援引法定刑的情形,应当引用第一款处罚的全部规定;利用未公开信息交易罪与内幕交易、泄露内幕信息罪的违法与责任程度相当,法定刑亦应相当;马某的行为应当认定为犯罪情节特别严重,对其适用缓刑明显不当。本案终审裁定以刑法第一百八十条第四款未对利用未公开信息交易罪规定有"情节特别严重"为由,降格评价马某的犯罪行为,属于适用法律确有错误,导致量刑不当,应当依法纠正。

最高人民法院依法组成合议庭对该案直接进行再审,并公开开庭审理了本案。再审查明的事实与原审基本相同,原审认定被告人马某非法获利数额为18833374.74元存在计算错误,实际为19120246.98元,依法应当予以更正。最高人民法院(2015)刑抗字第1号刑事判决认为,原审被告人马某的行为已构成利用未公开信息交易罪。马某利用未公开信息交易股票76只,累计成交额10.5亿余元,非法获利1912万余元,属于情节特别严重。鉴于马某具有主动从境外回国投案自首法定从轻、减刑处罚情节;在未受控制的情况下,将股票兑成现金存在涉案三个账户中并主动向中国证券监督管理委员会说明情况,退还了全部违法所得,认罪悔罪态度好,赃款未挥霍,原判罚金刑得已全部履行等酌定从轻处罚情节,对马某可予减轻处罚。第一审判决、第二审裁定认定事实清楚,证据确实、充分,定罪准确,但因对法律条文理解错误,导致量刑不当,应予纠正。依照《中华人民共和国刑法》第180条第4款、第1款、第67条第1款、第52条、第53条、第64条及《最高人民法院关于适用〈中华人民共和国刑事诉讼法〉的解释》第389条第

3 项①的规定，判决如下：一、维持广东省高级人民法院（2014）粤高法刑二终字第137号刑事裁定和深圳市中级人民法院（2014）深中法刑二初字第27号刑事判决中对原审被告人马某的定罪部分；二、撤销广东省高级人民法院（2014）粤高法刑二终字第137号刑事裁定和深圳市中级人民法院（2014）深中法刑二初字第27号刑事判决中对原审被告人马某的量刑及追缴违法所得部分；三、原审被告人马某犯利用未公开信息交易罪，判处有期徒刑三年，并处罚金人民币1913万元；四、违法所得人民币19120246.98元依法予以追缴，上缴国库。

[裁判理由]

法院生效裁判认为：本案事实清楚，定罪准确，争议的焦点在于如何正确理解《刑法》第180条第4款对于第1款的援引以及如何把握利用未公开信息交易罪"情节特别严重"的认定标准。

一、对《刑法》第180条第4款援引第1款量刑情节的理解和把握

《刑法》第180条第1款对内幕交易、泄露内幕信息罪规定为："证券、期货交易内幕信息的知情人员或者非法获取证券、期货交易内幕信息的人员，在涉及证券的发行，证券、期货交易或者其他对证券、期货交易价格有重大影响的信息尚未公开前，买入或者卖出该证券，或者从事与该内幕信息有关的期货交易，或者泄露该信息，或者明示、暗示他人从事上述交易活动，情节严重的，处五年以下有期徒刑或者拘役，并处或者单处违法所得一倍以上五倍以下罚金；情节特别严重的，处五年以上十年以下有期徒刑，并处违法所得一倍以上五倍以下罚金。"第4款对利用未公开信息交易罪规定为："证券交易所、期货交易所、证券公司、期货经纪公司、基金管理公司、商业银行、保险公司等金融机构的从业人员以及有关监管部门或者行业协会的工作人员，利用因职务便利获取的内幕信息以外的其他未公开的信息，违反规定，从事与该信息相关的证券、期货交易活动，或者明示、暗示他人从事相关交易活动，情节严重的，依照第一款的规定处罚。"

对于第4款中"情节严重的，依照第一款的规定处罚"应如何理解，在司法实践中存在不同的认识。一种观点认为，第4款中只规定了"情节严重"的情形，而未规定"情节特别严重"的情形，因此，这里的"情节严重的，依照第一款的规定处罚"只能是依照第一款中"情节严重"的量刑档次予以处罚；另一种观点认为，第4款中的"情节严重"只是入罪条款，即达到了情节严重以上的情形，依据第一款的规定处罚。至于具体处罚，应看符合第一款中的"情节严重"还是"情节特别严重"的情形，分别情况依法判处。情节严重的，"处五年以下有期徒刑"，情节特别严重的，"处五年以上十年以下有期徒刑"。

最高人民法院认为，《刑法》第180条第4款援引法定刑的情形，应当是对第一款全部法定刑的引用，即利用未公开信息交易罪应有"情节严重""情节特别严重"两种情形和两个量刑档次。这样理解的具体理由如下：

（一）符合刑法的立法目的。由于我国基金、证券、期货等领域中，利用未公开信息交易行为比较多发，行为人利用公众投入的巨额资金作后盾，以提前买入或者提前卖出的手段获得巨额非法利益，将风险与损失转嫁到其他投资者，不仅对其任职单位的财产

---

① 现为《最高人民法院关于适用〈中华人民共和国刑事诉讼法〉的解释》（2021年）第472条第3项。

利益造成损害，而且严重破坏了公开、公正、公平的证券市场原则，严重损害客户投资者或处于信息弱势的散户利益，严重损害金融行业信誉，影响投资者对金融机构的信任，进而对资产管理和基金、证券、期货市场的健康发展产生严重影响。为此，《中华人民共和国刑法修正案（七）》新增利用未公开信息交易罪，并将该罪与内幕交易、泄露内幕信息罪规定在同一法条中，说明两罪的违法与责任程度相当。利用未公开信息交易罪也应当适用"情节特别严重"。

（二）符合法条的文意。首先，《刑法》第180条第4款中的"情节严重"是入罪条款。《最高人民检察院、公安部关于公安机关管辖的刑事案件立案追诉标准的规定（二）》，对利用未公开信息交易罪规定了追诉的情节标准，说明该罪需达到"情节严重"才能被追诉。利用未公开信息交易罪属情节犯，立法要明确其情节犯属性，就必须借助"情节严重"的表述，以避免"情节不严重"的行为入罪。其次，该款中"情节严重"并不兼具量刑条款的性质。刑法条文中大量存在"情节严重"兼具定罪条款及量刑条款性质的情形，但无一例外均在其后列明了具体的法定刑。刑法第一百八十条第四款中"情节严重"之后，并未列明具体的法定刑，而是参照内幕交易、泄露内幕信息罪的法定刑。因此，本款中的"情节严重"仅具有定罪条款的性质，而不具有量刑条款的性质。

（三）符合援引法定刑立法技术的理解。援引法定刑是指对某一犯罪并不规定独立的法定刑，而是援引其他犯罪的法定刑作为该犯罪的法定刑。《刑法》第180条第4款援引法定刑的目的是避免法条文字表述重复，并不属于法律规定不明确的情形。

综上，《刑法》第180条第4款虽然没有明确表述"情节特别严重"，但是根据本条款设立的立法目的、法条文意及立法技术，应当包含"情节特别严重"的情形和量刑档次。

二、利用未公开信息交易罪"情节特别严重"的认定标准

目前虽然没有关于利用未公开信息交易罪"情节特别严重"认定标准的专门规定，但鉴于刑法规定利用未公开信息交易罪是参照内幕交易、泄露内幕信息罪的规定处罚，《最高人民法院、最高人民检察院关于办理内幕交易、泄露内幕信息刑事案件具体应用法律若干问题的解释》将成交额250万元以上、获利75万元以上等情形认定为内幕交易、泄露内幕信息罪"情节特别严重"的标准，利用未公开信息交易罪也应当遵循相同的标准。马某利用未公开信息进行交易活动，累计成交额达10.5亿余元，非法获利达1912万余元，已远远超过上述标准，且在案发时属全国查获的该类犯罪数额最大者，参照《最高人民法院、最高人民检察院关于办理内幕交易、泄露内幕信息刑事案件具体应用法律若干问题的解释》，马某的犯罪情节应当属于"情节特别严重"。

【司法解释】

《最高人民法院、最高人民检察院关于办理利用未公开信息交易刑事案件适用法律若干问题的解释》（2019年6月27日 法释〔2019〕10号）（节录）

第五条 利用未公开信息交易，具有下列情形之一的，应当认定为刑法第一百八十条第四款规定的"情节严重"：

（一）违法所得数额在一百万元以上的；

（二）二年内三次以上利用未公开信息交易的；

（三）明示、暗示三人以上从事相关交易活动的。

第六条 利用未公开信息交易，违法所得数额在五十万元以上，或者证券交易成交额在五百万元以上，或者期货交易占用保证金数额在一百万元以上，具有下列情形之一的，应当认定为刑法第一百八十条第四款规定的"情节严重"：

（一）以出售或者变相出售未公开信息等方式，明示、暗示他人从事相关交易活动的；

（二）因证券、期货犯罪行为受过刑事追究的；

（三）二年内因证券、期货违法行为受过行政处罚的；

（四）造成恶劣社会影响或者其他严重后果的。

第七条 刑法第一百八十条第四款规定的"依照第一款的规定处罚"，包括该条第一款关于"情节特别严重"的规定。

利用未公开信息交易，违法所得数额在一千万元以上的，应当认定为"情节特别严重"。

违法所得数额在五百万元以上，或者证券交易成交额在五千万元以上，或者期货交易占用保证金数额在一千万元以上，具有本解释第六条规定的四种情形之一的，应当认定为"情节特别严重"。

问题5. 犯罪数额的认定及刑事处罚

【实务专论】[①]

（六）关于犯罪数额认定和刑事处罚问题

1. 犯罪数额的认定问题。利用未公开信息交易的相关交易数额或者违法所得数额是定罪量刑的依据，依法应当累计计算，但犯罪数额累计计算的前提条件是，单次利用未公开信息交易行为必须是依法应予行政处理或者刑事处理而未经处理的。对于不构成犯罪但超过行政处罚时效期限，或者构成犯罪但超过追诉期限的，相关数额不应累计计算。据此，《最高人民法院、最高人民检察院关于办理利用未公开信息交易刑事案件适用法律若干问题的解释》（以下简称《解释》）第8条规定，二次以上利用未公开信息交易，依法应予行政处理或者刑事处理而未经处理的，相关交易数额或者违法所得数额累计计算。

2. 违法所得的认定问题。实践中，利用未公开信息交易有两种情形，一是行为人利用未公开信息从事与该信息相关的证券、期货交易活动，二是行为人本人未利用未公开信息从事相关交易活动，但被明示、暗示人利用该未公开信息从事相关交易活动。据此，《解释》第九条第一款规定，"违法所得"，是指行为人利用未公开信息从事与该信息相关的证券、期货交易活动所获利益或者避免的损失。实践中对此没有争议。第九条第二款规定，行为人明示、暗示他人利用未公开信息从事相关交易活动，被明示、暗示人员从事相关交易活动所获利益或者避免的损失，应当认定为"违法所得"。起草过程中，对该款规定存在一定争议。《解释》之所以作这样的规定，主要考虑：（1）通常情况下，被明示、暗示人与行为人之间并不构成共同犯罪，但他们从事相关交易活动属于利用未公开

[①] 姜永义、陈学勇、王尚明：《〈关于办理利用未公开信息交易刑事案件适用法律若干问题的解释〉的理解与适用》，载《人民法院报》2020年4月30日。

信息交易的重要组成部分，与行为人的明示、暗示具有直接因果关系，具有行政违法性，故他们所获利益或者避免的损失，也应当认定为"违法所得"。（2）如果将被明示、暗示人从事相关交易活动所获利益或避免的损失，不认定为违法所得，不利于打击"老鼠仓"违法犯罪活动。（3）内幕交易犯罪司法解释已将内幕交易犯罪活动被明示、暗示人从事相关交易活动所获利益或避免的损失认定为"违法所得"，为保持司法解释的一致性，故加以明确。

3. 罚金刑的适用标准。根据刑法的规定，行为人本人利用未公开信息交易的，并处或者单处违法所得一倍以上五倍以下罚金。司法实践中，对于行为人未实际从事与未公开信息相关的证券、期货交易活动，而明示、暗示他人从事相关交易活动的，罚金数额应当如何计算，存在一定争议，《解释》第10条予以明确，行为人未实际从事与未公开信息相关的证券、期货交易活动的，其罚金数额按照被明示、暗示人从事相关交易活动的违法所得计算。

4. 从宽处罚问题。为切实贯彻宽严相济的刑事政策，在加大对利用未公开信息交易犯罪分子打击力度的同时，有必要依法对那些具有法定或者酌定从轻处罚情节的行为人予以从轻处罚。《解释》第11条参照相关司法解释的规定，明确了从轻处罚及"出罪"的情形。由于利用未公开信息交易违法、犯罪案件的取证难度大，对于行为人如实供述犯罪事实，认罪悔罪，并积极配合调查，退缴违法所得的，依法可以从轻处罚，其中犯罪情节轻微的，可以依法不起诉或免予刑事处罚，目的是让一些罪行较轻、确有悔罪表现的行为人更好地回归社会，降低诉讼成本，取得好的办案效果。其中"犯罪情节轻微"的认定，应结合行为人犯罪动机、犯罪前后表现等客观方面，根据情理法相统一的原则进行综合判断。如，行为人符合"次数"或者"人数"的入罪标准，但交易成交额不大或者违法所得数额较少，又主动认罪认罚，积极配合调查的；又如，违法所得刚达入罪标准，只是偶犯一次，案发后认罪认罚的，等等。

为更好地衔接和落实认罪认罚从宽制度，《解释》第7条第2款规定，对于符合《刑事诉讼法》规定的认罪认罚从宽适用范围和条件的，依照刑事诉讼法的规定处理。需要注意的是，该条第一款只适用于《解释》第5条、第6条规定的在利用未公开信息交易罪第一档法定刑幅度定罪处罚的情形，不适用于第二档法定刑的情形。另外，对于因犯罪情节轻微而依法不起诉或者免予刑事处罚的，不影响对行为人的行政处理。

【典型案例】胡某夫利用未公开信息交易案[①]

[基本案情]

胡某夫于2007年开始在某基金管理公司中央交易室工作，先后担任交易员、副总监，负责分发、执行基金经理的指令，下单操作交易股票，具有知悉本公司股票交易信息的职务权限。2010年4月至2015年5月，胡某夫按照基金经理指令下单交易股票后，使用其父胡某勋、岳父耿某刚证券账户或者指使胡某勋使用其本人证券账户，同期交易买入与本公司相同的股票，买入成交金额共计11.1亿余元、卖出金额共计人民币12.1亿余元，非法获利共计人民币4186.07万元。

[①] 本案系2020年11月6日中国证监会与最高人民检察院联合发布的证券犯罪典型案例。

[诉讼过程]

北京市公安局以胡某夫涉嫌利用未公开信息交易罪向北京市人民检察院第二分院移送起诉。

被告人胡某夫辩称,对其利用未公开信息交易股票缺乏违法性认识,部分买入与其按照基金经理指令下单交易相同的股票属于"交易巧合"。

检察机关审查认为,胡某夫身为基金管理公司从业人员,利用因职务便利获取的内幕信息以外的其他未公开的信息后,明知其所在的基金管理公司禁止员工交易股票,仍由本人操作涉案账户或明示其父胡某勋操作,构成利用未公开信息交易罪,且犯罪行为持续时间长,交易数额和违法所得数额特别巨大,属于情节特别严重。2017年10月9日,北京市人民检察院第二分院以利用未公开信息交易罪对胡某夫提起公诉。

经释法说理,胡某夫家属在法院审理过程中代为退缴违法所得800万元,胡某夫在庭审时当庭表示认罪,有一定悔罪表现。2017年12月29日,北京市第二中级人民法院作出一审判决,以利用未公开信息交易罪判处被告人胡某夫有期徒刑七年,并处罚金人民币9000万元,违法所得予以追缴。被告人未上诉,判决已生效。

[指导意义]

1. 充分认识"老鼠仓"行为对证券市场的危害,依法严肃查处犯罪。基金公司从业人员利用未公开信息交易行为,违背了基金从业人员对基金公司的忠实义务,破坏了证券市场公平交易秩序,损害基金管理人的声誉和投资者对有关基金及基金管理人的信赖和信心,也同时危害了有关基金的长期运作和基金份额持有人利益。基金公司从业人员知悉未公开信息后,不论是在基金公司下单前交易,还是在基金公司下单同期交易,都属于利用未公开信息交易,司法机关应当根据犯罪情节、认罪悔罪、退赃退赔表现等因素综合评价其刑事责任。基金公司从业人员应当从案件中深刻汲取教训,杜绝侥幸心理,强化守法意识,严格依法履行职责,共同维护证券市场秩序。

2. 重视客观性证据的证明作用,以证据证明反驳不合理辩解。随着证券市场监管力度加大,证券市场犯罪活动日趋隐蔽,犯罪手段狡猾多变,案发后规避责任,企图以拒不供认犯罪事实逃避惩罚的现象日趋增多。检察机关办理证券期货犯罪案件,应当加强与证券监管机构和公安机关的协作配合,加强对客观证据的收集固定和审查运用,依靠严谨的证据体系和科学的证明方法,准确认定案件事实,以有力的指控打消犯罪嫌疑人、被告人的侥幸心理,使其受到应有惩罚。

【司法解释】

《最高人民法院、最高人民检察院关于办理利用未公开信息交易刑事案件适用法律若干问题的解释》(2019年6月27日 法释〔2019〕10号)(节录)

第八条 二次以上利用未公开信息交易,依法应予行政处理或者刑事处理而未经处理的,相关交易数额或者违法所得数额累计计算。

第九条 本解释所称"违法所得",是指行为人利用未公开信息从事与该信息相关的证券、期货交易活动所获利益或者避免的损失。

行为人明示、暗示他人利用未公开信息从事相关交易活动,被明示、暗示人员从事相关交易活动所获利益或者避免的损失,应当认定为"违法所得"。

第十条 行为人未实际从事与未公开信息相关的证券、期货交易活动的，其罚金数额按照被明示、暗示人员从事相关交易活动的违法所得计算。

第十一条 符合本解释第五条、第六条规定的标准，行为人如实供述犯罪事实，认罪悔罪，并积极配合调查，退缴违法所得的，可以从轻处罚；其中犯罪情节轻微的，可以依法不起诉或者免予刑事处罚。

符合刑事诉讼法规定的认罪认罚从宽适用范围和条件的，依照刑事诉讼法的规定处理。

问题6. 利用未公开信息交易罪中的共犯认定

【人民法院报案例】齐某、乔某某利用未公开信息交易案①

[不同观点]

第一种观点认为，本案被告人齐某所掌握的东方证券自营资金账户相关股票投资决策、股票名称、交易时点、交易价格、交易数量等不属于"内幕信息以外的其他未公开的信息"，故被告人齐某与乔某某不构成利用未公开信息交易罪。

第二种观点认为，齐某作为证券公司的从业人员，利用因职务便利获取的内幕信息以外的其他未公开的信息，明示他人从事相关证券交易活动，构成利用未公开信息交易罪。但是，由于本案的犯罪主体要求真正身份犯，因此被告人乔某某不构成利用未公开信息交易罪。

第三种观点认为，本案系有身份者与无身份者合谋实施的共同犯罪，齐某与乔某某构成利用未公开信息的共犯。

[法官回应]

关于有身份者与无身份者合谋，有身份者负责提供其他未公开信息，无身份者负责从事相关证券交易活动，有身份者与无身份者是否构成利用未公开信息交易罪的共犯。根据我国《刑法》第180条第4款的规定，利用未公开信息交易罪的犯罪主体是真正身份犯，需要具备金融行业从业人员或者金融监管机构工作人员这种特殊的身份，需要具有获取未公开信息的职务便利。理论上的通说及司法实践均认为，无身份者能够成为有身份者的教唆犯或者帮助犯。首先，刑法分则所规定的特殊身份是仅就实行犯而言的，对于教唆犯和帮助犯并没有要求特殊身份，其次，刑法总则关于共犯的规定及分则的某些个别规定也明确了这点。如《刑法》第29条第1款规定，教唆他人犯罪的，应当按照他在共同犯罪中起的作用处罚。其中的"犯罪"与"共同犯罪"当然包括以特殊身份作为构成要素的犯罪。又如《刑法》第382条第3款规定的非国家工作人员与国家工作人员相互勾结，伙同贪污的，以共犯论处。在证券、期货犯罪的场合，基于已有的立法和司法解释等法律依据以及权利义务一致性原则这两点理由，无身份者也可以构成证券、期货犯罪的共犯。因此，有身份者与无身份者合谋，有身份者负责提供其他未公开信息，无身份者负责从事相关证券交易活动，有身份者与无身份者构成利用未公开信息交易罪的共犯。但是，值得注意的是，如果有身份者与无身份者之间没有合谋，有身份者仅仅建议无身份者从事某种交易活动，则无身份者不能构成利用未公开信息交易罪。因为，

---

① 沈言：《内幕信息以外的其他未公开信息的认定》，载《人民法院报》2017年5月11日。

根据我国《刑法》第 180 条第 4 款后半部分的表述"明示、暗示他人从事相关交易活动，情节严重的，依照第 1 款的规定处罚"，在这种场合下有身份者实施的正犯行为不是交易行为，而是明示或者暗示的行为，即"建议交易"行为，帮助犯要针对"明示或暗示"这个正犯行为进行帮助，而不是针对交易行为进行帮助。如果无身份者仅仅按照有身份者的建议去从事交易，并不是对建议行为的帮助，只是对建议行为的落实，是接受建议的一个结果，因此难以将无身份者的行为认定为帮助犯。

具体到本案，齐某与其丈夫乔某某合谋，齐某利用其负责东方证券自营的 11001 和 11002 资金账户管理和股票投资决策的职务便利，向乔某某提供上述账户股票投资决策、股票名称、交易时点、交易价格、交易数量等未公开信息，由乔某某负责从事相关股票交易，两名被告人具有实施利用未公开信息交易的犯罪故意，并相互配合完成与未公开信息相关的证券交易活动，构成利用未公开信息交易罪的共犯。由于本案系齐某利用其职务便利获取了内幕信息以外的其他未公开的信息并告知乔某某，故齐某在共同犯罪中起主要作用，系主犯；乔某某在共同犯罪中起次要作用，系从犯。

我们同意第三种观点，被告人齐某作为证券公司的从业人员，利用因职务便利获取内幕信息以外的其他未公开的信息，违反规定，伙同被告人乔某某从事与该信息相关的证券交易活动，两人的行为均已构成利用未公开信息交易罪。

问题 7. 构成利用未公开信息交易罪是否以"先买先卖"同时具备为要件

【刑事审判参考案例】 李某利利用未公开信息交易案①

（一）构成利用未公开信息交易罪不以"先买先卖"同时具备为要件

李某利的辩护人提出，涉案账户对工商银行、建设银行股票的交易，不符合"先买先卖"的特征，李某利的行为不构成利用未公开信息交易罪。

辩护人所提的"先买先卖"是典型"老鼠仓"的特征。一些基金公司、证券、期货、保险公司等资产管理机构的从业人员，主要是机构经理、操盘手，在用客户资金买入证券或者其衍生品、期货或者期权合约等金融产品前，以自己名义，或假借他人名义，或者告知其亲属、朋友、关系户，先行低价买入证券、期货等金融产品，然后用客户资金拉升到高位后自己率先卖出获利，使个人以相对较低的成本牟取暴利。由于这些人户大多隐秘，偷食股票期货上涨牟利，因而被形象地称为"老鼠仓"。"老鼠仓"只是一个约定俗称，各国和地区对"老鼠仓"的界定并不是完全统一的。在我国，典型的"老鼠仓"是利用未公开信息交易犯罪的一种形式，但利用未公开信息罪的外延要大于典型"老鼠仓"的范围。依照刑法规定，构成利用未公开信息交易罪并不以"先买先卖"同时具备为条件。只要行为人利用因职务便利获取的未公开信息，违反规定从事与该信息相关的证券、期货交易活动，达到"情节严重"的程度，就构成该罪。如利用所任职基金公司未公开利好信息先行或者同期买入某一股票，在所任职基金公司卖出相关股票后，行为人基于个人判断或者其他原因继续持有该股票，也可构成利用未公开信息交易罪。再如，

---

① 肖晚祥：《李某利利用未公开信息交易案——利用未公开信息交易罪司法认定中的证据和法律问题（第 941 号）》，载中华人民共和国最高人民法院刑事审判第一、第二、第三、第四、第五庭主办：《刑事审判参考》总第 96 集，法律出版社 2014 年版。

行为人在所任职基金公司买入相关股票后再买入同样股票,在获悉所任职基金公司的未公开利空信息后,先于基金卖出相同股票,也可构成利用未公开信息交易罪。

本案中,在案证据证实,根据中国证监会对基金定期报告信息披露的相关规定,2009年8月28日报出的蓝筹基金2009年半年报中披露了对工商银行的股票投资,成长基金2009年半年报中披露了对工商银行、建设银行的股票投资。在此之前,相关信息都属于"未公开信息"。涉案证券账户中的建设银行和工商银行股票大多数均早于资金公司旗下的蓝筹基金、成长基金购买,李某利的行为属于"先买"或者"同期购买"。关于卖出时间,童某强证券账户中的建设银行股票晚于成长基金卖出;岳某建证券账户卖出涉案工商银行股票系在蓝筹基金账户中的部分工商银行股票已经卖出,部分尚未卖出的期间,属于同期于基金卖出,故李某利的行为全部属于"先买"或者"同期购买",部分属于"同期卖出",符合利用未公开信息交易罪的构成要件。

(二)相关基金公司对涉案股票的买入行为是否影响涉案股票的价格及行为人是否实际获利,均非决定利用未公开信息交易犯罪是否构成的因素

李某利的辩护人提出,工商银行、建设银行都是超级大盘股,基金公司旗下基金对其股票的买入,不可能拉升其股价,认定李某利利用未公开信息指令李智君购买上述股票,不符合情理。

首先,关于基金公司买入超级大盘股是否影响股价的问题。在案证据证实,成长基金于2009年4月9日买入建设银行股票金额达8800余万元,而蓝筹基金和成长基金于2009年4月7日、4月9日共计买入工商银行股票金额达3.06亿余元。如此巨额资金投入,即使工商银行、建设银行是超级大盘股,也不可能对其股价波动没有任何作用。而从本案实际情况看,基金公司旗下基金以及涉案岳某建、童某强证券账户买卖工商银行、建设银行股票,也都是买入时价低,卖出时价高,由此亦可见基金公司旗下基金买入行为发生后,工商银行和建设银行股价上升波动的事实。辩护人所提工商银行和建设银行股票价格不可能因为基金公司旗下基金的买入行为而被拉升的辩护意见,既缺乏逻辑支撑,也与该两股票价格实际上升波动的事实不符。

其次,李某利作为基金公司投资决策人员,其工作就是依据自身的分析和判断,通过相应程序决策投资可能使公司基金和基金份额持有人利益增值的股票。基金公司旗下基金持仓工商银行等股票,实际上也是在李某利主持的投资决策委员会决策下所为,其还建议公司基金持有银行类股票。基于李某利投资决策的工作性质及其实际决策投资涉案股票行为的事实,足以认定李某利当时具有看好购买工商银行和建设银行股票可能使持股人利益增值的基本判断,据此亦可认定李某利对两股票价格可能因公司基金大量投资买入而拉升持相当乐观的心态。因此,应当认定李某利控制的涉案证券账户满仓买入工商银行和建设银行股票,系其利用基金公司旗下基金购买工商银行等股票的未公开信息指令所致。

最后,从利用未公开信息交易罪侵犯的客体来看,基金公司从业人员利用未公开信息交易相关股票的行为,不仅可能对所任职基金公司的财产利益造成直接损害,更主要的是破坏了公开、公平、公正的证券市场原则,损害了处于信息弱势的散户的利益,违背了基金从业人员对基金公司的忠实义务,损害了有关基金和基金管理人的声誉以及投资者对有关基金及基金管理人的信赖和信心,进而对有关基金的长期运作和基金份额持有人利益造成损害,并对整个证券市场造成损害。因而,刑法设置该罪,针对的就是利用未公开信息从事交易的行为,目的在于惩治该类行为对证券市场正常运行所造成的严

重危害、基金公司买入行为对涉案股票价格的影响及行为人是否实际获利,均非决定犯罪是否构成的要素。

问题8. 利用未公开信息交易刑事案件的证据采信

【刑事审判参考案例】李某利利用未公开信息交易案①

(一)没有被告人或者操盘手的供述或证言,综合全案相关客观证据能够认定被告人实施了利用未公开信息交易犯罪行为的,可以认定有罪

利用未公开信息交易罪在客观方面主要表现为,行为人因职务便利获取了内幕信息以外的其他未公开的信息,然后利用未公开信息从事了与该信息相关的证券期货交易活动,且情节严重。根据刑法的相关规定,行为人利用了未公开信息进行交易是认定利用未公开信息交易罪的必要条件之一。由于行为人基于职务便利获取未公开信息后,往往是通过行为人以外的其他人秘密进行交易的,要证明行为人构成犯罪,一般都需要有证据证明行为人和操盘手之间存在犯意联络,而对这一犯意联络的存在往往是通过行为人本人的供述和操盘手的证言予以证实。司法实践中,如果行为人否认犯罪,操盘手又基于种种原因拒绝提供真实证言时,被告人之间犯意联络的认定便会变得更加复杂。

本案中,李某利在一审庭审及之前的供述中均供认是其指令李智君购买涉案股票,但在二审过程中翻供,否认其指令李智君购买涉案股票。李某利妻子袁雪梅指证李某利指令李智君购买涉案股票的证言,又因为侦查人员的不当行为被二审法庭排除,而李智君的证言在李某利是否指令其购买涉案股票的问题上又含糊其辞,称"记不清"了,"想不起详细情况"了,本案在二审中的人证就只有李某利在侦查、审查起诉以及一审庭审中的认罪供述,在这种情况下,是否还可以认定李某利指令李智君购买了涉案股票,是本案的一个焦点和难点。

依照《刑事诉讼法》第53条②的规定,对一切案件的判处都要重证据,重调查研究,不轻信口供。只有被告人供述,没有其他证据的,不能认定被告人有罪和处以刑罚;没有被告人供述,证据确实、充分的,可以认定被告人有罪和处以刑罚。在利用未公开信息交易犯罪案件中,能够证明行为人是否利用了未公开信息交易并非仅有言词证据,还包括书证、电子数据、鉴定意见等客观证据。由于此类案件中的犯罪手段隐蔽性强,故要更加注重对客观证据的审查。如果综合全案相关证券账户的交易记录、电子计算机的IP地址、证券交易资金情况等客观证据材料,能够认定行为人利用了未公开信息实施相关证券期货交易,就可以认定有罪。本案中,二审法院认为,即使排除袁某梅2011年9月5日的证言,综合下列事实和证据亦足以认定涉案岳某建、童某强五矿金田营业部证券账户中的工商银行、建设银行股票系李某利指令李某君购买的:

---

① 肖晚祥:《李某利利用未公开信息交易案——利用未公开信息交易罪司法认定中的证据和法律问题》,载中华人民共和国最高人民法院刑事审判第一、第二、第三、第四、第五庭主办:《刑事审判参考》总第96集,法律出版社2014年版。

② 现为《刑事诉讼法》(2018年修正)第55条。

1. 李某利因其职务便利而事先将基金公司旗下基金购买工商银行、建设银行股票的未公开信息。

在案证据证实，基金公司投资决策委员会是基金投资的最高决策机构；投资总监全面负责公司的投资管理业务；投资总监及基金经理在投资决策委员会制定的权限范围内负责基金投资具体工作；基金公司基金经理的职责是在公司投资管理制度和投资决策委员会授权范围内，进行本人管理基金的投资决策。李某利在基金公司所任职务使其在投资交易系统拥有投资决策、风险控制、组合管理、信息查询、系统管理五大类权限，包括查看股票池信息，查看、查询所有基金的指令，查看所有基金的持仓分析、交易报表、成交汇总、持仓变动报表等。2009年3月3日、4月2日的投资决策委员会由李某利主持。会议决议表明，投资决策委员会批准成长基金、精选基金、蓝筹基金、稳健基金可持仓工商银行股票超过基金净值比例的5%；会议中李某利还建议可以持有银行股。2009年4月1日至3日及同月7日，李某利均有登录基金公司交易系统的情况，其中4月7日登录时间为9时32分。

2. 涉案证券账户资金来源于李某利夫妇及其亲属，李某利系账户实际控制人之一。

在案证据证实，涉案购买工商银行和建设银行股票的岳某建、童某强五矿金田营业部证券账户系李某利之妻袁某梅借用岳某建、童某强的身份证件于2007年5月30日开户，李某利系两账户实际控制人之一。两账户内资金本金4580万余元，除180万元来源于袁某梅父亲袁某民招商证券深圳南油大道营业部证券账户外，其余4400万余元均来源于廖某凤、童某强招商证券深圳南油大道营业部证券账户，由上述两证券账户以本金1152万余元进行股票交易盈利累积而成。而廖某凤、童某强招商证券深圳南油大道营业部证券账户资金本金1152万余元，分别来源于李某利建设银行、招商银行、广发银行账户315万余元，袁某梅中国经济开发信托投资公司证券营业部证券账户、招商银行、中国银行216万余元，童某强招商证券深圳福民路营业部证券账户162万余元，袁某梅招商证券深圳福民路营业部证券账户资金、转入股票市值共计457万余元。上述袁某梅招商证券深圳福民路营业部证券账户资金、转入股票市值共计457万余元的资金来源，除2000年10月9日至2001年4月19日存入资金15万余元外，其余442万余元系袁某梅、岳某芳（李某利母亲）、袁某松（袁某梅哥哥）、廖某凤股东账户股票转入，具体为袁某梅烟台发展242615股330万余元，岳某芳东方钽业22600股104万余元，袁某松秦风农业2300股6万余元，廖某凤天方药业500股1万余元。

3. 涉案证券账户在基金公司旗下基金购买工商银行和建设银行股票期间满仓购买相同股票

在案证据证实，童某强五矿金田营业部证券账户于2009年4月7日上午买入建设银行982900股，买入金额为446万余元。成长基金于2009年4月9日买入建设银行19999950股。岳某建五矿金田营业部证券账户于2009年4月7日上午买入工商银行11605000股，买入金额为4779万余元。蓝筹基金于2009年4月7日上午买入工商银行49999972股，成长基金于2009年4月7日、9日共计买入工商银行24445128股。其中，蓝筹基金2009年4月7日买入的工商银行股票系李某利亲自下达买入指令，时间为上午9时46分；而同日岳某建证券账户买入工商银行股票的时间为上午9时27分至9时36分，前后相间仅10分钟。岳某建、童某强证券账户于2009年4月7日买入工商银行、建设银行股票后，账户余额分别只剩15万余元和8300元，均系满仓购买。而童某强证券账户从 2007 年 5 月 30 日开户至 2010 年 7 月 7 日销户，岳某建证券账户从 2007 年 5 月 30 日开户至 2010 年 12 月 21 日，除 2009 年 4 月 7 日外，从未有过购买工商银行和建设银行股票的记录。

4. 李某君擅自决定为李某利购买涉案股票既缺乏证据支持也与常理不合

李某利及其辩护人提出，涉案证券账户购买工商银行和建设银行股票不排除由李某君自行决定的可能，并提供了袁某松、袁某梅证言等相关证据。

我们认为，李某利及其辩护人上述主张不能成立，理由如下：首先，袁某松关于李某君说因为看到涉案账户很长时间没有使用，就帮助购买了工商银行和建设银行股票的说法得不到李某君证言的印证。至于袁某梅关于其听袁某松和李某利讲涉案工商银行、建设银行股票是李某君决定购买的证言，仅仅是对袁某松和李某利述称的转述，属传闻证据，且又得不到袁某松证言和李某利供述的印证。同时，又鉴于袁某松、袁某梅与本案有重大利害关系，二人的证言难以采信。

其次，李某君缺乏甘冒风险擅作购买决定的基本行为动机。第一，擅自交易所产生的法律责任重大。根据《证券法》第 143 条、第 146 条、第 211 条、第 212 条的规定，未经客户委托，擅自为客户买卖证券，或者接受客户的全权委托而决定证券买卖、选择证券种类、决定买卖数量或者买卖价格，不仅造成客户的损失将全部由证券公司承担，并且还将对证券公司处以没收违法所得、并处罚款，直至撤销相关业务许可或者责令关闭等严厉处罚；同时相关责任人员也将受到警告、撤销任职资格或者证券从业资格，并处罚款等同样严厉的制裁，法律责任重大。第二，涉案股票交易额巨大，违规擅自交易风险亦巨大。根据业内行情，证券公司收取客户股票交易的佣金一般在 0.2% 以下，大客户甚至可以低于 0.1%，本案涉案股票成交量虽然巨大，但五矿金田营业部收取的佣金却只有 5 万~10 万元。也就是说，李某君如果为了"提高交易量"而擅自买入工商银行、建设银行股票，其所在的证券公司佣金仅为区区的 5 万~10 万元，而面临的风险却是全部佣金的没收、并处罚款、撤销业务许可、证券公司关闭以及对李某君本人的严厉处罚等，更何况以李某利等人账户的 5000 万元交易单子计算，每下跌 1%，即损失 50 万元，一旦亏损，这些经济损失赔偿将是巨额的。违规擅自决定为李某利买卖可能发生的经济损失风险及单位和责任人员因此而可能遭受的严厉处罚、制裁风险，显然远远大于因证券营业成交量提高所能带给李某君个人及所在单位的收益，二者根本不成比例。第三，本案涉案交易发生时，证券市场公开信息中并无特别利好因素选择涉案股票。故李某君甘冒风险擅作购买决定缺乏基本的行为动机。

再次，李某君的证言不具有可信度。侦查机关就本案共两次找李某君取证，时间分别为 2011 年 8 月 16 日和 2012 年 2 月 7 日。在两次调查中，侦查人员问李某君为何要在 2009 年 4 月 7 日代为购买工商银行和建设银行股票，是否和袁某梅或者其他人商量过，李某君分别回答："记不清了""想不起详细情况了"。另外，中国证监会在 2010 年 10 月 15 日还找李某君调查过，李某君在此次调查中回答也是非常含混、前后矛盾的，她首先表示："2009 年 4 月 7 日这次帮袁某梅买入工商银行、建设银行股票前面我没有跟袁某梅打电话，买入之后我没有立即通知袁某梅，具体什么时候通知袁某梅我记不清楚了。"当调查人员再问："你再想想清楚，2009 年 4 月 7 日，你帮岳某建、童某强证券账户下单之前，你与袁某梅通过电话吗？"李某君回答："2009 年 4 月 6 日、7 日我与袁某梅应该通过电话，具体内容记不得了。2009 年 4 月 7 日我帮袁某梅的岳某建、童某强证券账户下单之后应该与袁某梅通过电话，具体内容记不得了。"本案涉案交易系涉及 5000 余万元的巨额满仓交易，对如此巨额的交易行为"记不清"，显然不符合常理。同时，鉴于李某君与本案有重大利害关系，结合李某利在原审以及侦查机关的认罪供述内容，李某君在接受调查过程中的含混其词，具有明显的不合理性，充分表明其证言不具有可信度。

此外，本案涉案交易的特殊背景以及李某利在原审和侦查阶段供认系其本人向李某君发出了购买指令的事实，进一步排除了李某君擅作决定购买股票的可能性。最后，控辩双方提交的其他证据材料中，亦无证明李某君甘冒风险擅作决定为李某利购买涉案股票的证据。

5. 李某利在本案一审判决前稳定供述系其指令李某君购买工商银行和建设银行股票

李某利本人在侦查、审查起诉及一审庭审中均供认是其本人指令李某君购买涉案工商银行、建设银行股票，且供述一直较为稳定，在二审中才以侦查人员对其实施引诱、胁迫为由翻供。对此，二审法庭依法启动证据收集合法性调查程序。合议庭在庭审前即将李某利在侦查机关第一次作出认罪供述的完整同步录音录像交予辩护人观看。庭审中，李某利的辩护人对录音录像未提出异议。同时，合议庭还依法通知本案侦查人员出庭说明情况，并由控辩双方对其进行了询问。经过庭审，未发现李某利辩解所称侦查人员对其实施胁迫、引诱的证据。李某利上述辩解查无实据，不能成立。法庭据此认定，侦查机关讯问取得的李某利认罪供述合法有效，依法可以作为定案的证据。

综上，本案现有证据和相关事实，足以认定涉案岳某建、童某强五矿金田营业部证券账户中的工商银行、建设银行股票系李某利指令李某君购买，辩护人提出的不排除涉案股票系李某君为提高自己的业绩自行决定购买的辩护意见，与事实不符，不能成立。

第九章

操纵证券、期货市场罪

第一节 操纵证券、期货市场罪概述

一、操纵证券、期货市场罪概念及构成要件

操纵证券、期货市场罪，是指以法律明令禁止的各种方法[①]，操纵证券、期货交易价格或者证券、期货交易量，扰乱证券、期货市场秩序，情节严重的行为。本罪从1997年刑法增设的"操纵证券交易价格罪"演变而来。1999年12月25日颁布的《刑法修正案》第6条在原有罪状的基础上增加了有关期货犯罪的内容，并将罪名调整为"操纵证券、期货交易价格罪"；2006年6月29日颁布的《刑法修正案（六）》第11条对操纵证券、期货市场的主观要件、行为方式、法定刑等进行修订，并将罪名修改为"操纵证券、期货市场罪"；2020年12月26日颁布的《刑法修正案（十一）》第13条除对罪状进行文字精简外，还与2019年新修订的《证券法》相衔接，完善了操纵证券、期货市场的行为方式。前述刑事立法的发展为依法打击操纵证券、期货市场犯罪，维护证券、期货市场秩序提供了法律依据。

操纵证券、期货市场罪的构成要件如下：（1）本罪侵害的客体是国家对证券、期货

[①] 《证券法》（2019年12月修订）第55条第1款规定："禁止任何人以下列手段操纵证券市场，影响或者意图影响证券交易价格或者证券交易量：（一）单独或者通过合谋，集中资金优势、持股优势或者利用信息优势联合或者连续买卖；（二）与他人串通，以事先约定的时间、价格和方式相互进行证券交易；（三）在自己实际控制的账户之间进行证券交易；（四）不以成交为目的，频繁或者大量申报并撤销申报；（五）利用虚假或者不确定的重大信息，诱导投资者进行证券交易；（六）对证券、发行人公开作出评价、预测或者投资建议，并进行反向证券交易；（七）利用在其他相关市场的活动操纵证券市场；（八）操纵证券市场的其他手段。"2012年《期货交易管理条例》第70条第1款规定："任何单位或者个人有下列行为之一，操纵期货交易价格的，责令改正，没收违法所得，并处违法所得1倍以上5倍以下的罚款；没有违法所得或者违法所得不满20万元的，处20万元以上100万元以下的罚款：（一）单独或者合谋，集中资金优势、持仓优势或者利用信息优势联合或者连续买卖合约，操纵期货交易价格的；（二）蓄意串通，按事先约定的时间、价格和方式相互进行期货交易，影响期货交易价格或者期货交易量的；（三）以自己为交易对象，自买自卖，影响期货交易价格或者期货交易量的；（四）为影响期货市场行情囤积现货的；（五）国务院期货监督管理机构规定的其他操纵期货交易价格的行为。"

交易的管理制度和投资者的合法权益。（2）本罪在客观上表现为以法律明令禁止的方法操纵证券、期货市场。主要体现为以下几种行为方式：①单独或者合谋，集中资金优势、持股或者持仓优势或者利用信息优势联合或者连续买卖的；②与他人串通，以事先约定的时间、价格和方式相互进行证券、期货交易的；③在自己实际控制的账户之间进行证券交易，或者以自己为交易对象，自买自卖期货合约的；④不以成交为目的，频繁或者大量申报买入、卖出证券、期货合约并撤销申报的；⑤利用虚假或者不确定的重大信息，诱导投资者进行证券、期货交易的；⑥对证券、证券发行人、期货交易标的公开作出评价、预测或者投资建议，同时进行反向证券交易或者相关期货交易的；⑦以其他方法操纵证券、期货市场的。本罪系情节犯，通过前述情形操纵证券、期货市场，只有达到情节严重的，才构成犯罪。（3）本罪的犯罪主体为一般主体，包括单位和个人。（4）本罪在主观方面表现为故意，且往往具有获取不正当利益或者转嫁风险的目的。根据《刑法》第192条的规定，操纵证券、期货市场，影响证券、期货交易价格或者证券、期货交易量，情节严重的，处5年以下有期徒刑或者拘役，并处或者单处罚金；情节特别严重的，处5年以上10年以下有期徒刑，并处罚金。

二、操纵证券、期货市场刑事案件审理情况

近年来，我国证券、期货市场不断发展，为实体经济建设提供了重要的金融支撑。与此同时，操纵证券、期货市场等违法、犯罪行为也频频发生，并且花样翻新，严重破坏证券、期货市场管理秩序，危害投资者合法权益和国家金融安全。通过中国裁判文书网检索，2017年1月1日至2021年，全国法院审结一审操纵证券、期货市场罪刑事案件共计25件，其中2017年4件，2018年2件，2019年1件，2020年13件，2021年5件。

该类犯罪具有以下几方面的特征：一是涉案金额巨大，社会危害大。操纵证券、期货市场犯罪涉案金额动辄上亿元，影响证券、期货交易价格，造成市场波动，严重损害广大投资者合法权益，严重破坏证券、期货市场管理秩序，危害国家金融安全和稳定。二是专业性强，操纵方法多样化。操纵证券、期货市场犯罪分子往往具有较深的专业背景，熟悉资本市场运行规则和信息技术，通过公司化"流水线作业"，利用资金优势、信息优势、联合"黑嘴"荐股等手段操纵证券、期货市场。三是犯罪手段更加隐蔽，查处难度大。证券、期货交易具有无纸化、信息化等特点，犯罪分子操纵证券、期货市场的手段更加网络化、智能化，加大了调查取证的难度，给认定操纵证券、期货市场犯罪带来困难，导致操纵证券、期货市场犯罪的实发案件数量与查处的案件数量存在较大落差。与此同时，操纵证券、期货市场的一些法律适用问题存在较大争议，司法实践中法律适用尚不统一，需要进一步明确。

三、操纵证券、期货市场刑事案件审理热点、难点问题

一是行为人实控账户认定复杂。操纵证券、期货市场案件中，为了隐蔽操作、逃避监管，行为人往往在多家营业部利用多个个人账户分散筹码，行为人与账户之间的对应关系较为复杂。实践中示，行为人实际使用的证券账户动辄多达数百个。同时，金融创新业务催生了很多监管层面的"看不穿"账户，进一步增加了查处难度。

二是操纵类型判断难。根据《刑法》及司法解释规定，操纵证券、期货市场包括联合、连续交易操纵、抢帽子交易操纵等操纵类型。不同操纵类型的构成要件存在较大差

异,部分还存在交叉、重合之处,应当审慎认定、区分。同时,伴随着金融市场上程序化交易、数量化交易的推广和金融衍生品的创新发展,产生了很多新类型操纵,不仅行政监管难度较大,刑事司法处置上也存在一定的空白地带。

三是操纵标准适用难。不同的操纵证券、期货市场类型具有特定的操纵标准,且标准复杂多样。同时,因法律设定标准的概括性及现实交易的复杂性,进一步扩大了适法难度。如联合、连续交易操纵、抢帽子交易操纵标准计算复杂、争议较多。

四是场外配资定性存在争议。证券市场中,投资者为快速获取高额回报,往往动用资金杠杆,形成了巨大的资金需求,故而在合法融资融券业务之外,场外配资规模得以快速增长。场外配资行为可能具有非法经营融资融券或证券经纪业务、帮助操纵证券市场等多种属性,需要予以分类处置。

五是违法所得计算标准不一。实践中对违法所得的认定主要有实际收益法及虚拟收益法两种计算方法,而后者关于收益计算的时间节点又有操纵行为终止、操纵影响消除、行政调查终结等多个时点,认定标准较为复杂。

四、操纵证券、期货市场刑事案件审理思路及原则

一是坚持依法从严打击。操纵证券、期货市场行为是一种市场欺诈行为,其背离市场自由竞争与供求关系原则,人为地操纵证券、期货交易价格,或者制造证券、期货交易的虚假价格或者交易量,引诱他人参与证券、期货交易,牟取不正当利益或者转嫁风险。此类行为既损害投资者的利益,也对证券、期货市场秩序造成极大损害,必须严厉打击。

二是注重对客观证据的审查和应用。操纵证券、期货犯罪具有专业性强、查处难度大等特点,司法机关在办理该类案件时,应当注重对客观证据的审查和应用,特别是在被告人拒不承认犯罪事实时,应当结合此类案件的特点,以证券交易记录、资金流向等客观性证据为切入点,全面审查涉及犯罪的书证、电子数据、证人证言等证据。对书证,要重点审查涉及证券交易记录的凭据,有关交易数量、交易额、成交价格、资金走向等证据。对电子数据,要重点审查收集程序是否合法,是否采取必要的保全措施,是否经过篡改等。对证人证言,要重点审查证人与被告人的关系,证言能否与客观证据相印证等。

三是准确判断操纵类型。根据《刑法》及司法解释规定,法定操纵类型有九种,不同操纵类型具有特定的犯罪构成。审查此类案件,应当首先判断行为人所采用的操纵类型,并紧扣操纵类型进一步审查判断各项主客观要件。根据操纵行为对证券交易价格或交易量的影响机制不同,现有操纵类型可以分为交易型操纵、信息型操纵、虚假申报操纵、跨期、现货市场操纵四类。其中,交易型操纵包括联合、连续交易操纵、约定交易操纵、自买自卖操纵;信息型操纵包括蛊惑交易操纵、抢帽子交易操纵、重大事件操纵、利用信息优势操纵。

四是善于利用兜底条款和刑法理论对争议较大的问题进行分析。随着证券期货市场的蓬勃发展,操纵证券、期货市场案件各种新情况、新问题不断出现,罪与非罪、此罪与彼罪的界限难以把握。对此,应当密切关注证券、期货犯罪理论研究的最新动向,并在严格遵循罪刑法定原则的基础上,善于运用兜底条款对新类型操纵行为进行实质审查和规制,从而达到依法惩治犯罪、推动证券、期货市场健康有序发展的立法目的。

五是加强与证券、期货监管部门的沟通和交流。证券、期货犯罪案件的线索往往由证券、期货监管部门向公安机关移送。司法机关在办理此类案件过程中，应当加强与证券监管部门的沟通和交流。一方面，要与证券、期货监管部门加强证据认定与法律适用难题的交流沟通；另一方面，从社会治理的角度出发，通过向证券、期货监管部门反映此类案件需要监管和关注的问题，发挥刑事审判工作对资本市场的规范引导和价值引领作用。

第二节　操纵证券、期货市场罪审判依据

本罪从1997年《刑法》增设的"操纵证券交易价格罪"演变而来。1999年12月25日《刑法修正案》第6条在原有罪状的基础上增加了有关期货犯罪的内容，并将罪名调整为"操纵证券、期货交易价格罪"；2006年6月29日《刑法修正案（六）》第11条对操纵证券、期货市场的主观要件、行为方式、法定刑等进行修订，并将罪名修改为"操纵证券、期货市场罪"；2019年7月1日起施行的《最高人民法院、最高人民检察院关于办理操纵证券、期货市场刑事案件适用法律若干问题的解释》明确了六种操纵证券、期货市场的其他方法、"自己实际控制的账户"的认定依据以及"情节严重"和"情节特别严重"的认定标准等。2020年12月26日《刑法修正案（十一）》第13条与2019年新修订的《证券法》相衔接，进一步完善了操纵证券、期货市场的行为方式。

一、法律

《中华人民共和国刑法》（1979年7月1日第五届全国人民代表大会第二次会议通过　1997年3月14日第八届全国人民代表大会第五次会议修订　1997年3月14日中华人民共和国主席令第83号公布　根据历次修正案和修改决定修正）（节录）

第一百八十二条　有下列情形之一，操纵证券、期货市场，影响证券、期货交易价格或者证券、期货交易量，情节严重的，处五年以下有期徒刑或者拘役，并处或者单处罚金；情节特别严重的，处五年以上十年以下有期徒刑，并处罚金：

（一）单独或者合谋，集中资金优势、持股或者持仓优势或者利用信息优势联合或者连续买卖的；

（二）与他人串通，以事先约定的时间、价格和方式相互进行证券、期货交易的；

（三）在自己实际控制的账户之间进行证券交易，或者以自己为交易对象，自买自卖期货合约的；

（四）不以成交为目的，频繁或者大量申报买入、卖出证券、期货合约并撤销申报的；

（五）利用虚假或者不确定的重大信息，诱导投资者进行证券、期货交易的；

（六）对证券、证券发行人、期货交易标的公开作出评价、预测或者投资建议，同时进行反向证券交易或者相关期货交易的；

（七）以其他方法操纵证券、期货市场的。

单位犯前款罪的,对单位判处罚金,并对其直接负责的主管人员和其他直接责任人员,依照前款的规定处罚。

二、司法解释

《最高人民法院、最高人民检察院关于办理操纵证券、期货市场刑事案件适用法律若干问题的解释》(2019年6月27日　法释〔2019〕9号)

为依法惩治证券、期货犯罪,维护证券、期货市场管理秩序,促进证券、期货市场稳定健康发展,保护投资者合法权益,根据《中华人民共和国刑法》《中华人民共和国刑事诉讼法》的规定,现就办理操纵证券、期货市场刑事案件适用法律的若干问题解释如下:

第一条　行为人具有下列情形之一的,可以认定为刑法第一百八十二条第一款第四项规定的"以其他方法操纵证券、期货市场":

(一)利用虚假或者不确定的重大信息,诱导投资者作出投资决策,影响证券、期货交易价格或者证券、期货交易量,并进行相关交易或者谋取相关利益的;

(二)通过对证券及其发行人、上市公司、期货交易标的公开作出评价、预测或者投资建议,误导投资者作出投资决策,影响证券、期货交易价格或者证券、期货交易量,并进行与其评价、预测、投资建议方向相反的证券交易或者相关期货交易的;

(三)通过策划、实施资产收购或者重组、投资新业务、股权转让、上市公司收购等虚假重大事项,误导投资者作出投资决策,影响证券交易价格或者证券交易量,并进行相关交易或者谋取相关利益的;

(四)通过控制发行人、上市公司信息的生成或者控制信息披露的内容、时点、节奏,误导投资者作出投资决策,影响证券交易价格或者证券交易量,并进行相关交易或者谋取相关利益的;

(五)不以成交为目的,频繁申报、撤单或者大额申报、撤单,误导投资者作出投资决策,影响证券、期货交易价格或者证券、期货交易量,并进行与申报相反的交易或者谋取相关利益的;

(六)通过囤积现货,影响特定期货品种市场行情,并进行相关期货交易的;

(七)以其他方法操纵证券、期货市场的。

第二条　操纵证券、期货市场,具有下列情形之一的,应当认定为刑法第一百八十二条第一款规定的"情节严重":

(一)持有或者实际控制证券的流通股份数量达到该证券的实际流通股份总量百分之十以上,实施刑法第一百八十二条第一款第一项操纵证券市场行为,连续十个交易日的累计成交量达到同期该证券总成交量百分之二十以上的;

(二)实施刑法第一百八十二条第一款第二项、第三项操纵证券市场行为,连续十个交易日的累计成交量达到同期该证券总成交量百分之二十以上的;

(三)实施本解释第一条第一项至第四项操纵证券市场行为,证券交易成交额在一千万元以上的;

(四)实施刑法第一百八十二条第一款第一项及本解释第一条第六项操纵期货市场行为,实际控制的账户合并持仓连续十个交易日的最高值超过期货交易所限仓标准的二倍,累计成交量达到同期该期货合约总成交量百分之二十以上，且期货交易占用保证金数额在五百万元以上的；

（五）实施刑法第一百八十二条第一款第二项、第三项及本解释第一条第一项、第二项操纵期货市场行为，实际控制的账户连续十个交易日的累计成交量达到同期该期货合约总成交量百分之二十以上，且期货交易占用保证金数额在五百万元以上的；

（六）实施本解释第一条第五项操纵证券、期货市场行为，当日累计撤回申报量达到同期该证券、期货合约总申报量百分之五十以上，且证券撤回申报额在一千万元以上、撤回申报的期货合约占用保证金数额在五百万元以上的；

（七）实施操纵证券、期货市场行为，违法所得数额在一百万元以上的。

第三条 操纵证券、期货市场，违法所得数额在五十万元以上，具有下列情形之一的，应当认定为刑法第一百八十二条第一款规定的"情节严重"：

（一）发行人、上市公司及其董事、监事、高级管理人员、控股股东或者实际控制人实施操纵证券、期货市场行为的；

（二）收购人、重大资产重组的交易对方及其董事、监事、高级管理人员、控股股东或者实际控制人实施操纵证券、期货市场行为的；

（三）行为人明知操纵证券、期货市场行为被有关部门调查，仍继续实施的；

（四）因操纵证券、期货市场行为受过刑事追究的；

（五）二年内因操纵证券、期货市场行为受过行政处罚的；

（六）在市场出现重大异常波动等特定时段操纵证券、期货市场的；

（七）造成恶劣社会影响或者其他严重后果的。

第四条 具有下列情形之一的，应当认定为刑法第一百八十二条第一款规定的"情节特别严重"：

（一）持有或者实际控制证券的流通股份数量达到该证券的实际流通股份总量百分之十以上，实施刑法第一百八十二条第一款第一项操纵证券市场行为，连续十个交易日的累计成交量达到同期该证券总成交量百分之五十以上的；

（二）实施刑法第一百八十二条第一款第二项、第三项操纵证券市场行为，连续十个交易日的累计成交量达到同期该证券总成交量百分之五十以上的；

（三）实施本解释第一条第一项至第四项操纵证券市场行为，证券交易成交额在五千万元以上的；

（四）实施刑法第一百八十二条第一款第一项及本解释第一条第六项操纵期货市场行为，实际控制的账户合并持仓连续十个交易日的最高值超过期货交易所限仓标准的五倍，累计成交量达到同期该期货合约总成交量百分之五十以上，且期货交易占用保证金数额在二千五百万元以上的；

（五）实施刑法第一百八十二条第一款第二项、第三项及本解释第一条第一项、第二项操纵期货市场行为，实际控制的账户连续十个交易日的累计成交量达到同期该期货合约总成交量百分之五十以上，且期货交易占用保证金数额在二千五百万元以上的；

（六）实施操纵证券、期货市场行为，违法所得数额在一千万元以上的。

实施操纵证券、期货市场行为，违法所得数额在五百万元以上，并具有本解释第三条规定的七种情形之一的，应当认定为"情节特别严重"。

第五条 下列账户应当认定为刑法第一百八十二条中规定的"自己实际控制的账

户":

（一）行为人以自己名义开户并使用的实名账户；

（二）行为人向账户转入或者从账户转出资金，并承担实际损益的他人账户；

（三）行为人通过第一项、第二项以外的方式管理、支配或者使用的他人账户；

（四）行为人通过投资关系、协议等方式对账户内资产行使交易决策权的他人账户；

（五）其他有证据证明行为人具有交易决策权的账户。

有证据证明行为人对前款第一项至第三项账户内资产没有交易决策权的除外。

第六条 二次以上实施操纵证券、期货市场行为，依法应予行政处理或者刑事处理而未经处理的，相关交易数额或者违法所得数额累计计算。

第七条 符合本解释第二条、第三条规定的标准，行为人如实供述犯罪事实，认罪悔罪，并积极配合调查，退缴违法所得的，可以从轻处罚；其中犯罪情节轻微的，可以依法不起诉或者免予刑事处罚。

符合刑事诉讼法规定的认罪认罚从宽适用范围和条件的，依照刑事诉讼法的规定处理。

第八条 单位实施刑法第一百八十二条第一款行为的，依照本解释规定的定罪量刑标准，对其直接负责的主管人员和其他直接责任人员定罪处罚，并对单位判处罚金。

第九条 本解释所称"违法所得"，是指通过操纵证券、期货市场所获利益或者避免的损失。

本解释所称"连续十个交易日"，是指证券、期货市场开市交易的连续十个交易日，并非指行为人连续交易的十个交易日。

第十条 对于在全国中小企业股份转让系统中实施操纵证券市场行为，社会危害性大，严重破坏公平公正的市场秩序的，比照本解释的规定执行，但本解释第二条第一项、第二项和第四条第一项、第二项除外。

第十一条 本解释自 2019 年 7 月 1 日起施行。

三、刑事政策文件

《最高人民检察院、公安部关于公安机关管辖的刑事案件立案追诉标准的规定（二）》

（2022 年 4 月 6 日　公通字〔2022〕12 号）

第三十四条〔操纵证券、期货市场案（刑法第一百八十二条）〕操纵证券、期货市场，影响证券、期货交易价格或者证券、期货交易量，涉嫌下列情形之一的，应予立案追诉：

（一）持有或者实际控制证券的流通股份数量达到该证券的实际流通股份总量百分之十以上，实施刑法第一百八十二条第一款第一项操纵证券市场行为，连续十个交易日的累计成交量达到同期该证券总成交量百分之二十以上的；

（二）实施刑法第一百八十二条第一款第二项、第三项操纵证券市场行为，连续十个交易日的累计成交量达到同期该证券总成交量百分之二十以上的；

（三）利用虚假或者不确定的重大信息，诱导投资者进行证券交易，行为人进行相关证券交易的成交额在一千万元以上的；

（四）对证券、证券发行人公开作出评价、预测或者投资建议，同时进行反向证券交易，证券交易成交额在一千万元以上的；

（五）通过策划、实施资产收购或者重组、投资新业务、股权转让、上市公司收购等虚假重大事项，误导投资者作出投资决策，并进行相关交易或者谋取相关利益，证券交易成交额在一千万元以上的；

（六）通过控制发行人、上市公司信息的生成或者控制信息披露的内容、时点、节奏，误导投资者作出投资决策，并进行相关交易或者谋取相关利益，证券交易成交额在一千万元以上的；

（七）实施刑法第一百八十二条第一款第一项操纵期货市场行为，实际控制的账户合并持仓连续十个交易日的最高值超过期货交易所限仓标准的二倍，累计成交量达到同期该期货合约总成交量百分之二十以上，且期货交易占用保证金数额在五百万元以上的；

（八）通过囤积现货，影响特定期货品种市场行情，并进行相关期货交易，实际控制的账户合并持仓连续十个交易日的最高值超过期货交易所限仓标准的二倍，累计成交量达到同期该期货合约总成交量百分之二十以上，且期货交易占用保证金数额在五百万元以上的；

（九）实施刑法第一百八十二条第一款第二项、第三项操纵期货市场行为，实际控制的账户连续十个交易日的累计成交量达到同期该期货合约总成交量百分之二十以上，且期货交易占用保证金数额在五百万元以上的；

（十）利用虚假或者不确定的重大信息，诱导投资者进行期货交易，行为人进行相关期货交易，实际控制的账户连续十个交易日的累计成交量达到同期该期货合约总成交量百分之二十以上，且期货交易占用保证金数额在五百万元以上的；

（十一）对期货交易标的公开作出评价、预测或者投资建议，同时进行相关期货交易，实际控制的账户连续十个交易日的累计成交量达到同期该期货合约总成交量的百分之二十以上，且期货交易占用保证金数额在五百万元以上的；

（十二）不以成交为目的，频繁或者大量申报买入、卖出证券、期货合约并撤销申报，当日累计撤回申报量达到同期该证券、期货合约总申报量百分之五十以上，且证券撤回申报额在一千万元以上、撤回申报的期货合约占用保证金数额在五百万元以上的；

（十三）实施操纵证券、期货市场行为，获利或者避免损失数额在一百万元以上的。

操纵证券、期货市场，影响证券、期货交易价格或者证券、期货交易量，获利或者避免损失数额在五十万元以上，同时涉嫌下列情形之一的，应予立案追诉：

（一）发行人、上市公司及其董事、监事、高级管理人员、控股股东或者实际控制人实施操纵证券、期货市场行为的；

（二）收购人、重大资产重组的交易对方及其董事、监事、高级管理人员、控股股东或者实际控制人实施操纵证券、期货市场行为的；

（三）行为人明知操纵证券、期货市场行为被有关部门调查，仍继续实施的；

（四）因操纵证券、期货市场行为受过刑事追究的；

（五）二年内因操纵证券、期货市场行为受过行政处罚的；

（六）在市场出现重大异常波动等特定时段操纵证券、期货市场的；

（七）造成其他严重后果的。

对于在全国中小企业股份转让系统中实施操纵证券市场行为，社会危害性大，严重破坏公平公正的市场秩序的，比照本条的规定执行，但本条第一款第一项和第二项除外。

第三节　操纵证券、期货市场罪审判实践中的疑难新型问题

问题1. 不同操纵类型的认定

【实务专论一】[①]

修改后的《刑法》第182条具体列举了七种操纵证券、期货交易市场的行为，只要实施了七种行为之一影响证券、期货交易价格或者证券、期货交易量，情节严重的，就构成操纵证券、期货市场的犯罪。七种行为分别是：

（1）单独或者合谋，集中资金优势、持股或者持仓优势或者利用信息优势联合或者连续买卖。所谓"单独或者合谋"，是指操纵证券、期货交易价格的行为人既可以是买方也可以是卖方，甚至既是买方又是卖方，可以是一个人所为也可以是多人联合所为。"集中资金优势、持股或者持仓优势或者利用信息优势"，是指证券、期货的投资大户、会员单位等利用手中持有的大量资金、股票、期货合约或者利用了解某些内幕信息等优势进行证券、期货交易。"联合买卖"，是指行为人在一段时间内共同对某种股票或者期货合约进行买进或者卖出的行为。"连续买卖"即连续交易，是指行为人在短时间内对同一股票或者期货合约反复进行买进又卖出的行为。这种操纵方式一般是行为人先筹足一大笔资金，并锁定某种具有炒作潜力且易操作的股票或者期货合约，暗中利用不同账户在市场上吸足筹码，然后配合各式炒作题材连续拉抬股价或期货价格，制造多头行情，以诱使投资人跟进追小涨，使股价或期货价格一路攀升，等股价或期货价格上涨到一定高度时，暗中释放出手中所持股票或期货合约，甚至融券卖空，此时交易量明显放大，价格出现剧烈震荡，行为人出清所持股票或期货合约后，交易量萎缩，股票或期货价格丧失支撑旋即暴跌，等价格回跌再乘低补进，以便为下次操作准备筹码，以此方式循环操作，操纵证券、期货交易价格，从上涨和下跌中两面获利。

（2）与他人串通，以事先约定的时间、价格和方式相互进行证券、期货交易。这种操纵证券价格的方式又称为"对敲"，主要表现为行为人与他人通谋，在事先以约定的时间、约定的价格在自己卖出或者买入股票或者期货合约时，另一约定人同时实施买入或者卖出股票或者期货合约，或者相互买卖证券或者期货合约，通过几家联手反复实施买卖行为，目的在于虚假造势，从而可能抬高或者打压某种股票或者期货的价格，最后，行为人乘机建仓或者平仓，以获取暴利或者转嫁风险。这种行为会使其他投资者对证券、期货市场产生极大误解，导致错误判断而受损，对证券、期货市场的破坏力很大。这种操纵行为方式主要表现为相互交易，即与他人串通，以事先约定的时间、价格和方式相互进行证券、期货交易。在现行集中交易市场电脑竞价撮合成交的交易状态下，串通者所买进与卖出的证券、期货要完全相同，几乎是不可能的。只要串通双方的委托在时间上和价格上具有相似性，数量上具有一致性，即可成立。也不要求必须以整个市场价格

[①] 许永安主编：《〈中华人民共和国刑法修正案（十一）〉解读》，中国法制出版社2021年版。

为对象，只要影响了某种股票或者期货品种的交易价格即可。

（3）在自己实际控制的账户之间进行证券交易，或者以自己为交易对象，自买自卖期货合约。"在自己实际控制的账户之间进行证券交易"，是指将预先配好的委托分别下达给两个证券公司，由一个证券公司买进，另一个证券公司卖出，实际上是自买自卖证券的行为，其所有权并没有发生转移。这种行为实际上也对证券的交易价格和交易量产生着很大的影响。"以自己为交易对象，自买自卖期货合约"，主要是指以不转移期货合约形式进行虚假买卖。这种情况也称为虚假交易，主要包括两种情况：一种是自我买卖，即会员单位或者客户在期货交易中既作卖方又作买方形式上买进卖出，实际上期货合约的所有人并没有发生变化，实践中这种人往往在开设账户时一客多户，或假借他人账户，或用假名虚设账户，在买卖期货过程中，形式上是多个客户在交易实质为同一客户；另一种是不同行为人之间进行的交易，他们事先合谋，相互买卖期货合约，但事后买进的一方，返还给另一方这种不转移合约所有权形式的虚假交易行为，显然会影响期货行情，制造出虚假价格。例如，行为人通过反复的虚假买卖，引发期货价格的波动，蒙蔽其他投资者入市，当期货价格上涨或下跌到一定价位后，操纵者乘机建仓或平仓，牟取不法利益。所谓"期货合约"，是指由期货交易所统一制定的、规定在将来某一特定的时间和地点交割一定数量和质量商品的标准化合约。行为人实施了以自己为交易对象，进行不转移证券所有权的自买自卖。

（4）不以成交为目的，频繁或者大量申报买入、卖出证券、期货合约并撤销申报。这种操纵方式通常称为"虚假申报操纵"或者"恍骗交易操纵"，具体包括分层挂单、反向交易等行为其核心特征是通过不以成交为目的的挂单，诱骗其他投资者交易或者放弃交易，从而实现对证券、期货交易价格或者交易量的影响。随着计算机程序交易的普及，通过计算机程序快速下单和撤单已经具备了可能性。该种操纵方式多利用程序化交易等技术手段进行，以实现高频交易或者大量申报但最终不成交，进而影响证券交易的数据，从而抬高股价，牟取非法利益。

（5）利用虚假或者不确定的重大信息，诱导投资者进行证券、期货交易。这种操纵证券、期货市场的行为通常称为"蛊惑交易操纵"。实践中，该种行为通过公开传播虚假、重大误导性信息来影响投资者的判断和交易，并进而影响特定证券、期货交易的价格、交易量。实施该类操纵行为的犯罪行为人利用许多投资者存在迷信内部消息、追捧热点信息的心理，通过"编故事、画大饼"等方式，传播公司重组意图、投资意向、行业信息等所谓重大信息，引起证券、期货市场关注和反应，吸引大量投资者跟风交易，以达到行为人操纵证券、期货市场的目的。

（6）对证券、证券发行人、期货交易标的公开作出评价、预测或者投资建议，同时进行反向证券交易或者相关期货交易。这种操纵证券、期货市场的行为通常称为"抢帽子交易操纵"。这里作出公开评价、预测或者投资建议的主体是不特定主体，既有证券公司、证券咨询机构、专业中介机构及其工作人员等，也有各种所谓炒股专家、专业分析师等，其往往预先买入证券、期货合约，然后利用其身份在互联网、电视等平台对其买入的股票、证券发行人、期货标的进行公开评价、预测及推荐，影响股票、期货的价格以及交易量，并通过操作以获利。需要注意的是，这里行为人所进行的交易对于证券要求是"反向证券交易"，即"言行不一致"从中获取不法利益；而对期货交易没有相关要求，这是因为期货为双向交易，既可以买入开仓以看涨也可以卖出开仓以看跌，同时各种期货品种之间具有一定的关联性，行为人实施操纵行为后获利的方式多样，例如可能暗中开仓，公开作出对自己市场有利的评价，诱导他人对其进行相同方向的交易，影响期货价格或者交易量，最后通过实际交割或者行权了结获利，因此这里规定的是行为人进行"相关"期货交易。

（7）以其他方法操纵证券、期货市场，即除上述六种情形以外其他操纵证券、期货市场的方法。行为人不管采用什么手法，也不问其主观动机是什么，只要客观上造成了操纵证券、期货市场的结果，就属于操纵证券、期货市场的行为。这样规定主要是考虑在上述六种操纵证券、期货市场的形式以外，操纵者还会采用许多新的手法，法律难以一一列全，作出这一概括性的规定，可以适应复杂的实际情况，有利于严厉打击操纵证券、期货市场的行为。以其他方法操纵证券、期货市场的行为，目前有利用职务便利操纵证券、期货市场，主要是证券交易所、期货交易所、证券公司、期货经纪公司及其从业人员，利用手中掌握的证券、期货委托、报价交易等职务便利，人为地压低或者抬高证券、期货价格，从中牟取暴利，其表现形式包括：擅自篡改证券、期货行情记录，引起证券、期货价格波动；在委托交易中利用时间差，进行强买强卖故意引起价格波动；串通客户共同操纵证券、期货价格；在证券、期货代理过程中，违反规定取得多个客户的全权委托，并实际操作客户账户，实施操纵交易；会员单位或客户利用多个会员或客户的账户与注册编码，规避交易所持股、持仓量或交易头寸的限制超量持股、持仓以及借股、借仓交易等操纵价格的行为；交易所会员或客户在现货市场上超越自身经营范围或实际需求，囤积居奇，企图或实际严重影响期货市场价格的；交易所会员或客户超越自身经营范围或实际要求，控制大量交易所指定仓库标准仓单，企图或实际严重影响期货市场价格的；交易所会员故意阻止、延误或改变客户某一方向的交易指令，或擅自下达交易指令或诱导、强制客户按照自己的意志进行交易，操纵证券、期货交易价格的，等等。

【实务专论二】[①]

结合当前操纵证券、期货市场刑事案件的特点和司法实践反映的突出问题，依照刑法、刑事诉讼法的规定，对操纵证券、期货市场刑事案件的适用法律相关问题作了较为系统的规定。该司法解释共 11 条，大致可以归纳为如下七个方面的内容：

（一）关于"以其他方法操纵证券、期货市场"的认定问题

《刑法》第 182 条第 1 款第 1 至 3 项规定了联合、连续交易操纵、约定交易操纵、自买自卖操纵（也称洗售操纵）等三种操纵证券、期货市场的方法：一是联合、连续交易操纵，即单独或者合谋，集中资金优势、持股或者持仓优势或者利用信息优势，联合或者连续买卖，操纵证券、期货市场交易价格或者证券、期货交易量的行为；二是约定交易操纵，俗称"对倒"，即与他人串通，以事先约定的时间、价格和方式相互进行证券、期货交易，影响证券、期货交易价格或者证券、期货交易量的行为；三是自买自卖操纵，俗称"对敲"，在自己实际控制的账户之间进行证券交易，或者以自己为交易对象，自买自卖期货合约，影响证券、期货交易价格或者证券、期货交易量的行为。"对倒""对敲"

[①] 姜永义、陈学勇、朱宏伟：《〈关于办理操纵证券、期货市场刑事案件适用法律若干问题的解释〉的理解与适用》，载《人民法院报》2020 年 3 月 12 日。

的违法本质是相同的，即在证券、期货交易市场中，行为人通过虚伪交易（虚买虚卖）进行"诱多"或者"诱空"，从而谋取非法利益的行为。同时，《刑法》第182条第1款第4项规定了"以其他方法操纵证券、期货市场"作为兜底条款。

实践中，由于相关规定不明确，对于"以其他方法操纵证券、期货市场"的认定存在不同认识。结合司法实践和实际案例，并参考相关法律、法规以及《中国证券监督管理委员会证券市场操纵行为认定指引（试行）》等规定，《最高人民法院、最高人民检察院关于办理操纵证券、期货市场刑事案件适用法律若干问题的解释》（以下简称《解释》）第1条明确了"以其他方法操纵证券、期货市场"的六种情形，同时考虑证券、期货市场操纵手段不断翻新，难以列举穷尽，该条第7项仍然以"以其他方法操纵证券、期货市场"作为兜底性规定。

1. "蛊惑交易操纵"，即利用虚假或者不确定的重大信息，诱导投资者作出投资决策，影响证券、期货交易价格或者证券、期货交易量，并进行相关交易或者谋取相关利益。其中"诱导投资者作出投资决策"，通常是指行为人故意编造虚假信息或者明知是虚假或不确定的信息而进行传播，使广大投资者信以为真做出错误的投资决策，从而影响交易价格或者交易量。"进行相关交易"是指进行与其蛊惑信息所涉证券、期货的交易，包括集合竞价阶段交易、连续竞价阶段交易、大宗交易、场外交易等。"谋取相关利益"，是相关交易之外的其他相关利益，如，影响定向增发价格，影响股权质押价格，影响大宗交易价格，打压他人基金排名，影响公司收购价格等。

2. "抢帽子交易操纵"，也就是利用"黑嘴"荐股操纵，即通过对证券及其发行人、上市公司、期货交易标的公开作出评价、预测或者投资建议，误导投资者作出投资决策，影响证券、期货交易价格或者证券、期货交易量，并进行与其评价、预测、投资建议方向相反的证券交易或者相关期货交易。《立案追诉标准（二）》规定该类操纵的主体为"证券公司、证券投资咨询机构、专业中介机构或者从业人员"[①]。随着自媒体等现代通讯传播技术的快速发展，涉案主体既有持牌机构和分析师，也有网络工作室、网络大V、博主等非持牌机构以及一般公民，"黑嘴"荐股的方式多种多样，如微博、股吧、视频直播、微信以及QQ私聊建群等，最终目的是误导投资者作出投资决策而从中获利，有的是自己反向交易从中获利，有的诱导散户买入，帮助"庄家出货"获取报酬等。

3. "重大事件操纵"，即通过策划、实施资产收购或者重组、投资新业务、股权转让、上市公司收购等虚假重大事项，误导投资者作出投资决策，影响证券交易价格或者证券交易量，并进行相关交易或者谋取相关利益。本项规定主要针对股市中近几年出现的通过策划、实施虚假重组、虚假投资、虚假股权转让、虚假收购等重大事件，误导投资者作出投资决策，自己交易或者谋取相关利益的操纵行为，俗称证券市场中"编故事、画大饼"的操纵行为。如，上市公司的发起人为减持限售股，而提前策划收购、重组等重大虚假事项，推高股价后减持获利。

4. "控制信息操纵"，即通过控制发行人、上市公司信息的生成或者控制信息披露的

[①] 需要注意的是，2022年4月6日公布的《最高人民检察院、公安部关于公安机关管辖的刑事案件立案追诉标准的规定（二）》已将"证券公司、证券投资咨询机构、专业中介机构或者从业人员，违背有关从业禁止的规定，买卖或者持有相关证券，通过对证券或者其发行人、上市公司公开作出评价、预测或者投资建议，在该证券的交易中谋取利益，情节严重的"修订为"对证券、证券发行人公开作出评价、预测或者投资建议，同时进行反向证券交易，证券交易成交额在一千万元以上的"，即取消了该类操纵的特殊主体要求。

内容、时点、节奏,误导投资者作出投资决策,影响证券交易价格或者证券交易量,并进行相关交易或者谋取相关利益。本项的"控制信息操纵",与《刑法》第182条第1款第1项中规定的"利用信息优势操纵"的区分在于:《刑法》第182条第1款第1项中规定的"利用信息优势操纵"是指行为人利用已有的信息,基于其先知晓、知晓得完全等优势,通过交易进行操纵,其本质是交易型操纵,即"信息优势+联合或连续买卖"。而本项"控制信息操纵"是指行为人控制信息生成和控制信息内容以及控制信息发布的时点、节奏,利用生成信息及控制信息本身,对市场投资者进行诱导,从而影响股价,本身不一定有联合或连续买卖股票,其本质是信息型操纵。此外,两者的犯罪主体不同,《立案追诉标准(二)》规定"利用信息优势操纵"的主体为特殊主体,即"上市公司及其董事、监事、高级管理人员、控股股东、实际控制人或其他关联人员"[①]。从近年来处理的案例来看,参与"控制信息操纵"的主体身份越来越广泛,出现上述特殊主体与外部人员内外勾结,甚至外部人员收买内部人员,控制信息的生成和发布对证券市场进行操纵,故《解释》将该类操纵的主体规定为一般主体。

5. "恍骗交易操纵"(也称虚假申报操纵),即不以成交为目的,频繁申报、撤单或者大额申报、撤单,误导投资者作出投资决策,影响证券、期货交易价格或者证券、期货交易量,并进行与申报相反的交易或者谋取相关利益。在证券、期货交易市场中,报撤单是正常交易行为。该类操纵与正常报撤单的区分,要根据报撤单是否频繁,或者报撤单的金额是否巨大;是否进行与申报相反的交易;是否使用多个不同账户掩盖操作等客观方面进行综合判断。

6. "跨期、现货市场操纵",即通过囤积现货,影响特定期货品种市场行情,并进行相关期货交易。这种操纵方法在期货市场中并不少见,甚至会发生"逼仓"现象,如小品种的期货交易中,多头持仓者预测现货不足时,凭借资金优势拉高期货价格,同时大量囤积现货,拉高现货价格,迫使空头要么高价买回期货合约认赔平仓出局,要么以高价买入现货进行实物交割,甚至空头因买不到现货交割受到违约罚款,从而出现"逼仓"现象,操纵者从而获取暴利。

【最高人民检察院指导案例】朱某明操纵证券市场案[②]

[关键词]

操纵证券市场　"抢帽子"交易　公开荐股

[基本案情]

被告人朱某明,男,1982年7月出生,原系国开证券有限责任公司上海龙华西路证券营业部(以下简称国开证券营业部)证券经纪人,上海电视台第一财经频道《谈股论金》节目(以下简称《谈股论金》节目)特邀嘉宾。

2013年2月1日至2014年8月26日,被告人朱某明在任国开证券营业部证券经纪人期间,先后多次在其担任特邀嘉宾的《谈股论金》电视节目播出前,使用实际控制的三个证券账户买入多只股票,于当日或次日在《谈股论金》节目播出中,以特邀嘉宾身份

[①] 该特殊主体要求已被《最高人民法院、最高人民检察院关于办理操纵证券、期货市场刑事案件适用法律若干问题的解释》所删除。

[②] 本案例系最高人民检察院指导案例检例第39号。

对其先期买入的股票进行公开评价、预测及推介,并于节目首播后一至二个交易日内抛售相关股票,人为地影响前述股票的交易量和交易价格,获取利益。经查,其买入股票交易金额共计人民币2094.22万余元,卖出股票交易金额共计人民币2169.70万余元,非法获利75.48万余元。

［要旨］

证券公司、证券咨询机构、专业中介机构及其工作人员违背从业禁止规定,买卖或者持有证券,并在对相关证券作出公开评价、预测或者投资建议后,通过预期的市场波动反向操作,谋取利益,情节严重的,以操纵证券市场罪追究其刑事责任。

［指控与证明犯罪］

2016年11月29日,上海市公安局以朱某明涉嫌操纵证券市场罪移送上海市人民检察院第一分院审查起诉。

2017年5月18日,上海市人民检察院第一分院以被告人朱某明犯操纵证券市场罪向上海市第一中级人民法院提起公诉。7月20日,上海市第一中级人民法院公开开庭审理了本案。

法庭调查阶段,公诉人宣读起诉书指控被告人朱某明违反从业禁止规定,以"抢帽子"交易的手段操纵证券市场谋取利益,其行为构成操纵证券市场罪。对以上指控的犯罪事实,公诉人出示了四组证据予以证明:

一是关于被告人朱某明主体身份情况的证据。包括:(1)国开证券公司与朱某明签订的劳动合同、委托代理合同等工作关系书证;(2)《谈股论金》节目编辑陈某等证人证言;(3)户籍资料、从业资格证书等书证;(4)被告人朱某明的供述。证明:朱某明于2013年2月至2014年8月担任国开证券营业部证券经纪人期间,先后多次受邀担任《谈股论金》节目特邀嘉宾。

二是关于涉案账户登录异常的证据。包括:(1)证人朱某等证人的证言;(2)朱某明出入境及国内出行记录等书证;(3)司法会计鉴定意见书、搜查笔录等;(4)被告人朱某明的供述。证明:2013年2月至2014年8月,"朱某""孙某""张某"三个涉案证券账户的实际控制人为朱某明。

三是关于涉案账户交易异常的证据。包括:(1)证人陈某等证人的证言;(2)证监会行政处罚决定书及相关认定意见、调查报告等书证;(3)司法会计鉴定意见书;(4)节目视频拷贝光盘、QQ群聊天记录等视听资料、电子数据;(5)被告人朱某明的供述。证明:朱某明在节目中推荐的15只股票,均被其在节目播出前一至二个交易日或播出当天买入,并于节目播出后一至二个交易日内卖出。

四是关于涉案证券账户资金来源及获利的证据。包括:(1)证人朱某的证言;(2)证监会查询通知书等书证;(3)司法会计鉴定意见书等;(4)被告人朱某明的供述。证明:朱某明在公开推荐股票后,股票交易量、交易价格涨幅明显。"朱某""孙某""张某"三个证券账户交易初始资金大部分来自朱某明,且与朱某明个人账户资金往来频繁。上述账户在涉案期间累计交易金额人民币4263.92万余元,获利人民币75.48万余元。

法庭辩论阶段,公诉人发表公诉意见:

第一,关于本案定性。证券公司、证券咨询机构、专业中介机构及其工作人员,买卖或者持有相关证券,并对该证券或其发行人、上市公司公开作出评价、预测或者投资建议,以便通过期待的市场波动取得经济利益的行为是"抢帽子"交易操纵行为。根据

《刑法》第182条第1款第4项的规定，属于"以其他方法操纵"证券市场，情节严重的，构成操纵证券市场罪。

第二，关于控制他人账户的认定。综合本案证据，可以认定朱某明通过实际控制的"朱某""孙某""张某"三个证券账户在公开荐股前买入涉案15只股票，荐股后随即卖出谋取利益，涉案股票价量均因荐股有实际影响，朱某明实际获利75万余元。

第三，关于公开荐股的认定。结合证据，朱某明在电视节目中，或明示股票名称，或介绍股票标识性信息、展示K线图等，投资者可以依据上述信息确定涉案股票名称，系在电视节目中对涉案股票公开作出评价、预测、推介，可以认定构成公开荐股。

第四，关于本案量刑建议。根据《刑法》第182条的规定，被告人朱某明的行为构成操纵证券市场罪，依法应在五年以下有期徒刑至拘役之间量刑，并处违法所得一倍以上五倍以下罚金。建议对被告人朱某明酌情判处三年以下有期徒刑，并处违法所得一倍以上的罚金。

被告人朱某明及其辩护人对公诉意见没有异议，被告人当庭表示愿意退缴违法所得。辩护人提出，考虑被告人认罪态度好，建议从轻处罚。

法庭经审理，认定公诉人提交的证据能够相互印证，予以确认。综合考虑全案犯罪事实、情节，对朱某明处以相应刑罚。2017年7月28日，上海市第一中级人民法院作出一审判决，以操纵证券市场罪判处被告人朱某明有期徒刑十一个月，并处罚金人民币76万元，其违法所得予以没收。一审宣判后，被告人未上诉，判决已生效。

[指导意义]

证券公司、证券咨询机构、专业中介机构及其工作人员，违反规定买卖或者持有相关证券后，对该证券或者其发行人、上市公司作出公开评价、预测或者提出投资建议，通过期待的市场波动谋取利益的，构成"抢帽子"交易操纵行为。发布投资咨询意见的机构或者证券从业人员往往具有一定的社会知名度，他们借助影响力较大的传播平台发布诱导性信息，容易对普通投资者交易决策产生影响。其在发布信息后，又利用证券价格波动实施与投资者反向交易的行为获利，破坏了证券市场管理秩序，违反了证券市场公开、公平、公正原则，具有较大的社会危害性，情节严重的，构成操纵证券市场罪。

证券犯罪具有专业性、隐蔽性、间接性等特征，检察机关办理该类案件时，应当根据证券犯罪案件特点，引导公安机关从证券交易记录、资金流向等问题切入，全面收集涉及犯罪的书证、电子数据、证人证言等证据，并结合案件特点开展证据审查。对书证，要重点审查涉及证券交易记录的凭据，有关交易数量、交易额、成交价格、资金走向等证据。对电子数据，要重点审查收集程序是否合法，是否采取必要的保全措施，是否经过篡改，是否感染病毒等。对证人证言，要重点审查证人与犯罪嫌疑人的关系，证言能否与客观证据相印证等。

办案中，犯罪嫌疑人或被告人及其辩护人经常会提出涉案账户实际控制人及操作人非其本人的辩解。对此，检察机关可以通过行为人资金往来记录，MAC地址（硬件设备地址）、IP地址与互联网访问轨迹的重合度与连贯性，身份关系和资金关系的紧密度，涉案股票买卖与公开荐股在时间及资金比例上的高度关联性，相关证人证言在细节上是否吻合等入手，构建严密证据体系，确定被告人与涉案账户的实际控制关系。

非法证券活动涉嫌犯罪的案件，来源往往是证券监管部门向公安机关移送。审查案件过程中，人民检察院可以与证券监管部门加强联系和沟通。证券监管部门在行政执法和查办案件中收集的物证、书证、视听资料、电子数据等证据材料,在刑事诉讼中可以作为证据使用。检察机关通过办理证券犯罪案件,可以建议证券监管部门针对案件反映出的问题,加强资本市场监管和相关制度建设。

【典型案例】唐某博等操纵证券市场案①

[裁判要旨]

"恍骗交易"操纵是指不以成交为目的,频繁申报、撤单或者大额申报、撤单,误导投资者作出投资决策,影响证券交易价格或者证券交易量,并进行与申报相反的交易或者谋取利益的行为。对于案发前涉案股票已经抛售的,一般应以实际成交差额作为违法所得数额;尚未抛售的,以操纵行为对股票价格已不存在明显影响作为时间节点,核定违法所得数额。

[案情]

公诉机关上海市人民检察院第一分院。

被告人唐某博、唐某子、唐某琦。

上海市第一中级人民法院经审理查明:

2012年5月至2013年1月间,被告人唐某博实际控制"杨某花""王某珍""朱某喜""赵某斌""闵某杰""申某虎""陈某学""伍某慧""杨某"等证券账户;被告人唐某子实际控制"苏某刚""张某蓓"等证券账户。其间,唐某博伙同唐某子、唐某琦,不以成交为目的,频繁申报、撤单或大额申报、撤单,影响股票交易价格与交易量,并进行与申报相反的交易。

2012年5月9日、10日、14日,被告人唐某博、唐某子控制账户组撤回申报买入"华资实业"股票量分别占当日该股票总申报买入量的57.02%、55.62%、61.10%,撤回申报金额分别为9,000余万元、3.5亿余元、2.5亿余元。同年5月7日至23日,唐某博、唐某子控制账户组通过实施与虚假申报相反的交易行为,违法所得金额425.77万余元。

2012年5月3日、4日,被告人唐某博控制账户组撤回申报买入"京投银泰"股票量分别占当日该股票总申报买入量的56.29%、52.47%,撤回申报金额分别为4亿余元、4.5亿余元。同年4月24日至5月7日,唐某博、唐某子控制账户组通过实施与虚假申报相反的交易行为,违法所得金额共计1,369.14万余元。

2012年6月5日至2013年1月8日,被告人唐某博控制账户组在"银基发展"股票交易中存在虚假申报撤单等行为;其中,2012年8月24日,唐某博控制账户组撤回申报卖出"银基发展"股票量占当日该股票总申报卖出量的52.33%,撤回申报金额1.1亿余元。其间,唐某博控制账户组通过实施与虚假申报相反的交易行为等,违法所得金额共计786.29万余元。

前述交易中,被告人唐某博、唐某子控制账户组违法所得共计2,580余万元,唐某子参与操纵证券犯罪违法所得1,790余万元。其中,唐某博控制账户组违法所得2,440万余元,唐某子控制账户组违法所得140万余元。唐某琦在明知唐某博存在操纵证券市场

---

① 李长坤:《恍骗交易操纵证券市场犯罪的构成要件》,载《人民司法·案例》2022年第8期。本案例亦系2020年9月24日最高人民法院发布7件人民法院依法惩处证券、期货犯罪典型案例之二。

行为的情况下，仍接受唐某博的安排多次从事涉案股票交易。

2018年6月12日，被告人唐某博返回境内投案；同年6月19日、26日，被告人唐某子、唐某琦分别向侦查机关投案。三名被告人到案后如实供述了基本犯罪事实。一审审理过程中，唐某博向侦查机关检举揭发他人犯罪行为，经查证属实。一审审理过程中，唐某博、唐某子、唐某琦退缴了全部违法所得并预缴了全部罚金。

［审判］

上海市第一中级人民法院经审理认为，被告人唐某博伙同被告人唐某子、唐某琦，不以成交为目的，频繁申报、撤单或者大额申报、撤单，误导投资者作出投资决策，影响证券交易价格、交易量，并进行与申报相反的交易，其行为均已构成操纵证券市场罪。其中，唐某博、唐某子属于情节特别严重，唐某琦属于情节严重。唐某博因操纵"银基发展"股票一节曾受行政处罚并不影响本案犯罪事实的认定，但在具体执行时应将对应的已执行违法所得及罚款数额予以折抵。唐某博在共同操纵证券市场犯罪中起主要作用，应认定为主犯；唐某子、唐某琦在共同操纵证券市场犯罪中起次要、辅助作用，系从犯。唐某博、唐某子、唐某琦均能主动到案，且到案后均对基本犯罪事实如实供述，故认定三名被告人均具有自首情节。唐某博在审理期间，检举揭发他人犯罪事实，经查证属实，具有立功表现。唐某博、唐某子、唐某琦能退缴操纵证券市场全部违法所得及预缴全部罚金，在量刑时予以考虑。综合全案事实、情节，对唐某博、唐某子减轻处罚，对唐某琦从轻处罚；但对唐某博、唐某子不宜适用缓刑。依照《刑法》第182条第1款第4项、第25条第1款、第26条第1款及第4款、第27条、第67条第1款、第68条、第53条、第64条以及《最高人民法院、最高人民检察院关于办理操纵证券、期货市场刑事案件适用法律若干问题的解释》（以下简称《操纵证券市场解释》）第1条第5项、第4条第1款第6项之规定，以操纵证券市场罪判处被告人唐某博有期徒刑三年六个月，罚金人民币二千四百五十万元；判处被告人唐某子有期徒刑一年八个月，罚金人民币一百五十万元；判处被告人唐某琦有期徒刑一年，缓刑一年，罚金人民币十万元；操纵证券市场违法所得予以追缴。

一审宣判后，三名被告人未提出上诉，检察机关亦未抗诉。判决已发生法律效力。

［评析］

（一）关于"恍骗交易"操纵证券市场犯罪行为的认定

"恍骗交易"操纵（也称虚假申报操纵）是指不以成交为目的，频繁申报、撤单或者大额申报、撤单，误导投资者作出投资决策，影响证券交易价格或者证券交易量，并进行与申报相反的交易或者谋取利益的行为。2019年6月最高人民法院、最高人民检察院《操纵证券市场解释》第1条明确了"恍骗交易操纵"属于"以其他方法操纵证券、期货市场"的情形。"恍骗交易"操纵是当前短线操纵的常见手段。实践中，如何区分"恍骗交易"操纵犯罪行为与不构成犯罪的报撤行为存在一定争议。对此应重点关注行为人的申报目的、是否进行与申报相反的交易或者谋取相关利益，并结合实际控制账户相关交易数据，细致分析行为人申报、撤单和反向申报行为之间的关联性、撤单所占比例、反向交易数量、获利情况等，综合判断被告人的行为是否构成"恍骗交易"操纵。[①]

[①] 姜永义、陈学勇、朱宏伟：《〈关于办理操纵证券、期货市场刑事案件适用法律若干问题的解释〉的理解与适用》，载《人民法院报》2020年3月12日。

从本案来看，三名被告人的行为均符合《操纵证券市场解释》第1条规定的"恍骗交易"操纵构成要件，应以操纵证券市场罪定罪处罚。主要理由是：

1. 被告人唐某博、唐某子均有各自控制的证券账户组。在案证据反映，2012年5月至2013年1月间，唐某博实际控制"杨某花""王某珍""朱某喜""赵某斌""闵某杰""申某虎""陈某学""伍某慧""杨某"等证券账户，唐某子实际控制"苏某刚""张某蓓"等证券账户。

2. 被告人唐某博、唐某子控制账户组存在串通后虚假申报的行为，且涉案三只股票均存在当日累计撤回申报量达到同期该股票总申报量百分之五十以上，撤回申报金额在一千万元以上情形。唐某博在其控制的证券账户组内，针对"华资实业""京投银泰""银基发展"三只股票，唐某子在其控制的证券账户组内，针对"华资实业""京投银泰"两只股票，不以成交为目的，频繁申报、撤单或者大额申报、撤单，误导投资者作出投资决策，影响"华资实业""京投银泰""银基发展"三只股票的交易价格或者交易量。其中，2012年5月9日、10日、14日，唐某博、唐某子控制账户组撤回申报买入"华资实业"股票量分别占当日该股票总申报买入量的57.02%、55.62%、61.10%，撤回申报金额分别为9,000余万元、3.5亿余元、2.5亿余元。2012年5月3日、4日，唐某博控制账户组撤回申报买入"京投银泰"股票量分别占当日该股票总申报买入量的56.29%、52.47%，撤回申报金额分别为4亿余元、4.5亿余元。2012年6月5日至2013年1月8日，唐某博控制账户组在"银基发展"股票交易中存在虚假申报撤单等行为；2012年8月24日撤回申报卖出"银基发展"股票量占当日该股票总申报卖出量的52.33%，撤回申报金额为1.1亿余元。

3. 被告人唐某博、唐某子控制账户组针对"华资实业""京投银泰""银基发展"三只股票，进行了与虚假申报相反的交易，累计获利金额高达2,581万余元。其中，唐某博控制账户组违法所得2,440万余元，唐某子控制账户组违法所得140万余元。

4. 被告人唐渊琦知道唐某博存在操纵证券市场的情形，仍接受唐某博的安排，多次操作唐某博控制证券账户组从事股票交易。

需要指出的是，2010年5月《最高人民检察院、公安部关于公安机关管辖的刑事案件立案追诉标准的规定（二）》[以下简称《立案标准（二）》]第39条已经将"恍骗交易操纵"规定为"以其他方法操纵证券、期货市场"情形，该规定颁布后也实质上起到了司法解释的作用。与《立案标准（二）》相比，《操纵证券市场解释》增加规定了证券撤回申报额以及"进行与申报相反的交易或者谋取相关利益"的要件。我们认为，在前后两个规定均对"恍骗交易"操纵有明确规定，且后者规定的构成要件标准更高、对被告人处理相对轻缓的情况下，依据司法解释适用中的从旧兼从轻原则，对于《操纵证券市场解释》颁布前实施的"恍骗交易"操纵行为仍应适用该解释的规定定罪处罚。

[典型意义]

本案属于"恍骗交易操纵"（也称虚假申报操纵）的典型案例。"恍骗交易操纵"是指不以成交为目的，频繁申报、撤单或者大额申报、撤单，误导投资者作出投资决策，影响证券交易价格或证券交易量，并进行与申报相反的交易或者谋取相关利益的行为。《最高人民法院、最高人民检察关于办理操纵证券、期货市场刑事案件适用法律若干问题的解释》第1条明确了"恍骗交易操纵"属于"以其他方法操纵证券、期货市场"的情形，并明确了"情节严重""情节特别严重"的认定标准。被告人唐某博、唐某子利用控制账户组,共同实施"恍骗交易操纵",违法所得数额巨大,应当认定为"情节特别严重"。本案的正确处理,充分体现了宽严相济的政策精神。

【法律适用案例】徐某等人操纵证券市场案[①]

[案例要旨]

利用信息优势操纵是一种新型的证券操纵犯罪,行为人以控制信息为手段,诱导投资者作出非理性的投资决策,以达到间接影响证券价格和交易数量的目的。其与传统的交易型操纵主要在认定的"信息"要素和行为模式方面存在较大区别;在客观行为方式上主要体现在行为主体单独或合谋控制信息披露的内容与信息发布的时间节点;在主观上以诱导投资者进行非理性决策为直接目的;其与内幕交易犯罪在犯罪主体、信息属性以及信息获取和利用方式上均有所不同。

[基本案情]

2009年至2015年,徐某成立若干私募基金公司进行证券市场投资,在此期间,徐某等人先后与13家上市公司董事长或者实际控制人合谋操纵上述公司股票交易,赚取巨额非法利益。徐某等人具体的作案手段主要是通过控制上市公司引入一系列热点题材、在证券市场发布众多利好消息,进而引起证券投资市场对涉案公司股票价值的利好预期。在证券投资市场对涉案上市公司前景产生一定利好预期之后,徐某等人再利用自己旗下控制的巨额私募基金,在证券市场上接盘上述公司股东减持其所持有的股份,同时利用自己的资金优势、信息优势以及其所控制的基金在股票市场的明星效应,以各种不正当的手段,大张旗鼓地在二级市场上连续买卖上述公司股票,以影响市场投资者投资行为,达到拉升股价的目的。当涉案上市公司股价处于高位时,徐某等人再通过减持上述公司股票的方式,赚取非法利益。

徐某等人的作案手法还包括通过私募的手段,募集上述公司非公开发行的股票,再用与上相同的手段影响股票价格,高位套现以赚取利润。然后,徐某等人与上述涉案公司股东再通过事先约定的比例进行利益分配。

[裁判结果]

2017年1月,青岛市中级人民法院通过审理认为,徐某等人伙同他人为谋取非法利益,利用自身信息优势、资金优势在证券市场上连续买卖,操纵涉案股票交易数量,影响股票价格,赚取非法利益,构成操纵证券市场罪,徐某被判处有期徒刑5年6个月,并处罚金。

[简要分析]

(一)利用信息优势操纵证券犯罪的行为内涵界定

利用信息优势操纵证券犯罪的行为与实践中的蛊惑交易、抢帽子交易既有共性之处,也有不同。就行为结构而言,蛊惑交易、抢帽子交易都属于较为传统的信息操纵方式,行为人交易结构都可简化归纳为:"入场交易→发布诱导信息→影响证券市场走势→反向交易",这些都属于交易型操纵。利用信息优势操纵,则是行为人以控制信息为手段,诱导投资者作出错误的投资决策,使其非理性地买卖相关股票,以达到间接影响证券价格

[①] 商浩文、郭冬冬:《利用信息优势操纵证券市场犯罪的刑法规制——以全国首例刑事案件为切入》,载《法律适用》2018年第20期。

和交易数量的目的,进而攫取不正当利润的行为。就行为人的主观意图、操纵方式而言,其与上述传统的操纵方式存在一定的关联性,但是更为复杂,增加了信息型操纵认定的难度,给监管者有效监管带来挑战。结合徐某案,这种新型的证券操纵犯罪与传统的交易型操纵主要有以下几点区别:

1. 核心要素不同

利用信息优势操纵行为的核心要素是"信息"。所谓"信息优势",概括而言,是指行为人因自身职位等原因更容易接触到那些可以引起证券市场价格变动的虚假或者真实的重大信息,这些重大信息包括但不限于公司重组、并购、上马新项目、取得新业绩等重大经营信息;政府宏观调控政策、产业发展规划、行业补贴扶持计划等重大政策性信息;二级市场有影响力的第三方评价机构对某只股票的评级、价值分析等信息等。这些被控制的"信息"在本质上均都属于热点信息,都能够诱导证券投资者进行非理性的证券投资决策,进而影响资本市场的资源配置。"优势"主要体现在行为人较其他二级市场投资者而言,在接触、了解、掌握这些重大信息方面具有机会优先、条件优先等优势。在上市公司一方与其他主体合谋的信息型操纵中,上市公司一方会将自身在信息方面的"优势"通过各种途径暗自传递给合作主体,此时双方合作通过对信息进行拆分、加工、炒作等手段向二级市场传播,在对信息进行掌控操纵的过程中,更加提升了自身"信息优势"的地位。因而利用信息优势操纵就其本质而言,是一种间接的市场操纵。

而在交易型操纵证券案件中,行为人主要依靠自身持股优势、资金优势,直接作用于二级市场,通过交易行为来影响证券市场价格,其核心要素是资本的驱动。就行为性质而言,这是一种直接的市场操纵。在复合型信息操纵中应客观分析交易行为在案件中的影响作用,如徐某在利用信息优势操纵行为中虽然伴随有交易行为,但其控制市场的决定性手段仍是那些包装好的"利好信息",在某种程度上,徐某在二级市场的交易行为也是其向市场散布"利好信息"的组成部分,因为徐某名下的泽熙基金本身就自带光环,对中小股东具有很强的影响力,所以徐某操纵的手段主要还是利用不正当方式制造的"利好信息",其交易行为在此种情形下也属于"利好信息"的组成部分。

2. 行为模式不同

利用信息优势操纵影响的是二级市场投资者在证券市场的投资决策,其行为模式主要通过引入各种热点题材、控制信息发布的内容和时间节点,进而影响投资者在证券市场中的投资决策,以达到间接影响证券市场的价格、交易数量的目的。因而利用信息优势操纵主要通过控制各种信息,来影响市场投资者的投资决策,但是,无论行为人还是被诱导的投资者,其入场交易的行为本身是符合法律规定的,而面对证券市场海量的市场信息,监管部门根本无法有效判断相关信息的全面性、真实性。这无疑更是极大地增加了监管机构有效监管的难度。交易型操纵则是行为人直接利用资金优势或者持股数量的优势,通过在证券市场上不断进行大宗数额的连续买卖,以其在二级市场买卖行为达到直接操纵股价,攫取利润的非法目的。在该种操纵模式下,行为人只是单纯地在二级市场上通过买入或者卖出来影响交易数量和证券价格,因为其行为方式更加"外露",因此监管机构只要尽到合理的审慎监管义务,通过对交易数据的分析,便能实现有效监管。

(二)利用信息优势操纵的客观行为类型

操纵证券市场行为本质上是一种人为制造的价格垄断行为,是少数人以获取利益或者减少损失为目的,利用资金、信息等方面优势,影响证券市场价格和交易量,诱导普通投资者作出非理性的投资决定，最终扰乱证券市场交易秩序的行为。

1. 徐某案中的利用信息优势操纵行为

徐某案是国内第一宗信息型操纵证券市场的刑事案件，虽然当前司法机关并未公开徐某案的判决书，可是从诸如凤凰财经，财新网等较为权威的媒体披露的细节以及中国基金业协会披露的处罚决定书来看，徐某进行操纵股市的手段较为新颖，通过归纳，徐某作案过程可简单分为四个环节：

（1）事先合谋，结成利益共同体。通过分析各种媒体披露的细节，可以推知徐某等人事先合谋的内容包括但不限于包装利好信息的内容、发布利好信息时间点的把控、股价上涨的幅度以及利益分配方式等内容。徐某一方与上市公司涉案高管或者股东达成相关的利益条款与约定，继而在二级市场上互相配合，以攫取利益。（2）大肆宣传造势，提升市场预期。这个环节是徐某操纵证券市场的关键环节，徐某等人与上市公司高管或者实际控制人通过事先合谋，约定由后者控制上市公司选择恰当的时机发布利好消息，如"高送转""业绩预增"等，或者由后者引入诸如"石墨烯""泽熙产品举牌"等热点题材，引发市场投资者的关注。这些利好信息发布的内容和时间，是徐某等人精心确定的，信息发布的根本目的是影响中小投资者在证券市场的投资判断。（3）巨额资金加持，连续交易拉升股价。通过上述两个环节后，徐某通过其控制的私募基金，在二级市场连续买卖股票，由于徐某及泽熙基金之前的良好表现，他们的投资行为会引发市场投资者的盲目追捧，进而进一步推升股价。（4）急流勇退，高位套现。徐某用自己控制的众多证券账户及海量资金不断买入涉案股东高管减持的股票，接盘后在高位全部抛售，股票实际卖出价格与二者约定底价之间的差额即为本次交易的利润，最后二者再按照约定的比例对利润进行分成。

2. 利用信息优势操纵的行为类型

利用信息优势操纵中的信息，相当于是行为人具体的作案手段或者工具，行为人往往以发布、披露、散布信息、控制信息发布时间节点以及炒作利好信息等方式，故意将能够影响市场投资者价值判断的商业信息，公开进行传播。以信息披露主体为判断标准，利用信息优势操纵的行为方式概括而言可简单分为两种：

（1）行为主体一方控制信息披露的内容与信息发布的时间节点

我国《证券法》对信息披露的标准有明确规定，真实、准确、完整是信息披露时最基本的要求，也是披露信息时应遵循的一条基本原则。信息型操纵中，信息披露主体往往通过控制信息的内容，来进行间接的市场诱导，这些信息内容包括但不限于"发布利好信息""引入热点题材""进行股票推荐""撰写分析报告"等方式或者是与徐某等人行为类似，利用其持有的资金优势、产品自带的明星效应等方式，在二级市场不断地进行买进或者卖出，由于其行为本身就自带光环，因此在证券市场上诱导性更强。同时，诱导信息的真假属性并不影响信息型操纵的认定，因为资本市场信息，特别是企业的发展目标、热点题材等商业信息真假判断的标准、区分界限本身就较为模糊，没有绝对标准可言。

控制信息发布的时间节点同样是信息型操纵的重要手段，如上市公司提前披露利好信息、迟延披露各种利空信息等，虽然法律规定上市公司应当及时披露各种重大信息，同时对各种情形下披露的时间做了明确的规定。但是，上市公司可操纵的空间仍非常大。如在会计准则中关于收入确定的时间、固定折旧的方式选择、成本的计算方式等方面，上市公司都可以通过选择，进而人为地操控利润及业绩，然后将粉饰过的业绩加以披露。通过控制信息披露的时间节点，上市公司一方可以调节各种信息对股票价格的影响力度和时机，以达到间接操控的目的。

（2）行为主体合谋控制信息内容与信息发布时间节点

上市公司内部人员有时会选择与私募、资管、证券咨询等机构及其工作人员合谋，双方互相配合，共同控制上市公司信息披露的时间节点及内容，滥用信息优势操纵证券市场，有时还会辅之以入场交易的方式进行复合型操纵，其操纵结构简单可概括为：利用信息优势＋持股优势、资金优势连续交易，复合型操纵中由于多种手段共同作用于证券市场，故其影响的效力也更加明显，故而会给政府有效监管以及司法认定带来新的挑战。

徐某案便是信息型操纵为主并辅之以入场交易的复合型操纵的典型案例，徐某既有利用商业信息诱导市场的行为，还有直接参与二级市场交易的行为，但是综合来看，之所以其他投资者受到误导，主要是在于对信息的错误认识，证券价格的变化主要是受信息的影响，行为人参与交易是获利的手段。因此在判断信息型操纵时，需要合理界定相关信息是否能够影响证券交易价量，"信息优势"判断，其重点不应纠结于信息的性质，应当着手对"利用"信息优势做出判断。因为该种操纵方式体现的是行为人在具备上述信息优势的基础上以之作为手段对这一优势地位的不当运用，以对投资者产生诱导，实现操纵股价获利的目标。

（三）利用信息优势操纵的主观方面分析

行为人主观故意的判定一直都是证券犯罪认定的难点，特别对于信息型操纵而言，由于散布诱导信息的行为人并不过多地进行入场交易，散布信息的主体与二级市场上的交易主体一般是分离的。在这种情况下，根据交易行为以及二级市场上的交易价格、交易数量等传统的评价标准来反推操纵者的操纵意图无疑具有很大的难度，而当信息发布者与上市公司一方合谋联手操纵的复合型信息操纵出现时，操纵意图的认定难度无疑还会再次提升。

1. 信息型操纵主观故意分析

对于利用信息优势操纵这种故意犯罪而言，分析判定行为人的主观故意内容是适用《刑法》《证券法》进行规制的必要前提，而行为人在实施相关行为时，是否具有欺诈或者诱导不特定第三方进行交易的故意，是信息型操纵中分析行为人主观故意的重要着力点。一般而言，正常理性的二级市场投资者都会认识到自己入场交易的行为会对其目标股票的交易价格和数量产生正面或者负面的影响，而目标股价的变化又会对其他入场投资者产生一定的影响，而该种"认识"能否构成信息型操纵中的主观故意内容，则需要对行为人的行为方式、交易手段、交易前证券市场的客观状况，交易时、交易后证券市场的价格走势以及行为人的交易结果等因素来进行综合的判断。具体而言，在信息型操纵中，如果行为人散布信息的行为直接给其带来短期利益或者行为人背离真实情况，通过控制信息的内容、发布时间炒作热点题材，间接影响股票价格走势，并因此攫取了利润，或者在复合型信息操纵中，行为人与其他主体之间签订合同中利益分成条款等内容，都可以直接认定行为人具有非法操纵证券市场的主观故意。

2. 以诱导投资者进行非理性决策为直接目的

利用信息优势操纵并不直接控制或者强制二级市场投资者进行决策，行为人无论是发布虚假的信息，或者真实的信息，或者是直接入场交易，其行为所追求的直接目的都是潜在地进行诱导、干预，以一种温和的方式引导投资者作出非理性决策，进而实现对证券市场价格或者交易量的间接影响，最终攫取不正当利益。行为人向资本市场发布的商业信息，无论该信息的真假属性为何，其本质都是想通过操控信息，使投资者陷入一种错误的认识，该种错误认识既可以是基于对目标公司业绩前景，可以是基于对自己入场交易的时间点，还可以是对证券市场总体的宏观环境等等。总之，正是基于这种认识上的错误，投资者做出了买进或者卖出的交易行为，最终在二级市场遭受损失，行为人该种行为属于诱导甚至是欺诈的范畴。反观徐某案，徐某在从事证券市场活动时，无论是其与其他股东、实际控制人合谋发布虚假信息，还是与其他股东相配合，谋划、制定、择时发布的各种经过加工具有诱导性的利好信息，都应当认定徐某的行为具有诱导市场投资者作出错误判断的故意。虽然，徐某同时既有利用商业信息诱导市场的行为，还有直接参与二级市场交易的行为，但是综合来看，之所以其他投资者受到误导，主要是在于对信息的错误认识，证券价格的变化主要是受信息的影响，行为人参与交易是获利的手段。

（四）利用信息优势操纵与内幕交易之区别

利用信息优势操纵与内幕交易两类犯罪无论是在主体上还是在信息的来源内容上都有诸多竞合之处，利用信息优势操纵中的具有信息优势的人员在很大程度上就是那些能够接近、了解，甚至是制造内幕信息的人员，而行为人利用信息优势操纵股价也很可能构成内幕交易，二者具有很强的相似之处。但纵然相似，二者还有很大不同，探究两种行为的特点可得知，传统的内幕信息交易侧重利用通过合法途径或者非法途径掌握"信息优势"，而新类型的利用信息优势操纵市场犯罪更注重于"以信息为手段"。应当明确，"掌握信息优势"和"以信息为手段"二者虽然在语境上相似，但是其实际意义却有很大的区别，两种行为的差别主要体现在：

1. 主体不同

内幕交易的犯罪主体是证券、期货交易内幕信息的知情人员和非法获取证券、期货交易内幕信息的人员。一般是上市公司高管人员、证券公司相关从业人员以及相关的负责监督管理的人员等。而利用信息优势操纵的主体，法律并没有明文规定，一般而言，只要是那些利用信息优势干扰市场投资者投资决策，具有扰乱市场交易秩序可能性的行为人，都应当被认定为信息型操纵的主体。就主体范围而言，利用信息优势操纵主体范围应当更加宽泛。以徐某案为例，徐某掌控的"信息"并不是其因自身职位的属性，或者上市公司高管、股东职位的便利接触到的，而是徐某与他人合谋制造出来的，徐某就其身份而言，其不属于内幕交易特定人员，是一般主体。

2. 信息获取及利用不同

内幕交易中"信息优势"重点强调的是"重大信息"的获取较一般主体而言更具优势，即上市公司股东、高管等特定的主体可以利用自身职位的便利条件，更便捷地接触到影响股票价格的重大信息。如果不具有这种获取信息的优势，即便其利用了信息，也不会构成内幕交易犯罪。而利用信息优势操纵中"运用信息为手段"的行为，更注重以信息为"手段"，将信息进行不断地运用。不论行为人是否像上市公司高级管理人员那样因为职位原因更接近重大信息的源头、能更早更便利地获得信息，只要任何人以信息为手段诱导投资者进行非理性的投资决策，干扰了正常的交易秩序，其操纵证券市场的行为便可完成。概括而言，利用信息优势操纵其行为偏重的是把信息作为工具加以利用，间接操纵股市以获利，而内幕交易更强调行为人接近重要信息源头的便利性，并直接利用信息本身的"未公开"及"重大性"而获利。

徐某案便是信息型操纵中以信息为手段的典型代表，徐某首先与上市公司高管股东合谋，预先制造"利好信息"，当这些经过"包装的信息"制造出以后，然后以信息为工具，通过各种途径进行宣传，诱导投资者决策。为加大宣传力度，徐某也利用其控制的泽熙基金进行入场交易，为配合先前制造的"利好信息"进行服务。以上都说明徐某在操纵过程中是以"信息"为工具手段，显示了其与传统的内幕交易的区别。

3. 信息属性不同

内幕交易罪中所依据的信息，就其内容范围而言，法律作了明确的界定，这些信息属于上市公司在发展过程中正常产生的信息，同时一般是属于上市公司强制信息披露义务所规制的范围。就信息属性上来讲，内幕交易中所依据的信息本身就是那些是"重大的""未公开的"信息，这些信息一般都是有价值的真实信息。

而利用信息优势操纵中的信息，法律并没有明文规定其范围，但结合当前我国司法实践，信息型操纵中的信息范围要宽于内幕交易信息，只要是那些能博人眼球、吸引投资者注意的信息，都是行为人可以利用并进行操作的信息。信息型操纵中的信息并不一定在上市公司强制披露义务范围之内，在强制披露范围之外的信息，只要是能炒作、蹭热点，诱导投资者决策都会被行为人加以利用。另外，利用信息优势操纵中的信息，并不完全具备真实商业信息的"重大性"和"未公开性"，行为人操纵的信息往往有真有假、虚实混同、优劣难辨，就信息属性而言，信息本身的价值并不是最重要的，最重要的是能影响投资者的理性决策。例如，徐某案中，行为人发布的信息并不局限于重组、并购这类重大信息，还有诸如"手游""在线教育""PPP"等夺人眼球、能够蹭市场热度进而引起投资者关注的信息，这些发布的信息既有真实信息，也有虚假信息。由此可以看出，利用信息优势操纵中信息的内涵及外延与内幕信息还是有很大不同。

【典型案例】"以其他方法操纵证券、期货市场的"情形的认定——鲜某背信损害上市公司利益、操纵证券市场案[①]

[基本案情]

被告人鲜某，系匹某匹金融信息服务股份有限公司（以下简称匹某匹公司）董事长、荆门汉某置业公司（以下简称汉某公司）法定代表人及实际控制人。匹某匹公司前身为上海多某实业股份有限公司（以下简称多某公司），汉某公司为多某公司、匹某匹公司的并表子公司。

2013年7月至2015年2月，鲜某违背对公司的忠实义务，利用职务便利，采用伪造工程分包商签名、制作虚假资金支付审批表等手段，以支付工程款和往来款的名义，将汉某公司资金累计1.2亿元划入其控制的多个公司和个人账户内使用，其中有2360万元至案发未归还。

2015年4月9日，鲜某决定向原上海市工商行政管理局（现已改为"上海市市场监

---

① 本案例系2022年9月9日最高人民法院、最高人民检察院、公安部、中国证监会联合发布的5件依法从严打击证券犯罪典型案例之五。

督管理局",下文仍简称"市工商局")提出将多某公司更名为匹某匹公司的申请。2015年4月17日,获得市工商局核发的《企业名称变更预先核准通知书》。2015年5月11日,多某公司对外发布《关于公司名称变更的公告》《关于获得控股股东某网站域名特别授权的公告》,公告称基于业务转型的需要,为使公司名称能够体现主营业务,拟将名称变更为匹某匹公司,通过本次授权可以使公司在互联网金融行业获得领先竞争优势。以上公告内容具有诱导性、误导性。2015年6月2日,多某公司正式更名为匹某匹公司。更名后,匹某匹公司并未开展P2P业务,也未开展除了配资以外的金融业务,且配资业务在公司更名之前已经开展。上述公司更名过程中,鲜某控制了多某公司信息的生成以及信息披露的内容,刻意延迟向市场发布更名公告。同时,鲜某于2015年4月30日至5月11日,通过其控制的多个公司账户、个人账户和信托账户买入多某公司股票2520万股,买入金额2.86亿元。2015年5月11日,多某公司有关名称变更的公告发布后,股票连续涨停,涨幅达77.37%。

[典型意义]

在信息型操纵证券案件中,应当结合当事人控制信息的手段、对证券交易价格、交易量的影响、情节严重程度等认定是否构成操纵证券市场犯罪。上市公司实际控制人、高级管理人员利用其特殊地位,迎合市场热点,控制信息的生成或信息披露的内容、时点、节奏,进行误导性披露,是信息型操纵证券犯罪的重要手段。其本质是行为人通过控制公开披露的信息,误导投资者作出投资决策,扭曲证券价格正常形成机制,影响证券交易价格或者证券交易量。该类信息型操纵属于《刑法》第182条第1款第7项(《刑法修正案(十一)》之前的第4项)规定的"以其他方法操纵证券、期货市场的"行为,《最高人民检察院、公安部关于公安机关管辖的刑事案件立案追诉标准的规定(二)》(2010年规定第39条第6项、2022年规定第34条第6项)以及《最高人民法院、最高人民检察院关于办理操纵证券、期货市场刑事案件适用法律若干问题的解释》(第1条第4项)对此均作了列举规定。办案中需要注意,信息型操纵与交易型操纵认定"情节严重"的标准不同,前者主要以证券交易成交额、违法所得数额来判断,而后者主要以持股占比、成交量占比来判断。

【司法解释】

《最高人民法院、最高人民检察院关于办理操纵证券、期货市场刑事案件适用法律若干问题的解释》(2019年6月28日 法释〔2019〕9号)(节录)

为依法惩治证券、期货犯罪,维护证券、期货市场管理秩序,促进证券、期货市场稳定健康发展,保护投资者合法权益,根据《中华人民共和国刑法》《中华人民共和国刑事诉讼法》的规定,现就办理操纵证券、期货市场刑事案件适用法律的若干问题解释如下:

第一条 行为人具有下列情形之一的,可以认定为刑法第一百八十二条第一款第四项规定的"以其他方法操纵证券、期货市场":

(一)利用虚假或者不确定的重大信息,诱导投资者作出投资决策,影响证券、期货交易价格或者证券、期货交易量,并进行相关交易或者谋取相关利益的;

(二)通过对证券及其发行人、上市公司、期货交易标的公开作出评价、预测或者投资建议,误导投资者作出投资决策,影响证券、期货交易价格或者证券、期货交易量,并进行与其评价、预测、投资建议方向相反的证券交易或者相关期货交易的;

(三)通过策划、实施资产收购或者重组、投资新业务、股权转让、上市公司收购等虚假重大事项,误导投资者作出投资决策,影响证券交易价格或者证券交易量,并进行相关交易或者谋取相关利益的^①;

(四)通过控制发行人、上市公司信息的生成或者控制信息披露的内容、时点、节奏,误导投资者作出投资决策,影响证券交易价格或者证券交易量,并进行相关交易或者谋取相关利益的^②;

(五)不以成交为目的,频繁申报、撤单或者大额申报、撤单,误导投资者作出投资决策,影响证券、期货交易价格或者证券、期货交易量,并进行与申报相反的交易或者谋取相关利益的;

(六)通过囤积现货,影响特定期货品种市场行情,并进行相关期货交易的^③;

(七)以其他方法操纵证券、期货市场的。

问题2. "以其他方法操纵证券、期货市场"的认定

【典型案例】 张家港保税区伊世顿国际贸易有限公司、金文献等操纵期货市场案^④

[基本案情]

被告单位伊世顿公司于2012年9月成立,后通过被告人金某献在华鑫期货有限公司开设期货账户。2013年6月起至2015年7月间,伊世顿公司为逃避证券期货监管,通过被告人高某、金某献介绍,以租借或者收购方式,实际控制了19名自然人和7个法人期货账户,与伊世顿公司自有账户组成账户组,采用高频程序化交易方式从事股指期货合约交易。其间,伊世顿公司隐瞒实际控制伊世顿账户组、大量账户从事高频程序化交易等情况,规避中金所的监管措施,从而取得不正当交易优势;还伙同金某献等人,将自行研发的报单交易系统非法接入中金所交易系统,直接进行交易,从而非法取得额外交易速度优势。2015年6月1日至7月6日间,伊世顿公司及被告人高某、梁某中伙同金某献,利用以逃避期货公司资金和持仓验证等非法手段获取的交易速度优势,大量交易中证500股指期货主力合约、沪深300股指期货主力合约合计377.44万手,从中非法获利人民币3.893亿余元。

被告人金某献还利用职务便利侵占华鑫期货有限公司资金1348万余元。

[裁判结果]

本案由上海市第一中级人民法院一审,上海市高级人民法院二审。法院认为,被告单位伊世顿公司、被告人高某、梁某中、金某献的行为均构成操纵期货市场罪,且情节特别严重;金某献的行为还构成职务侵占罪,依法应当数罪并罚。鉴于伊世顿公司能认罪悔罪,依法可以酌情从轻处罚;高某、梁某中具有自首情节,能认罪悔罪,依法可以

---

① 简称"重大事件操纵"。
② 简称"利用信息优势操纵"。
③ 简称"跨期、现货市场操纵"。
④ 本案例系2020年9月24日最高人民法院发布7件人民法院依法惩处证券、期货犯罪典型案例之三。

减轻处罚，并适用缓刑；金某献两罪均具有自首情节，依法分别减轻处罚。据此，依法以操纵期货市场罪判处被告单位伊世顿公司罚金人民币三亿元，追缴违法所得人民币三亿八千九百三十万元；判处被告人高某判处有期徒刑三年，缓刑四年，并处罚金人民币一百万元；判处被告人梁某中有期徒刑二年六个月，缓刑三年，并处罚金人民币八十万元；对被告人金某献以操纵期货市场罪、职务侵占罪判处有期徒刑五年，并处罚金人民币六十万元。

[典型意义]

本案是新型操纵期货市场的典型案例，法律、司法解释对本案中操纵方法没有明确规定。本案中，被告单位伊世顿公司、被告人金某献等人违反有关规定，隐瞒实际控制伊世顿账户组、大量账户从事高频程序化交易等情况，规避中金所对风险控制的监管措施，将自行研发的报单交易系统非法接入中金所交易系统，利用以逃避期货公司资金和持仓验证等非法手段获取的交易速度优势，大量操纵股指期货交易，影响期货交易价格或者期货交易量，其行为符合操纵期货市场罪的构成要件。伊世顿公司的操纵行为严重破坏了股指期货市场的公平交易秩序和原则，与刑法规定的连续交易、自买自卖等操纵行为的本质相同，可以认定为"以其他方法操纵证券、期货市场的"情形。本案的正确处理，既符合《刑法》规定，也符合宽严相济的刑事政策，实现了法律效果和社会效果的统一。

问题3. 抢先交易行为的认定

【实务专论】[①]

关于"以其他方法操纵证券、期货市场"，即除上述六种情形以外其他操纵证券、期货市场的方法。行为人不管采用什么手法，也不问其主观动机是什么，只要客观上造成了操纵证券、期货市场的结果，就属于操纵证券、期货市场的行为。这样规定主要是考虑在上述六种操纵证券、期货市场的形式以外，操纵者还会采用许多新的手法，法律难以一一列全，作出这一概括性的规定，可以适应复杂的实际情况，有利于严厉打击操纵证券、期货市场的行为。以其他方法操纵证券、期货市场的行为，目前有利用职务便利操纵证券、期货市场，主要是证券交易所、期货交易所、证券公司、期货经纪公司及其从业人员，利用手中掌握的证券、期货委托、报价交易等职务便利，人为地压低或者抬高证券、期货价格，从中牟取暴利，其表现形式包括：擅自篡改证券、期货行情记录，引起证券、期货价格波动；在委托交易中利用时间差，进行强买强卖故意引起价格波动；串通客户共同操纵证券、期货价格；在证券、期货代理过程中，违反规定取得多个客户的全权委托，并实际操作客户账户，实施操纵交易；会员单位或客户利用多个会员或客户的账户与注册编码，规避交易所持股、持仓量或交易头寸的限制超量持股、持仓以及借股、借仓交易等操纵价格的行为；交易所会员或客户在现货市场上超越自身经营范围或实际需求，囤积居奇，企图或实际严重影响期货市场价格的；交易所会员或客户超越自身经营范围或实际要求，控制大量交易所指定仓库标准仓单，企图或实际严重影响期货市场价格的；交易所会员故意阻止、延误或改变客户某一方向的交易指令，或擅自下

---

① 许永安主编：《〈中华人民共和国刑法修正案（十一）〉解读》，中国法制出版社2021年版。

达交易指令或诱导、强制客户按照自己的意志进行交易,操纵证券、期货交易价格的,等等。

【刑事审判参考案例】汪某中操纵证券市场案①

一、基本案情

被告人汪某中在担任北京首放投资顾问有限公司(以下简称首放公司)负责人期间,在2006年7月至2008年3月间,先后利用其本人及他人的身份证开立了其实际控制的沪、深证券账户,并使用上述账户,在中信证券北京北三环中路营业部、国信证券北京三里河营业部等证券营业部开立了10余个资金账户用于证券交易。同时,汪某中在中国工商银行开立了10个银行账户,用于证券交易资金的存取和划转。2007年1月9日至2008年5月21日间,汪某中采取先买入"工商银行""中国联通"等38只股票,后利用首放公司名义通过"新浪网""搜狐网"《上海证券报》《证券时报》等媒介对外推荐其先期买入的股票,并在股票交易时抢先卖出相关股票,人为影响上述股票的交易价格,获取个人非法利益。根据中国证券监督管理委员会统计,在首放公司推荐股票的内容发布后,相关38只股票交易量在整体上出现了较为明显的上涨:个股开盘价、当日均价明显提高;集合竞价成交量、开盘后1小时成交量成倍放大;全天成交量大幅增长;当日换手率明显上升;参与买入账户明显增多;新增买入账户成倍增加。汪某中采取上述方式操纵证券市场55次,累计买入成交额人民币52.6亿余元,累计卖出成交额人民币53.8亿余元,非法获利共计人民币1.25亿余元归个人所有。

北京市第二中级人民法院以被告人汪某中犯操纵证券市场罪,对其判处有期徒刑七年,罚金人民币一亿二千五百七十五万七千五百九十九元五角。

一审宣判后,被告人汪某中不服,提出上诉。北京市高级人民法院经审理裁定,驳回上诉,维持原判。

二、主要问题

抢先交易行为的认定。

三、裁判理由

本案审理时,《刑法修正案(十一)》尚未施行,《刑法》第182条操纵证券、期货市场罪罪状仅明确规定了"连续联合买卖""相互交易""自买自卖"三种犯罪行为模式,并以"兜底条款"将"以其他方法操纵证券、期货市场"的行为类型归入操纵市场犯罪的刑事规制领域。本案的争议焦点在于,在当时《刑法》《证券法》未对抢先交易作出规制的情形下,如何评价被告人汪某中抢先交易的行为?②

抢先交易也称"抢帽子"交易,是指证券公司、证券咨询机构、专业中介机构及其工作人员,买卖或者持有相关证券,并对该证券或其发行人、上市公司公开作出评价、

---

① 白波、刘月:《汪某中操纵证券市场案——以其他方法操纵证券、期货市场"其他方法"的范围认定》,载中华人民共和国最高人民法院刑事审判第一、第二、第三、第四、第五庭主办:《刑事审判参考》总第118集,法律出版社2019年版。同时需要说明的是,本案例涉及的操纵类型即"抢帽子交易"目前已被《刑法修正案(十一)》修订纳入现行刑法罪状。本案审理时,当时《刑法》《证券法》尚未对抢先交易作出规制,文章对被告人汪某中实施的抢先交易行为能否适用"以其他方法操纵证券、期货市场"进行规制的分析思路值得参考借鉴。

② 《证券法》(2019年修订)第55条第1款第6项、2020年《刑法修正案(十一)》第13条增补了"抢帽子交易"操纵情形。

预测或者投资建议，以便通过期待的市场波动取得经济利益的行为。本案中，被告人汪某中作为证券咨询机构的法定代表人，先期购买证券，再向社会公众公布建议买入对应证券的咨询意见，然后提前卖出相关证券的行为，就是典型的抢先交易行为。在本案审理过程中，汪某中的抢先交易行为能否认定构成操纵证券市场罪时，争议很大。一种观点认为，汪某中抢先交易的行为虽然破坏了市场正常的交易秩序，但无论是依据《证券法》还是《刑法》都不能得出该行为属于法律所规定的操纵证券市场行为方式之一的结论。在法律没有明文规定的情况下，汪某中的行为的违法性就难以界定。另一种观点认为，《刑法》第182条对操纵证券、期货市场罪明确规定了连续联合买卖、相互交易、自买自卖三种操纵资本市场犯罪行为模式，并以"兜底条款"将"以其他方法操纵证券、期货市场"的行为类型归入操纵市场犯罪的刑事规制领域。严重的抢先交易与操纵证券市场罪明示规定的犯罪类型具有相同性质，根据操纵证券市场罪"以其他方法操纵证券、期货市场"这一"兜底条款"将汪某中抢先交易行为认定为犯罪，符合罪刑法定原则。

笔者赞同第二种观点，汪某中抢先交易行为已经构成操纵证券市场罪，理由如下：

1. 主体上的包含关系。抢先交易行为的主体是证券公司、证券咨询机构、专业中介机构及其工作人员，是特殊主体；操纵证券市场罪的主体要件是普通主体，任何人、任何机构均可构成此罪，当然也包括证券公司、证券咨询机构、专业中介机构及其工作人员。

2. 客体上的同一性。抢先交易行为与操纵证券市场罪明示的三种行为指向同一客体，即证券、期货市场的管理秩序和投资者对交易机会的把握及合法权益。

3. 主观故意的契合。抢先交易与操纵证券市场罪的主观方面都是出于操纵证券市场故意，即行为人主观上有通过对其先期买卖或持有的证券进行推荐，使其他市场参与者做出其期待的交易行为，对股票价格产生影响，操纵证券市场的故意。其明知自己的操纵市场的行为是违背公平、公正、公开的原则，妨害社会主义市场经济秩序，仍然追求、放任或决意为之。需要说明的是，在2006年《刑法修正案（六）》出台后，"获取不正当利益或者转嫁风险"不再是操纵证券市场罪的必备要件。

4. 行为模式异曲同工。行为方式的符合性，是判断是否构成操纵证券市场罪的最为关键因素。严重的抢先交易行为符合操纵证券市场罪范畴内的客观行为要件。具体而言，其具备以下两个特征：（1）必须同时具备符合先后顺序的"推荐"与"交易"行为。"推荐"是指证券从业机构或其工作人员利用自身的专业性、影响力获得投资者的信赖，通过各种公开媒介推荐股票。"交易"是指行为人在推荐股票前已经买入或者持有所推荐的股票，在推荐后，投资者跟进，出现预期市场波动的情况下，行为人又进行交易，以获取差价。（2）行为人的行为必须具有引起市场明显波动的较大可能性。只有行为引起或者足以引起市场明显波动，行为人才可能会获得不法收益，投资者才可能会收到较大损害，达到本罪所要求的"情节严重"的入刑标准。

本案中，被告人汪某中大多是在买入股票的当天，在公司例行召开的讨论会上，要求分析师在股评分析报告中加入推荐该股票的信息，其让分析师加入掘金报告中的个股，是和其自己购买的股票是一样的。后其利用公司对外发布股评分析报告之机，通过多家知名媒体和网站的转载，向公众推荐其买入的股票，吸引公众购买推荐的股票。此后，在其期待的价格上扬期间（经查绝大部分是在买入后的第二个交易日）抢先卖出该股票。由于汪某中买入股票的金额巨大，基本是上千万元，所以第二天假如每股只涨几分钱，汪某中卖出也能赚钱，从中获利。因此，汪某中的行为同时具备符合时间先后顺序的推荐股票与交易股票两种行为，并且其行为是相关证券交易价格或者交易量变动的重要原因，因此，可认定汪某中行为的本质是以抢先交易的方式操纵证券市场的犯罪行为。汪某中利用其实际控制的账户先后进行 55 次违规交易，涉及 38 只股票，获取利益 1.25 亿余元，已经严重地侵犯了国家对证券交易的管理制度，严重地破坏了证券交易市场的公平、公正、公开的原则，严重地损害了投资者的合法权益，具有严重的社会危害性，故人民法院认定汪某中构成操纵证券市场罪，并根据其犯罪的事实、犯罪的性质、情节及对于社会的危害程度，对其判处刑罚。

为了保护证券、期货市场中敏感的价格免受操纵和控制，使其准确地根据投资市场供求关系和价值规律的法则运动，同时为投资者提供一个公平、诚实信用的投资场所，我国建立了证券、期货交易操作制度。但随着我国证券、期货市场的突飞猛进，逐渐产生了部分新类型的破坏证券、期货市场秩序的违规、违法甚至犯罪行为。操纵证券交易价格的行为，会在市场上造成虚假的供求关系，破坏金融秩序，并且将从根本上破坏投资者对证券市场的信任感。由于法律的相对滞后性，这些新问题在法律中并没有及时一一体现，在法律没有明确规定的情况下，法官在审理这类案件时，有必要通过契合罪刑法定原则的法律解释机制，审慎适用"兜底条款"，即通过明确界定新手段犯罪的构成要件，深度研判"兜底条款"的适用范围。人民法院在审理汪某中操纵证券市场案中，结合操纵证券市场罪的实质来审视、判断、论证刑法条文中"以其他方法操纵证券、期货市场"中"其他方法"的范围，对"兜底条款"进行了审慎、合理的解释，在避免让刑法过度介入经济生活，影响市场经济自由的同时，有效打击了新类型的操纵证券、期货市场的犯罪行为，达到刑法惩治犯罪，维护社会主义市场经济秩序的立法目的。

问题4. 操纵证券、期货市场"情节严重"的认定标准

【实务专论】[①]

（二）关于"情节严重"的认定标准

"情节严重"标准与刑事立案追诉标准直接相关，是长期以来影响操纵市场刑事规制的瓶颈问题。《最高人民法院、最高人民检察院关于办理操纵证券、期货市场刑事案件适用法律若干问题的解释》（以下简称《解释》）参照《最高人民法院、最高人民检察院关于办理内幕交易、泄露内幕信息刑事案件具体应用法律若干问题的解释》（以下简称《内幕交易罪司法解释》）和《立案追诉标准（二）》等相关规定，结合证券、期货市场当前实际发生的案件情况，并对比其他经济类案件的数额变化趋势，针对《刑法》第 182 条第 1 款规定的三种以及本《解释》规定的六种操纵证券、期货市场的情形，从交易金额、交易占比、违法所得金额等方面规定了七种"情节严重"的认定标准；同时，为更加有力、有效地惩治操纵证券、期货市场犯罪，结合此类犯罪的特点，又规定了七种"数额+情节"的"情节严重"的情形。

1. 第 2 条第 1 项、第 2 项规定了交易型操纵证券市场的入罪标准。《解释》第 2 条第

[①] 姜永义、陈学勇、朱宏伟：《〈关于办理操纵证券、期货市场刑事案件适用法律若干问题的解释〉的理解与适用》，载《人民法院报》2020 年 3 月 12 日。

1 项、第 2 项对《立案追诉标准（二）》的入罪标准作了适当调整。一方面，在连续交易操纵的入罪标准中，将持股比例由 30% 调整为 10%。主要考虑：过去个股盘子普遍比较小，且并非全部为流通股，30% 的持股比例有一定合理性。随着股权分置改革落地，目前个股盘子普遍比较大，且大部分为全流通股，30% 的持股比例在现实中很难达到。根据证监会测算，沪深两市全部 3000 余家上市公司第三大股东平均持股比例仅 3.67%。根据《证券法》的规定，持股 5% 以上的属于大股东。考虑目前仍有部分股票没有实现全流通，同时也为行政处罚预留空间，《解释》将持股优势的比例确定为 10%。另一方面，在连续交易操纵、约定交易操纵、洗售操纵的入罪标准中，将"连续二十个交易日"调整为"连续十个交易日"，将累计成交量占比由 30% 调整为 20%。主要是考虑到当前短线操纵较为普遍，调整标准后符合当前短线操作的一般规律，也符合证券交易所的统计口径，有利于加强入罪标准的可操作性。需要说明的是，本《解释》所称"连续十个交易日"，是指证券、期货市场开市交易的连续十个交易日，并非指行为人连续交易的十个交易日。

2. 第 2 条第 3 项规定了信息型操纵和行为型操纵证券的证券交易成交金额标准。随着社会经济的发展，《立案追诉标准（二）》规定的 50 万元交易金额的入罪标准过低，可能造成选择性执法。虽然信息型操纵交易金额一般会大大低于交易型操纵，但从执法和司法实践看，移送追究刑事责任的信息型操纵案件，交易金额几乎没有低于 1000 万元的。根据实践中案件情况，结合中国经济较快增长现状，通货膨胀趋势，并考虑到各罪名之间数额上的平衡，《解释》中规定信息型操纵行为"证券交易成交金额在一千万元以上"为"情节严重"。需要说明的是，第 2 条第 3 项只是针对本《解释》第 2 条第 1 至 4 项规定了证券交易成交额的入罪标准，并没有针对《刑法》第 182 条第 1 款第 1、2、3 项规定证券交易成交额的入罪标准，主要考虑是，从实际案例看，交易型操纵由于存在资金的反复使用，成交金额大多达到数亿元至数百亿元，甚至数千亿元，故难以规定具体入罪标准。鉴于第 2 条第 1、2 项已从相关比例方面进行了规定，故不再直接规定交易型操纵证券交易成交额标准。

3. 第 2 条第 4、5 项规定的是交易型操纵期货市场的入罪标准。考虑到不同的期货品种、同一期货品种不同时段内保证金数额差异均很大，同时考虑期货市场开仓量理论上没有上限，只有很大交易量才可能实际影响到期货市场价格，结合实际案例和统计分析，统一规定为"期货交易占用保证金数额五百万元"，同时规定了成交量或持仓量占全市场的比例。对连续十个交易日的持仓最高值、累计成交量、期货占用保证金数额等数量标准，要求同时达到，缺一不可。上述标准较之《立案追诉标准（二）》中对期货操纵行为的认定标准，增加了期货交易保证金数额标准，目的是防止不活跃期货合约中少量操纵即因达到相关交易占比而被入刑。

4. 第 2 条第 6 项规定了虚假申报型操纵证券、期货市场的入罪标准。考虑到单纯的频繁撤回申报本身是合法的，撤回申报本身既可能是其改变主意，也可能因为其就是不以成交为目的。为防止将正常的频繁报撤单划入犯罪圈，故对频繁撤单设置较高的比例标准。同时，为避免交易不活跃证券和交易不活跃期货合约较少量即达到相关比例标准，同时规定申报交易额和保证金数额的标准，弥补了《立案追诉标准（二）》中的缺陷。对撤回申报量占比、证券撤回申报的期货合约占用保证金数额等数量标准，要求同时达到，目的在于防止不活跃合约中少量操纵即因达到相关交易占比而被入刑。

5. 第 2 条第 7 项规定了各类型操纵市场行为适用的违法所得数额的入罪标准。违法所得数额的入罪标准确定为 100 万元，主要考虑了案件实际情况及社会经济发展水平和未来趋势。这里的违法所得数额，是指通过操纵证券、期货市场所获利益或者避免的损失。对于二次以上实施操纵证券、期货市场行为，依法应予行政处理或者刑事处理而未经处理的，相关交易数额或者违法所得数额累计计算。需要注意的是，违法所得数额标准是"情节严重"的认定标准，而不是操纵行为的认定标准，不能因为违法所得数额在 100 万元以上就认定为操纵行为。只有在认定操纵行为的基础上，因违法所得数额达到 100 万元以上的才能认定为"情节严重"。违法所得数额标准是认定"情节严重"的情形之一，与《解释》第 2 条第 1 至 6 项情形是并列关系，对于具有《刑法》第 182 条第 1 款规定的三种或者《解释》第一条规定的六种操纵证券、期货市场行为，只要符合《解释》第 2 条规定的七种情形之一的，就应当认定为"情节严重"。例如，对于交易型操纵行为，在已查明行为人存在违规的控制多个账户隐蔽操作、联合操作、对倒、自买自卖等行为的情况下，虽然不符合《解释》第 2 条规定的第 1 项、第 2 项的比例标准，但违法所得数额在 100 万元以上的，即可认定为"情节严重"。

6. 第 3 条规定了七种"数额+情节"的"情节严重"的认定标准。为更加有力、有效地惩治操纵证券、期货市场犯罪，结合此类犯罪的特点，《解释》第 3 条又规定了七种"数额+情节"的"情节严重"的情形，即操纵证券、期货市场，违法所得数额在五十万元以上，具有规定的七种情形之一的，应当认定为"情节严重"。其中：该条第 1 项、第 2 项体现对特定人员操纵市场行为从严惩处的精神；第 3 项、第 6 项、第 7 项体现对特定时间、地点或场合及特定后果的操纵行为从严惩处的精神；第 3 项的"有关部门"包括司法机关、证券期货行政监管机关、证券期货交易所等；第 6 项的"市场出现重大异常波动等特定时段"侧重于市场状态的考量，即并不是指发生某一特定重大事件，而是必须发生市场反应，即"市场出现重大异常波动"时；第 7 项的"恶劣社会影响或其他严重后果"通常是市场反应之外的负面影响，如造成重大负面舆情、造成原本正常的公司破产、造成他人自杀等。

【司法解释】

《最高人民法院、最高人民检察院关于办理操纵证券、期货市场刑事案件适用法律若干问题的解释》（2019 年 6 月 28 日　法释〔2019〕9 号）（节录）

第二条　操纵证券、期货市场，具有下列情形之一的，应当认定为刑法第一百八十二条第一款规定的"情节严重"：

（一）持有或者实际控制证券的流通股份数量达到该证券的实际流通股份总量百分之十以上，实施刑法第一百八十二条第一款第一项操纵证券市场行为，连续十个交易日的累计成交量达到同期该证券总成交量百分之二十以上的；

（二）实施刑法第一百八十二条第一款第二项、第三项操纵证券市场行为，连续十个交易日的累计成交量达到同期该证券总成交量百分之二十以上的；

（三）实施本解释第一条第一项至第四项操纵证券市场行为，证券交易成交额在一千万元以上的；

（四）实施刑法第一百八十二条第一款第一项及本解释第一条第六项操纵期货市场行

为，实际控制的账户合并持仓连续十个交易日的最高值超过期货交易所限仓标准的二倍，累计成交量达到同期该期货合约总成交量百分之二十以上，且期货交易占用保证金数额在五百万元以上的；

（五）实施刑法第一百八十二条第一款第二项、第三项及本解释第一条第一项、第二项操纵期货市场行为，实际控制的账户连续十个交易日的累计成交量达到同期该期货合约总成交量百分之二十以上，且期货交易占用保证金数额在五百万元以上的；

（六）实施本解释第一条第五项操纵证券、期货市场行为，当日累计撤回申报量达到同期该证券、期货合约总申报量百分之五十以上，且证券撤回申报额在一千万元以上、撤回申报的期货合约占用保证金数额在五百万元以上的；

（七）实施操纵证券、期货市场行为，违法所得数额在一百万元以上的。

第三条 操纵证券、期货市场，违法所得数额在五十万元以上，具有下列情形之一的，应当认定为刑法第一百八十二条第一款规定的"情节严重"：

（一）发行人、上市公司及其董事、监事、高级管理人员、控股股东或者实际控制人实施操纵证券、期货市场行为的；

（二）收购人、重大资产重组的交易对方及其董事、监事、高级管理人员、控股股东或者实际控制人实施操纵证券、期货市场行为的；

（三）行为人明知操纵证券、期货市场行为被有关部门调查，仍继续实施的；

（四）因操纵证券、期货市场行为受过刑事追究的；

（五）二年内因操纵证券、期货市场行为受过行政处罚的；

（六）在市场出现重大异常波动等特定时段操纵证券、期货市场的；

（七）造成恶劣社会影响或者其他严重后果的。

问题5. 操纵证券、期货市场"情节特别严重"的认定标准

【实务专论】[①]

（三）关于"情节特别严重"的认定标准

在"情节严重"认定标准的基础上，《解释》第4条第1款规定了六种"情节特别严重"的认定标准，第2款规定了"数额+情节"的七种情形。参照《最高人民法院、最高人民检察院关于办理内幕交易、泄露内幕信息刑事案件具体应用法律若干问题的解释》有关规定，证券交易成交数额或者期货交易占用保证金数额按照"情节严重"数额标准的五倍确定"情节特别严重"的标准。对于第6项违法所得数额标准，考虑本条第2款还规定了违法所得数额减半应当认定为"情节特别严重"的七种情形，故第1款规定的违法所得数额按照"情节严重"数额标准的十倍予以确定。需要说明的是，《解释》第2条第6项从撤单比例方面规定了"恍骗交易操纵"的"情节严重"的入罪标准，考虑到"恍骗交易操纵"仅是一个交易日的操纵，对市场的危害性有限，故《解释》没有规定"情节特别严重"的情形。

[①] 姜永义、陈学勇、朱宏伟：《〈关于办理操纵证券、期货市场刑事案件适用法律若干问题的解释〉的理解与适用》，载《人民法院报》2020年3月12日。

【人民司法案例】 唐某博等操纵证券市场案[①]

（四）关于"情节严重""情节特别严重"标准的认定

《最高人民法院、最高人民检察院关于办理操纵证券、期货市场刑事案件适用法律若干问题的解释》（以下简称《操纵证券市场解释》）第2条第6项、第7项规定了"恍骗交易"操纵的"情节严重"标准即入罪标准，对撤回申报占比、撤回申报金额、违法所得数额均做了明确规定；第4条第6项规定了"情节特别严重"标准，即违法所得数额在一千万元以上。需要指出的是，考虑到与其他操纵行为相比，"恍骗交易"操纵影响周期相对较短、力度相对较小、对市场的控制力相对较弱，《操纵证券市场解释》并未如同规定"连续交易"操纵、"约定交易"操纵、"洗售"操纵等，对"恍骗交易"操纵未规定独立的"情节特别严重"标准，故对"恍骗交易"操纵仅适用各类操纵证券市场行为共同的"情节特别严重"标准，即违法所得数额一千万元以上。

本案中，公诉机关指控三名被告人操纵证券市场情节特别严重。而三名被告人的辩护人均提出，本案操纵证券市场行为未达到情节特别严重程度，理由如下：相较于明示性操纵行为，虚假申报操纵行为对证券市场的影响具有间接性，且影响力度小、周期短，对市场的控制力较弱，实害性较低；涉案三只股票的撤单比例仅略超出追诉标准，涉案股票在具体操纵日与同期大盘指数偏离度较小，操纵日市场价量并未明显异常等。本案最终认定唐某博、唐园子操纵证券市场情节特别严重，唐渊琦操纵证券市场情节严重。主要依据是：

1. 被告人唐某博、唐某子共同操纵证券市场违法所得均超过一千万元，符合《操纵证券市场解释》第4条第6项规定的"情节特别严重"标准。本案中，唐某博作为共同操纵证券市场犯罪主犯，应对全案数额承担刑事责任，涉及违法所得金额2,580余万元；唐某子作为共同操纵证券市场犯罪从犯，应对其参与的操纵证券市场金额承担刑事责任，涉及违法所得金额1,790余万元，两名被告人的违法所得金额均已明显超过一千万元。

2. 对被告人唐某琦应认定为操纵证券市场情节严重。主要考虑是：其一，能够认定唐某琦的行为至少已达到操纵证券市场犯罪的"情节严重"入罪标准。在案证据证明，唐某琦明知唐某博存在虚假申报、撤单行为的情况下仍接受唐某博指令参与实施反向交易。《操纵证券市场解释》第2条第6项规定，实施"恍骗交易"操纵证券市场行为，当日累计撤回申报量达到同期该证券总申报量百分之五十以上，且证券撤回申报额在一千万元以上即为情节严重，构成犯罪。也就是说，只要实施了与虚假申报相反的交易或者谋取相关利益，即可构成"恍骗交易"操纵，对相反交易的数量、金额没有要求。其二，唐某琦本人既未出资也未实际获利，仅根据唐某博的指令多次操作反向交易，系从犯，应对其参与实施操作的反向交易违法所得承担刑事责任。而根据在案证据，无法查明唐某琦参与操作反向交易的具体次数与情况。显然，证据存疑时宜作出有利于被告人的认定，故不宜认定其构成情节特别严重。

[①] 李长坤：《恍骗交易操纵证券市场犯罪的构成要件》，载《人民司法·案例》2022年第8期。

【司法解释】

《最高人民法院、最高人民检察院关于办理操纵证券、期货市场刑事案件适用法律若干问题的解释》（2019年6月28日 法释〔2019〕9号）（节录）

第四条 具有下列情形之一的，应当认定为刑法第一百八十二条第一款规定的"情节特别严重"：

（一）持有或者实际控制证券的流通股份数量达到该证券的实际流通股份总量百分之十以上，实施刑法第一百八十二条第一款第一项操纵证券市场行为，连续十个交易日的累计成交量达到同期该证券总成交量百分之五十以上的；

（二）实施刑法第一百八十二条第一款第二项、第三项操纵证券市场行为，连续十个交易日的累计成交量达到同期该证券总成交量百分之五十以上的；

（三）实施本解释第一条第一项至第四项操纵证券市场行为，证券交易成交额在五千万元以上的；

（四）实施刑法第一百八十二条第一款第一项及本解释第一条第六项操纵期货市场行为，实际控制的账户合并持仓连续十个交易日的最高值超过期货交易所限仓标准的五倍，累计成交量达到同期该期货合约总成交量百分之五十以上，且期货交易占用保证金数额在二千五百万元以上的；

（五）实施刑法第一百八十二条第一款第二项、第三项及本解释第一条第一项、第二项操纵期货市场行为，实际控制的账户连续十个交易日的累计成交量达到同期该期货合约总成交量百分之五十以上，且期货交易占用保证金数额在二千五百万元以上的；

（六）实施操纵证券、期货市场行为，违法所得数额在一千万元以上的。

实施操纵证券、期货市场行为，违法所得数额在五百万元以上，并具有本解释第三条规定的七种情形之一的，应当认定为"情节特别严重"。

问题6. 自己实际控制账户的认定

【实务专论】[①]

（四）关于"自己实际控制的账户"的认定问题

实践中，行为人操纵证券、期货市场时，为规避监管，绝大多数不用自己名下的账户，而利用他人账户实施操纵行为，但行为人在被调查时往往拒不承认对他人账户的实际控制权。由于证券交易方式的网络化、电子化程度越来越高，技术定位越来越困难，对账户究竟由谁控制越来越难认定。结合实际，《最高人民法院、最高人民检察院关于办理操纵证券、期货市场刑事案件适用法律若干问题的解释》（以下简称《解释》）第5条规定了四种应当认定为行为人"自己实际控制的账户"的情形：第1项是行为人以自己名义开户并使用的实名账户，第2项是行为人向账户转入或者从账户转出资金，并承担实际损益的他人账户，第3项是行为人通过第1项、第2项以外的方式管理、支配或者使用的他人账户，第4项是行为人通过投资关系、协议等方式对账户内资产行使交易决策权的

[①] 姜永义、陈学勇、朱宏伟：《〈关于办理操纵证券、期货市场刑事案件适用法律若干问题的解释〉的理解与适用》，载《人民法院报》2020年3月12日。

他人账户。同时还规定了"自己实际控制的账户"的例外情形，即有证据证明行为人对第1至3项账户内资产没有交易决策权的除外。

在操纵案中，"对他人账户的控制"的核心是对他人账户交易行为具有决策权，即有了对他人账户交易行为的决策权，才能利用该账户对证券、期货实施操纵。由于现实中很难证明交易决策权的存在，故一般根据行为人对账户存在实际使用情形，认定行为人对该账户具有交易决策权。但实践中也存在少数情况，虽然行为人对一个账户存在实际使用，但其对该账户的交易确实没有决策权，而是根据其他人的意志进行交易，故将有证据证明行为人对该条第1至3项账户内资产没有交易决策权的排除在外。

需要说明的是，该条对"自己实际控制的账户"的解释，主要是为了解决司法实践中"对他人账户的控制"的认定问题。虽然"自己实际控制的账户"的规定仅出现在《刑法》第182条第1款第3项中，但实践中该条第1款全部4项规定中均存在"自己实际控制的账户"的问题，故对"自己实际控制的账户"所在条款，笼统表述为"刑法第一百八十二条中"，而不具体规定为"刑法第一百八十二条第一款第三项中"。

【人民司法案例】唐某博等操纵证券市场案[①]

[评析]

司法实践中，行为人为逃避监管，通常不会使用自己名下的账户实施操纵证券市场行为，且随着证券交易方式信息化、电子化程度越来越高，账户究竟由谁实际控制已经成为认定此类犯罪的难点。《最高人民法院、最高人民检察院关于办理操纵证券、期货市场刑事案件适用法律若干问题的解释》（以下简称《操纵证券市场解释》）第5条以行为人对账户内资产具有交易决策权作为"自己实际控制的账户"的认定依据，并规定了四种具体情形：一是行为人以自己名义开户并使用的实名账户，二是行为人向账户转入或者从账户转出资金，并承担实际损益的他人账户，三是行为人通过第一项、第二项以外的方式管理、支配或者使用的他人账户，四是行为人通过投资关系、协议等方式对账户内资产行使交易决策权的他人账户。同时，还规定了"自己实际控制的账户"的例外情形，即有证据证明行为人对第一项至第三项账户内资产没有交易决策权的除外。

本案中，公诉机关基于被告人唐某子开设了"王某珍"证券账户，故指控其实际控制该账户。法院经审理查明后认定，被告人唐某博才是"王某珍"账户的实际控制人，并对唐某子、唐某博两人控制账户组的违法所得数额做了重新认定。主要理由是：

1. "王某珍"证券账户资金往来情况证明唐某博实际控制该账户。资金转账记录、司法会计鉴定意见书及附件反映，"王某珍"账户的资金来源、去向均为唐某博实际控制的其他账户。"王某珍"账户资金主要源于"张有金"中国民生银行南京中央门支行账户，资金去向主要为"王桂华"中国民生银行南京中央门支行账户。同时，在案证据反映，"张某金"证券账户及银行卡、"王某华"证券账户及银行卡均系唐某博实际掌控。

2. "王某珍"证券账户操作的IP地址与唐某博的出行记录相吻合。在案证据反映，"王某珍"证券账户进行操作的IP地址，与涉案时间段内唐某博本人的相关出行记录高度吻合，与唐某子的出行记录并不一致。

3. 唐某博、唐某子的供述能够相互印证，证明"王某珍"账户内资金归属于唐某博，

[①] 李长坤：《恍骗交易操纵证券市场犯罪的构成要件》，载《人民司法·案例》2022年第8期。

唐某博拥有交易决策权。唐某博到案后的供述证明，"王某珍"账户系唐某子为其开设，账户内资金归属于唐某博，其曾委托唐某子操作过"华资实业"股票；唐某子到案后的供述也证明，其为唐某博开设好"王某珍"证券账户后即交给唐某博使用，账户内的资金属于唐某博，其根据唐某博的指令帮助操作过该账户。

【司法解释】

《最高人民法院、最高人民检察院关于办理操纵证券、期货市场刑事案件适用法律若干问题的解释》（2019年6月28日　法释〔2019〕9号）（节录）

第五条　下列账户应当认定为刑法第一百八十二条中规定的"自己实际控制的账户"：

（一）行为人以自己名义开户并使用的实名账户；
（二）行为人向账户转入或者从账户转出资金，并承担实际损益的他人账户；
（三）行为人通过第一项、第二项以外的方式管理、支配或者使用的他人账户；
（四）行为人通过投资关系、协议等方式对账户内资产行使交易决策权的他人账户；
（五）其他有证据证明行为人具有交易决策权的账户。

有证据证明行为人对前款第一项至第三项账户内资产没有交易决策权的除外。

问题7. 操纵证券、期货市场刑事案件犯罪数额的认定及刑事处罚

【实务专论】[①]

（五）关于犯罪数额认定和刑事处罚问题

1. 关于犯罪数额的认定问题

操纵证券、期货市场的相关交易数额或者违法所得数额是定罪量刑的依据，依法应当累计计算，但犯罪数额累计计算的前提条件是，单次操纵证券、期货市场行为必须是依法应予行政处理或者刑事处理而未经处理的。对于不构成犯罪但超过行政处罚时效期限，或者构成犯罪但超过追诉期限的，相关数额不应累计计算。据此，《最高人民法院、最高人民检察院关于办理操纵证券、期货市场刑事案件适用法律若干问题的解释》（以下简称《解释》）第6条规定，二次以上实施操纵证券、期货市场行为，依法应予行政处理或者刑事处理而未经处理的，相关交易数额或者违法所得数额累计计算。

2. 关于从宽处罚标准

为切实贯彻宽严相济的刑事政策，在加大对操纵证券、期货市场犯罪分子打击力度的同时，有必要依法对一些具有法定或者酌定从轻处罚情节的行为人予以从轻处罚。《解释》第7条参照相关司法解释的规定，明确了从轻处罚及"出罪"的情形。由于操纵证券、期货市场违法、犯罪案件的取证难度大，对于行为人如实供述犯罪事实，认罪悔罪，并积极配合调查，退缴违法所得的，依法可以从轻处罚，其中犯罪情节轻微的，可以依法不起诉或免予刑事处罚，目的是让一些罪行较轻、确有悔罪表现的行为人更好地回归社会，降低诉讼成本，取得好的办案效果。其中"犯罪情节轻微"，是指刚达入罪标准，

[①] 姜永义、陈学勇、朱宏伟：《〈关于办理操纵证券、期货市场刑事案件适用法律若干问题的解释〉的理解与适用》，载《人民法院报》2020年3月12日。

操纵行为对证券期货市场的危害不大，比如一次偶尔的操纵行为，虽然达到"情节严重"的比例标准或者交易成交额标准，但没有获利甚至亏本的，等等。

为更好地衔接和落实认罪认罚从宽制度，《解释》第7条第2款规定，对于符合刑事诉讼法规定的认罪认罚从宽适用范围和条件的，依照《刑事诉讼法》的规定处理。需要注意的是，该条第1款只适用于《解释》第2条、第3条规定的在操纵证券、期货市场罪第一档法定刑幅度定罪处罚的情形，不适用于第二档法定刑的情形。另外，对于因犯罪情节轻微而依法不起诉或者免予刑事处罚的，不影响对行为人的行政处理。

3. 关于单位犯罪的定罪处罚标准

根据《刑法》第182条第2款的规定，单位可以成为操纵证券、期货市场罪的主体。为加大对操纵证券、期货市场单位犯罪的惩治力度，《解释》第8条明确了单位操纵证券、期货市场的，适用自然人犯罪的定罪量刑标准，对于单位实施《刑法》第182条第1款行为的，依照本解释规定的定罪量刑标准，对其直接负责的主管人员和其他直接责任人员定罪处罚，并对单位判处罚金。

【人民司法案例】唐某博等操纵证券市场案[①]

[评析]

违法所得数额是"恍骗交易"操纵定罪量刑的主要依据。司法实践中，如何认定操纵证券市场违法所得标准并不统一，主要有以下两种做法：其一，实际成交差额规则，即将行为人建仓与平仓之间的交易差额作为证券交易违法所得。其二，市场吸收规则，即以操纵行为对股票价格已不存在明显影响作为时间节点，核定违法所得数额。[②] 但对于该时间节点的认定又存在多种做法，包括但不限于相关信息公开日、操纵行为终止日、首个涨停板打开日、行政调查终结日等。2007年《中国证券监督管理委员会证券市场操纵行为认定指引》第49条规定：违法所得的计算，应以操纵行为的发生为起点，以操纵行为终止、操纵影响消除、行政调查终结或其他适当时点为终点。

我们认为，对于案发前涉案股票已经抛售的，一般应以实际成交差额作为违法所得数额，如此既能客观明了地反映被告人的实际违法所得情况，也与社会公众的一般认知相符。当然，对于股票抛售前操纵行为对股票价格明显已不存在影响的，仍可考虑以操纵影响消除之日核定违法所得数额。从本案来看，指控的涉案违法所得数额，既包括已抛售股票的实际获利数额，也包括指控区间内部分未抛售股票的账面获利数额。而事实上该部分股票在指控区间后一周内均已抛售，难以认定操纵影响已经消除，故理应以全案实际成交差额认定违法所得数额，检察机关对本案违法所得的认定方法不尽妥当。同时，鉴于之后抛售部分所涉实际成交差额略高于该部分指控违法所得数额，基于不告不理原则，故法院判决时仍认定全案违法所得数额为指控的2,580余万元，仅对该情节在判处罚金时予以考虑。

---

① 李长坤：《恍骗交易操纵证券市场犯罪的构成要件》，载《人民司法·案例》2022年第8期。
② 刘宪权：《内幕交易违法所得司法判断规则研究》，载《中国法学》2015年第6期。

【司法解释】

《最高人民法院、最高人民检察院关于办理操纵证券、期货市场刑事案件适用法律若干问题的解释》（2019年6月28日 法释〔2019〕9号）（节录）

第六条 二次以上实施操纵证券、期货市场行为，依法应予行政处理或者刑事处理而未经处理的，相关交易数额或者违法所得数额累计计算。

第七条 符合本解释第二条、第三条规定的标准，行为人如实供述犯罪事实，认罪悔罪，并积极配合调查，退缴违法所得的，可以从轻处罚；其中犯罪情节轻微的，可以依法不起诉或者免予刑事处罚。

符合刑事诉讼法规定的认罪认罚从宽适用范围和条件的，依照刑事诉讼法的规定处理。

第八条 单位实施刑法第一百八十二条第一款行为的，依照本解释规定的定罪量刑标准，对其直接负责的主管人员和其他直接责任人员定罪处罚，并对单位判处罚金。

第九条 本解释所称"违法所得"，是指通过操纵证券、期货市场所获利益或者避免的损失。

本解释所称"连续十个交易日"，是指证券、期货市场开市交易的连续十个交易日，并非指行为人连续交易的十个交易日。

问题8. 操纵新三板市场的认定

【实务专论】[①]

（六）关于操纵"新三板"市场的认定问题

目前我国证券市场包括主板、中小板、创业板和"新三板"（全国中小企业股份转让系统），以及新设立的科创板。"新三板"市场与主板市场的主要区别是公司入市的程序和资质不同，但对证券交易的诚信原则、公开公正公平交易原则、稳定有序的市场秩序的要求都是相同的，故对于新三板市场中的违法犯罪行为理应坚持相同的惩罚原则。操纵主板、中小板、创业板、"新三板"、科创板证券，构成操纵证券市场犯罪的，依照《最高人民法院、最高人民检察院关于办理操纵证券、期货市场刑事案件适用法律若干问题的解释》（以下简称《解释》）的规定定罪处罚。但对操纵"新三板"证券市场行为，考虑到目前"新三板"证券市场对合格投资者适当性有较高要求，市场流动性不高，特别是在一些交易稀少的证券中，一些轻微的操纵行为就可能达到本解释所规定的相关交易行为所占比例的入罪标准。据此，《解释》第10条规定对操纵"新三板"证券市场行为，比照本解释的规定执行，不适用本解释第2条第1、2项和第4条第1、2项有关比例标准，所参考的主要是行为类型、违法所得、交易金额等，相关交易行为所占比例的标准在适用时应当排除适用，确保准确惩治操纵"新三板"证券市场犯罪。

[①] 姜永义、陈学勇、朱宏伟：《〈关于办理操纵证券、期货市场刑事案件适用法律若干问题的解释〉的理解与适用》，载《人民法院报》2020年3月12日，第5版。

【司法解释】

《最高人民法院、最高人民检察院关于办理操纵证券、期货市场刑事案件适用法律若干问题的解释》（2019年6月27日　法释〔2019〕9号）（节录）

第十条　对于在全国中小企业股份转让系统中实施操纵证券市场行为，社会危害性大，严重破坏公平公正的市场秩序的，比照本解释的规定执行，但本解释第二条第一项、第二项和第四条第一项、第二项除外。

第十章
违法发放贷款罪

第一节 违法发放贷款罪概述

一、违法发放贷款罪概念及构成要件

违法发放贷款罪，是指银行等金融机构或其工作人员违反国家规定发放贷款，数额巨大或者造成重大损失的行为。1995年6月30日《全国人民代表大会常务委员会关于惩治破坏金融秩序犯罪的决定》第9条首先规定本罪，后吸收规定为1997年《刑法》第186条。根据贷款人是否为金融机构工作人员的关系人区分定性为"违法向关系人发放贷款罪"和"违法发放贷款罪"，前者以"造成较大损失"为要件，后者以"造成重大损失"为要件。鉴于司法实践中对于如何认定违法发放贷款造成的损失较为困难，且此类行为只要涉及资金数额巨大就有必要追究刑事责任，故2006年6月29日《刑法修正案（六）》第13条将前述两个罪名统一调整为"违法发放贷款罪"，并对本罪的定罪量刑标准进行了修改。

本罪的构成要件如下：（1）本罪侵犯的客体是国家对金融机构贷款活动的管理制度。（2）本罪的客观方面表现为违反有关贷款的法律、行政法规，向他人发放贷款，数额巨大或者造成重大损失的行为。需要注意的是，违法发放贷款，只要具备了数额巨大或者造成重大损失其中一项结果性要件，就可以构成本罪。（3）本罪的主体为特殊主体，即具有从事贷款业务资质的银行或者其他金融机构及其工作人员。这里的"银行"，包括各商业银行以及其他在我国境内设立的合资、外资银行。这里的"其他金融机构"是指除银行以外的其他经营保险、信托投资、证券、外汇、期货、融资租赁等金融业务的机构。（4）本罪的主观方面应当区分情形分析。实践中，对于违法发放贷款，数额巨大的情形，主观上通常表现为故意；但对于因违法发放贷款而造成重大损失的情形，主观心态一般出自过失。根据《刑法》第186条的规定，银行或者其他金融机构的工作人员违反国家规定发放贷款，数额巨大或者造成重大损失的，处五年以下有期徒刑或者拘役，并处1万元以上10万元以下罚金；数额特别巨大或者造成特别重大损失的，处5年以上有期徒刑，

并处 2 万元以上 20 元以下罚金。银行或者其他金融机构的工作人员违反国家规定，向关系人发放贷款的，依照前款的规定从重处罚。关系人的范围，依照《中华人民共和国商业银行法》和有关金融法规确定。①

二、违法发放贷款刑事案件的审理情况

通过中国裁判文书网检索，2017 年至 2021 年，全国法院审结一审违法发放贷款刑事案件共计 831 件，其中 2017 年 206 件，2018 年 189 件，2019 年 196 件，2020 年 205 件，2021 年 35 件。

结合司法实践，此类案件主要呈现出以下特点：（1）犯罪社会危害性大。违法发放贷款案件在金融犯罪案件占有一定比例。由于此类案件的犯罪主体具有特殊性，相较其他贷款类犯罪案件而言，社会影响更为恶劣，对金融管理秩序的危害亦不容小觑。（2）犯罪原因具有多样性。有的案件系因规章制度存在漏洞，导致金融机构或其工作人员出现违规、违法操作；也有的案件系行为人接受关系人或其他人员的请托，违法发放贷款；还有的案件系因金融机构或其工作人员在审核发放贷款过程中玩忽职守或为了完成工作业绩导致。（3）违法发放贷款犯罪往往与其他犯罪交织在一起。由于银行等金融机构及其工作人员具有相应的职权便利，一些不具备申请贷款条件的人员有时会通过行贿等方式获取贷款；还有部分案件与骗取贷款罪、贷款诈骗罪等案件交织在一起，严重扰乱金融秩序。

三、违法发放贷款刑事案件审理热点、难点问题

一是内外勾结型案件的性质认定。如在涉及违法发放贷款以及骗取贷款（或贷款诈骗）案件中，金融机构工作人员明知贷款人使用虚假证明文件骗取银行贷款，仍予以发放的，应当如何认定金融机构工作人员及贷款人的罪责。实践中，有认定金融机构工作人员构成违法发放贷款罪、贷款人构成骗取贷款罪（或贷款诈骗罪）的；也有认定二者构成骗取贷款罪（或贷款诈骗罪）共犯的；在贷款诈骗案件中，还有认定二者构成职务侵占共犯的情形。

二是收受贿赂并违法发放贷款行为的罪数形态认定。对于金融机构作人员收受他人贿赂，并违法发放贷款的罪数形态问题，法律并未作出明确规定，实践中的处理也不一致。有判决认为，前述情形构成牵连犯，故对行为人从一重罪处罚；也有判决以违法发放贷款罪和非国家工作人员受贿罪（或受贿罪）对行为人数罪并罚。

三是犯罪数额的认定。（1）关于法定刑升格要件即数额特别巨大或者造成特别重大损失的认定，实践中各地方法院的参照标准并不一致。2001 年《全国法院审理金融犯罪案件工作座谈会纪要》② 曾明确，"向关系人以外的其他人发放贷款……造成 300—500 万元以上损失的，可以认定为'造成特别重大损失'"。该规定颁布于《刑法修正案（六）》

---

① 根据《商业银行法》的规定，商业银行的关系人是指：（1）商业银行的董事、监事、管理人员、信贷业务人员及其近亲属；（2）前项所列人员投资或者担任高级管理职务的公司、企业和其他经济组织。

② 2001 年《全国法院审理金融犯罪案件工作座谈会纪要》规定，关于违法向关系人发放贷款罪。银行或者其他金融机构工作人员违反法律、行政法规规定，向关系人发放信用贷款或者发放担保贷款的条件优于其他借款人同类贷款条件，造成 10～30 万元以上损失的，可以认定为"造成较大损失"；造成 50～100 万元以上损失的，可以认定为"造成重大损失"。关于违法发放贷款罪。银行或者其他金融机构工作人员违反法律、行政法规规定，向关系人以外的其他人发放贷款，造成 50～100 万元以上损失的，可以认定为"造成重大损失"；造成 300～500 万元以上损失的，可以认定为"造成特别重大损失"。

对"违法发放贷款罪"及"违法向关系人发放贷款"修订前,能否继续参照适用存有争议。(2) 特殊情形下造成直接经济损失的计算。如贷款利息转化为本金时、相关抵押物被查扣暂未处理、贷新还旧等情形下,如何计算损失数额存有争议。

四、违法发放贷款刑事案件的审理思路及原则

一是注重审查行为人在发放贷款过程中是否违反国家规定。根据法秩序统一性原理,行为人发放贷款的行为必须首先具备行政违法性,才有判断是否具有刑事违法性的必要。因此,在办理此类案件时,首先应当确定行为人违反了哪些与发放贷款相关的国家规定。这里的国家规定主要是指违反有关贷款的法律、行政法规,如《商业银行法》《银行管理暂行条例》《借款合同条例》等。需要注意的是,金融活动种类繁多,情况复杂,而有时法律法规的相关内容又较为原则,此时认定行为人是否违反法律法规,还应当结合对原则性规定具体化和落实化的规章及各银行的业务规则加以确定。

二是对于内外勾结型案件,应当重点审查行为人与贷款人的共谋情况及犯意联络,并区分情形合理定性。对于行为人与贷款人事先共谋通过提供虚假证明资料、虚假担保等方式骗取贷款的,其行为既符合违法发放贷款罪的构成要件,又符合骗取贷款罪共犯情形,此时一般应当根据竞合犯罪的处理原则,从一重罪以违法发放贷款罪定罪处理。当时,如果考虑到双方的犯意联络情况以及主观目的等,认定构成骗取贷款罪共犯更能反映行为本质的,也可以骗取贷款罪定罪处罚。此外,如果能够认定双方具有非法占有目的的,则有必要以贷款诈骗或贪污、职务侵占等犯罪处理。

三是准确计算因违法发放贷款造成的损失数额。(1) 注意把握损失计算的时间节点,一般应以侦查机关立案时作为计算损失数额的时间节点。贷款人在立案侦查后返还部分或全部违法发放的贷款及利息的,不应从损失数额中扣除,但可以作为量刑情节考虑。同时,立案侦查时贷款尚未到期的,一般不能认定为直接经济损失,只有在证据明确不能追回的情况下才能认定。(2) 注意在认定损失数额中扣除相应数额。针对贷款利息转化为本金、存有相关真实抵押等情形下,一般应当扣除相应的利息数额、抵押物价值等。

第二节 违法发放贷款罪审判依据

1995 年 6 月 30 日《全国人民代表大会常务委员会关于惩治破坏金融秩序犯罪的决定》第 9 条首先规定本罪,后吸收规定至 1997 年《刑法》第 186 条,《最高人民法院关于执行〈中华人民共和国刑法〉确定罪名的规定》规定了 2 个罪名,分别为"违法向关系人发放贷款罪"和"违法发放贷款罪"。2006 年 6 月 29 日《刑法修正案(六)》第 13 条将前述两个罪名统一调整为"违法发放贷款罪",并对定罪量刑标准作了修改。2022 年 4 月 6 日公布的《最高人民检察院、公安部关于公安机关管辖的刑事案件立案追诉标准的规定(二)》对该罪的立案追诉标准予以细化规定。

一、法律

《中华人民共和国刑法》（1979年7月1日第五届全国人民代表大会第二次会议通过 1997年3月14日第八届全国人民代表大会第五次会议修订 1997年3月14日中华人民共和国主席令第83号公布 根据历次修正案和修改决定修正）（节录）

第一百八十六条 银行或者其他金融机构的工作人员违反国家规定发放贷款，数额巨大或者造成重大损失的，处五年以下有期徒刑或者拘役，并处一万元以上十万元以下罚金；数额特别巨大或者造成特别重大损失的，处五年以上有期徒刑，并处二万元以上二十万元以下罚金。

银行或者其他金融机构的工作人员违反国家规定，向关系人发放贷款的，依照前款的规定从重处罚。

单位犯前两款罪的，对单位判处罚金，并对其直接负责的主管人员和其他直接责任人员，依照前两款的规定处罚。

关系人的范围，依照《中华人民共和国商业银行法》和有关金融法规[①]确定。

二、刑事政策文件

1. **《最高人民检察院、公安部关于公安机关管辖的刑事案件立案追诉标准的规定（二）》**（2022年4月6日 公通字〔2022〕12号）

第三十七条〔违法发放贷款案（刑法第一百八十六条）〕银行或者其他金融机构及其工作人员违反国家规定发放贷款，涉嫌下列情形之一的，应予立案追诉：

（一）违法发放贷款，数额在二百万元以上的；

（二）违法发放贷款，造成直接经济损失数额在五十万元以上的。

2. **《最高人民法院刑事审判第二庭关于对银行工作人员违规票据贴现行为如何适用法律问题的函》**（2006年7月5日 〔2006〕刑二函字第42号）（节录）

根据我国法律规定，票据贴现属于贷款的一种类型。违规票据贴现行为是否构成违法发放贷款罪，应当根据案件事实和刑法规定综合评判加以认定。

3. **《公安部经济犯罪侦查局关于以信用卡透支协议的形式进行借款可否视为贷款问题的批复》**（2001年9月7日 公经〔2001〕1021号）（节录）

根据中国人民银行《信用卡业务管理办法》[②] 的规定，信用卡只能在规定的限额内透支。信用卡超限额透支的金额，属于贷款性质。若该行为造成了重大损失，符合违法发放贷款罪的构成要件，则构成违法发放贷款罪。

---

① 根据2015年修正后的《中华人民共和国商业银行法》第40条的规定，商业银行不得向关系人发放信用贷款；向关系人发放担保贷款的条件不得优于其他借款人同类贷款的条件。前款所称关系人是指：（1）商业银行的董事、监事、管理人员、信贷业务人员及其近亲属；（2）前款所列人员投资或者担任高级管理职务的公司、企业和其他经济组织。

② 本办法已被《中国人民银行关于下发〈银行卡业务管理办法〉的通知》废止。

4. **《公安部经济犯罪侦查局关于对违法发放贷款案件中损失认定问题的批复》**（2007年7月27日 公经〔2007〕1458号）（节录）

在案件侦办过程中，如有证据证明犯罪嫌疑人实施了违法、违规发放贷款的行为，只要发生贷款已无法收回的情况且达到追诉标准的，就应视为《刑法》第一百八十六条所规定的造成损失。案中提及的未到期贷款及其利息，如确定不能追回，应视为犯罪损失。

第三节 违法发放贷款罪审判实践中的疑难新型问题

问题1. 违法发放贷款罪与非罪的区分认定

【实务专论】[①]

（一）违法发放贷款罪与非罪的界定

根据《刑法》第186条第2款的规定，构成违法发放贷款罪，必须具备两个最基本的条件：一是行为人实施了违法向其他人发放贷款的行为，二是数额巨大或者造成了重大损失。在前一条件中，对违反法律、行政法规规定，行为人是故意的心态；在后一条件中一般属于过失的心态，少数可能是间接故意。所谓违反法律、行政法规规定，一般可分为三种情况：一是行为人在发放贷款过程中，故意违反了国家颁布的法律规定。如根据《商业银行法》的规定，贷款人申请担保贷款必须提供担保人或担保物，但行为人违反法律规定，未要求贷款人提供担保而发放了贷款。二是行为人在发放贷款过程中，违反了国务院和其他行政机关颁布的行政法规和规章。三是行为人在发放贷款过程中，违反了银行或其他金融机构制定的有关借贷的规章制度。如根据银行或其他金融机构的贷款制度规定，行为人无权发放贷款或无权发放超过一定数额的贷款，而行为人故意违反规定，越权发放贷款等。

对违反法律、行政法规规定，行为人是故意的，但不等于发放贷款的行为和造成重大损失都是故意的，发放贷款的行为有的出于滥用职权，有的出于玩忽职守，出于玩忽职守的行为就一般属于过失的心态。在本罪中，行为人虽然明知自己发放贷款的行为违法，但其并不希望贷款后无法收回贷款，造成重大损失。如果行为人希望重大损失的发生，则不构成本罪，而是其他犯罪。因此，本罪既不完全是故意犯罪，也不完全是过失犯罪，而是一种故意与过失相结合的犯罪（行为可能是故意，对结果的心理状态则是过失）。这也是新类型犯罪中一种新的罪过表现形式。

违法发放贷款罪要求上述两个条件必须同时具备，因此，下列四种情况一般不构成此罪：

（1）行为人虽有违法发放贷款的行为，但未造成损失的。如果行为人在发放担保贷款时，违反法律规定，在应当提供担保的贷款人没有提供担保的情况下发放了贷款，但

[①] 赵志华、鲜铁可、陈结淼：《金融犯罪的定罪与量刑》，人民法院出版社2008年版。

事后贷款已按期如数收回,没有造成损失,对这种情况就不能按犯罪论处,对行为人违法发放贷款的行为应以违规违纪处理。

(2) 行为人在发放贷款时,没有违反法律和行政法规规定,而是由于其他原因造成了重大损失的。如某贷款人在使用贷款后,由于意外事件,无法归还贷款,给银行造成了重大损失。在这种情况下,造成重大损失的后果是客观存在的,但行为人在发放贷款时没有违法,因此也不能以犯罪论处。

(3) 行为人有违法发放贷款的行为,也造成了一定的损失,但未达到重大损失的程度,不能以犯罪论处。根据罪刑法定原则,刑法规定违法发放贷款罪必须是造成重大损失的才构成犯罪。因此,未达到重大损失的程度,就不构成犯罪,不能予以定罪处罚,只能由单位或主管部门予以行政处罚。

(4) 行为人违法发放贷款,也造成了重大损失,但该重大损失与违法发放贷款行为之间无因果关系时,也宜按非罪处理。

问题2. "违法性"的认定

【实务专论】[1]

行为人必须实施了违反国家规定发放贷款的行为。这里所说的"违反国家规定"主要是指违反有关贷款的法律、行政法规,如商业银行法、银行管理暂行条例、借款合同条例等。关于发放贷款,商业银行法规定:商业银行贷款,应当对借款人的借款用途、偿还能力、还款方式等情况进行严格审查。商业银行贷款,应当实行审贷分离、分级审批的制度。商业银行贷款,借款人应当提供担保。商业银行应当对保证人的偿还能力,抵押物、质权的权属和价值以及实现抵押权、质权的可行性进行严格审查。经商业银行审查、评估,确认借款人资信良好,确能偿还贷款的,可以不提供担保。商业银行贷款,应当与借款人订立书面合同。合同应当约定贷款种类、借款用途、金额、利率、还款期限、还款方式、违约责任和双方认为需要约定的其他事项。

【中国审判案例要览案例】祝某华等违法发放贷款、受贿案[2]

[裁判要旨]

违反法律、行政法规发放贷款造成重大损失的行为为犯罪,这里的法律是指全国人大及其常委会制定的规范性文件,行政法规是指国务院根据宪法和法律制定的规范性文件。但是,法律法规只作一些原则性的规定,司法实践中认定行为人是否违反、究竟如何违反法律法规,往往需要结合对上述原则性规定具体化和落实化的规章及各银行的业务规则加以确定,这些规章尽管在位阶上与《刑法》第九十六条之"国家规定"规定主体不完全符合,但作为上位法的具体操作规范,在上位法明确规定的情况下,这些规定只要与上位法不存在规定内容上的冲突,其本身即应视为上位法的有机组成部分。

---

[1] 全国人大常委会法制工作委员会刑法室编著:《中华人民共和国刑法解读》,中国法制出版社2015年版。
[2] 一审:江苏省扬州市广陵区人民法院(2002)广刑初字第267号刑事判决书。二审:江苏省扬州市中级人民法院(2003)扬刑终字第12号刑事判决书。

[基本案情]

（一）祝某华违法发放贷款部分

1999年初，被告人祝某华、高某荣结识唐某（唐某东）、郭某惟（均另行处理），同年2月初，唐某帮中国工商银行扬州市分行营业部（以下简称"工行营业部"）吸储3000万元。1999年3月，唐某、郭某惟以同丰大酒店的土地使用权为抵押，向工行营业部提出贷款1150万元的贷款申请，1999年3月4日，工行营业部在明知抵押物价值不足，贷、用不一，即实际使用人为承包物资交易市场的唐某、郭某惟，而以同丰大酒店的土地使用权作为抵押的情况下，向同丰大酒店发放贷款1150万元。同年5月，唐某、郭某惟陆续将贷款汇入同丰大酒店账户还贷。还款后，唐某、郭某惟等人又向工行营业部提出同丰大酒店还要贷款供物资交易市场经营使用的申请，同年5月21日，被告人祝某华（时任营业部副总经理，主持营业部工作）在明知贷用不一，抵押物不足的情况下，再次授意高某荣等人为同丰大酒店办理1200万元的贷款审批手续，造成该笔贷款至今未能清偿。

（二）高某荣违法发放贷款部分

2000年初，扬州物资交易市场提出以车辆抵押向工行营业部申请贷款，经办人孙殿平声称有15辆挖掘机、总价值2250万元可供抵押。被告人高某荣作为第一调查人未履行岗位职责，在未到现场查看抵押实物的情况下，仅凭孙某平等人提供的车辆发票（后证实为假发票）等材料即认为抵押有效，在借款审批表调查人一栏签字。经审批后，工行营业部于同年2月至3月，陆续向物资交易市场发放贷款计1570万元，到期后该笔贷款至今未清偿。贷款发放后，被告人高某荣查看现场发现挖掘机仅到位6辆，经估价，6辆挖掘机价值人民币90万元。

（三）祝某华受贿部分

1999年5月至12月间，被告人祝某华利用担任"工行营业部"主持工作的副总经理的职务之便，收受贷款单位贿赂的现金购物卡、手机等物，计价值人民币20000余元。2000年7月间，被告人祝某华如实供述司法机关尚未掌握的受贿犯罪事实。

（四）高某荣受贿部分

1997年至2000年间，被告人高某荣利用担任"工行营业部"信贷员的职务之便，收受贷款单位贿赂的现金、实物，总计价值达人民币18000余元。2000年7月间，高某荣如实供述司法机关尚未掌握的受贿犯罪事实。

[法院认为]

扬州市广陵区人民法院认为：被告人祝某华作为工行营业部直接负责的主管人员，违反法律、行政法规规定，明知贷用不一、抵押物不足，仍滥用职权，授意下属发放1200万元贷款，造成特别重大损失，其行为已构成违法发放贷款罪。被告人高某荣作为信贷员，违反法律、行政法规规定，在贷前调查环节，未履行个人岗位职责，玩忽职守，未到现场查看抵押物而在贷款审批表调查人栏签字，使营业部在不知晓抵押物真实状况的情况下误以为抵押物已实际到位而同意发放，造成特别重大损失，其行为已构成违法发放贷款罪。被告人祝某华、高某荣作为国家工作人员利用职务之便，非法收受他人财物，为他人谋利，其行为均已构成受贿罪，被告人祝某华、高某荣如实供述司法机关尚未掌握的受贿犯罪事实，对受贿罪部分以自首论。被告人祝某华检举他人犯罪事实，经查证属实，具有立功表现，依法可从轻处罚。被告人祝某华、高某荣犯数罪，应予数罪并罚。据此，作出如下判决：一、祝某华犯违法发放贷款罪，判处有期徒刑五年，并处罚金人民币五万元；犯受贿罪，判处有期徒刑一年；决定执行有期徒刑五年零六个月，并处罚金人民币五万元。二、高某荣犯违法发放贷款罪，判处有期徒刑八年，并处罚金人民币八万元；犯受贿罪，判处有期徒刑一年；决定执行有期徒刑八年零六个月，并处罚金人民币八万元。

一审判决后，两名被告人提出上诉。扬州市中级人民法院经审理查明的事实和证据，以及关于祝某华、高某荣的行为定性均与原审相同。同时，因祝某华在二审审理期间检举他人犯罪的线索，经公安部门查证属实，具有立功表现，依法可从轻或减轻处罚。

[裁判结果]

综上，扬州市中级人民法院作出如下判决：

一、维持扬州市广陵区人民法院（2002）广刑初字第267号刑事判决的第二项，即被告人高某荣犯违法发放贷款罪，判处有期徒刑八年，并处罚金人民币八万元；犯受贿罪，判处有期徒刑一年，决定执行有期徒刑八年零八个月，并处罚金人民币八万元。

二、上诉人（原审被告人）祝某华犯违法发放贷款罪，判处有期徒刑四年零六个月，并处罚金人民币五万元；犯受贿罪，判处有期徒刑六个月，合并决定执行有期徒刑四年零六个月，并处罚金人民币五万元。

[简要分析]

（一）如何认定违法发放贷款行为的违法性

《刑法》第186条第2款规定，违反法律、行政法规发放贷款造成重大损失的行为为犯罪，这里的法律是指全国人大及其常委会制定的规范性文件，行政法规是指国务院根据宪法和法律制定的规范性文件，之所以如此规定就是考虑刑罚的严厉性，防止一些违反规章或者各金融机构内部规定的一般违法行为被作为犯罪处理。但是应当注意的是，金融活动种类繁多，情况复杂，法律法规只作一些原则性的规定，司法实践中认定行为人是否违反、究竟如何违反法律法规，往往需要结合对上述原则性规定具体化和落实化的规章及各银行的业务规则加以确定，如对于借款人的资信、用途、还款能力如何审查应结合各银行的操作规程。综观本案，两行为人的行为违反了《商业银行法》第35条、第36条、第59条、《担保法》[①]第34条、第35条、第36条、第42条，以及《最高人民法院关于适用〈中华人民共和国担保法〉若干问题的解释》[②]第60条、《城镇国有土地使用权出让和转让暂行条例》第33条、第35条、第45条之规定，同时，从实际操作层面考查，行为人办理商业贷款中所直接依据《贷款通则》《工行操作规程》《工行审贷分离实施办法》的有关规定，尽管在规章位阶上与《刑法》第96条之"国家规定"规定主体不完全符合，但作为上位法商业银行法的具体操作规范，在上位法明确规定的情况下，这些规定只要与上位法不存在规定内容上的冲突，其本身即应视为上位法的有机组成部分，因而本案中行为人的行为是符合违法性要件的。

---

① 本法已被2021年1月1日起施行的《民法典》废止。
② 本解释已失效。

问题3. 违法发放贷款造成损失及违法所得的认定

【中国审判案例要览案例】如何认定行为人违法发放贷款的行为是否造成损失及如何计算损失——祝某华等违法发放贷款、受贿案[①]

行为人违法发放贷款的行为是否造成重大损失及损失的数额直接关系到罪与非罪的界限,而何为重大损失、何为特别重大损失,有赖于司法解释予以明确。应当注意的是,所谓损失是指经济上的损失而非法律上的损失,应包括行为人违法发放贷款的本金、利息及为追回贷款支出的合理费用。因我国的破产制度不完善,一味强调以银行呆账贷款主要是破产清算为认定损失的标准不具有实际操作性,应把金融机构到期有无收回贷款本息作为认定损失的主要标准。另外,关于追回损失的扣减问题,笔者认为:侦查机关在立案侦查后提起公诉前追回的经济损失在认定行为人所造成的经济损失时不应予以扣减,但行为人主动挽回或者积极挽回的经济损失或行为人所在单位、上级主管部门通过民事诉讼途径挽回的经济损失,在处理时一般应当予以扣减。人民法院在审判阶段挽回的经济损失,在认定犯罪造成的损失时不予扣减,但可作为量刑的酌定情节。

【人民司法案例】行为人违法发放贷款构成犯罪,发放贷款的金融机构从中收取的法定范围内的贷款利息不是非法所得——毛某、廖某、岳阳市云溪区农村信用合作社联合社违法发放贷款案[②]

[裁判要旨]

行为人违法发放贷款构成犯罪,发放贷款的金融机构从中收取的法定范围内的贷款利息不是非法所得。

[案情]

湖南省岳阳市云溪区人民检察院指控:2005年8月2日及3日,张某以云溪武钢综合码头的名义,先后两次在被告单位云溪信用联社办理临时贷款800万元和400万元,被告人毛某、廖某在张某未提供担保和抵押手续的情况下,违规为其办理了相关手续。贷款到期后通过采取诉讼等手段后尚余8261389.49元未追回。该院认为被告单位云溪信用联社、被告人毛某、廖某犯违法发放贷款罪,向湖南省岳阳市云溪区人民法院提起公诉。

被告单位云溪信用联社和被告人毛某、廖某对公诉机关指控的事实均无异议,未提出辩解意见。

被告单位云溪信用联社的辩护人认为,本案是否造成损失尚未确定,被告单位云溪信用联社收取利息合法而不是非法所得,被告人毛某、廖某的行为是个人行为,故被告单位云溪信用联社不构成犯罪,应宣告被告单位云溪信用联社无罪。

被告人毛某的辩护人认为:本案的实际重大损失结果尚未确定,应宣告被告人毛某无罪;被告人毛某有自首情节,且认罪态度好,请求法院对其减轻处罚。

被告人廖某的辩护人认为:被告人廖某有违法发放贷款的行为,但不构成犯罪;被告人廖某有自首情节,且应为从犯,依法应减轻处罚。

[①] 一审:江苏省扬州市广陵区人民法院(2002)广刑初字第267号刑事判决书。二审:江苏省扬州市中级人民法院(2003)扬刑终字第12号刑事判决书。

[②] 李清刚:《单位违法发放贷款罪的构成及涉案贷款利息的定性》,载《人民司法·案例》2017年第10期。

[审判]

湖南省岳阳市云溪区人民法院经审理查明：

被告单位云溪信用联社是1999年6月成立的从事金融服务的集体所有制法人单位。云溪信用联社《信贷管理办法》及其他有关制度明确规定，200万元以上的贷款先由云溪信用联社营业部进行调查并签署意见后报云溪信用联社贷款审批领导小组，云溪信用联社贷款审批领导小组审查同意后报其上级岳阳市信用联社审批，岳阳市信用联社审查同意并依法办理贷款担保手续后才可放贷。

2005年4月，岳阳市云溪区武钢综合码头（以下简称武钢码头）经理张某以武钢码头设备抵押向云溪信用联社申请贷款800万元，云溪信用联社调查、审查同意后报岳阳市信用联社，后因岳阳市信用联社不同意发放此笔贷款而未放贷。同年7月8日，张某向毛某提出要求贷款600万元，毛某同意后，张某未办理担保手续，通过廖某贷款600万元，约定同月26日到期，廖某在借据上签字同意贷款600万元。7月18日，张某又以同样的方式先后找毛某、廖某要求贷款220万元，廖某与毛某联系后，未办理担保手续即给张某贷款220万元，约定同月27日到期。贷款到期，张某没有还贷。

与此同时，张某于2005年7月12、18日在岳阳市岳阳楼区农村信用合作社联合社（以下简称楼区信用联社）城郊信用社贷款共计5000万元，到期无法还款。7月29日，楼区信用联社负责人请求毛某为张贷款5000万元周转一下，并保证于8月2日还款。毛某同意为张某贷款5000万元，但要求楼区信用联社打回800万元还张某7月份在云溪信用联社的贷款。谈妥后，云溪信用联社向武钢码头贷款5000万元汇付到楼区信用联社城郊信用社账上还张某在该社的贷款。楼区信用联社城郊信用社在借据上盖章担保，并从5000万元贷款中划出800万元到云溪信用联社营业部账上还张某的贷款。张某另还清了剩余的20万元本金和利息。至此，张某7月份在云溪信用联社的820万元贷款还清。

2005年8月2日，楼区信用联社城郊信用社将4200万元打回云溪信用联社营业部账上，还了张某于同年7月29日以武钢码头名义贷款5000万元中的一部分，武钢码头尚欠云溪信用联社贷款本金800万元。为了填补差额，经毛某、廖某同意，张某未办理担保手续，以武钢码头名义立据再贷款800万元，约定8月31日到期，用于还清上述贷款。

2005年8月3日，张某再次找到毛某，要求以武钢码头的名义再办临时贷款400万元。毛某同意后，没有办理担保手续，廖某即向张某发放贷款400万元，约定8月18日到期。张某将此款转至楼区信用联社城郊信用社归还了在该社的贷款。2005年9月6日，张某因无力偿还巨额贷款而潜逃，后被抓获归案。同月9日，毛某、廖某等向岳阳市信用联社汇报了上述情况，并于第二天又以云溪信用联社的名义作了书面汇报。15日，毛某、廖某在接受岳阳市云溪区纪委调查时交代了给张某贷款1200万元的事实。2005年8月31日至9月12日，云溪信用联社收取武钢码头1200万元贷款利息共136640元。案发后，云溪信用联社通过民事诉讼和其他手段，追回贷款本金3738610.51元，武钢码头尚欠云溪信用联社贷款本金8261389.49元。

湖南省岳阳市云溪区人民法院认为：被告人毛某、廖某身为金融机构的工作人员，违反《贷款通则》及《商业银行法》的有关规定，越级向关系人以外的人发放贷款，且造成了特别重大损失，其行为已构成了违法发放贷款罪；被告人毛某、廖某的行为是以被告单位云溪信用联社的名义实施，非法所得的利息亦归该单位所有，故被告单位云溪信用联社亦构成了违法发放贷款罪。被告人毛某、廖某有自首情节，且认罪态度较好；

被告人廖某在共同犯罪中起次要作用，对被告人毛某、廖某可依法减轻处罚。根据被告人毛某、廖某的犯罪情节和悔罪表现，适用缓刑不致再危害社会，可宣告缓刑。依照《中华人民共和国刑法》第186条第2、3、4款，第30条，第31条，第25条第1款，第27条，第67条第1款，第72条，第73条第2、3款，《最高人民法院关于处理自首和立功具体应用法律若干问题的解释》第1条之规定，于2006年9月27日作出判决：以违法发放贷款罪，判处被告单位岳阳市云溪区农村信用合作社联合社罚金人民币十五万元；判处被告人毛某有期徒刑三年，缓刑五年，并处罚金人民币五万元；判处被告人廖某有期徒刑二年，缓刑三年，并处罚金人民币四万元。

一审宣判后，被告人毛某、廖某服判；被告单位云溪信用联社不服，向湖南省岳阳市中级人民法院提出上诉。云溪信用联社上诉称：原审判决认定事实不清，原审被告人毛某、廖某违规发放贷款是个人行为，不是单位整体意志的体现；单位收取的利息是在法定利率范围内应收的利息，不是非法利益；本案的损失额并不能确定，定罪量刑缺乏依据；请求查清事实，依法改判单位无罪。其辩护人也提出了上诉单位云溪信用联社无罪的意见。

湖南省岳阳市中级人民法院认为：（一）原审被告人毛某、廖某身为金融机构的负责人员，滥用职权，在借款人没有提供担保并依法审查时，违反商业银行法和有关规定，多次向关系人以外的人发放贷款，造成了特别重大损失，其行为构成了违法发放贷款罪；原审被告人毛某、廖某的行为是以上诉单位云溪信用联社的名义实施的，违法发放的贷款所得利息是上诉单位云溪信用联社占有了，但上诉单位云溪信用联社发放200万元以上贷款须经该社贷款审批领导小组审批同意报其上级岳阳市信用联社批准后再依法办理相关手续予以发放，原审被告人毛某、廖某不能以负责人身份直接决定发放200万元以上贷款，故原审被告人毛某、廖某滥用职权决定发放200万元以上贷款不是上诉单位云溪信用联社意志的体现，上诉单位云溪信用联社对原审被告人毛某、廖某的个人行为不承担刑事责任，上诉单位云溪信用联社不构成违法发放贷款罪。（二）在共同犯罪过程中，原审被告人毛某擅自违法决定发放贷款，致使本案的发生，起了主要作用，是主犯；原审被告人廖某盲目听从原审被告人毛某的指示，明知违规而发放贷款，起了次要作用，是从犯。原审被告人毛某、廖某在司法机关对其采取强制措施前已向岳阳市信用联社和云溪区纪委交代了本案的有关事实，属自首，对原审被告人毛某、廖某可以减轻处罚。根据原审被告人毛某、廖某的犯罪情节和悔罪表现，适用缓刑不致再危害社会，可宣告缓刑。（三）原审被告人毛某、廖某违规发放贷款是个人行为，不是上诉单位云溪信用联社意志的体现；上诉单位云溪信用联社从原审被告人毛某、廖某违规发放的贷款中收取利息，并不违法，不是上诉单位云溪信用联社实施犯罪而攫取的非法利益，上诉单位云溪信用联社及其辩护人提出的在法定利率范围内应收的利息不是非法利益和应认定上诉单位云溪信用联社无罪的理由成立。原审被告人毛某、廖某违法发放贷款，经采取诉讼和其他手段，至今仍有本金8261389.49元无法追回，其损失额客观、明确，上诉单位云溪信用联社及其辩护人提出的本案损失额不能确定的意见与事实不符，理由不能成立。（四）原审判决认定事实清楚，证据确实、充分，审判程序合法，对原审被告人毛某、廖某的定罪正确、量刑适当，认定上诉单位云溪信用联社构成犯罪并处以罚金不当。依照《中华人民共和国刑事诉讼法》第189条第2项，《中华人民共和国刑法》第186条第2款，第26条第1、4款，第27条，第67条第1款，第72条，第73条第2、3款和《最高人民法院关于处理自首和立功具体应用法律若干问题的解释》第1条之规定，于2006年12月7日作出判决：维持岳阳市云溪区人民法院对原审被告人毛某、廖某的判决；撤销岳阳市云溪区人民法院对原审被告单位岳阳市云溪区农村信用合作社联合社的判决，判决上诉单位（原审被告单位）岳阳市云溪区农村信用合作社联合社无罪。

[评析]

关于云溪信用联社所收取的贷款利息是否为非法所得，审理法院认为，云溪信用联社收取的法定代表人毛某、廖某违法发放的贷款利息不是非法所得，是云溪信用联社的合法收入。

单位构成犯罪的另一个重要特征是违法所得归单位所有，而作为金融机构构成违法发放贷款罪的违法所得更有其特殊性。金融机构从事金融服务的主要收入来源就是放贷收利，发放贷款而收取法定利息是合法的，其利息收入是合法收入。如果金融机构高出国家法定贷款利率放贷，其超出部分才是非法所得，应予追缴。

本案中，虽不能证明被告人毛某、廖某是为了云溪信用联社的利益而实施放贷行为，但事实上云溪信用联社占有了其收益。云溪信用联社所有的存款被被告人毛某、廖某滥用职权贷予他人，收取法定利息归云溪信用联社所有，对云溪信用联社来说是正常的金融业务，其利息应是合法的收入，不能以被告人毛某、廖某滥用职权构成违法发放贷款罪而否定云溪信用联社收取利息的合法性。被告人毛某、廖某违法发放贷款的利息当然且只能由云溪信用联社收取，这也正是被告人毛某、廖某出于某种个人目的而实施的犯罪行为得以实现的基础和条件，是其行为构成违法发放贷款罪而不构成其他犯罪的关键所在。更何况，云溪信用联社是被告人毛某、廖某犯罪的受害者，违法发放的贷款不能被收回的巨大损失都由云溪信用联社承受。因此，云溪信用联社所收取的贷款利息是合法收入，不是非法所得。

问题4. 单位犯罪与个人犯罪的区分认定

【最高人民法院案例】徐某根违法发放贷款申诉案[①]

[裁判要旨]

在认定单位犯罪时，贷款均是以单位下属营业部的名义发放，取得的利差归营业部所有，单位营业部违法发放贷款的行为不能体现该单位的单位意志，故当事单位不构成单位犯罪，也不能将单位负责盖章审批人作为单位犯罪中直接负责的主管人员追究违法发放贷款责任。

[基本案情]

申诉人（原审被告人）：徐某根，男，1948年11月23日出生，汉族，江西省丰城市人，高中文化，原系江西省南昌市昌北信用合作股份联合社（以下简称昌北联社）法定代表人、副主任、贷款集体审批小组组长。捕前住南昌市西湖横街。因本案于2002年7月4日被取保候审，同年8月1日被逮捕。

江西省南昌市青山湖区人民检察院指控被告单位南昌市郊区下罗农村信用合作社（原昌北联社）、被告人徐某根、邓某跃、汪某、张某民、潘某龙犯违法发放贷款罪一案，

---

① 《徐某根违法发放贷款申诉案》，载《立案工作指导》2009年第1辑，人民法院出版社2009年版。

向江西省南昌市青山湖区人民法院提起公诉。

一、二审法院经审理查明：1995年11月至1997年4月间，昌北联社营业部在谢俊等人以高额利差方式引存资金到联社营业部后，在对谢某、喻某民、龚某东等人利用骗取贷款而开办的江西省银通建筑装潢有限公司、江西省俊祥集团公司、江西省俊伟实业公司、南昌赣新工贸总公司、南昌俊伟实业有限公司等公司申请贷款时，未按规定作贷款调查，陆续向上述公司违法发放贷款87笔，总计违法发放贷款111759万元，造成损失65665万元。上述贷款均为昌北联社营业部的法定代表人汪某经手审批发放。其中已报联社集体审批违法发放贷款35笔，共计4035万元，造成损失370万元；应报昌北联社集体审批而未报41笔，违法放贷70279万元，造成损失61965万元；潘某龙作为昌北联社营业部的信贷员，经手违法发放贷款85795万元，造成损失65665万元。

昌北联社作为昌北联社营业部的上级业务主管部门，及其主管人员昌北联社法定代表人徐某根、昌北联社主管信贷的副经理邓某跃，未按《贷款通则》规定的贷款分级审批等要求履行职责，对已报的35笔和应报的41笔违法放贷共计110629万元未严格审批，造成损失65665万元。张某民作为贷款审批小组成员，参与审批昌北联社营业部违法发放贷款4035万元，造成损失370万元。

还查明，昌北联社与昌北联社营业部均具备企业法人资格。1999年2月，昌北联社变更登记为下罗信用社，昌北联社营业部被申请办理了注销登记。

[原审法院审理情况]

江西省南昌市青山湖区人民法院认为，昌北联社及其直接主管人员徐某根、邓某跃，未能依法严格行使其对昌北联社营业部的贷款审批权，甚至放弃行使贷款审批权，致使昌北联社营业部违法发放贷款111759万元，造成损失65665万元；被告人张某民在参加昌北联社集体审批营业部贷款时，未依法严格审批，致使营业部违法放贷4035万元，造成损失370万元。被告单位南昌市郊区下罗农村信用合作社、被告人汪某、潘某龙、徐某根、邓某跃、张某民的行为均构成违法发放贷款罪。于2003年2月12日作出〔2002〕郊刑初字第182号刑事判决：（1）被告单位南昌市郊区下罗农村信用合作社犯违法发放贷款罪，判处罚金十万元；（2）被告人汪某犯违法发放贷款罪，判处有期徒刑七年，并处罚金六万元；（3）被告人徐某根犯违法发放贷款罪，判处有期徒刑六年，并处罚金五万元；（4）被告人潘某龙犯违法发放贷款罪，判处有期徒刑六年，并处罚金五万元；（5）被告人邓某跃犯违法发放贷款罪，判处有期徒刑五年，并处罚金四万元；（6）被告人张某民犯违法发放贷款罪，判处有期徒刑二年，并处罚金一万元。

原审被告单位下罗信用社、原审被告人徐某根、汪某、张某民、潘某龙不服，提出上诉。

江西省南昌市中级人民法院审理后认为，昌北联社及其直接负责的主管人员法定代表人徐某根、主管信贷的副经理邓某跃，违反《贷款通则》等规定，未按贷款分级审批等要求履行上级业务主管部门的职责，玩忽职守，导致昌北联社营业部违法放贷造成特别重大的损失；昌北联社营业部直接负责的主管人员法定代表人汪某，不依法履行审批职责，违法发放贷款造成特别重大的损失；昌北联社营业部的信贷员潘某龙，不依法履行贷款审查职责，违法发放贷款造成特别重大的损失；张某民不依法履行审批职责，致使营业部违法发放贷款造成重大损失。上列上诉人、被告人均已构成违法发放贷款罪。上诉人徐某根及其辩护人提出昌北联社与徐某根均不构成违法放贷罪等上诉理由均与法理不符，予以驳回，于 2003 年 3 月 31 日作出〔2003〕洪刑二终字第 31 号刑事裁定：驳回上诉，维持原判。徐某根仍不服，提出申诉。

江西省高级人民法院经审查认为，徐某根作为昌北联社的法人，应当依法履行对昌北联社营业部发放贷款的审批职责，所有的贷款的发放都必须在贷款调查审核表上加盖昌北联社的公章，而其经手管理公章，却说不知情，未经手、经管，不应承担责任，不但从事实、情理上说不通，也是没有任何证据能够证明的。原判定性正确，量刑适当，应予维持，于 2004 年 12 月 21 日作出〔2004〕赣立刑监字第 17 号《驳回申诉通知书》。

[徐某根申诉的主要理由]

1. 本案是昌北联社营业部违法向谢某等违法发放贷款，采用高额贴水的方式取得的利差归营业部所有，并非昌北联社所为。昌北联社营业部牟利违法放贷的行为，体现的是营业部法人的团体人格意志，不能归责于昌北联社。加盖了昌北联社公章向谢某等发放贷款的 35 份贷款审批表，实际上只有 6 份是营业部呈报给昌北联社审批的，其余只是营业部的贷款调查表。

2. 徐某根作为昌北联社贷款集体审批小组组长，只是根据贷款发放的规章制度参与其中 6 笔贷款的集体审批并签字。其既不主管信贷业务，对贷款发放也无调查审核的职责，且对于谢某等人的贷款诈骗以及汪某、邓某跃、张某民等人违法放贷行为毫不知情。盖有公章的调查表并不代表集体审批，只是贷款环节中一个必要审核程序。而原判决、裁定将盖有公章的调查表等同于集体审批结果，将未严格审批和怠于行使审批权的过错强加到不知情、不主管且循规办事的申诉人身上，导致案件事实被严重歪曲。所以，不能以此追究徐某根的刑事责任。

[最高人民法院审查意见]

1. 本案所涉及的贷款均是以昌北联社营业部的名义发放，取得的利差归营业部所有，昌北联社营业部违法发放贷款的行为不能体现昌北联社的单位意志，故昌北联社不构成单位犯罪，不能将徐某根作为单位犯罪中直接负责的主管人员追究违法发放贷款责任。

2. 徐某根犯违法发放贷款罪的事实尚需查清。徐某根违法发放昌北联社营业部上报的 35 笔贷款，造成 370 万元损失的这一事实，应注意把握徐某根的主观犯意。现有证据不能证明徐某根参与了上述贷款的审批。应进一步查清上述贷款是否经过审批小组集体讨论，徐某根对此笔贷款是否明知，贷款申请表上加盖公章是否经过其授权同意。

3. 昌北联社营业部上报昌北联社审批的 35 笔贷款，如不能认定全部经过集体审批或经徐某根同意，则未经集体审批部分属于邓某跃的个人行为；有证据证明应报昌北联社审批而未报的 41 笔贷款是经过邓某跃同意的，邓某跃对此也应承担个人责任。

综上所述，本案被告单位应为昌北联社营业部，昌北联社不构成单位犯罪；认定被告人徐某根构成违法发放贷款罪的事实不清，应以渎职罪或失职罪追究刑事责任。申诉人徐某根提出的申诉理由符合《中华人民共和国刑事诉讼法》第二百零四条规定的重新审判条件，依照《中华人民共和国刑事诉讼法》第二百零五条第二款的规定，指令江西省高级人民法院再审。

[法院评论]

本案昌北联社作为昌北联社营业部的上级业务主管部门，依照《贷款通则》的规定，对营业部超越其贷款权限的贷款发放享有审批权。昌北联社于 1997 年 1 月 20 日还下发通知成立了贷款集体审批小组。且昌北联社营业部向谢某等发放贷款的部分贷款调查审批表上有邓某跃联社领导签字审批并加盖了昌北联社公章。尽管如此，尚不能以此来追究昌北联社的单位犯罪责任。理由如下：第一，以单位名义实施犯罪，违法所得归单位所有的，是单位犯罪。本案是以昌北联社营业部的名义发放贷款，是营业部违法向谢某等违法发放贷款，采用高额贴水的方式取得的利差归营业部所有。昌北联社只是向营业部收取一定比例的管理费。第二，鉴于昌北联社与昌北联社营业部在发放贷款上存在审批制度，故对于昌北联社是否构成单位犯罪，不能简单以谁的名义发放贷款来区分，关键还要看该违法发放贷款的行为是否也体现了作为营业部上级业务主管部门的昌北联社的意志。昌北联社的审批权主要体现在设立了集体审批制度，其目的是限制个人滥用职权以单位名义发放大额贷款，减少贷款风险。通过现有证据审查查明，昌北联社 1996 年 4 月 1 日起执行的信贷管理制度规定，每笔 20 万元以上的抵押贷款须报联社集体审批。昌北联社 1997 年 5 月 10 日起执行的贷款操作规程也规定，20 万元以上抵押贷款由联社集体审批小组审批。而且，本案中加盖了昌北联社公章的 35 份昌北联社营业部向谢某等发放贷款的调查审批表，徐某根参与讨论的只有 6 笔贷款，其余的没有证据证明进行了集体讨论。因此，尽管其他 29 份贷款调查审批表上有邓某跃签字审批并加盖了昌北联社公章，但邓某跃作为当时昌北联社的主管信贷经理是不能个人决定发放 20 万元以上贷款的，联社集体审批小组也没有授权邓某跃代表单位决定发放上述贷款。故本案上述发放贷款行为并不是昌北联社以其意志决定实施的，而是邓某跃及张某民的个人行为。至于营业部应报昌北联社集体审批而未报的 41 笔，营业部的人员均指证是经过邓某跃同意的，邓某跃在侦查阶段也作过供述，可认定是邓某跃的个人行为。第三，经昌北联社审批违法发放的 35 笔贷款，数额 4035 万元，造成损失 370 万元，而徐某根仅参与了 6 笔贷款审批，总计 1610 万元，损失都已基本挽回；应报昌北联社集体审批而未报的 41 笔贷款，徐某根不知情，没有审批或放弃审批贷款的行为。故原判以昌北联社营业部违法放贷总额和损失总额追究徐某根刑事责任，违反了罪责刑相适应的原则。第四，虽然根据中国人民银行银发〔1998〕168 号《关于印发〈农村信用社机构管理暂行办法〉的通知》规定，营业部是农村信用合作社联合社的内设机构，不具有法人资格，但该案营业部当时是具有法人资格的。综上，故不宜认定昌北联社构成单位犯罪。

【中国审判案例要览案例】如何认定违法放贷的责任主体是单位还是个人，以及对未作为单位犯罪起诉的案件如何处理——祝某华等违法发放贷款、受贿案[①]

认定单位犯罪必须同时具备两个条件：一是以单位的名义犯罪；二是违法所得归单位所有。所谓"以单位的名义犯罪"，是指犯罪行为是由单位的决策机构按照单位的决策程序决定实施的，体现的是单位有领导、有组织、有分工的整体意志。单位犯罪中直接负责的人员，是指在具体实施犯罪中起决定、批准、授意、指挥等较大作用的人员。本案中的 1200 万元从实施犯罪的名义，体现的各决策程序的整体意志及违法所得利息的归属看，应认定为单位犯罪无疑，但鉴于检察机关只作为自然人犯罪案件起诉，对犯罪单位也未补充起诉，根据《全国法院审理金融犯罪案件工作座谈会议纪要》的意见，人民法院不能主动对未起诉的事实和人（含单位）径行审理判决，所以本案中只对行为人祝

[①] 一审：江苏省扬州市广陵区人民法院（2002）广刑初字第 267 号刑事判决书。二审：江苏省扬州市中级人民法院（2003）扬刑终字第 12 号刑事判决书。

某华依法按照单位犯罪中的直接负责的主管人员追究刑事责任,而不将单位列为被告,但应用了刑法总则关于单位犯罪追究直接负责的主管人员和其他直接责任人员刑事责任的有关条款。对于单位内部成员未经单位决策机构批准、同意或认可而实施的犯罪行为则应排除在单位犯罪之外,应认定为个人犯罪。违法发放贷款可以发生在贷前调查、贷时审查、贷后检查各个环节,本案中的1570万元即发生在贷前调查环节,行为人高某荣未履行其调查岗第一责任人的岗位职责,未到现场查看实物而在贷款审批表调查人栏签字,导致其单位各审批环节误以为抵押物已到位而同意发放,造成贷款损失,系其个人行为,应由其个人承担相应的刑事责任。

【人民司法案例】如何区分违法发放贷款的行为是个人行为还是单位行为——毛某、廖某、岳阳市云溪区农村信用合作社联合社违法发放贷款案[①]

[裁判要旨]

法定代表人是单位的代表,能以单位名义实施民事行为,其民事法律后果由单位承担,但其行为构成犯罪的刑事责任并非必然由单位承担。如果上级部门和本单位制度明确规定应由单位设定组织集体决定的行为,法定代表人未经法定程序而个人擅自决定,不是单位意志的体现,构成犯罪的,对单位不应定罪处刑。

[评析]

本案疑难问题之一:云溪信用联社是否构成单位犯罪,即违法发放贷款的行为是个人行为还是单位行为?

1. 法定代表人毛某无权决定而擅自决定以单位名义实施的行为,不是云溪信用联社的意志体现,云溪信用联社不构成犯罪。

单位犯罪的构成要素虽相同于自然人犯罪的构成要素,但又区别于自然人犯罪的特殊性。《最高人民法院全国法院审理金融犯罪案件工作座谈会纪要》明确:根据《刑法》和《最高人民法院关于审理单位犯罪案件具体应用法律有关问题的解释》的规定,以单位名义实施犯罪,违法所得归单位所有的,是单位犯罪。以单位名义实施犯罪,是指单位的决策机构按照单位决策程序决定实施危害社会的行为,是单位意志的体现。单位意志的体现是单位犯罪与个人犯罪的重要区别。具体来说,单位意志的体现主要有三种表现形式:一是有权作出单位行为的机构研究决定实施,二是单位的法定代表人或者其他负责人决定实施,三是单位授权的其他人员决定实施。

本案中,云溪信用联社是1999年6月成立的集体所有制法人单位,是从事金融服务的企业单位,从主体上来说,属于《刑法》第30条规定的单位犯罪的主体范围。同时,本案事实上是由于行为人违反法律、行政法规的规定,滥用职权发放贷款并已造成重大损失,侵害了国家的金融制度,构成了违法发放贷款罪。因此,从表面上看,违法发放的贷款是以云溪信用联社名义发放的,云溪信用联社应当构成违法发放贷款罪。但事实上,违法发放贷款的行为并非云溪信用联社意志的体现。二审通过对已有证据审查查明,按照相关规定,云溪信用联社发放人民币200万元以上的贷款必须经云溪信用联社贷款审批领导小组集体决定后报其上级岳阳市信用联社审批同意并依法办理贷款担保手续后才可放贷,其目的是限制个人滥用职权以单位名义发放大额贷款,减少贷款风险。当时的

[①] 李清刚:《单位违法发放贷款罪的构成及涉案贷款利息的定性》,载《人民司法·案例》2017年第10期。

云溪信用联社的法定代表人毛某是不能个人代表单位决定发放人民币 200 万元以上贷款的，云溪信用联社贷款审批领导小组也没有授权被告人毛某代表单位决定发放涉案的贷款。涉案发放的每一笔贷款均在人民币 200 万元以上，均未经云溪信用联社贷款审批领导小组集体研究决定，均是被告人毛某个人同意后没有办理贷款担保手续即由被告人廖某发放的。因此，实施违法发放贷款犯罪的行为人并非云溪信用联社，而是被告人毛某、廖某。如果将被告人毛某、廖某滥用职权行为的罪责强加给云溪信用联社，就违反了罪责自负原则。

综上，虽然云溪信用联社具有违法发放贷款罪的主体身份，但是本案发放贷款行为不是云溪信用联社以其意志决定实施的，而是云溪信用联社的负责人毛某、廖某滥用职权实施的个人行为。二审宣告云溪信用联社无罪是正确的。

问题 5. 银行等金融机构工作人员向"关系人"违法发放贷款如何认定

【实务专论】[①]

关于关系人的范围，依照《中华人民共和国商业银行法》和有关金融法规确定。根据商业银行法的规定，关系人是指：（1）商业银行的董事、监事、管理人员、信贷业务人员及其近亲属。（2）前项所列人员投资或者担任高级管理职务的公司、企业和其他经济组织。关于向关系人发放贷款，商业银行法规定："商业银行不得向关系人发放信用贷款；向关系人发放担保贷款的条件不得优于其他借款人同类贷款的条件。"行为人违反国家规定向关系人发放贷款，即违反上述规定，向关系人发放信用贷款，或者向关系人发放担保贷款的条件优于其他借款人同类贷款的条件。这里所说的"信用贷款"是指银行不要求借款人提供任何的经济担保，只凭借款人可靠的信用发放的贷款。这里所说的"借款人可靠的信用"主要是指：借款人有雄厚的物质基础；具有健全的管理制度，能合理地、高效益地使用资金；有能力及时、足额归还以往贷款，并能保证按期还本付息。这里所说的"担保贷款"，是指借款人向银行提供具有相应经济实力的单位或者个人的经济担保，或者向银行提供物资，银行票据、股票等实物抵押，以取得银行贷款。

问题 6. 发放贷款案件中挪用资金行为与违法发放贷款行为的区分认定

【实务专论】[②]

违法发放贷款罪与挪用公款罪在司法实践中有相似之处，二者的区分有一定的难度，二者应如何区别？发放贷款，从广义上讲，也是一种挪用公款（或者挪用银行资金）的行为，只是这种"挪用"，是按照一定规则，为了一定的经营目的（获取利差）而进行的。挪用公款罪是指国家工作人员利用职务上的便利，挪用公款归个人使用，进行非法活动，或者挪用公款数额较大，进行营利活动，或者挪用公款数额较大，超过 3 个月未还的行为（挪用资金罪主体不同，行为类似）。这里强调的是，利用职务，将公款（包括银行资金）

[①] 全国人大常委会法制工作委员会刑法室编著：《中华人民共和国刑法解读》，中国法制出版社 2015 年版，第 353 页。

[②] 万鄂湘、张军主编：《最新刑事法律文件解读》2006 年第 3 辑，人民法院出版社 2006 年版，第 119 页。

擅自给个人使用。我们认为,银行或其他金融机构的工作人员实施以下两种行为构成犯罪的,应定挪用公款罪或挪用资金罪,而不应定违法发放贷款罪:一是银行或其他金融机构的工作人员利用职务之便,挪用公款或资金后,以个人名义或名为单位实为个人借贷给他人的。二是银行或其他金融机构的工作人员利用职务之便,冒名贷款,所贷款项归个人使用的。上述两种行为,虽在表现形式上仍具有银行或其他金融机构工作人员违反法律、行政法规规定发放贷款的行为特征,但其性质已不同于违法发放贷款罪,因此,应适用较重的罪名(挪用公款罪)来定罪处罚。

【刑事审判参考案例】 刘某新等违法发放贷款案[①]

一、基本案情

被告人刘某新、马某平、颜某燕辩称,本案事实不清、证据不足,适用法律错误,指控的罪名不能成立。主要理由是:(1)挪用资金部分。第一,爱建信托资金的发放均属于单位放贷行为,马某平作为爱建信托的总经理,其决定、授意、认可放贷的行为均可以代表单位,且所有贷款发放均经爱建信托贷审会集体研究决定;第二,颜某燕的公司仅仅是一个贷款平台,所获贷款大都划入相关公司,应当认定贷款系给单位使用。(2)合同诈骗部分。第一,地下商铺是爱建信托主动提出购买;第二,爱建信托了解所购买的地下商铺的真实情况,不存在被骗的事实;第三,爱建信托与颜某燕一方合作的实质内容是融资;第四,颜某燕一方所获钱款主要用于地下商铺建设,不存在诈骗钱款不予归还的非法占有目的。

上海市第一中级人民法院经公开审理查明:1986年7月,经中国人民银行批准,爱建信托成立,经营范围包括信托存款、贷款、信托投资等金融业务。1998年5月至2004年9月间,被告人马某平担任爱建信托总经理,主持公司的经营管理工作,直接负责爱建信托的贷款等业务。2000年10月,被告人刘某新曾因动用爱建证券巨额资金至香港炒股被套牢而急需资金用于解套,遂召集被告人颜某燕、陈某、马某平三人一起商量。经商定,由颜某燕以其公司名义向爱建信托申请贷款,刘某新、陈某所在的爱建证券为颜某燕出具形式上符合贷款要求的质押证明,马某平利用其担任爱建信托总经理的职务便利发放贷款,贷款资金用于炒股,三方共同牟利。2000年11月至2001年9月间,颜某燕以其实际控制的骏乐实业、达德投资有限公司名义向爱建信托申请质押贷款,质押物为颜某燕妻子张伟玲在爱建证券开设账户内所拥有的股票和资金。刘某新、陈某以爱建证券的名义,为上述账户出具了虚假足额抵押证明。马某平向爱建信托贷审会隐瞒了贷款实际用途以及质押物严重不足的情况,使贷款得以审核通过。其间,马某平还两次将贷款予以拆分,以规避其贷款审批权限不超过人民币(以下币种同)1亿元的规定,先后16次向骏乐实业、达德投资发放贷款共计9.6976亿元。2001年8月至9月间,马某平因担心直接发放给颜某燕公司的贷款金额过大,违规贷款行为容易被发现,遂与刘某新、颜某燕商议,由陈某等人操作,以爱建证券下属的方达公司作为平台,爱建信托与方达公司签订了虚假的《信托资金委托管理合同》,将爱建信托4.289亿元资金划至方达公司

[①] 王志辉、丛媛:《刘某新等违法发放贷款案——在发放贷款案件中挪用资金罪和违法发放贷款罪的区分》,载中华人民共和国最高人民法院刑事审判第一、第二、第三、第四、第五庭主办:《刑事审判参考》总第90集,法律出版社2013年版。

的账户，然后在无任何质押担保手续的情况下，再将上述资金划转给颜某燕实际控制的公司。经审计查明，在爱建信托发放的总计 13.9866 亿元资金中，划至境外炒股的资金为 4.8 亿余元；颜某燕及其亲属用于境内炒股、出借、归还借款、提现等用途的资金共计 4.5 亿余元；划入爱建证券控制账户的资金 3.1 亿余元；归还爱建信托贷款本金 1 亿余元。上述贷款中，除归还 5.8 亿余元外，尚有 8.1 亿余元贷款本金没有归还。

上海市第一中级人民法院认为，从爱建信托的资金流向看，难以认定系给个人使用或者借贷给个人；从爱建信托资金的流出方式看，主要是通过贷款形式发放，故目前证据不宜认定四名被告人的行为构成挪用资金罪。现有证据也不足以证明颜某燕具有非法占有爱建信托资金的目的，难以认定爱建信托受到欺骗，故认定被告人颜某燕、马某平的行为构成合同诈骗罪证据不足，罪名不能成立。综合本案事实和证据，四被告人的行为构成违法发放贷款罪，且构成共同犯罪。四被告人在共同犯罪中的地位、作用不同，应当分别承担相应的刑事责任。刘某新系违法发放贷款的起意者，并纠集各被告人共同策划，且具体实施了出具虚假质押证明的行为及实际使用了部分违法发放的资金，应当认定为主犯；马某平作为金融机构的工作人员，利用担任爱建信托总经理的职务便利，违法发放贷款，在共同犯罪中起主要作用，也应当认定为主犯；陈某在刘某新的指使下参与违法发放贷款，在共同犯罪中起次要、辅助作用，系从犯，同时鉴于陈某具有自首情节，依法可以对陈某减轻处罚，并适用缓刑；颜某燕在刘某新的纠集下，为使用资金参与共谋，并实际使用了部分违法发放的资金，在共同犯罪中起次要、辅助作用，系从犯，同时鉴于颜某燕在一审宣判前能够退赔所造成的全部经济损失，有悔改表现，依法可以对颜某燕减轻处罚，并适用缓刑。据此，依照《中华人民共和国刑法》判决被告人刘某新、马某平、陈某、颜某燕新犯违法发放贷款罪。

一审宣判后，被告人刘某新、马某平不服，以违法发放贷款所造成的 6.87 亿元亏空已由颜某燕在一审宣判前全部退赔；本案没有造成重大损失等为由，提出上诉。

针对上诉人刘某新、马某平提出的上诉理由，上海市高级人民法院认为，马某平作为金融机构工作人员，在明知质押物不足，贷款资金用于炒股的情况下，利用其担任爱建信托总经理的职务便利，违反相关法律法规，采取化整为零及操控贷款审查等方法，将贷款发放给颜某燕，数额特别巨大，且造成特别重大损失，其行为符合违法发放贷款罪的构成要件。刘某新等其他同案被告人与马某平具有违法发放贷款的共同犯罪故意，实施了共同犯罪行为，其行为亦构成违法发放贷款罪的共同犯罪。原判认定的事实清楚，证据确实、充分，适用法律正确，量刑适当，审判程序合法。据此，上海市高级人民法院裁定驳回上诉，维持原判。

二、主要问题

在发放贷款案件中如何把握挪用资金罪和违法发放贷款罪的界限？

三、裁判理由

本案在审理过程中，对于公诉机关指控被告人刘某新、马某平、陈某、颜某燕犯挪用资金一节的犯罪事实，如何定性，存在不同意见。我们认为，四被告人的行为构成违法发放贷款罪，不构成挪用资金罪。具体分析如下：

1. 四被告人的行为不构成挪用资金罪

一种意见认为，四被告人的行为构成挪用资金罪。理由如下：

（1）四被告人的行为系个人行为，而非爱建信托单位行为。虽然本案所涉贷款的发放经过了爱建信托贷审会的审批，但审批系马某平等人利用职务便利，向公司贷审会隐瞒贷款用途、提供虚假担保证明等欺骗行为所致，违法放贷不是爱建信托的真实意志，而是四被告人共同欺骗公司的结果。特别是在爱建信托后期出借的资金中，有4.289亿元是假借资金托管合同划转给颜某燕公司的，未办理任何贷款手续。因此，马某平等人的行为不能反映单位意志，属于个人擅自挪用资金的行为。

（2）四被告人挪用的巨额资金可以视为归个人使用。尽管颜某燕系以骏乐实业、达德投资等私营公司的名义"借贷"钱款，但事实表明，四被告人最初预谋的用途就是到境外炒股牟利，而不是用于借贷单位的生产经营活动；在所"借贷"的巨额资金中，绝大部分被刘某新、颜某燕等随意支配，用于境内外个人账户上炒股、出借、还债、提现等用途，客观上也没有用于借贷单位的生产经营活动。因此，认定挪用的资金被刘某新、颜某燕个人支配使用，具有客观事实依据。

（3）四被告人的行为构成挪用资金罪的共同犯罪，以共犯论处合法有据。四被告人经过事先共谋，利用马某平主管贷款审批的职务便利，刘某新、陈某制作并提供虚假的质押担保证明，借助颜某燕的公司获取、划转相关资金，并由刘某新、颜某燕等个人支配使用，根据《刑法》及相关司法解释的规定，使用人事先与挪用人共同策划取得钱款的，可以共犯论处。据此，四被告人的行为共同构成挪用资金罪。

另一种意见认为，四被告人的行为不构成挪用资金罪。我们赞同该观点。具体理由如下：

根据《刑法》第272条的规定，挪用资金罪，是指公司、企业或者其他单位的工作人员，利用职务上的便利，挪用本单位资金归个人使用或者借贷给他人，数额较大、超过3个月未还，或者虽未超过3个月，但数额较大、进行营利活动，或者进行非法活动的行为。《最高人民法院关于如何理解刑法第二百七十二条规定的"挪用本单位资金归个人使用或者借贷给他人"问题的批复》规定：公司、企业或者其他单位的非国家工作人员，利用职务上的便利，挪用本单位资金归本人或者其他自然人使用，或者挪用人以个人名义将所挪用的资金借给其他自然人和单位，构成犯罪的，应当依照《刑法》第272条第1款的规定定罪处罚。上述规定表明，如果行为人挪用的单位资金没有归自然人使用，或者行为人没有以个人名义将资金挪用给其他单位使用，就不构成挪用资金罪。本案四被告人的行为恰好属于这一情形。

（1）认定被告人马某平以个人名义将爱建信托资金借贷给其他单位证据不足。无论马某平是以贷款形式还是以委托理财形式将爱建信托资金发放给颜某燕实际控制的公司，都是以爱建信托的单位名义，并非以其个人名义。

（2）认定四被告人共同挪用资金给个人使用的证据不足。一是本案直接取得贷款的主体系骏乐实业和达德投资，两主体均具有法人资格。虽然两公司均由颜某燕实际控制，但是在公司法中已明确，即便是一人公司，在合法地位的情况下，将上述两公司认定为"个人"行为于法无据。二是四被告人在贷款前的共谋表明，骏乐实业和达德投资只是取得贷款的平台，贷款的真实目的是用于香港炒股，为爱建证券在香港的股票解套，而非给个人使用。三是从贷款的实际流向看，骏乐实业和达德投资从爱建信托取得的9.6976亿元与4.289亿元两笔资金中，1.04亿余元用于归还爱建信托涉案贷款本金，3.1亿余元流向爱建证券，3.83亿余元流向爱建房产、爱和置业等与骏乐实业、达德投资具有资金业务往来的公司。此8亿余元均为单位的生产经营活动所用。四是流向香港的4.82亿余元,表面上是以颜某燕在香港设立的公司名义用于炒股,但是从四被告人共谋贷款的目的以及爱建证券主动承担骏乐实业、达德投资欠爱建信托的贷款等证据来看,不能排除此笔资金实为爱建证券所用。

2. 四被告人的行为构成违法发放贷款罪

这种意见是上述后一种意见的延伸。具体理由如下:

(1) 四被告人事前通谋,具有共同犯罪故意。刘某新在产生违法贷款用于缓解爱建证券资金紧张问题的故意后,提议以颜某燕的公司为平台从爱建信托违规贷款,供爱建证券使用,后马某平、陈某、颜某燕均表示同意。

(2) 四被告人实施了共同犯罪行为。马某平作为金融机构工作人员,在发放贷款过程中存在向爱建信托贷款审查委员会隐瞒贷款用途及抵押物不足的情况、超越贷款审批权限等违反法律、行政法规的行为,且发放贷款数额特别巨大,造成特别重大损失;颜某燕实施了以其实际控制的骏乐实业、达德投资名义向爱建信托申请贷款的行为;刘某新、陈某实施了以爱建证券名义为颜某燕出具虚假证明材料的行为。

(3) 四被告人的行为造成了财产的重大损失。在认定是否造成重大损失时,行为人在侦查机关立案后的退赔不能从损失认定中扣减。犯罪所造成的"损失",是指犯罪行为作用或者影响公私财物后所造成的财物的减少或者灭失的数量。对犯罪所造成的损失的认定,应当以侦查机关立案时为界点。侦查机关立案后,行为人的退赔行为对定罪不构成影响,也对损失数额的认定不构成影响。本案中,一审宣判前颜某燕退赔全部经济损失的行为,仅可以作为对颜某燕等四被告人酌情从轻处罚的量刑情节考虑。

综上,上海两级法院按照违法发放贷款罪对本案四被告人追究刑事责任是正确的。

第十一章 洗钱罪

第一节 洗钱罪概述

一、洗钱罪概念及构成要件

洗钱罪，是指以各种方法掩饰、隐瞒毒品犯罪、黑社会性质的组织犯罪、恐怖活动犯罪、走私犯罪、贪污贿赂犯罪、破坏金融管理秩序犯罪、金融诈骗犯罪的所得及其产生的收益的来源和性质行为。通俗来讲，就是通过各种方法使前述上游犯罪所得及其收益披上合法的外衣。本罪系1997年《刑法》增设的罪名，当时的刑法条文仅将"毒品犯罪""黑社会性质的组织犯罪""走私犯罪"列为洗钱罪的上游犯罪。2001年12月29日颁布的《刑法修正案（三）》第7条将"恐怖活动犯罪"增列为洗钱罪的上游犯罪，并在单位犯罪中主管人员和其他直接责任人员原有法定刑的基础上，增加了"情节严重的，处5年以上10年以下有期徒刑"的规定。2006年6月29日颁布的《刑法修正案（六）》又将"破坏金融管理秩序犯罪""金融诈骗犯罪""贪污贿赂犯罪"增列为洗钱罪的上游犯罪，还增加了"协助将财产转化为有价证券"的洗钱方式。2020年12月26日颁布的《刑法修正案（十一）》第14条对洗钱罪的罪状进行重大修改，主要体现在：（1）删除主观要件中的"明知"和客观要件中的"协助"，将"自洗钱"行为纳入本罪的规制范围。即上游犯罪分子实施犯罪后，掩饰、隐瞒犯罪所得来源和性质的，不再作为后续处理赃款的行为被上游犯罪吸收，而是单独构成洗钱罪。（2）将客观要件中的"协助将资产汇往境外"修改为"跨境转移资产"，扩大打击范围。（3）将比例罚金修改为无限额罚金模式。前述刑事立法的发展对于切实提高洗钱犯罪违法成本、维护市场秩序、保障金融市场平稳健康发展具有重要意义。（4）对单位犯罪的直接负责的主管人员和其他直接责任人员适用罚金刑。修订之前，单位犯洗钱罪的，其直接负责的主管人员和其他直接责任人员仅适用自由刑。

洗钱罪的构成要件如下：（1）本罪侵犯的客体是国家对金融的管理制度和社会治安管理秩序。（2）本罪在客观上表现为以各种方法掩饰、隐瞒毒品犯罪、黑社会性质的组织犯罪、恐怖活动犯罪、走私犯罪、贪污贿赂犯罪、破坏金融管理秩序犯罪、金融诈骗犯罪的所得及其产生的收益的来源和性质的行为。主要表现为以下几种行为方式：①提供资金账户的；②将财产转换为现金、金融票据、有价证券的；③通过转账或者其他支付结算方式转移资金的；④跨境转移资产的；⑤以其他方法掩饰、隐瞒犯罪所得及其收益的来源和性质的。（3）本罪的犯罪主体为一般主体，自然人和单位均可构成本罪的主体。（4）本罪的主观方面是为掩饰、隐瞒上游犯罪的所得及其产生的收益的来源和性质。《刑法修正案（十一）》施行后，构成洗钱罪不再要求行为人主观上明知掩饰、隐瞒的犯罪所得及其收益来源于前述七类上游犯罪。犯洗钱罪的，没收实施犯罪的所得及其产生的收益，处5年以下有期徒刑或者拘役，并处或者单处罚金；情节严重的，处5年以上10年以下有期徒刑，并处罚金。单位犯前款罪的，对单位判处罚金，并对其直接负责的主管人员和其他直接责任人员，依照前款规定处罚。

二、洗钱刑事案件审理情况

通过中国裁判文书网检索，2017年至2021年间，全国法院审结一审洗钱刑事案件共计381件，其中2017年22件，2018年50件，2019年58件，2020年137件，2021年114件。

此类案件主要呈现出以下特征：一是洗钱方式不断翻新。随着跨境金融和电子商务的普及发展，出现了不少通过刷单、虚拟货币、跑分等方式进行洗钱的新型犯罪行为，涉案金额也不断攀升，严重影响了金融安全和社会稳定。二是上游犯罪类型多样。从上游犯罪的类型分析，金融诈骗犯罪特别是集资诈骗犯罪案件数量较为突出，其次是破坏金融管理秩序犯罪，还有部分毒品犯罪、恐怖组织犯罪及贪污贿赂犯罪。三是洗钱行为愈发有组织化、隐蔽化。从实践来看，随着上游犯罪洗钱需求和规模的不断加大，洗钱主体逐渐发展成为有组织、有分工的专业集团体系，加大了查处难度。四是自洗钱行为多发。随着链条化犯罪的发展，上游犯罪行为人自己洗钱的情况不在少数，而以往实践中又作为事后行为不予处罚，实际上放大了上游犯罪的危害结果。《刑法修正案（十一）》颁布后，自洗钱行为被纳入洗钱罪的规制范围，各地司法机关随即加大了对"自洗钱"的打击力度，对维护金融安全和社会稳定具有重要意义。

三、洗钱刑事案件审理热点、难点问题

一是上游犯罪所得及其收益范围的认定。理论界和实务界对走私犯罪、黑社会性质的组织犯罪等上游犯罪所得及其产生的收益范围，以及对上游犯罪的成本是否扣除等问题存在较大争议，而上游犯罪所得及收益的准确认定又关系到洗钱罪数额、情节以及后续追赃数额的认定，有必要进一步明确。

二是行为人主观故意的判断。主要体现在两方面：（1）行为人构成洗钱罪，主观上仍然需要明知洗钱的对象是七类上游犯罪的所得及收益，实践中应当如何把握"明知"的认定标准；（2）主观故意的准确认定对于判断行为人构成洗钱罪还是上游犯罪共犯具有重要意义。特别是在上游犯罪实施过程中，上游犯罪单位中的人员帮助实施了提供资金账户等掩饰、隐瞒上游犯罪所得及收益来源、性质的行为，应当如何准确认定其主观故意，从而区分定性为上游犯罪共犯或单独构成洗钱罪。

三是洗钱罪与上游犯罪及其他关联犯罪的区分协调。《刑法修正案（十一）》颁布后，

"自洗钱"行为入罪,对"自洗钱"是与有关上游犯罪实行数罪并罚,还是实行从一重罪处罚,需要进一步研究。同时,洗钱罪与掩饰、隐瞒犯罪所得、犯罪所得收益罪,窝藏、转移、隐瞒毒赃罪,以及帮助信息网络犯罪活动罪的区分认定需要进一步探讨。

四、洗钱刑事案件审理思路及原则

一是在程序上应当正确处理上游犯罪与洗钱罪的关系,确保审判质量与效率。需要注意的是,洗钱犯罪案件的审理无须一律等到上游犯罪判决后才能认定。根据2009年11月4日《最高人民法院关于审理洗钱等刑事案件具体应用法律若干问题的解释》第4条的规定,上游犯罪尚未依法裁判,但查证属实的;上游犯罪事实可以确认,但因行为人死亡等原因依法不予追究刑事责任的,或依法以其他罪名定罪处罚的,不影响洗钱罪的审判和认定。

二是准确认定洗钱犯罪对象及行为人的主观故意。考虑到洗钱罪衍生于上游犯罪,故应当结合上游犯罪事实判断其犯罪对象以及行为人的主观故意。对于犯罪对象的认定,有必要结合上游犯罪的具体罪名、侵犯法益以及事后对涉案财物的处置,在司法实践中予以区分。如伪报价格型走私普通货物、物品,犯罪所得应以走私偷逃税额为限;违禁品走私、绕关型走私,犯罪所得宜以走私货物认定。对行为人主观故意的认定,应当注重把握明知的程度,以及与上游犯罪行为人之间是否存在事先通谋情形。

三是注意把握洗钱罪与上游犯罪定罪量刑上的平衡问题,避免出现倒挂现象。"自洗钱"行为入罪后,上下游行为可能会面临处罚不平衡的问题,主要表现为洗钱罪上游行为不构成犯罪,而下游行为反而可能构成洗钱罪。入罪门槛上,在"一对一"上下游行为中,原则上应把握只有上游行为构成犯罪的,方能认定下游行为构成洗钱罪,否则会导致处罚的不平衡。特殊情况下,如在"多对一"的上下游行为中,行为人实施了多个上游违法行为,虽然单个行为均不构成犯罪,但是数额累计计算较大的,下游洗钱行为也可能会构成洗钱罪。在具体量刑幅度的把握上,洗钱犯罪刑罚原则上不应重于上游犯罪的刑罚,防止形成刑罚的"倒挂"现象。

四是应当注重对客观性证据的审查和运用。特别是对于被告人拒不认罪的情形,可以通过审查被告人与上游犯罪行为人之间的关系,资金、财产往来情况,以及被告人接受、转移的资产与其职业、收入是否相符等,综合判断被告人对上游犯罪的了解、知悉状态。

第二节 洗钱罪审判依据

洗钱罪系1997年《刑法》增设的罪名,并经过三次修订。2001年12月29日《刑法修正案(三)》第7条将"恐怖活动犯罪"增列为洗钱罪的上游犯罪,并完善了单位犯罪中主管人员和其他直接责任人员的法定刑升格情形。2006年6月29日《刑法修正案(六)》又将"破坏金融管理秩序犯罪""金融诈骗犯罪""贪污贿赂犯罪"增列为洗钱罪的上游犯罪,并完善了洗钱方式。2009年11月4日,《最高人民法院关于审理洗钱等刑事案件具体应用法律若干问题的解释》对主观故意、"以其他方法掩饰、隐瞒犯罪所得及其收益的来源和性质"、罪名竞合等问题予以明确。2020年12月26日《刑法修正案（十一）》第14条对洗钱罪的罪状进行重大修改。

一、法律

《中华人民共和国刑法》（1979年7月1日第五届全国人民代表大会第二次会议通过 1997年3月14日第八届全国人民代表大会第五次会议修订 1997年3月14日中华人民共和国主席令第83号公布 根据历次修正案和修改决定修正）（节录）

第一百九十一条 为掩饰、隐瞒毒品犯罪、黑社会性质的组织犯罪、恐怖活动犯罪、走私犯罪、贪污贿赂犯罪、破坏金融管理秩序犯罪、金融诈骗犯罪的所得及其产生的收益的来源和性质，有下列行为之一的，没收实施以上犯罪的所得及其产生的收益，处五年以下有期徒刑或者拘役，并处或者单处罚金；情节严重的，处五年以上十年以下有期徒刑，并处罚金：

（一）提供资金账户的；
（二）将财产转换为现金、金融票据、有价证券的；
（三）通过转账或者其他支付结算方式转移资金的；
（四）跨境转移资产的；
（五）以其他方法掩饰、隐瞒犯罪所得及其收益的来源和性质的。

单位犯前款罪的，对单位判处罚金，并对其直接负责的主管人员和其他直接责任人员，依照前款的规定处罚。

附：《刑法修正案（十一）》第十四条权威解读[①]**（节录）**

本条共分2款。第1款是关于个人犯洗钱罪的处罚规定。根据本条第一款的规定，构成洗钱罪必须具备以下条件：一是，主观上是为掩饰、隐瞒上游犯罪的所得及其产生的收益的来源和性质。这里的"掩饰、隐瞒"是指行为人以窝藏、转移、转换、收购等方法将自己或者他人实施上游犯罪的所得及其产生的收益予以掩盖或洗白，本条对"掩饰、隐瞒"的方法作了具体列举。行为人的主观方面，可以通过行为人的认知能力，接触和掌握上游犯罪及其犯罪所得和收益的情况，犯罪所得及其收益的种类、数额，掩饰、隐瞒犯罪所得及其收益的方式等，结合客观实际情况与犯罪意图综合判断。本条规定的上游犯罪是指某一类犯罪，例如"贪污贿赂犯罪"是指刑法分则第八章"贪污贿赂罪"一章中的所有犯罪；"破坏金融管理秩序犯罪"和"金融诈骗犯罪"包括刑法分则第三章第四节"破坏金融管理秩序罪"和第五节"金融诈骗罪"两节中规定的所有犯罪。这里的类罪也应包括基于实施"毒品犯罪"等七类犯罪的目的而实施其他犯罪的情况，具体确定的罪名不一定是这七类罪。如为参加恐怖活动组织、接受恐怖活动培训或者实施恐怖活动，偷越国（边）境的，当行为人因涉恐怖活动而触犯《刑法》第332条"偷越国（边）境罪"时，该罪也应属于本罪规定的"恐怖活动犯罪"。这里的犯罪"所得及其产生的收益的来源和性质"，是指上游犯罪行为人犯罪所获得的非法利益以及利用犯罪所得的非法利益所生产的孳息或者进行经营活动所产生的经济利益的来源和性质。二是，行为人实施了掩饰、隐瞒上游犯罪所得及其产生收益的来源和性质的行为。洗钱罪的本质

[①] 许永安主编：《〈中华人民共和国刑法修正案（十一）〉解读》，中国法制出版社2021年版，第115-130页。

在于为特定上游犯罪的犯罪所得披上合法外衣，消灭犯罪线索和证据，逃避法律追究和制裁，实现犯罪所得的安全循环使用。本条列举了五种洗钱行为：（1）提供资金账户，是指为犯罪行为人提供金融机构账户等的行为，包括提供各种真名账户、匿名账户、假名账户等，为其转移犯罪所得及其收益提供方便。（2）将财产转换为现金、金融票据或者有价证券是指犯罪行为人本人或者协助他人将犯罪所得及其收益的财产通过交易等方式转换为现金或者汇票、本票、支票等金融票据或者股票、债券等有价证券，以掩饰、隐瞒犯罪所得财产的真实所有权关系。（3）通过转账或者其他支付结算方式转移资金。这种行为的目的是犯罪行为人为自己或者为他人掩盖犯罪所得资金的来源、去向。这里的支付结算方式包括转账、票据承兑和贴现等资金支付结算业务。（4）跨境转移资产，是指以各种方式将犯罪所得的资产转移到境外的国家或地区，兑换成外币、动产、不动产等；或者将犯罪所得的资产从境外转移到境内，兑换成人民币、动产、不动产等。实践中，跨境转移资产有直接跨境实施的，如通过运输、邮寄、携带等方式跨越国（边）境实现资产转移，以投资等方式购买境外资产等；也有间接跨境实施的，如犯罪集团控制境内、境外分别设立的两个资金池，当境内完成收款后，通知境外资金向外放款，实现跨境转移资产。（5）以其他方法掩饰、隐瞒犯罪所得及其收益的来源和性质，是一个兜底性规定，包括将犯罪所得投资于各种行业进行合法经营，将非法获得的收入注入合法收入中，或者用犯罪所得购买不动产等各种手段，掩饰、隐瞒犯罪所得及其收益的来源和性质的行为。2009年《最高人民法院关于审理洗钱等刑事案件具体应用法律若干问题的解释》第2条对行为方式又作了进一步细化……对于个人犯洗钱罪的处罚，本款根据情节轻重规定了两档刑罚：构成洗钱犯罪的，没收犯罪的所得及其产生的收益，处五年以下有期徒刑或者拘役，并处或者单处罚金；情节严重的，没收犯罪的所得及其产生的收益，处五年以上十年以下有期徒刑，并处罚金。

本条第2款是关于单位犯洗钱罪的处罚规定。对单位犯洗钱罪，本条规定实行双罚制原则，既处罚单位又处罚有关的责任人员。本条根据犯罪情节规定了两档刑罚：对于单位实施洗钱行为构成犯罪的，对单位判处罚金，并对其直接负责的主管人员和其他直接责任人员，依照个人犯洗钱罪的规定处罚。

二、司法解释

《最高人民法院关于审理洗钱等刑事案件具体应用法律若干问题的解释》（2009年11月4日　法释〔2009〕15号）

为依法惩治洗钱，掩饰、隐瞒犯罪所得、犯罪所得收益，资助恐怖活动等犯罪活动，根据刑法有关规定，现就审理此类刑事案件具体应用法律的若干问题解释如下：

第一条　刑法第一百九十一条、第三百一十二条规定的"明知"[①]，应当结合被告人的认知能力，接触他人犯罪所得及其收益的情况，犯罪所得及其收益的种类、数额，犯罪所得及其收益的转换、转移方式以及被告人的供述等主、客观因素进行认定。

[①] 需要说明的是，由于《刑法修正案（十一）》第14条将自洗钱行为纳入了规制范围，故将以前的主观要件"明知是毒品犯罪……"的表述修改为"为掩饰、隐瞒毒品犯罪……"鉴于洗钱罪是故意犯罪，他洗钱行为成立洗钱罪仍然要求行为人主观上"明知是"毒品犯罪等特定七种犯罪的所得及其产生的收益，故该条款关于"明知"的认定仍可继续适用。

具有下列情形之一的，可以认定被告人明知系犯罪所得及其收益，但有证据证明确实不知道的除外：

（一）知道他人从事犯罪活动，协助转换或者转移财物的；

（二）没有正当理由，通过非法途径协助转换或者转移财物的；

（三）没有正当理由，以明显低于市场的价格收购财物的；

（四）没有正当理由，协助转换或者转移财物，收取明显高于市场的"手续费"的；

（五）没有正当理由，协助他人将巨额现金散存于多个银行账户或者在不同银行账户之间频繁划转的；

（六）协助近亲属或者其他关系密切的人转换或者转移与其职业或者财产状况明显不符的财物的；

（七）其他可以认定行为人明知的情形。

被告人将刑法第一百九十一条规定的某一上游犯罪的犯罪所得及其收益误认为刑法第一百九十一条规定的上游犯罪范围内的其他犯罪所得及其收益的，不影响刑法第一百九十一条规定的"明知"的认定。

第二条 具有下列情形之一的，可以认定为刑法第一百九十一条第一款第（五）项规定的"以其他方法掩饰、隐瞒犯罪所得及其收益的来源和性质"：

（一）通过典当、租赁、买卖、投资等方式，协助转移、转换犯罪所得及其收益的；

（二）通过与商场、饭店、娱乐场所等现金密集型场所的经营收入相混合的方式，协助转移、转换犯罪所得及其收益的；

（三）通过虚构交易、虚设债权债务、虚假担保、虚报收入等方式，协助将犯罪所得及其收益转换为"合法"财物的；

（四）通过买卖彩票、奖券等方式，协助转换犯罪所得及其收益的；

（五）通过赌博方式，协助将犯罪所得及其收益转换为赌博收益的；

（六）协助将犯罪所得及其收益携带、运输或者邮寄出入境的；

（七）通过前述规定以外的方式协助转移、转换犯罪所得及其收益的。

第三条 明知是犯罪所得及其产生的收益而予以掩饰、隐瞒，构成刑法第三百一十二条规定的犯罪，同时又构成刑法第一百九十一条或者第三百四十九条规定的犯罪的，依照处罚较重的规定定罪处罚。①

第四条 刑法第一百九十一条、第三百一十二条、第三百四十九条规定的犯罪，应当以上游犯罪事实成立为认定前提。上游犯罪尚未依法裁判，但查证属实的，不影响刑法第一百九十一条、第三百一十二条、第三百四十九条规定的犯罪的审判。

上游犯罪事实可以确认，因行为人死亡等原因依法不予追究刑事责任的，不影响刑法第一百九十一条、第三百一十二条、第三百四十九条规定的犯罪的认定。

上游犯罪事实可以确认，依法以其他罪名定罪处罚的，不影响刑法第一百九十一条、第三百一十二条、第三百四十九条规定的犯罪的认定。

本条所称"上游犯罪"，是指产生刑法第一百九十一条、第三百一十二条、第三百四十九条规定的犯罪所得及其收益的各种犯罪行为。

---

① 《刑法》第 312 条规定了掩饰、隐瞒犯罪所得、犯罪所得收益罪，第 349 条规定了窝藏、转移、隐瞒毒品、毒赃罪。

第五条　刑法第一百二十条之一规定的"资助",是指为恐怖活动组织或者实施恐怖活动的个人筹集、提供经费、物资或者提供场所以及其他物质便利的行为。

刑法第一百二十条之一规定的"实施恐怖活动的个人",包括预谋实施、准备实施和实际实施恐怖活动的个人。

三、刑事政策文件

《最高人民检察院、公安部关于公安机关管辖的刑事案件立案追诉标准的规定（二）》
（2022年4月6日　公通字〔2022〕12号）（节录）

第四十三条　〔洗钱案（刑法第一百九十一条）〕为掩饰、隐瞒毒品犯罪、黑社会性质的组织犯罪、恐怖活动犯罪、走私犯罪、贪污贿赂犯罪、破坏金融管理秩序犯罪、金融诈骗犯罪的所得及其产生的收益的来源和性质,涉嫌下列情形之一的,应予立案追诉：

（一）提供资金账户的；
（二）将财产转换为现金、金融票据、有价证券的；
（三）通过转账或者其他支付结算方式转移资金的；
（四）跨境转移资产的；
（五）以其他方法掩饰、隐瞒犯罪所得及其收益的来源和性质的。

第三节　洗钱罪审判实践中的疑难新型问题

问题1. 洗钱犯罪的认定

【实务专论】[①]

根据修正后《刑法》第191条规定,"自洗钱"行为入罪,是对"自洗钱"单独评价定罪。"自洗钱"入刑后,与有关上游犯罪是实行数罪并罚,还是实行从一重罪处罚,需要进一步研究。从与其他犯罪相协调的角度看,本书倾向于认为,一般应实行从一重罪处罚。

"自洗钱"行为入罪后,上下游行为可能会面临处罚不平衡的问题,主要表现为洗钱罪上游行为不构成犯罪,而下游行为反而可能构成洗钱罪。因为洗钱犯罪的上游行为如走私犯罪、贪污贿赂犯罪、破坏金融管理秩序犯罪、金融诈骗犯罪等对于犯罪成立原则上要求具备特定的数额或者情节,现行司法解释对于洗钱罪的定罪标准并未明确,而依照《最高人民检察院、公安部关于公安机关管辖的刑事案件立案追诉标准的规定（二）》[以下简称《立案追诉标准（二）》]对洗钱罪立案标准的规定,实施洗钱行为即应立案追诉。因此,如果适用追诉标准可能就会导致上游行为不构成犯罪,下游行为构成洗钱犯罪,明显违背罪刑均衡的原则。针对这类问题在实践中要注意把握：第一,正确认识立案追诉标准只是参照适用,不具有司法解释的性质。《最高人民法院关于在经济犯罪审

[①] 杨万明主编：《〈刑法修正案（十一）〉条文及配套〈罪名补充规定（七）〉理解与适用》,人民法院出版社2021年版,第161、162页。

判中参照适用〈最高人民检察院、公安部关于公安机关管辖的刑事案件立案追诉标准的规定（二）〉的通知》明确指出，最高人民法院对相关经济犯罪的定罪量刑标准没有规定的，人民法院在审理经济犯罪案件时，可以参照适用《立案追诉标准（二）》的规定。各级人民法院在参照适用《立案追诉标准（二）》的过程中，如认为《立案追诉标准（二）》的有关规定不能适应案件审理需要的，要结合案件具体情况和本地实际，依法审慎稳妥处理好案件的法律适用和政策把握，争取更好的社会效果。第二，在入罪门槛上，原则上应把握在"一对一"上下游行为中，只有上游行为构成犯罪的，方能认定下游行为构成洗钱罪，否则会导致处罚的不平衡。这里上游行为构成犯罪是规范意义上的构成犯罪，按照刑法规定达到了犯罪的程度，并不是指上游犯罪经过审判属于已经宣告判决的犯罪，上游犯罪行为人不到案的不影响洗钱犯罪的认定。特殊情况下，如在"多对一"的上下游行为中，行为人实施了多个上游违法行为，虽然单个行为均不构成犯罪，但是数额累计计算较大的，下游洗钱行为也可能会构成洗钱罪。第三，在具体量刑幅度的把握上，洗钱犯罪刑罚原则上不应重于上游犯罪的刑罚，防止形成刑罚的"倒挂"现象。洗钱犯罪作为下游犯罪，其行为对象是由上游犯罪衍生而来，二者社会危害性也是紧密相连，犯罪成立与否原则上依附于上游犯罪的社会危害性程度，处罚也不宜超过上游犯罪。例如，行为人上游犯罪实施贪污贿赂行为，属于数额较大或者有其他较重情节的，依照《刑法》第383条规定，应处三年以下有期徒刑或者拘役，并处罚金，那么其实施"自洗钱"的行为构成洗钱罪的，就不宜适用五年以上十年以下有期徒刑的量刑档，只能适用五年以下有期徒刑或者拘役，并处或者单处罚金的量刑档，并且在具体适用刑罚上不宜超过三年有期徒刑，防止超过贪污贿赂罪的刑罚，以此确保上下游犯罪处罚的量刑均衡，体现罪责刑相适应原则。

【典型案例】冯某才等人贩卖毒品、洗钱案[①]

[基本案情]

冯某才，男，2006年因运输毒品罪被判处有期徒刑十二年。

2021年3月至4月，经缠某超介绍，冯某才两次将海洛因放置在指定地点出售给他人。4月7日晚，冯某才再次实施毒品交易时被新疆维吾尔自治区伊宁县公安局民警当场抓获。冯某才三次贩卖海洛因共计15.36克，收取缠某超毒赃共计12350元。冯某才每次收取缠某超等人的毒赃后，通过微信转账将大部分或者全部毒赃转给其姐姐冯某，三次转账金额合计8850元。其中：（1）2021年3月21日22时59分，冯某才收到缠某超支付的毒赃4000元，于次日12时05分转至冯某微信2500元；（2）2021年4月7日21时15分，冯某才收到缠某超支付的毒赃7600元，于当日22时55分转至冯某微信5600元；（3）2021年4月7日23时27分，冯某才收到吸毒人员昔某支付的毒赃750元，于当日23时28分全部转至冯某微信。

2021年10月13日，新疆维吾尔自治区伊宁县人民法院以贩卖毒品罪判处冯某才有期徒刑九年，并处罚金五千元；以洗钱罪判处冯某才有期徒刑六个月，并处罚金一千元；数罪并罚，决定执行有期徒刑九年，并处罚金六千元。冯某才未上诉，判决已生效。

[①] 本案例系2022年11月3日最高人民检察院发布的5件检察机关惩治洗钱犯罪典型案例之五。

[典型意义]

1. 对上游犯罪人员的自洗钱行为以洗钱罪追究刑事责任，是《刑法修正案（十一）》根据反洗钱形势任务作出的重大调整。办理《刑法》第191条规定的上游犯罪案件，要根据犯罪所得及其收益的去向，同步审查上游犯罪人员是否涉嫌洗钱犯罪。

2. 完整把握刑法规定的犯罪构成条件，准确认定洗钱罪。要坚持主观因素与客观因素相统一的刑事责任评价原则，"为掩饰、隐瞒上游犯罪所得及其产生的收益的来源和性质"和"有下列行为之一"都是构成洗钱罪的必要条件，主观上具有掩饰、隐瞒犯罪所得及其产生的收益来源和性质的故意，客观上实施了掩饰、隐瞒犯罪所得及其产生的收益的来源和性质的行为，同时符合主客观两方面条件的，应当承担刑事责任，并与上游犯罪数罪并罚。认定上游犯罪和自洗钱犯罪，都应当符合各自独立的犯罪构成，上游犯罪行为人完成上游犯罪并取得或控制犯罪所得后，进一步实施的掩饰、隐瞒犯罪所得及其产生的收益的来源和性质的行为，属于自洗钱行为。上游犯罪实施过程中的接收、接受资金行为，属于上游犯罪的完成行为，是上游犯罪既遂的必要条件，不宜重复认定为洗钱行为，帮助接收、接受犯罪所得的人员可以成立上游犯罪的共犯。对于连续、持续进行的上游犯罪和洗钱犯罪，应当逐一分别评价，准确认定。

问题2. 如何理解和认定洗钱罪的主观明知要件

【实务专论一】[①]

（一）关于洗钱犯罪中"明知"的司法认定

《最高人民法院关于审理洗钱等刑事案件具体应用法律若干问题的解释》第1条规定主要解决了明知的客观推定和明知的对象内容两个问题。

第一，明知的客观推定。解释的基本意见是：明知不意味着确实知道，确定性认识和可能性认识均应纳入明知范畴。这是我国司法实践长期坚持的一贯立场，相关公约文件对基于客观实际情况的推定也提出了明确要求。为方便司法操作，强化本解释的司法指导作用，解释对明知的具体认定，采取了概括加列举的表述方式，除对认定原则作出一般性规定之外，即，"刑法第一百九十一条、第三百一十二条规定的'明知'，应当结合行为人的认知能力，接触他人犯罪所得及其收益的情况，犯罪所得及其收益的种类、数额，犯罪所得及其收益的转换、转移方式以及行为人的供述等主、客观因素进行认定"，还结合实践中的具体个案情况列举了六种推定明知的具体情形，说明如下：

1. 本条第2款第1项在规定"协助转换或者转移财物"的同时要求行为人"知道他人从事犯罪活动"，是因为这里同样存在一个推定的问题。刑法规定的是行为人明知所处理的财物系他人犯罪所得及其收益，从"知道他人从事犯罪活动"到知道财物来源于该犯罪活动，需要一个推定判断的过程，尽管这一推定结论明显符合常理和举证责任的一般要求。解释在此明确，目的是消除实践中在该问题理解和认定上可能出现的种种疑虑。

2. 第2至5项规定的四种情形，即通过非法途径协助转换或者转移财物、以明显低于市场的价格收购财物、协助转换或者转移财物时收取明显高于市场的"手续费"、协助

---

① 刘为波：《〈关于审理洗钱等刑事案件具体应用法律若干问题的解释〉的理解和适用》，载《人民司法》2009年第23期。

他人将巨额现金散存于多个银行账户或者在不同银行账户之间频繁划转等,均属于洗钱行为的典型表现形式。一般情况下,根据这些行为方式本身即可推定行为人的主观明知,这里作出"没有正当理由"的限定,主要是出于科学、严谨、审慎方面的考虑,以避免因绝对化表述而可能导致的冤及无辜以及"客观归罪"或者"有罪推定"的弊病:一是现实中的情况较为复杂,不能完全排除例外情形。比如,出于逃避外汇监管、套取外商优惠政策、快捷简便地获得国际汇款服务、逃税避税、为违法犯罪活动清算资金等合法或者非法原因,实践中存在大量通过地下钱庄等非法途径转移合法资金的情形。二是根据《刑事诉讼法》的规定,证明犯罪人有罪的责任应当由控方承担。主观明知属于控方的查证范畴,根据客观事实推定主观明知需在确保无例外的前提下方能成立,否则为举证责任的不当转移。

第3、4项没有给出一个具体的数额判断标准,而是代之以"明显低于市场"或者"明显高于市场"等相对原则的规定,主要是考虑到实践中的情况较为复杂,不宜一概而论,借此为司法实践结合个案情况进行具体裁量留下空间。实践中在理解和认定"明显低于市场"或者"明显高于市场"时,可以结合行为当时当地的市场行情,低于或者高于市场的绝对数、比例数以及转换或者转移犯罪所得及其收益的次数等综合认定。比如,在广西黄某锐洗钱案中,其帮助走私犯罪分子转移赃款的手续费为赃款换成港币后的千分之一,但多次帮助该走私犯罪分子转款境外达三年之久,共计转款13000万元,个人获利100余万元。本案虽然比例数相对较低,但绝对数很高,且被告人长期以此为业、逃避金融监管,故可推定其存在主观明知。

第5项规定中的"巨额现金"的认定起点,根据《金融机构大额交易和可疑交易报告管理办法》的规定和我国人均国民收入水平,各地目前可考虑以20万元为参照标准,结合当地经济发展水平适当浮动。理由如下:(1)根据《金融机构大额交易和可疑交易报告管理办法》规定,20万元属于大额交易的认定起点①;(2)诸多司法解释文件均将20万元作为定罪量刑的重要起点,比如诈骗中的数额特别巨大等;(3)数额仅仅是判断的一个方面,这里更加侧重的是另外两个方面,一是现金;二是存在可疑因素(非正常的现金处理)。本起点数额看似偏低,但综合看基本符合当前的实际情况。

3. 第6项未规定"没有正当理由"的限制条件,主要是考虑到:从行为人与上游犯罪人之间存在的近亲属或者其他密切关系,已经足以判断出行为人对上游犯罪人的经济状况以及所处理财物的性质存在主观明知。而且,该款还作了"但有证据证明确实不知道的除外"的总的规定,可以有效防止司法推定的绝对化。例如,在重庆付某芳洗钱一案中,付某芳将其丈夫晏某彬交给她的943万余元受贿款,以本人或者他人的名义先后用于购买房产、投资金融理财产品或者存入银行。尽管晏某彬让付某芳处理这些现金时未告诉其来源,但凭借晏、付二人的夫妻关系,付足以判断这些现金属于晏受贿所得,付本人也供称肯定不是正当途径来的,应该是晏的受贿所得,故审理法院认定付某芳构成洗钱罪。

4. 解释起草之初曾在第1条第1款对"明知"有说明性的文字,即"明知是指知道或者应当知道"。专家论证会上有意见指出,尽管过去相关司法解释文件有类似表述,但

---

① 需要说明的是:现行有效的规范文件是中国人民银行于2016年2月28日颁布的《金融机构大额交易和可疑交易报告管理办法》,该办法已将大额交易的认定起点修改为5万元。

从理论上看并不严谨,"应当知道"包括确实不知道或者说过失的情形,而本解释强调的是明知可以通过客观证据来推定,并非要将过失的情形涵括在内。考虑到国外不乏将过失洗钱规定为犯罪的立法例,为避免司法中可能出现的不必要的误解,坚持我国洗钱犯罪为故意犯罪的立法本意,《解释》删去了该文字表述。

第二,明知的对象内容。解释的基本意见是:行为人对七类上游犯罪的违法所得及其收益具有概括性认识即告充足,而不要求特定到某一具体的上游犯罪所得及其收益。理由是:将明知的对象内容严格限定为七类上游犯罪中的具体类别犯罪的违法所得及其收益,与我国《刑法》关于认识错误的一般理论不符。行为人在七类上游犯罪的范围内将此类犯罪所得及其收益误认为彼类犯罪所得及其收益,因两者在法律性质上是一致的,不属于对犯罪构成要件对象的认识错误,故不应影响案件的定性。基于此,解释第1条第3款规定,"被告人将刑法第一百九十一条规定的某一上游犯罪的犯罪所得及其收益误认为刑法第一百九十一条规定的上游犯罪范围内的其他犯罪所得及其收益的,不影响刑法第一百九十一条规定的明知的认定。"同时应当注意到,如行为人将七类上游犯罪所得及其收益误认为系其他犯罪所得及其收益的,因存在法定构成要件的认识错误,则不应以《刑法》第191条规定的洗钱罪处理。

【实务专论二】①

1997年《刑法》明确规定行为人"明知"是毒品犯罪等七类犯罪的所得及其产生的收益,而予以洗钱的构成犯罪。对于"明知"的判断,洗钱犯罪司法解释第一条规定,应当结合被告人的认知能力,结合他人犯罪所得及其收益的情况,犯罪所得及其收益的种类、数额,犯罪所得及其收益的转换、转移方式以及被告人的供述等主、客观因素进行认定。司法解释在概括性规定的基础上,为方便司法操作还采用具体列举方式,列举了六种推定明知的情形,除有证据证明确实不知道的之外,均可以认定行为人对犯罪所得及其收益具有主观明知。

修正后《刑法》第191条洗钱罪删除了"明知"规定。有的观点提出,删除"明知"意味着本罪的主观方面也相应地进行了修改,会对犯罪认定带来负面影响。其一,容易产生客观归罪的情况。可能将行为人只要认为对方资金来路不明的间接故意、疏于审查资金来源的过失情形纳入刑事处罚范围,导致入罪门槛降低。其二,取消"明知"会加重金融机构的反洗钱义务,甚至面临刑事处罚的风险。我国《反洗钱法》第3条规定金融机构和按照规定应当履行反洗钱义务的特定非金融机构应履行反洗钱义务。删除"明知"会导致义务主体未履行相应反洗钱职责、未尽到合理注意义务的情形下,即可能构成犯罪,面临着刑事责任追究的风险。经研究认为,这种观点不能成立。洗钱罪为故意犯罪,必须要求明知是犯罪的违法所得及其产生的收益,仍为其洗钱的才构成犯罪。"掩饰、隐瞒"行为本身就带有故意实施相关行为的意思,在具体认定上,与"明知"要件存在一定程度的重复。在理解上,不再要求对某一种具体上游犯罪的罪名具备"明知",如果犯罪所得及其收益确实来源于恐怖活动犯罪、走私犯罪、贪污贿赂犯罪等特定上游犯罪,最终不能以洗钱罪定罪处罚,将不能充分体现罚当其罪,与罪责刑相适应原

---

① 杨万明主编:《〈刑法修正案(十一)〉条文及配套〈罪名补充规定(七)理解与适用〉》,人民法院出版社2021年版,第163页。

则也不一致。

【公报案例/刑事审判参考案例】汪某洗钱案[①]

一、基本案情

广州市海珠区人民检察院以被告人汪某犯洗钱罪，向广州市海珠区人民法院提起公诉。

广州市海珠区人民检察院指控：被告人汪某在明知区某能、区某儿（均另案处理）从事毒品犯罪并想将其违法所得转为合法收益的情况下，仍建议并参与将其毒品犯罪所得资金以投入企业经营的方式转为合法收益的犯罪活动。2002年8月，汪某同区某能、区某儿在本市黄埔区明皓律师事务所，以区某能、区某儿的毒品犯罪所得港币520万元（折合约人民币550万元），购入广州市百叶林木业有限公司的60%股权。后将该公司更名为广州市腾盛木业有限公司，由区某儿任该公司法定代表人，汪某任该公司董事长，以经营木业为名，采用制造亏损账目的手段，掩饰、隐瞒违法所得的来源与性质。被告人汪某的行为触犯了《中华人民共和国刑法》第191条第5项之规定，已构成洗钱罪。被告人汪某曾因犯罪被判处有期徒刑，刑罚执行完毕后五年内再犯罪属于累犯，应予从重处罚。

被告人汪某辩称：不知道区某能的投资款是毒资，也不清楚区某儿做虚假报账。其辩护人提出：本案的证据不足，被告人不构成洗钱罪；构成洗钱罪须以被告人对于毒品犯罪的违法所得具有明知为前提，根据被告人的供述，被告人仅仅是基于分析和判断而认为投资款是毒资的，所以不能认定被告人具有主观明知，而且只有被告人的供述也不足以认定被告人犯洗钱罪；如本案有同案人，应属共同犯罪，在其他同案人未被认定的情况下不能就此认定被告人构成洗钱罪。

广州市海珠区人民法院经公开审理查明：

被告人汪某于2001年底认识区某儿（另案处理）后，在明知区某儿的弟弟区某能（另案处理）从事毒品犯罪并想将其违法所得转为合法收益的情况下，于2002年8月伙同区某儿、区某能到本市黄埔区广东明皓律师事务所，以区某能、区某儿的港币520万元（其中大部分为区某能毒品犯罪所得），购入广州百叶林木业有限公司的60%股权。被告人汪某并协助区某能运送毒资作为股权转让款。在取得公司控股权后，区某儿、区某能安排将该公司更名为广州市腾盛木业有限公司，由区某儿任该公司法定代表人，直接管理财务。被告人汪某挂名出任该公司董事长，除每月领取人民币5000元以上的工资外，区某儿、区某能还送给被告人汪某一辆ML320越野奔驰小汽车。之后，腾盛木业有限公司以经营木业为名，采用制造亏损账目的手段，掩饰、隐瞒其违法所得的来源与性质，意图将区某能的毒品犯罪所得转为合法收益。2003年3月16日，被告人汪某及同案人被公安人员抓获。

广州市海珠区人民法院认为，被告人汪某受他人指使，为获得不法利益，明知是他人毒品犯罪的违法所得，仍伙同他人以毒资投资企业经营的方式，掩饰、隐藏该违法所

[①] 刘一守：《汪某洗钱案——洗钱罪主观明知要件的理解与认定》，载中华人民共和国最高人民法院刑事审判第一、第二、第三、第四、第五庭主办：《刑事审判参考》总第37集，法律出版社2004年版。本案例同时载于《最高人民法院公报》2004年第10期。

得的非法性质及来源，其行为妨害了我国的金融管理秩序，已构成洗钱罪。被告人汪某曾因犯罪被判处有期徒刑，刑罚执行完毕后五年内再犯罪，是累犯，本应从重处罚。惟被告人汪某在共同犯罪中起辅助作用，是从犯，依法应当从轻处罚。被告人汪某的辩解及其辩护人的辩护意见因依据不足，本院不予采纳。依照《中华人民共和国刑法》第191条第5项、第65条、第27条之规定，判决如下：

1. 被告人汪某犯洗钱罪，判处有期徒刑一年六个月，并处罚金人民币二十七万五千元；

2. 没收被告人汪某的违法所得 ML320 越野奔驰小汽车一辆。

一审宣判后，被告人未上诉，公诉机关亦未抗诉，判决发生法律效力。

二、主要问题

如何理解和认定洗钱罪的主观明知要件？

三、裁判理由

1. 明知不以确知为限，既可以是确定性认识，也可以是可能性认识，被告人汪某对于本案所涉资金系毒赃存在可能性认识，应认定其具有主观明知

根据《刑法》第191条及《刑法修正案（三）》第7条的规定，洗钱罪的构成需以行为人对作为洗钱对象的毒品犯罪、黑社会性质的组织犯罪、恐怖活动犯罪、走私犯罪（以下称四类上游犯罪）的违法所得及其产生的收益具有主观明知为要件。可见，主观明知是成立洗钱罪的一个前提条件。应当说，对于洗钱罪中明知要件的理解，理论和实务界在其对象内容及程度要求上均存在一定的分歧。比如，在明知的对象内容方面，就存在一切犯罪所得及收益、概括的四类上游犯罪所得及收益、具体的四类上游犯罪所得及收益等不同意见；在明知的程度方面，也存在确定性认识、可能性认识等不同意见。对此，我们认为应当结合我国洗钱罪的刑事立法及刑法一般理论来加以理解和把握。具体言之，对于洗钱罪中明知的对象内容，行为人对属于四类犯罪的违法所得及其产生的收益具有概括性认识即告充足。首先，这是由我国刑事立法的特点决定的，不同于将是否属于特定的上游犯罪所得作为客观要件，以认识到系非法所得为主观要件的国外一些立法例，我国刑事立法对洗钱罪的明知对象作出了清楚的表述，在现有的立法框架内不存在将明知的对象扩大至所有犯罪所得的理解空间。其次，将明知对象内容严格限定为四类上游犯罪中的具体类别犯罪的违法所得及其产生的收益，与我国《刑法》关于认识错误的一般理论不符。行为人在四类上游犯罪的范围内将此类犯罪所得及收益误认为彼类犯罪所得，因两者在法律性质上是一致的，不属对犯罪构成要件对象的认识错误，故不应影响案件的定性。相反，如行为人将四类上游犯罪所得及收益误认为系其他犯罪所得及收益的，因存在法定构成要件的认识错误，则不应以洗钱罪定罪处罚。对于明知的程度，我们认为，明知不等于确知，尽管确定性认识和可能性认识存在程度上的差异，但两者都应纳入明知的范畴。只要证明行为人在当时确实知道或者根据事实足可推定行为人对于所经手的财产系四类上游犯罪所得的赃钱的可能性有所认识，都可成立明知。同时应注意避免以应当知道的证明取代对于可能性明知的证明，后者属于实然层面上的心理状态，前者属于应然层面上的注意义务，两者不可混为一谈。至于明知的具体认定，一般可以综合行为人的主观认识，接触赃物的时空环境，赃物的种类、数额、赃物交易、运送的方式、方法及行为人的一贯表现等主、客观因素进行具体判断。

在本案中，主观方面，被告人汪某明知区某儿的弟弟区某能从事毒品犯罪，基于自

己的分析和判断，其主观上对二区的投资款系毒资的可能性具有一定认识；客观方面区某能、区某儿一次性支付港币 520 万元股权转让款，数额巨大且全部为现金支付，其间无偿赠与其 ML320 越野奔驰高档小汽车一辆，结合被告人汪某曾因犯偷税罪被判处有期徒刑四年的前科历史，故认定其对 520 万元投资款属于毒品犯罪所得具有主观明知，是符合客观实际的。

【刑事审判参考案例】刘某1、杨某敏洗钱案[①]

一、基本案情

广州市中级人民法院经审理查明：2017 年下半年以来，毒品犯罪涉案人员刘某 1（另案处理）伙同他人多次走私毒品海洛因入境贩卖，牟取、积累了巨额违法所得。2019 年 6 月 25 日，刘某 1 被指控犯走私、贩卖毒品罪。刘某 2 的胞兄刘某 1、前妻杨某敏在明知刘某 2 所有的资金、财物系通过毒品犯罪获取的情况下，为掩饰、隐瞒毒品犯罪违法所得及其收益的性质和来源，通过提供资金账户、转账协助资金转移、虚设债权债务、虚假投资等各种方式，实施了协助将毒品犯罪所得及其收益转换为"合法"财产的洗钱行为。刘某 1 洗钱金额共计 560.75 万元，杨某霞洗钱金额共 766.5479 万元。

广州市中级人民法院认为，被告人刘某 1、杨某敏无视国家法律，明知是他人毒品犯罪所得及其产生的收益，以提供资金账户、转换财产形式等方法掩饰、隐瞒犯罪所得及其收益的来源和性质，情节严重，其行为均已构成洗钱罪。刘某 1、杨某敏在共同洗钱犯罪中，均发挥重要作用均系主犯，应对其所参与实施的全部洗钱犯罪承担刑事责任。据此，依照《中华人民共和国刑法》第 191 条第 1 款第 1 项、第 2 项、第 3 项、第 5 项，第 25 条，第 26 条第 1 款、第 4 款，第 47 条，第 52 条，第 53 条，第 61 条，第 62 条，第 64 条，第 67 条第 3 款，《最高人民法院关于适用财产刑若干问题的规定》第 5 条之规定，判决：被告人刘某 1 犯洗钱罪，判处有期徒刑七年，并处罚金人民币一百一十二万元。被告人杨某敏犯洗钱罪，判处有期徒刑五年，并处罚金人民币三十九万元。相关财产予以扣押没收。另附相关财产线索。

一审宣判后，被告人刘某 1、杨某敏均未提出上诉，公诉机关未提出抗诉，判决已发生法律效力并移送执行。

二、主要问题

如何正确适用洗钱罪？

三、裁判理由

2021 年 3 月 1 日起施行的《刑法修正案（十一）》对《刑法》第 191 条洗钱罪作了重大修改，虽然删除了原《刑法》第 191 条有关"明知"的规定，但根据主客观相一致的原则，认定为他人实施洗钱犯罪的，在主观上仍然应当认识到是《刑法》第 191 条规定的上游犯罪的所得及其产生的收益。司法实践中，洗钱犯罪行为人往往以自己主观上对涉案财产的来源及属性不知情进行抗辩。为解决洗钱犯罪主观明知这一特定事实的证明困难，《最高人民法院关于审理洗钱等刑事案件具体应用法律若干问题的解释》第 1 条第 2 款列举了七种允许通过客观表现等对被告人的主观明知予以推定的情况。同时，也明

[①] 龚帆、李倩雯：《刘某1、杨某敏洗钱案——如何正确适用洗钱罪》，载最高人民法院刑事审判第一、二、三、四、五庭编：《刑事审判参考》总第 132 辑，人民法院出版社 2022 年版。

确了有证据证明确实不知道的除外。"明知"包括知道或者应当知道。对于犯罪嫌疑人、被告人的供述和辩解,要结合全案证据进行审查判断。认定"明知"应当结合犯罪嫌疑人、被告人的身份背景、职业经历、认知能力及其所接触、接收的信息,与上游犯罪嫌疑人、被告人的亲属关系、上下级关系、交往情况、了解程度、信任程度,接触、接收他人犯罪所得及其收益的情况,犯罪所得及其收益的种类、数额,犯罪所得及其收益的转换、转移方式,交易行为、资金账户的异常情况,以及犯罪嫌疑人、被告人的供述及证人证言等主、客观因素,进行综合分析判断。

本案中,以刘某2假借被告人刘某1名义购买涉案凯迪拉克SUV为例,认定刘某1具有主观明知的理由如下:其一,从涉案资金的来源与大小来看,刘某1与刘某2系亲兄弟,其知道刘某2因毒品犯罪入狱刑满释放后,无正当职业和收入来源,30余万元的购车款系属与刘某1的职业或者财产状况明显不符的财物;其二,从掩饰、隐瞒涉案资金来源及其性质的方式来看,刘某1在购车前曾对证人陈某义声称购车的资金来源于自己养蜂场的经营收入,且在购车后协助刘某2将车辆登记在自己名下,可见其掩饰、隐瞒购车资金来源的意图明显;其三,从转移、转换涉案资产的用途来看,以刘某1当时的经济收入水平与工作生活需要,并无购车的必要与经济实力,亦侧面反映出刘某1应当知道刘某2购车款来源于违法犯罪所得。此外,对于洗钱罪的上游犯罪性质明知的认定,本案结合刘某2曾犯非法持有毒品罪的前科,认为刘某对刘某实施上游毒品犯罪的性质具有概括的明知。

【司法解释】

《最高人民法院关于审理洗钱等刑事案件具体应用法律若干问题的解释》(2009年11月4日 法释〔2009〕15号)(节录)

第一条 刑法第一百九十一条、第三百一十二条规定的"明知"[①],应当结合被告人的认知能力,接触他人犯罪所得及其收益的情况,犯罪所得及其收益的种类、数额,犯罪所得及其收益的转换、转移方式以及被告人的供述等主、客观因素进行认定。

具有下列情形之一的,可以认定被告人明知系犯罪所得及其收益,但有证据证明确实不知道的除外:

(一)知道他人从事犯罪活动,协助转换或者转移财物的;

(二)没有正当理由,通过非法途径协助转换或者转移财物的;

(三)没有正当理由,以明显低于市场的价格收购财物的;

(四)没有正当理由,协助转换或者转移财物,收取明显高于市场的"手续费"的;

(五)没有正当理由,协助他人将巨额现金散存于多个银行账户或者在不同银行账户之间频繁划转的;

(六)协助近亲属或者其他关系密切的人转换或者转移与其职业或者财产状况明显不符的财物的;

---

① 需要说明的是,由于我国《刑法修正案(十一)》第14条将自洗钱行为纳入了规制范围,故将以前的主观要件"明知是毒品犯罪……"的表述修改为"为掩饰、隐瞒毒品犯罪……"鉴于洗钱罪是故意犯罪,他洗钱行为成立洗钱罪仍然要求行为人主观上"明知是"毒品犯罪等特定七种犯罪的所得及其产生的收益,故该条款关于"明知"的认定仍可继续适用。

（七）其他可以认定行为人明知的情形。

被告人将刑法第一百九十一条规定的某一上游犯罪的犯罪所得及其收益误认为刑法第一百九十一条规定的上游犯罪范围内的其他犯罪所得及其收益的，不影响刑法第一百九十一条规定的"明知"的认定。

问题 3."以其他方法洗钱"如何认定

【实务专论】①

（二）关于《刑法》第 191 条规定的"其他方法"进行洗钱的理解

解释第 2 条规定既是《刑法》第 191 条第 1 款第 5 项规定的"其他"洗钱方法的细化规定，同时又有进一步澄清洗钱行为实质的深层考虑。

从《联合国禁止非法贩运麻醉药品和精神药物公约》（《维也纳公约》）、《联合国打击跨国有组织犯罪公约》（《巴勒莫公约》）、《联合国反腐败公约》《联合国制止向恐怖主义提供资助的国际公约》等相关国际公约文件（以下统称公约文件）来看，洗钱行为表现为两类：一是基于掩饰、隐瞒财产的非法来源或者帮助上游犯罪人逃避刑事追究之目的而转换或者转移犯罪所得的行为；二是掩饰、隐瞒上游犯罪所得的真实性质、来源等的行为。对于这两类行为的惩罚，在我国刑法中主要通过《刑法》第 191 条、第 312 条规定来具体落实。当前实践中的主要问题是：《刑法》第 191 条规定得较为具体，对于针对七类特定上游犯罪的洗钱行为是否具有足够的包容性？突出表现在：《刑法》第 191 条第 1 款第 1 至 4 项规定主要是针对通过银行类金融机构实施的洗钱行为，同时考虑到《刑法》第 191 条是作为破坏金融管理秩序罪来规定的，实践部门对于非通过银行类金融机构特别是通过金融机构以外的其他途径进行的转换、转移、掩饰、隐瞒行为是否可以通过本条第 5 项关于"以其他方法掩饰、隐瞒犯罪的违法所得及其收益的性质和来源"的规定来理解，存在疑虑，类似案件实践中多数是以第 312 条规定来处理或者不作为犯罪处理。重庆罗某虹受贿、洗钱案即为适例。在该案中，罗某虹明知其丈夫王某拿回家的系受贿赃款而用于投资理财；得知王某被"两规"调查时，还转移赃款及相关产权凭证，共计人民币 400 余万元。鉴于相关法律界限不是很清楚，为慎重起见，审理法院依照《刑法》第 312 条的规定追究了罗的洗钱责任。

经研究，我们认为，两个法条的区分界限应落脚在是否特定上游犯罪上，而非具体的行为方式。在实践中存在的所有洗钱行为，包括通过商业银行等银行类金融机构，证券公司、保险公司等非银行类金融机构，商品交易、企业收购、投资等非金融途径以及地下钱庄、赌博、购彩、走私等非法途径实施的洗钱犯罪，只要其对象属于《刑法》第 191 条规定的上游犯罪的犯罪所得及收益，即应以《刑法》第 191 条规定的洗钱罪定罪处罚。

为方便司法操作，经对实践中发生较多的一些洗钱方式甄别分类、概括提炼，形成了本条规定的六种情形。在规定该六种情形时，主要有两点考虑：一是与刑法条文已经列明的四种情形严格区分；二是要有一定的包容性，不宜过于琐碎。具体说明如下：

---

① 刘为波：《〈关于审理洗钱等刑事案件具体应用法律若干问题的解释〉的理解和适用》，载《人民司法》2009 年第 23 期。

1. 通过典当、租赁、买卖、投资等方式，协助转移、转换犯罪所得及其收益。规定本情形主要解决两个问题：一是拾遗。即便从金融机构角度来看，《刑法》第191条第1款第2项关于"将财产转换为现金、金融票据、有价证券"的规定也不全，比如期货、保险、黄金领域未作规定；二是补缺。第191条第1款第2项仅规定"将财产转换为现金、金融票据、有价证券"行为，未对反向行为作出规定。同时，鉴于典当、租赁、投资领域也经常为洗钱犯罪所利用，故在此一并规定。实践中通过商品买卖进行洗钱主要表现为以犯罪所得购买贵重金属、古玩字画、房产等大宗贵重物品以及利用进出口贸易进行跨境洗钱活动等；通过投资进行洗钱主要表现为收购企业、购买股票等有价证券以及保险等。

2. 通过与商场、饭店、娱乐场所等现金密集型场所的经营收入相混合的方式，协助转移、转换犯罪所得及其收益。现金密集型行业主要是指零售、服务等行业，这类行业现金流量大，难以监管，不时地掺入犯罪财产，与合法收入一同申报纳税难以被发现，故易为洗钱犯罪所用。现代意义上的洗钱概念即渊源于此。

3. 通过虚构交易、虚设债权债务、虚假担保、虚报收入等方式，协助将犯罪所得及其收益转换为"合法"财物。虚构交易与前述真实交易有所不同，前者侧重掩饰隐瞒；后者侧重转移、转换。虚构交易主要体现为：通过空壳公司等在无真实交易的情况下虚买虚卖、自买自卖或者以高价购买低价物品，将赃钱"合法"转移给同伙。虚设债权、虚假担保与虚构交易道理相通。虚假担保在实践中主要表现为：以犯罪所得作抵押、质押取得银行合法贷款，贷款到期不还贷，抵押物、质押物交由银行变卖受偿。

4. 通过买卖彩票、奖券等方式，协助转换犯罪所得及其收益。在实践中通过购买彩票、奖券等方式的洗钱，主要有三种表现：一是协助购买他人已经中彩、中奖的票券；二是协助以犯罪所得去购买彩票、奖券，并事实上中奖、中彩；三是协助用犯罪所得去购买彩票、奖券，但未能中奖、中彩。该三种情形均属对犯罪所得及其收益的转移、转换行为，故均应以洗钱犯罪论处。

5. 通过赌博方式，协助将犯罪所得及其收益转换为赌博收益。征求意见和专家论证时，有意见提出，赌博也是违法犯罪行为，不存在把赃钱合法化的问题。解释对此予以保留，主要有三个方面的考虑：一是赌场是一个较为典型的洗钱场所，性质上非法并不意味实践中不存在；二是当前国内存在不少通过境外赌场、网上赌场洗钱的情形；三是洗钱并不意味着非得把黑钱洗白（合法化），公约文件强调对洗钱的三个不同阶段（放置、分层、混同）均需打击。

6. 协助将犯罪所得及其收益携带、运输或者邮寄出入境。为逃避金融监测、监管，通过人体、所携行李或者交通工具偷运犯罪所得出入境，或者利用国际邮件夹带现金将赃款邮寄出入境，正日益成为重要的洗钱手段。《刑法》第191条仅明确了"协助将资金汇往境外"① 的洗钱手段，存在明显不足。为满足实践中的打击需要，解释对此予以明确。此外，利用地下钱庄、哈瓦那等替代性兑换、汇款机制进行洗钱的行为，也应依法追究刑事责任。

---

① 《刑法修正案（十一）》已将"协助将资金汇往境外"修改为"跨境转移资产的"。

【地方参考案例】 刘某信用卡诈骗、雷某洗钱案[①]

[裁判要旨]

信用卡诈骗罪和洗钱罪均属于破坏金融秩序的犯罪,但两种犯罪行为相互独立,对于行为人实施上述两种犯罪行为的应当分别定罪,实行并罚,如本案中行为人实施购买信用卡信息资料冒充持卡人进行消费的犯罪又帮助实施金融诈骗犯罪的人通过赌博的方式隐藏犯罪所得性质的,分别构成信用卡诈骗罪和洗钱罪,应实行并罚。

[基本案情]

2011年8月至2012年10月,被告人刘某非法购得他人信用卡信息、身份证信息及账户余额变动情况等,通过第三方支付公司的随机代付验证服务,完成持卡人的协议扣款授权。嗣后,刘某通过"欧飞数卡"、招商银行理财等交易平台发起扣款指令,再由第三方支付公司向相关银行发起相应扣款,共计从马某等29名持卡人账户中盗划资金787万余元。为掩饰、隐瞒信用卡诈骗犯罪所得钱款的来源和性质,刘某使用从他人处购得的信用卡账户将上述款项拆分、转移或通过赌博进行洗兑。其间,被告人雷某明知是金融诈骗犯罪的所得款项,仍协助刘洗钱200余万元。

[法院认为]

上海市第一中级人民法院经审理认为,被告人刘某为牟取非法利益,购买大量的他人信用卡信息资料,有针对性进行分析、筛选,冒用持卡人名义在"欧飞数卡"网站注册账户并绑定信用卡进行消费;后刘某又寻找到使用类似"短信支付"方式进行绑定、支付的招商银行理财平台和陆金所平台,实施信用卡诈骗犯罪,数额特别巨大,其行为构成信用卡诈骗罪。被告人雷某明知是金融诈骗犯罪所得的收益,仍通过赌博方式,协助刘某将犯罪所得转换为赌博收益,其行为构成洗钱罪。

[裁判结果]

综上,上海市第一中级人民法院以信用卡诈骗罪判处被告人刘某有期徒刑十年,剥夺政治权利二年,并处罚金五十万元;以洗钱罪判处被告人雷某有期徒刑一年,并处罚金十二万元。一审宣判后,被告人未提出上诉,公诉机关也未提出抗诉,判决已经发生法律效力。

【司法解释】

《最高人民法院关于审理洗钱等刑事案件具体应用法律若干问题的解释》(2009年11月4日 法释〔2009〕15号)(节录)

第二条 具有下列情形之一的,可以认定为刑法第一百九十一条第一款第(五)项规定的"以其他方法掩饰、隐瞒犯罪所得及其收益的来源和性质":

(一)通过典当、租赁、买卖、投资等方式,协助转移、转换犯罪所得及其收益的;

(二)通过与商场、饭店、娱乐场所等现金密集型场所的经营收入相混合的方式,协助转移、转换犯罪所得及其收益的;

(三)通过虚构交易、虚设债权债务、虚假担保、虚报收入等方式,协助将犯罪所得

[①] 本案例系2013年度上海法院金融刑事审判十大案例。

及其收益转换为"合法"财物的；

（四）通过买卖彩票、奖券等方式，协助转换犯罪所得及其收益的；

（五）通过赌博方式，协助将犯罪所得及其收益转换为赌博收益的；

（六）协助将犯罪所得及其收益携带、运输或者邮寄出入境的；

（七）通过前述规定以外的方式协助转移、转换犯罪所得及其收益的。

问题 4. 洗钱犯罪数额的认定

【中国审判案例要览案例】在下游犯罪收到的钱款不能与查明的上游犯罪的款额一一对应的情况下，如何认定洗钱罪的犯罪数额——赵某锐等受贿、洗钱案 [①]

[基本案情]

重庆市第二中级人民法院经公开审理查明：

2001 年至 2002 年期间，赵某锐利用担任合川市建委主任、合川市江东开发有限公司总经理的职务之便，帮助重庆易成建筑工程公司董事长易某仁顺利承建合川市钓鱼大道 B 标段工程和学士路工程，易某仁许诺事后给予感谢。工程结算后，赵某锐与易某仁商定让被告人邹勇到易某仁处以承接工程为名收受好处费。2005 年赵某锐授意邹勇去找易某仁承建工程，邹某找到易某仁后，易担心邹某做不好工程，便未将工程交给邹某承建。易某仁为兑现其承诺，便采取另外的方式让邹某获得好处。2006 年 2 月，易某仁安排邹某在自己的工程中"投资"5 万元，同年 12 月，易某仁以"分红"的名义连本带"利"给邹某 25 万元。邹某将从易某仁处获得 20 万元的情况告诉赵某锐，赵讲将钱放在邹某处，后邹某将该款用于投资重庆红鹰房地产开发有限公司。

2002 年至 2009 年期间，被告人赵某锐分别利用担任合川市计生委主任、建委主任、副市长、重庆市北碚区副区长等职务之便为他人谋取利益，先后收受重庆钓鱼城建设监理咨询有限公司总经理周某、重庆市升厦建设集团有限公司董事长刘某云、重庆市光瑞房地产开发有限公司董事长蒋某瑞、重庆市长帆房地产发展有限公司董事长王某、重庆大唐测控技术有限公司总经理唐某烨、重庆新兴齿轮有限公司董事长李某明、重庆富皇水泥有限公司董事长刘某田、重庆百吉四兴压铸有限公司董事长杨某琴等人的贿赂共计 67.5 万元，美元 1 万元。

2005 年至 2009 年期间，赵某锐先后将其受贿所得赃款及其他款项一百余万元交给邹某保管，邹某明知赵某锐交给他的款项中有受贿所得赃款，仍将其用于投资重庆红鹰房地产开发有限公司，以掩饰和隐瞒该款项的来源和性质。

[法院认为]

重庆市第二中级人民法院经审理认为：被告人赵某锐在担任合川市计生委主任、建委主任、副市长、重庆市北碚区副区长期间，利用职务之便，为他人谋取利益，收受他人贿赂共计人民币 87.5 万元，美元 1 万元（折合人民币 76082 元），其行为已构成受贿罪。邹某在赵某锐已经为易某仁谋取利益之后，在赵某锐的安排下到易某仁处获得 20 万元，其实质是邹某在赵某锐的指使下，代为收取好处费，其行为不应认定为共同犯罪，公诉机关指控被告人邹某犯受贿罪的罪名不成立。被告人邹某明知赵某锐交给他的钱款

---

① 重庆市第二中级人民法院（2010）渝二中法刑初字第 32 号刑事判决书。

中有贿赂犯罪所得,仍将贿赂款 87.5 万元采取投资的方式掩饰、隐瞒其来源和性质,其行为已构成洗钱罪。鉴于其洗钱数额中可能有一部分发生系在《刑法修正案(六)》颁布施行前,本着有利于被告人的原则,可对其酌情从轻处罚。

[裁判结果]

综上,重庆市第二中级人民法院作出如下判决:

一、赵某锐犯受贿罪,判处有期徒刑十二年,并处没收财产人民币 20 万元。

二、邹某犯洗钱罪,判处有期徒刑三年,并处罚金人民币 87.5 万元。

三、赵某锐受贿所得赃款美元 1 万元(折合人民币 76 082 元)予以追缴,上缴国库。

四、邹某犯罪所得人民币 87.5 万元予以没收,上缴国库。

[简要分析]

如何认定洗钱罪的犯罪数额,是本案的争议焦点之一。审理法院认为,在下游犯罪收到的钱款不能与查明的上游犯罪的款额一一对应的情况下,只要下游犯罪人收到的数额大于上游犯罪人的犯罪数额,上游犯罪的数额应全部认定为洗钱罪的犯罪数额。理由是:

由于法律规定洗钱罪的罚金刑是按洗钱数额的比例计算的,因而在认定该罪时必须准确认定洗钱数额。但在洗钱犯罪中,上游犯罪人不可能将每笔犯罪所得都原封不动地交给下游进行洗钱,在交给下游的钱款中,也不一定完全系犯罪所得,也就是说下游的洗钱数额不可能与上游的犯罪数额完全对应,这就存在对洗钱数额如何认定的问题。本案中,邹某供述其从赵某锐处拿的现金共有二百余万元,其中包括赵某锐交给他的 120 余万元,在赵的安排下,其以投资的名义从易某仁处获得 20 万元。这些款项中,除邹某从易某仁处获得的 20 万元可以明确地认定系赵某锐收受易某仁的贿赂款外,其他钱款均不能与赵某锐收受他人的贿赂相对应。按赵某锐的供述,其收受唐某烨现金 10 万元已经交给了妻子,收受蒋某瑞的其中 3 万元已用于家庭的日常开支,这部分钱款是否应认定为洗钱数额,控辩双方观点并不一致。笔者认为,钱币属于种类物,不可能将此钱与彼钱一一对应。要求收进的钱款与支出的钱款一一对应,不仅实践中无法操作,也不符合情理,甚至会使犯罪分子钻法律的空子。只要上游犯罪人交给下游犯罪人的数额大于上游犯罪数额,即应认定其交给洗钱人的数额中包括全部的犯罪数额。法院将此部分认定为犯罪数额是恰当的。

此外,本案邹某的辩护人还提出赵某锐在《刑法修正案(六)》颁布施行前的受贿数额不应计算为邹某的洗钱数额,法院对该辩护意见没有采纳,笔者认为是正确的。主要理由有二:其一,赵某锐收受贿赂的时间与邹某的洗钱时间没有关系,因为赵某锐收受贿赂后,不一定立即将钱交给邹某,邹某在收到赵某锐的贿赂款之前,其洗钱行为不可能实施。认定邹某洗钱犯罪的着手时间只能在赵某锐将钱款交给邹某之后。邹某供述赵某锐分别于 2008 年 8 月和 2009 年交给他现金共 80 万元,2006 年年底按照赵某锐的安排,其从易某仁处获得 20 万元,该三笔款项共 100 万元,均系邹某在《刑法修正案(六)》颁布施行后获得并投入了红鹰公司,其数额大于赵某锐的受贿数额,由此可以认定邹某的洗钱数额均发生在《刑法修正案(六)》颁布施行之后。其二,1998 年 12 月 2 日《最高人民检察院关于对跨越修订刑法施行日期的继续犯罪、连续犯罪以及其他同种数罪应如何具体适用刑法问题的批复》规定:对于《刑法》修订前后分别实施的同种类数罪,其中罪名、构成要件、情节以及法定刑均没有变化的,应当适用修订《刑法》,一并进行追诉；罪名、构成要件、情节及法定刑已经变化的，也应当适用修订《刑法》，一并进行追诉，但是修订《刑法》比原刑法所规定的构成要件和情节较为严格，或者法定刑较重的，在提起公诉时应当提出酌情从轻处理意见。如果赵某锐交给邹某的赃款中有一部分系在《刑法修正案（六）》颁布施行之前交付，那么是否认定为洗钱数额的关键是邹某为赵某锐保管并投资的行为是否构成犯罪——如果构成犯罪，由于罪名变化，则按洗钱罪予以追诉；如果不构成犯罪，则不应认定为犯罪数额。由此引申出对原《刑法》第312条规定的窝藏赃物的理解问题。原《刑法》第312条规定，明知是犯罪所得的赃物予以窝藏、转移、收购或者代为销售的，构成窝藏、转移、收购、销售赃物罪（现刑法已对该条的犯罪对象、罪名作了修改）。虽然在司法实践中很少见到代为保管赃款以窝藏赃物罪追究刑事责任的案例，但从广义上讲，赃款属于赃物的范畴，代为保管赃款的行为属于窝藏赃物的情形，应该追究刑事责任。《刑法修正案（六）》将该行为规定为洗钱罪，在此之前的行为属于窝藏赃物的行为，前后行为均构成犯罪，只是罪名不同，故应对前后行为一并予以追诉。但鉴于邹某洗钱数额中可能有一部分系发生在《刑法修正案（六）》颁布施行前，法院本着有利于被告人的原则对其酌情从轻处罚是恰当的。

【典型案例】犯罪所得及其收益经转移、转换后的资金使用行为不影响洗钱罪的成立——李某华洗钱案[①]

[基本案情]

李某华，女，黑社会性质组织的组织、领导者李某妻子。

（一）上游犯罪

2002年至2019年，李某组织、领导黑社会性质组织，非法霸占多个林场、采石场，非法组建"执法队"，垄断江西省宁都县石上镇林业并涉足采石场、房地产等领域攫取高额利润，以暴力、威胁及其他手段，有组织地实施强迫交易、敲诈勒索、滥伐林木、虚开增值税专用发票、虚开发票等系列违法犯罪活动，在江西省宁都县石上镇及周边区域、宁都县城为非作恶、欺压残害百姓，称霸一方，严重破坏当地经济、社会生活和管理秩序。2020年12月15日，江西省赣州市中级人民法院判决李某犯组织、领导黑社会性质组织罪、寻衅滋事罪、强迫交易罪、敲诈勒索罪、聚众斗殴罪、滥伐林木罪、非法占用农用地罪等15个罪名，数罪并罚，决定执行有期徒刑二十四年十个月，并处没收个人全部财产。

（二）洗钱罪

2018年9月至2019年4月期间，李某将在林场、采石场违法犯罪所得及其收益存入其控制经营的鑫某牧业公司、兴某牧业公司对公银行账户中。根据群众举报，江西省宁都县公安局于2018年8月17日、2019年3月26日两次传唤李某，并于2019年3月对李某所涉多起犯罪立案侦查。2019年5月24日，宁都县公安局以涉嫌寻衅滋事罪对李某执行刑事拘留，并于当日通知其妻子李某华。被采取强制措施前，李某将对公银行卡和U盾交予李某华保管。在李某被刑事拘留后，李某华为掩饰上述保管的黑社会性质组织犯罪所得及其收益的来源和性质，于2019年5月25日要求他人提供银行账户供其使用，并分别于5月27日、28日从鑫某牧业公司对公账户分多笔转出340万元至他人银行账户。

[①] 本案例系2022年11月3日最高人民检察院发布的5件检察机关惩治洗钱犯罪典型案例之三。

6月21日、24日，李某华又从兴某牧业公司对公账户分多笔转出400万元至他人银行账户。上述740万元转至他人账户后，李某华将其中的141万余元用于支付李某所办工厂工人工资、水电费、税费、贷款等，剩余598万余元由他人取现后交至其手中，李某华予以隐匿。

2021年5月26日，江西省宁都县人民法院以洗钱罪判处李某华有期徒刑五年，并处罚金六十万元。宣判后，李某华提出上诉。同年8月27日，江西省赣州市中级人民法院裁定驳回上诉，维持原判。

[典型意义]

1. 主观上认识到是黑社会性质组织犯罪所得及其产生的收益，是构成为他人的黑社会性质组织犯罪所得及其产生的收益洗钱的要件之一，认识内容是对黑社会性质组织犯罪事实的认识，而不是对法律性质的认识。对黑社会性质组织犯罪事实的认识，包括对上游犯罪人员从事的体现黑社会性质组织犯罪组织特征、经济特征、行为特征、危害性特征相关具体事实的认识。公安司法机关公开征集涉黑犯罪线索、发布涉黑犯罪公告、对相关黑社会性质组织成员采取强制措施后，仍帮助黑社会性质组织成员转移涉案资金的，可以认定其知道或者应当知道是黑社会性质组织犯罪所得及其产生的收益。

2. 为掩饰、隐瞒《刑法》第191条规定的七类上游犯罪所得及其产生的收益的来源和性质，将上游犯罪所得及其收益在不同账户中划转，或者转换为股票、金融票据，或者转移到境外的，即属刑法规定的洗钱犯罪，转移、转换的资金数额即为洗钱犯罪数额。要注意区分洗钱行为与洗钱后使用犯罪所得及其收益行为的不同性质，犯罪所得及其收益经转移、转换后的资金使用行为不影响洗钱罪的成立，转移、转换后的资金用途不影响洗钱数额的认定。

问题5. 洗钱罪与掩饰、隐瞒犯罪所得、犯罪所得收益罪及窝藏、转移、隐瞒毒品、毒赃罪的关系及处罚原则

【实务专论一】①

（三）关于《刑法》第191条、第312条、第349条三个洗钱犯罪条文之间的关系和处罚原则

解释第3条规定主要解决三个洗钱犯罪条款的竞合处理问题，同时也与解释第二条规定相呼应，借助一般法与特别法的适用原则间接说明：《刑法》第312条是洗钱犯罪的一般条款，三个法条的主要区别在于犯罪对象，以此淡化三者在行为方式和行为性质上的差异。

解释起草过程中有意见主张，把《刑法》第191条规定限定为通过金融机构实施的洗钱行为，对此之外的其他方式实施的洗钱行为依照第312条或者第349条规定的犯罪处理。该主张在理论界具有一定的代表性，但不如本解释采取的对象区分标准简单易操作，而且，与《刑法修正案（六）》修订《刑法》第312条规定的立法本意不符。在《关于〈中华人民共和国刑法修正案（六）（草案）〉的说明》和《全国人大法律委员会关于

---

① 刘为波：《〈关于审理洗钱等刑事案件具体应用法律若干问题的解释〉的理解和适用》，载《人民司法》2009年第23期。

《中华人民共和国刑法修正案（六）（草案）》修改情况的汇报》先后提到，"刑法第一百九十一条规定的洗钱犯罪……针对一些通常可能有巨大犯罪所得的严重犯罪而为其洗钱的行为所作的特别规定；除此之外，按照刑法第三百一十二条的规定……都可按犯罪追究刑事责任，只是具体罪名不称为洗钱罪。""除这一条（第一百九十一条）规定的对几种严重犯罪的所得进行洗钱的犯罪外，按照我国刑法第三百一十二条的规定……都是犯罪，应当追究刑事责任，只是没有使用洗钱罪的具体罪名。为进一步明确法律界限，以利于打击对其他犯罪的违法所得予以掩饰、隐瞒的严重违法行为，法律委员会经同有关部门研究，建议对刑法第三百一十二条作必要的补充修改。"可见，区分《刑法》第191条和第312条规定犯罪的关键在于上游犯罪，而非具体的行为方式。

在起草过程中另有意见提出，既然明确了《刑法》第312条规定和第191条、第349条规定属于特别法与一般法的关系，则宜写明依照《刑法》第191条、第349条规定定罪处罚，而非现在所表述的"依照处罚较重的规定定罪处罚"。解释未采纳此意见，主要有两点考虑：一是两种不同表述在实践处理结果上基本一致；二是以往司法解释的表述习惯。

【实务专论二】[①]

洗钱罪与掩饰、隐瞒犯罪所得、犯罪所得收益罪，窝藏、转移、隐瞒毒品、毒赃罪具有相似之处。特别是《刑法修正案（六）》后，关于掩饰、隐瞒犯罪所得、犯罪所得收益罪的行为方式有所淡化，在行为方式上与洗钱罪更为接近，有时候存在难以区分的情况。经研究认为，《刑法》第191条、第312条、第349条三个条文的规定均属洗钱犯罪，只是适用的范围不同，属于一般法和特殊法的关系。理论上有的主张属于想象竞合犯，因为洗钱犯罪也妨害了司法秩序，当洗钱行为同时构成掩饰、隐藏犯罪所得、犯罪所得受益的，按照想象竞合犯从一重处理。经研究认为，这种观点难以成立，掩饰、隐瞒犯罪所得、犯罪所得收益罪的规定属于一般法规定，洗钱罪、窝藏、转移、隐瞒毒品、毒赃罪属于特别法规定，这在《刑法修正案（六）》的立法文件中有着清晰表述。"考虑到刑法第一百九十一条对洗钱罪的上游犯罪虽然有些扩大，但根据国际公约的要求，对于掩饰、隐藏犯罪所得赃物以及收益的行为都应当作为犯罪处理，在法律上也应当明确，因此，《刑法修正案（六）》适用范围扩大到了除了刑法第一百九十一条规定的上游以外的所有犯罪。"但是在《最高人民法院关于审理洗钱等刑事案件具体应用法律若干问题的解释》中，为了进一步体现依法从严惩治洗钱犯罪，第三条规定："明知是犯罪所得及其产生的收益而予以掩饰、隐瞒，构成《刑法》第三百一十二条规定的犯罪，同时又构成刑法第一百九十一条或者第三百四十九条规定的犯罪的，依照处罚较重的规定定罪处罚。"

另外，因洗钱罪上游犯罪规定了毒品犯罪，与窝藏、转移、隐瞒毒品、毒赃罪区分对于认定此罪与彼罪具有重要意义。根据法律规定，可以从以下方面进行区分。第一，从犯罪对象上区分，洗钱犯罪针对的对象是包括毒品犯罪在内的七类犯罪的犯罪所得及其收益，不一定直接涉及财物本身，而后者针对的是毒品、毒赃财物本身。第二，从行为方式上区分，洗钱犯罪表现为将上游犯罪所得及其收益通过提供账户、转移资产等使其表面合法化的行为，而后者主要是改变赃物的空间位置或者状态，对赃物进行藏匿或

[①] 杨万明主编：《〈刑法修正案（十一）〉条文及配套〈罪名补充规定（七）理解与适用〉》，人民法院出版社2021年版，第160、161页。

者转移,逃避司法机关查处。不涉及对毒赃的投资、清洗等活动。

【最高人民检察院公报案例/刑事审判参考案例】如何区分洗钱罪与掩饰、隐瞒犯罪所得、犯罪所得收益罪——潘某民、祝某贞、李某明、龚某洗钱案①

[裁判要旨]

上游犯罪行为人虽未被定罪判刑,洗钱行为的证据确实、充分的,可以认定为洗钱罪。是否通谋,是区分上游犯罪共犯与洗钱罪的关键。区分洗钱罪与掩饰、隐瞒犯罪所得、犯罪所得收益罪应当注意,成立洗钱罪要求其行为必须造成对国家金融管理秩序的侵害。

一、基本案情

上海市虹口区人民检察院以潘某民、祝某贞、李某明、龚某犯洗钱罪,向上海市虹口区人民法院提起公诉。

法院经公开审理查明:潘于2006年7月初,通过"张某兴"的介绍和"阿某"取得联系,商定由潘通过银行卡转账的方式为"阿某"转移从网上银行诈骗的钱款,潘按转移钱款数额10%的比例提成。嗣后,潘纠集了祝、李、龚,并通过杜某明收集陈某等多人的身份证,由杜至上海市有关银行办理了大量信用卡交给潘、祝。由"阿某"通过非法手段获取网上银行客户黄等多人的中国工商银行牡丹灵通卡卡号和密码等资料,然后将资金划入潘通过杜某明办理的中国工商银行的67张灵通卡内,并通知潘取款,共划入上述67张牡丹灵通卡内共计1174264.11元。潘等四于2006年7月至8月期间,在上海市使用上述67张灵通卡和另外27张灵通卡,通过ATM机提取现金共计1086085元,通过柜面提取现金共计73615元,扣除事先约定的份额,然后按照"阿某"的指令,将剩余资金汇入相关账户内。案发后,公安机关追缴赃款共计384000元。

法院认为,潘等明知是金融诈骗犯罪的所得,为掩饰、隐瞒其来源和性质,仍提供资金账户并通过转账等方式协助资金转移,其行为构成洗钱罪,检察院指控罪名成立。在共同犯罪中,潘起主要作用,系主犯,祝等起次要作用,系从犯,对祝等应当从轻处罚。关于潘的辩护人提出的潘认罪态度较好,系初犯,建议对潘酌情从轻处罚的辩护意见,与事实和法律相符,法院予以采纳。关于祝的辩护人提出的祝犯罪的主观恶性较小,认罪态度较好,在共同犯罪中系从犯,且系初犯,案发后公安机关已追缴了部分赃款,挽回了部分损失,建议对祝从轻处罚的辩护意见,与事实和法律相符,法院予以采纳。关于李的辩护人提出的李犯罪的主观恶性较小,在共同犯罪中系从犯,到案后认罪态度较好,建议对李从轻处罚的辩护意见与事实和法律相符,法院予以采纳。关于龚的辩护人提出的龚在2006年8月初以前对所转移钱款的性质不明知,此阶段的行为不构成洗钱罪,其在明知钱款的性质后,主动提出离开潘等人,系犯罪中止的辩护意见与已经查证的证据不符,法院不予采纳。辩护人提出的龚犯罪的主观恶性较小的辩护意见,与事实相符,法院予以采纳,对龚可以酌情从轻处罚,但辩护人提出的建议对龚免予刑事处罚的意见,法院不予采纳。依照《刑法》第191条第1款第1项、第3项、第25条第1款、

---

① 肖晚祥、苏敏华:《潘某民、祝某贞、李某明、龚某洗钱案——上游犯罪行为人尚未定罪量刑的如何认定洗钱罪》,载中华人民共和国最高人民法院刑事审判第一、第二、第三、第四、第五庭主办:《刑事审判参考》总第60集,法律出版社2008年版。本案例同时载于《最高人民检察院公报》2008年第2号。

第 26 条第 1 款、第 4 款、第 27 条及第 64 条之规定，判决如下：

一、被告人潘某民犯洗钱罪，判处有期徒刑二年，并处罚金六万元。
二、被告人祝某贞犯洗钱罪，判处有期徒刑一年四个月，并处罚金人民币二万元。
三、被告人李某明犯洗钱罪，判处有期徒刑一年三个月，并处罚金人民币二万元。
四、被告人龚媛犯洗钱罪，判处有期徒刑一年三个月，并处罚金人民币二万元。

一审宣判后，在法定期限内，被告人未提起上诉，公诉机关亦未提起抗诉，判决发生法律效力。

二、主要问题

如何区分洗钱罪与掩饰、隐瞒犯罪所得、犯罪所得收益罪？

三、裁判理由

为适应打击洗钱犯罪的需要，《刑法修正案（六）》对《刑法》第 312 条窝藏、转移、收购、销售赃物罪作了修正，扩大了犯罪对象范围，由过去犯罪所得的赃物修改为犯罪所得及其产生的收益；行为方式增加以其他方法掩饰、隐瞒的这一兜底条款；提高了本罪法定刑，增加了一个量刑幅度。《刑法》第 191 条及第 312 条相互补充，共同构筑起了反洗钱的防线。

洗钱罪与掩饰、隐瞒犯罪所得、犯罪所得收益罪的区别主要在于：第一，犯罪客体不完全相同。洗钱罪的客体是国家的金融管理秩序，同时客观上也破坏司法机关的查处活动；掩饰隐瞒犯罪所得、犯罪所得收益罪的客体是司法机关的正常活动，在某些情况下，也可能侵犯国家的金融监管秩序。第二，上游犯罪的范围不同，洗钱罪的上游犯罪只限于法律明文规定的 7 种犯罪，而掩饰、隐瞒犯罪的上游犯罪为上述 7 种犯罪以外所有犯罪。第三，洗钱罪的犯罪主体既可以是个人也可以是单位，而掩饰、隐瞒犯罪所得、犯罪所得收益罪的犯罪主体仅为个人，不包括单位。

一般而言，洗钱罪与掩饰、隐瞒犯罪所得、犯罪所得收益罪之间比较容易区分，应当注意的是，并非所有为毒品犯罪、贪污贿赂犯罪等 7 种犯罪掩饰、隐瞒犯罪所得的，都构成洗钱罪。《刑法》第 191 条规定了洗钱罪的 5 种形式，即提供资金账户；协助将财产转换为现金、金融票据、有价证券；通过转账或者其他结算方式协助转移；协助将资金汇往境外；以其他方式掩饰、隐瞒犯罪的违法所得及其收益的来源和性质。从刑法列举的上述几种行为方式可以看出，洗钱罪的保护客体主要为国家金融监管秩序。如果行为人所实施的掩饰、隐瞒行为并未侵犯国家的金融监管秩序，例如行为人明知某一贵重物品系他人受贿所得，仍帮助他人窝藏、转移该物品，以逃避司法机关的查处，该行为主要妨害了司法秩序，并未妨害国家的金融监管秩序，属于《刑法》第 312 条所规定的窝藏、转移赃物行为，应当认定为掩饰、隐瞒犯罪所得罪，而非洗钱罪。

就本案而言，被告人的行为特征符合洗钱罪构成条件的，关键是上游犯罪如何认定。如果上游犯罪系洗钱罪所规定的 7 种犯罪之一，则被告人的行为构成洗钱罪，否则，被告人的行为只能构成掩饰、隐瞒犯罪所得罪。从本案的现有证据看，虽然"阿某"和"张某兴"没有到案，但有下列证据可以确定上游犯罪的基本事实：一、有黄某伟等 63 名被害人（系部分被害人，并非本案的全部被害人）的报案记录，这些被害人均向公安机关报案称，其开通了网上银行业务的中国工商银行牡丹灵通卡内数额不等的钱款，于 2006 年 7 月至同年 8 月，被转入其素不相识的陈某等人的牡丹灵通卡内。二、证人杜某明的证言证实，2006 年 7 月，其在田林宾馆向路人发飞机票的卡片，一个台湾口音的男子和一个女子（经宋辨认二人系被告人潘某民和祝某贞）找到其，问其能否到银行办理信用卡，这二人可以以每张信用卡 150 元的价格收购。杜即收集别人的身份证到银行办理了 100 多张银行信用卡卖给此二人。三、中国工商银行上海市分行电子银行部提供的各被告人用于转移钱款的信用卡的账户开户情况记录，证明各被告人以陈某等人名义开户的用于转移钱款的 94 张牡丹灵通卡的基本情况。同时，上海市公安局虹口分局扣押物品、文件清单，证明上述 94 张牡丹灵通卡已从被告人潘某民、祝某贞、李某明、龚某等人处扣押。四、司法会计检验报告书证实，2006 年 7 月至 8 月间，黄明伟等人信用卡上的资金共计 1002438.11 元，被人分 1334 次划入户名为陈某等 36 人的 67 张牡丹灵通卡内。上述牡丹灵通卡内还被人以汇款的方式注入资金 171826 元。潘某民等人从上述 67 张牡丹灵通卡及其他 27 张牡丹灵通卡通过 ATM 机提取现金共计 1086085 元，通过柜面提取现金共计 73615 元。五、上海市公安局虹口分局查询存款/汇款通知书（回执）及中国工商银行上海市分行出具的相关附件，证明部分被害人信用卡上的钱款被划入被告人潘某民等人持有的牡丹灵通卡内的具体时间、次数及每笔的金额。六、被告人潘某民、祝某贞、李某明、龚某在公安机关的供述笔录供述，2006 年 7 月初，张某兴找到被告人潘某民，要求潘某民为阿某转移网上银行诈骗的钱款，被告人潘某民按转移钱款数额 10% 的比例提成。潘表示同意并将此情况告诉了与其同居的被告人祝某贞，被告人祝某贞联系了被告人龚某，被告人潘某民联系了在台湾的被告人李某明，要求李、龚二人至上海帮助转移钱款，并将钱款的来源和性质告诉了二人。被告人潘某民、祝某贞从杜某明处以 150 元一张左右的价格购买了大量的银行卡用于转款。根据上述证据，可以确定有关本案上游犯罪的基本事实是：

  本案的上游行为系行为人通过非法手段获取被害人银行卡卡号和密码，然后将卡内钱款通过网上银行非法转走。对于这一行为如何定性，理论界存在争议。有人认为应当定盗窃罪，有人认为应当定信用卡诈骗罪。认为应当定盗窃罪的理由是，在该情况下，被害人没有基于被骗而自愿将钱款交给行为人，故不符合诈骗罪的基本特征；行为人通过非法手段获取被害人信用卡卡号和密码，然后将卡内钱款秘密转走，就像一个人窃取了被害人家的房门钥匙，然后开门将房内的财物窃走，其行为符合秘密窃取的特征。笔者认为，这种观点值得商榷。首先，诈骗类犯罪并不要求一定是被害人基于被骗而自动交付财物。在许多诈骗案件中，牵涉到三方关系，即实际被害人、财物保管控制人和诈骗行为人。诈骗行为人欺骗财物保管控制人，使其自动交付财物，而所造成的损失却由财物的实际所有人即被害人承担，在这种情况下，行为人的行为同样构成诈骗罪。在司法实务中不乏这样的案例。同样，在行为人通过非法手段获取被害人银行卡卡号和密码，然后将卡内钱款通过网上银行非法转走的案件中，也牵涉到三方关系，即持卡人、银行和行为人。持卡人和银行的权利义务关系通过银行卡申领协议确定，根据协议，如果指令银行从银行卡内付款时所输入的卡号和密码正确，银行就视为是持卡人给出的付款指令而必须付款。在这种情况下，如果持卡人的银行卡号和密码被持卡人以外的行为人通过非法手段获取，银行根据行为人所输入的卡号和密码而支付钱款，所遭受的损失应当由持卡人而不是银行承担。从银行和行为人的关系看，银行根据行为人输入的正确的卡号和密码按行为人的指令付款，只是基于银行的一种推定，即只要给出的卡号和密码正确，银行就视为是行为人发出的付款指令，故在这种情况下银行不承担责任。但如果有证据证明银行明知行为人是通过非法手段获取了持卡人的卡号和密码，仍然根据行为人的指令而付款,则银行存在过错,应当对持卡人承担赔偿责任。从这个意义上说,银行是基于被行为人欺骗而自动付款,但损失却要由持卡人承担。从持卡人和行为人的关系来说,行为人通过非法手段获取持卡人的卡号和密码后,向银行支付系统输入卡号和密码,并发出付款指令,显然是一种冒用持卡人信用卡的行为。综合上述三方面的关系,可以得出结论:行为人冒用持卡人信用卡,欺骗银行,银行基于被骗而付款,造成的损失由持卡人承担。这种行为完全符合信用卡诈骗罪的特征,应定信用卡诈骗罪。

综上,本案的上游犯罪为信用卡诈骗罪,四名被告人为掩饰、隐瞒信用卡诈骗所得的来源和性质,提供资金账户并通过转账等方式协助资金转移,其行为构成洗钱罪。

【人民司法案例】对于不具有掩饰、隐瞒犯罪所得的来源和性质的获取、占有和使用行为如何定罪——袁某芳洗钱案[①]

[裁判要旨]

我国《刑法》对洗钱犯罪采用"多条文规定、多罪名规范"的立法模式,洗钱罪与掩饰、隐瞒犯罪所得、犯罪所得受益罪均为洗钱犯罪,是特别法和一般法的法条竞合关系。洗钱罪在主观上要求行为人明知涉案财物系特殊类型犯罪所得,但这种明知包括确定性认识和可能性认识,而且不限于具体的上游犯罪罪名。洗钱罪客观行为的行为性质属于掩饰、隐瞒犯罪所得的来源和性质,行为方式具有多样性,具体方式上的差异不影响行为性质的认定,但行为方式的外延仍小于掩饰、隐瞒犯罪所得、犯罪所得受益罪。对于不具有掩饰、隐瞒犯罪所得的来源和性质的获取、占有和使用行为,以掩饰、隐瞒犯罪所得、犯罪所得收益罪认定,二者客观行为的区分应当重行为性质轻行为方式。

[案情]

公诉机关:重庆市江北区人民检察院。

被告人:袁某芳。

重庆市江北区人民法院经审理查明:被告人袁某芳系袁某圣(潼南区原副区长,原渝隆集团总经理、董事长,因犯受贿罪已被判刑)的姐姐。2012年至2016年期间,袁某芳在其位于重庆市江北区兴隆路的家中,多次收到袁某圣让其保管的受贿犯罪所得共计370余万元。袁某芳在明知资金系袁某圣贪污贿赂所得的情况下,仍将资金存入自己的银行账户。2012年9月,在袁某圣的安排下,袁某芳以自己的名义用其中的230余万元为袁某圣购买位于重庆市九龙坡区陶家镇的常青藤国际社区别墅一套。2016年8月,在袁某圣的安排下,袁某芳和其丈夫贾某军以贾某军的名义用其中的25万余元为袁某圣购买大众途观越野车一辆。

[审判]

法院认为,被告人袁某芳明知袁某圣给其的370余万元现金系袁某圣贪污贿赂犯罪所得,仍将现金存入自己的银行账户,并未掩饰、隐瞒其来源和性质,通过购房和购车协助资金转移,其行为已构成洗钱罪。根据袁某芳犯罪的事实、性质、情节、对社会的危害程度和悔罪表现,江北区法院于2018年12月26日作出判决:被告人袁某芳犯洗钱罪,

---

[①] 肖晚祥、苏敏华:《潘某民、祝某贞、李某明、龚某洗钱案——上游犯罪行为人尚未定罪量刑的如何认定洗钱罪》,载中华人民共和国最高人民法院刑事审判第一、第二、第三、第四、第五庭主办:《刑事审判参考》总第60集,法律出版社2008年版。本案例同时载于《最高人民检察院公报》2008年第2号。

判处有期徒刑一年，缓刑一年，并处罚金二十万元。

一审宣判后，被告人袁某芳未上诉，检察机关亦未抗诉，案件已经生效。

［评析］

本案的争议焦点在于被告人袁某芳构成掩饰、隐瞒犯罪所得罪还是洗钱罪。

第一种观点认为，被告人袁某芳的行为构成掩饰、隐瞒犯罪所得罪。其一，洗钱罪设置在破坏金融管理秩序罪之下，行为方式应当与金融机构和金融手段挂钩；其二，洗钱罪以改变犯罪所得的来源和性质为目的，客观上实施掩饰、隐瞒犯罪所得的来源和性质的"清洗"行为，并最终将犯罪所得转换成表面上看似合法的财物；其三，洗钱罪既侵犯司法机关追查犯罪和追缴赃物的正常活动，又侵犯了国家正常金融管理秩序。未能将犯罪所得转换成表面合法的财物，达不到侵害国家正常金融管理秩序的程度，仅仅是存入银行账户或汇给他人的方式一般也都难以达到侵害国家正常金融管理秩序的程度，均不能构成洗钱罪。综上，袁某芳将袁某圣交其保管的370余万受贿款暂存银行账户，后按袁某圣的要求为袁某圣购买房产和车辆，是一种协助袁某圣对犯罪所得进行使用的行为，并非掩盖受贿所得来源和性质，不构成对国家正常金融管理秩序的侵害，不构成洗钱罪，应当以掩饰、隐瞒犯罪所得罪认定。

第二种观点认为，被告人袁某芳的行为构成洗钱罪。其一，袁某芳主观明知涉案财产是袁某圣贪污贿赂犯罪所得。虽然袁某圣没有明确告知交付袁某芳的资金系受贿所得，但结合二人系姐弟关系，袁某芳对袁某圣国家干部身份的明知，对公务人员正常收入的明知，以及袁某圣多次将大额现金交付给袁某芳，要求用袁某芳的账户储蓄、以袁某芳或袁某芳丈夫的名义为其购买房产和车辆等主客观事实，袁某芳亦供述过知道系袁某圣贪污贿赂所得，足以判断袁某芳主观明知袁某圣交由其保管的370余万元系贪污贿赂犯罪所得。其二，袁某芳将袁某圣贪污贿赂犯罪所得以其本人名义存入银行账户是通过金融机构和金融手段洗钱，以自己及丈夫的名义为袁某圣购买房产、车辆是通过商品买卖洗钱，均是掩饰、隐瞒犯罪所得的来源和性质的行为，而非物理上的获取、占有和使用的行为，其行为侵害了国家正常金融管理秩序，构成洗钱罪。

笔者同意第二种观点。

随着洗钱犯罪的日益严重化，打击洗钱犯罪受到了世界各国的高度重视，各国政府联合制定了多项公约，如《联合国禁止非法贩运麻醉药品和精神药品公约》《联和国打击有组织跨国犯罪公约》《联合国反腐败公约》等。从国际公约的规定看，洗钱罪上游犯罪的范围广泛，行为方式多样，目前学界普遍认为国际立法将洗钱罪基本犯罪构成的行为方式界定为对财产的真实性质、来源等情况的隐瞒、掩饰行为，财产的转换、转让行为，财产的获取、占有或使用行为等七类。

自我国加入上述国际公约，并且成为反洗钱金融行动特别工作组（FATF）的成员国以来，为确保国内立法与国际公约的对接，履行反洗钱国际义务，我国通过刑法修正案的多次修正，扩大了洗钱罪的上游犯罪类型和客观行为，扩大了掩饰、隐瞒犯罪所得、犯罪所得收益罪的对象和客观行为、犯罪主体。FATF对中国反洗钱和恐怖融资工作的评估报告中指出，就洗钱罪的刑事立法体系而言，中国逐步形成了包括洗钱罪，掩饰、隐瞒犯罪所得、犯罪所得收益罪，窝藏、转移、隐瞒毒品、毒赃罪三个条款在内的广义基础上三足鼎立的洗钱罪刑事立法体系。其中掩饰、隐瞒犯罪所得、犯罪所得收益罪被认为是洗钱罪的普通条款。也正是由于洗钱犯罪"多条文规定、多罪名规范"的立法模式，实践中法条之间的区分界限不够清晰，特别是洗钱罪与掩饰、隐瞒犯罪所得、犯罪所得收益罪尤其容易混淆。笔者认为，应当从犯罪对象、主观明知、客观行为三个方面厘清两个罪名。

一、犯罪对象的厘清

上游犯罪是洗钱罪与掩饰、隐瞒犯罪所得、犯罪所得收益罪区分的首要考量因素。刑法将洗钱罪的上游犯罪设定为毒品犯罪、黑社会性质组织犯罪、恐怖活动犯罪、走私犯罪、贪污贿赂犯罪、破坏金融管理秩序犯罪、金融诈骗犯罪七类。对掩饰、隐瞒犯罪所得、犯罪所得收益罪的上游犯罪不设限制，可以包括一切犯罪。针对七类上游犯罪的所得及其收益实施的洗钱行为，才有可能构成洗钱罪，否则只能以掩饰、隐瞒犯罪所得、犯罪所得收益罪认定。洗钱罪以上游犯罪事实成立为认定前提，但并不要求上游犯罪须经定罪量刑才能审判洗钱犯罪，上游犯罪尚未裁判，但能在洗钱罪的事实审查中查证属实，不影响洗钱罪的认定。上游犯罪人死亡等依法不予追究刑事责任，但上游犯罪事实可以确认的，不影响洗钱罪的认定。

被告人袁某芳的犯罪对象系受贿犯罪所得，其行为可能触犯洗钱罪，但最终是否构成洗钱罪，还需要进一步考量主观明知以及客观行为的性质。

二、主观明知的考量

洗钱罪要求对洗钱对象系七类洗钱罪的法定上游犯罪所得及其收益具有主观明知。掩饰、隐瞒犯罪所得、犯罪所得收益罪主观上明知涉案财物系犯罪所得及其收益即可。

首先，明知不意味着确实知道，确定性认识和可能性认识均应纳入明知的范畴。确实知道或者根据事实足可推定行为人对于系七类洗钱罪的法定上游犯罪所得及其收益的可能性有所认识即成立明知。应结合被告人的认知能力，接触他人犯罪所得及其收益的情况，犯罪所得及其收益的种类、数额，犯罪所得及其收益的转换、转移方式以及被告人的供述等主客观因素进行认定。

其次，主观明知的内容不严格限定于洗钱罪七类法定上游犯罪的具体上游犯罪罪名。《最高人民法院关于审理洗钱等刑事案件具体应用法律若干问题的解释》（以下简称《洗钱解释》）规定，被告人将洗钱罪规定的某一上游犯罪所得及其收益误认为洗钱罪法定上游犯罪范围内的其他犯罪所得及其收益的，不影响洗钱罪主观明知的认定。故只要行为人对属于七类犯罪的违法所得及其产生的收益具有概括性认识，在七类上游犯罪的范围内将此类犯罪所得及收益误认为彼类犯罪所得，因两者在法律性质上是一致的，不属于犯罪对象的认识错误，不影响洗钱罪的认定。

最后，客观上掩饰、隐瞒的对象是洗钱罪七类法定上游犯罪的所得及其收益，但是行为人对此缺乏明知，误认为法定七类上游犯罪之外的其他犯罪所得及收益的，存在法定构成要件的认识错误，不应以洗钱罪定罪处罚，应以掩饰、隐瞒犯罪所得、犯罪所得收益罪认定。

在本案中，虽然袁某圣没有明确告知交付给袁某芳的资金是其受贿所得，但结合二人系姐弟关系，袁某芳对袁某圣系潼南区副区长、渝隆集团总经理、董事长的身份明知，对公务人员正常收入明知，以及袁某圣多次将大额现金交付给袁某芳，要求用袁某芳的账户储蓄、以袁某芳的名义为其购房、以袁某芳丈夫名义为其购车等主客观事实，以及袁某芳对知道财产系袁某圣贪污贿赂所得的供述，法院认定袁某芳主观上知道系袁某圣贪污贿赂犯罪所得符合客观实际。

三、客观行为的辨析

（一）洗钱罪客观行为的行为性质属于掩饰、隐瞒犯罪所得的来源和性质，行为方式具有多样性，客观行为的认定应当重行为性质轻行为方式

有观点认为，区分刑法各项洗钱犯罪，关键在于上游犯罪的范围不同，而非具体行为方式的差异。检视刑事立法现行规定，一是，洗钱罪客观行为性质系掩饰、隐瞒其来源和性质，掩饰、隐瞒犯罪所得、犯罪所得收益罪的客观行为性质是掩饰、隐瞒，特殊法条与一般法条就客观行为性质的描述不同。二是，洗钱罪的客体不仅侵害司法机关追查犯罪和追缴赃物的正常活动，还侵犯了国家正常的金融管理秩序。

根据现行立法，洗钱罪与掩饰、隐瞒犯罪所得、犯罪所得收益罪，除了上游犯罪、主观明知内容的区别外，二者掩饰、隐瞒的客观行为亦不同，如何区分？有观点认为，洗钱罪设置在破坏金融管理秩序罪之下，行为方式限于借助金融机构和金融手段洗钱的方式。笔者认为，这种限定不符合国内国际的立法规定和司法实践。

根据《刑法》第191条以及《洗钱解释》对"以其他方法掩饰、隐瞒犯罪的违法所得及其收益的来源和性质的"的细化规定，我国洗钱罪的立法及司法解释对洗钱行为的界定不限于金融机构和金融手段，不仅包括通过银行类金融机构和金融手段的方式，证券公司、保险公司、小额贷款公司等非银行类金融机构和金融手段的方式，还包括金融机构和金融手段之外的方式，比如：典当、租赁、买卖、投资等交易的方式，商场、饭店、娱乐场所、服务行业等经营的方式，虚构交易、虚假担保、虚设债权债务、虚报收入的方式，买卖彩票、奖券的方式，以及地下钱庄、赌博、走私等非法方式。这些均系掩饰、隐瞒犯罪所得、犯罪所得收益的来源和性质的行为方式。

洗钱罪与掩饰、隐瞒犯罪所得、犯罪所得收益罪客观行为的区分不在于具体的行为方式而是行为性质，掩饰、隐瞒犯罪所得及其收益的来源和性质的行为，均属于洗钱行为，具体行为方式的差异不影响行为性质的认定。重行为性质轻行为方式的认定方法也符合洗钱罪国际立法的趋势。

（二）洗钱罪在客观上不要求实现了掩饰、隐瞒犯罪所得及其收益来源和性质的目的

1997年《刑法》之前曾将赃款合法化作为洗钱罪特征。如"所谓'洗钱'，是指犯罪人通过银行或者其他金融机构将非法获得的钱财加以转移、兑换、购买金融票据或直接投资，从而掩饰、隐瞒其非法来源和性质，使非法资产合法化的行为。"中国人民银行早期发布的《金融机构反洗钱规定》对洗钱的界定也有将违法所得转变为貌似合法所得的表述。

虽然洗钱罪以掩饰、隐瞒犯罪所得、犯罪所得收益的来源和性质为目的，但是否成功掩盖其非法性并不影响洗钱罪的成立，洗钱罪的本质并非使非法财物的来源和性质合法化。侵害国家正常的金融管理秩序，并不要求最终成功掩盖犯罪所得的非法性，将非法财物转换成表面合法的财物。洗钱的本质在于"无痕"，在于"利用资产、资金转换、转移过程中所造成的信息缺失、信息隐蔽、信息不完整、信息不真实、信息复杂"从而使司法机关无法追查资金的来龙去脉，是否成功掩盖其非法性并不影响洗钱罪的成立。

（三）洗钱罪行为方式的外延小于掩饰、隐瞒犯罪所得、犯罪所得受益罪，不具有掩饰、隐瞒犯罪所得来源和性质的行为，不认定为洗钱罪

掩饰、隐瞒犯罪所得、犯罪所得收益罪作为洗钱犯罪的一般法条，客观行为既包括掩饰、隐瞒犯罪所得及收益的来源和性质，亦包括帮助上游犯罪人逃避刑事追究之目的

而转换或者转移犯罪所得,还包括改变犯罪所得及其收益的处所、位置、数额、存在状态或占有关系等仅是对犯罪所得及其收益在空间上的变化的获取、占有、使用行为。性质上不要求掩饰、隐瞒犯罪对象的来源和性质。行为方式的外延大于洗钱罪。

如果行为人不具有掩饰、隐瞒性质和来源的目的,仅仅是改变犯罪所得及其产生的收益的处所和占有关系,实施的获取、占有、使用行为,侵害的是司法机关的查处活动,而非国家的金融监管秩序,应当按一般法条掩饰、隐瞒犯罪所得、犯罪所得收益罪认定。

本案中,被告人袁某芳将袁某圣贪污贿赂所得以其本人名义存入银行账户是借助金融机构和金融手段洗钱,以自己及丈夫的名义为袁某圣购买房产、车辆是通过商品买卖方式洗钱,均属于掩饰、隐瞒犯罪所得来源和性质的行为,侵害了国家正常金融管理秩序,而非仅仅对犯罪所得进行物理上的隐匿、转移、获取、占有或者使用的情形,结合前述对其主观明知的分析,判决认定袁某芳构成洗钱罪具有充分的事实和法律依据。

【典型案例】对于共同实施掩饰、隐瞒犯罪所得及其收益的人员如何准确定罪——丁某环、朱某洗钱、鹿某掩饰、隐瞒犯罪所得收益案[①]

[基本案情]

丁某环,女,易某网络科技有限公司原总经理。

朱某,男,易某网络科技有限公司原副总经理。

鹿某,男,某公司业务员。

(一)上游犯罪

2013年9月至2017年6月,白某青以非法占有为目的,利用华某集团及关联公司,使用诈骗方法非法集资,造成集资参与人本金损失48亿余元。2019年8月27日,北京市第二中级人民法院以集资诈骗罪判处被告人白某青无期徒刑,剥夺政治权利终身,并处没收个人全部财产;以非法吸收公众存款罪判处被告人王某振等33人有期徒刑三年至十年不等,并处罚金五万元至五十万元不等。白某青等人提出上诉,同年12月27日,北京市高级人民法院裁定驳回上诉,维持原判。此外,北京市东城区人民法院以非法吸收公众存款罪判处谭某玲等81人有期徒刑三年(部分适用缓刑)至有期徒刑七年六个月不等刑罚,并处五万元至五十万元不等罚金。判决已生效。

(二)洗钱罪

2015年6月至2016年9月,丁某环、朱某担任白某青利用非法集资款投资成立的易某网络科技有限公司(以下简称易某公司)总经理、副总经理。

白某青用非法集资所得7000万元收购众某网络信息技术有限公司(以下简称众某公司)及其子公司捷某信息技术有限公司(以下简称捷某公司),并以其儿子名义持有众某公司股权。当时捷某公司已向中国人民银行申请非银行支付机构牌照并进入公示阶段。2016年8月,华某集团资金链断裂,无法兑付集资参与人本息。同年10月,白某青为隐匿资产,指使丁某环、朱某虚假出售以其儿子名义持有的众某公司股权。

丁某环请朋友鹿某以虚假收购股权的方式帮助代持众某公司股权,并承诺支付鹿某5万元好处费。2016年11月9日,鹿某与白某青签订了股权代持协议,众某公司法定代表人及股东变更为鹿某。为制造鹿某出资收购股权假象,丁某环、朱某将白某青提供的现

[①] 本案例系2022年11月3日最高人民检察院发布的5件检察机关惩治洗钱犯罪典型案例之二。

金 200 万元存入鹿某账户，再由鹿某转至白某青控制的账户，伪造虚假交易资金记录。

此外，丁某环、朱某还犯有职务侵占、非国家工作人员受贿、诈骗等犯罪。

北京市东城区人民检察院对被告人丁某环、朱某、鹿某依法提起公诉。经过一审、二审，2021 年 1 月 15 日，北京市第二中级人民法院作出二审判决，以洗钱罪判处丁某环有期徒刑六年，并处罚金三百五十万元，与其所犯职务侵占罪、非国家工作人员受贿罪数罪并罚，决定执行有期徒刑十一年六个月，并处没收财产五十万元，罚金三百五十万元。以洗钱罪判处朱某有期徒刑六年，并处罚金三百五十万元，与其所犯职务侵占罪、非国家工作人员受贿罪、诈骗罪数罪并罚，决定执行有期徒刑十五年，并处没收财产五十万元，罚金三百五十四万元。以掩饰、隐瞒犯罪所得收益罪判处鹿某有期徒刑二年六个月，并处罚金一万元。判决已生效。

[典型意义]

1. 股权交易是非法集资犯罪转移、隐匿犯罪所得及其收益的常见方法，频繁转让股权、虚假投资股权是洗钱的重要手段。在审查非法集资资金去向时发现股权转让、股权投资等情况，要跟进审查股权交易人员之间的关系、股权交易价格、股权交易后的实际控制人等相关证据，判断股权交易是否真实，发现洗钱犯罪线索，及时移送公安机关立案侦查。

2. 对于共同实施掩饰、隐瞒犯罪所得及其收益的人员，应当结合其接触上游犯罪的程度、身份背景、职业经历、交易方式等情况，分别判断其对上游犯罪的主观认识，并根据其认识内容准确定罪。知道或者应当知道犯罪所得及其收益是来自于《刑法》第 191 条规定的七类上游犯罪的，应当认定为洗钱罪；知道或者应当知道犯罪所得及其收益是来自于其他犯罪的，应当认定为掩饰、隐瞒犯罪所得、犯罪所得收益罪。

【刑事审判参考案例】刘某1、杨某敏洗钱案[①]

一、主要问题

如何正确适用洗钱罪？

二、裁判理由

我国刑法采用的是广义洗钱概念，通过《刑法》三个条文将洗钱行为予以犯罪化，包括第 191 条洗钱罪、第 312 条掩饰、隐瞒犯罪所得、犯罪所得收益罪和第 349 条窝藏、转移、隐瞒毒品、毒赃罪。对于本案被告人刘某1、杨某敏可能单独构成的下游犯罪的认定，则涉及以上三个罪名之间的区分适用问题。上述三个罪名在犯罪构成、入罪门槛上主要存在以下区别：

一是犯罪客体有所区别。洗钱罪规定在刑法分则第三章第四节破坏金融管理秩序罪中，该罪侵犯的客体包括国家的金融管理秩序以及司法机关的正常活动。而掩饰、隐瞒犯罪所得、犯罪所得收益罪与窝藏、转移、隐瞒毒赃罪，分别规定在刑法分则第六章第二节妨害司法罪与第七节走私、贩卖、运输、制造毒品罪中，前罪侵犯的客体主要是司法机关追诉犯罪的司法活动以及上游犯罪中被害人对财物的合法权益，后罪侵犯的客体主要是国家对毒品的管制和国家司法机关的正常活动，两罪均不涉及金融管理秩序。

[①] 龚帆、李倩雯：《刘某1、杨某敏洗钱案——如何正确适用洗钱罪》，载最高人民法院刑事审判第一、二、三、四、五庭编：《刑事审判参考》总第 132 辑，人民法院出版社 2022 年版。

二是犯罪对象存在差异。洗钱罪的犯罪对象限于《刑法》第 191 条规定的毒品犯罪、黑社会性质的组织犯罪、恐怖活动犯罪、走私犯罪、贪污贿赂犯罪、破坏金融管理秩序犯罪、金融诈骗犯罪等七类上游犯罪的违法所得及其产生的收益。掩饰、隐瞒犯罪所得、犯罪所得收益罪的对象则包括所有犯罪行为的违法所得及其产生的收益。窝藏、转移、隐瞒毒赃罪的对象则限于毒品犯罪中的违法所得。

三是行为方式有所不同。洗钱罪和掩饰、隐瞒犯罪所得罪的行为方式均是"掩饰、隐瞒",但洗钱罪的刑法条文表述是"掩饰、隐瞒其来源和性质的",掩饰、隐瞒犯罪所得、犯罪所得收益罪的表述是"掩饰、隐瞒的"。窝藏、转移、隐瞒毒品、毒赃罪的表述是"窝藏、转移、隐瞒"。三者在文字表述上的差异表明：洗钱罪强调的是将赃钱"洗白",即将上述七类上游犯罪的违法所得披上合法外衣从而实现掩饰、隐瞒犯罪所得及其收益的来源和性质的目的。而掩饰、隐瞒犯罪所得、犯罪所得收益罪的行为方式不但包括掩饰、隐瞒犯罪所得及其收益的来源和性质,还包括掩饰、隐瞒犯罪所得及其收益的物理位置等其他情形。窝藏、转移、隐瞒毒赃罪的行为方式更窄,仅限于法条明确列举的窝藏、转移、隐瞒三种方式,且对象特定。由此可见洗钱罪中行为人的洗钱行为虽也针对赃物,但关注的是对犯罪违法所得的性质和来源的掩饰,而后两罪指向的对象更侧重于赃物本身,只是窝藏、转移、隐瞒毒赃罪的对象更加特定。因此,三罪之间存在一定的竞合关系,即便上游犯罪属于洗钱罪规定的七类上游犯罪之一,如不涉及掩饰、隐瞒犯罪所得及其收益来源和性质的,按照罪刑法定的要求和立法本意,仍应认定为其他两罪而非洗钱罪。

刑法之所以将洗钱罪独立出来单列在破坏金融管理秩序罪中,并设置了相较于掩饰、隐瞒犯罪所得、犯罪所得收益罪、窝藏、转移、隐瞒毒赃罪更高的法定刑,主要是从保障国家金融安全的实际需要出发,规制某些特定的通常可能存在巨大犯罪所得的严重犯罪而为其洗钱的行为。同时,考虑到在诸如恐怖活动犯罪、毒品犯罪、走私犯罪中,洗钱行为对于上游犯罪规模的扩张和犯罪的持续发生有着比普通犯罪更大的促进作用,社会危害性也更大,从而作出特别规定。而窝藏、转移、隐瞒毒赃罪相对于掩饰、隐瞒犯罪所得、犯罪所得收益罪而言是一种特殊的赃物犯罪,两者是特别法与一般法的关系。当行为人窝藏、转移、隐瞒的对象是毒赃这一特定对象时,应优先认定为窝藏、转移、隐瞒毒赃罪而不再认定为掩饰、隐瞒犯罪所得、犯罪所得收益罪。但是如果行为人的行为同时触犯洗钱罪时,则属于想象竞合的情形,应依照处罚较重的规定处罚。对此,《最高人民法院关于审理洗钱等刑事案件具体应用法律若干问题的解释》（法释〔2009〕15号）第 3 条也明确规定："明知是犯罪所得及其产生的收益而予以掩饰、隐瞒,构成刑法第三百一十二条规定的犯罪,同时又构成刑法第一百九十一条或者第三百四十九条规定的犯罪的,依照处罚较重的规定定罪处罚。"结合本案而言,被告人刘某1、杨某敏的行为已同时符合洗钱罪,掩饰、隐瞒犯罪所得罪、犯罪所得收益罪与窝藏、转移、隐瞒毒赃罪三个罪名所描述的犯罪行为类型,但鉴于二人所实施的犯罪行为目的主要在于掩饰、隐瞒刘某2上游毒品犯罪违法所得资金与财产的来源和性质,且洗钱罪又是三个罪名中刑罚最重的罪名,因此,无论是从犯罪构成、罪数论或是法律规定看,本案中,二被告人均应认定构成洗钱罪。

【司法解释】

《最高人民法院关于审理洗钱等刑事案件具体应用法律若干问题的解释》（2009 年 11 月 4 日　法释〔2009〕15 号）（节录）

第三条　明知是犯罪所得及其产生的收益而予以掩饰、隐瞒，构成刑法第三百一十二条规定的犯罪，同时又构成刑法第一百九十一条或者第三百四十九条规定的犯罪的，依照处罚较重的规定定罪处罚。①

问题 6. 洗钱罪与上游犯罪共犯如何区分认定

【最高人民检察院公报案例/刑事审判参考案例】 如何区分上游犯罪的共同犯罪与洗钱罪——潘某民、祝某贞、李某明、龚某洗钱案②

一、主要问题

如何区分上游犯罪的共同犯罪与洗钱罪？

二、裁判理由

毒品犯罪、黑社会性质的组织犯罪、恐怖活动犯罪、走私犯罪、贪污贿赂犯罪、破坏金融管理秩序犯罪、金融诈骗犯罪分子自己掩饰、隐瞒犯罪所得及收益的，掩饰、隐瞒行为是前一个犯罪行为的延续，为前一个犯罪行为所吸收，属于"不可罚的事后行为"，不单独成立洗钱罪。因此，是否通谋是区分行为人成立上游犯罪的共犯还是单独成立洗钱罪的关键。如果行为人事前与上游犯罪行为人通谋，事后实施了洗钱行为的，成立上游犯罪的共犯；如果事前并无通谋，仅仅是事后实施了洗钱行为的，则单独成立洗钱罪。

一般而言，如果上游犯罪正在查处或已经查处完毕，比较容易判断行为人是否为上游犯罪的共犯；但在上游犯罪行为人在逃的情况下，因掌握的证据有限，可能难以判断是否事先有共谋。在这种情况下，法院应当根据已掌握的证据情况，认真进行甄别。能够认定事先确有同谋的，应当认定为共犯，根据行为人在共同犯罪中的地位、作用作出与其罪刑相当的裁决，避免将上游犯罪的共犯认定为洗钱罪，轻纵犯罪分子；如果根据现有的证据难以判定其与上游行为人存在共谋，但其实施洗钱行为的证据确实、充分的，应当就轻认定洗钱罪。本案中，公安机关以信用卡诈骗罪对四名被告人立案侦查、刑事拘留、逮捕，但公诉机关以洗钱罪向法院提起公诉，法院也以洗钱罪进行判决，因为没有相关证据证明四名被告人与"阿某"事先进行信用卡诈骗罪的通谋。从现有证据看，四名被告人均供述其明知是"阿某"从网上银行诈骗来的钱款，"阿某"要其帮助转移，但没有证据证明四名被告人事先和"阿某"预谋，或者事中明知"阿某"将被害人信用卡上的钱款通过非法手段直接划到四名被告人所持有的信用卡上，故从证据上看，不能认定四

---

①　《刑法》第 312 条规定了掩饰、隐瞒犯罪所得、犯罪所得收益罪，第 349 条规定了窝藏、转移、隐瞒毒品、毒赃罪。

②　肖晚祥、苏敏华：《潘某民、祝某贞、李某明、龚某洗钱案——上游犯罪行为人尚未定罪量刑的如何认定洗钱罪》，载中华人民共和国最高人民法院刑事审判第一、第二、第三、第四、第五庭主办：《刑事审判参考》总第 60 集，法律出版社 2008 年版。本案例同时载于《最高人民检察院公报》2008 年第 2 号。

名被告人构成信用卡诈骗罪的共犯，但有充分的证据证明潘某民等办理了大量的信用卡，为"阿某"提供资金账户，协助转移资金，因此可以认定四名被告人构成洗钱罪。

【典型案例】马某益受贿、洗钱案[①]

[基本案情]

马某益，男，原新疆维吾尔自治区某投资有限公司法定代表人。

（一）上游犯罪

2002 年至 2019 年，马某益之兄马某军（已判决）在担任某地国有石化公司物资采购部副经理、主任等职务期间，利用职务便利，在多家公司与该石化公司签订合同中提供帮助，收受贿赂。其中：2001 年，马某军利用职务便利，为徐某控制的公司与马某军任职公司签订供货合同提供帮助，2002 年下半年，马某军收受徐某给予的人民币 100 万元，并用于购买理财产品。2015 年 8 月，马某军利用职务便利，为赵某控制的公司与其任职公司签订采购合同和资金结算方面提供帮助，收受赵某给予的现金美元 8 万元（折合人民币 49.66 万元）。

（二）洗钱罪

2004 年上半年，马某军使用收受徐某贿赂的人民币 100 万元投资的理财产品到期后，马某益使用本人的银行账户接收马某军给予的上述本金及收益共计 109 万元，后马某益将此款用于经营活动。

2015 年 8 月，马某军收受赵某贿赂的 8 万美元现金后，马某益直接接收了马某军交予的 8 万元美元现金，后分 16 次将上述现金存入本人银行账户并用于投资理财产品。

马某益除为马某军洗钱外，还与马某军共同受贿：（1）2001 年至 2010 年，马某军利用职务便利为张某公司经营提供帮助，并介绍马某益与张某认识。2002 年，张某为感谢马某军的帮助提出给予其好处，马某军授意张某交给马某益现金 40 万元。2008 年，马某军再次授意张某将 50 万元存入马某益的银行账户。马某益收款后均告知马某军。（2）2005 年，马某军利用职务便利为徐某公司经营提供帮助，并介绍马某益与徐某认识。2008 年 7 月、9 月，马某军授意徐某，分别向马某益的银行账户汇款 45 万元、20 万元。2010 年 8 月，因马某益做生意需要资金，马某军与马某益商议后找到徐某帮忙，徐某通过公司员工银行账户向马某益的银行账户汇款 100 万元。马某益收款后均告知马某军。（3）2011 年 10 月至 2012 年 5 月，马某军利用职务便利为王某公司经营提供帮助，为感谢马某军，王某表示在苏州购买一处房产送给马某军，马某军与马某益商议后，由马某益前去看房并办理相关购房手续，该房产落户在马某益名下，价值 106 万元。（4）2012 年至 2013 年，马某军利用职务便利为苏某公司经营提供帮助，后苏某对马某益说要感谢马某军，马某益授意苏某使用他人身份证办银行卡，将感谢费存在卡内。2013 年 9 月，苏某将其子名下存有 29.5 万元的银行卡送给马某益。马某益收款后告知马某军，该款由马某益用于日常花销。

2020 年 12 月 22 日，黑龙江省大箐山县人民法院以受贿罪判处马某益有期徒刑十年，并处罚金五十万元；以洗钱罪判处马某益有期徒刑二年，并处罚金十万元；数罪并罚，决定执行有期徒刑十年六个月，并处罚金六十万元。马某益未上诉，判决已生效。

[①] 本案例系 2022 年 11 月 3 日最高人民检察院发布的 5 件检察机关惩治洗钱犯罪典型案例之四。

[典型意义]

根据事实、证据和刑法规定的犯罪构成,准确区分洗钱罪与上游犯罪的共犯。洗钱罪是在上游犯罪完成、取得或控制犯罪所得及其收益后实施的新的犯罪活动,与上游犯罪分别具有独立的构成。在上游犯罪实行过程中提供资金账户、协助转账汇款等帮助上游犯罪实现的行为,是上游犯罪的组成部分,应当认定为上游犯罪的共犯,不能认定洗钱罪。上游犯罪完成后掩饰、隐瞒犯罪所得及其收益的来源和性质的行为,才成立洗钱罪。办案当中要根据行为人实施掩饰、隐瞒等行为所发生时间节点及其与上游犯罪关系,准确区分上游犯罪与洗钱罪,不能将为上游犯罪提供账户、转账等上游犯罪共犯行为以洗钱罪追诉。

问题 7. 上游犯罪未经刑事判决确认的洗钱犯罪案件的处理

【实务专论】①

(四) 关于上游犯罪未经刑事判决确认的洗钱犯罪案件的处理

《最高人民法院关于审理洗钱等刑事案件具体应用法律若干问题的解释》(以下简称《解释》)第四条主要解决洗钱犯罪案件的审判和认定程序问题。洗钱罪与上游犯罪密不可分,没有上游犯罪,就没有洗钱这一下游犯罪。那么,在程序上是否要求上游犯罪经人民法院先行判决确认,才能认定洗钱罪成立?《解释》对此持否定意见。主要考虑是:(1) 上游犯罪与洗钱犯罪的侦查、审查起诉以及审判活动很难做到同步进行,此外,实践中还存在一些因上游犯罪人在境外、死亡等客观原因而难以对上游犯罪人诉诸刑事程序的情形,一律要求上游犯罪经定罪判刑后才能审判洗钱犯罪,既不符合立法精神,也不利于实践打击。(2) 是否存在上游犯罪,完全可以作为洗钱犯罪的案内事实来审查,这已经成为司法实践中的一般处理原则。例如,在汪某洗钱案中,"洗钱罪"和其上游犯罪——毒品犯罪的判决由人民法院分别作出,而在洗钱罪判决前,毒品犯罪尚未审结;在潘某民等洗钱案中,虽然上游犯罪人"阿元"未被抓获归案,但是根据被害人的陈述、被告人的供述以及有关书证材料,足以认定上游犯罪成立,故审理法院直接判处潘某民等构成洗钱罪。类似做法也常见于立功等量刑情节以及其他一些犯罪的认定处理。比如,对于签订、履行合同失职被骗罪的认定,相关文件明确提出,"司法机关在办理案件过程中,只要认定对方当事人的行为已经涉嫌构成诈骗犯罪,就可依法认定行为人构成签订、履行合同失职被骗罪或者国家机关工作人员签订、履行合同失职罪,而不需要搁置或者中止审理,直至对方当事人被人民法院审理并判决构成诈骗犯罪。"(3) 金融行动特别工作组"反洗钱40条建议"明确要求将洗钱犯罪在程序上作为一个独立的犯罪来处理。基于此,《解释》第4条第1款规定,"刑法第一百九十一条、第三百一十二条、第三百四十九条规定的犯罪,应当以上游犯罪事实成立为认定前提。上游犯罪尚未依法裁判,但查证属实的,不影响刑法第一百九十一条、第三百一十二条、第三百四十九条规定的犯罪的审判。"适用本款规定时应当注意到,在上游犯罪未经审判确认甚至是上游犯罪人尚未归案的情况下,上游犯罪存在与否具有诸多不确定性,审理此类洗钱案件的法院应当

---

① 刘为波:《〈关于审理洗钱等刑事案件具体应用法律若干问题的解释〉的理解和适用》,载《人民司法》2009年第23期。

慎重行事，严格把握。只有根据案件事实足以认定上游犯罪事实成立的，才能认定洗钱犯罪成立。《解释》在赋予洗钱案件审理程序的相对独立性的同时，并无降低此类洗钱案件的证明标准之意，恰恰相反，《解释》增加了司法机关对于此类洗钱案件的查证要求。

《解释》第4条第2款是针对依照《刑事诉讼法》第15条[①]规定不予追究刑事责任的情形作出的规定。根据《刑法》第64条规定以及《最高人民法院、最高人民检察院、公安部、国家安全部、司法部、全国人大常委会法制工作委员会关于刑事诉讼法实施中若干问题的规定》第19条关于"对于在侦查、审查起诉中犯罪嫌疑人死亡，对犯罪嫌疑人的存款、汇款应当依法予以没收或者返还被害人的，可以申请人民法院裁定通知冻结犯罪嫌疑人存款、汇款的金融机构上缴国库或者返还被害人"[②]的规定，此情形下犯罪所得及其收益的性质不变，故针对此类犯罪所得及其收益实施的洗钱行为，同样构成犯罪并应依法追究刑事责任。《解释》第4条第3款关于"上游犯罪事实可以确认，依法以其他罪名定罪处罚的，不影响刑法第一百九十一条、第三百一十二条、第三百四十九条规定的犯罪的认定"的规定，主要是考虑到实践中存在一些吸收犯、牵连犯，法院虽然认可了某一上游犯罪，但因被其他更重的犯罪所吸收，在处理上未再按数罪并罚的原则处理的情形。经研究，此种情形虽然在最后的量刑上未将上游犯罪作为一个单独的犯罪来评价，但不影响上游犯罪的性质认定以及相关洗钱犯罪的处理。

《解释》起草过程中有意见提出，能否考虑将《刑法》第271条、第163条规定的非国家工作人员实施的职务侵占、收受贿赂等犯罪纳入《刑法》第191条规定中的"贪污贿赂犯罪"，与国家工作人员实施的贪污贿赂犯罪作一体《解释》。《解释》对此未作规定，主要考虑是：（1）从刑事立法初衷和文字表述看，刑法第191条规定中的"贪污贿赂犯罪"，仅指刑法第八章规定的相关罪名；（2）尽管行为性质类似，但在立法上已经区分主体身份将之规定为不同犯罪并放置在不同的章节的情况下，司法中不宜再将非国家工作人员实施的相关犯罪纳入贪污贿赂罪的框架来解释；（3）《刑法》第191条将贪污贿赂罪规定为洗钱罪的上游犯罪，是因为其特殊严重性，而现在非国家工作人员实施的相关职务犯罪的严重程度，在立法者看来，明显要低于国家工作人员实施的职务犯罪，这从法定刑规定可以看出。所以，若将非国家工作人员实施的相关职务犯罪纳入《刑法》第191条规定中的"贪污贿赂犯罪"，不符合"举轻以明重"这一法律解释原则。

【最高人民检察院公报案例/刑事审判参考案例】上游犯罪行为人尚未定罪判刑，能否认定洗钱罪——潘某民、祝某贞、李某明、龚某洗钱案[③]

一、主要问题

上游犯罪行为人尚未定罪判刑，能否认定洗钱罪？

---

① 本条现对应2018年10月26日颁布的《刑事诉讼法》第16条。
② 该规定现已失效。对于犯罪嫌疑人、被告人死亡，依照刑法规定应当追缴其违法所得及其他涉案财产的，适用《刑事诉讼法》第五编第四章规定的违法所得的没收程序处理。
③ 肖晚祥、苏敏华：《潘某民、祝某贞、李某明、龚某洗钱案——上游犯罪行为人尚未定罪量刑的如何认定洗钱罪》，载中华人民共和国最高人民法院刑事审判第一、第二、第三、第四、第五庭主办：《刑事审判参考》总第60集，法律出版社2008年版。本案例同时载于《最高人民检察院公报》2008年第2号。

二、裁判理由

本案是《刑法修正案（六）》及《中华人民共和国反洗钱法》施行后，全国法院审理的首例洗钱犯罪案件，具有一定的典型意义。

1. 上游犯罪行为人虽未定罪判刑，洗钱行为的证据确实、充分的，可以认定洗钱罪

根据《刑法》第 191 条的规定，洗钱罪是指行为人明知是毒品犯罪、黑社会性质的组织犯罪、恐怖活动犯罪、走私犯罪、贪污贿赂犯罪、破坏金融管理秩序犯罪、金融诈骗犯罪这些上游犯罪的违法所得及其产生的收益而进行掩饰、隐瞒其来源和性质的行为。洗钱罪属于行为犯，只要行为人实施了《刑法》第 191 条所规定的五种行为之一，就构成洗钱罪，当然，如果行为人涉案金额很小，情节显著轻微危害不大的，根据《刑法》第 13 条的规定可以不认定为犯罪。

洗钱罪与上游犯罪的关系密不可分，可以说，如果没有上游犯罪，就没有洗钱罪和掩饰、隐瞒犯罪所得、犯罪所得收益罪这些下游犯罪、派生犯罪。那么，是否必须上游犯罪行为人已经法院定罪判刑，才能认定洗钱罪？答案是否定的。我们认为，只要有证据证明确实发生了《刑法》第 191 条明文规定的上游犯罪，行为人明知系上游犯罪的所得及其产生的收益，仍然实施为上游犯罪行为人提供资金账户、协助将财产转换为现金等掩饰、隐瞒其来源和性质的帮助行为的，就可以认定洗钱罪成立。上游犯罪行为与洗钱犯罪行为虽然具有前后相连的事实特征，但实践中两种犯罪案发状态、查处及审判进程往往不会同步，有的上游犯罪事实复杂，有的则可能涉及数个犯罪，查处难度大，所需时间长，审判进程必然比较慢；而洗钱行为相对简单，查处难度小；还可能发生实施洗钱行为的人已经抓获归案，上游犯罪的事实已经查清，而上游犯罪行为人尚在逃的情形。从程序角度而言，如果要求所有的洗钱犯罪都必须等到相应的上游犯罪处理完毕后再处理，会造成对这类犯罪打击不力的后果，如一律要求上游犯罪已经定罪判刑才能认定洗钱罪成立既不符合刑法规定，也不符合打击洗钱犯罪的实际需要。从犯罪构成上看，洗钱罪的上游犯罪和洗钱罪虽有联系，但各有不同的犯罪构成，需要分别进行独立评价。上游犯罪在洗钱罪的犯罪构成中，只是作为前提性要素而出现，是认定洗钱行为人主观故意和客观危害符合《刑法》第 191 条规定的前提性判断依据，如果根据洗钱罪中的证据足以认定上游行为符合上游犯罪的要件，那么就应当成立洗钱罪。应当注意的是，在上游犯罪行为人尚未归案的情况下，可能难以确定其行为性质，此时法院应当慎重处理：只有根据洗钱案件中所掌握的事实和证据，足以断定上游行为属于《刑法》第 191 条所规定的七种犯罪类型的，才能认定洗钱罪成立；如果根据现有的证据材料，尚难以断定上游行为是否构成犯罪、构成何种犯罪，则不宜认定洗钱罪。因为《刑法》第 191 条规定了"明知"要件，如果法院尚不能判断上游行为是否构成犯罪，以及是否属于特定的七类犯罪，就无法断定洗钱行为人"明知"系七类犯罪所得及收益而实施洗钱行为。当然，如果根据证据足以断定上游犯罪属于七类犯罪以外的其他犯罪的，可以依法认定为《刑法》第 312 条所规定的掩饰、隐瞒犯罪所得、犯罪所得收益罪。

本案中，上游犯罪行为人"阿某"尚未抓获归案，根据被害人的陈述和被告人的供述，以及有关书证材料，可以确定"阿某"盗划他人信用卡内钱款的行为，已经涉嫌信用卡诈骗罪。潘等四人明知"阿某"所获得的钱款系金融诈骗犯罪所得，为掩饰、隐瞒其来源和性质，仍按其要求提供资金账户并通过转账等方式协助资金转移，符合《刑法》第 191 条所规定的洗钱罪的构成特征，且涉案金额达 100 余万元，应当以洗钱罪对四被告

定罪处罚。

【典型案例】雷某、李某洗钱案[①]

[裁判要旨]

在非法集资等犯罪持续期间帮助转移犯罪所得及收益的行为，可以构成洗钱罪。非法集资等犯罪存在较长期的持续状态，在犯罪持续期间帮助犯罪分子转移犯罪所得及收益，符合《刑法》第191条规定的，应当认定为洗钱罪。上游犯罪是否结束，不影响洗钱罪的构成，洗钱行为在上游犯罪实施终了前着手实施的，可以认定洗钱罪。

[基本案情]

被告人雷某、李某，均系杭州瑞某商务咨询有限公司（以下简称瑞某公司）员工。

（一）上游犯罪

2013年至2018年6月，朱某（另案处理）为杭州腾某投资管理咨询有限公司（以下简称腾某公司）实际控制人，未经国家有关部门依法批准，以高额利息为诱饵，通过口口相传、参展推广等方式向社会公开宣传ACH外汇交易平台，以腾某公司名义向1899名集资参与人非法集资14.49亿余元。截至案发，造成1279名集资参与人损失共计8.46亿余元。2020年3月31日，杭州市人民检察院以集资诈骗罪对朱某提起公诉。2020年12月29日，杭州市中级人民法院作出判决，认定朱某犯集资诈骗罪，判处无期徒刑，剥夺政治权利终身，并处没收个人全部财产。宣判后，朱某提出上诉。

（二）洗钱犯罪

2016年年底，朱某出资成立瑞某公司，聘用雷某、李某为该公司员工，并让李某挂名担任法定代表人，为其他公司提供商业背景调查服务。2017年2月至2018年1月，雷某、李某除从事瑞某公司自身业务外，应朱某要求，明知腾某公司以外汇理财业务为名进行非法集资，仍向朱某提供多张本人银行卡，接收朱某实际控制的多个账户转入的非法集资款。之后，雷某、李某配合腾某公司财务人员罗某（另案处理）等人，通过银行大额取现、大额转账、同柜存取等方式将上述非法集资款转移给朱某。其中，大额取现2404万余元，交给朱某及其保镖；大额转账940万余元，转入朱某实际控制的多个账户及房地产公司账户用于买房；银行柜台先取后存6299万余元，存入朱某本人账户及其实际控制的多个账户。其中，雷某转移资金共计6362万余元，李某转移资金共计3281万余元。二人除工资收入外，自2017年6月起收取每月1万元的好处费。

[典型意义]

1. 在非法集资等犯罪持续期间帮助转移犯罪所得及收益的行为，可以构成洗钱罪。非法集资等犯罪存在较长期的持续状态，在犯罪持续期间帮助犯罪分子转移犯罪所得及收益，符合《刑法》第191条规定的，应当认定为洗钱罪。上游犯罪是否结束，不影响洗钱罪的构成，洗钱行为在上游犯罪实施终了前着手实施的，可以认定洗钱罪。

2. 洗钱犯罪手段多样，变化频繁，本质都是通过隐匿资金流转关系，掩饰、隐瞒犯罪所得及收益的来源和性质。本案被告人为隐匿资金真实去向，大额取现或者将大额赃款在多个账户间进行频繁划转；为避免直接转账留下痕迹，将转账拆分为先取现后存款，人为割裂交易链条，利用银行支付结算业务采取了多种手段实施洗钱犯罪。实践中除上

[①] 本案例系2021年3月19日最高人民检察院、中国人民银行联合发布的6个惩治洗钱犯罪典型案例之二。

述方式外,还有利用汇兑、托收承付、委托收款或者开立票据、信用证以及利用第三方支付、第四方支付等互联网支付业务实施的洗钱犯罪,资金转移方式更专业,洗钱手段更隐蔽。检察机关在办案中要透过资金往来表象,认识行为本质,准确识别各类洗钱手段。

3. 充分发挥金融机构、行政监管和刑事司法反洗钱工作合力,共同落实反洗钱义务和责任。金融机构应当建立并严格执行反洗钱内部控制制度,履行客户尽职调查义务、大额交易和可疑交易报告义务,充分发挥反洗钱"第一防线"的作用。人民银行要加强监管,对涉嫌洗钱的可疑交易活动进行反洗钱调查,对金融机构反洗钱履职不力的违法行为作出行政处罚,涉嫌犯罪的,应当及时移送公安机关立案侦查。人民检察院要充分发挥法律监督职能作用和刑事诉讼中指控证明犯罪的主导责任,准确追诉犯罪,发现金融机构涉嫌行政违法的,及时移送人民银行调查处理,促进行业治理。

【典型案例】陈某枝洗钱案[①]

[裁判要旨]

上游犯罪查证属实,尚未依法裁判,或者依法不追究刑事责任的,不影响洗钱罪的认定和起诉。洗钱罪虽是下游犯罪,但是仍然是独立的犯罪,从惩治犯罪的必要性和及时性考虑,可以将上游犯罪作为洗钱犯罪的案内事实进行审查,根据相关证据能够认定上游犯罪的,上游犯罪未经刑事判决确认不影响对洗钱罪的认定。

[基本案情]

被告人陈某枝,无业,系陈某波(另案处理)前妻。

(一)上游犯罪

2015年8月至2018年10月间,陈某波注册成立某金融信息服务公司,未经国家有关部门批准,以公司名义向社会公开宣传定期固定收益理财产品,自行决定涨跌幅,资金主要用于兑付本息和个人挥霍,后期拒绝兑付;开设数字货币交易平台发行虚拟币,通过虚假宣传诱骗客户在该平台充值、交易,虚构平台交易数据,并通过限制大额提现提币、谎称黑客盗币等方式掩盖资金缺口,拖延甚至拒绝投资者提现。2018年11月3日,上海市公安局浦东分局对陈某波以涉嫌集资诈骗罪立案侦查,涉案金额1200余万元,陈某波潜逃境外。

(二)洗钱犯罪

2018年年中,陈某波将非法集资款中的300万元转账至陈某枝个人银行账户。2018年8月,为转移财产,掩饰、隐瞒犯罪所得,陈某枝、陈某波二人离婚。2018年10月底至11月底,陈某枝明知陈某波因涉嫌集资诈骗罪被公安机关调查、立案侦查并逃往境外,仍将上述300万元转至陈某波个人银行账户,供陈某波在境外使用。另外,陈某枝按照陈某波指示,将陈某波用非法集资款购买的车辆以90余万元的低价出售,随后在陈某波组建的微信群中联系比特币"矿工",将卖车钱款全部转账给"矿工"换取比特币密钥,并将密钥发送给陈某波,供其在境外兑换使用。陈某波目前仍未到案。

[诉讼过程]

上海市公安局浦东分局在查办陈某波集资诈骗案中发现陈某枝洗钱犯罪线索,经立

---

① 本案例系2021年3月19日最高人民检察院、中国人民银行联合发布的6个惩治洗钱犯罪典型案例之三。

案侦查，于 2019 年 4 月 3 日以陈某枝涉嫌洗钱罪将案件移送起诉。上海市浦东新区人民检察院经审查提出补充侦查要求，公安机关根据要求向中国人民银行上海总部调取证据。中国人民银行上海总部指导商业银行等反洗钱义务机构排查可疑交易，通过穿透资金链、分析研判可疑点，向公安机关移交了相关证据。上海市浦东新区人民检察院经审查认为，陈某枝以银行转账、兑换比特币等方式帮助陈某波向境外转移集资诈骗款，构成洗钱罪；陈某波集资诈骗犯罪事实可以确认，其潜逃境外不影响对陈某枝洗钱犯罪的认定，于 2019 年 10 月 9 日以洗钱罪对陈某枝提起公诉。2019 年 12 月 23 日，上海市浦东新区人民法院作出判决，认定陈某枝犯洗钱罪，判处有期徒刑二年，并处罚金 20 万元。陈某枝未提出上诉，判决已生效。

办案过程中，上海市人民检察院向中国人民银行上海总部提示虚拟货币领域洗钱犯罪风险，建议加强新领域反洗钱监管和金融情报分析。中国人民银行将本案作为中国打击利用虚拟货币洗钱的成功案例提供给国际反洗钱组织——金融行动特别工作组，向国际社会介绍中国经验。

[典型意义]

1. 利用虚拟货币跨境兑换，将犯罪所得及收益转换成境外法定货币或者财产，是洗钱犯罪新手段，洗钱数额以兑换虚拟货币实际支付的资金数额计算。虽然我国监管机关明确禁止代币发行融资和兑换活动，但由于各个国家和地区对比特币等虚拟货币采取的监管政策存在差异，通过境外虚拟货币服务商、交易所，可实现虚拟货币与法定货币的自由兑换，虚拟货币被利用成为跨境清洗资金的新手段。

2. 根据利用虚拟货币洗钱犯罪的交易特点收集运用证据，查清法定货币与虚拟货币的转换过程。要按照虚拟货币交易流程，收集行为人将赃款转换为虚拟货币、将虚拟货币兑换成法定货币或者使用虚拟货币的交易记录等证据，包括比特币地址、密钥，行为人与比特币持有者的联络信息和资金流向数据等。

3. 上游犯罪查证属实，尚未依法裁判，或者依法不追究刑事责任的，不影响洗钱罪的认定和起诉。在追诉犯罪过程中，可能存在上游犯罪与洗钱犯罪的侦查、起诉以及审判活动不同步的情形，或者因上游犯罪嫌疑人潜逃、死亡、未达到刑事责任年龄等原因出现暂时无法追究刑事责任或者依法不追究刑事责任等情形。洗钱罪虽是下游犯罪，但是仍然是独立的犯罪，从惩治犯罪的必要性和及时性考虑，存在上述情形时，可以将上游犯罪作为洗钱犯罪的案内事实进行审查，根据相关证据能够认定上游犯罪的，上游犯罪未经刑事判决确认不影响对洗钱罪的认定。

4. 人民检察院对办案当中发现的洗钱犯罪新手段新类型新情况，要及时向人民银行通报反馈，提示犯罪风险、提出意见建议，帮助丰富反洗钱监测模型、完善监管措施。人民银行要充分发挥反洗钱国际合作职能，向国际反洗钱组织主动提供成功案例，通报新型洗钱手段和应对措施，深度参与反洗钱国际治理，向世界展示中国作为负责任的大国在反洗钱工作方面的决心和力度。

【司法解释】

《最高人民法院关于审理洗钱等刑事案件具体应用法律若干问题的解释》（2009 年 11 月 4 日　法释〔2009〕15 号）（节录）

第四条　刑法第一百九十一条、第三百一十二条、第三百四十九条规定的犯罪，应当以上游犯罪事实成立为认定前提。上游犯罪尚未依法裁判，但查证属实的，不影响刑法第一百九十一条、第三百一十二条、第三百四十九条规定的犯罪的审判。

上游犯罪事实可以确认，因行为人死亡等原因依法不予追究刑事责任的，不影响刑法第一百九十一条、第三百一十二条、第三百四十九条规定的犯罪的认定。

上游犯罪事实可以确认，依法以其他罪名定罪处罚的，不影响刑法第一百九十一条、第三百一十二条、第三百四十九条规定的犯罪的认定。

本条所称"上游犯罪"，是指产生刑法第一百九十一条、第三百一十二条、第三百四十九条规定的犯罪所得及其收益的各种犯罪行为。

问题 8. 洗钱犯罪的追赃挽损

【典型案例】跨境洗钱犯罪如何追赃挽损——黄某洗钱案[①]

[基本案情]

黄某，男，某银行原信贷员，系上游犯罪人员朱某成亲属。

（一）上游犯罪

2017 年 8 月至 2020 年 1 月间，朱某成等人在江苏省无锡市滨湖区成立海某体育发展有限公司（以下简称海某公司），以合买"体育彩票"为名，通过召开大会、体彩门店宣传、口口相传、微信宣传、授课等方式，向不特定社会公众公开宣传该公司配置顶尖专业体育竞彩分析师团队，团队下注方案可以取得高中奖率，以经营期间持续只赢不亏以及高额月收益为诱饵进行非法集资。集资款大部分用于发放奖金、支付佣金、本金赎回，以及员工工资、宣传费用等开销。案发时，朱某成等人集资诈骗共计 3 亿余元。

2022 年 4 月 24 日，江苏省无锡市滨湖区人民法院以集资诈骗罪判处朱某成有期徒刑十四年九个月，并处没收财产五十万元；以偷越国境罪判处朱某成有期徒刑九个月，并处罚金二万元；数罪并罚，决定执行有期徒刑十五年三个月，并处没收财产五十万元，罚金二万元。朱某成未上诉，判决已生效。

（二）洗钱罪

2018 年 12 月至 2019 年 1 月间，黄某为掩饰、隐瞒朱某成非法集资犯罪所得，帮助朱某成联系境外洗钱人员黄某杰（公安机关已作出刑事拘留决定并上网追逃），将朱某成账户内共计 2306.7 万元资金分散存入黄某杰提供的 60 余个"傀儡账户"中。随后，黄某杰所在团伙将上述账户内的资金又分散转至其他二级、三级账户，并以帮助换汇为由，通过境内将人民币转入"换汇客户"的银行账户、境外支付等值外币"对敲"方式，将资金转移至境外。此后，朱某成为在境内使用资金，又让黄某杰以上述对敲方式转移资

[①] 本案例系 2022 年 11 月 3 日最高人民检察院发布的 5 件检察机关惩治洗钱犯罪典型案例之一。

金至境内黄某控制的他人银行账户。黄某指使他人从银行提取现金后交给朱某成及朱某成母亲,从中获取好处费 60 余万元。

2020 年 1 月,黄某知道朱某成实际控制的海某公司无法兑付集资参与人本息后,应朱某成的要求,代为出售朱某成用非法集资款购买的 2 辆汽车,取得售车款 104.3 万元后,将其中的 60 万元转至朱某成的银行账户。此外,黄某联系偷渡中介人员崔某印(已判刑)等人,帮助朱某成等 3 人偷渡至境外。同年 3 月 31 日,朱某成等 3 人被抓获归案。

2020 年 12 月 30 日,无锡市滨湖区人民法院以洗钱罪判处黄某有期徒刑五年六个月,并处罚金三百万元;以偷越国境罪判处黄某有期徒刑六个月,并处罚金五万元,数罪并罚,决定执行有期徒刑五年九个月,并处罚金三百零五万元。黄某未上诉,判决已生效。

[典型意义]

1. 跨境洗钱犯罪不仅造成上游犯罪赃款追缴困难,而且严重危害国家金融安全,必须依法严惩。办案当中发现跨境洗钱线索的,要着力查清资金流向和流转过程,加强对境内相关资金交易记录等证据的收集。要注重查明资金流出的起始账户、途经账户和跨境转移的具体方式,为认定洗钱犯罪和追赃挽损夯实证据基础。

2. 查清非法集资资金实际去向,既是追缴涉案资金,提升追赃挽损实际成效的重要措施,也是发现洗钱犯罪线索的有力抓手。在办理涉非法集资洗钱案件过程中,不仅要查清洗钱手段,还要尽可能查清洗钱后资金的实际去向,及时查封、扣押、冻结被转移、隐匿、转换的上游犯罪所得及其收益,依法追缴洗钱人员的违法所得,不让任何人从洗钱犯罪中得到经济利益。

【刑事审判参考案例】洗钱案件涉案财产如何认定和处置——刘某 1、杨某敏洗钱案[①]

一、基本案情

广州市中级人民法院经审理查明:2017 年下半年以来,毒品犯罪涉案人员刘某 1(另案处理)伙同他人多次走私毒品海洛因入境贩卖,牟取、积累了巨额违法所得。2019 年 6 月 25 日,刘某 1 被指控犯走私、贩卖毒品罪。刘某 2 的胞兄刘某 1、前妻杨某敏在明知刘某 2 所有的资金、财物系通过毒品犯罪获取的情况下,为掩饰、隐瞒毒品犯罪违法所得及其收益的性质和来源,通过提供资金账户、转账协助资金转移、虚设债权债务、虚假投资等各种方式,实施了协助将毒品犯罪所得及其收益转换为"合法"财产的洗钱行为。刘某 1 洗钱金额共计 560.75 万元,杨某霞洗钱金额共 766.5479 万元。

广州市中级人民法院认为,被告人刘某 1、杨某敏无视国家法律,明知是他人毒品犯罪所得及其产生的收益,以提供资金账户、转换财产形式等方法掩饰、隐瞒犯罪所得及其收益的来源和性质,情节严重,其行为均已构成洗钱罪。刘某 1、杨某敏在共同洗钱犯罪中,均发挥重要作用均系主犯,应对其所参与实施的全部洗钱犯罪承担刑事责任。据此,依照《中华人民共和国刑法》第 191 条第 1 款第 1 项、第 2 项、第 3 项、第 5 项,第 25 条,第 26 条第 1 款、第 4 款,第 47 条,第 52 条,第 53 条,第 61 条,第 62 条,第 64 条,第 67 条第 3 款,《最高人民法院关于适用财产刑若干问题的规定》第 5 条之规定,

---

[①] 龚帆、李倩雯:《刘某 1、杨某敏洗钱案——如何正确适用洗钱罪》,载最高人民法院刑事审判第一、二、三、四、五庭编:《刑事审判参考》总第 132 辑,人民法院出版社 2022 年版。

判决：被告人刘某1犯洗钱罪，判处有期徒刑七年，并处罚金人民币一百一十二万元。被告人杨某敏犯洗钱罪，判处有期徒刑五年，并处罚金人民币三十九万元。相关财产予以扣押没收。另附相关财产线索。

一审宣判后，被告人刘某1、杨某敏均未提出上诉，公诉机关未提出抗诉，判决已发生法律效力并移送执行。

二、主要问题

洗钱案件涉案财产如何认定和处置？

三、裁判理由

1. 涉案财产和洗钱数额的具体认定

（1）准确认定洗钱数额的必要性

本案中，上游毒品犯罪人员刘某2反侦查意识较强，在实施毒品犯罪过程中，伙同杨某敏、刘某1通过购买房产、商铺、豪车、利用他人名义转存资金等多种方式掩饰、隐瞒自己的毒品犯罪违法所得。在刘某2案发后，本案二被告人还通过虚构债权债务、转卖房产、投资入股等多种方式转移刘某2的毒品犯罪违法所得来实施洗钱行为，因此，本案洗钱数额的认定极其繁冗复杂。

公诉机关在起诉指控中并未明确二被告人各自洗钱的具体数额。我们认为，该做法值得商榷。首先，行为人洗钱的具体数额是反映行为人罪行轻重、社会危害性大小、打击上游犯罪影响程度的一个重要客观因素。其次，刑法对洗钱罪规定了"一般情节"与"情节严重"两种量刑幅度，而洗钱的具体数额同时也是认定行为人是否构成"情节严重"的一个重要评价标准。最后，洗钱罪的法定刑须并处或者单处罚金刑，并以行为人的具体洗钱数额作为计算基数。[①]因此，我们认为对于洗钱案件，在侦查阶段、审查起诉阶段、审判阶段，均需将行为人洗钱的具体数额作为认定构成该罪的关键事实予以查明并提供或根据充分的证据予以证实。

（2）洗钱数额认定标准的确定

鉴于本案洗钱行为持续时间长、方式复杂多样，在对二被告人洗钱数额的认定标准上也存在一定争议。一种观点认为，应将行为人实施的所有洗钱行为涉及的财产价值与金额进行累计认定为洗钱数额。另一种观点认为，应区分进账与出账，对于同一笔进账，无论其后续是否多次转换，都只将进账的部分计算一次洗钱金额。我们同意第二种观点，理由如下：

一是根据洗钱行为的次数累计计算洗钱金额，将会重复计算实际的洗钱金额，导致洗钱金额认定虚高，甚至造成无限制扩大洗钱金额的可能，不能客观反映行为人洗钱的真实数额进而影响对上游犯罪的司法认定和责任追究。二是行为人使用接收的上游毒品犯罪违法所得资金进行转换、转移的行为属于洗钱方式的不同，并未从本质上增加被"洗白"资金的总数。三是上游毒品犯罪违法所得历经数次洗钱行为后，可能形成的涉案财产存在形式虽有不同，但财产的来源与性质并未发生实质性变化。四是对洗钱金额不进行累计计算有利于从客观上反映和查明上游犯罪所得及其收益的实际情况。五是以区

[①] 2021年3月1日施行的《刑法修正案（十一）》已取消对洗钱罪罚金刑"洗钱数额百分之五以上百分之二十以下"的比例限制。我们认为，基于洗钱数额系洗钱罪社会危害性的重要客观评价因素，故在确定罚金数额时仍有必要考虑。

分进出账的方式，对上游犯罪违法所得的首次洗钱行为计算入账金额，也有利于方便认定洗钱金额的具体数额。六是有利于案件处理时明确退赔被害人经济损失和追缴违法所得的数额认定。

2. 涉案财产的处置方式

本案中，二被告人洗钱的手段方式多样，洗钱涉及的财产类型也十分复杂，包括债权、物权、股权，涉及的财产种类更是包含现金、存款、别墅、商铺、汽车、有限公司股权、合伙股份、债权收益。这就要求法院处置涉案财产时必须尽量周延、避免遗漏，以从经济上最大限度制裁洗钱犯罪，同时还要尽可能确保涉财物处理的判项科学、合理，便于执行到位。

经过梳理，法院根据财产类型主要作出如下处理。第一，对于上游犯罪所得及其收益转换、转移产生的已查封且权属清晰的不动产、扣押在案的汽车、冻结的现金及孳息等财产，直接作为违法所得予以没收。第二，对已经查实的涉及洗钱犯罪及其上游犯罪的违法所得及其产生的收益中尚未查控到案的部分，均依法判处予以追缴。第三，对于查控在案但无证据证实属于违法所得的被告人名下的合法财产，作为被告人财产刑执行对象予以执行。第四，对于难以分割的混同财产，根据资金源性质进行区分处置。第五，对于被告人利用上游毒品犯罪违法所得进行投资，与他人的合法财产发生难以分割的混同的合伙股份，鉴于合伙股份具有难以实时分割的特殊属性，对其强制执行反而可能会损害第三人的合法权益，且该部分财产也存在价值波动、发生灭失或是产生收益的可能，为加大对涉毒资产的打击力度并从经济上最大限度制裁洗钱犯罪分子，法院将其作为财产线索在判决书尾部予以列明，方便执行法官予以执行的同时，也确保不遗漏任何可执行、应执行的涉案财产线索，从而对洗钱犯罪违法所得可能产生的孳息也做到"一网打尽"。

第十二章 贷款诈骗罪

第一节 贷款诈骗罪概述

一、贷款诈骗罪概念及构成要件

贷款诈骗罪,是指借款人以非法占有为目的,使用虚构事实或者隐瞒真相的方法,骗取银行或者其他金融机构的贷款,数额较大的行为。1995年6月30日《全国人民代表大会常务委员会关于惩治破坏金融秩序犯罪的决定》第10条首次规定本罪,后吸收规定为1997年《刑法》第193条。

本罪的构成要件如下:(1)本罪侵犯的主要客体是国家对金融机构贷款的管理秩序,次要客体是金融机构对贷款的所有权。(2)本罪的客观方面表现为行为人虚构事实或隐瞒真相,骗取银行或者其他金融机构的贷款,数额较大的行为。具体行为方式包括:编造引进项目资金、项目等虚假理由的;使用虚假的经济合同的;使用虚假的证明文件的;使用虚假的产权证明作担保或者超出抵押物价值重复担保的;以其他方法诈骗贷款的。(3)本罪的犯罪主体仅为自然人,不包括单位。(4)本罪的主观方面表现为故意,且具有非法占有银行或者其他金融机构贷款的目的。判断行为人主观上对骗取的贷款是否具有非法占有目的是区分贷款诈骗罪与骗取贷款罪的关键所在。根据《刑法》第193条的规定,以非法占有为目的,诈骗银行或者其他金融机构的贷款,数额较大的,处5年以下有期徒刑或者拘役,并处2万元以上20万元以下罚金;数额巨大或者有其他严重情节的,处5年以上10年以下有期徒刑,并处5万元以上50万元以下罚金;数额特别巨大或者有其他特别严重情节的,处10年以上有期徒刑或者无期徒刑,并处5万元以上50万元以下罚金或者没收财产。

二、贷款诈骗刑事案件审理情况

在金融犯罪案件中,贷款诈骗案件较为多发、频发,容易滋生金融风险,扰乱国家金融秩序,损害金融机构利益。通过中国裁判文书网检索,2017年至2021年,全国法院审结一审贷款诈骗刑事案件共计 1869 件，其中 2017 年 423 件，2018 年 420 件，2019 年 491 件，2020 年 450 件，2021 年 85 件。

结合司法实践，此类案件主要呈现出以下特点：一是从犯罪对象看，以银行作为侵害对象的贷款诈骗犯罪案件占大多数，还有部分案件的被害单位系金融服务公司、信用社等。二是从贷款渠道看，线下贷款仍是实施此类犯罪行为的主要渠道。同时，随着互联网金融的飞速发展，有不少犯罪分子开始利用新兴的金融类手机 APP 实施线上诈骗行为，例如诈骗支付宝"借呗"、微信"微粒贷"等信贷资金的案件较为典型。三是从贷款用途看，主要用于偿还债务、个人消费及挥霍，少部分用于赌博等违法活动。四是从犯罪主体看，银行等金融机构内部工作人员为谋取私利，或提高个人业绩，而与他人相互勾结参与实施贷款诈骗行为的案件时有发生。

三、贷款诈骗刑事案件审理热点、难点问题

一是关于非法占有目的的认定。贷款诈骗罪与骗取贷款罪的客观要件具有一致性，而贷款纠纷案件中当事人往往也会通过提供虚假证明文件等来获取金融机构的信任，区分罪与非罪、此罪与彼罪的关键就在于判断行为人主观上是否具有非法占有目的。尽管相关法律文件通过采用"列举＋兜底条款"的立法模式对非法占有目的的认定作出了规定，但实践中的情形更为复杂多变，如何准确判断行为人的主观目的就成为定罪量刑的关键。

二是法定刑升格条件中"数额巨大或者有其他严重情节"以及"数额特别巨大或者其他特别严重情节"的认定。1996 年 12 月 16 日《最高人民法院关于审理诈骗案件具体应用法律的若干问题的解释》曾对贷款诈骗罪的加重处罚的数额标准及情节予以明确，但该解释已经失效，现行司法文件仅明确了本罪的立案追诉标准而对加重数额标准及情节未作出规定，导致司法实践中存在适法不统一的情形。

三是此罪彼罪区分及罪数形态认定。主要涉及：（1）鉴于《刑法》第 193 条未将单位规定为犯罪主体，对于单位实施贷款诈骗行为是以单位合同诈骗处理还是以自然人贷款诈骗处理存有争议；以虚假票据、虚假金融凭证诈骗金融机构贷款的行为，同时涉及票据诈骗罪、金融凭证诈骗罪及贷款诈骗罪，应当如何规制存有争议。（2）行为人为了诈骗贷款而向银行或者其他金融机构工作人员行贿，以及行为人冒充国家工作人员诈骗金融机构贷款等情形，是从一重罪处理即可还是应当数罪并罚存有分歧。

四、贷款诈骗刑事案件审理思路及原则

一是严格区分贷款诈骗与骗取贷款、贷款纠纷的界限。对于合法取得贷款后，没有按规定用途使用贷款，到期未归还的情形，不能以贷款诈骗罪定罪处罚；对于确有证据证明行为人不具有非法占有目的，因不具备贷款条件而采取欺骗手段获取贷款，案发时有能力履行还款义务，或者案发后不能归还贷款系因意志以外的原因，如经营不善、被骗、市场风险等造成的，不宜以贷款诈骗罪定罪处罚。对于借款人采取欺骗手段获取贷款，虽给银行造成损失，但在案证据不足以认定借款人有非法占有目的的，也不宜以贷款诈骗罪定性处理。

二是合理把握定罪量刑的数额标准。犯罪数额的计算是准确定罪量刑的基础。关于贷款诈骗罪中"数额巨大""数额特别巨大"的标准，尽管 2001 年 1 月 21 日《全国法院

审理金融犯罪案件工作座谈会纪要》明确在没有新的司法解释之前，参照1996年《最高人民法院关于审理诈骗案件具体应用法律的若干问题的解释》（已于2013年被废除）规定的"5万元以上""20万元以上"认定，但考虑到该解释已失效且颁布于20年前，与当前贷款诈骗的规模、造成的损失以及其他金融诈骗犯罪的数额标准不相适应，故司法实践中可根据案件实际情况参照各省市颁发的地方性法律文件认定。

三是注重财产刑的合理运用。贷款诈骗罪是图利型犯罪，惩罚和预防此类犯罪，应当同时注重从经济上制裁犯罪分子。并处罚金的，罚金数额应当根据被告人的犯罪情节，在《刑法》第193条规定的数额幅度内确定；并处没收财产的，则不受前述数额幅度的限制。对于具有从轻、减轻或者免除处罚情节的被告人，在并处财产刑时原则上也应当体现从宽。

第二节 贷款诈骗罪审判依据

《全国人民代表大会常务委员会关于惩治破坏金融秩序犯罪的决定》第10条规定了贷款诈骗罪，后吸收规定为《刑法》第193条。2022年4月6日公布的《最高人民检察院、公安部关于公安机关管辖的刑事案件立案追诉标准的规定（二）》对该罪的立案追诉标准予以细化规定。

一、法律

《中华人民共和国刑法》（1979年7月1日第五届全国人民代表大会第二次会议通过 1997年3月14日第八届全国人民代表大会第五次会议修订 1997年3月14日中华人民共和国主席令第83号公布 根据历次修正案和修改决定修正）（节录）

第一百九十三条 有下列情形之一，以非法占有为目的，诈骗银行或者其他金融机构的贷款，数额较大的，处五年以下有期徒刑或者拘役，并处二万元以上二十万元以下罚金；数额巨大或者有其他严重情节的，处五年以上十年以下有期徒刑，并处五万元以上五十万元以下罚金；数额特别巨大或者有其他特别严重情节的，处十年以上有期徒刑或者无期徒刑，并处五万元以上五十万元以下罚金或者没收财产：

（一）编造引进资金、项目等虚假理由的；

（二）使用虚假的经济合同的；

（三）使用虚假的证明文件的；

（四）使用虚假的产权证明作担保或者超出抵押物价值重复担保的；

（五）以其他方法诈骗贷款的。

二、刑事政策文件

1. **《全国法院审理金融犯罪案件工作座谈会纪要》**（2001年1月21日 法〔2001〕8号）（节录）

2. **贷款诈骗罪的认定和处理。**贷款诈骗犯罪是案发较多的金融诈骗犯罪之一。审理贷款诈骗犯罪案件，应当注意以下两个问题：

一是单位不能构成贷款诈骗罪。根据刑法第三十条和第一百九十三条的规定，单位不构成贷款诈骗罪。对于单位实施的贷款诈骗行为，不能以贷款诈骗罪定罪处罚，也不能以贷款诈骗罪追究直接负责的主管人员和其他直接责任人员的刑事责任。但是，在司法实践中，对于单位十分明显地以非法占有为目的，利用签订、履行借款合同诈骗银行或其他金融机构贷款，符合刑法第二百二十四条规定的合同诈骗罪构成要件的，应当以合同诈骗罪定罪处罚。

二是要严格区分贷款诈骗与贷款纠纷的界限。对于合法取得贷款后，没有按规定的用途使用贷款，到期没有归还贷款的，不能以贷款诈骗罪定罪处罚；对于确有证据证明行为人不具有非法占有的目的，因不具备贷款的条件而采取了欺骗手段获取贷款，案发时有能力履行还贷义务，或者案发时不能归还贷款是因为意志以外的原因，如因经营不善、被骗、市场风险等，不应以贷款诈骗罪定罪处罚。

4. 金融诈骗犯罪定罪量刑的数额标准和犯罪数额的计算。金融诈骗的数额不仅是定罪的重要标准，也是量刑的主要依据。在没有新的司法解释之前，可参照1996年《最高人民法院关于审理诈骗案件具体应用法律的若干问题的解释》的规定执行。在具体认定金融诈骗犯罪的数额时，应当以行为人实际骗取的数额计算。对于行为人为实施金融诈骗活动而支付的中介费、手续费、回扣等，或者用于行贿、赠与等费用，均应计入金融诈骗的犯罪数额。但应当将案发前已归还的数额扣除。

2. 《最高人民法院、最高人民检察院关于公安机关管辖的刑事案件立案追诉标准的规定（二）》（2022年4月6日　公通字〔2022〕12号）

第四十五条〔贷款诈骗案（刑法第一百九十三条）〕以非法占有为目的，诈骗银行或者其他金融机构的贷款，数额在五万元以上的，应予立案追诉。

第三节　贷款诈骗罪审判实践中的疑难新型问题

问题1. 关于贷款诈骗罪与非罪的区分认定

【实务专论】[①]

1. "以非法占有为目的"是区别罪与非罪界限的重要标准

在认定贷款诈骗罪时，不能简单地认为，只要贷款到期不能偿还，就以贷款诈骗罪论处。实际生活中，贷款不能按期偿还的情况时有发生，其原因也很复杂，如有的因为经营不善或者市场行情的变动，使营利计划无法实现不能按时偿还贷款。这种情况下，行为人虽然主观有过错，但其没有非法占有贷款的目的，故不能以本罪认定。有的是本人对自己的偿还能力估计过高，以致不能按时还贷，这种情形行为人主观上虽然具有过失，但其没有非法占有的目的，也不应以本罪论处。只有那些以非法占有为目的，采用

[①] 张军主编：《刑法（分则）及配套规定新释新解（第9版）》，人民法院出版社2016年版，705~706。

欺骗的方法取得贷款的行为,才构成贷款诈骗罪。

2. 要把贷款诈骗与借贷纠纷区别开来

有些借贷人在获得贷款后长期拖欠不还,甚至在申请贷款时就有夸大履约能力、编造谎言等情节,而到期又未能偿还。这种借贷纠纷,十分容易与贷款诈骗相混淆,区分二者的界限应当把握以下四点:(1)若发生了到期不还的结果,还要看行为人在申请贷款时,履行能力不足的事实是否已经存在,行为人对此是否清楚。如无法履约这一点并不十分了解,即使到期不还,也不应认定为诈骗贷款罪而应以借贷纠纷处理。(2)要看行为人获得贷款后,是否积极将贷款用于借贷合同所规定的用途。尽管到期后行为人无法偿还,但如果贷款确实被用于所规定的项目,一般也说明行为人主观上没有诈骗贷款的故意,不应以本罪处理。(3)要看行为人于贷款到期后是否积极偿还。如果行为仅仅口头上承认还款,而实际上没有积极筹款准备归还的行为,也不能证明行为人没有诈骗的故意,不赖账,不一定就没有诈骗的故意。(4)将上述因素综合起来考察,通过多方位客观行为全面考察行为人主观心态,从而得出是否有非法占有贷款的目的,这对于正确区分贷款诈骗罪与借贷纠纷的界限具有重要意义。

【人民法院案例选案例】行为人以扩大经营为目的,采用欺骗手段进行贷款,但主观上不具有非法占有的故意是否构成贷款诈骗罪——王某琦贷款诈骗案①

[案例要旨]

行为人以扩大经营为目的,采用欺骗手段进行贷款,但主观上不具有非法占有的故意,不构成贷款诈骗罪。

[基本案情]

被告人王某琦为购房开饭店,于 2003 年 8 月 28 日,在其妹妹王雯晶不知情的情况下,假冒王某晶的名义(当时其妹妹王某晶已出国,出国前将本人的身份证、房屋产权证、离婚证明等证件放在被告人王某琦处保管),用王某晶的身份证、离婚调解书及公安机关的证明和自己租用的王某晶的房屋作抵押担保,向龙井市朝阳川农村信用合作社申请贷款 30 万元,于 2003 年 9 月 4 日以王某晶的名义取得 30 万元贷款。贷款用途为购房,并规定 2004 年 12 月 10 日以前偿还贷款本金 15 万元,利息按月偿还,至 2005 年 7 月 26 日将贷款本息全部还清。贷款后,王某琦因房主不同意出售房屋,购房不成。其便将贷款用在装修房屋(抵押贷款的王某晶的房屋)开办火锅店以及交房租费、加盟费、给工人开工资等事项上。前述火锅店于 2003 年 11 月 10 日办理营业执照,业主是董国民,2004 年 5 月 10 日变更业主为王某琦,2005 年 9 月 8 日变更名称为"日晖饺子城"。2003 年 12 月 23 日,王某琦以王某晶的名义偿还贷款利息 8166.38 元;2004 年 12 月 1 日偿还利息 4941 元。2004 年 4 月 16 日,王某琦在延边东北机电设备有限公司以分期付款的方式购买一台价格为 24.9 万的解放自卸车,并于同年 4 月 29 日及 11 月 6 日付了车款 13 万元,现尚欠延边东北机电设备有限公司部分车款未付。2005 年 6 月份,龙井市朝阳川农村信用合作社的信贷员李某哲和许某龙到延吉市找"王某晶"催贷时,王某琦方承认其系冒用其妹妹王某晶的名义贷款的事实。信贷员打电话将此事告诉王某晶后,王某晶不知道贷款之事,也不同意王某琦用自己的房屋抵押贷款,并向信用社索要其房产证。

---

① 本案例载《人民法院案例选》2008 年第 1 辑,人民法院出版社 2008 年版。

2005年8月2日,王某琦将自己所有的解放自卸车作抵押向付建成借款12万元给他人使用。2005年8月10日,王某琦又以王某晶的名义向朝阳川信用社偿还了10019.25元的贷款利息。2005年10月24日,龙井市朝阳川农村信用合作社认为王某琦有诈骗行为遂向龙井市公安局报案。案发后,王某琦的妹妹王某晶向龙井市朝阳川信用合作社偿还了全部贷款本息。

案发后,通过调查取证,被告人王某琦对其贷款的时间、目的、地点数额及事实经过均无异议。吉林省龙井市人民检察院以王某琦犯贷款诈骗罪向龙井市人民法院提起公诉。

[裁判结果]

吉林省龙井市人民法院认为:被告人王某琦以非法占有为目的,在妹妹王某晶不知道且不同意的前提下,假冒妹妹王某晶的名义,用王某晶的房屋抵押贷款的行为,已构成贷款诈骗罪。鉴于其已全部偿还了银行贷款,具有自首情节,可减轻处罚。依照《中华人民共和国刑法》第193条、第67条第1款、第72条、第73条、第52条、《中华人民共和国刑事诉讼法》第162条第1款的规定,以被告人王某琦犯贷款诈骗罪,判处有期徒刑三年,缓刑四年,并处罚金人民币五万元。

一审宣判后,被告人王某琦不服,以自己因经营不善暂时无法偿还贷款,但积极偿还了贷款利息,其在客观上没有采用虚构事实或隐瞒真相的方法,在延边东北机电设备有限公司以分期付款的方式购买的一台解放自卸车与本案无关,其行为不构成贷款诈骗罪为由提起上诉。其辩护人认为:被告人王某琦在主观上没有非法占有这笔贷款的目的,在客观上没有采用虚构事实或隐瞒真相的方法。发生此次事件,朝阳川信用联社也有审查不严的责任。对被告人王某琦不应以犯罪论处,应由相关部门给予必要的行政处罚或经济处罚。

吉林省延边朝鲜族自治州中级人民法院认为:被告人王某琦在主观上不具有非法占有贷款的目的,缺乏构成犯罪的主观要件,其行为不构成贷款诈骗罪,依照《中华人民共和国刑事诉讼法》第189条第2项对改判的规定、第162条第2项对无罪判决的规定,判决撤销原审刑事判决,宣告被告人王某琦无罪。

[裁判理由]

吉林省延边朝鲜族自治州中级人民法院认为:贷款诈骗罪,是指以非法占有为目的,采用虚构事实或者隐瞒真相等欺诈手段骗取银行或者其他金融机构的贷款,数额较大的行为。虽然上诉人(原审被告人)王某琦以其妹王某晶的名义申请贷款,但其提供的抵押物是真实的。王某琦贷款的目的是购房扩大经营,贷款后,将贷款基本上用于装修房屋、交房租费、加盟费、工人开工资等经营上,与贷款用途相符。王某琦未能按借款合同约定按时偿还贷款本金及部分利息,但其经营亏损的事实客观存在。原判认定的王某琦以非法占有为目的而骗取贷款的事实,没有事实根据和法律依据。王某琦在主观上不具有非法占有贷款的目的,缺乏构成犯罪的主观要件,其行为不构成贷款诈骗罪。原判认定事实清楚,但适用法律错误,应予改判。

[案例注解]

贷款诈骗罪,是指以非法占有为目的,采用虚构事实或隐瞒真相的方法,骗取银行或者其他金融机构的贷款,数额较大的行为。要准确区分行为人是否以非法占有为目的应从以下方面分析:第一,从履行能力,取得贷款的手段方面判断;第二,从贷款用途、贷款使用去向方面判断；第三，从贷款情况及无法还贷的原因方面判断；第四，通过多方面客观行为全面考察行为人的主观心态。对于行为人只是因不具备贷款条件而采取欺骗手段获得贷款，案发时因经营不善、市场行情的变动，使营利计划无法实现而不能按时还贷的，或者是行为人对自己的偿还能力估计过高，以致不能按时还贷的，均不能单纯根据行为人不能归还贷款而认定其行为构成贷款诈骗罪。

从本案来看，虽然被告人王某琦隐瞒其真实身份冒用其妹王某晶的名义申请贷款，但其贷款之时正在经营餐饮业，目的是购房扩大生产经营。王某琦贷款后，将贷款大部分用于装修房屋、交房租费、加盟费、支付工人工资等上。2005年1月27日的信用社《贷后检查登记表》也能够证明王某琦没有肆意挥霍贷款。从贷后的偿还利息情况来看：2003年12月23日王某琦以王某晶的名义偿还贷款利息8166.38元；2004年12月1日偿还利息4941元；2005年8月10日，在王某琦向信用社告其冒名贷款的真实情况后，又以王某晶的名义偿还了10019.25元的贷款利息，共偿还利息23126.63元。由此可见，王某琦在主观上没有非法占有该项贷款，不能认为是以非法占有为目的，其虽然在申请贷款过程中使用了冒名的欺骗手段，但事后积极偿还了利息及本金，未给国家造成经济损失，应属贷款中的民事欺诈行为。关于王某琦在贷款期间将自己的解放自卸车作抵押向付建成借款12万元给他人使用的问题。根据王某琦的供述、证人王某、王某晶的证言仅证实了买车的事实，但买车款的来源及将车抵押后得款12万元的去向均无法证实。据此事实不能认定王某琦在贷款期限届满后转移资金，隐匿财产，拒不返还贷款，其在主观上有非法占有的目的。综上，王某琦在主观上不具有非法占有贷款的目的。故二审法院认定被告人王某琦的行为不构成犯罪。

总而言之，在司法实践中，一定要根据主客观相一致的原则，要避免单纯根据行为人有欺诈行为到期不能归还贷款而客观归罪，而应当根据案件具体情况具体分析，实事求是地对行为人的行为作出准确的判断，确保有罪的人受到惩处、无罪的人不受追究，维护社会金融管理秩序的稳定，促进社会经济健康、良性发展。

【中国审判案例要览案例】在案发前所贷款项均未到期，案发后归还了所有款项，其行为能否构成贷款诈骗罪——倪某宇贷款诈骗案[①]

[裁判要旨]

被告人在财产状况差，还贷能力不足的情况下，采用虚构贷款人、房产证明、抵押他项权证明、身份证明的手段在信用社高额贷款，后将所贷款项的大部分用于个人挥霍、还债，甚至赌球的违法活动，符合贷款诈骗罪主客观构成要件，构成贷款诈骗罪，且数额特别巨大，依法应予惩处。

[基本案情]

2005年3月初，倪某宇在成都市荷花池找人做了一套"姓名为陆某祥，地址为雅安市雨城区兴贤街××号"的假房产证、国有土地使用证及抵押他项权证。之后，打电话找朋友易波要了几张易的照片，再次到荷花池做了一张"名字为陆某祥，头像为易某，地址为四川省雅安市沿江东路××号"的假身份证并让易波帮忙贷款。同时，用上述假

[①] 本案例载《中国审判案例要览》（2008年刑事审判案例卷），人民法院出版社、中国人民大学出版社2009年版。

证到雅安市鼎正房地产价格评估有限公司进行了价格评估。同月 29 日，倪某宇用上述假手续向雅安市城市信用社利丰社中大街营业处申请贷款 15 万元，用途为乳胶漆和木地板经营的资金周转。同月 31 日获得贷款 15 万元，所得款项用于偿还银行透支款、个人欠债、赌球、买手机、付办假证手续费等。

2005 年 5 月至 2006 年 1 月期间，倪某宇采用上述相同手段，分别于 5 月 30 日、7 月 16 日、2006 年 1 月 12 日向雅安市城市信用社雨城社、城南农村信用合作社、城市信用社金城社申请并获得贷款 11 万元、4 万元、9 万元，贷款用途均为经营汽车。其所贷款全部用于个人花销、赌球、支付贷款利息等。

2006 年 3 月 23 日，倪某宇再次采用相同手段，向雅安市城市信用社金城社申请贷款 12 万元时，被信用社发现并报警后被抓获。案发前倪某宇一直用所贷款项按期支付贷款利息。案发后，倪某宇的家属于 2006 年 7 月 24 日为其归还贷款 35 万元，庭审后又退款 4 万元。

[法院认为]

雅安市雨城区人民法院认为：被告人倪某宇以非法占有为目的，使用虚假的产权证明作担保，诈骗金融机构数额特别巨大的贷款，其行为已构成贷款诈骗罪。但鉴于倪某宇贷款在案发时均未到期，案发后也由其亲属代为退赔全部赃款 39 万元，未造成实际损失，符合《刑法》第 63 条第 2 款的规定，可以在法定刑以下判处。据此，雅安市雨城区人民法院依照《中华人民共和国刑法》第 193 条第 3 项、第 4 项，第 63 条第 2 款之规定，判决被告人倪某宇犯贷款诈骗罪，判处有期徒刑五年，并处罚金五万元。

雅安市中级人民法院审理认为：上诉人（原审被告人）倪某宇在财产状况差，还贷能力不足的情况下，采用虚构贷款人、房产证明、抵押他项权证明、身份证明的手段在信用社贷款 39 万元，后将所贷款项的大部分用于个人挥霍、还债，甚至赌球的违法活动，符合贷款诈骗罪主客观构成要件，构成贷款诈骗罪，且数额特别巨大，依法应予惩处。贷款未到期及案发后归还了贷款不是量刑的法定减轻情节，不应在法定刑下减轻判处。抗诉机关的意见予以支持。但鉴于倪某宇归案后能如实供述自己的罪行，且积极做亲属思想工作，让亲属全部归还了在信用社的贷款，避免了信用社的经济损失，也在一定程度上减轻了其行为的社会危害性，可对其从轻处罚。

[裁判结果]

综上，雅安市中级人民法院依照判决如下：

一、撤销（2006）雅刑初字第 96 号刑事判决。

二、上诉人（原审被告人）倪某宇犯贷款诈骗罪，判处有期徒刑十年，并处罚金 5 万元。

[简要分析]

本案争议的焦点，其实并不是量刑的轻与重，而在于倪某宇在案发前所贷款项均未到期，案发后归还了所有款项，其行为能否构成贷款诈骗罪。

一种观点认为，构成贷款诈骗罪的一个主观要件，就是行为人具有非法占有所贷款项的主观故意，既然倪某宇的贷款未到期，案发后，贷款到期前又归还了贷款，那么就不能说明倪某宇具有非法占有所贷款项的主观故意，不构成贷款诈骗罪。

另一种观点认为，非法占有所贷款项的主观故意，确系贷款诈骗罪的构成要件之一，但贷款是否到期并非证明行为人主观目的的唯一条件。综合倪某宇贷款时的财产状况差、贷款过程中使用假的物权凭证等其他手续、短时间内多次贷款，贷款后大部分被挥霍甚至用于赌球等情节，可认定倪某宇在贷款伊始便具有非法将所贷款项占为己有的主观故意，构成贷款诈骗罪。

笔者同意后一种观点，理由如下：

1. 贷款纠纷与贷款诈骗罪的区别

《刑法》第193条规定：贷款诈骗罪是指以非法占有为目的，编造引进资金、项目等虚假理由，使用虚假的合同、证明文件、使用虚假的产权证明作担保以及超出抵押物价值重复担保或以其他方法诈骗银行或者其他金融机构的贷款，数额较大的行为。贷款诈骗罪既侵犯了国家对金融机构的贷款管理制度，又侵犯了金融机构对所贷资金的所有权。贷款诈骗罪在主观方面为直接故意，且必须具有占有银行或其他金融机构贷款的目的。

贷款纠纷，是指因贷款人在签订、履行借款合同过程中采取了虚构事实或者隐瞒真相的方法而产生的经济纠纷，其法律适用范畴仍然属于民事纠纷。虽然贷款纠纷也往往伴随有欺诈行为，与贷款诈骗具有诸多相同或相似之处，如在编造引进资金、项目等虚假理由，使用虚假证明文件、虚假的产权证明作担保或者超出抵押物价值重复担保等。因此，贷款欺诈行为也同样可以表现为《刑法》第193条中列举的构成贷款诈骗罪的五种情况。但是，二者在法律责任上具有原则上的区别，而两者之间的根本区别在于行为人是否具有非法占有所贷款项的目的。

《全国法院审理金融犯罪案件工作座谈会纪要》（以下简称《纪要》）认为贷款诈骗罪是以非法占有为目的的犯罪。对非法占有目的的认定，应当坚持主客观相一致的原则，既要避免单纯根据损失结果客观归罪，也不能仅凭被告人供述。根据司法实践，对于行为人通过诈骗的方法非法获取资金，造成数额较大资金不能归还，并且具有下列情形之一的，可认定被告人具有非法占有的目的：（1）明知没有归还能力而大量骗取资金；（2）非法获取资金后逃跑；（3）肆意挥霍骗取资金；（4）使用骗取的资金进行违法犯罪活动；（5）抽逃、转移资金、隐匿财产，以逃避返还资金；（6）隐匿销毁账目，或者搞假破产，假倒闭，以逃避返还资金；（7）其他非法转移资金，拒不返还的行为。

2. 未到期贷款能否认定行为人的主观故意

有人认为，从《纪要》对非法占有目的的认定来看，"对于行为人通过诈骗的方法非法获取资金，造成数额较大资金不能归还"意味着该贷款系到期的款项，否则无法认定行为人"不能归还"。其实，这种看法有失偏颇，混淆了"不能归还"与"没有归还"的含义。首先，《刑法》第193条并未规定行为人的贷款未到期就不能构成贷款诈骗罪；其次，"不能归还"与"没有归还"的含义不同。"不能归还"指行为人没有归还的能力，既包括贷款到期后没有归还贷款，也包括贷款到期前表现出的种种还贷不能。"没有归还"仅指贷款到期后客观上没有归还银行或其他金融机构的贷款。的确，在司法实践中，绝大多数的贷款诈骗罪皆系在贷款到期后案发，我们基本上可以从行为人是否在到期后归还了贷款来判断其主观目的与故意。未到期贷款有其自身的特殊性，我们客观上不能从行为人是否归还了贷款来进行判断。又如前面所述，贷款纠纷客观上也存在贷款诈骗的五种表现形式，因此，我们也不能仅从行为人的贷款方式予以判断。我们认为，任何目的都会被行为人积极贯彻到行动中去，任何行动也都是一定主观心态和目的的外化。非法占有的目的虽然属于行为人主观上的心理活动，但往往通过其事前、事中、事后的客观行为表现出来。认定未到期贷款的行为人是否具有非法占有之目的，不仅要考察其贷款的方式，而且要重点考察其贷款后的种种表现情况，即《纪要》认定被告人具有非法占有目的的七种情形：明知没有归还能力而大量骗取资金；非法获取资金后逃跑；肆意挥霍骗取资金；使用骗取的资金进行违法犯罪活动；抽逃、转移资金、隐匿财产，以逃避返还资金；隐匿销毁账目，或者搞假破产、假倒闭，以逃避返还资金；其他非法转移资金，拒不返还的行为。

另外，如果行为人贷款后主要用于发展生产或者其他正当开支，并且在贷款要求许可范围内，可以证明贷款行为人贷款的目的是正当的，一般情况下，不宜认定行为人具有非法占有所贷款项的目的。如果行为人贷款后不仅不按照借款人的要求用于正当的开支，反而变本加厉地进行挥霍、浪费，完全没有吝惜、节俭的态度，或行为人将贷款用于从事非法经营、非法活动，可以证明行为人具有不正当的贷款目的，进而可以推定行为人具有非法占有所贷款项的目的。

本案中，第一，倪某宇在申请第一笔贷款之时，先前经营的汽车生意已经严重亏损，公司已交由他人经营管理，个人经济状况差。2005年3至7月其又分三次贷款20万元，均是一年期，倪应当明知自己个人还款的实际可能性不大；第二，倪某宇在获得贷款以后，没有一笔是用在了贷款合同约定的贷款用途上，绝大部分是用于个人挥霍，用于赌球的违法活动，距第一笔贷款15万元还有8天到期的情况下，并没有积极创造条件组织还款；第三，倪某宇在整个贷款的过程中，并没有以自己的名义，而是以他人的名义，李代桃僵，身份证上的姓名与照片和住址均不相符，本人被完全隐藏；第四，短时间内，倪某宇多次贷款，数额大，间隔时间短，并以后次贷款归还前面贷款的利息，欺骗信用社。综上，可以认定倪仲宇具有非法占有信用社贷款的主观目的与故意，符合贷款诈骗罪的构成要件，构成贷款诈骗罪。

【刑事政策文件】

《全国法院审理金融犯罪案件工作座谈会纪要》（2001年1月21日　法〔2001〕8号）（节录）

严格区分贷款诈骗与贷款纠纷的界限。对于合法取得贷款后，没有按规定的用途使用贷款，到期没有归还贷款的，不能以贷款诈骗罪定罪处罚；对于确有证据证明行为人不具有非法占有的目的，因不具备贷款的条件而采取了欺骗手段获取贷款，案发时有能力履行还贷义务，或者案发时不能归还贷款是因为意志以外的原因，如因经营不善、被骗、市场风险等，不应以贷款诈骗罪定罪处罚。

问题2. 犯罪数额的认定及赃款赃物的处理

【人民司法案例】 贷款诈骗所得额是否包括利息——许某忠贷款诈骗案[①]

[裁判要旨]

在既遂的情形下，贷款诈骗罪中的数额应以所得额为认定的标准，且所得额仅限于本金，不应包括利息。对由赃款转化而来的财物的处理，应具体加以分析。

---

① 朱铁军：《贷款诈骗罪中数额的认定与赃款赃物的处理》，载《人民司法·案例》2010年第20期。

[案情]

被告人许某忠明知自己无偿还能力，于 2003 年 11 月，持虚假的房产证、收入证明和户籍证明等文件，与中国建设银行上海第五支行签订汽车消费借款合同、汽车消费借款抵押合同。此后，被告人用上述骗取的借款人民币 25 万元，向上海华成汽车销售有限公司购买别克君威汽车 1 辆（车牌号码 xxx）。许某忠骗取贷款后，银行曾多次催讨，但仅在 2004 年 4 月、7 月、9 月归还银行贷款人民币 18199 元。之后，银行又多次催讨未果，于 2004 年 11 月 15 日向公安机关报案，至此，被许某忠骗取的银行贷款尚有 241107.04 元没有追回。同年 12 月 15 日，公安机关将被告人许某忠抓获归案，并调取了上述汽车。

[审判]

上海市黄浦区人民法院公开审理认为，被告人许某忠以非法占有为目的，使用虚假的证明文件，骗取银行贷款，数额特别巨大，其行为已构成《刑法》第 193 条规定的贷款诈骗罪，应按本条的规定予以处罚。违法所得购买的别克君威汽车一辆，根据《刑法》第 64 条的规定，应变价后发还被害单位，不足部分应追缴后发还被害单位。据此，于 2005 年 5 月 25 日判决：一、被告人许某忠犯贷款诈骗罪，判处有期徒刑十一年，并处罚金人民币十万元。二、违法所得人民币 241107.04 元，除调取的别克君威汽车一辆（车牌号码沪 EH2255）应变价后发还被害单位外，不足部分应追缴后发还被害单位。

一审判决后，被告人许某忠未提出上诉，检察机关亦未抗诉，判决发生法律效力。

[评析]

在本案中，被告人明知自己没有归还能力，使用虚假的证明文件骗取银行贷款，数额特别巨大，其行为已构成《刑法》第 193 条规定的贷款诈骗罪，对此没有争议。需要加以探讨的是：（1）本案中贷款诈骗的数额认定问题；（2）本案中赃款赃物该如何处理问题。前一问题涉及对被告人的正确定罪量刑，后一问题涉及对被害单位权利的保护。

（一）在既遂的情形下，贷款诈骗罪中的数额应以所得额为认定的标准，并且不应计算利息。

贷款诈骗罪是指以非法占有为目的，采取虚构事实或隐瞒真相的方法，骗取银行或者其他金融机构的贷款，数额较大的行为。其中的数额作为一种情节，不仅影响着定罪，而且影响着量刑。实践中，数额存在多种表现形式。如指向数额，指诈骗犯罪指向的公私财物数额，即行为人主观上希望骗得的数额；所得数额，指行为人通过实施诈骗行为而实际得到的财物数额；交付数额，指诈骗行为的被害人由于受骗而实际交付的财物数额；侵害数额，指诈骗行为直接侵害的实际价值数额。以本案为例，交付数额 25 万元，所得数额 241107.04 元，究竟应以何种数额作为认定的标准，就存在不同认识。笔者认为，对贷款诈骗数额的认定，应以所得额为准。对那些在贷款诈骗行为实施过程中有返还贷款的行为，主要看行为人在案发前有多少贷款仍未归还。之所以如此主张，就在于贷款诈骗罪属于目的犯，在主观方面以非法占有为目的。在既遂的情形下，行为人已经实现了非法占有贷款的目的。此时，所得额反映了行为社会危害性的大小，也便于认定。而指向额虽然能反映行为人的主观恶性，但行为人主观上希望骗得的数额不一定能完全实现，如以此为准，则失之过严，且不易证明。就交付数额而言，由于行为人出于某种目的，在实施贷款诈骗过程中可能有部分还款行为，以该种数额为准，不能全面反映社会危害性的大小。相关司法解释已肯定了以所得额为准的观点。1996 年《最高人民法院关于审理诈骗案件具体应用法律的若干问题的解释》① 第 2 条规定：利用经济合同进行诈骗的，诈骗数额应当以行为人实际骗取的数额认定。第 9 条规定：对于多次进行诈骗，并以后次诈骗财物归还前次诈骗财物，在计算诈骗数额时，应当将案发前已经归还的数额扣除，按实际未归还的数额认定，量刑时可将多次行骗的数额作为从重情节予以考虑。2001 年 1 月 21 日《全国法院审理金融犯罪案件工作座谈会纪要》中规定：在具体认定金融诈骗犯罪的数额时，应当以行为人实际骗取的数额计算。

对贷款诈骗所得额是否包括利息，实践中也存在争议。笔者认为，贷款诈骗所得额仅限于本金，不应包括利息。理由在于，定罪量刑是以犯罪时的行为及结果为准，而利息则是在行为人骗得贷款后产生的，属于事后的结果。如果将利息计入所得额，则在诉讼的不同阶段呈现不同的数额，这会使刑事追诉处于不稳定状态。另外，将利息等计入，会造成同样的罪行，由于追究的早晚而影响量刑的轻重，这有悖公平原则。

综上，本案中应以所得数额 241107.04 元作为定罪量刑的标准。

（二）对由赃款转化而来财物的处理应具体加以分析。

赃款赃物，是指行为人通过犯罪行为所获取的财物。司法实践中，赃款赃物的表现形式呈现多种样态。从赃款赃物的存在状况是否变化来看，有直接由犯罪行为所得的财物，这是司法实践中最常见的赃款赃物，如盗窃所得的现金、抢劫所得的财物、贪污得来的公款、受贿的贿赂等。这些赃款赃物往往是行为人实施行为所要达到目的的物质表现。有间接由违法犯罪行为所得的财物，这种财物一般由犯罪所得转化而来，如用贪污所得的钱款购买汽车、将抢劫得来的手机等物品变卖后所得的现金等。

对赃款赃物的处理，依据《刑法》第 64 条、《刑事诉讼法》第 198 条②以及相关司法解释的规定，对犯罪分子违法所得的一切财物，应当予以追缴或者责令退赔；对被害人的合法财产，应当及时返还。尽管有这些规定，但应该看到的是，这些规定比较简单，难以满足实践中对赃款赃物处理的需要。本案就是一典型的例证。在本案中，行为人持虚假的房产证、收入证明和户籍证明等文件，与中国建设银行上海某支行签订汽车消费借款合同、汽车消费借款抵押合同，从而购买了别克君威汽车 1 辆。对该汽车，法院该如何处理呢？是直接发还被害人，还是判决变卖后发还价款给被害人，抑或采取其他处理方式？

要回答这一问题，必须明确本案中哪些财物属于赃款赃物的范畴。本案中，被告人是以贷款诈骗罪被定罪的，其所骗取的是汽车消费贷款，由此被告人所得数额 241107.04 元属于赃款的范畴应该没有异议。对于赃款，依据法律的规定，应当予以追缴。但本案中赃款已用于购买汽车，这就需要对本案中的汽车是否属于赃物的范畴加以评判，而这涉及转化形态的财物是否为赃物的问题。对转化形态的财物，如用赃款购得的财物，其是否为赃物，理论与实践上存在不同的观点，有肯定说、否定说、区别对待说等观点。对此，笔者认为，当财物全部用赃款购得时，由于其只是形态发生变化，应为犯罪所得的财物，应视为赃物予以追缴。当财物中部分由赃款转化而来，部分由其他财产转化而来时，就不宜追缴后直接发还被害人。因为此时的财物上存在多个利益主体，如果将其追缴并直接发还被害人，势必侵犯其他公民的合法权益。当然不将其直接发还被害人，

---

① 该规定虽已失效，但有关诈骗数额的计算和认定规则仍可参照适用。
② 本条文现对应 2018 年 10 月 26 日修正的《刑事诉讼法》第 245 条。

并不意味着对被害人合法权益不保护。被害人或要求在执行阶段将其作为执行标的予以拍卖、折价或变卖，或通过民事诉讼去解决。

本案中，被告人骗取的是汽车消费贷款，是指贷款人向申请购买汽车的借款人发放的人民币担保贷款。为取得该贷款，被告人既与中国建设银行上海某支行签订了汽车消费借款合同，又签订了汽车消费借款抵押合同，并办理了抵押物的登记手续。依据抵押合同，以所购汽车作为抵押物的，应当以该车的实有价值全额抵押。那么这是否意味着该汽车直接属于银行的合法财产呢？答案显然是否定的。被害人的合法财产，是指依照法律规定，由犯罪人的行为所侵犯的，被害人享有合法民事上的所有权或占有权以及经营权的财物。根据2001年7月5日《中国银行汽车消费贷款业务操作办法》的规定：汽车消费贷款的最高贷款限额应当控制在所购车辆全部价款的80%以内，由此该汽车的价格构成中至少有20%属于贷款人自筹。实际上，本案中车价263800元、牌照费40000元、车辆购置费22547元、上牌杂费1000元，被告人自己支付了77347元。由此，该汽车是由汽车消费贷款与被告人财产（可能是自己的财产，也可能家庭共有财产或者所借财产）转化而来。对银行而言，汽车只是其抵押财产，换言之，银行对该汽车只享有贷款抵押权。况且贷款抵押权是基于商业银行与当事人的约定而产生的担保物权，它的成立并非源于法律的直接规定，其受偿顺序是居于法定优先权（如税收优先权、职工安置费优先权、留置优先权）之后的。在这种情形下，依照前述，就不宜直接判决将汽车发还被害人，否则有可能侵犯其他权利人的利益。

当然，必须指出的是，在刑事判决中不直接判决将该汽车发还被害人，并不意味对被害银行权益不作保护。被害银行可在追缴的执行阶段要求法院对汽车作出处理，如拍卖。如果经过这一阶段后仍不能弥补损失的，依据2000年12月19日起施行的《最高人民法院关于刑事附带民事诉讼范围问题的规定》，可以向人民法院民事审判庭另行提起民事诉讼。

【刑事政策文件】

《全国法院审理金融犯罪案件工作座谈会纪要》（2001年1月21日　法〔2001〕8号）（节录）

金融诈骗犯罪定罪量刑的数额标准和犯罪数额的计算。金融诈骗的数额不仅是定罪的重要标准，也是量刑的主要依据。在没有新的司法解释之前，可参照1996年《最高人民法院关于审理诈骗案件具体应用法律的若干问题的解释》的规定执行。在具体认定金融诈骗犯罪的数额时，应当以行为人实际骗取的数额计算。对于行为人为实施金融诈骗活动而支付的中介费、手续费、回扣等，或者用于行贿、赠与等费用，均应计入金融诈骗的犯罪数额。但应当将案发前已归还的数额扣除。

问题 3. 关于单位单独实施贷款诈骗或与自然人共同实施贷款诈骗行为的罪名适用

【刑事审判参考案例】 马某方等贷款诈骗、违法发放贷款、挪用资金案[①]

一、基本案情

北京市第一中级人民法院经公开审理查明：

1. 1997 年 9 月，时任明华公司法定代表人兼总经理的马某方，在明知明华公司所属子公司北京硬视兄弟商务有限责任公司（以下简称硬视兄弟公司）、北京硬视多媒体开发制作有限公司（以下简称硬视多媒体公司）不具备高额贷款和提供担保的条件，在无保证还贷能力的情况下，为获取银行高额贷款，指使明华公司财务负责人徐某采取变造、虚构硬视兄弟公司、硬视多媒体公司的营业执照、财务报表等贷款证明文件的手段，将硬视兄弟公司的注册资金由 30 万元变造为人民币 330 万元，将硬视多媒体公司的注册资金 28 万美元变造为 128 万美元，法定代表人由马某方变造为张爽，并将两公司的财务报表做大，以硬视兄弟公司为借款人，以硬视多媒体公司为保证人，从中国民生银行北京中关村支行骗取贷款 500 万元。该贷款中的 100 万元转至明华公司，其余款项均用于明华公司的债务及其他事务。

1997 年 11 月，时任明华有限公司法定代表人兼总经理的马某方，在明知明华公司无高额贷款及担保能力的情况下，为获取高额贷款，指使该公司的财务负责人徐某使用马某仙提供的北京市西城区明珠制衣厂（以下简称明珠制衣厂）、北京市今捷易通经贸公司（以下简称今捷易通公司）的营业执照进行变造，将明珠制衣厂的注册资金由 40 万元变造为 1000 万元，将今捷易通公司的注册资金由 20 万元变造为 1200 万元，并对两单位的财务报表等贷款证明文件进行变造，以明珠制衣厂为借款人、以今捷易通公司为保证人，分两次从中国民生银行北京中关村支行骗取贷款人民币共计 800 万元。该贷款转入到马某方等人以明珠制衣厂的名义在中国民生银行北京中关村支行开设的账户上，其中 650 万余元转至明华公司账上，其余 150 万余元用于明华公司的债务及其他事务支出。

1998 年 1 月，时任明华公司法定代表人兼总经理的马某方，伙同徐某、马某仙采取变造北京华视通广告公司（以下简称华视通公司）、北京燕智忠经贸有限责任公司（以下简称燕智忠公司）的营业执照、财务报表等贷款证明文件的手段，将华视通公司的注册资金由 150 万元变造为 600 万元，法定代表人由马某方变造为马某仙，将燕智忠公司的注册资金由 50 万元变造为 1000 万元，以华视通公司为借款人，以燕智忠公司为保证人，从中国民生银行北京中关村支行骗取贷款计 500 万元，该贷款大部分被明华公司使用。

综上，马某方作为明华公司的负责人，分别指使徐某、马某仙，先后 4 次从中国民生银行北京中关村支行骗取贷款共计 1800 万元。其中，马某方、徐某参与 4 次，涉案金额 1800 万元；马某仙参与 3 次，涉案金额 1300 万元。上述款项均未用于贷款申请书所列项目，到期后未归还。

在办理上述四笔贷款的过程中，身为中国民生银行北京中关村支行副行长的被告人

[①] 邓钢、康瑛：《马某方等贷款诈骗、违法发放贷款、挪用资金案——单位与自然人共同实施贷款诈骗行为的罪名适用》，载中华人民共和国最高人民法院刑事审判第一、第二、第三、第四、第五庭主办：《刑事审判参考》总第 39 集，法律出版社 2005 年版。

赵某增，在主管该行信贷业务中，违反法律、行政法规的规定，先后签发批准向硬视兄弟公司等单位发放贷款，致使1800万元贷款被诈骗。

2. 1997年12月，被告人赵某增利用担任中国民生银行北京中关村支行副行长职务上的便利，伙同被告人马某方，擅自挪用该银行的客户存款资金2160万元归明华公司用于经营活动。2000年4月，赵某增归还该挪用的资金。

2000年6月，被告人赵某增利用担任中国民生银行北京中关村支行行长职务上的便利，采取伪造借款合同、保证合同的手段，挪用该银行向其他单位发放的贷款3000万元归个人使用，至今未退还。

北京市第一中级人民法院认为：被告人马某方、马某仙、徐某无视国法，以非法占有为目的，冒用他人名义，利用虚假的贷款证明文件签订借款合同，为明华公司的利益而骗取银行贷款，三被告人的行为均已构成合同诈骗罪。被告人马某方与银行工作人员共谋，利用他人的职务便利，挪用资金予以使用，其行为已构成挪用资金罪。被告人赵某增身为银行工作人员，违反法律、行政法规规定，向关系人以外的其他人发放贷款，且造成特别重大的损失；赵某增还利用职务上的便利，挪用本单位资金归个人使用或借给其他单位进行经营活动，且挪用资金数额巨大，其行为已分别构成违法发放贷款罪、挪用资金罪。北京市人民检察院第一分院指控被告人马某方、马某仙、徐某、赵某增犯罪的事实清楚，证据确实、充分，指控被告人赵某增犯违法发放贷款罪、单独及伙同马某方犯挪用资金罪的罪名成立。唯指控被告人马某方、马某仙、徐某犯贷款诈骗罪，因三被告人系为了单位的利益实施诈骗银行贷款，且犯罪所得主要由单位使用，故应以合同诈骗罪追究该三被告人的刑事责任。被告人马某方、马某仙、徐某犯罪数额特别巨大，马某方是单位犯罪中直接负责的主管人员，马某仙以个人身份参与犯罪，徐某为单位犯罪中的直接责任人员，三被告人所犯合同诈骗罪均应依法惩处。对马某方所犯挪用资金罪亦应惩处。鉴于被告人徐某认罪态度较好，对其可酌予从轻处罚。对被告人赵某增所犯违法发放贷款罪、挪用资金罪应分别予以惩处。被告人赵某增违法发放贷款，造成特别重大的损失，被告人赵某增单独及伙同马某方挪用资金，数额巨大。据此，根据被告人马某方、马某仙、徐某、赵某增犯罪的事实，犯罪的性质、情节和对于社会的危害程度，判决被告人马某方、马某仙、徐某犯合同诈骗罪，被告人赵某增犯违法发放贷款罪。

一审宣判后，被告人马某方、徐某、马某仙均不服，分别向北京市高级人民法院提出上诉。

被告人马某方上诉称：没有指使他人伪造、变造贷款文件诈骗贷款。其辩护人提出：一审判决改变指控罪名，违反程序法的规定；马某方及其关联企业将贷款主要用于企业经营，且马某方具有偿贷能力，其行为性质上属于民事欺诈而非合同诈骗。

被告人马某仙上诉称：一审判决认定的事实与实际不符。其辩护人提出：明华公司未被判决构成单位犯罪，自然不应判处马某仙刑罚；马某仙没有参与贷款诈骗行为，主观上对于明华公司的贷款诈骗不具有明知，故不构成合同诈骗罪的共犯。

被告人徐某及其辩护人的上诉、辩护意见称：其有重大立功情节，一审判决量刑过重。

北京市高级人民法院经审理认为：

被告人马某方、马某仙、徐某以非法占有为目的，冒用他人名义，使用虚假的贷款证明文件签订借款合同，为明华公司的利益而骗取银行贷款，三被告人的行为均已构成合同诈骗罪,且犯罪数额特别巨大。马某方身为单位犯罪中直接负责的主管人员,马某仙以个人身份参与共同犯罪,徐某身为单位犯罪中的直接责任人员,故对三被告人所犯合同诈骗罪均应依法惩处。马某方与银行工作人员共谋,利用他人的职务便利,挪用资金予以使用,其行为已构成挪用资金罪,且挪用资金数额巨大,对其应予依法惩处3原审被告人赵某增身为银行的工作人员,违反法律、行政法规规定,向关系人以外的其他人发放贷款,并造成特别重大的损失;赵某增利用职务上的便利单独或伙同他人挪用本单位资金归个人使用或借给其他单位进行营利活动,且挪用资金数额巨大,其行为已分别构成违法发放贷款罪、挪用资金罪,亦应依法惩处。一审法院根据马某方、马某仙、徐某、赵某增各自犯罪的事实、性质、情节及对于社会的危害程度,依法所作的判决,事实清楚,证据确实、充分,定罪及适用法律正确,量刑适当,审判程序合法,应予维持。故裁定驳回上诉,维持原判。

二、主要问题

1. 如何区分单位犯罪和自然人共同犯罪?
2. 单位与自然人共同诈骗银行贷款行为如何定罪处罚?

三、裁判理由

1. 被告人马某方、徐某共同诈骗银行贷款的行为是在单位意志支配下为单位利益实施的,且犯罪所得为单位所用,故应认定为单位犯罪。单位犯罪首先是单位整体犯罪,同时,单位犯罪又必须通过作为其组成人员的自然人来实施。作为单位组成人员的自然人,一方面具备单位人员身份,受制于单位意志;另一方面又是具有独立思想的个体,可以实施独立于单位之外的个人行为。作为单位组成人员的自然人的这种双重身份决定了他在社会生活中的行为既可能是单位行为,也可能是个人行为。因此,如何判断单位成员所实施的行为(尤其是数个单位成员共同实施的行为)是单位行为还是个人行为,就成为实践中认定犯罪行为是否属于单位犯罪的关键。根据《刑法》和有关司法解释的规定,单位行为与个人行为的区分,在实践中可以结合以下几个方面来加以具体判断:(1)单位是否真实、依法成立。单位是依照有关法律设立,具备财产、名称、场所、组织机构等承担法律责任所需条件的组织。对于为了进行违法犯罪活动而设立的公司、企业、事业单位实施犯罪的,或者公司、企业、事业单位设立后,以实施犯罪为主要活动的,由于不符合单位设立的宗旨,且通常具有借此规避法律制裁的非法目的,故应按自然人犯罪处理。(2)是否属于单位整体意志支配下的行为。单位犯罪是在单位意志支配下实施的,行为人的行为是单位意志的体现;而个人犯罪则完全是在其个人意志支配下实施的,体现的是其个人意志。单位意志一般由单位决策机构或者有权决策人员通过一定的决策程序来加以体现。未经单位集体研究决定或者单位负责人决定、同意的行为,一般不能认定为单位意志行为。(3)是否为单位谋取利益。在故意犯罪尤其是牟利型犯罪中,只有在为本单位谋利益的情况下,才能认定为单位行为。如为单位谋取非法利益而进行走私,违法所得全部归单位所有的,即属单位行为,相反,即便以单位名义走私,但违法所得由参与人个人私分的,则一般应认为是自然人共同犯罪。(4)是否以单位名义。一般情况下,单位犯罪要求以单位名义实施。对于这里的"以单位名义"应作实质性理解。对于打着单位旗号,利用单位名义为个人谋利益而非为单位谋利益的不法行为,不能认定为单位犯罪。根据《最高人民法院关于审理单位犯罪案件具体应用法律有关问题的解释》的规定,盗用单位名义实施犯罪,违法所得由实施犯罪的个人取得的,不是单位犯罪，应当依照刑法有关自然人犯罪的规定定罪处罚。具体到本案，被告人马某方身为明华公司的法定代表人兼总经理，为明华公司的利益分别指使明华公司财务负责人徐某，冒用多家公司的名义，采用伪造、使用虚假的贷款证明文件的手段与银行签订贷款合同，骗取银行贷款，从其身份和主观目的出发，其行为应视为能够代表单位意志的职务行为，且所骗贷款大部分均被其任职的明华公司使用，所以二被告人共同实施的诈骗银行贷款的行为应认定为了单位利益而实施的单位犯罪。由于本案中公诉机关并未起诉明华公司，致使法院不能直接判决明华公司承担单位犯罪的刑事责任，但是这并不妨碍法院对本案作单位犯罪的认定，而且，对公诉机关指控的马某方、徐某二被告人，也应以单位犯罪中的有关"直接负责的主管人员和其他直接责任人员"来追究刑事责任。

2. 本案中单位与自然人共同诈骗银行贷款的行为，符合刑法对合同诈骗罪的规定，应以合同诈骗罪进行定罪处罚，单位与单位、单位与自然人之间可以构成共同犯罪。

本案中，被告人马某方、徐某身为犯罪单位明华公司直接负责的主管人员，被告人马某仙利用与马某方的亲属关系以个人身份参与，在马某方的授意、指使下，马某仙积极参加并与犯罪单位的相关负责人员徐某进行配合，才使得犯罪单位明华公司诈骗银行贷款的行为顺利得逞，故足以认定马某仙个人与明华公司构成共同犯罪。问题在于，《刑法》未将单位规定为贷款诈骗罪的主体，对单位实施的贷款诈骗行为，根据2001年《全国法院审理金融犯罪案件工作座谈会纪要》有关要求，不能以贷款诈骗罪定罪处罚，也不能以贷款诈骗罪追究直接负责的主管人员和其他直接责任人员的刑事责任。对于单位以非法占有为目的，利用签订、履行借款合同诈骗银行或其他金融机构贷款，符合《刑法》第224条规定的合同诈骗罪的构成要件的，应以合同诈骗罪定罪处罚。这就意味着，从犯罪人马某仙的角度，本案应认定为贷款诈骗罪，从犯罪单位明华公司的角度，则应以合同诈骗罪定罪处罚。所以，本案确实存在一个罪名的具体适用问题。对此，我们认为，可以参照《最高人民法院关于审理贪污、职务侵占案件如何认定共同犯罪几个问题的解释》的有关精神，根据全面评价的法律适用原则，结合主犯的犯罪性质来加以具体确定。在本案实施贷款诈骗行为过程中，作为犯罪单位明华公司的法定代表人兼总经理的马某方从犯罪起意到具体实施起到了策划、指使的主要作用，明华公司属于共同犯罪中的主犯，作为犯罪单位，明华公司只能构成合同诈骗罪。故此，尽管公诉机关未起诉犯罪单位明华公司，但是法院依照单位与自然人共同犯罪触犯的罪名对相关涉案的三名被告人以合同诈骗罪定罪处罚，是正确的。

【刑事政策文件】

《最高人民法院全国法院审理金融犯罪案件工作座谈会纪要》（2001年1月21日　法〔2001〕8号）（节录）

单位不能构成贷款诈骗罪。根据刑法第三十条和第一百九十三条的规定，单位不构成贷款诈骗罪。对于单位实施的贷款诈骗行为，不能以贷款诈骗罪定罪处罚，也不能以贷款诈骗罪追究直接负责的主管人员和其他直接责任人员的刑事责任。但是，在司法实践中，对于单位十分明显地以非法占有为目的，利用签订、履行借款合同诈骗银行或其他金融机构贷款，符合刑法第二百二十四条规定的合同诈骗罪构成要件的，应当以合同诈骗罪定罪处罚。

问题 4. 对骗取银行信贷资金及购买理财产品资金的行为应当如何定性

【人民司法案例】赵某、张某等贷款诈骗、合同诈骗、职务侵占、洗钱、掩饰、隐瞒犯罪所得案[①]

[裁判要旨]

行为人以非法占有为目的,通过使用虚假证明材料或提供虚假担保等方式欺骗金融机构签订虚假合同,进而骗取金融机构资金的,应当根据骗取资金的性质,区分认定为贷款诈骗罪或合同诈骗罪。骗取的资金系信贷资金的,不论发放贷款方式如何,均应以贷款诈骗罪定罪处罚;骗取的资金系金融机构因购买理财产品等支付的非信贷资金的,由于损失并非因发放信贷资金造成,故应认定为合同诈骗罪。

[案情]

2014年,王某胜、肖某兴(均已判决)与赵某等人经商议,以冒充中国银行股份有限公司(以下简称中国银行)山西分行工作人员、伪造公章以及提供虚假担保等方式,骗取上海银行股份有限公司(以下简称上海银行)北京分行资金。后上海银行北京分行通过渤海国际信托有限公司(以下简称渤海信托)与王某胜所在公司签订信托贷款合同,将4亿元资金通过渤海信托转至王某胜公司账户。至案发,造成上海银行北京分行损失3.42亿余元。

2014年至2015年,王某胜因无力偿还上海银行北京分行资金,遂与徽商银行股份有限公司(以下简称徽商银行)蚌埠固镇支行行长常伟(已判决)共谋,利用常的身份骗取其他银行资金。2015年9月,王某胜、常某等人虚构徽商银行有10亿元理财产品对外销售,赵某、肖某兴联系中信银行股份有限公司(以下简称中信银行)购买。后王某胜、常某等人冒用徽商银行蚌埠分行名义,通过伪造印章等方式骗取中信银行资金10亿元。至案发,造成中信银行损失4.7亿余元。

2015年初,赵某伙同马某、邹某(均已判决)通过伪造交通银行股份有限公司(以下简称交通银行)青岛分行公章以及冒充该行员工等方式,以天津中艺供应链有限公司作为融资主体,骗取民生银行股份有限公司(以下简称民生银行)上海分行发放的融资款6.8亿余元。所骗钱款被用于拆借、提供给天津中艺国际储运有限公司(以下简称中艺公司)使用及支付佣金等。中艺公司收到相应钱款后,赵某遂利用职务便利,虚构应支付民生银行上海分行融资费用的事实,申请融资费用2500余万元。后该部分钱款被赵某提现。

2015年8月,赵某、马某、邹某骗取前述钱款后,因担心无法归还致罪行暴露,遂共谋再次采用前述方式骗取兴业银行股份有限公司(以下简称兴业银行)宁波分行信贷资金。之后,兴业银行宁波分行与上海兴瀚资产管理有限公司(以下简称兴瀚公司)签订资产管理合同。张某冒充唐山清泽房地产开发有限公司(以下简称清泽公司)副总经理与兴瀚公司及江苏银行股份有限公司(以下简称江苏银行)深圳分行签订对公客户委托贷款合同,约定兴瀚公司通过江苏银行深圳分行向清泽公司发放委托贷款7亿元。后兴业银行宁波分行将资金转至兴瀚公司账户,再由江苏银行深圳分行作为委托贷款向清泽公司放款7亿元。至案发,造成兴业银行宁波分行损失6.7亿余元。

[①] 李长坤、张亚男:《骗取银行资金及其下有犯罪的定性》,载《人民司法·案例》2020年第35期。

为转移犯罪钱款，2015 年 5 月至 2016 年 6 月，赵某将源于合同诈骗骗取的中信银行资金以及贷款诈骗骗取的民生银行上海分行、兴业银行宁波分行资金共计 1.6 亿余元转入周某控制的公司账户，后被周转至指定账户和提现。所提现金中，绝大部分由赵某涌单独或伙同李海波从周权处取走。2016 年 7 月至 8 月，赵某然明知赵某涉嫌犯罪，仍收取赵某涌、李某波以现金或转账方式存入的涉案资金 675 万元。2016 年 8 月，肖某兴准备自首并委托赵霖然退缴赃款、聘请律师等。后赵霖然与李某、高某丽提取了肖某兴因参与诈骗中信银行资金所获取的巨额佣金 1400 万元，赵霖然除将 830 万元退至公安机关外，余款用于购买理财产品、支付律师费用等。

[审判]

上海市第一中级人民法院审理认为，被告人赵某以非法占有为目的，三次伙同他人骗取金融机构贷款，其行为构成贷款诈骗罪，且数额特别巨大；赵某以非法占有为目的，伙同他人在签订、履行合同过程中，骗取金融机构资金，其行为构成合同诈骗罪，且数额特别巨大；赵某利用职务便利，将本单位财物占为己有，其行为构成职务侵占罪，且数额巨大，对赵某数罪并罚。张某以非法占有为目的，伙同他人骗取金融机构贷款，其行为构成贷款诈骗罪，且数额特别巨大。赵某涌、周权明知是金融诈骗犯罪所得，掩饰、隐瞒其来源和性质，均构成洗钱罪，且系情节严重；赵某涌、周权明知是犯罪所得而予以掩饰、隐瞒，其行为均构成掩饰、隐瞒犯罪所得罪，且系情节严重；综上，上海市第一中级人民法院判决如下：

一、被告人赵某犯贷款诈骗罪，判处有期徒刑十二年，剥夺政治权利三年，并处罚金人民币五十万元；犯合同诈骗罪，判处有期徒刑十一年，剥夺政治权利二年，并处罚金人民币五十万元；犯职务侵占罪，判处有期徒刑五年，决定执行有期徒刑十九年，剥夺政治权利五年，并处罚金人民币一百万元。

……

一审宣判后，赵某等人不服，提出上诉。

上海市高级人民法院经审理，于 2020 年 6 月 12 日裁定驳回上诉，维持原判。

[评析]

本案争议焦点如下：对骗取银行信贷资金及购买理财产品资金的行为应当如何定性？

本案中，赵某等人骗取的钱款来源于银行，且均实施了提供虚假证明材料、签订虚假合同等行为，对此，公诉机关均指控构成合同诈骗罪。而鉴于从各家银行骗取的资金性质有所不同，导致侵犯的客体也存在明显区别，故应当区分定性。具体认定时，应遵循以下审理思路：

（一）审查金融机构是否系被骗资金的实际出资方

实践中，银行等金融机构的出资方式较为复杂，导致司法机关在认定被骗资金的实际出资方时存有争议，进而可能影响罪名的认定。因此，在定性之前首先需要确认被害人。在审查金融机构是否系被骗资金的实际出资方时，应当根据钱款的实际来源、收益归属等进行穿透式审查。

从本案来看，被骗资金的实际出资方均系银行。其一，从最终出资方看，虽然各家银行的出资名目不同，并经过不同的通道，但赵某等人骗取的第一笔资金系上海银行北京分行通过信托贷款方式发放的信贷资金；第二笔被骗资金则系中信银行因购买理财产品所支付的资金；第三笔被骗资金由民生银行上海分行通过发售理财产品募集；第四笔被骗资金则系兴业银行宁波分行通过委托贷款方式发放的信贷资金。其二，从合同确定的收益归属情况看，相关合同明确规定涉案资金的收益归属于前述四家银行。第一笔、第四笔被骗资金中，尽管上海银行北京分行与渤海信托、兴业银行宁波分行与兴瀚公司签订资产管理协议，但渤海信托、兴瀚公司仅为名义上的受托人，实际资产管理人仍为上海银行北京分行及兴业银行宁波分行，资金转账、投资收益均由两家银行实际操作及收取；第二笔资金中，购买理财产品后产生的收益亦归属于中信银行；第三笔资金中，2000万元手续费等收入同样归属于民生银行上海分行。故前述四家银行系被骗资金的实际出资方。

（二）审查金融机构被骗资金的性质

由于贷款诈骗罪与合同诈骗罪所指向的犯罪对象分别为金融机构贷款与合同相对方财物，而银行等金融机构的资金既包括信贷资金，也包括非信贷资金，故在对骗取金融机构资金的行为进行定性时，应当查明被骗资金的性质。具体认定时，应当根据金融机构转款原因、转款方式以及造成损失的原因等进行判断。

本案中，赵某等人从上海银行北京分行、民生银行上海分行、兴业银行宁波分行骗取的资金属于信贷资金。原因在于：其一，从三家银行发放钱款的原因及形式看，赵某等人骗取的上海银行北京分行、兴业银行宁波分行的资金分别系两家银行通过信托贷款、委托贷款等形式发放；第三笔资金系民生银行上海分行约定借款给天津中艺供应链有限公司。其二，通道公司的存在不影响贷款性质。本案中，尽管上海银行北京分行、兴业银行宁波分行分别与渤海信托、兴瀚公司签订了资产管理协议，但是渤海信托、兴瀚公司在发放贷款过程中仅起通道公司的作用，对所放贷款并无实际管理权限，故通道公司的存在不影响贷款性质。因此，前述三笔被骗资金本质上系三家被害银行以贷款形式发放的信贷资金。

而赵某等人从中信银行骗取的10亿元资金不属于信贷资金。原因在于：其一，从转款原因看，中信银行之所以向徽商银行蚌埠固镇支行转账10亿元，目的在于购买徽商银行发售的理财产品，双方亦签订了购买理财产品协议；其二，从造成损失的原因看，徽商银行理财产品完全系虚构，中信银行的损失系因购买虚假理财产品被骗，而非发放信贷资金造成，故该笔被骗资金本质上系中信银行因购买虚假理财产品所支付的钱款。

（三）审查行为人的主观故意内容

判断行为人是否构成贷款诈骗罪和合同诈骗罪，还应审查行为人主观上对金融机构贷款或购买理财产品资金是否具有非法占有目的，否则可能认定骗取贷款罪等罪名。实践中，认定行为人是否具有非法占有目的应当坚持主客观相一致原则，根据取得资金方式、涉案资金去向、无法归还原因等综合认定行为人的主观故意。

本案中，从取得资金方式看，三次融资所涉的借款保函等资料及相关印章均系伪造，面签核保中相关银行员工均系冒充。赵某作为长期从事融资业务的中介人员，参与了虚构事实、隐瞒真相的行为，其主观上对于他人使用虚假手段骗取银行信贷资金理当明知；在骗取中信银行理财产品资金事实中，赵某明知徽商银行理财产品系虚构，王某胜等人意在通过欺骗手段套取银行资金后使用，仍联系中信银行出资购买虚假理财产品。从涉案资金去向及无法归还原因看，前述事实所涉钱款均被涉案人员任意使用、挥霍，导致无法归还，造成银行巨额损失。上述一系列行为足以证明赵某等人主观上具有非法占有目的。

综上，赵某等人在骗取上海银行北京分行、民生银行上海分行、兴业银行宁波分行资金过程中，尽管实施了使用虚假证明文件、提供虚假担保、签订虚假合同等行为，但目的在于非法占有前述三家银行的信贷资金，本质上侵犯的系国家对银行贷款的管理制度与银行的财产所有权，故应认定为贷款诈骗罪；而骗取中信银行资金的行为侵犯的系经济合同管理秩序及银行的财产所有权，故应以合同诈骗罪定罪处罚。

需要说明的是，对于行为人通过使用信用证、信用卡等骗取银行资金，符合刑法规定的其他金融诈骗犯罪的，应以相应的犯罪定罪处罚。

第十三章
票据诈骗罪

第一节 票据诈骗罪概述

一、票据诈骗罪概念及构成要件

票据诈骗罪，是指使用虚构事实或者隐瞒真相的方法，利用金融票据骗取财物，数额较大的行为。1995年6月30日《全国人民代表大会常务委员会关于惩治破坏金融秩序犯罪的决定》第12条首先规定本罪，后吸收规定为1997年《刑法》第194条。

票据诈骗罪的构成要件如下：（1）本罪侵犯的客体是国家对金融票据的管理制度和公司财产所有权。犯罪对象是金融票据，包括本票、汇票、支票[①]。（2）本罪的客观方面表现为使用虚构事实或者隐瞒真相的方法，利用金融票据骗取财物，数额较大的行为。我国刑法规定了五种具体的行为方式：①明知是伪造、变造的汇票、本票、支票而使用的；②明知是作废的汇票、本票、支票而使用的；③冒用他人的汇票、本票、支票的；④签发空头支票或者与其预留印鉴不符的支票，骗取财物的；⑤汇票、本票的出票人签发无资金保证的汇票、本票或者在出票时作虚假记载，骗取财物的。（3）本罪的犯罪主体为一般主体，包括自然人和单位。（4）本罪的主观方面表现为故意，且具有非法占有他人财物的目的。

根据《刑法》第194条的规定，通过前述五种行为方式进行金融票据诈骗活动，数额较大的，处5年以下有期徒刑或者拘役，并处2万元以上20万元以下罚金；数额巨大或者有其他严重情节的，处5年以上10年以下有期徒刑，并处5万元以上50万元以下罚金；数据特别巨大或者有其他特别严重情节的，处10年以上有期徒刑或者无期徒刑，并处5万元以上50万元以下罚金或者没收财产。

[①] 本票是指发票人于到期日无条件支付一定金额给收款人的票据，该类票据只涉及出票人和收款人两方，由出票人签发本票并自负付款义务。汇票是指出票人签发的，委托付款人在见票时或者在指定日期无条件支付确定金额给收款人或者持票人的票据。汇票是一种委付证券，至少涉及出票人、受票人和收款人三方。支票是指出票人签发的，委托办理支票存款业务的银行或者其他金融机构见票时无条件支付确定金额给收款人或者持票人的票据。

二、票据诈骗刑事案件审理情况

近年来,票据诈骗案件时有发生,严重扰乱金融票据管理秩序,损害金融机构和人民群众合法财产权益。通过中国裁判文书网检索,2017 年至 2021 年,全国法院审结一审票据诈骗刑事案件 535 件,其中 2017 年 153 件,2018 年 121 件,2019 年 141 件,2020 年 98 件,2021 年 22 件。

此类案件主要呈现出以下特征及趋势:一是涉案金额巨大。金融票据诈骗案件的受害者往往以银行和企业单位居多,诈骗金额动辄高达上亿元甚至数十、数百亿元,特大规模票据诈骗案件数量逐渐增多,社会影响恶劣。如"票据史上最大的一起非法融资案"宝塔石化集团有限公司票据诈骗案未兑付银行承兑汇票 27064 张,未兑付金额高达 171 亿余元。二是犯罪手段不断翻新,隐蔽性、迷惑性增强。随着票据业务的不断发展,此类案件的作案手段开始从伪造、变造金融票据、签发空头支票等传统作案手段向利用金融系统漏洞接入电票系统开具虚假票据、签发无真实贸易背景的电子银行承兑汇票、克隆账户等方式进行诈骗,隐蔽性、迷惑性愈发增强,侦查难度加大。如全国首例利用电子银行承兑汇票进行诈骗案件,涉案金额高达 20 亿元,被告人瞒天过海的作案手法令人惊叹,打破了一向以"安全""规范"著称的电票业务"零案件"的记录。三是团伙化、组织化、跨地区作案现象明显。大规模的金融票据诈骗案件往往具有严密的组织,成员分工非常明确,如有的犯罪分子负责伪造材料,有的则负责冒充、拉拢、腐蚀银行等工作人员,还有的负责办理票据业务、洗钱等,并呈现出跨区域作案趋势,涉及多家银行、多家企业,有的案件还涉及境外。四是内外勾结现象日益严重。尤其是在大规模的金融票据诈骗案件中,往往能看到一些银行等金融机构内部人员的身影。这些人员有的未尽到相应的审慎义务;有的则利用职务便利或利用熟悉金融机构工作环境之机为他人实施诈骗提供服务,多种案由交织在一起,社会影响极其恶劣。

三、票据诈骗刑事案件审理热点、难点问题

一是此罪与彼罪的区分认定。主要涉及票据诈骗罪与金融凭证诈骗罪、合同诈骗罪等诈骗类犯罪的区分认定,以及票据诈骗罪与职务类犯罪、盗窃罪等犯罪的区分认定。如行为人骗取货物后以空头支票付款的行为,是构成诈骗罪、合同诈骗罪还是票据诈骗罪;行为人盗窃银行承兑汇票并使用,骗取财物数额较大的行为,是构成盗窃罪,还是票据诈骗罪;银行等金融机构工作人员骗取客户印鉴后,以现金支票形式将客户账户内的资金占为己有的行为,是构成相应的职务类犯罪,还是构成盗窃罪,抑或是票据诈骗罪;等等。

二是内外勾结型票据诈骗案件的定性。如前所述,在一些大规模的金融票据诈骗案件中,还存在银行等金融机构工作人员参与其中的情形。实践中,对该部分人员有以票据诈骗罪共犯处理的情形,也有以相应的职务犯罪处理的情形,还有以违规出具金融票证罪或者仅作为违规违纪行为处理的情形。如何对该部分人员的行为准确定性是司法实务中的难点问题。

四、票据诈骗刑事案件审理思路及原则

一是正确把握票据诈骗罪与金融凭证诈骗罪、合同诈骗罪等罪名之间的关系,为准

确定罪量刑打下坚实基础。由于三个罪名在构成要件上存在相似之处，定罪时容易出现混淆情形。票据诈骗罪与合同诈骗罪的关系属于在客观行为方式上存在相互交叉的法条竞合关系，应当适用重法优于轻法的原则。从法定刑看，票据诈骗罪的法定刑重于合同诈骗罪，因此当案件中出现两罪交叉竞合时一般应以票据诈骗罪定罪处罚。票据诈骗罪与金融凭证诈骗罪主要在犯罪对象上有所区别，前者仅限于本票、汇票、支票；后者则是除了本票、汇票、支票以外的银行结算凭证。司法实践中，对于有关银行票据和结算凭证的认定应严格依据有关行政法规和银行部门规章加以判断。

二是准确界定内外勾结型使用伪造、变造票据行为的定性。对于一般主体与金融机构工作人员内外勾结，利用金融机构工作人员的职务便利骗取金融机构财产的，一般应当以贪污或者职务侵占的共犯论处；但如果金融机构工作人员不具有决定权限或者以职务犯罪处理量刑明显偏轻的，则可考虑以票据诈骗共犯处理。

三是票据诈骗行为与其他不法行为交织，共同导致财产损失后果的，准确定性的关键在于找准侵犯法益的核心行为。如对于盗窃票据并使用的行为如何定性，应当根据票据持有人直接丧失票据记载的财产是盗窃行为所致还是使用行为所致予以认定。当然，如果盗窃行为直接侵犯票据持有人的财产，而其使用行为又侵犯了新的法益，则应以盗窃罪、票据诈骗罪两罪并罚。

四是准确把握一般票据纠纷与票据诈骗行为的界限。二者的本质区别在于票据诈骗系故意犯罪，且行为人具有非法占有目的；而在一般的票据纠纷中，当事人主观上并不具有非法占有目的，如当事人具有履行合同的意愿，但因资金周转困难等客观原因或者其他情况未履行或未完全履行。《全国法院审理金融犯罪案件工作座谈会纪要》明确了行为人具有非法占有目的的7种情形，可参照适用。

第二节　票据诈骗罪审判依据

票据诈骗罪是从《全国人民代表大会常务委员会关于惩治破坏金融秩序犯罪的决定》第12条的规定，吸收修改为《刑法》的具体规定的。2022年4月6日公布的《最高人民检察院、公安部关于公安机关管辖的刑事案件立案追诉标准的规定（二）》对该罪的立案追诉标准予以细化规定。

一、法律

《中华人民共和国刑法》（1979年7月1日第五届全国人民代表大会第二次会议通过　1997年3月14日第八届全国人民代表大会第五次会议修订　1997年3月14日中华人民共和国主席令第83号公布　根据历次修正案和修改决定修正）（节录）

第一百九十四条　有下列情形之一，进行金融票据诈骗活动，数额较大的，处五年以下有期徒刑或者拘役，并处二万元以上二十万元以下罚金；数额巨大或者有其他严重情节的，处五年以上十年以下有期徒刑，并处五万元以上五十万元以下罚金；数额特别巨大或者有其他特别严重情节的，处十年以上有期徒刑或者无期徒刑，并处五万元以上五十万元以下罚金或者没收财产：

（一）明知是伪造、变造的汇票、本票、支票而使用的；

（二）明知是作废的汇票、本票、支票而使用的；

（三）冒用他人的汇票、本票、支票的；

（四）签发空头支票或者与其预留印鉴不符的支票，骗取财物的；

（五）汇票、本票的出票人签发无资金保证的汇票、本票或者在出票时作虚假记载，骗取财物的。

使用伪造、变造的委托收款凭证、汇款凭证、银行存单等其他银行结算凭证的，依照前款的规定处罚。

二、刑事政策文件

《最高人民检察院、公安部关于公安机关管辖的刑事案件立案追诉标准的规定（二）》
（2022 年 4 月 6 日 公通字〔2022〕12 号）

第四十六条 〔票据诈骗案（刑法第一百九十四条第一款）〕进行金融票据诈骗活动，数额在五万元以上的，应予立案追诉。

第三节 票据诈骗罪审判实践中的疑难新型问题

问题 1. 关于主观故意的认定

【中国审判案例要览案例】黄某伟票据诈骗案[①]

［裁判规则］

公司的直接责任人明知公司银行账户资金不足、财务状况已经严重恶化，利用被害人的信任仍然同其进行兑换交易，并以公司的名义签发无资金保障、无兑现能力的支票，骗取他人财物，数额较大的，其行为已构成票据诈骗罪。

［基本案情］

被告人黄某伟受家族委派在深圳市龙岗区坑梓镇开办合兴制品厂，该厂属三来一补企业，从事塑胶制品加工业务，投资方为香港合兴实业有限公司，该厂经理为叶某招，实际资方负责人为黄某伟。由于该厂需要人民币发放工资、缴纳在大陆开厂所需的费用，而本案被害人叶某强也在龙岗办厂，需要港币从香港进货，经朋友介绍，双方遂从 1998 年开始私兑港币，次数频繁，在本案发生以前，所有的兑换事项均已清结，双方没有发生拖欠的情况。2001 年 4 月 6 日，黄某伟打电话给被害人叶某强，要求与叶某强兑换人民币支付工厂工人的工资、水电费等，叶某强于是到被告人黄某伟的办公室，交给了被告人一笔现金 40 余万元人民币用于兑换，被告人黄某伟则先后给叶某强签发了两张香港广安银行的期票，出票人是合兴（黄氏）实业有限公司。一张到期日是 2001 年 4 月 7

[①] 本案例载《中国审判案例要览》（刑事审判案例卷），中国人民大学出版社 2008 年版。案例索引：广东省深圳市龙岗区人民法院（2005）刑重字第 13 号刑事判决书。

日，票号为902482，金额为40万港币；一张到期日是2001年5月15日，票号为902575，金额为42万港币。两张支票到期后，因为账户没有足够数额，都未能兑现。在此期间，由于黄的工厂已经在经营上出现问题，拖欠了工人工资80多万元，还有大量厂租和外债，2001年4月27日被告人黄某伟离开大陆，2001年5月初，由于拖欠工人工资，合兴制品厂发生工潮，由于黄某伟未回厂处理该事，遂由当地政府和劳动管理部门解决，由秀新村新桥围经济合作社垫付了全部工人工资（557280元），该厂也于6月1日被坑梓法庭查封，其他债权人也一并提起诉讼，该厂于6月末、7月初被法院评估、拍卖，黄某伟在此期间一直未回大陆。被害人叶某强由于黄某伟的工厂倒闭，遂到香港去寻找被告人，发现黄家在香港的公司已倒闭，有关物业也已被售卖，无法找寻到黄某伟本人。2001年10月25日，叶某强向深圳市龙岗区公安分局报案。此后，叶某强与黄某伟就偿还欠款问题，有几次电话联系，但黄某伟一直未与叶某强直接接触，也没有就偿还欠款问题给予被害人明确答复，黄某伟此后也多次返回大陆，但都没有找过叶某强。2005年1月22日，黄某伟再次从深圳罗湖海关入境时，通过边控措施，被抓获归案。

另查明，在本案审理期间，被告人的家属及朋友与被害人叶某强就偿还欠款进行了接触，根据叶某强出具的收条和情况说明，叶已实收34万元港币，余款已通过其他途径自行解决，并请求法院对被告人黄某伟从轻处罚。

[法院认为]

被告人黄某伟明知公司银行账户资金不足，仍然以公司的名义签发无资金保障、无兑现能力的支票，骗取他人财物，数额较大，作为直接责任人，其行为已构成票据诈骗罪。关于金额问题，基于被害人在关于开具两张支票问题上的陈述与行为存在诸多矛盾，加上票据本身票号的较大差距，依据刑事证据的证明标准，只能认定被告人黄某伟最后未能兑付的金额是42万元港币。本案未能兑付的两张支票的出票人均为合兴（黄氏）实业公司，该公司为被告人的家族企业，在坑梓街道的合兴制品厂亦是该家族企业的来料加工工厂，黄某伟作为投资方人员，实际负责该厂的经营管理。被告人与被害人均述称双方长期为工厂的日常经营需要而兑换货币，而本案所涉及的兑换事宜也是以此名义进行的，无证据证明用于其他途径，结合出票人的名义、企业的归属状况、双方的交易惯例，对被告人为工厂经营而行兑换的辩解予以采信。由于合兴制品厂是三来一补企业，无法人资格，不能成为单位犯罪的主体，而合兴（黄氏）实业有限公司已于2003年终止，作为法人不再存在，不能再以单位犯罪追究其刑事责任。但是，被告人黄某伟作为本案诈骗行为的直接实施人和"三来一补"企业的负责人，仍应以直接负责的主管人员的身份承担相应的刑事责任。由于本案属于单位犯罪，本案诈骗金额为42万元港币，根据法律规定，属数额较大。被告人及其家属在案发后已与被害人自行解决了偿付欠款事宜，被害人也请求法院对被告人宽大处理，基于被告人积极还款的悔过态度和被害人已经挽回损失的情节，对被告人可从轻处罚。

[裁判结果]

综上，深圳市龙岗区人民法院判决如下：

被告人黄某伟犯票据诈骗罪，判处有期徒刑一年六个月，并处罚金人民币二万元。

[简要分析]

本案涉及几个实践方面的问题：

第一，如何从行为人的客观状况出发，综合运用各种证据识别行为人主观状态的问题。在现行的刑法犯罪构成学说中，既反对单纯的客观归罪，同时又主张通过对行为人的行为和结果进行客观的科学分析，才确定具体的动机和目的。本案根据主客观统一性的原理，综合考虑行为人当时所处各种客观情境，对行为人行为的动机、意图进行全面分析。本案构成票据诈骗罪，是一种签发空头支票骗取财物的行为。根据我国票据法的规定：空头支票，是指出票人签发的支票金额超过其付款时在付款人处实有的存款金额的支票。使用支票必须在银行或者其他金融机构开立支票存款账户，也只有在银行开立支票存款账户，并注入一定的资金，才能领用支票。签发空头支票诈骗行为通常有三种情况：（1）出票人在付款处无存款又未经允许垫借而签发支票；（2）出票人故意超过存款数额或允许垫借的数额而签发支票；（3）在付款提示期内出票人提回存款或以其他不正当方法使支票不获付款。案发前行为人管理的企业已面临全面的财务危机，不仅欠大量的债务，而且拖欠工资已久，已在崩溃的边缘，行为人对其银行账户无兑付能力的现实状况是明知的，在取得现金后，随即发生工厂倒闭与香港公司清盘的状况，致使被害人的支票不能兑付，这并不是平常的商业风险或是信用风险，而是行为人利用信息上的不对称和长期以来所形成的信任关系，故意将已经形成的财务危机转嫁给被害人。关键一点，行为人对其银行账户无兑付能力是明知的，对票据信用不能保障的后果是有明确预见的。

第二，票据诈骗罪的主观故意与一般诈骗罪的主观故意条件有什么不同，本案是否属于一般的经济纠纷？在本案的讨论过程中，也有人提出，行为人非法占有被害人资金的意图是不明确的，不是积极追求将被害人财物据为己有，事后有偿还财物的接触，行为人对于不能兑付的结果持明显的放任状态，在非法占有他人财物的意图上属间接故意，按照非直接故意不构成诈骗犯罪通行理论，本案应按民事纠纷处理。笔者认为，票据诈骗罪与一般诈骗罪在犯罪构成主观要件上有所不同，票据是一种金融流通凭证，它以诚信为本，按票据载明的条件及时、足额兑付，是其流通性的根本，也是金融秩序的基础。票据诈骗罪所要维护的就是票据信用的严肃性，保障票据流通的金融秩序，只要行为人故意违背票据信用的基本诚信规则，开具事实上不能兑付的票据，骗取被害人的财物，即符合票据诈骗罪的主观要件。不排除本案行为人可能有在解决财务危机后以偿还债务的方式来补救的意图，但那只是主观恶性大小的考虑情节，不是罪与非罪的主观条件区分。在实际经济交往中，有一些人往往利用票据到期支付的时间差，从被害人手中骗取资金，以渡过财务危机，让被害人置于极大的信用风险之中，对于这种恶意损害金融信用制度转嫁商业风险的行为，造成严重后果的，应予以刑事追究。

第三，"三来一补"企业及其香港公司在我国刑法适用中的主体地位问题。本案牵涉两个主体，即在大陆的"三来一补"企业合兴制品厂和香港的投资方也是出票人合兴（黄氏）实业有限公司。"三来一补"企业及其香港公司的主体资格，对于珠三角地带的涉外刑事案件是一个重要的问题。"三来一补"企业在珠三角地带数量巨大，由于不是一个独立的民事主体，其经济活动，尤其是牵涉到金融票据、货款结算等重要事项，都是以投资方香港公司的名义进行的，其责任也应直接归属于资方香港公司。在民事诉讼中，因"三来一补"企业没有独立的法人资格，在司法实践中都以香港的资方公司作为被告主体。本案中，合兴制品厂没有独立的主体资格，资金的结算、使用也没有自主性，全部由统一结算和运用，利益与责任均归属于合兴（黄氏）实业有限公司。因此，应以合兴（黄氏）实业有限公司作为该案的犯罪行为责任主体。最高人民法院研究室于2003年

10月15日作出的《关于外国公司、企业、事业单位在我国领域内犯罪如何适用法律问题的答复》，文中答复天津市高级人民法院称："符合我国法人资格条件的外国公司、企业、事业单位，在我国领域内实施危害社会的行为，依照我国刑法构成犯罪的，应当依照我国刑法关于单位犯罪的规定追究刑事责任。"合兴（黄氏）实业有限公司在港注册为股份有限公司，股东两人，有固定的办公场所和足额的注册资本，承担有限责任，虽不符合我国股份有限公司的条件，却符合我国一般有限责任公司的条件。该案以"三来一补"企业的香港资方公司作为犯罪主体追究刑事责任，既符合企业运作的实际情况，也符合最高人民法院规定的精神。

另一方面，香港方派驻的管理人员，往往并没有职务，而名义上的负责人是租方的代表-厂长，工厂日常事务管理与重大事项决定都在资方派驻人员掌握之中。在追究刑事责任的时候，以香港公司作为单位犯罪的主体，而将香港方派驻的管理人员作为直接负责的主管人员处理，比较符合实际情况。本案的合兴（黄氏）实业有限公司已于2003年终止，作为法人不再存在，不能再以单位犯罪的主体追究刑事责任，但是行为人黄某伟仍应以直接负责的主管人员的身份承担相应的刑事责任。因此，该案是正确的。

【刑事政策文件】

《最高人民法院全国法院审理金融犯罪案件工作座谈会纪要》（2001年1月21日 法〔2001〕8号）（节录）

（三）关于金融诈骗罪

1. 金融诈骗罪中非法占有目的的认定

金融诈骗犯罪都是以非法占有为目的的犯罪。在司法实践中，认定是否具有非法占有为目的，应当坚持主客观相一致的原则，既要避免单纯根据损失结果客观归罪，也不能仅凭被告人自己的供述，而应当根据案件具体情况具体分析。根据司法实践，对于行为人通过诈骗的方法非法获取资金，造成数额较大资金不能归还，并具有下列情形之一的，可以认定为具有非法占有的目的：

（1）明知没有归还能力而大量骗取资金的；

（2）非法获取资金后逃跑的；

（3）肆意挥霍骗取资金的；

（4）使用骗取的资金进行违法犯罪活动的；

（5）抽逃、转移资金、隐匿财产，以逃避返还资金的；

（6）隐匿、销毁账目，或者搞假破产、假倒闭，以逃避返还资金的；

（7）其他非法占有资金、拒不返还的行为。但是，在处理具体案件的时候，对于有证据证明行为人不具有非法占有目的的，不能单纯以财产不能归还就按金融诈骗罪处罚。

问题 2. 关于盗窃票据并使用行为的认定

【刑事审判参考案例】行为人盗窃银行承兑汇票并使用，骗取财物数额巨大的行为，如何定性——张某票据诈骗案[1]

一、基本案情

无锡市锡山区人民法院经审理查明：2008 年 6 月 12 日下午，被告人张某至无锡市锡山区安镇镇胶南村陆更巷××号林某亚家，采用翻围墙、撬门锁等手段，窃得现金人民币（以下币种均为人民币）5000 元及银行承兑汇票 2 张（其中 1 张票号为 02257643，出票人为湘潭市奇胜摩托车销售有限公司，付款行是湘潭市商业银行，出票金额为 5 万元，收款人为株洲市锦宏摩托车经营部，出票日期为 2008 年 3 月 18 日，汇票到期日为 2008 年 9 月 18 日；另 1 张票号为 02214212，出票人为安徽省华皖酒业有限公司，付款行是徽商银行六安分行清算中心，出票金额为 5 万元，收款人为江阴市汇南彩印有限公司，出票日期为 2008 年 1 月 9 日，汇票到期日为 2008 年 7 月 9 日）。后被告人张某以票号为 02257643 的银行承兑汇票向杨某兑换现金 4 万元，以票号为 02214212 的银行承兑汇票向王某刚偿付结欠的货款 3 万余元并兑换现金 1.7 万元。

林某亚发现失窃后，于 2008 年 6 月 12 日晚向公安机关报案，并于次日向湘潭市商业银行及徽商银行六安分行清算中心对失窃的银行承兑汇票进行电话挂失，后又以无锡市锡山区安镇春伟五金加工厂名义，以公示催告程序向湖南省湘潭市岳塘区人民法院、安徽省六安市金安区人民法院申请宣告上述汇票无效，上述法院先后于 2008 年 8 月 29 日、9 月 22 日作出除权判决，宣告上述汇票无效。

2008 年 12 月 9 日，公安机关将被告人张某抓获。

上述事实，原审判决有经当庭质证的下列证据予以证实：失主林某亚的报案和陈述笔录；证人杨某、丁某忠、马某珍、钱某芬、王某刚等人的证言；被告人张某的多次供述；相关银行承兑汇票复印件、徽商银行六安分行记账凭证、票据挂失申请书、湘潭市商业银行退票理由书、湘潭市岳塘区人民法院及六安市金安区人民法院民事判决书；公安机关出具的现场摄影照片、案发经过说明等。

无锡市锡山区人民法院认为，被告人张某以非法占有为目的，秘密窃取他人现金 5000 元，数额较大，其行为构成盗窃罪；被告人张某隐瞒真相，以合法持票人的名义使用其所窃得的银行承兑汇票，骗取他人财物达 8.7 万余元，数额巨大，其行为构成票据诈骗罪；上述两罪应予并罚；被告人张某曾因犯盗窃罪被判处刑罚，仍不思悔改，又犯盗窃罪和票据诈骗罪，应酌情从重处罚；被告人张某在归案后能供认主要犯罪事实，有一定的悔罪表现，可酌情从轻处罚。依照《中华人民共和国刑法》第 264 条、第 194 条第 1 款第 3 项、第 69 条、第 64 条之规定，锡山区人民法院判决如下：

一、被告人张某犯盗窃罪，判处有期徒刑一年六个月，并处罚金二千元；犯票据诈骗罪，判处有期徒刑八年，并处罚金八万元；决定执行有期徒刑九年，并处罚金八万二千元。

---

[1] 范莉、马小卫：《张某票据诈骗案——盗窃银行承兑汇票并使用，骗取数额较大财物的行为，是构成盗窃罪还是票据诈骗罪》，载中华人民共和国最高人民法院刑事审判第一、第二、第三、第四、第五庭主办：《刑事审判参考》总第 77 集，法律出版社 2011 年版。

二、责令被告人张某对本案尚未追缴的赃款予以退赔。

一审宣判后，无锡市锡山区人民检察院提出抗诉，理由如下：（1）被告人张某具有非法占有他人财物的故意，而无诈骗的企图；（2）被告人张某采用翻围墙、撬门锁等手段，实施了窃取现金和银行承兑汇票的犯罪行为，符合盗窃罪的构成要件；（3）被告人张某的行为侵犯了公私财产所有权，对国家金融票据管理制度并未造成实际损害；（4）被告人张某盗窃数额达9.2万余元，属盗窃数额特别巨大[①]，且无法定减轻情节，赃款亦未退还，依法应判处十年以上有期徒刑或无期徒刑，并处罚金或者没收财产。

江苏省无锡市人民检察院在二审开庭审理过程中支持抗诉机关的意见。

原审被告人张某及其辩护人提出：（1）原审判决认定的事实清楚，证据确凿、充分，适用法律正确，被告人张某的行为分别构成盗窃罪和票据诈骗罪；（2）原审判决量刑过重，请求法庭从轻处罚。

无锡市中级人民法院经审理认为：原审被告人张某以非法占有为目的，入户秘密窃取他人现金5000元，数额较大，其行为构成盗窃罪；张某隐瞒事实真相，冒充合法持票人的身份使用所窃得的2张银行承兑汇票，骗取他人8.7万余元，数额巨大，其行为构成票据诈骗罪，应予数罪并罚。原审被告人张某曾因犯盗窃罪被判处刑罚，刑满释放后仍不思悔改，又犯盗窃罪和票据诈骗罪，应酌情从重处罚；原审被告人张某在归案后能供认主要犯罪事实，认罪态度较好，可酌情从轻处罚。

关于抗诉机关提出的抗诉意见及原审被告人、辩护人提出的辩解和辩护意见，综合评判如下：（1）本案原审被告人张某具有盗窃公私财物和利用窃得的银行承兑汇票实施诈骗的两个犯意，在客观行为上亦表现为既有先前秘密窃取行为，又有事后隐瞒事实真相、冒充合法持票人使用窃得的银行承兑汇票骗取他人财物的行为，被窃者和被骗者的损失分别由张某先前的盗窃行为与嗣后的诈骗行为所造成。张某基于两个犯罪故意，实施了两个独立的犯罪行为，分别侵犯了公私财物的所有权和国家对金融票据的管理制度，其行为符合盗窃罪和票据诈骗罪的构成要件，应当以盗窃罪和票据诈骗罪予以数罪并罚。（2）张某入户盗窃他人现金，数额较大，依法应处三年以下有期徒刑、拘役或管制，并处或者单处罚金；张某持窃得的银行承兑汇票，骗取他人财物，数额巨大，依法应处五年以上十年以下有期徒刑，并处五万元以上五十万元以下罚金。原审法院根据张某所犯罪行、犯罪数额和作案情节，充分考虑了其归案后的悔罪表现，所处刑罚并无不当。抗诉机关的抗诉意见不能成立，不予采纳；原审被告人张某及其辩护人提出"原审判决量刑过重"的辩解和辩护意见，不予采纳。故裁定驳回抗诉，维持原判。

二、主要问题

原审被告人张某盗窃银行承兑汇票并使用，骗取财物数额巨大的行为，如何定性？

三、裁判理由

本案中，对认定原审被告人张某盗窃现金5000元的行为构成盗窃罪，并无争议。但对于其盗窃出票金额共计10万元的两张银行承兑汇票，并向他人兑换现金或抵偿货款计

[①] 需要注意的是，本案判决适用的是1997年11月《最高人民法院关于审理盗窃案件具体应用法律若干问题的解释》规定的盗窃数额标准，2013年4月《最高人民法院、最高人民检察院关于办理盗窃刑事案件适用法律若干问题的解释》第一条对盗窃罪"数额较大""数额巨大""数额特别巨大"标准进行修订，即盗窃公私财物价值一千元至三千元以上、三万元至十万元以上、三十万元至五十万元以上的，应当分别认定为刑法第二百六十四条规定的"数额较大""数额巨大""数额特别巨大"。

8.7万元的行为,如何定性,是构成盗窃罪,还是票据诈骗罪,抑或是盗窃罪与票据诈骗罪择一重处,存在较大分歧。

我们认为,张某盗窃银行承兑汇票并使用,骗取数额巨大财物的行为,构成票据诈骗罪。理由如下:

1. 从银行承兑汇票的特点看,行为人盗窃的物品系有保护措施的财产性权利

银行承兑汇票虽然具有与现金相类似的支付结算功能,但它并不能完全等同于现金。由出票人签发、委托付款人在指定日期无条件支付确定的金额给收款人或持票人的票据是商业汇票。按承兑人的不同,又可分为商业承兑汇票和银行承兑汇票。其中,银行承兑汇票是由收款人或承兑申请人签发,并由承兑申请人向开户银行申请,经银行审查同意承兑的汇票。

银行承兑汇票属于有价证券范畴,具有以下特点:一是记名式票据。依照出票时是否记载收款人名称,可将票据分为记名式票据和不记名式票据。银行承兑汇票出票时须记载收款人名称,背书转让时须记载被背书人名称,票据权利人在票据文义上得以体现。二是存在特有的承兑制度。在承兑之前,付款人没有承兑的义务;在承兑之后,一定条件下,也可以撤回承兑。持票人应遵守提示承兑与提示付款的期间,否则将产生失权的后果。三是对票据丧失有多种救济方法。我国规定有三种方式:通过公示催告宣告票据无效;通过诉讼行使权利;挂失止付制度。我国《票据法》第15条对此有明确规定:"票据丧失,失票人可以及时通知票据的付款人挂失止付,但是未记载付款人或者无法确定付款人及其代理付款人的票据除外。收到挂失止付通知的付款人,应当暂停支付。失票人应当在通知挂失止付后三日内,也可以在票据丧失后,依法向人民法院申请公示催告,或者向人民法院提起诉讼。"四是票据权利的行使、实现受诸多因素的制约。即便是合法持票权利人也可能因票据行为不成立、债务人抗辩等原因致使其无法实现票据权利。因此,银行承兑汇票是一种记名、可挂失、不能即时兑现、有较多保护措施的有价证券。《最高人民法院关于审理盗窃案件具体应用法律若干问题的解释》第5条第2项[①]对被盗物品是有价证券的作出以下规定:(1)不记名、不挂失的,票面价值已定并可即时兑现的有价证券,按票面数额和可得利益计算盗窃数额。(2)票面价值未定并可即时兑现的有价证券,已兑现的,按实际兑现的财物价值计算;未兑现的,作为情节考虑。(3)不能即时兑现的记名有价证券,或者能即时兑现但已被销毁、丢弃,而失主可以通过挂失、补领、补办手续等方式避免实际损失的,票面数额不作为定罪标准,但可作为量刑情节。依照该规定,张某盗窃银行承兑汇票,票面的数额不应作为定罪的标准。

2. 从所侵犯的法益看,盗窃行为未使失票人的财产权利直接受损,使用行为仅侵犯了受票人的财产权利及金融管理秩序

对行为的刑法评价,一般是从行为所侵犯的法益即刑法所保护的客体入手。立法所保护的盗窃罪、票据诈骗罪的法益均包含公民的财产权利。对于盗窃票据并使用的行为,

---

[①] 该规定已经失效。现行有效的2013年4月《最高人民法院、最高人民检察院关于办理盗窃刑事案件适用法律若干问题的解释》第5条规定:"盗窃有价支付凭证、有价证券、有价票证的,按照下列方法认定盗窃数额:(一)盗窃不记名、不挂失的有价支付凭证、有价证券、有价票证的,应当按票面数额和盗窃时应得的孳息、奖金或者奖品等可得收益一并计算盗窃数额;(二)盗窃记名的有价支付凭证、有价证券、有价票证,已经兑现的,按照兑现部分的财物价值计算盗窃数额;没有兑现,但失主无法通过挂失、补领、补办手续等方式避免损失的,按照给失主造成的实际损失计算盗窃数额。"

应根据票据持有人直接丧失票据记载的财产是盗窃行为所致还是使用行为所致。如果盗窃行为使票据持有人直接丧失票面记载的财产，则可以认定构成盗窃罪，其使用行为可作为赃物处理行为对待；如果盗窃行为并未使票据持有人的财产直接受损，其使用行为可认定构成金融诈骗犯罪；倘若盗窃行为直接侵犯票据持有人的财产，而其使用行为又侵犯了新的法益，则应以盗窃罪、票据诈骗罪两罪并罚。

本案中，被告人张某盗窃的银行承兑汇票是记名、可挂失、不能即时兑现的有价证券，持票人能够通过公示催告、诉讼、挂失止付等途径避免自己的损失，盗窃该类银行承兑汇票的行为并不必然使持票人的财产受损。事实上，失窃人林亚平于被盗次日即向付款行电话挂失，后又向付款行所在地法院申请除权判决，宣告失窃票据无效，使自己免受了财产损失。然而，被告人张某用所窃汇票向杨某兑换现金、向王某刚偿付货款及兑换现金的行为，却使接受汇票方因汇票已被挂失而遭受财产损失。可见，张某的盗窃行为并未使失窃人遭受财产损失，张某盗窃汇票后以票据权利人的名义使用票据的行为使接收张某交付汇票的人受到财产损失，该行为损害了国家对金融票据的管理制度和正常秩序，符合票据诈骗罪的客体特征。

3. 被告人张某的行为符合票据诈骗罪的客观要件特征

根据《刑法》规定，票据诈骗罪的客观行为具体表现为以下情形：明知是伪造、变造的汇票、本票、支票而使用的；明知是作废的汇票、本票、支票而使用的；冒用他人的汇票、本票、支票的；签发空头支票或者与其预留印鉴不符的支票，骗取财物的；汇票、本票的出票人签发无资金保证的汇票、本票或者在出票时作虚假记载，骗取财物的。张某的行为符合"冒用他人的汇票"情形。冒用他人票据的行为实质，是假冒票据权利人或其授权的代理人，行使本应属于他人的票据权利，从而骗取财物。行为人主观上明知自己不是合法的票据权利人与授权的代理人，但仍然假冒合法权利人或其代理人之名使用票据，即属于冒用他人的汇票。张某明知自己不是所窃汇票的权利人，却仍向受票人明确表示票据为其所有，其以权利人的身份取得转让对价，完全符合冒用他人汇票的情形。张某骗取财物8.7万元，属于财产数额巨大的情形，齐备票据诈骗罪的客观要件。

有观点认为，当前在票据流通领域存在大量民间贴现、空白背书现象，银行承兑汇票作用等同于现金。因此盗窃了银行承兑汇票，就相当于盗窃了现金。这种观点值得商榷。关于贴现的条件，《支付结算办法》第92条规定："商业汇票的持票人向银行办理贴现必须具备下列条件：（一）在银行开立存款账户的企业法人以及其他组织；（二）与出票人或者直接前手之间具有真实的商品交易关系；（三）提供与其直接前手之间的增值税发票和商品发运单据复印件。"规定严格的贴现条件目的主要在于，防止申请贴现人非法取得票据后向银行申请贴现，转嫁票据风险获得非法收益，损害其前手乃至银行的合法权益，维护票据流通秩序。法律与司法解释亦禁止空白背书。我国《票据法》第30条规定："汇票以背书转让或者以背书将一定的汇票权利授予他人行使时，必须记载被背书人名称。"《最高人民法院关于审理票据纠纷案件若干问题的规定》第四十九条规定："依照票据法第二十七条和第三十条的规定，背书人未记载被背书人名称即将票据交付他人的，持票人在票据被背书人栏内记载自己的名称与背书人记载具有同等法律效力。"因此，我们不能默认不合法的实际流通状况，更不能以此作为判断犯罪行为的标准。

另外，被告人张某实施的盗窃行为与冒用行为不构成牵连犯。从犯罪构成的主观、客观方面和侵犯的客体来看，被告人张某先后产生了两个犯意或目的，即盗窃财物的故意和利用所窃得的银行汇票实施诈骗的故意。同时在行为上亦表现为既有秘密窃取的行为，又有隐瞒事实真相冒充合法持票人实施诈骗的行为，被窃者的5000元损失和被骗者的8.7万元损失是由被告人张某先前的盗窃行为与嗣后的诈骗行为分别造成。张某基于两个犯罪故意，实施了两个独立的犯罪行为，既侵犯了公私财物的所有权，又侵犯了国家对金融票据的管理制度，两行为间不具有牵连关系。

四、本案不宜参照适用《刑法》第196条第3款的规定

其一，《刑法》第196条第3款的规定是特殊规定。《刑法》第196条第3款规定："盗窃信用卡并使用的，依照本法第二百六十四条的规定定罪处罚。"立法者在金融诈骗犯罪中仅对信用卡诈骗罪作了这种特别规定。事实上，盗窃并使用汇票、本票、支票、信用证、有价证券的案件也时有发生，然而《刑法》第194条、第195条、第197条并未对这类行为作类似第196条的规定。显然，这并非立法者的疏漏，而是立法者有意在信用卡与汇票、本票、支票、信用证、有价证券之间作一定区分。由此而论，虽然刑法规定盗窃信用卡并使用的行为构成盗窃罪，但盗窃汇票、本票、支票、信用证、有价证券并使用的行为并非一律以盗窃罪定罪，究竟认定何罪，应视具体情况而定。其二，本案被告人获取财物的关键手段在于骗取行为。信用卡密码是使用信用卡的关键，是否能够使用信用卡一般在行窃时就基本确定，信用卡内的款项一般在盗窃行为完成时就处于行为人的控制之下。而银行承兑汇票的兑现有一系列的严格审查程序，银行承兑汇票在流转过程中可能已被挂失，汇票所指向的财物可能已不存在。在该情形下，行为人要凭票获取财物主要依靠虚构事实或隐瞒真相的手段，而且行为对象不是汇票持有人，而是第三人。对于混合使用盗窃、骗取手段的行为定性，刑法理论界和实务界一般均以获取财物的关键行为作为定罪的标准。本案被告人盗窃银行承兑汇票时并未实现对银行承兑汇票项下款项的控制，其获取巨额财产的关键手段是其盗窃后的骗取行为，因此应当以票据诈骗罪定罪，而不宜认定为盗窃罪。

综上，被告人张某以非法占有为目的，入户秘密窃取他人现金5000元，另冒充合法持票人的身份使用所窃取的银行承兑汇票，骗取他人8.7万余元的行为，分别构成盗窃罪和票据诈骗罪，两罪应予并罚。一、二审法院认定张某盗窃银行承兑汇票并使用的行为构成票据诈骗罪是正确的。

【刑事审判参考案例】城市信用社工作人员，采取欺骗手段取得客户印鉴后，以现金支票的形式将客户账户内的资金取出非法占有——颜某票据诈骗案[①]

一、基本案情

河南省许昌市魏都区人民法院经公开审理查明：被告人颜某原系许昌市城市信用社营业部主管信贷的副主任。2005年9月23日，在颜某和代某民（时为许昌市城市信用社职员，另案处理）的安排下，许昌恒丰纺织有限公司经理王某松为许昌市东城区金光塑印厂及其法定代表人金某安申请的人民币（以下币种同）50万元贷款提供担保，双方分别与许昌市城市信用社签订了保证合同和借款合同。同日，颜某以需要补办贷款手续为

---

① 曲晶晶、苏哲、孙明：《颜某票据诈骗案——城市信用社工作人员，采取欺骗手段取得客户印鉴后，以现金支票的形式将客户账户内的资金取出非法占有的行为如何定性》，载中华人民共和国最高人民法院刑事审判第一、第二、第三、第四、第五庭主办：《刑事审判参考》总第92集，法律出版社2014年版。

名从金某安处骗取金光塑印厂的公章和金某安的个人印鉴后，伙同代某民以现金支票形式从金光塑印厂账户内将已到账的47万元贷款支取，后伪造借条、保证书等掩饰赃款去向。

许昌市魏都区人民法院认为，被告人颜某利用其许昌市城市信用社营业部副主任的身份，骗取被害人金某安的个人印鉴及金光塑印厂的公章，伙同他人将金某安并不知晓的该厂贷款账户资金47万元透支后非法占有，其行为应构成盗窃罪。该笔资金已经划入金光塑印厂的账户，不属于公共财产，公诉机关指控的贪污罪不能成立。颜某的辩护人关于无罪的辩解和辩护意见，不符合案件事实，不予采纳。据此，依照《中华人民共和国刑法》第264条、第52条、第53条之规定，许昌市魏都区人民法院以被告人颜某犯盗窃罪，判处有期徒刑十年，并处罚金人民币一万元。

宣判后，许昌市魏都区人民检察院提起抗诉。理由是：被告人颜某的行为不构成盗窃罪，应当构成贪污罪；原判导致遭受重大损失的贷款人还要偿还未曾使用过的贷款，且只能向颜某个人主张权利，违背公平正义原则；即使认定为盗窃罪，原判量刑畸轻。

被告人颜某提出上诉称，原判认定与事实不符，是他人将贷款挪作他用；被害人明知将印鉴交出是用于办理贷款，不属于秘密窃取，盗窃罪不能成立；原判仅认定对被告人不利的证据，是错误的；本案是民事侵权而非刑事犯罪。其辩护人提出，本案适用证据错误，是民事侵权而非刑事犯罪。

许昌市中级人民法院经审理认为，被告人颜某的行为不仅侵害了他人的财产所有权，而且破坏和扰乱了通过票据信用关系建立起来的正常的金融秩序和交易安全，具有特殊的社会危害性；从颜某伪造支票取现使银行对款项失去监管条件、事后拒不认罪、拒不交代并伪造借条和保证书等掩饰款项去向且没有还款的行为等方面判断，其没有还款意愿。故颜某的行为符合票据诈骗罪的构成要件，应当以票据诈骗罪追究其刑事责任。经查，二审出庭检察员认为原判事实清楚，证据充分的意见成立，予以支持；被告人关于盗窃罪不能成立及其辩护人辩称盗窃罪、贪污罪不能成立的意见符合本案的事实和法律规定，予以采纳；其他意见均无法律依据，不能成立，均不予采纳。原审判决认定的事实清楚，证据充分，但适用法律错误，应予改判。据此，依照《中华人民共和国刑法》第194条第1款、第52条、第53条、第61条和《中华人民共和国刑事诉讼法》第189条第2项，第190条第1款、第2款之规定，判决如下：

一、撤销魏都区人民法院（2010）魏刑初字第312号刑事判决；
二、被告人颜某犯票据诈骗罪，判处有期徒刑十年，并处罚金人民币五万元。

二、主要问题

城市信用社工作人员，采取欺骗手段取得客户印鉴后，以现金支票的形式将客户账户内的资金取出非法占有的行为，如何定性？

三、裁判理由

本案审理过程中对被告人颜某的行为定性，大致形成三种意见：第一种意见认为，本案仅构成民事侵权，颜某的行为不构成犯罪；第二种意见认为，颜某的行为属于职务犯罪，视主体不同可分别定性为贪污罪、职务侵占罪；第三种意见认为，颜某取得资金的过程中没有利用职务上的便利，视手段不同可分别定性为盗窃罪、诈骗罪和票据诈骗罪。

我们认为，被告人颜某的行为构成票据诈骗罪，理由如下：

1. 颜某具有非法占有目的

刑法上的非法占有目的，是指将他人的财物作为自己的所有物进行支配，从而排除权利人的支配，并遵从财物的用途进行利用和处分，即非法占有目的由"排除权利人的支配"与"利用取得的财物"双重意思构成。对于前者，不仅要考虑行为人有无返还的意思表示、使用时间的长短，还要考虑财物的价值、对被害人的侵害程度等。

本案中，被告人颜某一方面欺骗金某安称贷款没有批下来，另一方面将金某安账户中的 47 万元以现金形式取出，使银行丧失了对该笔贷款进行贷后审查的可能性，其行为已经排除了权利人金某安对该笔贷款的支配。虽然颜某事后召集相关人员商量还款事宜，但无论其所称的，交给代某民使用还是伪造借条、保证书等材料让他人承担还款责任，均是为了掩饰该笔贷款的真正用途和去向，说明该笔贷款已被利用和处分，颜某本人没有及时返还的能力。同时，颜某在因涉嫌犯罪被传唤时拒不到案，到案后拒不交代其取得印鉴、取款的有关行为和贷款去向，也表明其没有还款的主观意思和客观行为。颜某在金某安和保证人王某松被银行起诉还款、后被强制执行过程中，均没有归还该笔贷款，给权利人造成了重大损失。因此，颜某具有非法占有目的。

2. 颜某的行为不构成职务犯罪

（1）颜某没有利用职务便利

本案的关键在于如何评价颜某将客户到账的贷款以现金形式支取的行为，而对此行为定性的关键在于其是否利用了职务便利。所谓"利用职务上的便利"，是指行为人利用其职责范围内的主管、管理、经手公共财物的便利条件；而主管、管理、经手公共财物，都是由行为人所担负的职责所产生。行为人利用与自己职责、职权无直接关系或者说不是以职责为基础的便利条件，如仅因为在某单位工作而熟悉作案环境、凭借工作人员的身份较易接近作案目标或者因为工作关系熟悉本单位其他人员的职务行为操作规程等便利条件作案的，不属于利用职务便利。

按照《许昌市城市信用社报批贷款操作流程》的规定，颜某作为许昌市城市信用社营业部副主任，其职责范围包括对借款人和担保人资格、信誉、借款用途及还款能力等事项的审查，以提供准确的信息供单位审查贷款委员会决定是否发放该笔贷款及批准贷款的数额。即贷款是否被批准，是否被转至金光塑印厂账户、是否被支取、如何被支取、支取后如何使用、是否被偿还等环节均是颜某职责范围之外的内容。按照人民银行制定的行业操作规程和各商业银行内部的支付规定，主要商业银行均规定，只有转入基本账户的贷款，才能通过现金支票的形式取现，否则获批的贷款只能通过转账形式使用。该规定有助于银行监督贷款流向和用途。本案中，贷款恰恰被转入了金光塑印厂的基本账户，而颜某利用其熟知操作规程的有利条件，基于金光塑印厂法定代表人金某安对其的信任，拿到全部印鉴后，以现金支票形式取现 47 万元，不属于利用职务便利。相反，颜某借用全套印鉴的行为本身，就说明其无法通过职务之便在其管理职责范围内实现取现的目的。

（2）金光塑印厂的 50 万元贷款不属于公共财产

《刑法》第 91 条规定：公共财产包括国有资产，劳动群众集体所有的财产，用于扶贫和其他公益事业的社会援助或者专项基金的财产。在国家机关、国有公司、企业、集体企业和人民团体管理、使用或者运输中的私人财产，以公共财产论。这里特别强调，私人财产按公共财产论的前提是管理、使用和运输的主体必须是国家机关、国有公司、企业、集体企业和人民团体。根据最高人民法院、最高人民检察院 2010 年 11 月联合下发的《关于办理国家出资企业中职务犯罪案件具体应用法律若干问题的意见》的规定，国有公司、企业不仅仅是国有独资或者全资公司、企业，还包括国家参股公司、企业，即国家出资公司、企业即可。

本案中，金光塑印厂的 50 万元借款已于办理借款手续当日即 2005 年 9 月 23 日划入其基本存款账户。对银行而言，该笔借款合同已经履行完毕，50 万元的性质已经从银行管理的资产变为金光塑印厂对银行的债务；对金光塑印厂而言，该 50 万元已成为企业资产的一部分；对金某安而言，50 万元已成为其储蓄存款的一部分，同时其开始承担履行对银行还本付息的合同内容。质言之，50 万元已不属于国家出资企业管理、使用或者运输中的私人财产。因此，本案中被支取的 50 万元中的 47 万元属于金光塑印厂（金某安）的财产，受到侵犯的是金光塑印厂私有财产的所有权。故 50 万元不属于公共财产的性质，颜某的行为没有侵犯公共财产的所有权。

3. 颜某的行为同时符合盗窃罪和票据诈骗罪的构成要件，应当以票据诈骗罪论处

（1）颜某的行为符合盗窃罪的构成要件

从犯罪行为侵犯的客体看。当时贷款已到金光塑印厂（金某安）账户上，塑印厂对贷款具有财产所有权，颜某支取金某安贷款的行为侵犯的是塑印厂的财产所有权，此也为已生效的民事判决所认定。

从主观故意看。颜某一直不供认取走或者使用贷款的事实，可见颜某没有归还该笔贷款的主观意思和客观行为，具有非法占有的目的。

从犯罪行为看。盗窃罪的核心是秘密窃取的手段，是指行为人自认为其取得财物的过程不为被害人或者财物处分权人所知。本案中，颜某在明知金光塑印厂的贷款已经到账的情况下，对该事实予以隐瞒，骗取金某安单位和个人印鉴后，采取自认为不为金某安所知的手段（事实上也确实不为金所知）将到账贷款中的绝大部分取走。其取现过程虽有大额现金支取审批表、现金支票、手续费收入凭证、存款户对账单等合法书证支持并通过了银行会计、出纳等人员的审查，具备形式上的合法性、公开性和透明性，但该环节是银行操作规程规定的必经手续，手续的完备不等于该过程被被害人或者财物处分权人所知，不影响秘密窃取手段的成立。

从因果关系看。颜某的行为导致金某安及其经营的金光塑印厂、担保人王某松为并未使用的贷款承担清偿责任，遭受财产损失，而信用社通过诉讼获得清偿，其财产权利没有受到损失。

（2）颜某的行为符合票据诈骗罪的构成要件

从犯罪行为侵犯的客体看。刑法将票据诈骗罪归入破坏社会主义市场经济秩序犯罪章的金融诈骗罪一节中，可见立法者认为，票据诈骗犯罪不仅侵犯了财产权，更为严重的是，它破坏和扰乱了通过票据信用关系建立起来的正常的金融秩序和交易秩序，具有有别于传统侵财类犯罪的特殊社会危害性。本案中，颜某将到账的 47 万元贷款取出，不仅侵犯了金某安及其塑印厂的财产权，而且危害到银行票据使用秩序和交易安全，虽然银行最终通过诉讼途径弥补了损失，但银行正常的金融活动和秩序已经遭受侵犯。

从犯罪行为看。根据《刑法》第 194 条第 1 款第 1 项的规定，明知是伪造、变造的汇票、本票、支票而使用的，构成票据诈骗罪。根据人民银行 1997 年 9 月 19 日印发的《支付结算办法》第 14 条的规定，票据的伪造，是指"无权限人假冒他人或虚构人名义

签章的行为。签章的变造属于伪造";票据的变造,是指"无权更改票据内容的人,对票据上签章以外的记载事项加以改变的行为"。可见,票据的伪造,就是指票据签章的伪造,即以他人名义或者虚构人名义签章的票据行为。票据法规定的票据行为有四种,即出票、背书、承兑、保证。票据的"使用",包括出示、交付、兑现或者转让等形式,如将伪造、变造的票据交付给他人,以伪造、变造的票据前往银行兑现,将伪造、变造的票据转让给他人,将伪造、变造的票据作为债权凭证等,均属于对伪造、变造票据的使用。不过,无论行为人如何"使用",其实质都是采取欺骗手段,使他人误将伪造、变造的票据当作真实的票据而与行为人进行交易,以骗取他人的交易对价。

本案中,颜某在骗得金光塑印厂和金某安的印鉴后,与代某民一起假冒金某安的名义填制支票,虽然其使用的是真实的空白现金支票,但使用的金光塑印厂和金某安的印鉴系采取欺骗手段取得,且金某安的个人签名也系伪造,二人以金某安的名义完成了签名、印章的出票行为,构成伪造票据。之后,二人持该伪造的支票到银行兑现,系票据使用的形式之一,构成明知是伪造的支票而使用。二人利用银行对支票仅作形式审查的交易惯例,让柜台会计和出纳陷入该支票内容为财产所有权人金某安的真实意思表示的错误认识,并基于这种错误认识对支票进行兑现,使作为财产暂时保管人的银行作出交付行为,给被害人金某安和保证人王某松造成重大财产损失。在此环节中,被欺骗的对象是银行,但最终承受损失的却是金某安、金光塑印厂和保证人王某松。该情况的出现,源于立法上对票据诈骗罪构成要件的规定,票据诈骗罪并不关心谁是被欺骗的对象,谁最终承担财产损失。实际上,在刑法意义上,被欺骗的银行仍可视为被害人,因为其交付了财产,只不过根据票据法的规定,将财产损失的风险和责任承担转移给了票据真正的权利人,这是一种风险责任的分配,不属于刑法评价的内容。

颜某主观上具有非法占有该笔贷款的目的,同时符合票据诈骗罪的主体资格。

(3) 以票据诈骗罪论处更符合行为的本质特征

本案被告人颜某的行为属实质的一罪,不过因为盗窃罪和票据诈骗罪的构成要件发生了重合和交叉,使颜某的一个行为触犯了两个罪名。在此情形下,需要选择一个最恰当、最全面、最准确的罪名来评价颜某的行为。盗窃罪作为侵犯财产类犯罪的一般性罪名,其对构成要件的规定较宽泛,具体到本案,该罪名无法涵盖和准确评价颜某使用伪造的支票从银行取现这一行为;且盗窃罪侵犯的是一般公私财产所有权,而颜某的行为除侵犯了金某安及其塑印厂、保证人王某松的财产所有权外,还侵犯了金融业的管理秩序和票据交易安全。因此,本案以被告人颜某的行为构成票据诈骗罪论处,更为准确。

综上所析,二审法院以票据诈骗罪对被告人颜某定罪处罚是正确的。

【刑事审判参考案例】盗取空白现金支票伪造后予以使用的应如何定性——周某伟票据诈骗案[①]

一、基本案情

盱眙县人民法院经公开审理查明:

2003年4月9日23时许,被告人周某伟翻墙跳进原打工单位盱眙县维桥乡元润食品

---

① 刘志超:《周某伟票据诈骗(未遂)案——盗取空白现金支票伪造后使用的应如何定性》,载中华人民共和国最高人民法院刑事审判第一庭、第二庭编:《刑事审判参考》总第36集,法律出版社2004年版。

厂（以下简称元润厂）院内，钻窗潜入该厂会计室，意欲行窃，但未能发现现金和可偷的财物。在翻找会计室办公桌时，周某伟发现一本尚未填写数额和加盖印章的空白现金支票，遂从中撕下一张，票号为14340469。次日上午，周某伟来到盱眙县盱城镇街道某刻章处，私自刻制了有元润厂厂长"马春山"、主办会计"马勇"字样的印章两枚，加盖于所盗支票上，并用圆珠笔填写了35000元金额，然后便到盱眙县三河信用社提款。三河信用社工作人员核票后发现有诈，周某伟见状仓皇逃离，后被接到报警的公安干警抓获。

盱眙县人民法院审理后认为，被告人周某伟以非法占有为目的，利用所窃取的空白现金支票进行伪造，假冒出票人的名义签发票据着手骗取金融机构财物，数额较大，其行为已构成票据诈骗罪。在实施票据诈骗过程中，由于意志以外的原因未能得逞，系犯罪未遂，依法可以比照既遂犯从轻处罚。周某伟归案后，认罪态度较好，其亲属积极代其缴纳了罚金，可酌情从轻处罚。公诉机关指控被告人周某伟犯票据诈骗罪未遂，事实清楚，证据确实、充分，应予支持。依照《中华人民共和国刑法》第194条第1款第1项，第23条，第53条，第72条，第73条第2款、第3款的规定，判决：被告人周某伟犯票据诈骗罪，判处有期徒刑二年，缓刑二年，并处罚金人民币二万元。

一审宣判后，被告人没有上诉，检察机关亦没有抗诉，判决已发生法律效力。

二、主要问题

盗取空白现金支票伪造后予以使用的应如何定性？

本案犯罪事实，从刑法评价上看，被告人先后实施了盗窃的行为（盗窃财物未遂，仅窃取了一张空白现金支票），伪造企业印章的行为（私刻企业厂长、主办会计的印章，因该印章能起到单位证明作用，应视为伪造企业印章），伪造金融票证的行为（在盗取的空白现金支票上加盖伪造的印章，填写现金数额，假冒出票人的名义签发现金支票），票据诈骗的行为（使用伪造的金融票证到金融部门兑票提款），分别触犯了盗窃罪、伪造企业印章罪、伪造金融票证罪和票据诈骗罪4个罪名。那么，应如何定罪呢？是一罪还是数罪？审理中曾存在以下两种不同观点：

第一种观点认为，本案被告人所实施的盗窃、伪造企业印章及伪造金融票证的行为，其追求的目的只有一个，即从金融部门骗取现金。上述几种行为均是为实施票据诈骗做准备，是实现票据诈骗目的的手段行为，依据"牵连犯"的理论，本案应以票据诈骗罪（未遂）定罪处罚，不实行数罪并罚。

第二种观点认为，本案被告人存在两个犯罪故意，即盗窃财物的故意和利用盗取的空白现金支票诈骗财物的故意。围绕利用盗取的空白现金支票诈骗财物的目的，被告人又实施了伪造企业印章及伪造金融票证的准备行为。相对于票据诈骗目的而言，伪造企业印章及伪造金融票证是手段行为，可以按"牵连犯"的理论，仅以票据诈骗罪论处。至于被告人先前的盗窃故意及行为，虽亦为未遂，但却是独立的，与其后实施的票据诈骗行为，并无内在的牵连意图和牵连关系，也不存在前一行为是后一行为所必经阶段的吸收关系。因此，本案符合盗窃罪（未遂）和票据诈骗罪（未遂）两个犯罪的构成要件，应以上述二罪论处。

三、裁判理由

通说认为，在把握罪数形态上，应以犯罪构成个数为标准，坚持主客观相统一的原则，同时兼顾禁止重复评价和充分评价两方面。对于一个总体的犯罪事实，如果充分地满足了两个以上的犯罪构成，且不具有一罪类型的（实质的一罪，法定的一罪、处断的一罪），就应以实质数罪进行并罚。

从本案整个犯罪过程来看，被告人先后产生过两个犯意或目的，即盗窃钱物的故意和利用所窃得的空白现金支票诈骗财物的故意。当被告人潜入会计室时，其目的是窃取钱物。在未得逞时，因发现空白现金支票，被告人又另生犯意，即利用该空白现金支票谋取诈骗财物。围绕这一目的，被告人又先后实施了伪造企业印章、伪造金融票证、使用伪造的金融票证到金融机构着手兑票提款等一系列行为。由此可见，本案实际上具备了多个犯罪构成，即盗窃罪未遂以及伪造企业印章罪、伪造金融票证罪、票据诈骗罪未遂。其中，伪造企业印章、伪造金融票证是服务于票据诈骗这一犯罪目的的。也就是说，只有这些行为才具有同一犯罪目的。而先前的盗窃行为与后述的这些行为并不具有犯罪目的上的同一性。

所谓牵连犯，是指以实施某一犯罪为目的，而其犯罪方法（手段）行为或者结果行为又触犯其他罪名的情形。概言之，牵连犯是数行为触犯数罪名，而数行为之间却存在牵连关系。牵连犯属处断上的一罪，其处置原则是，除法律明文规定需要数罪并罚外（如《刑法》第198条第2款的规定），应当择一重罪论处。认定牵连犯的关键是判断数个行为之间是否存在牵连关系，而判定牵连关系的标准，通说认为，应当以是否同时具备牵连意图和因果关系为依据。所谓牵连意图，是指行为人对实现一个犯罪目的的数个犯罪行为之间所具有的手段和目的，或者原因和结果关系的认识。这包括两层含义：一是行为人只追求一个犯罪目的，即行为人所实施的数行为都指向同一犯罪目的。换言之，如果行为人的数行为不是为着实现同一犯罪目的，那就不存在牵连意图。二是行为人在主观认识上，是把直接实施犯罪目的的本罪行为作为主行为，而把为实现这一犯罪目的而创造条件或加以辅助的犯罪行为作为从行为。就本案而言，在被告人那里，伪造企业印章、伪造金融票证，实施票据诈骗具有同一的犯罪目的，其中实施票据诈骗是主行为，而伪造企业印章、伪造金融票证是为实现其诈骗目的而创造条件或加以辅助的从行为。可见，该三个行为之间具有牵连关系，成立牵连犯，应择一重罪论处，不实行数罪并罚。而被告人先前所实施的盗窃未遂行为则与上述几个行为之间明显不具有同一的犯罪目的指向，因而不具有牵连意图。因此，不能将本案被告人先前的盗窃行为同样视为票据诈骗的牵连行为。本案第一种观点未能认真分析被告人有两个前后不同的犯罪故意和目的，贸然地把被告人先前的盗窃行为同样视为票据诈骗的牵连行为是不当的。

如前所述，本案行为人伪造企业印章、伪造金融票证、实施票据诈骗未遂三者之间具有牵连关系，成立牵连犯，应择一重罪（判断轻罪重罪的标准通说是比较法定刑）论处，不实行数罪并罚。但伪造金融票证罪和票据诈骗罪未遂的法定刑完全一样，在这种情况下应当如何定罪呢？一种观点认为，应定伪造金融票证罪，理由是行为人伪造金融票证行为已经既遂，而票据诈骗行为系未遂，在两者法定刑完全相同的情况下，既遂还是未遂必将影响处断刑，故伪造金融票证罪在处断刑上应为重罪。另一种观点认为，应定票据诈骗罪（未遂），理由是判断轻罪重罪的标准，通说是比较法定刑，在二罪法定刑完全相同的情况下，一般以行为人的目的行为定罪更为恰当与合乎常理，并能更准确地反映被告人的行为性质和案件特征。且未遂只是可以比照既遂犯从宽处罚的情节，根据个案情况，并非必须予以从宽。上述两种观点均有一定的合理性，但两相比较，我们更倾向于定伪造金融票证罪。

综上，我们认为，对本案被告人理论上应以伪造金融票证罪和盗窃罪（未遂）二罪来评价。至于对被告人的盗窃未遂行为是否需要定罪处罚，则应依据《最高人民法院关于审理盗窃案件具体应用法律若干问题的解释》第 1 条第 2 项的规定，即"盗窃未遂，情节严重，如以数额巨大的财物或者国家珍贵文物等为盗窃目标的，应当定罪处罚"作为判断的标准。就本案而言，考虑到被告人盗窃所指向的目标不太可能涉及数额巨大的财物（一个私营小厂的会计室），且其盗窃财物未遂行为与窃取空白支票之间具有自然的连续性，因此，对其盗窃财物未遂行为不予定罪处罚应是可以的。需要指出的是，如行为人盗窃所指向的目标是金融机构等，即使盗窃未遂，也当认定为情节严重，予以定罪处罚。

本案涉及的是行为人窃取空白现金支票，伪造后予以使用的行为定性问题。另外值得一提的是，对盗窃他人印章齐全的现金支票的行为应如何定性。空白现金支票由于尚没有加盖出票人的印章，其性质如一张废纸。而印章齐全的现金支票则与之完全不同。以我国现行的现金支票制度来看，谁获得出票人印章齐全的现金支票就等于取得以该现金支票向相关金融机构的兑付权，金融机构在进行表面审核后（只需审核印章是否齐全、与预留印章是否一致、支票形式上是否真实，是否在有效期内，提款人身份证上的姓名是否与票面上的收款人一致）即当见票即付。因此，行为人盗窃印章齐全、已填写好票面金额，且数额较大的现金支票，本质上与盗窃等额的现金无异，即使未及时兑现，也应以盗窃罪处罚。行为人进而持该现金支票已从金融部门骗领现金的，其骗领行为的性质，属于兑现盗窃物品价值的行为，是盗窃行为自然所牵连的结果行为，因此，仍应定盗窃罪。上述情形下，认定盗窃数额以票面数额为准。行为人盗窃印章齐全、但未填写票面金额的现金支票，其行为性质仍为盗窃。其后，行为人自行填写票面金额，如已兑现的，以兑现数额认定为盗窃数额。有关上述问题的具体处理应以《最高人民法院关于审理盗窃案件具体应用法律若干问题的解释》第 5 条第 2 项的有关规定为依据，这里就不再一一展开了。

问题 3. 关于票据诈骗数额认定

【人民司法案例】以虚假银行承兑汇票支付货款的诈骗数额认定——吴某富票据诈骗案①

[裁判要旨] 行为人用虚假的银行承兑汇票向债权人支付所欠货款，同时又从债权人处骗得找零的钱财，事后在债权人发现系假票后又出具欠条，对所欠债务重新予以确认。抵扣的货款并没有实际遭受损失，行为人的诈骗数额应认定为实际骗取的找零款。

[案情]

公诉机关：江苏省江阴市人民检察院。

被告人：吴某富。

江苏省江阴市人民法院审理查明：

2016 年 12 月，被告人吴某富通过电话联系向他人购买了 1 张面值为 5.2 万元的伪造的银行承兑汇票，后将该伪造的银行承兑汇票交给无锡鼎晟达金属制品有限公司的顾某，假意向顾某支付货款 1 万余元，骗取顾某 1 张面值为 2.3587 万元及 1 张面值为 2 万元的

---

① 楼炯燕：《以虚假银行承兑汇票支付货款的诈骗数额认定》，载《人民司法·案例》2019 年第 14 期。

承兑汇票。

2016年12月,被告人吴某富通过电话联系向他人购买了1张面值为9.5万元的伪造的银行承兑汇票,后将该伪造的银行承兑汇票支付给江阴市德泰物资有限公司的周某,并谎称其业务公司只欠其货款5万余元,余款要找给其业务公司为由,从周某处骗取现金4.095万元。

2017年1月,被告人吴某富购买了1张面值为7万元的伪造的银行承兑汇票,后将该伪造的银行承兑汇票支付给江阴市德泰物资有限公司的周某,并谎称其业务公司只肯支付部分货款为由,从周某处骗取现金2万元。后因发现该票为伪造,周某又将该承兑汇票退还给被告人吴某富。

2017年1月,被告人吴某富购买了1张面值为11.3万元的伪造的银行承兑汇票,后将该伪造的银行承兑汇票交给无锡鼎晟达金属制品有限公司的顾某,假意向顾某支付货款1万余元,从顾某处骗取了1张面值10万元的银行承兑汇票。

另查明,2017年1月,被告人吴某富为偿还所欠货款,再次购买了1张面值为8.5万元的伪造的银行承兑汇票,后将该承兑汇票支付给江阴市佳昌剪板厂的张某。2017年6月,吴某富为偿还所欠货款,又将上述周某退还的面值为7万元的伪造银行承兑汇票支付给了江阴市佳昌剪板厂的张某。

[审判]

江阴市人民法院认为:被告人吴某富以非法占有为目的,明知是伪造的银行承兑汇票而使用,进行金融票据诈骗活动,数额较大,其行为确已构成票据诈骗罪。被告人吴某富系自首,当庭自愿认罪,予以从轻处罚据此,以票据诈骗罪,判处被告人吴某富有期徒刑2年,并处罚金5万元;追缴被告人吴某富违法所得,不足部分责令被告人吴某富予以退赔,发还相应被害人。

一审宣判后,江阴市人民检察院提出抗诉,理由为:(1)原审判决对被告人吴某富票据诈骗的金某认定错误。该判决以被害人收取伪造的承兑汇票抵扣货款后找零的20.45万元来认定诈骗数额,导致被害人货款损失未予认定。而起诉指控认为本案诈骗金额应是被害人实际损失48.5万元。(2)原审判决对被告人吴某富的量刑畸轻。被告人吴某富购买伪造的承兑汇票以支付货款的方式转让给被害人,共计诈骗48.5万元,数额较大,应处5年以下有期徒刑或拘役,并处2万元以上20万元以下罚金。考虑本案被告人吴某富有自首情节,最大幅度从轻处罚也应在3年有期徒刑以上量刑。

无锡市中级人民法院经审理裁定,驳回抗诉,维持原判。

[评析]

本案为一起二审抗诉案件,争议焦点在于:被告人吴某富票据诈骗的金额应当如何认定?

在审理过程中,主要形成了两种意见。第一种意见认为:被告人吴某富使用伪造的承兑汇票支付货款时,债权债务已经抵消,票据诈骗行为已既遂。因此本案诈骗金额包括被告人以伪造的承兑汇票抵扣的货款金额,即被害人实际损失金额就是假票票面总金额48.5万元。第二种意见认为:本案中,吴某富用伪造的银行承兑汇票向债权人支付所欠货款,同时又从债权人处骗得找零的钱财,事后在债权人发现系假票后又出具欠条,对所欠债务重新予以确认。本质上抵扣货款只是骗取找零钱款的手段,抵扣的货款并没有实际遭受损失。因此诈骗金额是找零款20.45万元。

笔者认同第二种意见，在具体认定金融诈骗犯罪的数额时，应当以行为人实际骗取的数额计算。理由如下：

1. 从理论层面分析。票据诈骗案件中，往往会发生票面金额、被害人实际损失额与行为人实际获得数额不一致的情况。关于票面数额，就是行为人指向的犯罪数额，即票据记载的数额；损失数额是指行为人通过实施犯罪行为而给被害人造成的直接经济损失数额；实际获得数额是指票据兑现数额，包括通过银行获得转账或者支取现金以及通过票据给付骗得他人财物的数额。相应地，对票据诈骗认定的犯罪数额，形成了三种主要学说：票面金额说；被害人实际损失说；实际骗取数额说。实际骗取数额说是目前的通说。

2. 从司法解释文件层面分析，对实际骗取数额说也予以肯定。2001年《全国法院审理金融犯罪案件工作座谈会纪要》在谈到金融诈骗罪时规定："在具体认定金融诈骗犯罪的数额时，应当以行为人实际骗取的数额计算。对于行为人为实施金融诈骗活动而支付的中介费、手续费、回扣等，或者用于行贿、赠与等费用，均应计入金融诈骗的犯罪数额。但应当将案发前已归还的数额扣除。"另外，1998年《江苏省高级人民法院关于审理诈骗犯罪案件若干问题的讨论纪要》在"关于金融诈骗犯罪的几个问题"中规定："票据诈骗罪是指以非法占有为目的，用虚构事实或隐瞒真相的方法，利用金融票据作支付结算手段，骗取票据数额较大的行为，不包括用虚假的金融票据作担保，骗取其他财物的情况。用虚假的金融票据搪塞债权人的，一般不构成票据诈骗罪。"可见，司法解释性文件也是采取了实际骗取数额说立场，而且对于用虚假的金融票据搪塞债权人的，采取的是谨慎的立场。

3. 从本案具体情况分析，将骗取的找零款作为诈骗数额更为恰当。怕可以从以下三个方面分析：

（1）吴某富具有用假票搪塞债权人的主观意图。根据吴某富的供述及被害单位的陈述笔录，在吴某富用假票抵债前，吴某富所经营的江阴市宝达五金冲件有限公司已成立多年，与本案三家被害单位均有正常业务往来。由于公司设备投入较大，而且外面的货款大多收不回来，吴某富向三家被害单位拿货的货款也一直是赊欠状态。到2016年底，由于三家被害单位一直打电话催讨货款，吴某富产生了用假的承兑汇票抵债的想法，其主观上有"如果被发现票是假的，我就先欠着，今后再想办法把钱还给他们"。可见，被害人的货款欠款是在正常业务往来中形成的，吴某富的犯意产生于被害人催讨货款之后，其主观上具有搪塞债权人的意图。

（2）吴某富在被发现支付假票后对债务重新予以确认。案发前，三家被害单位均相继发现吴某富用假票的情况，为此先后找到吴某富，吴某富分别写了欠条，欠条内容为承诺归还假票的票面金额，即包括先前所欠货款与找零钱款。可见，虽然一开始吴某富使用假票抵消了货款，但之后在被害单位发现后，在案发前均向被害单位出具了与假票金额相同的欠条，可以视为被害单位的货款并未遭受损失，债务仍未消灭。本质上抵扣货款只是骗取找零钱款的手段，抵扣的货款没有实际遭受损失。

（3）被害单位实际损失的是找零的钱款。如前所述，被害单位随时可以要求吴某富支付货款，至案发时止，其损失的只是找零给吴某富的钱款，吴某富实际骗取的也只是该部分钱款，原审法院未将货款计入犯罪数额并无不当。

问题 4. 关于票据诈骗罪与合同诈骗罪的区分认定

【人民司法案例】 行为人出具空白支票骗取他人财物的行为如何定罪——于某强信用卡诈骗、票据诈骗案[①]

[裁判要旨]

空白支票经行为人授权被害人补记，可视为签发行为已经完成。如支票账户中无对应资金，则行为人提供该支票的行为与签发空头支票无异，骗取他人财物数额较大的，应以票据诈骗罪论处。

[案情]

公诉机关：上海市普陀区人民检察院。

被告人：于某强。

2013年6月3日，被告人于某强与被害人马某、韩某签订协议书，双方约定，被告人于某强以35万元的价格从被害人处购得一块100千克左右的石包玉，并出具一张中国建设银行支票，承诺期限一个月，届时凭支票换现金，若无现金可持该支票至银行兑现。

被告人于某强依约提供给马某出票人为上海赛文广告有限公司的中国建设银行加密支票一张，取得石包玉。该支票除记载有出票人签章外，出票日期、收款人、金额、用途、密码均空白。2013年7月3日，被害人在未取得35万元钱款的情况下，持该支票至银行，被告知账户内无钱款，且该支票设有密码。被害人发觉被骗后向于某强多次追讨未果。

被告人于某强还于2011年2月向中国工商银行申领信用卡一张，并持该卡透支消费及提取现金，至2013年6月，透支本金共计26915.08元，经银行多次催收仍不归还。

2014年6月15日，被告人于某强被公安人员抓获。

[审判]

上海市普陀区人民法院经审理认为，被告人于某强以非法占有为目的，采用签发空头支票的方法，骗取他人财物，数额巨大，其行为构成票据诈骗罪；同时又违反信用卡管理规定，恶意透支，并经发卡银行催收后仍不归还，数额较大，其行为还构成信用卡诈骗罪。被告人于某强在判决宣告以后、刑罚执行完毕之前又犯新罪，依法应当对新犯的罪作出判决，再对前罪没有执行完毕的刑罚和后罪所判处的刑罚予以数罪并罚。据此，依法以票据诈骗罪判处被告人于某强有期徒刑8年，并处罚金6万元，以信用卡诈骗罪判处其有期徒刑1年3个月，并处罚金2万元，连同前罪尚未执行的余刑5个月16日，剥夺政治权利7年，决定执行有期徒刑9年，剥夺政治权利7年，并处罚金8万元；责令被告人于某强退赔被害人马某、韩某35万元；赃款应依法追缴后发还中国工商银行。

一审宣判后，被告人于某强提出上诉，辩称其没有向马某购买石包玉，而是帮马某代售，提供的支票不是空头支票，不构成票据诈骗罪；其曾前往银行还款但遭拒收，不构成信用卡诈骗罪。

被告人于某强的辩护人认为，关于票据诈骗罪一节，于某强提供给马某的是空白支票，票据本身无效，不符合刑法所规定的"签发空头支票"的情形，且于某强多次提出归还马某石包玉，证明于某强没有非法占有他人财物的故意。

[①] 陈姣莹、尹逸斐：《出具空白支票骗取财物构成票据诈骗罪》，载《人民司法·案例》2016年第32期。

上海市第二中级人民法院经审理认为，上诉人于某强与被害人马某、韩某之间存在石包玉买卖关系。于某强提供给被害人的支票可在被害人签约一个月后没有获得行为人支付的现金对价的情况下介入银行结算，被害人正是基于于某强提供了该张支票才交付石包玉。于某强应保证付款日期届至时支票存款账户内有相应资金，但案发后经公安机关查明，相关账户内无对应资金。因此，于某强提供的缺少兑现必要事项的支票就是空头支票。与此同时，应认为该张支票上的金额、收款人等必要事项行为人已授权被害人补记。于某强提供不能兑现的空头支票，实质与签发空头支票无异，其行为侵犯了国家对金融票据的管理制度和他人财产所有权，应以票据诈骗罪论处。另外，于某强犯信用卡诈骗罪的事实清楚，证据确实、充分，原审定罪量刑并无不当。综上，上诉人于某强签发空头支票，骗取他人财物，数额巨大，其行为构成票据诈骗罪；于某强违反信用卡管理规定，超过规定期限透支，并经发卡银行多次催收后超过3个月仍不归还，数额较大，其行为还构成信用卡诈骗罪。原判根据于某强犯罪的事实、犯罪的性质、情节和对于社会的危害程度等，所作判决并无不当，且诉讼程序合法，故二审裁定驳回上诉、维持原判。

[评析]

本案的争议焦点，在于被告人于某强出具空白支票骗取他人财物的行为，是属于《刑法》第194条第4项签发空头支票或者与其预留印鉴不符的支票，骗取财物的情形，进而构成票据诈骗罪；还是属于《刑法》第224条第2项以伪造、变造、作废的票据或者其他虚假的产权证明作担保的情形，进而构成合同诈骗罪？

1. 空白支票经授权补记即成为有效票据，且出票行为视为已完成包括支票在内的所有票据皆为

要式证券，而根据我国《票据法》第84条的规定，票面金额、收款人名称、出票日期等事项又都是支票的绝对必要记载事项，支票上未记载绝对必要记载事项之一的，支票无效。《刑法》第224条第2项所称的作废的票据既包括票据法规定的过期票据和被依法宣布作废的票据，也包括无效票据。

本案中，被告人于某强出具的欠缺票面金额、收款人、付款日期等事项的支票，是否属于作废的票据？其出票行为是否也因此而未完成？对此，需要明确本案中其出具的票据属于何种性质的票据。笔者认为，在作出该张支票之后授权被害人补记相关事项之前，该票据应为空白支票。所谓空白授权支票，是指出票人签名于票据之上，将票据其他应记载事项的一部或者全部，授权持票人补充的票据。① 缺乏法定绝对必要记载事项的票据，当属无效票据。然而，如果票据权利安全性能够得到充分保障，此时出票人完全可以在签发票据时记载不完整，而授权持票人在提示承兑或提示付款时将不完整事项补充完整。

我国票据法承认空白授权支票。空白授权支票欠缺记载的，一般就是绝对必要记载事项。空白授权支票在补充完整之前，不具有票据效力，而在补充完整之后则成为有效票据。在此意义上说，空白支票是未完成支票，而非不完全支票。空白支票欠缺的应记载事项系出票人有意留下的空白，留待他人补充完成。而不完全支票则是因出票人疏忽未填写完全，出票人并未授权他人补充完全，此时他人补充欠缺事项而使该支票记载事

---

① 刘心稳：《票据法》（第二版），中国政法大学出版社2010年版，第143页。

项完全的，属于对该支票的变造。① 出票人作出空白授权支票后授权持票人补充，持票人因而获得对票面未记载事项的补充权或填充权。该项权利指补充或填充欠缺的应记载事项而使空白支票成为完成支票的权利。持票人有权依照出票人的授权以自己认为适当的文义将票面事项补充完成。可见，持票人的补充权或填充权为形成权。

结合本案，被告人于某强出具的支票除记载有出票人签章外，出票日期、金额、收款人、密码等事项均为空白。如果于某强未授权被害人补充完整空白事项，则该支票为无效票据当无异议。然而，本案中于某强与被害人的书面约定表明，于某强已经授权被害人将支票欠缺事项补充完整，被害人享有相应的补充权或填充权。根据《票据法》第85条的规定，支票上的金额可以由出票人授权补记，未补记前的支票，不得使用。同时根据《票据法》第86条的规定，支票上未记载收款人名称的，经出票人授权，可以补记。出票人的授权可以为明示行为，亦可不另外授权，在票据上签名并交付票据，就是授权的明示。② 联系本案，于某强已授权被害人补记相关事项，在经行为人授权被害人补记相关应记载事项后，该支票即成为有效票据，而非作废的票据。

支票的出票，是指在银行或者其他金融机构开立支票存款账户的人，依照票据法的规定作成支票并交付收款人的票据行为。③ 在空白授权支票补记完成后，出票行为也应视为已完成。结合本案，在未授权被害人补记该支票之前，出票行为未完成，因为出票人未作成支票。作成支票要求出票人须按规定记载支票的必要记载事项。在实质上授权被害人补记完整支票上的必要记载事项之后，出票人已做成该支票，出票行为视为已完成。因此，补充记载事项的票据，效力与完全出票相同。

本案中的支票为加密支票，尽管可以认为已授权被害人补记相关事项，但支票密码在未告知被害人的情况下，被害人是无法补记完成的，而被害人如不知晓出票人设定的密码，则依旧无法获取相应钱款。欲使空白支票成为有效票据并使有瑕疵的出票行为最终完成，必须将空白的绝对必要记载事项补充完成。根据票据法第八十四条的规定，支票必须记载的事项包括：（1）表明支票的字样；（2）无条件支付的委托；（3）确定的金额；（4）付款人的名称；（5）出票日期；（6）出票人签章。在这些绝对必要记载事项中，并不包括支票密码。因此，如果在一张加密支票上密码未填写而其他绝对必要记载事项已填写完整，则并不影响该支票的有效性和出票行为的最终完成。持票人是否能最终取得票面金额与该票据的有效性和出票行为的最终完成并不具有必然联系。

2. 签发空头支票骗取财物中的支票应具有支付结算和担保作用

票据的基本用途是充当支付的工具，同时还应具有担保功能，保证基础资金关系的实现。同样，票据诈骗罪中的支票，也应具有支付结算和担保作用。本案中，被告人于某强出具给被害人的空白支票，既作为于某强和被害人基础合同的担保工具，又作为被害人不能直接取得钱款时的支付结算工具，即本案中的支票既具有担保作用也具有支付结算作用。然而，于某强通过出具该空白支票，骗取了被害人马某、韩某数额巨大的财物，其行为不仅侵犯了他人财产所有权，还直接侵犯票据管理制度，故其行为构成票据诈骗罪。

---

① 韩晓峰：《票据诈骗罪客体及客观方面研究》，载《中国刑事法杂志》2001年第3期。
② 刘心稳：《票据法》（第二版），中国政法大学出版社2010年版，第143页。
③ 刘心稳：《票据法》（第二版），中国政法大学出版社2010年版，第232页。

3. 签发的空白支票经授权补记成为有效票据后，同时符合空头支票相关规定的，实质上等同于签发空头支票

行为人作出空白支票并授权被害人补记绝对必要记载事项之后，该空白支票就具备了完全效力，签发行为也视为已完成。此时，如果该支票符合《票据法》第 87 条的规定，则该支票为空头支票，签发该支票的行为视为签发空头支票。

根据《票据法》第 87 条的规定，出票人签发的支票金额超过其付款时在付款人处实有的存款金额的，为空头支票。空头支票为有效票据。因为虽然行为人出具了一张空头支票，但当事人之间的票据权利义务关系依然存在，票据权利义务关系的效力独立于票据基础关系的效力，基础关系无效或有瑕疵并不必然影响票据权利义务关系的效力，支票自身的效力可与支票的基础资金关系相分离，空头支票并不因基础资金关系的瑕疵而当然无效。① 实际上，只要支票上的记载事项和签章等形式要件符合法定要求，即使是空头支票也应认定为有效票据。② 空头支票是有效票据，那么符合支票法定形式要件的有效票据如果同时具备《票据法》第 87 条规定的情形，则可认定为空头支票。而签发该支票的行为则可认定为签发空头支票。

那么，如何判断出票人签发的支票金额超过其付款时在付款人处实有的存款金额呢？应当注意的是，即使行为人在签发支票时明知对应账户内没有资金或资金不足，但只要出票人事后补足存款金额从而使持票人在付款期限届至时获得票面金额，支票关系就没有被破坏。因此，对空头支票的判断，不能简单地看出票人出票时所签发的票面金额与其在付款人处实有的存款金额是否一致，而应以出票人在付款期限内是否向持票人实际付款为准。如果出票人出票时在付款人处没有票面金额对应钱款或对应钱款不足，但只要出票人在付款期限内向持票人实际支付了票面金额对应钱款，那就不能以签发空头支票来认定。③ 结合本案，被告人于某强出具的空白支票经授权被害人补记完整后成为有效票据，签发行为业已完成，但付款期限届至前后，该支票存款账户中并无对应资金。故此时，该支票符合空头支票的特质，应认定为空头支票，签发该支票行为可同时认定为签发空头支票。

综上，本案中被告人于某强出具空白支票骗取他人财物的行为，实质就是签发空头支票骗取他人财物，且数额巨大，对其以票据诈骗罪定罪处罚是正确的。

【刑事审判参考案例】以非法占有为目的，伙同银行工作人员使用已经贴现的真实票据质押贷款的行为如何定性——王某清票据诈骗、刘某挪用资金案④

一、基本案情

江苏省徐州市中级人民法院经公开审理查明：

1996 年 4 月 10 日，被告人王某清与其弟王某庆共同出资成立津浦公司，王某清任董

---

① 于永芹：《空头支票法律效力评析》，载《法学论坛》2008 年第 1 期。
② 姜建初：《票据法》，北京大学出版社 1998 年版，第 302 页。
③ 秦法果、杨宏勇：《票据诈骗罪客观方面疑难问题探讨》，载《河南师范大学学报（哲学社会科学版）》2003 年第 5 期。
④ 刘红章：《王某清票据诈骗、刘某挪用资金案——勾结银行工作人员使用已贴现的真实票据质押贷款的行为如何处理》，载中华人民共和国最高人民法院刑事审判第一、第二、第三、第四、第五庭主办：《刑事审判参考》总第 49 集，法律出版社 2006 年版。

事长。津浦公司长期负债经营,截至 2003 年年底,津浦公司较大的债务有:农行淮西支行贷款 1250 万元、商行淮西支行贷款 1495 万元、江苏舜天汉唐贸易有限公司(以下简称汉唐公司)欠款 2000 万元、上海能源股份有限公司江苏分公司货款 1493 万元、徐州国盛物资有限公司欠款 1000 万元,其中汉唐公司欠款 1200 万元、农行淮西支行贷款 400 万元、徐州国盛物资有限公司欠款 300 万元面临催账。

2003 年 11 月 27 日,常州华源蕾迪斯有限公司(以下简称蕾迪斯公司)申请兴业银行南京城北支行开具了收款人为蕾迪斯公司上海分公司的 3 张银行承兑汇票,金额各为 1000 万元,到期日为 2004 年 5 月 27 日。经被告人刘某联系、操作,蕾迪斯公司与王某清所在的津浦公司通过虚构煤炭购销业务的方法,将该汇票背书转让给津浦公司,津浦公司于 2003 年 12 月 3 日在商行淮西支行申请贴现 2928 万余元并转付蕾迪斯公司。

2003 年 12 月,汉唐公司向王某清催要津浦公司的 1200 万元到期欠款。王某清遂与刘某商议将原在商行淮西支行贴现过的承兑汇票借给津浦公司用于质押贷款,偿还公司到期债务,资金周转后再将承兑汇票赎回归还商行淮西支行,刘某表示同意。同年 12 月 19 日,刘某以某银行淮东支行被盗,已贴现过的银行承兑汇票放在徐州市工商银行保管更安全为由,骗得共同保管人员李某新的信任。当日下午,在向工商银行转移票据过程中,刘某利用只有用自己的身份证号码才能打开保险箱的便利,从李某新手中取得存放保险箱的门钥匙单独进去,假装将贴现过的 3 张银行承兑汇票放入保险箱中,而实际藏于身上带出后将其中 2 张交给王某清。王某清即安排津浦公司会计到农行淮西支行办理质押贷款 1900 万元,用于归还汉唐公司等单位欠款及银行到期贷款等。

2003 年 12 月 26 日,在徐州市商业银行对抵押物品进行检查的过程中,被告人王某清、刘某感到事情败露且无力偿还贷款而分别逃匿。同月 29 日,刘某在亲属的规劝下到南京市瑞金路派出所投案。2004 年 2 月 2 日,王某清在芜湖市"奥顿"大酒店被公安机关抓获。

徐州市中级人民法院认为,王某清以非法占有银行贷款为目的,采取隐瞒真相的方法,在不具有偿还能力的情况下,利用已实际贴现过的银行承兑汇票作质押骗取银行贷款,用于偿还单位债务后逃匿,其行为已构成合同诈骗罪,且数额特别巨大。刘某在担任商行淮西支行业务部主任期间,利用实际具有保管汇票的职务便利,采取欺骗的手段,秘密窃取本单位巨额承兑汇票后以个人名义借给王某清的公司使用,质押贷款后进行营利活动,数额特别巨大,且造成巨额资金至今尚未归还,其行为已构成挪用资金罪。公诉机关指控王某清的事实、罪名成立。指控刘某的犯罪事实清楚,证据充分,但适用法律不当,指控罪名有误,应予纠正。刘某具有投案自首情节,依法可对其从轻处罚。

2004 年 7 月 16 日,徐州市中级人民法院依照《中华人民共和国刑法》第 224 条第 5 项、第 231 条、第 272 条第 1 款、第 57 条第 1 款、第 67 条第 1 款、第 64 条的规定判决如下:

一、被告人王某清犯合同诈骗罪,判处无期徒刑,剥夺政治权利终身,并处没收个人全部财产。

二、被告人刘某犯挪用资金罪,判处有期徒刑八年。

三、涉案中的两张银行承兑汇票追缴后发还徐州市商业银行淮西支行,王某清合同诈骗的赃款赃物追缴后发还中国农业银行徐州市分行淮西支行。

宣判后,王某清、刘某不服,向江苏省高级人民法院提出上诉。

王某清上诉称，其主观上没有非法占有的故意，未给农行淮西支行带来任何损失，其行为不构成合同诈骗罪。其辩护人除提出与王某清的上诉理由相同的辩护意见外，还提出津浦公司是票据权利人，在农行淮西支行贷款是合法的。

刘某上诉称，涉案票据的最后背书人是津浦公司，因此津浦公司享有票据权利，其行为不构成犯罪。其辩护人除提出与刘某的上诉理由相同的辩护意见外，还提出即使刘某的行为构成挪用资金罪，其有自首情节，赃款已追回，原判量刑过重。

江苏省高级人民法院认为，上诉人王某清作为津浦公司的法定代表人，明知其所在的津浦公司长期负债经营，无偿还能力，通过刘某骗取了商行淮西支行所有的银行承兑汇票2张，后冒用商行淮西支行的汇票骗取银行贷款人民币1900万元，用于归还公司债务后逃匿，津浦公司及王某清的行为均已构成票据诈骗罪，且数额特别巨大。上诉人刘某利用其担任商行淮西支行业务部主任的职务便利，擅自将本单位的承兑汇票以个人名义借给津浦公司进行质押贷款，至今无法归还，其行为已构成挪用资金罪，且数额巨大。原审法院认定事实清楚，对刘某的定罪准确，量刑适当，应予维持，但对王某清的定性错误，应予改判。故于2005年8月18日判决如下：

一、维持江苏省徐州市中级人民法院刑事判决第二项，即被告人刘某犯挪用资金罪，判处有期徒刑八年。

二、撤销江苏省徐州市中级人民法院刑事判决第一、三项，即被告人王某清犯合同诈骗罪，判处无期徒刑，剥夺政治权利终身，并处没收个人全部财产；涉案中的两张银行承兑汇票追缴后发还徐州市商业银行淮西支行，被告人王某清合同诈骗的赃款赃物追缴后发还中国农业银行徐州市分行淮西支行。

三、上诉人王某清犯票据诈骗罪，判处无期徒刑，剥夺政治权利终身。

四、本案赃款赃物追缴后发还受害单位徐州市商业银行淮西支行。

二、主要问题

以非法占有为目的，伙同银行工作人员使用已经贴现的真实票据质押贷款的行为如何定性？

本案一、二审法院在审理过程中，对津浦公司长期负债经营，在公司无偿还能力的情况下，隐瞒津浦公司经营严重亏损的事实，采取承诺短时间内归还银行承兑汇票及帮助商行淮西支行拉存款的欺骗方法，骗取刘某的信任，从商行淮西支行骗取金额为2000万元的银行承兑汇票，用于质押贷款，所贷款项用于偿还公司债务。案发后，王某清不积极筹集资金或想办法还款，而是外出逃匿，主观上具有非法占有的故意，其行为已构成诈骗犯罪无异议。争议的焦点是其行为构成合同诈骗罪还是票据诈骗罪。

第一种意见认为，被告人王某清的行为构成票据诈骗罪，理由是：（1）王某清隐瞒津浦公司经营严重亏损的事实，以非法占有为目的，采取允诺短时间内归还及帮助商行淮西支行拉存款的欺骗方法，骗取刘某的信任，从商行淮西支行骗取金额为2000万元的银行承兑汇票，用于贷款的担保，所贷款项用于偿还公司债务，诈骗金额巨大，后果严重，其行为已构成诈骗罪，诈骗的对象是商行淮西支行。（2）因商行淮西支行未按规定在银行承兑汇票上作贴现背书和对票据保管不善，使王某清有机可乘，持骗取的票据至农行淮西支行质押贷款，因该票据记载事项真实、完整，背书连续，形式符合规定，系有效票据，津浦公司以有效票据质押，与农行淮西支行签订借款合同和权利质押合同取得贷款1900万元。因票据具有文义性、无因性、流通性的特征，票据的权利义务关系应以票据上的文字记载为准，票据关系与作为其前提的原因关系相分离，且现无证据证实农行淮西支行取得该票据时对上述票据已在商行淮西支行贴现过的情况明知，不存在恶意或重大过失。故农行淮西支行系善意持票人，享有票据权利。（3）因刘某的行为构成挪用资金罪，其挪用的对象为商行淮西支行的银行承兑汇票，与此相对应，王某清骗取的则应是该银行承兑汇票，诈骗对象应为商行淮西支行，这样，对王某清和刘某二人行为的定性才能统一。

第二种意见认为，被告人王某清的行为构成合同诈骗罪。理由是：（1）王某清以非法占有银行贷款为目的，采取隐瞒真相的方法，明知无还款能力，仍利用已实际贴现的银行承兑汇票作质押骗取农行淮西支行贷款用于归还公司债务，其行为符合贷款诈骗罪的构成要件，因刑法对贷款诈骗未规定单位犯罪，故认定王某清的行为构成合同诈骗罪。（2）农行淮西支行在办理质押贷款中审查不严密，对贷款用途监督不力，存在一定过错，应承担部分经济损失。（3）在司法实践中，对骗取他人担保进行贷款的诈骗犯罪的定性也存在争议。上述情形是认定为票据诈骗罪还是合同诈骗罪，不仅涉及定罪量刑，还涉及赃款赃物的追缴和发还，以及相关民商事案件的处理。本案的诈骗行为最终骗取的是农行淮西支行的贷款，故定合同诈骗罪并无不当。

三、裁判理由

1. 被告人王某清没有利用贷款合同或者质押合同"骗取对方当事人财物"，其以非法占有为目的，使用已经贴现的真实票据质押贷款，不构成合同诈骗罪

被告人王某清在签订贷款合同时，虽然隐瞒了所质押的银行汇票已经贴现、津浦公司不是该银行汇票的权利人的事实，属于《刑法》第193条第4项规定的"使用虚假证明文件作担保"。但是，依照《票据法》第35条第2款规定，汇票可以设定质押；质押时应当以背书记载"质押"字样。被背书人依法实现其质权时，可以行使汇票权利。农行淮西支行与津浦公司签订质押合同时，被告人王某清向农行淮西支行提交的银行汇票，法定记载事项齐全、背书连续、形式完备、签章真实。由于票据具有文义性、无因性、流通性的特征，票据的权利义务关系应以票据上的文字记载为准，票据关系与作为其前提的原因关系相分离，且没有证据证明农行淮西支行系以欺诈、偷盗或胁迫等手段取得票据或在明知有前列情形时出于恶意取得票据，故农行淮西支行是票据的善意持有人，依法享有汇票权利，不是本案中的被害人。换言之，农行淮西支行并不因该银行汇票已经贴现而丧失票据权利，仍有权在汇票到期后主张票据权利。因此，本案的实际被害人是未按规定在银行汇票上作贴现背书并对票据保管不善的商行淮西支行，而商行淮西支行并不是贷款合同或者质押合同的一方当事人，本案因欠缺《刑法》第224条关于"骗取对方当事人财物"这一合同诈骗罪的法定构成要件，不构成合同诈骗罪。

2. 以非法占有为目的，使用已经贴现的真实票据质押贷款的行为，属于《刑法》第194条第1款第3项规定的"冒用他人的汇票"进行诈骗活动，应当以票据诈骗罪定罪处罚

根据《刑法》第194条第1款第3项的规定，冒用他人的汇票是构成票据诈骗罪的其中一种情形。冒用他人汇票是指擅自以合法持票人的名义，支配、使用、转让自己不具备支配权利的他人的汇票行为。"冒用"通常有三种表现形式：一是使用以非法手段获取的汇票，如以欺诈、偷盗或者胁迫等手段取得的汇票，或者明知是以上述手段取得的汇票而使用；二是没有代理权而以代理人名义使用或者代理人超越代理权限而使用；三

是擅自使用他人委托代为保管的或者捡拾他人遗失的汇票。本案中，被告人王某清的行为分为两个阶段：第一个阶段是取得承兑汇票阶段，第二个阶段为贷款阶段。在这两个阶段中，王某清均使用了欺骗手段。首先，王某清向刘某提出借用已经贴现过的承兑汇票用于抵押，并承诺几天内归还及帮助该行拉存款，骗取刘某的信任，使刘某利用本单位未在汇票的被背书人栏内签名、盖章的漏洞，以及只有本人才能打开保险箱的职务便利，将本单位的银行承兑汇票借给王某清使用。当商行检查时，王某清又拿其他银行的承兑汇票交由刘某应付检查，客观上王某清对刘某及商行淮西支行均实施了欺骗的行为。其次，王某清取得银行汇票后到农行淮西支行办理质押贷款。根据有关规定，出质人用于质押的权利凭证应为其所有或具有支配权、处分权的凭证。王某清明知该汇票并非本公司所有，且已被贴现，自己对该汇票不具有支配、处分权，而向农行淮西支行隐瞒了事实真相，以本公司作为合法的持票人，向农行淮西支行办理质押贷款，其对农行淮西支行也实施了欺骗行为。

综上，被告人王某清以欺骗的手段从刘某手中取得已经贴现过的承兑汇票，其票据的取得是非法的；在贷款过程中，王某清明知该汇票已被贴现，自己对该汇票不具有支配权，而向农行淮西支行隐瞒了事实真相，擅自以本公司作为合法持票人，使用不具备支配权的承兑汇票办理质押贷款，应视为《刑法》第194条第1款第3项规定的"冒用他人的汇票"。对于以非法占有为目的，冒用他人的汇票进行诈骗活动，构成犯罪的，应当以票据诈骗罪定罪处罚。

需要说明的是，本案的票据质押贷款是以津浦公司的名义进行的，所得款项用于归还津浦公司债务，属于单位犯罪，被告人王某清属于犯罪单位中直接负责的主管人员。由于检察机关未起诉犯罪单位，法院直接适用《刑法》第200条和第194条第1款第3项的规定，追究王某清的刑事责任。

3. 被告人刘某的主观故意内容与被告人王某清不一致，其行为不构成票据诈骗犯罪的共犯

《刑法》第25条规定："共同犯罪是指二人以上共同故意犯罪。"构成共同犯罪的主观要件是二人以上具有共同的犯罪故意，客观要件是二人以上具有共同的犯罪行为。判断刘某与王某清是否构成票据诈骗犯罪的共犯，关键看其主客观要件是否符合共同犯罪的条件。本案刘某将已经在本单位贴现过的承兑汇票借给王某清用于质押贷款，在客观上为王某清实施诈骗犯罪提供了帮助。但刘某轻信王某清在短期内归还汇票的谎言，同意将已经在本单位贴现的承兑汇票借给王某清使用，并要求王某清在一周内归还汇票，主观上不具有诈骗的共同故意，因此，刘某与王某清不构成诈骗犯罪的共犯。刘某作为商行淮西支行的工作人员，利用实际具有保管汇票的职务便利，将本单位的银行承兑汇票借给他人使用，一、二审对其行为以挪用资金罪定罪处罚正确。

问题5. 票据诈骗罪与伪造、变造金融票证罪的区分认定

【人民司法案例】 黄某益、刘某田票据诈骗、郭某夫伪造金融票证案[①]

[裁判要旨]

行为人以非法占有为目的,把虚假票据作为支付手段进行使用而骗财的,构成票据诈骗罪;作为担保方式进行借款而骗财的,构成诈骗罪。行为人先伪造承兑汇票后实施票据诈骗的,属于牵连犯,应择一重罪按票据诈骗罪处罚。

[案情]

2006年5月至10月间,被告人黄某益与被告人刘某田经事先预谋,由刘出面,以准备投资生产电动车为名,骗取了被害人常州某公司负责人邱某福的信任。其间,身为湖北省荆门市农行某支行营业部主任的被告人郭某夫,在明知黄某益利用假承兑汇票从事非法活动的情况下,仍提供其所在银行经办的真实承兑汇票的复印件。据此,黄某益、刘某田自己或者委托他人伪造假承兑汇票9张,票面金额共计610万元,并以该票据可采用向他人贴现的方式进行投资为由,骗邱某福找人抵押借款或贴现,共骗得290万元。其中,黄某益个人非法所得计100万元,黄某益、刘某田共同非法所得计145万元,郭某夫个人非法所得计45万元。案发前,黄某益退出12万元,其余赃款被黄某益、刘某田、郭某夫用于购买车辆、个人还债及消费等。

案发后,公安机关从3被告人处共追回人民币及二手普桑汽车、本田雅阁轿车等财物,总值529487元,发还给邱某福。

[审判]

江苏省常州市中级人民法院经审理认为:被告人黄某益、刘某田、郭某夫非法制造假承兑汇票,次数多,导致他人财产遭受特别重大的损失,情节特别严重,其行为均已构成伪造金融票证罪,系共同犯罪。黄某益、刘某田自己或者委托他人伪造承兑汇票后,还以投资为由使用该伪造的票据骗取他人财产,数额特别巨大,其行为又构成票据诈骗罪,且属于牵连犯,应依法从一重罪处罚,即构成票据诈骗罪。黄某益、刘某田在共同犯罪中起主要作用,是主犯;郭某夫在黄某益、刘某田伪造票证的共同犯罪中起辅助作用,是从犯,依法予以减轻处罚。刘某田、郭某夫认罪、悔罪态度较好,可以酌情从轻处罚。

一审宣判后,黄某益不服,提出上诉。2008年12月5日,江苏省高级人民法院经二审开庭审理后,作出终审裁定:驳回上诉,维持原判。

[评析]

本案主要是伪造金融票据进行抵押借款而骗取他人钱财行为的定性问题,涉及票据诈骗罪与诈骗罪、伪造变造金融票证罪的区别,关键是对票据诈骗罪中使用行为的认定。

一、票据诈骗罪与诈骗罪、伪造变造金融票证罪的区别

票据诈骗罪和诈骗罪、伪造变造金融票证罪的主要区别,在于三者犯罪构成中的客体和客观方面不同。

首先,票据诈骗罪侵犯的是双重客体,既侵犯了国家金融票据管理制度,又侵犯了公私财产的所有权,犯罪对象是金融票据。诈骗罪侵犯的客体是公私财物的所有权,犯

[①] 张建文:《伪造金融票据骗财的性质》,载《人民司法·案例》2010年第12期。

罪对象仅限于国家、集体或个人的财物。伪造、变造金融票证罪侵犯的是金融票据管理秩序，损害了金融票据的信用及金融机构的信誉。

其次，票据诈骗罪在客观方面表现为，采取虚构事实或者隐瞒真相的欺骗方法，利用金融票据进行诈骗，数额较大的行为，必须属于刑法第一百九十四条规定的5种情形之一，属于结果犯。诈骗罪在客观方面主要表现为，采取刑法无特别规定的方式，欺骗财物所有人或管理人，使其产生错觉，信以为真，自愿交出财物，属于结果犯。伪造、变造金融票证罪在客观方面表现为伪造、变造金融票证的行为，属于行为犯。

总之，票据诈骗罪和诈骗罪是特殊与一般的关系，而与伪造、变造金融票证罪之间的根本区别在于：前者惩治的是使用票据进行诈骗的行为，而后者惩治的是伪造、变造票据行为本身。

二、对票据诈骗罪中使用行为的理解与认定

在票据诈骗罪中，《刑法》规定的5种具体行为方式均要求行为人使用了票据。所谓使用，是指行为人将虚假的票据交付给他人，并获得对价的行为。可以从三个方面来理解、认定使用。

首先，使用必须有向他人交付虚假票据的行为，这既包括行为人直接用虚假的票据到银行等金融机构兑现，也包括交付给金融机构以外的单位或个人进行兑现的行为。只要行为人没有将虚假的支票交付他人，就不构成票据诈骗罪。其次，使用必须是利用虚假票据获得了对价。行为人仅仅向他人展示、炫耀虚假票据，或者向他人赠与、转让虚假票据的，不能认定为本罪中的使用。最后，对价必须是交付虚假票据后直接获得的。行为人虽然在骗取他人财物的过程中利用了虚假的票据，如在交易过程中向对方展示以证明自己的经济实力从而骗取对方的信任等，但并没有通过交付票据直接获取对价的，不能认定为是使用。

总之，票据诈骗罪的使用应限定为直接使用的情形，必须是以非法占有为目的，采取虚构事实或隐瞒真相的方法，利用虚假票据作为支付或结算的手段。行为人将虚假票据作为合同或贷款等的担保凭证而骗取财物，没有直接获取票据设定利益的，不属于该罪的使用。实践中，对于用虚假的金融票据作担保骗取他人财物的行为，如果是在合同签订履行或贷款诈骗过程中实施的，应相应地定合同诈骗罪或贷款诈骗罪，否则应按普通诈骗罪处理。

三、本案各被告人行为的定性

本案认定的犯罪事实是，黄某益、刘某田欲以投资为由与邱某福共同办厂生产电动车，但二人没钱，于是与邱某福商量，通过其关系，把虚假的承兑汇票质押融资，然后再用借来的钱投资。邱某福信以为真，从刘某和耿某处，把黄某益、刘某田伪造的承兑汇票质押借款或贴现，非法所得被黄某益、刘某田、郭某夫占有。对于贴现部分，符合票据诈骗罪的构成要件；而对于质押借款部分，有观点认为，从形式上看符合担保骗取他人财物的特征，宜定为普通诈骗罪。但笔者认为，全案应透过现象看本质，认定为票据诈骗罪。理由有二：

第一，谁是被害人将影响本案的定性。如果将刘某和耿某列为被害人，那么黄某益、刘某田通过邱某福质押借款，然后将借款非法占为己有的行为，完全符合普通诈骗罪的构成要件，在这种情况下票据的唯一作用就是质押。笔者认为，邱某福应为本案的被害人，而非刘某和耿某。在本案中，邱某福缺乏对银行承兑汇票的了解，仅知道汇票真实就可以贴现,在对承兑汇票质押融资时,曾经先书面写借条,后将承兑汇票交与刘某和耿某。这样,如果汇票有假或兑付不成,邱某福要承担民事责任。此外,邱某福已经开始着手拆厂房、开模具等工作,筹备生产电动车,说明其没有诈骗他人的故意。发现受骗后,邱某福出钱退还了刘某和耿某的被骗款,自己承担了全部损失,成为真正意义上的被害人。邱某福之所以会被骗,恰恰是与黄某益、刘某田以投资为名有关。在此情况下,这些票据并非只是质押,其作为一种支付手段的作用更为突出。

第二,不可否认本案所涉票据在借款中起到了质押作用,但是在质押之前,更是先起到了两个作用:一是骗取邱某福的信任;二是作为黄某益、刘某田二人投资办厂的支付手段。对邱某福来讲,这些承兑汇票就是黄、刘二人的投资,只不过这种投资需要经自己的手变现而已。黄、刘二人在将伪造的票据交给邱某福时,就已经开始实施票据诈骗行为。邱某福将伪造的票据质押借款,实质上是黄、刘二人骗取金钱的一种途径,其善意行为并不影响黄、刘二人通过票据实施诈骗的犯罪构成。

因此,黄某益、刘某田质押借款的行为,在实质上是利用伪造的金融票据作为支付手段进行使用而骗取钱财,与贴现的性质相同,均属于票据诈骗犯罪行为。本案中,同一行为人既实施了伪造金融票证的行为,又实施了票据诈骗的行为,如何处理呢?笔者认为,黄某益、刘某田是为非法占有他人钱财,自己或者委托他人伪造了虚假的承兑汇票,这种伪造票据行为是为进一步实施票据诈骗而创造条件、准备工具的,伪造票据与票据诈骗之间是一种手段与目的的关系,属于牵连犯,应按照牵连犯理论,对黄某益、刘某田择一重罪即按票据诈骗罪处罚,而不实行两罪并罚。

本案中,郭某夫明知黄某益、刘某田伪造假承兑汇票而提供真实承兑汇票复印件的行为如何定性?公诉机关认为构成票据诈骗罪,郭某夫的辩护人认为构成受贿罪。笔者认为,郭某夫提供真实承兑汇票的复印件,是黄某益、刘某田实施犯罪过程中不可或缺的一个环节。但是,从证明角度来讲,行为人伪造承兑汇票后,存在着倒卖、诈骗等多种可能性,具有不确定性因素;同时,行为人心理上也会避重就轻、逃避罪责,不会供述要利用伪造的承兑汇票去诈骗钱财。根据郭某夫的职业特点和社会阅历,其应当明知黄某益、刘某田利用其提供的真实承兑汇票的信息,实施了伪造金融票证的行为,但现有证据不能证明其明知黄某益、刘某田实施了票据诈骗行为。因此,综观全案,认定郭某夫犯伪造金融票证罪比较恰当。

第十四章
信用卡诈骗罪

第一节 信用卡诈骗罪概述

一、信用卡诈骗罪概念及构成要件

信用卡诈骗罪，是指以虚构事实或隐瞒真相的方法，利用信用卡实施诈骗，骗取数额较大财物的行为。这里的"信用卡"，是指由商业银行或者其他金融机构发行的具有消费支付、信用贷款、转账结算、存取现金等全部功能或者部分功能的电子支付卡。1995年6月30日《全国人民代表大会常务委员会关于惩治破坏金融秩序犯罪的决定》第14条首先规定本罪，后吸收规定为刑法第196条。2005年2月28日《刑法修正案（五）》将"使用以虚假的身份证明骗领的信用卡"增设为本罪的行为方式。

本罪的构成要件如下：（1）本罪侵犯的客体是国家对信用卡的管理制度和公司财产所有权。（2）本罪的客观方面表现为利用信用卡实施诈骗活动，骗取数额较大财物的行为。刑法规定了四种行为方式，即"使用伪造的信用卡，或者使用以虚假的身份证明骗领的信用卡的""使用作废的信用卡的""冒用他人信用卡的""恶意透支的"。（3）本罪的犯罪主体只能是自然人，单位不能成为本罪的主体。（4）本罪的主观方面为故意，且具有非法占有他人资金的目的。根据刑法第196条之规定，进行信用卡诈骗活动，数额较大的，处5年以下有期徒刑或者拘役，并处2万元以上20万元以下罚金；数额巨大或者有其他严重情节的，处5年以上10年以下有期徒刑，并处5万元以上50万元以下罚金；数额特别巨大或者有其他特别严重情节的，处10年以上有期徒刑或者无期徒刑，并处5万元以上50万元以下罚金或者没收财产。

二、信用卡诈骗刑事案件审理情况

司法实践中，信用卡诈骗案件呈多发、频发态势，严重扰乱信用卡管理秩序，破坏社会信用体系。通过中国裁判文书网检索，2017年至2021年，全国法院审结一审信用卡诈骗案件共计19094件，其中2017年8291件，2018年5469件，2019年3022件，2020

年 1904 件，2021 年 408 件。

结合司法实践，此类案件主要呈现出以下特点：一是犯罪手段日趋网络化、多样化。随着掌上银行、电子支付平台的发展，不少犯罪分子借助互联网，如通过发送链接、网上支付、截获信用卡资料等方式，实施信用卡诈骗犯罪，这些同金融、通讯工具结合起来的新型作案手段，具有较大的隐蔽性，给案件侦破带来一定难度。二是犯罪集团化、组织化特征明显。近年来破获的信用卡诈骗案件中，有不少案件系团伙作案，所涉犯罪分子人数众多，且分工明确，部分案件还具有跨境因素，如用于实施信用卡诈骗犯罪的服务器架设在境外，犯罪分子与境外人员相勾结实施犯罪以逃避打击等，社会危害极大。三是特大规模信用卡诈骗案件逐年增多。随着作案手段的不断翻新以及犯罪团伙的发展壮大，特大规模信用卡诈骗案件数量不断上升，所涉被害人数众多，涉案金额及损失金额持续攀升，有的案件诈骗金额甚至高达上亿元，社会影响恶劣。四是恶意透支型信用卡诈骗案件在多年持续高位运行后，案件数量下降明显。恶意透支作为信用卡诈骗罪的主要行为方式，案件量曾占全部金融诈骗案件的八成以上，且量刑明显偏重。而由于《最高人民法院、最高人民检察院关于办理妨害信用卡管理刑事案件具体应用法律若干问题的解释》于 2009 年 11 月起施行（2018 年 12 月修正），恶意透支型信用卡诈骗案件下降明显。

三、信用卡诈骗刑事案件审理热点、难点问题

一是非法占有目的的认定。判断行为人是否具有非法占有目的是区分此罪与彼罪（妨害信用卡管理秩序罪）以及恶意透支行为是否构成信用卡诈骗罪的关键所在。司法实践中，恶意透支型案件在信用卡诈骗案件中占有较大比重。由于信用卡本身具有透支功能，因而与其他信用卡诈骗行为方式相比，刑法及相关司法解释针对恶意透支行为构成信用卡诈骗罪设置了较为严格的标准，即持卡人以非法占有为目的，超过规定限额或者规定期限透支，并且经发卡银行催收后仍不归还的行为。如何推定持卡人具有非法占有目的是司法实践中的难点问题之一。

二是信用卡诈骗罪与盗窃罪、诈骗罪等的区分认定。近年来，通过第三方支付平台绑定的银行卡实施侵财类犯罪的案件日益增多。此类案件最突出的特征就是盗骗行为交织，导致被害人的确定以及案件定性均存在较大争议。实践中，以盗窃罪、诈骗罪、信用卡诈骗罪等罪名处理的案件均不在少数，适法不统一现象较为突出，亟待厘清案件审理思路。

三是信用卡诈骗案件中共同犯罪的认定。如恶意透支型案件中，持卡人与实际用卡人不一致时，如何判断二者是否具有恶意透支的共同故意，进而认定为信用卡诈骗罪的共犯；特大规模信用卡案件中，往往存在"卡农"的身影。这类群体通过出租、出售或者出借大量银行卡，供犯罪分子实施信用卡诈骗行为的，能否认定为信用卡诈骗罪的共犯等。

四、信用卡诈骗刑事案件的审理思路及原则

一是综合考量行为人是否具有非法占有目的。特别是对于恶意透支型案件，实践中容易出现客观归罪的倾向，即只要存在"经发卡银行两次催收后超过三个月仍不归还"的情形，就直接认定行为人具有非法占有为目的，这实际上是对"以非法占有为目的"

这一独立要件的虚化。为防止该情形的出现，应当根据修改后的司法解释规定，综合持卡人的信用记录、还款能力和意愿、申领和透支信用卡的状况、透支资金的用途、透支后的表现、未按规定还款的原因等情节综合作出认定，以凸显非法占有目的在认定恶意透支中的独立要件地位。

二是正确厘清涉信用卡盗骗交织型案件的办理思路。首先，应当找准被害人，进而准确认定犯罪行为侵犯的法益。其次，在保证定罪事实与法律评价完整性的基础上，找准据以侵犯法益的核心行为方式。此类犯罪往往由"非法获取他人银行卡账号及密码"与"非法转移账户资金"前后两个紧密衔接的行为组成；若行为人所实施的非法获取他人的银行账号及密码的前端行为，即对法益造成了十分紧迫的危险，则一般可依照前端的"非法获取"行为认定犯罪性质。最后，正确完整把握"被害人系因认识错误而自愿交付处分银行卡账号及密码"还是"在不知情的状态下被他人秘密窃取"。

三是注重对信用卡诈骗犯罪的上下游关联犯罪进行全链条打击。司法实践表明，非法交易银行卡、手机卡等不法行为为包括信用卡诈骗犯罪在内的电信网络诈骗案件的多发、频发提供了大量便利。如果有证据证明明知他人实施信用卡诈骗罪而提供大量银行卡的，应当以信用卡诈骗罪的共犯论处；如果在案证据难以证明存在共同故意，则可视情以妨害信用卡管理罪、帮助信息网络犯罪活动罪等定罪处理。

第二节　信用卡诈骗罪审判依据

信用卡诈骗罪是从《全国人民代表大会常务委员会关于惩治破坏金融秩序犯罪的决定》第14条的规定，吸收修改为1997年《刑法》的具体规定。2005年《刑法修正案（五）》对本罪的行为方式作了进一步修改完善。2009年12月3日《最高人民法院、最高人民检察院关于办理妨害信用卡管理刑事案件具体应用法律若干问题的解释》明确了信用卡诈骗罪等妨害信用卡管理犯罪的定罪量刑和法律适用标准。2018年11月28日《最高人民法院、最高人民检察院关于修改〈关于办理妨害信用卡管理刑事案件具体应用法律若干问题的解释〉的决定》针对信用卡诈骗罪中恶意透支的情形，明确了行为认定标准和定罪量刑数额标准。

一、法律

《中华人民共和国刑法》（1979年7月1日第五届全国人民代表大会第二次会议通过　1997年3月14日第八届全国人民代表大会第五次会议修订　1997年3月14日中华人民共和国主席令第83号公布　根据历次修正案和修改决定修正）（节录）

第一百九十六条　有下列情形之一，进行信用卡诈骗活动，数额较大的，处五年以下有期徒刑或者拘役，并处二万元以上二十万元以下罚金；数额巨大或者有其他严重情节的，处五年以上十年以下有期徒刑，并处五万元以上五十万元以下罚金；数额特别巨大或者有其他特别严重情节的，处十年以上有期徒刑或者无期徒刑，并处五万元以上五十万元以下罚金或者没收财产：

（一）使用伪造的信用卡，或者使用以虚假的身份证明骗领的信用卡的；

（二）使用作废的信用卡的；

（三）冒用他人信用卡的；

（四）恶意透支的。

前款所称恶意透支，是指持卡人以非法占有为目的，超过规定限额或者规定期限透支，并且经发卡银行催收后仍不归还的行为。

盗窃信用卡并使用的，依照本法第二百六十四条的规定定罪处罚。

二、立法解释

《全国人大常委会关于〈中华人民共和国刑法〉有关信用卡规定的解释》（2004年12月29日）（节录）

全国人民代表大会常务委员会根据司法实践中遇到的情况，讨论了刑法规定的"信用卡"的含义问题，解释如下：

刑法规定的"信用卡"，是指由商业银行或者其他金融机构发行的具有消费支付、信用贷款、转账结算、存取现金等全部功能或者部分功能的电子支付卡。

三、司法解释

《最高人民法院、最高人民检察院关于办理妨害信用卡管理刑事案件具体应用法律若干问题的解释》（2018年11月28日修正　法释〔2018〕19号）（节录）

第五条　使用伪造的信用卡、以虚假的身份证明骗领的信用卡、作废的信用卡或者冒用他人信用卡，进行信用卡诈骗活动，数额在五千元以上不满五万元的，应当认定为刑法第一百九十六条规定的"数额较大"；数额在五万元以上不满五十万元的，应当认定为刑法第一百九十六条规定的"数额巨大"；数额在五十万元以上的，应当认定为刑法第一百九十六条规定的"数额特别巨大"。

刑法第一百九十六条第一款第三项所称"冒用他人信用卡"，包括以下情形：

（一）拾得他人信用卡并使用的；

（二）骗取他人信用卡并使用的；

（三）窃取、收买、骗取或者以其他非法方式获取他人信用卡信息资料，并通过互联网、通讯终端等使用的；

（四）其他冒用他人信用卡的情形。

第六条　持卡人以非法占有为目的，超过规定限额或者规定期限透支，经发卡银行两次有效催收后超过三个月仍不归还的，应当认定为刑法第一百九十六条规定的"恶意透支"。

对于是否以非法占有为目的，应当综合持卡人信用记录、还款能力和意愿、申领和透支信用卡的状况、透支资金的用途、透支后的表现、未按规定还款的原因等情节作出判断。不得单纯依据持卡人未按规定还款的事实认定非法占有目的。

具有以下情形之一的，应当认定为刑法第一百九十六条第二款规定的"以非法占有为目的"，但有证据证明持卡人确实不具有非法占有目的的除外：

（一）明知没有还款能力而大量透支，无法归还的；

（二）使用虚假资信证明申领信用卡后透支，无法归还的；

（三）透支后通过逃匿、改变联系方式等手段，逃避银行催收的；

（四）抽逃、转移资金，隐匿财产，逃避还款的；

（五）使用透支的资金进行犯罪活动的；

（六）其他非法占有资金，拒不归还的情形。

第七条 催收同时符合下列条件的，应当认定为本解释第六条规定的"有效催收"：

（一）在透支超过规定限额或者规定期限后进行；

（二）催收应当采用能够确认持卡人收悉的方式，但持卡人故意逃避催收的除外；

（三）两次催收至少间隔三十日；

（四）符合催收的有关规定或者约定。

对于是否属于有效催收，应当根据发卡银行提供的电话录音、信息送达记录、信函送达回执、电子邮件送达记录、持卡人或者其家属签字以及其他催收原始证据材料作出判断。

发卡银行提供的相关证据材料，应当有银行工作人员签名和银行公章。

第八条 恶意透支，数额在五万元以上不满五十万元的，应当认定为刑法第一百九十六条规定的"数额较大"；数额在五十万元以上不满五百万元的，应当认定为刑法第一百九十六条规定的"数额巨大"；数额在五百万元以上的，应当认定为刑法第一百九十六条规定的"数额特别巨大"。

第九条 恶意透支的数额，是指公安机关刑事立案时尚未归还的实际透支的本金数额，不包括利息、复利、滞纳金、手续费等发卡银行收取的费用。归还或者支付的数额，应当认定为归还实际透支的本金。

检察机关在审查起诉、提起公诉时，应当根据发卡银行提供的交易明细、分类账单（透支账单、还款账单）等证据材料，结合犯罪嫌疑人、被告人及其辩护人所提辩解、辩护意见及相关证据材料，审查认定恶意透支的数额；恶意透支的数额难以确定的，应当依据司法会计、审计报告，结合其他证据材料审查认定。人民法院在审判过程中，应当在对上述证据材料查证属实的基础上，对恶意透支的数额作出认定。

发卡银行提供的相关证据材料，应当有银行工作人员签名和银行公章。

第十条 恶意透支数额较大，在提起公诉前全部归还或者具有其他情节轻微情形的，可以不起诉；在一审判决前全部归还或者具有其他情节轻微情形的，可以免予刑事处罚。但是，曾因信用卡诈骗受过两次以上处罚的除外。

第十一条 发卡银行违规以信用卡透支形式变相发放贷款，持卡人未按规定归还的，不适用刑法第一百九十六条"恶意透支"的规定。构成其他犯罪的，以其他犯罪论处。

四、刑事政策文件

1. 《最高人民检察院、公安部关于公安机关管辖的刑事案件立案追诉标准的规定（二）》（2022年4月6日　公通字〔2022〕12号）（节录）

第四十九条〔信用卡诈骗案（刑法第一百九十六条）〕进行信用卡诈骗活动，涉嫌下列情形之一的，应予立案追诉：

（一）使用伪造的信用卡、以虚假的身份证明骗领的信用卡、作废的信用卡或者冒用他人信用卡，进行诈骗活动，数额在五千元以上的；

（二）恶意透支，数额在五万元以上的。

本条规定的"恶意透支"，是指持卡人以非法占有为目的，超过规定限额或者规定期限透支，经发卡银行两次有效催收后超过三个月仍不归还的。

恶意透支的数额，是指公安机关刑事立案时尚未归还的实际透支的本金数额，不包括利息、复利、滞纳金、手续费等发卡银行收取的费用。归还或者支付的数额，应当认定为归还实际透支的本金。

恶意透支，数额在五万元以上不满五十万元的，在提起公诉前全部归还或者具有其他情节轻微情形的，可以不起诉。但是，因信用卡诈骗受过二次以上处罚的除外。

2.《最高人民检察院关于拾得他人信用卡并在自动柜员机（ATM 机）上使用的行为如何定性的批复》（2008 年 4 月 18 日　高检发释字〔2008〕1 号）

浙江省人民检察院：

你院《关于拾得他人信用卡并在 ATM 机上使用的行为应如何定性的请示》（浙检研〔2007〕227 号）收悉。经研究，批复如下：

拾得他人信用卡并在自动柜员机（ATM 机）上使用的行为，属于刑法第一百九十六条第一款第（三）项规定的"冒用他人信用卡"的情形，构成犯罪的，以信用卡诈骗罪追究刑事责任。

3.《最高人民法院、最高人民检察院、公安部关于信用卡诈骗犯罪管辖有关问题的通知》（2011 年 8 月 8 日　公通字〔2011〕29 号）

近年来，信用卡诈骗流窜作案逐年增多，受害人在甲地申领的信用卡，被犯罪嫌疑人在乙地盗取了信用卡信息，并在丙地被提现或消费。犯罪嫌疑人企图通过空间的转换逃避刑事打击。为及时有效打击此类犯罪，现就有关案件管辖问题通知如下：

对以窃取、收买等手段非法获取他人信用卡信息资料后在异地使用的信用卡诈骗犯罪案件，持卡人信用卡申领地的公安机关、人民检察院、人民法院可以依法立案侦查、起诉、审判。

第三节　信用卡诈骗罪审判实践中的疑难新型问题

问题 1. 关于冒用信用卡的认定

【人民法院案例选案例】纪某明等十四人信用卡诈骗案[①]

［裁判规则］

信用卡诈骗犯罪中，如果证据只能证明被告人系信用卡的非真实持有人，应认定被告人行为系"冒用他人信用卡"。区分信用卡诈骗罪的既、未遂标准不能与诈骗罪等传统财

[①] 本案例载《人民法院案例选》2009 年第 2 辑，人民法院出版社 2009 年版。

产犯罪相分离，仅以妨害信用卡管理秩序这一非物质性结果不能认定构成信用卡诈骗罪既遂。

[案情]

原公诉机关：上海市人民检察院第一分院。

上诉人（原审被告人）：纪某明等十四人。

2005年7月至2006年4月间，被告人纪某明提供他人名下的境外信用卡，与被告人张某平等人分别结伙，经共谋并约定分赃比例后，利用张某平等十三名被告人控制或使用下的POS机，冒用信用卡真实持卡人的名义，先后多次刷卡套取现金或消费，共计731万余元，其中130余万元因银行发现涉嫌欺诈交易而未予实际支付。

上海市人民检察院第一分院以被告人纪某明等十四人犯信用卡诈骗罪向上海市第一中级人民法院提起公诉，其中被告人王育辉、陈龙宝、吴长秀具有自首情节，被告人蒋永光有立功表现。

各被告人及辩护人均提出：其不明知所使用的信用卡系伪造，目前证据状况下信用卡真伪不明，难以认定为使用伪造的信用卡；本案犯罪数额中，因银行发现涉嫌欺诈交易而未实际支付部分应认定为未遂；等等。

[审判]

上海市第一中级人民法院经审理认为，被告人纪某明与被告人张某平、程某棵、施某、童某芳、钱某鸣、蒋某光、陈某宝、邬某星、孙某华、王某辉、朱某芳、王某、吴某秀等人分别结伙冒用他人信用卡进行诈骗活动，其行为均已构成信用卡诈骗罪。关于各被告人的行为是否系使用伪造的信用卡，从现有证据来看，由于本案所涉信用卡均未扣押在案，尚不能确定各被告人使用的信用卡系伪造；但现有证据同时证明，各被告人均明知本人非信用卡的真实持有人，故可以认定各被告人的行为系"冒用他人信用卡"。关于本案部分信用卡诈骗行为是否应认定为未遂，法院认为，认定信用卡诈骗罪的既遂标准不能与传统财产犯罪相脱离，仅根据妨害信用卡管理秩序这一非物质性结果就认定信用卡诈骗罪的既遂并不妥当，因此，在被告人尚未实际控制钱款、被害人亦未实际遭受财产损失的情况下，不宜认定信用卡诈骗既遂。关于全案主从犯的认定，法院认为，公诉机关对于被告人纪某明系主犯，陈某宝、邬某星、孙某华、王某辉、朱某芳、王某、吴某秀七名被告人系从犯的认定是合理的。但是，公诉机关对于张某平、程某棵、施某、童某芳、钱某鸣、蒋某光六名被告人既不认定为主犯，也不认定为从犯并不妥当。从本案事实来看，张某平、程国棵、童某芳、钱某鸣、蒋某光等五名被告人参与犯罪金额（包括既遂与未遂）均在100万元以上，犯罪节数均在2节以上，且在共同犯罪中系积极主动，故应依法认定为主犯；施某虽然参与数额亦在100万元以上，参与犯罪节数为2节，但施某系受程国棵安排、指使参与本案第一节犯罪事实，且施某没有参与该节犯罪的分赃，而该节犯罪数额占施某参与全部犯罪数额的绝对多数，因此，可以认定施某在共同犯罪中起次要作用，依法应认定为从犯。综合考虑各名被告人的从犯、犯罪未遂、自首、立功、交待同种较重罪行及退缴赃款等情节，对纪某明依法从轻处罚，对施某、蒋某光、陈某宝、邬某星、孙某华、王某辉、朱某芳、王某、吴某秀均依法减轻处罚，并对朱某芳、王某、吴某秀依法适用缓刑。据此，一审法院以信用卡诈骗罪判处被告人纪某明有期徒刑十五年，剥夺政治权利四年，并处罚金人民币三十万元；被告人张某平有期徒刑十三年六个月，剥夺政治权利三年，并处罚金人民币二十万元；被告人程某棵有期徒刑十二年，剥夺政治权利三年，并处罚金人民币十五万元；被告人施某有期徒刑八年，剥夺政治权利二年，并处罚金人民币十万元；被告人童某芳有期徒刑十一年，剥夺政治权利三年，并处罚金人民币十万元；被告人钱某鸣有期徒刑十年，剥夺政治权利二年，并处罚金人民币八万元；被告人蒋某光有期徒刑八年，剥夺政治权利二年，并处罚金人民币七万元；被告人陈某宝有期徒刑六年，剥夺政治权利一年，并处罚金人民币六万元；被告人孙某华处有期徒刑三年，并处罚金人民币五万元；被告人邬某星有期徒刑三年六个月，并处罚金人民币五万元；被告人王某辉有期徒刑三年，并处罚金人民币五万元；被告人王某有期徒刑二年六个月，缓刑二年六个月，并处罚金人民币五万元；被告人朱某芳犯信用卡诈骗罪，判处有期徒刑三年，缓刑三年，并处罚金人民币五万元；被告人吴某秀有期徒刑二年六个月，缓刑二年六个月，并处罚金人民币五万元；犯罪工具予以没收，违法所得予以追缴。

一审判决后，被告人纪某明、施某以量刑过重等为由提出上诉。二审法院经依法审理后，驳回上诉，维持原判。

[法院评论]

（一）14 名被告人的行为应认定为使用伪造的信用卡还是冒用他人信用卡？

信用卡诈骗犯罪中，如果证据只能证明被告人系信用卡的非真实持有人，应认定被告人的行为系"冒用他人信用卡"公诉机关对 14 名被告人的行为定性为使用伪造的信用卡进行诈骗不妥，应认定各被告人的行为系"冒用他人信用卡"进行诈骗。主要理由如下：

首先，证明被告人使用的信用卡系伪造的证据不足。本案各名被告人使用的全部信用卡均没有扣押在案，因此，相关信用卡国际组织无法仅从被告人签名的签购单、刷卡记录等即确定被告人使用的信用卡系真卡还是伪卡，故不能排除所涉信用卡系真实卡的可能性。比如，被告人在拾得或者窃取他人的信用卡后使用；或者境外卡的真实持有人与被告人相勾结，将卡转交或出售给被告人使用，而后真实持有人以该段时间内未出境为由，向发卡行拒付，等等。因此，在证明所涉信用卡系伪造的证据不具有唯一性与排他性的情况下，将被告人的行为认定为使用伪造的信用卡显然是不合适的。

其次，将被告人的行为解释为冒用他人信用卡并不存在文理障碍。冒用他人信用卡，是指非持卡人以持卡人的名义使用持卡人的信用卡骗取财物的行为。现有证据证明本案所有的信用卡交易均系非真实持卡人所为，显然，被告人的行为可包含在"冒用他人信用卡"的合理含义之内。

再次，不管本案被告人使用的信用卡最终是真卡还是伪卡，都可包含在冒用他人信用卡的范围内。由于被告人使用的信用卡真伪不明，也就是说该卡既可能是伪造的信用卡，也可能是真实的信用卡，那么，冒用他人信用卡是否包括伪造的信用卡在内，刑法理论与司法实践中存有较大争议。一种观点认为，冒用他人信用卡，应是指冒用他人真实有效的信用卡。另一种观点认为，冒用他人信用卡，可以包括冒用他人伪造、作废的信用卡在内。因为在行为人误认为是他人真实有效的信用卡，实际上该卡系伪卡或作废的卡的情况下，从主客观统一出发，应认定为冒用他人信用卡。对此，我们赞成第二种观点。

第四，由于我国《刑法》未规定"以其他方法进行信用卡诈骗活动"的兜底条款，"冒用他人信用卡"在一定程度上起到了类似的作用。在证据无法证实系伪造或作废的信用卡及恶意透支的情况下，只须证明行为人所使用的卡不是其真实持有，是在进行欺诈交易时就直接认定为"冒用他人信用卡"，大大增加了司法的便利性，也避免了司法实践中的混乱。

【司法解释】

《最高人民法院、最高人民检察院关于办理妨害信用卡管理刑事案件具体应用法律若干问题的解释》（2018年11月28日修正）（节录）

第五条 ……

刑法第一百九十六条第一款第三项所称"冒用他人信用卡"，包括以下情形：

（一）拾得他人信用卡并使用的；

（二）骗取他人信用卡并使用的；

（三）窃取、收买、骗取或者以其他非法方式获取他人信用卡信息资料，并通过互联网、通讯终端等使用的；

（四）其他冒用他人信用卡的情形。

问题2. 恶意透支犯罪地及犯罪数额如何认定

【实务专论】[①]

（一）关于以非法占有为目的的认定

《刑法》第196条规定："恶意透支，是指持卡人以非法占有为目的，超过规定限额或者规定期限透支，并且经发卡银行催收后仍不归还的行为。"《最高人民法院、最高人民检察院关于办理妨害信用卡管理刑事案件具体应用法律若干问题的解释》（以下简称《解释》）第6条第1款进一步明确了恶意透支的涵义，规定："持卡人以非法占有为目的，超过规定限额或者规定期限透支，并且经发卡银行两次催收后超过三个月仍不归还的，应当认定为刑法第一百九十六条规定的'恶意透支'。"第二款规定了应当认定为以非法占有为目的的6种情形：明知没有还款能力而大量透支，无法归还的；肆意挥霍透支的资金，无法归还的；透支后逃匿、改变联系方式，逃避银行催收的；抽逃、转移资金，隐匿财产，逃避还款的；使用透支的资金进行违法犯罪活动的；其他非法占有资金，拒不归还的行为。上述规定对于准确认定非法占有目的发挥了重要作用，但在具体适用中也存在一些问题。根据实践反映的问题，《最高人民法院、最高人民检察院关于修改〈关于办理妨害信用卡管理刑事案件具体应用法律若干问题的解释〉的决定》（以下简称《修改决定》）第1条对《解释》第6条作了修改完善。

1. 以非法占有为目的的独立要件地位。根据《刑法》第196条的规定，以非法占有为目的是恶意透支的主观要件，是区分恶意透支与民事纠纷、民事欺诈的最重要标准。然而，以非法占有为目的的规定在实践中被虚化，具体表现为依据"经发卡银行两次催收后超过三个月仍不归还"的客观行为直接认定以非法占有为目的，以及对持卡人提出的不具有非法占有目的的辩解（如正在与发卡银行协商还款事宜等）置之不顾。为防止客观归罪，实现主客观相统一，《修改决定》第1条对《解释》第6条作了进一步完善，特别强调不得单纯依据未按规定还款的事实认定非法占有目的，凸显了以非法占有为目

[①] 耿磊：《关于修改〈关于办理妨害信用卡管理刑事案件具体应用法律若干问题的解释〉的决定的理解与适用》，载《人民司法·应用》2019年第1期。

的在认定恶意透支中的独立要件地位。

2. 以非法占有为目的的综合考量。《修改决定》第 1 条对《解释》第 6 条作了补充，增加了第 2 款，规定："对于以非法占有为目的，应当综合持卡人信用记录、还款能力和意愿、申领和透支信用卡的状况、透支资金的用途、透支后的表现、未按规定还款的原因等情节作出判断。"据此，对非法占有目的应当根据案件的具体情况综合认定，具体可以从如下几个方面考量：申领信用卡时提交材料是否真实，有无严重弄虚作假；使用信用卡时是否具有相对稳定的还款能力，如是否具有稳定合法的工作或者收入来源等；透支情况与收入水平是否基本相符；涉案信用卡是否存在大量套现情况；透支款项用途是否合法，是否用于违法犯罪活动；是否存在持续且有效的还款行为；透支后是否与发卡银行保持联系、积极沟通，是否存在故意逃避催收的情况，等等。对于持卡人原有合法、稳定收入来源，长期正常使用信用卡，信用记录良好，但在正常透支消费后，因突发重大疾病或者其他客观原因，导致一时无力还款，事后与发卡银行积极沟通说明情况、尽力筹措还款资金的，不应认定为以非法占有为目的。

3. 以非法占有为目的的推定情形。《修改决定》对《解释》第 6 条第 2 款关于以非法占有为目的的推定情形作进一步完善，主要有以下几个方面：（1）不再将"肆意挥霍透支的资金，无法归还的"作为认定非法占有为目的的情形之一。司法实践普遍反映，肆意挥霍的认定存在较大弹性，受持卡人自身情况和消费时间、地点等因素影响较大，且与信用卡透支消费这一最重要功能的界限难以准确把握，不利于信用卡功能的正常发挥和持卡人合法权益的有效维护。（2）将"使用虚假资信证明申领信用卡后透支，无法归还的"增设为认定非法占有目的的情形之一。实践中，一些持卡人通过提供虚假的财产状况、收入、职务等资信证明材料的方式，骗领信用卡或者提高信用卡的授信额度后透支，导致无法归还的情况时有出现。此种情形，反映持卡人具有相当的主观恶性，且往往是实施信用卡套现、信用卡诈骗的前提和基础，危害较大，有必要加以规制。基于此，将此种情形纳入认定非法占有目的的情形。（3）增加但书规定。鉴于司法实践的情况比较复杂，应当允许对具有本款规定推定以非法占有为目的的情形提出反证，即"有证据证明持卡人确实不具有非法占有目的的除外"。

（二）关于催收的认定

根据《刑法》第 196 条第 2 款的规定，"经发卡银行催收后仍不归还"是认定恶意透支的条件之一。根据司法实践反映的问题，《修改决定》第 1 条明确刑法规定的催收应为有效催收，即发卡银行的催收，只有被持卡人确实收到后，方可认定为刑法规定的催收。作此限定，既符合司法实践的一贯做法，又可以防止催收形式化和不当扩大刑事处罚范围，实现立法通过催收限定刑事处罚范围的目的。在此基础上，《修改决定》第 2 条通过增加 1 条，作为修改后《解释》第 7 条，进一步明确了有效催收的认定标准和有关问题。

1. 有效催收的认定标准。根据修改后《解释》第 7 条第 1 款的规定，对于有效催收，应当从催收的时间、效果、间隔、合法性等方面加以认定。具体而言：（1）在透支超过规定限额或者规定期限后进行。持卡人的透支尚未超过规定限额或者规定期限的，属于对信用卡的合法使用，此时的所谓催收，本质上属于《商业银行信用卡业务监督管理办法》（以下简称《信用卡管理办法》）第 67 条"发卡银行应当及时就即将到期的透支金额、还款日期等信息提醒持卡人"中的提醒，不属于催收，故明确催收应当在透支超过规定限额或者规定期限后进行。（2）催收应当采用能够确认持卡人收悉的方式，但持卡人故意逃避催收的除外。这是有效催收的本质要求，以将持卡人由于搬迁或者出差等原因，没有收到银行催收以致未能按时还款的情况排除在外。需要注意的问题有三：一是这里的"确认持卡人收悉"，并非仅指持卡人实际知晓催收内容，也包括司法机关根据一般生活经验，判断持卡人确实收悉催收的情况，例如发卡银行按照约定，将催收短信送达持卡人的手机，即使不能证明持卡人已实际阅读，也可以认定有效催收。二是有的持卡人通过变更联系方式不通知发卡银行等方式故意逃避催收的，要求发卡银行的催收现实、确定被故意逃避催收的持卡人知悉，显然不符合现实情况。考虑到发卡银行催收与人民法院民事送达有一定的相似性，故参考《最高人民法院关于进一步加强民事送达工作的若干意见》（法发〔2017〕19号）第6条"当事人变更送达地址，应当以书面方式告知人民法院。当事人未书面变更的，以其确认的地址为送达地址"的规定，明确对于有证据证明持卡人故意逃避催收的，不需要发卡银行的催收必须采用能够确认其收悉的方式，只要发卡银行按照与持卡人约定的方式进行了催收，例如向故意逃避催收的持卡人预留的手机号码发送催收短信的，也可以认定为有效催收。三是催收方式。2010年《最高人民法院研究室关于信用卡犯罪法律适用若干问题的复函》（法研〔2010〕108号）明确要求两次催收一般应分别采用电话、信函、上门等两种以上催收形式。对此，司法实践反映良好。《修改决定》未吸收上述规定，主要是考虑到随着信息技术的发展，催收的方式更加灵活多样，例如近年开始出现短信、微信、电子邮件等催收方式，司法解释难以全面列举；而且，在《修改决定》已经明确规定"催收应当采用能够确认持卡人收悉的方式"的情况下，对催收形式再作限制，亦无必要。（3）两次催收至少间隔三十日。作此规定，同样是为了确保持卡人能够收悉发卡银行的催收，避免短时间内连续催收造成把两次催收实质上合并为一次催收的情况。之所以确定为三十天，是参考了信用卡对账单的生成周期一般为三十天的做法。（4）符合催收的有关规定或者约定。此处规定的"约定"，是指持卡人与发卡银行就催收达成的合意，主要表现为持卡人同意发卡银行的信用卡章程中有关催收的条款。至于"规定"，目前主要是指《信用卡管理办法》第68条至第70条的相关规定，如"不得对与债务无关的第三人进行催收""对催收过程应当进行录音，录音资料至少保存二年备查"等。下一步关于催收的相关规定如有调整的，从其规定。

2. 认定有效催收的证据标准。根据修改后《解释》第7条第2款、第3款的规定，对于是否属于有效催收，应当根据发卡银行提供的电话录音、信息送达记录、信函送达回执、电子邮件送达记录、持卡人或者其家属签字以及其他催收原始证据材料作出判断。而且，发卡银行提供的相关证据材料，应当有银行工作人员签名和银行公章，以确保相关证据材料的客观真实。

此外，有必要提及的是，对于持卡人与实际透支人不一致时的催收对象及相关问题，实践中存在不同认识。经研究认为，上述问题主要系实践操作问题，《修改决定》未予涉及。具体操作中，可以根据实际透支人获得信用卡的不同方式分别作出处理：（1）违背持卡人真实意愿情形的处理。以拾得、骗取、窃取、收买甚至抢劫、盗窃等方式获取他人信用卡后恶意透支，根据刑法和司法解释的有关规定，可以盗窃罪、信用卡诈骗罪（冒用他人信用卡）等规定定罪处罚，不需要催收。（2）未违背持卡人的真实意愿情形的处理。持卡人明知甚至与实际透支人共谋，共同使用自己的信用卡恶意透支的，对持卡人进行催收即可。因为此种情形下，持卡人与实际透支人一般存在某种关联，且双方违反了《中国人民银行银行卡业务管理办法》（银发〔1999〕17号）第28条"银行卡及其账户只限经发卡银行批准的持卡人本人使用，不得出租和转借"的规定。需要特别强调，此处只是明确催收对象是持卡人，但是否构成恶意透支型信用卡诈骗罪，以及追究的刑事责任具体主体，还需要根据案件具体情况作出判断。

（三）关于恶意透支的定罪量刑数额标准

修改完善恶意透支的定罪量刑数额标准，以进一步明确恶意透支罪与非罪、罪重罪轻的界限，是起草《修改决定》的重中之重。《修改决定》对《解释》相关规定作了修改完善，形成了修改后《解释》第8条、第9条，适度调整了恶意透支的定罪量刑数额标准，进一步完善了恶意透支数额的计算方法。

1. 恶意透支定罪量刑数额标准的适度上调。根据我国经济社会发展情况和维护信用卡管理秩序的实际需要，在充分总结司法办案经验、实际做法和听取有关主管部门意见的基础上，经慎重研究，《修改决定》将恶意透支定罪量刑的数额标准提升至《解释》规定标准的5倍。修改后《解释》第8条规定："恶意透支，数额在五万元以上不满五十万元的，应当认定为刑法第一百九十六条规定的'数额较大'；数额在五十万元以上不满五百万元的，应当认定为刑法第一百九十六条规定的'数额巨大'；数额在五百万元以上的，应当认定为刑法第一百九十六条规定的'数额特别巨大'。"之所以作出上述调整，主要有以下几个方面的考虑：（1）根据国家统计局、中国人民银行公布的数据，有关方面一致认为，《解释》规定的恶意透支定罪量刑的数额标准，逐渐难以完全适应经济社会形势和信用卡市场发展现状，既不利于平等保护持卡人的权利，也不利于信用卡市场的良性健康发展和发卡银行风险控制能力的提升，亟须上调。（2）一些地方的公安、司法机关在恶意透支案件中，结合案件的具体情况，实际已经按照五万元的数额标准把握恶意透支的入罪。（3）调整后的标准更加科学合理，更加符合宽严相济刑事政策的要求，能够有效改变目前对恶意透支犯罪的处罚面偏宽、量刑偏重的情况，实现此类案件的量刑更加适当，确保罪责刑相适应原则得到切实贯彻。

此外，有必要提及两个问题：（1）有意见提出，恶意透支是信用卡诈骗罪的类型之一，与信用卡诈骗罪的其他类型（使用伪造的信用卡；使用以虚假的身份证明骗领的信用卡；使用作废的信用卡；冒用他人信用卡）没有本质区别，恶意透支定罪量刑的数额标准提高后，其他类型信用卡诈骗定罪量刑的数额标准宜作相应提高。经慎重考虑，暂未采纳这一意见。主要考虑是：恶意透支是信用卡诈骗罪的绝对多数类型，其定罪量刑的数额标准，是当前办理信用卡诈骗刑事案件面临的最为突出问题之一，有必要重点解决，而其他类型信用卡诈骗的定罪量刑数额标准未见突出问题，实施情况较好，可以继续适用。特别是，恶意透支主要属于持卡人与发卡银行的债权债务纠纷，危害相对较小，风险相对可控，其定罪量刑的数额标准，可以而且有必要与信用卡诈骗罪的其他类型保持较大差别。（2）有意见提出，恶意透支定罪量刑的数额标准，能否以及如何与信用卡诈骗罪其他类型的定罪量刑数额标准相互折抵，建议作出明确。经研究认为，恶意透支与信用卡诈骗罪的其他类型虽然适用同一罪名，但性质有所不同，不宜相互折抵，分别计算似更为适宜。当然，所涉问题较为复杂，可以作进一步深入研究，且主要是具体操作层面的问题，故《修改决定》未予涉及。

2. 恶意透支数额计算方法的完善。《解释》第6条第4款规定："恶意透支的数额，是指在第一款规定的条件下持卡人拒不归还的数额或者尚未归还的数额。不包括复利、滞纳金、手续费等发卡银行收取的费用。"对此,《修改决定》第4条予以吸收,并作了修改完善。修改后《解释》第9条第1款规定:"恶意透支的数额,是指公安机关刑事立案时尚未归还的实际透支的本金数额,不包括利息、复利、滞纳金、手续费等发卡银行收取的费用。归还或者支付的数额,应当认定为归还实际透支的本金。"据此,对于恶意透支数额的认定,应当着重把握如下三个方面的问题:(1)恶意透支的数额是指实际透支的本金数额。恶意透支的犯罪对象主要是发卡银行的本金,而利息、复利、滞纳金、手续费等发卡银行收取的费用属于发卡银行的市场收入,通过民事等其他法律手段加以保护更为妥当,这也是《解释》第六条第四款的本意。但实践中,个别办案机关对《解释》第6条第4款的规定产生了不同理解,如有的认为利息不属于复利、滞纳金、手续费,应当计入恶意透支的数额。同时,为了避免将利息、复利、滞纳金、手续费等发卡银行收取的费用计入下个还款周期的本金,《修改决定》特别强调,恶意透支的本金,仅指持卡人实际透支的本金。(2)计算恶意透支数额的时间节点为"公安机关刑事立案时"。这是实践中的普遍做法,能够鼓励持卡人还款,有助于发卡银行及时挽回损失。(3)归还或者支付的数额,应当认定为归还实际透支的本金。实践中,持卡人逾期后归还的款项,是还本还是付息,认识不一,故此处明确为"还本"。如不作此规定,可能导致将发卡银行收取的费用变相计入恶意透支的数额,明显不当。需要强调,"归还或者支付的数额,应当认定为归还实际透支的本金"的规定,是公安、司法机关计算恶意透支犯罪数额的方法,而《信用卡管理办法》第57条规定"逾期1-90天(含)的,按照先应收利息或各项费用、后本金的顺序进行冲还;逾期91天以上的,按照先本金、后应收利息或各项费用的顺序进行冲还"的规定,则属于银行的信用卡业务规则,二者的法律依据、适用范围、制度目的等均不相同,应当并行但不能混同。

根据司法实践经验,修改后《解释》第9条第2款、第3款进一步明确了认定恶意透支数额的证据标准,规定:"检察机关在审查起诉、提起公诉时,应当根据发卡银行提供的交易明细、分类账单(透支账单、还款账单)等证据材料,结合犯罪嫌疑人、被告人及其辩护人所提辩解、辩护意见及相关证据材料,审查认定恶意透支的数额;恶意透支的数额难以确定的,应当依据司法会计、审计报告,结合其他证据材料审查认定。人民法院在审判过程中,应当在对上述证据材料查证属实的基础上,对恶意透支的数额作出认定。""发卡银行提供的相关证据材料,应当有银行工作人员签名和银行公章。"对此,需要强调两点:其一,检察机关在审查起诉、提起公诉时,即应当收集、调取发卡银行提供的交易明细、分类账单(透支账单、还款账单)等证据材料,审查认定恶意透支的数额。其二,在一些案件中,恶意透支的数额难以确定的,检察机关应当要求有关部门出具司法会计报告或者审计报告,并结合案件其他证据审查认定恶意透支的数额,以提升恶意透支数额认定的准确性和案件处理的效率。

(四)关于恶意透支的从宽处理规则

根据宽严相济刑事政策的要求和修改后刑事诉讼法关于认罪认罚从宽处理的精神,《修改决定》第5条在《解释》原有规定的基础上,对恶意透支从宽处理规则作了进一步完善。修改后《解释》第10条规定:"恶意透支数额较大,在提起公诉前全部归还或者具有其他情节轻微情形的,可以不起诉;在一审判决前全部归还或者具有其他情节轻微情形的,可以免予刑事处罚。但是,曾因信用卡诈骗受过两次以上处罚的除外。"具体而言:(1)适度限缩全部归还的对象,不再明确要求全部归还的对象为款息,实际调整为

"实际透支的本金数额",以与修改后《解释》第九条的规定保持一致。(2) 适度放宽从宽处理的时间范围,不再限制为公安机关立案前,以最大限度地发挥刑法的威慑和教育功能。只要在提起公诉前(含侦查、审查起诉、提起公诉阶段)归还全部恶意透支数额或者具有其他情节轻微情形的,检察机关可以不起诉;在检察机关提起公诉后、一审判决前归还全部恶意透支数额或者具有其他情节轻微情形的,人民法院可以对其免予刑事处罚。当然,如果情节显著轻微危害不大的,可以在个案中根据《刑法》第 13 条但书的规定不作为犯罪处理。(3) 适度限制从宽处理的适用情形。鉴于《修改决定》调整了恶意透支的定罪量刑标准,故对于恶意透支达到数额巨大、数额特别巨大标准的,不适用本条规定。对于曾因信用卡诈骗受过两次以上处罚的,也不适用本条规定。

(五)关于名为透支信用卡实为贷款情形的处理规则

司法实践中,个别发卡银行不采用传统的抵押担保等具有较高安全性的贷款发放方式,而是以信用卡透支的形式发放贷款,既降低了银行发放贷款的审查要求,又可以将持卡人透支不还的行为认定恶意透支以通过刑事手段追索贷款,从而将银行的审慎义务转移给司法机关和持卡人。实践中,对于此种情况能否认定为《刑法》第 196 条规定的恶意透支,存在较大争议。经研究认为,该行为实质上是借用信用卡的形式发放贷款,所发放的信用卡的主要功能是作为贷款载体而非用于透支消费,不符合信用卡的本质特征,此种情况下持卡人透支不还的行为主要属于不及时归还贷款,不应适用恶意透支的规定定罪处罚。当然,如果符合《刑法》第 175 条之一规定的骗取贷款罪、第 193 条规定的贷款诈骗罪等其他犯罪的,可以依照其他犯罪定罪处罚。基于此,《修改决定》增加一条,作为修改后《解释》第 11 条,规定:"发卡银行违规以信用卡透支形式变相发放贷款,持卡人未按规定归还的,不适用刑法第一百九十六条'恶意透支'的规定。构成其他犯罪的,以其他犯罪论处。"

【人民司法案例】外国籍行为人信用卡诈骗罪的认定——卢卡斯信用卡诈骗案[①]

[裁判要旨]

外国籍行为人明知在中国申领的信用卡被冻结,并且在不准备再次进入中国的主观前提下,在国外恶意以持卡签单的方式透支消费,且在再次进入中国后经发卡银行两次催收超过 3 个月仍不归还,符合信用卡诈骗犯罪构成要件的,不但其犯罪行为发生地为中国,其犯罪结果地同样为中国,中国法院据此对其犯罪行为有管辖权,此外,发卡银行作为信用卡诈骗犯罪的被害人(单位),其所在地即为犯罪结果发生地。因此,发卡银行所在地法院对恶意透支型信用卡诈骗犯罪案件有管辖权。

[案情]

原公诉机关:天津市人民检察院第二分院。

上诉人(原审被告人):卢卡斯(法国国籍)。

卢卡斯在天津市工作期间,于 2007 年 2 月 5 日在中国建设银行天津市分行申领了信用卡一张(双币种威士卡,金卡),透支限额为人民币 1 万元,担保人为杨某静。2007 年 4 月杨某静停止担保,中国建设银行天津市分行将该信用卡冻结,并通知了卢卡斯。

2008 年 5 月 3 日至同年 9 月 12 日,卢卡斯明知该信用卡已被冻结,采用持卡签单的

[①] 于耀辉:《恶意透支型信用卡诈骗罪犯罪地之确定》,载《人民司法·案例》2014 年第 8 期。

方式，在法国多次进行透支消费，透支金额远超该信用卡的透支限额，共计36775.54美元（合计人民币251816.83元）。2008年9月中旬，卢卡斯再次来到中国，并未主动与中国建设银行联系偿还事项。后中国建银行工作人员多处寻访，2009年10月13日得知卢卡斯可能在湖南省信息职业学院工作，即前往催收，因其离职未果。后于2009年10月15在山东省枣庄市率庄学院找到卢卡斯，经商谈，卢卡斯承诺于2009年12月31日前归还所欠透支款及利息，并在还款通知书上签字。翌日，中国建设银行工作人员再次前往催收，与卢卡斯重新达成还款协议，卢卡斯承诺于2009年10月31日前归还人民币10万元，同年11月30日前归还人民币10万元，同年12月15日前归还人民币68632元，并在还款计划书上签字确认。但卢卡斯并未履行其在还款计划书中的承诺按期还款，中国建设银行工作人员遂于2009年11月2日再次前往山东省枣庄市枣庄学院进行催收，发现卢卡斯已逃匿。2010年3月10日，中国建设银行天津市分行信用卡中心向天津市公安局报案。2011年8月3日，卢卡斯在广东省中山市被抓获归案。同年9月，卢卡斯的亲友代其将透支欠款返还给建设银行。

[审判]

天津市第二中级人民法院一审认为，被告人卢卡斯在明知其信用卡已停用的情况下，以非法占有为目的，采用持卡签单的方式，超过规定限额恶意透支，且经发卡银行两次催收后逃匿，超过3个月仍不归还，其行为已构成信用卡诈骗罪，且数额巨大。

天津二中院依照《刑法》第196条第1款第4项、第196条第2款、第6条、第35条、第52条，《最高人民法院、最高人民检察院关于办理妨害信用卡管理刑事案件具体应用法律若干问题的解释》第6条第1款第1项、第3项之规定，判决被告人卢卡斯构成信用卡诈骗罪，判处有期徒刑5年，并处罚金人民币50000元，驱逐出境。

宣判后，被告人卢卡斯认为一审判决对其量刑过重，提出上诉。其辩护人认为，该案犯罪行为发生地及被告人取得财产的犯罪结果地均在法国，故中国法院不能依据中国《刑法》第6条的规定，取得该案管辖权，本案不能适用中国《刑法》。

天津市高级人民法院二审认为，上诉人卢卡斯在不具有偿还能力的情况下，以非法占有为目的，持信用卡超过规定的限额恶意透支消费，数额巨大，且经发卡银行两次催收后逃匿，超过3个月仍不归还，其行为构成信用卡诈骗罪。鉴于其归案后认罪态度较好，并由亲友代为赔偿发卡银行经济损失，具有可以从轻处罚的情节，原审法院已经在上诉人犯罪数额所对应的法定量刑幅度内最低刑对其量刑，故对上诉人卢卡斯所提原审量刑过重的上诉理由不予支持。对于辩护人所提中国法院不能根据刑法第六条取得管辖权的意见，经查，根据中国刑法规定，以恶意透支方式实施信用卡诈骗犯罪包括"持卡人以非法占有为目的，超过规定限额或者规定期限透支"和"经发卡银行催收后仍不归还"两个行为阶段的内容，其中任何一个阶段的行为发生在中国，中国便属于犯罪行为发生地，中国法院便可依照刑法第六条的规定享有管辖权。本案中上诉人卢卡斯虽然实施透支消费的行为地及取得财产地均在法国，但其再次进入中国后，发卡银行对其进行两次催收后超过3个月仍未归还的行为发生在中国境内，所以中国属于犯罪行为发生地，故依照刑法第六条的规定，本案可以适用中国刑法，中国法院享有管辖权，该辩护意见不成立，二审不予采纳。一审判决认定的犯罪事实清楚，证据确实充分，定罪准确，量刑适当，审判程序合法。

天津高院依照《刑事诉讼法》第189条第1项之规定，裁定：驳回上诉，维持原判。

［评析］

与一般信用卡诈骗案件相比，本案的特殊之处在于本案上诉人系外国籍人，其虽然是向中国的银行申领信用卡，但其实施超限额透支消费的行为发生在国外，且上诉人再次进入中国境内后，并未在天津居住或持卡消费。审理过程中，辩方所提的主要辩护理由便是本案中上诉人卢卡斯实施超限额消费的行为及其取得财产的结果均未发生在中国，即本案的犯罪行为地及结果地均非发生在中国境内，故中国刑法不能适用于本案。若该辩护意见成立，我国法院将失去对本案的管辖权：第一，本案中犯罪的行为和结果均发生在法国，我国法院不能根据刑法第六条规定的属地管辖原则取得管辖权；第二，本案上诉人系法国公民，我国法院不能根据刑法第七条规定的属人管辖原则取得管辖权；第三，本案受害人并非中国的国家或者公民，我国法院不能根据刑法第八条规定的保护管辖原则取得管辖权；第四，本案涉及的罪名不属于普遍管辖原则所涵盖的罪名范围，我国法院不能根据刑法第九条的规定取得管辖权。也就是说，倘若辩护人的辩护意见正确，中国法院对本案便丧失了管辖的合法性基础。因此，要证明本案审理的合法性，必须从以下两点切入，以解决中国法院以及天津法院的管辖权问题：一是行为人实施超过信用卡限额透支消费的行为发生在国外，即其取得财产的地点不在中国，中国刑法能否适用于本案或者适用的根据何在？二是行为人所透支消费的信用卡发卡银行虽然位于天津，但其透支消费行为未发生在天津，且之后亦未居住天津，若本案能适用中国刑法，天津的法院是否具有管辖权？上述两个问题之间存在着一种递进的层次关系，只有在解决完第一个问题，即只有先证明中国法院对本案具有管辖权，才有就第二个问题进行进一步探讨的余地。

一、恶意透支型信用卡诈骗案件中犯罪行为地之确定

我国《刑法》第6条确立了属地管辖原则，第1款规定："凡在中华人民共和国领域内犯罪的，除法律有特别规定的以外，都适用本法"，第3款规定："犯罪的行为或者结果有一项发生在中华人民共和国领域内的，就认为是在中华人民共和国领域内犯罪"。随后《刑法》在第7条、第8条、第9条规定中分别确立了属人管辖、保护管辖和普遍管辖原则，但该三个管辖原则明显不适用于本案，故只能依据第6条来判断我国法院是否具有管辖权。刑事诉讼中，客观构成要件该当性不仅是认定被告人所实施的行为是否构成犯罪的基础和标准，而且，法定犯罪构成要件中的客观行为同样是诉讼程序层面确定管辖权的重要依据。

关于恶意透支型信用卡诈骗罪的构成要件，我国《刑法》第196条第1款第4项进行了规定。该条第2款对恶意透支行为的内涵进行了解释："前款所称恶意透支，是指持卡人以非法占有为目的，超过规定限额或者规定期限透支，并且经发卡银行催收后仍不归还的行为。"此外，2009年《最高人民法院、最高人民检察院关于办理妨害信用卡管理刑事案件具体应用法律若干问题的解释》第6条对恶意透支行为进行了进一步规定："持卡人以非法占有为目的，超过规定限额或者规定期限透支，并且经发卡银行两次催收后超过3个月仍不归还的，应当认定为刑法第一百九十六条第二款规定的恶意透支。"前述两个条文是认定恶意透支型信用卡诈骗犯罪的主要法源。根据该两个条文的规定，具体的透支行为只有在同时满足"超过规定限额或者规定期限透支"和"经发卡银行两次催收后超过3个月仍不归还"两项要件的情况下，才能认定其行为符合完整的恶意透支型信用卡诈骗罪的客观要件，缺一不可。

根据确定刑事管辖的一般规则，犯罪行为的全部或者其中某一部分、某一环节发生在中国境内，则认为是在中国领域内犯罪。回到本案，根据审理查明的事实，上诉人卢卡斯实施的超过规定限额透支消费的行为虽然发生在法国，但其在发卡银行中国建设银行天津市分行对其进行两次催收后，超过 3 个月仍不归还的事实发生在中国，关于此点控辩双方均无争议。本案中，卢卡斯实施的超过规定限额透支消费行为和经发卡银行两次催收后超过 3 个月仍不归还行为分别发生在法国和中国，但只要其中任何一个阶段的行为发生在中国，中国便属于犯罪行为发生地，可以据此认为是在中国领域内实施犯罪，中国法院便可依照中国《刑法》第 6 条的规定实施管辖权。

二、恶意透支型信用卡诈骗案件中犯罪地之确定

在确定中国法院对本案具有管辖权之后，接下来在案件管辖方面面临的问题是：天津市辖区内的法院对本案是否具有管辖权？

本案审理时间在新刑事诉讼法及其司法解释生效之前，当时实施的 1996 年《刑事诉讼法》第 24 条与 1998 年《最高人民法院关于执行刑事诉讼法若干问题的解释》（以下简称 1998 年《解释》）第 2 条，是我国法院确定地域管辖权的主要法律依据。其中 1996 年《刑事诉讼法》第 24 条规定："刑事案件由犯罪地的人民法院管辖。如果由被告人居住地人民法院管辖更为适宜的，可以由被告人居住地的人民法院管辖"，该条确立了我国实施以犯罪地管辖为主，被告人居住地管辖为辅的原则。1998 年《解释》第 2 条则将前述规定中犯罪地解释为 "犯罪地是指行为发生地，以非法占有为目的的财产犯罪，犯罪地包括犯罪行为发生地和犯罪分子实际取得财产的犯罪结果发生地。"该条规定虽然将犯罪行为发生地和犯罪结果发生地均纳入犯罪地的范畴，但对于"犯罪结果发生地"法院的管辖权，却加了两个适用上的限制：一是适用的案件范围仅限于以非法占有为目的的财产犯罪，二是将犯罪结果发生地中的犯罪结果局限于犯罪分子实际取得财产。根据前两个条文中关于地域管辖的规定，运用排除法，首先，本案案发时上诉人卢卡斯居住地为广州市，若依被告人居住地管辖原则，天津市辖区内的法院对本案没有管辖权；其次，本案中上诉人卢卡斯超过规定限额透支消费的行为发生在国外，其再次进入中国后，为逃避银行催收先后在湖南、山东、广东三个地区藏匿，发卡银行亦先后到湖南和山东两地进行催收，而案发前卢卡斯的居住地却是广东，故从空间维度上看，本案属于典型的流动性、跨区域实施的犯罪，且整个信用卡诈骗行为的任何一个环节未发生在天津，故天津市不属于犯罪行为发生地，天津市辖区内的法院无法以犯罪行为发生地的理由取得本案管辖权；最后，本案上诉人卢卡斯超过规定限额透支消费的行为发生在法国，故其实际取得财产地为法国，天津市辖区的法院同样不能据此获得管辖权。

那么，天津市辖区的法院审理本案的依据何在？应当承认，尽管 1998 年《解释》第 2 条对犯罪地概念进行了限缩解释，但与当时的经济、科技和社会发展程度比，其关于地域管辖的规定在总体上能与当时的社会发展阶段相匹配，也能够满足当时的刑事审判需要。然而，随着社会的不断发展进步，新类型经济犯罪层出不穷，此类犯罪客观方面的行为与结果本身也衍化出多种新表征，该规定人为地缩小了犯罪地概念的外延广度，给司法实践造成了不少障碍：有的案件有权管辖的地方司法机关不愿管辖或者不便管辖，而应当管辖、便于管辖或者愿意管辖的法院却囿于该条规定不具有管辖权。最高人民法院显然注意到了这种情况，并在之后制定的一系列司法解释或者规范性文件中对 1998 年《解释》第 2 条的规定做出了一定突破，如 2002 年《最高人民法院、最高人民检察院、

海关总署关于办理走私刑事案件适用法律若干问题的意见》、2011年《最高人民法院、最高人民检察院、公安部关于办理侵犯知识产权刑事案件适用法律若干问题的意见》、2011年《最高人民法院、最高人民检察院、公安部关于信用卡诈骗犯罪管辖有关问题的通知》等规范性文件中，就将上述文件所涉案件类型的管辖权扩大到犯罪行为地之外。特别是2011年会同最高人民检察院、公安部、国家安全部、工业和信息化部、中国人民银行等部门颁行的《关于办理流动性团伙性跨区域性犯罪案件有关问题的意见》第1条更是对1998年《解释》第2条进行了突破，该条明确规定"犯罪地包括犯罪行为发生地和犯罪结果发生地。"从行为特征上看，本案明显属于流动性、跨区域性侵财案件，且发卡银行——中国建设银行天津分行是财产损失的最终承担者，是刑事诉讼法意义上的被害人，其财产损失的犯罪结果亦发生在天津，据此可以认为发卡银行所在地人民法院，即天津市辖区内的人民法院对恶意透支型信用卡诈骗罪案件具有管辖权。

三、刑事诉讼法语境下恶意透支型信用卡诈骗案件中犯罪地之确定

作为程序法，刑事诉讼法的目的之一便是保障刑法的顺利实施，故刑事诉讼法的规定应当与刑法规定保持同一性。根据《刑法》第6条第3款的规定，犯罪地应当包含犯罪行为地与犯罪结果地，而1998年《解释》第2条的规定却对犯罪地的内涵进行了限缩解释。根据该条规定，犯罪地仅仅是指犯罪行为发生地，只在特定类型的案件——以非法占有为目的的财产犯罪中——还包括犯罪分子实际取得财产的犯罪结果发生地，该规定未与我国《刑法》第6条的规定相对接，容易造成刑事案件地域管辖规则的不周延。鉴于此，新《刑事诉讼法司法解释》第2条第1款对此进行了修正，在该条第1款明确规定"犯罪地包括犯罪行为发生地和犯罪行为结果地"，在形式上实现了程序法与实体法的统一。但尽管如此，确定恶意透支型信用卡诈骗犯罪中的犯罪地，仍然应当对以下问题予以厘清：

1. 关于犯罪行为发生地的认定

前文已经分析，恶意透支型信用卡诈骗犯罪构成要件的客观方面包含两个阶段的行为，一是行为人实施了超过规定限额或者规定期限透支的积极行为，二是存在经发卡银行两次催收后，行为人实施了超过3个月仍不归还的消极行为，上述两个行为中任何一个行为发生的地点均可以认定为犯罪地。如本案中，上诉人超过规定限额和期限使用信用卡透支消费的行为虽然发生在法国，但银行对其进行催收之后其仍不归还的行为发生在中国，在这种情形下，法国和中国均是本案的犯罪行为发生地，均属于犯罪地。

2. 对犯罪结果发生地的认定

要准确认定犯罪结果发生地，关键取决于对犯罪结果发生地概念中"犯罪结果"的理解。从字面含义方面解读，犯罪结果发生地是指犯罪行为造成的不法后果发生或存在的地点。在信用卡诈骗犯罪中犯罪行为侵犯了双重客体，既对国家信用卡管理制度造成了侵害，又侵犯了被害人（单位）的财产权利，犯罪行为人取得不法财产固然是犯罪行为的直接结果，被害人遭受财产损失同样应该是刑法意义上的犯罪结果，并且在此类非接触性侵财案件中，犯罪分子实际取得财产的犯罪结果发生地和被害人遭受实际财产损失的犯罪结果发生地往往是分离的。从这个意义上讲，信用卡诈骗罪中的犯罪结果发生地不仅应当包括犯罪行为人通过犯罪取得不法财产的犯罪结果发生地点，还应当包括被害单位（即发卡银行）因犯罪行为而遭受实际财产损失的犯罪结果发生地点，被害人财产遭受损失地属于犯罪结果发生地（犯罪地），《新刑事诉讼法司法解释》第2条第2款

以及 2011 年《最高人民法院、最高人民检察院、公安部关于信用卡诈骗犯罪管辖有关问题的通知》也明确支持了此立场。因此，在信用卡诈骗特别是恶意透支型信用卡诈骗犯罪中，发卡银行所在地作为刑事诉讼法意义上的被害人财产遭受损失地，应当被认定为犯罪结果发生地，属于犯罪地。

3. 发卡银行所在地属于犯罪地的再申明——从诉讼经济角度

恶意透支型信用卡诈骗案件中，发卡银行所在地作为被害人财产遭受损失地，在刑事诉讼中被认定为犯罪结果地（犯罪地），发卡银行所在地司法机关便具有管辖权，不但符合刑事诉讼管辖理论，而且符合诉讼经济和实效性原则。

一方面，在恶意透支型信用卡诈骗案件中，行为发生地点往往是流动的，如果行为人跨区域实施信用卡诈骗行为，各区域均可作为犯罪行为发生地而具有管辖权，此时则可能会因各地司法机关互相推诿而形成管辖真空，形成都有权管但都不管的局面。但是发卡银行所在地的地点则比较固定，而且此类案件的案发绝大部分是源于作为权益受损者的发卡银行向司法机关报案。就发卡银行而言，自然更愿意选择向本地司法机关进行报案，因而更有利于保证惩治恶意透支型信用卡诈骗犯罪的力度和效果。

另一方面，在恶意透支型信用卡诈骗案件中，认定行为人构成犯罪的前提是查明信用卡使用期限与授信额度情况、行为人超过额度或期限刷卡消费情况以及发卡银行进行催收情况等三方面的客观事实，而认定该三方面客观事实的主要证据则一般均由发卡银行提供。因此，在地域管辖的选择和确定方面，由发卡银行所在地的司法机关实施管辖无疑更便于进行查证等各项刑事诉讼活动，更加符合刑事诉讼经济原则。

考虑到实践中经常出现信用卡申领地与发卡银行所在地不一致的情形，如行为人在甲地申领了乙地银行的信用卡，此情形下赋予信用卡申领地司法机关管辖权实际意义不大。因此，在"发卡银行所在地"与"信用卡申领地"两个概念之间，选择前者更为科学。

【人民司法案例】恶意透支型信用卡诈骗罪犯罪数额如何认定——郭某信用卡诈骗案[①]

[裁判要旨]

信用卡诈骗罪中，恶意透支的数额应严格按照司法解释的规定，数额的计算是指经发卡银行两次催收后超过 3 个月、持卡人拒不归还的本金数额，或者尚未归还的本金数额，按照公安机关立案前涉案信用卡实际消费（含提现额）数额与实际还款数额的差额来计算，不应包括本金所生的利息、手续费、滞纳金等任何发卡银行收取的费用。

[案情]

公诉机关：辽宁省沈阳市浑南区人民检察院。

被告人：郭某。

沈阳市浑南区人民法院经审理查明：2009 年 10 月，被告人郭某向招商银行信用卡中心申领了一张信用卡后恶意透支，截至 2015 年 5 月 10 日，共拖欠本金 46996 元，经银行多次催收，拒不归还透支的本息。2011 年 9 月，被告人郭某向交通银行信用卡中心申领

---

① 边锋、袁俊峰、魏冬梅：《恶意透支型信用卡诈骗犯罪数额的计算》，载《人民司法·案例》2018 年第 32 期。

了一张信用卡后恶意透支，截至 2015 年 5 月 27 日，共拖欠本金 31909.78 元，经银行多次催收，拒不归还透支本息。2012 年 7 月，被告人郭某向兴业银行信用卡中心申领了一张信用卡后恶意透支，截至 2015 年 1 月 19 日，共拖欠本金 49034.68 元，经银行多次催收，拒不归还透支本息。被告人郭某恶意透支银行卡三张，共计 127940.46 元。被告人对三家银行的欠款现已全部还清。

[审判]

沈阳浑南区法院依照《刑法》第 196 条第 1 款第 4 项、第 2 款、第 67 条第 3 款、第 53 条之规定，认定被告人郭某犯信用卡诈骗罪，判处有期徒刑 5 年，并处罚金 5 万元。

一审宣判后，被告人郭某提出上诉。上诉理由：原审法院认定的犯罪数额中包含发卡银行收取的本金、利息、滞纳金等款项，上述数额应予扣除，故判决其犯罪数额巨大错误，对其量刑过重。

沈阳市中级人民法院经审理认为，上诉人郭某使用信用卡恶意透支，数额较大，其行为已构成信用卡诈骗罪。关于郭某所提原判量刑过重及辩护人所提原判认定郭某的犯罪数额计算有误应予改判的辩护意见。经查，依据相关法律规定，恶意透支信用卡的数额，是指持卡人拒不归还或者尚未归还的本金，不包括复利、滞纳金、手续费等发卡银行收取的费用。原审法院认定郭某恶意透支的犯罪数额中确实计算了利息、滞纳金、手续费等发卡银行收取的费用，应予扣除。原判事实认定有误，应予纠正，故对该项辩护意见，法院予以采纳。经查，郭某到案后主动交代拖欠交通银行、招商银行的信用卡款项的犯罪事实，且自愿认罪，构成坦白。鉴于郭某具有坦白情节，且已全部偿还银行欠款，亦在法院审理期间委托家属积极缴纳罚金，并综合考虑上诉人系初次犯罪，认罪、悔罪、无再犯罪的危险，其所在居委会亦提出对其适用缓刑对所居住社区没有重大不良影响的意见，故对上诉人郭某从轻处罚并依法适用缓刑。

沈阳中院作出判决：上诉人郭某犯信用卡诈骗罪，改判为有期徒刑二年，缓刑二年，并处罚金 2 万元。

[评析]

本案在审理过程中，对于恶意透支型信用卡诈骗罪犯罪数额如何认定存在争议。2009 年最高人民法院、最高人民检察院发布的《关于办理妨害信用卡管理刑事案件具体应用法律若干问题的解释》（以下简称《解释》）第 6 条对于恶意透支型信用卡诈骗罪犯罪数额的认定作出了规定，即恶意透支的数额，是指持卡人拒不归还的数额或者尚未归还的数额，不包括复利、滞纳金、手续费等发卡银行收取的费用。但一直以来，对于恶意透支型信用卡诈骗罪犯罪数额如何计算仍存在争议，主要有三种观点。

第一种观点认为，恶意透支信用卡的数额应按照银行报案材料上提供的本金数额计算，该数额中会包含一些发卡银行计算的利息、手续费、滞纳金等发卡银行收取的费用。银行在收到还款人还款时，如果账户内有复利、滞纳金及手续费等项目，银行会将持卡人的还款中部分款项用于偿还复利等费用，部分款项用于偿还本金，所以银行提供的报案材料中载明所欠银行本金数额均是在扣除发卡银行收取费用的基础上计算的本金。一审法院即采纳了发卡银行报案材料中的本金数额作为被告人的犯罪数额。

第二种观点认为，恶意透支的数额是指经发卡银行两次催收后超过 3 个月、持卡人拒不归还的本金数额或者尚未归还的本金数额。应按照公安机关立案前涉案信用卡实际消费（含提现额）数额与实际还款数额的差额来计算，不包括本金所生的利息、手续费、滞纳金等任何发卡银行收取的费用。

第三种观点认为，恶意透支的数额应包括所欠银行的本金，即实际消费数额与扣除利息后还款数额的差额。银行将还款数额部分款项用于偿还利息，部分用于偿还本金。

笔者不认同第一种观点，因为信用卡诈骗罪是财产性犯罪，针对的对象是信用卡透支的本金，透支本金产生的利息等费用并不是犯罪对象，且此种观点与刑法的基本原则及《解释》的立法精神相违背。第三种观点亦存在扩大犯罪数额之嫌。《解释》明确规定了"发卡银行收取的费用"这个类概念，而该费用名目繁多，主要包括利息、滞纳金、取现费、手续费、年费、工本费等。利息是发卡银行收取的主要费用，如果这种主要费用都可以计入恶意透支的数额，那么所谓的排除性规定就失去意义了，而且将利息计入犯罪数额的做法，司法实践中也不易操作，且有扩大打击范围、量刑畸重之嫌。

笔者同意第二种观点。此种观点符合《解释》的立法本意，且具有充分的理论依据，理由如下：

1. 符合刑法谦抑性原则。信用卡的透支，是指银行向持卡人提供的消费信贷，即允许持卡人在资金不足的情况下，先行消费，再补足资金，并按规定支付一定的利息。信用卡实际上是银行与公民个人之间形成的一种借贷合同关系，应属民事法律调整范畴，只有严重扰乱金融秩序的行为才被纳入刑法打击的范围。为此，刑法及《解释》对恶意透支型信用卡诈骗罪要件、定罪量刑标准作出了较为严苛的限定。持卡人恶意透支行为造成银行最直接的损失是本金，即在案发时间内的实际消费额与实际还款额的差额，而利息、手续费、滞纳金等收益或者管理费用，是银行的间接损失，不应由最严厉的刑法调整，应在民事领域调整。

2. 符合刑法罪责刑相适应原则。随着国家经济的发展，信用卡的使用日渐普遍，发卡银行甚至降低门槛鼓励申办信用卡。如果按照前述第一种观点计算犯罪数额，势必会使案件激增，对被告人量刑畸重。以本案为例，一审法院认定被告人恶意透支数额达12万余元，属于数额巨大，应当判处5年以上有期徒刑，并处5万元以上50万元以下罚金。而按照第二种观点计算的恶意透支数额仅为5万余元，属于数额较大，且已还清银行欠款并自愿缴纳罚金。二审法院按照宽严相济的原则对被告人改判缓刑，符合罪责刑相适应原则的要求。

3. 银行的损失可通过民事救济途径解决。民事法律在补偿被害人时，不仅要补偿直接损失，还包括可得利益损失，即间接损失。银行与持卡人之间存在借贷合同关系，银行可以通过民事途径向被告人主张利息、滞纳金及手续费等间接损失。因此，依照第二种观点进行处理，在惩治和打击犯罪的同时，不会影响银行主张合法权益。

在办理恶意透支型信用卡诈骗犯罪时，应遵循主客观相一致的原则，严格收集、审查认定非法占有目的及两次有效催收的相关证据，对于犯罪数额的认定更应依照实际消费（含提现额）数额减掉实际还款数额的公式准确计算出的本金数额，认定为犯罪数额，并按照宽严相济的刑事审判政策，在依法打击恶意透支型信用卡诈骗犯罪的同时，维护信用卡发卡银行及持卡人的合法权益。

【人民司法案例】恶意透支与普通型信用卡诈骗并存时的数额能否累计处罚或者是否需要累计处罚——张某、俞某晓、陈某宝信用卡诈骗案①

[裁判要旨]

恶意透支数额与普通型信用卡诈骗数额属于同类不同种数额。对于同类不同种数额，可以累计并就轻认定。恶意透支与普通型信用卡诈骗并存时，如果累计两种数额后导致入罪或者法定刑升格的，必须累计并就轻认定，即以恶意透支型信用卡诈骗的数额标准进行定罪处罚。

[案情]

被告人张某、俞某晓、陈某宝结伙，于2008年9月至12月间，经预谋，由被告人张某、俞某晓利用工作便利得到的客户资料，分别冒用和某、武某、王某的名义至光大银行申请办理三张信用卡，由被告人陈某宝谎称申请人系其公司员工，通过银行核卡程序。后被告人张某、俞某晓、陈某宝共从上述三张信用卡内套取现金48000元，其中被告人陈某宝得款2000元，余款由被告人张某、俞某晓分赃花用。案发后，被告人张某、俞某晓已全额退赔赃款。被告人陈某宝还自2008年4月起，先后在中国民生银行股份有限公司上海分行及广东发展银行股份有限公司上海分行申领两张信用卡后透支取款、消费，并经银行多次催收仍不予归还。至案发，共透支银行本金56967.31元。另查明，被告人陈某宝、张某、俞某晓在接到公安机关电话传唤后主动到案，并如实交代了上述犯罪事实。

上海市宝山区人民检察院指控被告人张某、俞某晓、陈某宝的行为已构成信用卡诈骗罪，应依法追究刑事责任。

被告人张某、俞某晓、陈某宝对起诉书指控的事实无异议。

[审判]

上海市宝山区人民法院认为，被告人张某、俞某晓结伙被告人陈某宝，以非法占有为目的，使用以虚假的身份证明骗领的信用卡进行诈骗，数额较大；被告人陈某宝恶意透支，数额较大，其行为均已构成信用卡诈骗罪，应依法惩处。公诉机关指控被告人陈某宝、张某、俞某晓的犯罪事实清楚，证据确凿，罪名成立。在共同犯罪中，被告人张某、俞某晓系主犯，被告人陈某宝系从犯，应依法从轻处罚。鉴于被告人陈某宝有自首情节，认罪态度较好，可依法从轻处罚；被告人张某、俞某晓有自首情节，认罪态度较好，系初犯，且能积极退赔赃款，可依法从轻处罚并适用缓刑。为维护金融管理秩序，根据《中华人民共和国刑法》第196条第1款第1项、第4项，第2款，第25条第1款，第26条第1款，第27条，第67条第1款，第72条，第64条之规定，判决如下：一、被告人陈某宝犯信用卡诈骗罪，判处有期徒刑三年，并处罚金人民币三万元；二、被告人张某犯信用卡诈骗罪，判处有期徒刑二年六个月，缓刑二年六个月，并处罚金人民币二万元；三、被告人俞某晓犯信用卡诈骗罪，判处有期徒刑二年六个月，缓刑二年六个月，并处罚金人民币二万元；四、追缴被告人陈某宝非法所得，依法发还被害单位。

一审判决后，上海市宝山区人民检察院向上海市第二中级人民法院提出抗诉，认为被告人陈某宝的行为分别触犯《刑法》第196条第1款第1项以虚假身份骗领信用卡并

---

① 贺平凡、罗开卷：《恶意透支与普通型信用卡诈骗并存时的数额认定》，载《人民司法·案例》2011年第20期。

使用及第（四）项恶意透支，在触犯的两款行为分别构成犯罪的情况下，应当对两款的犯罪金额予以累加后综合量刑。被告人陈某宝的犯罪金额累计超过 10 万元，应当认定为数额巨大，依法应处五年以上有期徒刑。虽然被告人陈某宝具有从犯、自首等法定从轻、减轻处罚情节，但结合其前科、犯罪行为、数额，且无积极退赃情形，原审法院判处其有期徒刑三年，并处罚金人民币三万元，属于适用法律错误，量刑明显不当。

上海市第二中级人民法院认为，被告人张某、俞某晓、陈某宝共同冒用他人信用卡，进行信用卡诈骗活动，诈骗数额 48000 元；被告人陈某宝还以非法占有为目的，恶意透支 56967.31 元，三名被告人的行为均已构成信用卡诈骗罪，其中被告人张某、俞某晓的犯罪数额较大，被告人陈某宝的犯罪数额巨大，应依法予以惩处。被告人张某、俞某晓具有自首情节，且能退缴违法所得，原审法院对被告人张某、俞某晓犯信用卡诈骗罪依法从轻处罚并适用缓刑并无不当，应予维持。但原审法院对被告人陈某宝犯信用卡诈骗罪，未认定数额巨大，属适用法律不当的抗诉意见，应予采纳。被告人陈某宝在共同冒用他人信用卡诈骗犯罪中属从犯，且具有自首情节，故依法对其减轻处罚。据此，依照《中华人民共和国刑事诉讼法》第 189 条第 2 项、《中华人民共和国刑法》第 196 条第 1 款第 1 项、第 4 项、第 2 款、第 25 条第 1 款、第 26 条第 1 款、第 4 款、第 27 条、第 67 条第 1 款、第 72 条、第 64 条和第 1 款、第 4 款、第 27 条、第 67 条第 1 款、第 72 条、第 64 条和《最高人民法院、最高人民检察院关于办理妨害信用卡管理刑事案件具体应用法律若干问题的解释》第 5 条第 1 款、第 6 条第 1 款、第 2 款第 1 项、第 3 款之规定，判决如下："一、维持上海市宝山区人民法院（2009）宝刑初字第 1256 号刑事判决主文第二、三、四项，即被告人张某犯信用卡诈骗罪，判处有期徒刑二年六个月，缓刑二年六个月，并处罚金人民币二万元；被告人俞某晓犯信用卡诈骗罪，判处有期徒刑二年六个月，缓刑二年六个月，并处罚金人民币二万元；追缴被告人陈某宝的非法所得，依法发还被害单位。二、撤销上海市宝山区人民法院（2009）宝刑初字第 1256 号刑事判决主文第一项。三、被告人陈某宝犯信用卡诈骗罪，判处有期徒刑三年，并处罚金人民币三万元。"

[评析]

本案中，对被告人陈某宝的行为以信用卡诈骗罪定罪没有争议，但如何量刑存在不同观点。其中，争议的焦点在于恶意透支与普通型信用卡诈骗并存时的数额能否累计处罚或者是否需要累计处罚。对此，笔者拟结合信用卡诈骗罪的立法规定及数额犯累计数额处罚这一特殊规定作一探讨。

一、普通型信用卡诈骗与恶意透支型信用卡诈骗在入罪和法定刑升格上都要求不同的数额标准

《刑法》第 196 条信用卡诈骗罪规定了四种不同的信用卡诈骗行为，即使用伪造的信用卡或者使用以虚假的身份证明骗领的信用卡进行诈骗、使用作废的信用卡进行诈骗、冒用他人信用卡进行诈骗和恶意透支。在理论界和实务界，将前三种统称为普通型信用卡诈骗。由于恶意透支型信用卡诈骗的社会危害性明显低于普通型信用卡诈骗，而且恶意透支型信用卡诈骗的非法占有目的的认定主要靠推定，故 2009 年 12 月 16 日《最高人民法院、最高人民检察院关于办理妨害信用卡管理刑事案件具体应用法律若干问题的解释》（以下简称《解释》）改变了以前关于四种不同形式的信用卡诈骗都以 5000 元以上作为追诉标准的规定。根据《解释》第 5 条的规定，实施普通型信用卡诈骗，数额在 5000 元以上不满 5 万元的，应当认定为数额较大；数额在 5 万元以上不满 50 万元的，应当认

定为数额巨大;数额在50万元以上的,应当认定为数额特别巨大。而根据《解释》第6条的规定,实施恶意透支型信用卡诈骗,数额在1万元以上不满10万元的,应当认定为数额较大;数额在10万元以上不满100万元的,应当认定为数额巨大;数额在100万元以上的,应当认定为数额特别巨大。可见,普通型信用卡诈骗与恶意透支型信用卡诈骗在入罪和法定刑升格上都要求不同的数额标准。

二、普通型信用卡诈骗数额与恶意透支型信用卡诈骗数额属于同类不同种数额

在数额犯立法中,有的只是概括性地对客观危害行为作出规定,即没有进一步细化行为类型。如诈骗罪,诈骗公私财物,数额较大的,处……有的则列举性地对客观危害行为作出规定,即进一步细化行为类型,规定了多种不同危害行为,如信用卡诈骗罪和挪用公款罪等。由于概括性立法没有进一步细化行为类型,因此多次实施某一类型化行为涉及的多次数额,属于同类同种数额(也可以为同类数额)。而对于列举性立法,多次实施某一类型化行为涉及的多次数额,既可能属于同类同种数额,如多次冒用他人信用卡进行诈骗的;也可能属于同类不同种数额,如既挪用公款进行营利活动又挪用公款进行非法活动的。本案中,被告人陈某宝实施了以虚假身份骗领信用卡并使用这种普通型信用卡诈骗和恶意透支型信用卡诈骗两种不同的信用卡诈骗行为,涉及两种不同的数额,但属于同类不同种数额。

三、同类不同种数额可以累计并就轻认定

由于同类同种行为的入罪和法定刑升格标准相同,因此对于同类同种数额,不论是违法数额还是犯罪数额,只要未经处理的,有的是刑法明文规定按照累计数额处罚,如《刑法》第383条贪污罪中规定:对多次贪污未经处理的,按照累计贪污数额处罚;有的尽管《刑法》没有规定,实践中一般也是累计数额处罚的。同类同种数额可以累计,那么同类不同种数额是否可以累计?对此,有人认为不同种行为性质不同,不可累计。笔者认为,尽管刑法将类型化行为细化为几种不同行为,有的还对不同种行为规定了不同的入罪、法定刑升格标准,但这些不同种行为仍然属于同类行为,具有类的属性。从类行为角度,可以对同类不同种行为一并进行评价;从不同种行为所涉数额角度,累计同类不同种数额可以综合反映类行为的社会危害程度。因此,不仅同类同种数额可以累计,同类不同种数额也可以累计。本案中,普通型信用卡诈骗数额与恶意透支型信用卡诈骗数额系同类不同种数额,当然可以累计。

对于入罪、法定刑升格标准相同的同类不同种数额,直接累计数额处罚。而对于入罪、法定刑升格标准不同的同类不同种数额,由于不同种行为的相同数额的社会危害性不一样,累计数额后必须就轻认定,即以入罪、法定刑升格标准较高的行为(轻种行为)为标准进行处罚,同时将入罪、法定刑升格标准较低的行为(重种行为)数额作为从重量刑情节考虑。如果累计数额后以重种行为为标准进行处罚,显然会加重行为人的刑事责任。本案中,普通型信用卡诈骗在入罪和法定刑升格标准上低于恶意透支型信用卡诈骗,故当两种行为并存时,普通型信用卡诈骗属于重种行为,恶意透支型信用卡诈骗属于轻种行为。这样,累计普通型信用卡诈骗数额与恶意透支型信用卡诈骗数额,就应当以轻种行为即恶意透支型信用卡诈骗的数额标准进行处罚。

四、累计同类不同种数额后导致入罪或者法定刑升格的,必须累计数额处罚

同类不同种数额累计,既可能是犯罪数额的累计,也可能是违法数额的累计,还可能是犯罪数额与违法数额的累计。如果累计同类不同种违法数额(指未经处理的)导致

行为入罪的，必须累计，否则将放纵犯罪。如果累计同类不同种犯罪数额或者违法数额与犯罪数额导致法定刑升格的，也必须累计，否则将轻纵犯罪。对于累计数额后不会导致入罪的，一般不予累计，直接作为违法行为处理。同样，对于累计数额后不会导致法定刑升格的，一般也不予累计，采取从一重再酌情从重处罚即可实现罪刑均衡。

五、对本案被告人行为的分析

本案中，被告人陈某宝实施普通型信用卡诈骗，骗取4.8万元，属数额较大，构成信用卡诈骗罪，应处五年以下有期徒刑或者拘役。又恶意透支5.6万余元，属数额较大，构成信用卡诈骗罪，也应处五年以下有期徒刑或者拘役。如果不累计两种信用卡诈骗的数额，而是从一重再酌情从重处罚，对陈某宝就只能处五年以下有期徒刑或者拘役。但普通型信用卡诈骗数额与恶意透支型诈骗数额系同类不同种数额，可以累计，且累计数额后为10.4万余元，就轻认定即以恶意透支型信用卡诈骗的数额标准进行处罚，属数额巨大，应处五年以上十年以下有期徒刑。可见，本案属于累计同类不同种数额后导致法定刑升格的情形，必须累计。否则，就会出现恶意透支10.4万余元的刑事责任，重于使用以虚假身份证明骗领的信用卡诈骗4.8万元及恶意透支5.6万余元的刑事责任这种罪刑不均衡现象。

综上，本案一审对于应当累计数额处罚的没有累计，而是从一重再酌情从重处罚，属适用法律错误。对此，二审进行了纠正。本应对被告人判处五年以上十年以下有期徒刑，但鉴于其有自首等减轻、从轻情节，减轻判处五年以下有期徒刑即可，故二审维持了一审量刑部分。

【司法解释】

《最高人民法院、最高人民检察院关于办理妨害信用卡管理刑事案件具体应用法律若干问题的解释》（2018年11月28日修正）（节录）

第六条 持卡人以非法占有为目的，超过规定限额或者规定期限透支，经发卡银行两次有效催收后超过三个月仍不归还的，应当认定为刑法第一百九十六条规定的"恶意透支"。

对于是否以非法占有为目的，应当综合持卡人信用记录、还款能力和意愿、申领和透支信用卡的状况、透支资金的用途、透支后的表现、未按规定还款的原因等情节作出判断。不得单纯依据持卡人未按规定还款的事实认定非法占有目的。

具有以下情形之一的，应当认定为刑法第一百九十六条第二款规定的"以非法占有为目的"，但有证据证明持卡人确实不具有非法占有目的的除外：

（一）明知没有还款能力而大量透支，无法归还的；

（二）使用虚假资信证明申领信用卡后透支，无法归还的；

（三）透支后通过逃匿、改变联系方式等手段，逃避银行催收的；

（四）抽逃、转移资金，隐匿财产，逃避还款的；

（五）使用透支的资金进行犯罪活动的；

（六）其他非法占有资金，拒不归还的情形。

第七条 催收同时符合下列条件的，应当认定为本解释第六条规定的"有效催收"：

（一）在透支超过规定限额或者规定期限后进行；

（二）催收应当采用能够确认持卡人收悉的方式，但持卡人故意逃避催收的除外；

（三）两次催收至少间隔三十日；

（四）符合催收的有关规定或者约定。

对于是否属于有效催收，应当根据发卡银行提供的电话录音、信息送达记录、信函送达回执、电子邮件送达记录、持卡人或者其家属签字以及其他催收原始证据材料作出判断。

发卡银行提供的相关证据材料，应当有银行工作人员签名和银行公章。

第八条 恶意透支，数额在五万元以上不满五十万元的，应当认定为刑法第一百九十六条规定的"数额较大"；数额在五十万元以上不满五百万元的，应当认定为刑法第一百九十六条规定的"数额巨大"；数额在五百万元以上的，应当认定为刑法第一百九十六条规定的"数额特别巨大"。

第九条 恶意透支的数额，是指公安机关刑事立案时尚未归还的实际透支的本金数额，不包括利息、复利、滞纳金、手续费等发卡银行收取的费用。归还或者支付的数额，应当认定为归还实际透支的本金。

检察机关在审查起诉、提起公诉时，应当根据发卡银行提供的交易明细、分类账单（透支账单、还款账单）等证据材料，结合犯罪嫌疑人、被告人及其辩护人所提辩解、辩护意见及相关证据材料，审查认定恶意透支的数额；恶意透支的数额难以确定的，应当依据司法会计、审计报告，结合其他证据材料审查认定。人民法院在审判过程中，应当在对上述证据材料查证属实的基础上，对恶意透支的数额作出认定。

发卡银行提供的相关证据材料，应当有银行工作人员签名和银行公章。

第十条 恶意透支数额较大，在提起公诉前全部归还或者具有其他情节轻微情形的，可以不起诉；在一审判决前全部归还或者具有其他情节轻微情形的，可以免予刑事处罚。但是，曾因信用卡诈骗受过两次以上处罚的除外。

第十一条 发卡银行违规以信用卡透支形式变相发放贷款，持卡人未按规定归还的，不适用刑法第一百九十六条"恶意透支"的规定。构成其他犯罪的，以其他犯罪论处。

问题3. 信用卡诈骗未遂及主从犯的认定

【人民法院案例选案例】纪某明等十四人信用卡诈骗案[①]

[法院评论]

本案是否存在信用卡诈骗未遂？全案区分主从犯的情况下，其中部分被告人是否可以既不认定为主犯，也不认定为从犯？

（二）区分信用卡诈骗罪的既、未遂标准不能与诈骗罪等传统财产犯罪相分离，仅以妨害信用卡管理秩序这一非物质性结果不能认定构成信用卡诈骗罪既遂。

本案中，部分钱款因银行发现涉嫌欺诈交易而未实际支付给被告人。对此，公诉机关指控亦构成信用卡诈骗既遂。法院判决认为，认定信用卡诈骗罪的既遂标准不能与传统经济犯罪相脱离，仅以妨害信用卡管理秩序这一非物质性结果作为信用卡诈骗罪既遂的认定标准并不妥当，因此，在被告人尚未实际控制钱款、被害人亦未实际遭受财产损失

---

① 本案例载《人民法院案例选》2009年第2辑，人民法院出版社2009年版。

的情况下，不宜认定为信用卡诈骗罪既遂。

显然，争议的焦点在于如何确定信用卡诈骗罪既、未遂的标准。由于信用卡诈骗罪侵犯的是双重客体，其危害结果具有双重性：一方面是对信用卡管理秩序的破坏，另一方面是对公私财产所有权的侵害。那么，应以何种危害结果的发生作为信用卡诈骗罪既遂的认定标准呢？一种观点认为，在信用卡诈骗犯罪中，只要行为人非法使用信用卡套现或购物，不管是否已经实际骗取财物，都已对金融秩序造成了破坏，应认定为信用卡诈骗罪既遂；另一种观点认为，认定信用卡诈骗罪的既遂标准不能与传统财产型犯罪相脱离，仍应以实际控制财产作为认定标准。对此，我们赞成后一种观点，认为在刑法理论与司法实践中，仅以妨害信用卡管理秩序作为区分信用卡诈骗罪既、未遂的标准并不妥当，理由在于：（1）由于信用卡诈骗行为必然妨害信用卡管理秩序，以此作为既遂的标准，是将此类犯罪等同于刑法中的举动犯，从而形成信用卡诈骗罪中只有既遂没有未遂的局面（2）妨害信用卡管理秩序是一种非物质性结果。从涉财产型犯罪来看，通常不宜将非物质性结果作为犯罪既遂的标志。同时，由于行为人完全可能在实施金融诈骗犯罪的过程中，自动放弃犯罪，避免他人的财产损失，如果将非物质性结果作为既遂标志，则显然不利于鼓励行为人中止犯罪，不利于保护被害人的财产。（3）刑法对信用卡诈骗罪规定了"数额较大"，旨在限制处罚范围，如果以妨害信用卡管理秩序作为既遂标志，就可能与刑法限制处罚范围的宗旨相冲突。（4）相关司法解释也确立了骗取财产为此类犯罪既、未遂标志。最高人民法院1996年12月16日《关于审理诈骗案件具体应用法律的若干问题的解释》指出：已经着手实行诈骗行为，只是由于行为人意志以外的原因而未获得财物的，是诈骗未遂。而该解释所说的诈骗案件包括了信用卡诈骗案件。这表明信用卡诈骗罪也是以行为人骗取财物为既遂标志的。

（三）全案区分主从犯的情况下，并不存在其中部分被告人既不定主犯、也不定从犯的余地与空间

公诉机关指控，被告人纪某明系主犯，陈某宝、邬某星、孙某华、王某辉、朱某芳、王某、吴某秀等七名被告人系从犯，张某平、程某樑、施某、童某芳、钱某鸣、蒋某光等六名被告人既不认定主犯，也不认定从犯。我们认为，公诉机关对于张某平等六名被告人既不认定为主犯，也不认定为从犯并不妥当。因为依据我国现行刑法规定，主犯应当按照其所参与的或者组织、指挥的全部犯罪处罚，对于从犯应当从轻、减轻或者免除处罚；同时取消了1979年《刑法》中"对于主犯应当从重处罚"的规定；显然，对既不定主犯、也不定从犯的被告人处罚的基础、原则与主犯是一致的，即按照所参与的或者组织、指挥的全部犯罪处罚，且不应当从重处罚。因此，在全案区分主从犯的情况下，没有认定为从犯的被告人，实际就是按主犯的规定来处罚。从这个意义上讲，我国《刑法》中并不存在全案区分主从犯，但其中部分被告人既不定主犯、也不定从犯的余地。故根据张某平等六名被告人在共同犯罪中的地位与作用，判决认定张某平、程某樑、童某芳、钱勤鸣、蒋某光系主犯，施某系从犯。

问题 4. 盗用他人支付宝绑定的银行卡内资金行为如何定性

【人民司法案例】盗用他人支付宝绑定的银行卡内资金构成信用卡诈骗罪——李某信用卡诈骗案[①]

［裁判要旨］利用他人原先使用的手机号码与支付宝账户、银行卡的绑定关系，通过重置支付宝账户密码的方式控制他人的支付宝账户，进而通过支付宝平台使用他人的银行卡进行网上消费、转账，数额较大的，构成信用卡诈骗罪。

［案情］

上海市金山区人民法院经审理查明：2012 年 8 月，被告人李某在四川省成都市购买被害人姚某原先使用的手机卡号后，发现该手机号绑定了姚某的支付宝和银行卡，遂利用该手机号重置了支付宝账号密码，并利用支付宝与银行卡的绑定关系，通过支付宝进行网上消费、转账。截至同年 9 月 10 日，被告人李某使用被害人姚某支付宝所绑定的建设银行卡及招商银行卡，消费、转账共计 14918.2 元。案发后，被告人李某的家属向被害人赔偿 1.5 万元。

［审判］

上海市金山区人民法院认为，被告人李某以非法占有为目的，利用被害人姚某开通的支付宝与银行卡的绑定关系进行网上消费和转账，致使被害人姚某银行卡账户遭受经济损失 1.4 万余元，该行为属于冒用他人信用卡的诈骗行为，且数额较大，构成信用卡诈骗罪。被告人李某到案后如实供述自己的罪行，可以从轻处罚。被告人李某家属代为赔偿被害人姚某的经济损失，可以酌情从轻处罚。据此，依法以信用卡诈骗罪判处被告人李某有期徒刑 7 个月，并处罚金 2 万元。

一审宣判后，被告人李某没有提出上诉，公诉机关亦没有抗诉，判决已经发生法律效力。

［评析］

本案的争议焦点在于：被告人李某利用他人原先使用的手机号码与支付宝账户、银行卡的绑定关系，重置支付宝账户密码进行网上消费和转账的行为，是构成信用卡诈骗罪还是盗窃罪？对此，存在三种不同的意见。

第一种意见认为，被告人李某的行为属于以窃取方式获取他人信用卡信息并使用的行为，与盗窃他人信用卡并使用的行为并无本质区别，故应依照《刑法》第 196 条第 3 款的规定以盗窃罪定罪处罚。

第二种意见认为，被告人李某的行为符合 2009 年 12 月 16 日《最高人民法院、最高人民检察院关于办理妨害信用卡管理刑事案件具体应用法律若干问题的解释》（以下简称《解释》）第 5 条第 2 款第 3 项，即"窃取、收买、骗取或者以其他非法方式获取他人信用卡信息资料，并通过互联网、通讯终端等使用的"规定，属于冒用他人信用卡的行为。该行为与《刑法》第 196 条第 3 款盗窃他人信用卡并使用的行为存在本质区别，故对被告人李某应以信用卡诈骗罪定罪处罚。

第三种意见认为，被告人的行为不仅符合《解释》第 5 条第 2 款第 3 项关于信用卡

[①] 罗开卷，舒平锋：《盗用他人支付宝绑定的银行卡内资金构成信用卡诈骗罪》，载《人民司法·案例》2016 年第 35 期。

诈骗罪的规定，也符合《刑法》第 196 条第 3 款关于构成盗窃罪的规定，同时构成信用卡诈骗罪与盗窃罪，系想象竞合，应从一重处，即以盗窃罪定罪处罚。

笔者倾向于第二种意见，理由如下：

一、本案被告人的行为不能认定为《刑法》第 196 条第 3 款规定的盗窃他人信用卡并使用的行为

《刑法》第 196 条第 3 款中的盗窃他人信用卡并使用，是指盗窃他人信用卡后使用该信用卡购买商品、在银行或者自动柜员机上支取现金以及接受用信用卡进行支付结算的各种服务，诈骗财物的行为。根据该款规定，对这种犯罪行为应当依照《刑法》第 264 条的规定以盗窃罪定罪处罚。一般认为，该款规定属于法律拟制而非提示性规定，否则，以欺骗手段获取他人信用卡并加以使用的，就应当以诈骗罪定罪处罚。而事实上，根据《解释》第 5 条第 2 款第 2 项的规定，骗取他人信用卡并使用的，属于冒用他人信用卡，如果骗取财物数额较大的，构成信用卡诈骗罪。此外，盗窃他人信用卡并使用中的信用卡，仅限于他人的真实有效的信用卡，不包括伪造或者作废的信用卡，而且还要求是有形的信用卡卡片。根据 2004 年 12 月 29 日《全国人民代表大会常务委员会关于〈中华人民共和国刑法〉有关信用卡规定的解释》的规定，刑法中的信用卡包括贷记卡和借记卡。

本案中，被告人李某以非法占有为目的，重置他人支付宝密码，利用他人支付宝与银行卡的绑定关系进行网上消费和转账，实际上为被告人李某通过重置他人支付宝密码秘密窃取他人信用卡信息资料，并以网上支付方式使用他人信用卡。所谓信用卡信息资料，是指发卡银行在发卡时使用专用设备写入信用卡磁条中的，作为 POS 机、ATM 机等终端机识别合法用户的数据，是一组有关发卡行代码、持卡人账户、账号、密码等内容的加密电子数据。显然，被告人李某窃取的是信用卡信息资料而非信用卡卡片本身。根据罪刑法定原则，不能认定本案被告人李某的行为是盗窃他人信用卡并使用的行为，故其行为不能以盗窃罪定罪处罚，前述第一种和第三种观点不足取。

二、本案被告人的行为属于冒用他人信用卡进行诈骗的信用卡诈骗行为

支付宝系支付宝（中国）网络技术有限公司的简称，主要提供支付及理财服务，包括网购担保交易、网络支付、转账、信用卡还款、手机充值、水电煤缴费、个人理财等多个领域，自 2004 年成立至今已经发展成为国内最大的第三方支付平台。将支付宝账户与银行卡（此处指储蓄卡，其实也可以是贷记卡）进行关联即绑定，开通快捷支付（即支付宝联合各大银行推出的一种全新的支付方式），输入支付宝支付密码而无须输入银行卡密码，即可通过支付宝将银行卡内的资金进行网上消费和转账。因此，未经许可重置他人支付宝密码，或者通过其他非法方式获取他人支付宝密码的，就可直接获取他人信用卡信息资料，并可以进行网上消费和转账。这种行为，貌似窃取了他人信用卡信息资料，就可以非法占有他人财物的盗窃行为，但其行为实质是行为人窃取了他人信用卡信息资料之后，还需冒用持卡人身份向相关银行发出支付指令，银行在接到指令后，错误地认为系持卡人发出指令而予以同意支付。显然，以上行为属于冒用他人信用卡、以无磁交易方式实施的诈骗行为，不仅侵害了国家对信用卡的管理制度，而且还侵害了他人的财产所有权，与仅仅侵害公私财产所有权的盗窃行为存在本质区别。

正是基于窃取他人信用卡信息资料并通过互联网、通讯终端等使用不同于盗窃信用卡并使用，《解释》第 5 条第 2 款第 3 项对此作出明确规定，"窃取、收买、骗取或者以其他非法方式获取他人信用卡信息资料，并通过互联网、通讯终端等使用的"，属于信用

卡诈骗罪中冒用他人信用卡情形。即通过窃取方式获取他人信用卡信息资料，并通过互联网、通讯终端等使用，骗取财物数额较大的，构成信用卡诈骗罪。

本案中，被告人李某擅自重置他人支付宝密码，利用他人支付宝与银行卡的绑定关系进行网上消费和转账的行为，就是窃取他人信用卡信息资料，并通过互联网使用的行为，属于《解释》规定的冒用他人信用卡进行诈骗的行为，且骗取他人财物1.4万余元，数额较大，其行为构成信用卡诈骗罪。考虑到被告人李某具有坦白、赔偿他人损失等情节，法院从轻判处其有期徒刑7个月，并处罚金2万元，定罪准确，量刑适当。

问题5. 拖欠信用卡衍生贷款是否构成信用卡诈骗罪

【人民司法案例】 王某胜信用卡诈骗案[①]

［裁判要旨］依附于信用卡的贷款产品与普通的信用卡透支有显著区别，应当认定为一种银行信用贷款而非信用卡透支。因信用卡持卡人无法归还该部分贷款而产生的纠纷，不应认定为信用卡诈骗罪，应通过民事诉讼途径解决或以贷款诈骗类犯罪追究刑事责任。

［案情］

北京市朝阳区人民法院审理查明：被告人王某胜于2009年12月申请办理广发银行信用卡一张，后持该卡在北京市朝阳区等地透支消费，透支本金共计2.36万元。后经银行多次催收，超过3个月仍未还款。为逃避处罚，王某胜于2016年12月31日还款100元。被告人王某胜后被民警查获归案，现已还清欠款本金。

王某胜自2005年来京务工，工作单位为海南某公司北京分公司。2009年其担任生产部副经理，月薪4000元。2012年公司合作终止，其继续留在北京工作，育有二子一女。2009年11月24日，经广发银行业务员电话销售，王某胜申请了广发银行信用卡。2009年12月3日，广发银行将额度为2.3万元的信用卡发放给王某胜。

财智金业务系广发银行提供的通过信用卡办理的个人小额贷款业务，由持卡人提出申请，银行审核后按照固定额度批准，一次性打入持卡人另一张借记卡中。王某胜共通过广发银行信用卡申请过3笔财智金贷款。第一笔为2011年11月3日申请，预借款为1万元，分12期还款；第二笔为2013年3月16日申请，预借款为1万元，分12期还款，均为广发银行业务员电话向王某胜推销，王某胜同意办理并按时还清了上述贷款。本案涉及的第三笔贷款为24期共计4.5万元的财智金业务，2014年2月26日广发银行将钱款一次性打入王某胜个人工商银行借记卡中，王某胜每月需向其广发银行信用卡中还款（本金＋利息＋手续费）约2400元，24期满王某胜需连本带息还款共计约58670元，年息约15%。在此期间，王某胜存在正常使用该信用卡进行小额透支消费的情况。

涉案期间（2014年2月至2016年12月），王某胜合计向广发银行信用卡还款3.44万元，其中包括13期本金（未还清）与其他透支消费。截至2017年1月10日案发，王某胜尚欠广发银行财智金本金2.36万元，账单利息、滞纳金、账单分期手续费2.2万元，财智金手续费等费用5.46万元，合计欠款总额10万元。因公司停止给王某胜报销房租，加之2013年其妻子怀孕后无工作收入，其工资只有4000余元，其借财智金的主要用途是用于缴纳房租及维持家庭生活开支。

[①] 钟欣、王硕：《拖欠信用卡衍生贷款不构成信用卡诈骗罪》，载《人民司法·案例》2018年第35期。

2015 年年中，王某胜发现自己无力还清借款和高额手续费，与银行协商不成，就多次拒绝接听催收电话。其间，王某胜更换了单位、住宅及电话，均未通知银行。广发银行自 2015 年 5 月 5 日起至 2017 年 1 月 4 日止，拨打王某胜手机、单位电话及住宅电话共计 26 次，上门通知一次，间隔最短为 4 天，最长为 3 个月。王某胜只接听两次并表示无能力还款。2017 年 1 月 10 日，广发银行报案。同日，民警将王某胜抓获。

2017 年 1 月 20 日，王某胜妻子向王某胜广发银行信用卡还款 2.36 万元，称系本金。王某胜于 2017 年 1 月 24 日被取保候审。取保期间、一审庭审前，广发银行继续向王某胜催收利息，其与广发银行达成协议，一次性还款 2 万元，与广发银行两清。

[审判]

北京市朝阳区人民法院认为：王某胜恶意透支信用卡，数额较大，已构成信用卡诈骗罪，依法应予惩处。鉴于王某胜具有如实供述、退赔本金等情节，依法对其从轻处罚。故判决：被告人王某胜犯信用卡诈骗罪，判处拘役六个月，缓刑六个月，并处罚金二万元。

一审宣判后，王某胜不服，提出上诉称：一审判决认定事实不清、证据不足，其不构成信用卡诈骗罪，其与广发银行之间系贷款债务纠纷。

北京市第三中级人民法院经审理认为：一审判决没有认定王某胜与广发银行之间存在财智金借贷关系的事实，将王某胜拖欠广发银行财智金本金、利息、滞纳金及手续费等费用的行为一概认定为信用卡恶意透支行为，对案件事实认定有误。涉案的财智金应当认定为王某胜与广发银行之间的预借款业务，属于民事借贷关系，应通过民事诉讼解决。该案在一审审理期间，王某胜已与广发银行达成协议，一次性给付广发银行 2 万元，双方就该笔财智金业务已经结清。

王某胜主观上缺乏非法占有的主观故意，认定其具有恶意透支的主观故意和恶意透支的客观行为缺乏证据支持。首先，王某胜没有欺骗银行，月定期还款金额应当视为还贷行为；其次，尽管造成逾期欠款的原因存在透支和贷款的双重可能，但从账单明细可见，贷款造成逾期欠款系主要原因，难以归责为透支消费导致，其行为不符合《最高人民法院、最高人民检察院关于办理妨害信用卡管理刑事案件具体应用法律若干问题的解释》中认定恶意透支的 6 种情形，即使客观上存在着经银行催收、超过 3 个月未归还的情形，亦不能推定其具有非法占有的主观故意和拒不归还的客观行为，故不能以信用卡诈骗罪予以归罪。因此，王某胜无非法占有的主观故意，亦无使用信用卡恶意透支的客观行为，其行为不构成信用卡诈骗罪。

北京市第三中级人民法院依照《刑事诉讼法》第 225 条第 1 款第 3 项的规定，裁定撤销北京市朝阳区人民法院（2017）京 0105 刑初 807 号刑事判决，发回北京市朝阳区人民法院重新审判。后北京市朝阳区人民检察院撤回公诉。

[评析]

恶意透支型信用卡诈骗的认定有两个要素，一个是恶意，一个是透支。近年关于恶意透支型信用卡诈骗罪的讨论，多集中于对恶意的认定上，而对于另一要素透支的争议较少。然而，随着信用卡向着更加自由化、便利化、综合化的消费信用贷款产品过渡，信用卡的授信方式、还款方式等也随之演进，一些金融产品不断涌现。[①] 和本案例中出现

---

① 罗强：《信用卡类贷款业务非罪探析》，载《中国检察官》2018 年第 6 期。

的广发银行财智金业务类似，近年来许多银行依托信用卡推出了专项现金分期业务。对于这类依附于信用卡的分期业务，有人将之称作信用卡衍生贷款服务，或专项分期贷款服务，①有人因其类似于贷款，给其起名类贷款业务。为行文方便，笔者将其称为信用卡衍生贷款。讨论王某胜的行为是否构成信用卡诈骗罪，需要明确的一个基础问题是，类似于广发银行推出的财智金业务等信用卡衍生贷款，其本质是否为信用卡透支？这也是本案的争议焦点，其性质的认定牵涉本案的法律关系是民事纠纷还是信用卡诈骗犯罪，抑或贷款诈骗类犯罪，关系到罪与非罪、此罪与彼罪的问题。

一、信用卡及信用卡透支业务模式

要讨论该类业务是否为信用卡透支，首先需要明确什么是信用卡，信用卡的业务模式是怎样的。2004年《全国人大常委会关于〈中华人民共和国刑法〉有关信用卡规定的解释》对《刑法》规定的信用卡含义作出的解释为："由商业银行或者其他金融机构发行的具有消费支付、信用贷款、转账结算、存取现金等全部功能或者部分功能的电子支付卡。"有观点据此认为，信用卡的功能包含信用贷款，因此此类依附于信用卡的贷款属于信用卡业务，可以认定为信用卡透支。对这一观点，虽然这个定义对信用卡作了规范解释，但是并不能突出信用卡的本质特征，亦不可简单以该解释出现了"信用贷款"，就认为信用卡衍生贷款当然属于信用卡透支。1999年中国人民银行《银行卡业务管理办法》规定，信用卡按是否向发卡银行交存备用金分为贷记卡、准贷记卡两类，贷记卡是指发卡银行给予持卡人一定的信用额度，持卡人可在信用额度内先消费、后还款的信用卡；准贷记卡是指持卡人须先按发卡银行要求交存一定金额的备用金，当备用金账户余额不足支付时，可在发卡银行规定的信用额度内透支的信用卡。2011年《商业银行信用卡业务监督管理办法》规定，信用卡是指记录持卡人账户相关信息，具备银行授信额度和透支功能，并为持卡人提供相关银行服务的各类介质。信用卡业务是指商业银行利用具有授信额度和透支功能的银行卡提供的银行服务。由此，笔者将信用卡及信用卡业务的特征提炼出以下几点：

1. 信用授信。信用卡是发卡行基于持卡人的个人信用而向其发行的一种贷记卡，银行向持卡人授信的依据仅仅是信用。

2. 发卡行审核信用卡申请人资质。由于是信用授信，为控制风险，发卡行就需要审核申请人身份信息、工作收入等资信情况。《商业银行信用卡业务监督管理办法》第41条规定："发卡银行应当对信用卡申请人开展资信调查，充分核实并完整记录申请人有效身份、财务状况、消费和信贷记录等信息，并确认申请人拥有固定工作、稳定的收入来源或可靠的还款保障。"理论上讲，信用卡是有严格的申请、审核、批准、发放流程的。

3. 额度。同样，由于是信用授信，银行给予或调高信用卡的信用额度，是根据申请人的资信状况进行的综合授信。虽然有临时调高授信额度服务，但也是银行依据持卡人的资信状况及历史用卡情况提供的小幅度、短时间临时超出授信服务。

4. 消费。虽然信用卡也具有一定的存取现金、转账功能，但其主要功能是消费支付。虽然从本质上讲，信用卡的透支功能也是一种基于持卡人信用的贷款，但信用卡的办理方式和流程不同于一般贷款，审核标准相较为低，并且额度上比一般贷款更为保守，主

---

① 徐铭勋、李鹏：《论信用卡诈骗罪中专项分期型贷款的性质——从刑法与其他部门法关系的角度观察》，载《北京联合大学学报》2017年第7期。

要用途在于日常消费。此外，信用卡与一般贷款相比，还呈现循环授信——循环还款模式，虽然还款可以分期，但期限一般较短，属于短期贷款。总结起来，信用卡是一种小额、循环、信用免担保的消费信贷业务。[①]

二、信用卡衍生贷款业务模式

信用卡衍生贷款业务的基本特征与信用卡透支存在以下不同：

1. 从申请和审批方面。一般情况，信用卡衍生贷款业务通过银行网站、APP 或客服电话即可申请，无须提交新的证明材料，数日即可放款，极为便捷。只有少数信用卡衍生贷款业务，银行会按照普通贷款的审核标准和程序，重新审查申请人的资信状况，订立专门的贷款合同。

2. 从授信依据方面。多数信用卡衍生贷款也是信用授信，银行根据信用卡的历史使用情况确定申请人（也就是持卡人）资信状况，决定是否批准，只在汽车等专项分期贷款中，贷款人将通过分期贷款购买的车辆向银行办理抵押，这与信用卡有本质差别。一般信用卡消费所发生的债务并不存在担保，因此更容易成为犯罪分子"空手套白狼"诈骗的对象，也就存在刑法对以非法占有为目的的恶意透支行为进行规制的空间。

3. 从授信额度方面。信用卡是银行针对个人的综合授信，其透支额度是根据持卡人的信用记录确定的。而我国各商业银行开展的信用卡衍生贷款，特别是涉及汽车、装修等大额消费，额度可达十几万至数十万元，远远超出了信用卡原透支额度，为原透支额度的十几倍甚至几十倍。虽然在信用卡的使用中，银行可以临时调整额度，但大多可上调原透支额度 20% 至 1 倍的金额，时间上通常不超过 3 个月。此类贷款额度与信用卡的基本透支额度相差极大，不应视作调高额度或者超授信额度服务。

4. 从使用限制方面。银行向客户限制该类贷款可以消费的类别，甚至同时限制了特定的商户、营业网点，有的还有单次最低消费限制。而信用卡只要求持卡人合法消费，并没有具体使用用途的限制。

5. 从贷款期限方面。信用卡每月为一周期，基于刷卡日与账单日的间隔，以及各银行还款日与账单日的不同延时，每笔消费透支的还款期限至少 15 至 20 天，至多 45 至 50 天，即便开展一般的消费分期业务，通常至多 12 期，即 12 个月，属于短期贷款。而信用卡衍生贷款期限通常至少 1 年，很多为 1 年以上。从《贷款通则》对贷款的分类看，贷款期限 1 年以上（不含 1 年）5 年（含 5 年）以下属于中期贷款，信用卡衍生贷款有很多为中期贷款。

6. 从贷款、还款方式方面。信用卡是循环授信——循环还款，在卡额度内，透支次数和金额随意，在一个周期内还款后，下个周期重新开始。而信用卡衍生贷款是给持卡人发放的一笔固定贷款，在审批时已确定了还款总额、每期还款数额和息费，有些贷款产品还规定必须分期还款，消费金额累计计算至授予的额度止，不能在额度内循环使用。

7. 从息费政策方面。信用卡消费和还款无须缴纳额外费用。非自然人之间的借贷，一般不存在无息借款，信用卡透支则是一个例外。除非超期还款、取现等情况，信用卡正常消费透支一般不收取利息，目的是对短期、小额提前消费的鼓励，解决个人经济实力范围内临时资金不足的情况，方便日常生活。而信用卡衍生贷款周期长、额度大，针对的是需要缓解资金长期周转问题的客户，开通该业务均以不同名称收取一定手续费，并

[①] 徐志宏：《商业银行信用卡业务》，中国金融出版社 2007 年版，第 3 页。

且无免息期，明显不同于信用卡透支。

通过以上各方面的分析，可以大致将信用卡衍生贷款归纳为：持卡人合法领用信用卡后，通过信用卡账户特别向银行申请的（一般会）超出信用卡透支额度、具有特定用途和期限约定的贷款服务。

三、信用卡衍生贷款不是信用卡透支

表面上看，通过信用卡账户申请的这样一笔专项用途的贷款，每月和消费透支还款一起通过信用卡偿还。但这仅是新的贷款在资金贷、还过程中借了信用卡的"道"而已，其在审批流程、授信依据、授信额度、使用限制、贷款期限、放贷和还款方式、息费政策等诸多环节与一般的信用卡透支存在本质上的区别。如此之多的不同特征，虽然除去可能办理抵押的汽车消费贷以外，二者本质上均为信用贷，但这项业务已经超出了信用卡服务的基本内容，突破了信用卡的正常透支功能，已经很难将信用卡衍生贷款归入到《刑法》第196条规定的信用卡诈骗罪中的信用卡透支范畴之中。

四、信用卡衍生贷款本质上是个人信用贷款

从上述分析可以得出，信用卡衍生贷款业务与信用卡透支存在本质区别。而通过刑法以外的民商事、经济法规，特别是银行有关法规来看，《个人贷款管理暂行办法》将信用卡透支与一般的个人贷款进行了区分。信用卡衍生贷款与个人贷款业务具有更多相似之处，实质上都是银行批准给申请人一笔固定金额贷款，约定还款期数、每期还款金额，并收取息费的贷款业务。尽管银行业内部在业务属性上将相关业务归属于信用卡部门管理，然而刑事法认定犯罪时不仅应考虑行业内的业务操作手法，更应当重视其本质。各个银行的信用卡衍生贷款业务虽有差异，但本质都是持卡人与银行间的另一独立个人贷款合约，除汽车消费贷等有担保的属于个人担保贷款外，其他则皆属于一般个人信用贷款。

五、从拖欠信用卡衍生贷款行为违法性上评价

我国对于发卡银行与持卡人间的信用卡业务关系采用刑法调整，主要是基于我国金融机构地位的特殊性，这无可厚非，但应严格控制刑法对该类违法行为的适用范围，否则刑法可能沦为金融机构的"催债法"，分担了本应由金融机构承担的风险防控任务。贷款业务数额大、周期长，风险高于信用卡透支，审核标准明显严于信用卡申领条件，而信用卡衍生贷款业务附属于信用卡业务，名为信用卡透支，实际上是银行在申请人没有相应担保或资质的情况下，为规避贷款业务审批手续或者变相提高持卡人授信额度而违规办理的业务，是银行利用信用卡变相发放贷款，不符合银监会的相关规定。

一方面，在额度上，根据2009年《中国人民银行、中国银行业监督管理委员会①、公安部、国家工商总局关于加强银行卡安全管理、预防和打击银行卡犯罪的通知》，发卡机构对信用卡授信额度及分期付款等业务的信用额度应合并计算。2011年《商业银行信用卡业务监督管理办法》第55条规定："发卡银行不得为信用卡转账（转出）和支取现金提供超授信额度用卡服务。信用卡透支转账（转出）和支取现金的金额两者合计不得超过信用卡的现金提取授信额度。"在核定的信用卡额度外对持卡人另行发放贷款，实际上突破了信用卡的综合授信额度，削弱了额度控制风险的作用，信用风险随之增加。另一方面，在审核标准上，除部分银行的信用卡衍生贷款业务需要单独审批外，大部分不再按照信贷业务的流程和标准进行审查，大幅降低贷款门槛。而银行却将随意调高额度、

---

① 现为中国银行保险监督管理委员会。

降低审核标准而产生的高风险转嫁给持卡人和司法机关,在发生逾期时,一律诉诸公权力予以解决,既加重了持卡人的责任,也不合理地利用了司法资源,而未尽审核义务的银行无须承担不利后果,这显然是不合理的。

从司法机关角度,将此类情况纳入信用卡诈骗罪来追究刑事责任,是将恶意透支的相关司法解释作扩大理解,将银行与个人之间普通的贷款纠纷上升到了刑事法律关系,纳入刑法来追责,有违刑法的谦抑性,更不符合罪刑法定原则。持卡人拖欠该种款项不属于《刑法》第196条规定的信用卡诈骗罪中的信用卡透支,出现相关违法行为构成犯罪的,按照刑法有关规定认定为贷款诈骗罪或骗取贷款罪;不属于贷款诈骗类犯罪的,应通过民事诉讼途径解决。

在本案中,广发银行推出的财智金业务即是典型的信用卡衍生贷款业务,是依托于信用卡之名的个人信用贷款,属于普通贷款产品而非信用卡透支。财智金额度是银行在客户信用卡固定额度外另行批准的一笔现金贷款,该笔贷款不是打入持卡人相应的信用卡内,而是一次性打入持卡人的某一借记卡;该笔贷款自打入持卡人借记卡后即视为贷出,不管持卡人是否使用、消费,都要开始收取手续费或利息;持卡人必须接受分期,此后每月按期偿还本金及相应手续费,没有免息期;提前偿还未到分期虽可免收相应手续费,但转而收取违约金,总之不像信用卡消费一样可以免息使用一定时间。从罪刑法定原则和有效打击银行业违规变相放贷的角度出发,本案应认定属于民事借贷关系,不宜通过刑事追责的方式来处理。

问题6. 行为人利用他人遗忘在ATM机内已输好密码的信用卡取款行为应当如何定性

【刑事审判参考案例】潘某信用卡诈骗案[①]

一、基本案情

常州市天宁区人民法院经公开审理查明:2014年2月28日9时许,被告人潘某在常州市天宁区乾盛兰庭××号中国建设银行存取款一体机(ATM机)上,趁被害人陈某将银行卡遗忘在机器内且尚未退出取款操作界面之际,分2次从该卡内取走人民币5500元。案发后,潘某退赔了被害人陈某的损失,陈某出具谅解书对潘某予以谅解。潘某归案后如实供述了自己在上述时间、地点提取他人存款的事实。

常州市天宁区人民法院经审理认为,持银行卡在存取款一体机上使用时,输入密码与银行留存密码相符,视同银行卡所有人操作。被告人潘某在存取款一体机尚未退出的取款界面上操作提取被害人陈某的存款、不需要输入密码,没有假冒身份欺骗银行的情节,不构成信用卡诈骗罪,其行为符合盗窃罪的构成要件。潘某以非法占有为目的,采用秘密手段,盗窃公民财物,数额较大,其行为已构成盗窃罪。为严肃国家法制,惩治犯罪,保护公私财产权利不受侵犯,依照《中华人民共和国刑法》第264条、第67条第3款、第52条、第53条第1款以及《最高人民法院、最高人民检察院关于办理盗窃刑事

[①] 郁习顶:《潘某信用卡诈骗案——行为人利用他人遗忘在ATM机内已输好密码的信用卡取款行为的定性问题》,载最高人民法院刑事审判第一、二、三、四、五庭编:《刑事审判参考》总第125辑,人民法院出版社2020年版。

案件适用法律若干问题的解释》第 1 条、第 14 条以及《中华人民共和国刑事诉讼法》第 201 条之规定，判决被告人潘某犯盗窃罪，判处拘役二个月，并处罚金人民币二千元。

宣判后，常州市天宁区人民检察院提出抗诉，认为本案属于"拾得他人信用卡并使用"的情形，一审判决适用法律错误，应当按照信用卡诈骗罪定罪处罚，建议二审法院依法改判。

常州市人民检察院支持抗诉。出庭检察员发表如下抗诉意见：（1）ATM 机取款步骤中的输入密码系银行与持卡人约定现金占有转移的条件，只要输入密码正确并符合额度标准，ATM 机就必须吐钞，而不问取款人的真实身份，输入密码不是对持卡人真实身份的验证。（2）从犯罪客观行为来看，被告人潘某能够得逞关键在于冒用持卡人身份，银行以为是持卡人而"自愿"实施付款行为，处于被骗地位。根据 ATM 机设置原理以及银行与持卡人达成的现金占有转移合约，输入正确密码是银行同意 ATM 机内现金占有转移的条件，而不问取款人的真实身份。拾卡人在持卡人输入密码的基础上直接按数取款，在 ATM 机吐钞之前，拾卡人与银行之间仍然处在交易之中，ATM 机界面会显示"交易正在进行中"，然后经银行"同意"才"交付"现金，体现了 ATM 机背后银行的意志，把财物"交付"给拾卡人，符合诈骗罪的客观行为表现。（3）从犯罪行为侵害的法益看，潘某的行为不仅侵害了被害人的财产权利，还侵害了国家金融管理秩序，符合刑法分则关于信用卡诈骗罪复杂客体的构成要件。（4）根据 2018 年 11 月 28 日《最高人民法院、最高人民检察院关于办理妨害信用卡管理刑事案件具体应用法律若干问题的解释》第 5 条第 2 款第 1 项规定，"拾得他人信用卡并使用"属于"冒用他人信用卡"的情形，其中，并未区分是否输入密码。（5）如果定为盗窃罪则违反罪责相适应原则。从行为人主观恶性上看，拾卡人在已经输入密码的 ATM 机中取款，与拾卡人通过破解密码等方式在 ATM 机中取款的行为相比，后者的主观恶性无疑大于前者。如果认定主观恶性较小的不输入密码按数取款以盗窃罪追究刑事责任，主观恶性较大的破解输入密码按数取款却构成信用卡诈骗罪，明显违背罪责刑相适应的原则。建议二审法院依法改判。

常州市中级人民法院经开庭审理认为，《最高人民法院、最高人民检察院关于办理妨害信用卡管理刑事案件具体应用法律若干问题的解释》第 5 条规定，"拾得他人信用卡并使用"属于"冒用他人信用卡"的情形，本案中被告人潘某的行为系"拾得他人信用卡并使用"，其行为不仅侵犯了他人的财产所有权，还侵犯了国家的金融管理秩序，这一点有别于盗窃行为侵犯财产所有权单一客体的特征，符合信用卡诈骗罪复杂客体的构成要件，属于《刑法》第 196 条规定的"冒用他人信用卡"的情形，应认定为信用卡诈骗罪。潘某冒用他人信用卡，数额较大，其行为构成信用卡诈骗罪。常州市天宁区人民检察院所提抗诉意见、常州市人民检察院的出庭意见成立。原审适用法律不当，应予纠正。依照《中华人民共和国刑事诉讼法》第 236 条第 1 款第 2 项、第 15 条，《中华人民共和国刑法》第 196 条第 1 款第 3 项、第 67 条第 3 款、第 52 条、第 53 条第 1 款以及《最高人民法院、最高人民检察院关于办理盗窃刑事案件适用法律若干问题的解释》第 5 条之规定，判决如下：

一、撤销常州市天宁区人民法院一审刑事判决。
二、原审被告人潘某犯信用卡诈骗罪，判处拘役二个月，并处罚金人民币二万元。
二、主要问题
行为人利用他人遗忘在 ATM 机内已输好密码的信用卡取款行为应当如何定性？

三、裁判理由

关于拾得他人信用卡，并在 ATM 机上取款（简称拾卡取款）行为的定性问题，有观点认为应当构成信用卡诈骗罪，有观点认为应当构成盗窃罪，不一而足，因而有必要通过案例研讨，进一步统一法律适用标准。

主张构成盗窃罪的理由如下：自从信用卡与 ATM 机器连为一体，持卡人经过输入密码，持卡人的存款、信用额度即转为持卡人占有，拾卡人无须进行任何密码操作程序而取走现金，就像从打开的钱包取钱一样，行为人只要拿钱就行。换言之，拾卡人只要在额度内按数取款，ATM 机器就必须吐钱。拾卡人主观上具有非法占有他人钱款的目的，客观上采取了自以为秘密的方法，将他人财物转为自己占有，因此构成盗窃罪。另外，ATM 机器不可能被欺骗，拾卡人没有输入密码，就没有假冒持卡人身份，没有冒名，因而也不成立诈骗。持卡人在 ATM 机上只要插卡后输入密码，ATM 机器包括银行就已完成保管任务，应该说是持卡人的失误导致自己的财产受损。

主张构成信用卡诈骗罪的理由是：依据 2008 年 4 月 18 日最高人民检察院发布的《关于拾得他人信用卡并在自动柜员机（ATM 机）上使用的行为如何定性问题的批复》、2009 年 12 月《最高人民法院、最高人民检察院关于办理妨害信用卡管理刑事案件具体应用法律若干问题的解释》（以下简称《解释》）第 5 条第 2 款规定，拾得他人信用卡并在自动柜员机（ATM 机）上使用的行为属于"冒用他人信用卡"情形，应当以信用卡诈骗罪追究刑事责任。而《解释》对拾卡人是否输入密码或者持卡人是否已经输入密码没有予以明确。

我们赞同后一种观点。具体分析如下：

（一）被告人潘某使用欺骗方法，冒用他人的信用卡提取现金的行为符合信用卡诈骗罪的客观要件

1. 信用卡的概念与范围

首先应当厘清刑法规定的信用卡与银行卡的概念。根据 1999 年 1 月 5 日中国人民银行发布的《银行卡业务管理办法》第 2 条规定，本办法所称银行卡，是指由商业银行（含邮政金融机构，下同）向社会发行的具有消费信用、转账结算、存取现金等全部或部分功能的信用支付工具。银行卡包括借记卡和信用卡。信用卡按是否向发卡银行交存备用金分为贷记卡、准贷记卡两类。贷记卡是指发卡银行给予持卡人一定的信用额度，持卡人可在信用额度内先消费、后还款的信用卡。准贷记卡是指持卡人须先按发卡银行要求交存一定金额的备用金，当备用金账户余额不足支付时，可在发卡银行规定的信用额度内透支的信用卡。2004 年 12 月 29 日，全国人大常委会公布《关于〈中华人民共和国刑法〉有关信用卡规定的解释》，明确如下："刑法规定的'信用卡'，是指由商业银行或者其他金融机构发行的具有消费支付、信用贷款、转账结算、存取现金等全部或部分功能的电子支付卡。"

因而说，刑法规定的"信用卡"与日常概念中的银行卡在范围上几乎没有区别，其范围包括信用卡（贷记卡和准贷记卡）和借记卡，区别在于前者享有在信用额度内先消费、后还款的透支功能，后者则没有透支的功能。两者的价值体现也不同，借记卡的财产价值在于卡内持卡人的存款额度，信用卡的价值在于持卡人的信用额度。由于我国信用卡具有存取现金的功能，持卡人使用后存款余额即产生一个负数，表明持卡人对银行产生相应的负债。对此，发卡银行对借记卡和信用卡采用不同的管理秩序，比如信用卡

发卡银行有权根据申请人的资信状况确定有效担保及担保方式,有权对信用卡持卡人的资信状况进行定期复查,根据资信状况的变化调整其信用额度。这在商法上反映出了信用卡和借记卡的持卡人和发卡银行之间不同的法律关系。但在刑法上,行为人利用借记卡实施犯罪和利用信用卡实施犯罪,比如骗取财物,两者并没有本质的区别,这是因为行为人以非法占有为目的,转移占有他人的财物,侵害他人的财产权利,至于是利用借记卡的借记功能抑或信用卡的透支功能,并非行为人主观故意包括认识因素和意志因素的范畴,不具有刑法上犯罪构成要件上的意义。因此,刑法上把借记卡归入信用卡的范围,在目前处理利用信用卡犯罪案件中具有一定的现实意义。

2. 信用卡的身份属性

信用卡具有明显的专有身份属性。首先体现在信用卡与持卡人的一一对应关系上。根据《银行卡业务管理办法》规定,个人申领银行卡(包括借记卡和贷记卡),应当向发卡银行提供公安部门规定的本人有效身份证件;发卡银行有权审查申请人的资信状况、索取申请人的个人资料;银行卡及其账户只限经发卡银行批准的持卡人本人使用,不得出租和转借。信用卡、持卡人信用卡信息资料(包括姓名、性别、工作单位、工资等收入、家庭住址、紧急联系人及联系方式等)和具体相应发卡银行分行名称等一一对应。从《刑法》第177条之一和《解释》第3条的规定看,窃取、收买或者非法提供他人信用卡信息资料的,以"窃取、收买或者非法提供他人信用卡信息罪"定罪处罚,刑法非常重视对信用卡身份属性的特别保护。

信用卡的身份属性还体现在持卡人和发卡银行各自权利义务的承担上。《银行卡业务管理办法》第51条、第52条分别规定了发卡银行的四项权利和七项义务,第53条、第54条也分别规定了持卡人的五项权利和四项义务,具体包括:申请人应当向发卡银行提供真实的申请资料并按照发卡银行规定向其提供符合条件的担保。持卡人应当遵守发卡银行的章程及《领用合约》的有关条款。持卡人或保证人通讯地址、职业等发生变化,应当及时书面通知发卡银行。持卡人不得以和商户发生纠纷为由拒绝支付所欠银行款项。

3. ATM机(银行)对持卡人的身份验证

众所周知,发卡银行在制作信用卡的过程中,在计算机后台存储器中明确记载着每一张持卡人的信息资料,且与信用卡卡号等对应。持卡人在ATM机上操作时,页面首先显示"交易正在处理中",实际上是银行计算机后台对信用卡进行身份识别,在确认无误后,接着提示持卡人"输入密码",如果输入的密码和预留密码相同,持卡人即可进行下一步操作。如果持卡人发出取款指令,ATM机会"自愿""交付"钱款。

对于ATM机(银行)对持卡人的身份验证,实践中存在不同观点。有观点认为,输入密码并非身份验证,根据ATM机设置原理以及银行与持卡人达成的现金占有转移合约,输入正确密码是银行同意ATM机内现金占有转移的条件,而不问取款人的真实身份。拾卡人潘某在已经输入密码的ATM机取款,如同持卡人打开钱包,拾卡人可以随意在钱包里拿钱一样,拾卡人采取了自以为秘密窃取的方法获取财物,依法应当按照盗窃罪定罪处罚。也有观点认为,输入密码即代表身份验证,认为在ATM机取款操作中,输入密码是ATM机身份验证的唯一环节,按数取款等步骤均无身份验证的功效,从而得出"拾卡人在已经输入密码的ATM机按数取款,没有输入密码就没有冒名,没有冒名就没有诈骗"的结论。

我们认为,信用卡具有极强的身份属性,对信用卡的有效管理关乎持卡人和发卡银行的财产权利和信用卡管理秩序，银行通过 ATM 机对持卡人的信用卡进行身份验证属于必经程序，这一身份验证程序包括在持卡人插卡后界面显示的"交易正在进行中"、提示"请输入密码"以及具体的存取款、查询余额等一系列操作环节。发卡银行给持卡人发卡，意在给持卡人提供方便快捷的金融服务，在金融交易"安全"之外，"便捷"更是持卡人和发卡银行共同追求的目标，银行存折逐渐淡出金融市场就是例证。事实上，有的持卡人为了方便，在签订银行卡领用合约时干脆不设置密码；也有的持卡人把密码告诉取款人，授权、委托他人取款。此时此刻，受托人无疑是以持卡人的身份利用信用卡取款。如果插入的不是银行卡，或者持卡人或拾卡人输入密码错误，则显然没有通过身份验证。

本案中，在持卡人输入密码后，ATM 机（银行）在等待持卡人进一步发出指令，在此期间，拾卡人未经持卡人授权、未经委托"冒用"持卡人身份发出取款指令，欺骗 ATM 机"交付"钱款。ATM 机误以为是持卡人发出的指令，把财物"自愿""交付"给拾卡人，ATM 机代表相关银行的意志，"同意"交付财物，符合诈骗犯罪的客观行为表现。被告人潘某冒名登录他人信用卡的行为实质就是冒用他人信用卡，这也是使 ATM 机（银行）陷入错误认识的关键所在，其行为更符合刑法关于信用卡诈骗罪的构成特征，认定信用卡诈骗罪可以全面反映这类犯罪行为的特殊性。

（二）被告人潘某的行为侵害了双重客体，即他人财产所有权和信用卡管理秩序

依据信用卡取款以及 ATM 机设置的基本原理，持卡人所持借记卡中的存款事实上处于 ATM 机（银行）的实际控制和保管之中，持卡人享有法律上的占有权利，换言之，银行事实占有和持卡人法律占有并存。被告人潘某冒用他人信用卡，首先欺骗的对象是 ATM 机（银行）。有观点认为机器没有意识，不可能被欺骗。事实上，ATM 机体现的是相关银行的单位意志，银行通过计算机终端指挥控制 ATM 机按照预先设置的步骤逐步验证依次操作，换言之，ATM 机属于法律拟制的"法人"的属性。当然，事实层面，被告人潘某也欺骗了持卡人。故潘某以持卡人的身份骗取了他人的财物，侵害了他人的财产所有权，同时也侵害了国家对信用卡的管理秩序，符合刑法和《解释》对信用卡诈骗罪双重客体的规定。

有观点认为，在许某盗窃案中，许某也利用信用卡从 ATM 机骗取了银行的财物，但其行为并非以信用卡诈骗罪定罪处罚。我们认为，该案与本案不同。2006 年 4 月 21 日晚 10 时，许某在广州市天河区黄埔大道一商业银行的 ATM 机取款时，发现自己每取 1000 元账户才扣除 1 元，于是连取 54 次，得款 5.4 万元。之后，许某再次返回，经过多次操作，前后共计取款 17.4 万元。由该案事实可见，其一，许某使用自己真实的信用卡（借记卡）取款，没有"冒用"行为；其二，许某每取 1000 元，银行账户才扣除 1 元，显然不是银行的真实意志，银行不是"自愿""交付"财物，而是许某自己明知 ATM 机发生机械故障，自以为秘密"获取"银行的财物；其三，许某主观上以非法占有为目的，采取了自以为不为人知的方法，在晚上 10 时两次秘密窃取了银行的财物，更符合盗窃罪的构成要件。而本案事实明显不同于许某案。

银行对持卡人承担保管义务人的责任。如上所述，银行是被告人潘某欺骗的对象，银行受欺骗向拾卡人交付了财物。那么银行是否要对持卡人承担民事赔偿责任？对此，我们认为，银行事实占有持卡人的财产，依法应当担负保管义务人的责任，银行应当对自己的不负责、不尽责行为承担民事责任，换言之，如果银行已经履行了善良保管人的

职责,尽管被他人欺骗,造成财产损失,也不一定必然承担民事赔偿责任。这一点,在发卡银行和持卡人的权利义务分担方面已有明确的约定。比如,持卡人依法应当对自己信用卡包括密码保管不善承担责任。中国人民银行发布的《银行卡业务管理办法》中有关于"银行应在章程中向持卡人说明密码的重要性及丢失责任"的规定,与持卡人在签订领用卡合约时,一方面会约定凡输入密码正确,银行占有和控制的现金就转移给取款人;另一方面也会约定"凡密码相符的信用卡交易,均视为持卡人所为,由持卡人承担还款责任,持卡人应承担因密码保管不善而造成的风险损失"。现实生活中,各家银行均已经采取多种措施在积极履行保管人义务,比如大额取款须取款人"身份证"验证、持卡人长时间不操作 ATM 机"吞卡"处理等。当然,如果银行疏于管理,当然要视情对持卡人承担民事赔偿责任。尽管银行被他人欺骗,造成持卡人财产受损,也要视情判断民事责任的承担。

综上,二审法院根据本案的事实、性质、情节,对被告人以信用卡诈骗罪定罪处罚,是正确的。

问题 7. 窃取他人开卡邮件并激活信用卡使用的行为如何定性

【刑事审判参考案例】 王某军等信用卡诈骗案[①]

一、基本案情

无锡市惠山区人民法院经审理查明:2012 年 12 月至 2013 年 1 月间,被告人王某军至其所在的无锡市某太阳能有限公司前台翻阅邮件,查看是否有本人申领的银行信用卡时,发现有其同事被害人任某信(2012 年年底辞职)的浦发银行信用卡邮件,便趁前台工作人员不备,将邮件带走。随后,王某军通过拨打银行服务电话,提供信件中银行卡卡号、初始密码及身份资料等信息将该信件内银行卡激活后,伙同被告人顾某举先后冒用该卡提取现金、刷卡消费共计人民币(以下币种同)11900 元。同时,王某军还以委托他人制作的被害人孙某丁的假身份证骗领户名为孙丁丁的招商银行信用卡,并冒用被害人孙某丁的身份刷卡套现,共计 1 万元。其中王某军诈骗金额为 21900 元,顾某举诈骗金额为 9500 元。

无锡市惠山区人民法院认为,被告人王某军使用虚假的身份证明骗领户名为孙某丁的信用卡套取现金;单独或者与被告人顾某举冒用户名为任某信的信用卡提取、套取现金,且二被告人进行信用卡诈骗活动的数额达到数额较大,均构成信用卡诈骗罪,其中冒用任某信的信用卡提取、套取现金的犯罪行为属共同犯罪。据此,依照《中华人民共和国刑法》第 196 第 1 款第 1 项、第 3 项、第 25 条第 1 款、第 72 条第 1 款、第 3 款、第 64 条之规定,无锡市惠山区人民法院判决如下:被告人王某军犯信用卡诈骗罪,判处有期徒刑一年三个月,并处罚金人民币三万元;被告人顾某举犯信用卡诈骗罪,判处有期徒刑九个月,缓刑一年,并处罚金人民币二万元;扣押在案的户名为孙某丁的信用卡一张予以没收。

[①] 范莉、范凯:《王某军等信用卡诈骗案——窃取他人开卡邮件并激活信用卡使用的行为如何定性》,载中华人民共和国最高人民法院刑事审判第一、第二、第三、第四、第五庭主办:《刑事审判参考》总第 93 集,法律出版社 2014 年版。

一审宣判后，被告人王某军以一审量刑过重，请求判处缓刑为由向无锡市中级人民法院提出上诉。无锡市中级人民法院在审理过程中，王某军申请撤回上诉。无锡市中级人民法院经审查，认为王某军自愿申请撤回上诉，意思表示真实，符合法律规定，遂裁定准许撤回上诉。

二、主要问题

窃取他人开卡邮件并激活信用卡使用的行为如何定性？

三、裁判理由

随着信用卡业务的井喷式发展，手机、网络等通信媒介的推动，信用卡诈骗手段已从传统的采用捡拾、窃取、手工涂改等手段发展到如今的套取持卡人信息、私自激活、冒名挂失补办卡片等，且更趋于专业化、组织化和智能化。实践中，截留开卡邮件，冒用持卡人名义将卡激活并使用的情形时有发生。实践中，对此类行为如何定性，存在认识分歧：第一种观点认为构成盗窃罪。根据《刑法》第196条第3款的规定，盗窃信用卡并使用的，以盗窃罪论处。被告人明知邮件中为他人申领的信用卡，仍秘密窃取，虽然新申领的信用卡须激活后才能使用，但因该卡初始密码、办理时预留的手机号码在邮件中均已写明，即卡片激活所需的必要要素已包含其中，此时该卡处于"准有效"状态，具有明确的价值属性。第二种观点构成信用卡诈骗罪。被告人虽然采用秘密手段窃取他人信用卡，但该卡并未激活，尚不具备信用卡具有的消费、提取现金等支付功能，实际上等同于作废、无效的卡片。被告人真正取得财物是通过激活信用卡并冒用的行为，故应当以信用卡诈骗罪论处。第三种观点认为，该行为中的手段行为构成《刑法》第252条规定的侵犯通信自由罪，结果行为触犯了信用卡诈骗罪，应当按照牵连犯的处理原则，择一重处，即以信用卡诈骗罪论处。

我们同意第二种观点。具体理由如下：

（一）被告人王某军私自取得未激活信用卡属于窃取行为

1. 邮件属于具有明确所有权指向的特殊物品。邮件一般通过邮寄的方式由一方传递到另一方。邮件属于封缄物，必须注有收件人的姓名、地址、联系方式等投递信息，权利义务关系明确且所有权指向鲜明。收件人对邮件的包装物及内容物有绝对所有权，其他邮件合法占有人的占有效力不能及于邮件的内容物，且仅为辅助占有。因此，当邮件由寄送人交付托运人之时，应当认为此时邮件的所有权已经转移给收件人。即使收件人尚未实际取得甚至尚未意识到该邮件的存在，其也对该物品具有间接的控制和管理权。一旦其权益遭到侵犯，收件人享有返还请求权、损害赔偿权等权利。本案中，发卡银行将装有信用卡的邮件寄送至被害人所在公司，公司代为签收后，与被害人之间形成了一种委托保管关系，公司对邮件构成辅助占有，被害人有权随时要求公司返还该邮件。被告人王某军未经许可，私自占有被害人邮件，属于秘密窃取行为。

2. 被告人王某军私藏他人邮件的行为不构成私自开拆、隐匿、毁弃邮件、电报罪，侵犯通信自由罪，盗窃罪。王某军私藏他人邮件的行为，虽然同时符合私自开拆、隐匿、毁弃邮件、电报罪，侵犯通信自由罪，盗窃罪的部分客观方面特征，但不完全符合上述三罪的构成要件或者入罪标准。首先，私自开拆、隐匿、毁弃邮件、电报罪的犯罪主体必须为"邮政工作人员"，王某军属于非从事邮政业务公司的一般工作人员，不符合本罪主体要件。其次，"情节严重"是侵犯通信自由罪的成立要件之一。一般认为必须具有以下情节之一，才属于侵犯公民通信自由权利"情节严重"：多次、经常隐匿、毁弃、非法开拆他人信件;一次性隐匿、毁弃、非法开拆他人信件数量较多;隐匿、毁弃、非法开拆他人信件的行为造成他人身体健康、精神受到巨大创伤或者重大财产损失。王某军隐匿邮件行为的次数、数量、价格均未达到"情节严重"的程度。且在刑法理论上,只有原因行为和结果行为均构成犯罪的情况下,才存在牵连犯的认定问题,故前述第三种关于构成牵连犯的观点不能成立。最后,盗窃罪要求窃取的物品到手时即具有价值属性,且"数额较大"。本案中,由于王某军窃取邮件时银行卡尚未被激活,银行对卡主的授信额度尚未生效,财物价值尚未生成,可透支额度不能等同于该信件价值,且王某军仅实施了该次行为,故亦不符合盗窃罪的入罪标准。综上,被告人私藏他人邮件行为不构成上述三罪。

(二)窃取他人信用卡后激活并使用的行为构成信用卡诈骗罪

《刑法》第 196 条第 1 款规定了构成信用卡诈骗罪的四种情形,即使用伪造的信用卡,使用以虚假的身份证明骗领的信用卡,使用作废的信用卡,冒用他人信用卡及恶意透支。本案被告人王某军的行为属于其中冒用他人信用卡的情形,且其套现 1.19 万元,已达到"数额较大"的标准,构成信用卡诈骗罪。

1. 私自激活他人信用卡并使用属于冒用他人信用卡行为。信用卡办理流程一般需经过申领、审核、寄送、激活、使用五个阶段。当事人申领信用卡通过审核后,银行一般会在 10 至 15 个工作日内将卡片通过信件的形式邮寄至申领人预留的地址,申领人签收后再将卡片激活并使用。所谓"激活",即申领人按照发卡银行寄送信件指定的步骤,拨打银行服务电话,按照语音提示输入个人预留身份资料、手机号码、初始密码等重要私密信息,成功通过审核的过程。只有成功激活才能启动"沉睡"中的卡片的各项功能。因此,激活在信用卡的申办流程中占据核心地位,信用卡不特定的价值必须通过激活这一关键步骤的完成才能最终实现。信用卡的激活应当体现申领人的意志,一般由申领人或者经其授权的人进行操作。而王某军是在信用卡申领人不知情的情况下,利用截取的开卡信件及作为同事知晓申领人身份信息的便利,私自激活信用卡,并以信用卡卡主的身份刷卡取现或者消费,侵犯他人财产权的同时也侵害了国家对信用卡的管理制度,扰乱了正常的金融管理秩序,属于冒用他人信用卡的行为。

2. 未被激活的信用卡不属于"盗窃信用卡并使用"调整的范围。《全国人大常委会关于〈中华人民共和国刑法〉有关信用卡规定的解释》明确规定,刑法规定的"信用卡",是指由商业银行或者其他金融机构发行的具有消费支付、信用贷款、转账结算、存取现金等全部功能或者部分功能的电子支付卡。当然,该卡应当是真实、有效的。正如有观点提出的,刑法规定的行为对象如果是某种物品而又未附注或者明确包含伪造、无效、虚假的,那就只能理解为真实、有效的,如《刑法》第 280 条规定的盗窃、抢夺、毁灭国家机关公文、证件、印章罪中的"公文、证件、印章"原则上要求必须是真实、有效的。因此,《刑法》第 196 条第 3 款中的"盗窃信用卡并使用"中的"信用卡"应当是已被激活、能正常使用的信用卡,即具备消费、支付、转账、存取等全部或者部分功能。无效卡、伪造卡、变造卡、涂改卡均不能归入其中。该款立法意图在于将盗窃信用卡并使用的性质界定为事后不可罚的行为,这里的信用卡本身已经具有了财产的价值属性,能够直接转化成相应价值的资金或者财物。最高人民法院曾于 1986 年 11 月 3 日在对下级法院的答复中明确:"被告人盗窃信用卡后有仿冒卡主签名进行购物、消费的行为,是将信用卡本身所含的不确定价值转化为具体财物过程,是盗窃犯罪的继续,应定盗窃罪。"本案中，发卡行邮寄给申领人的信封中的卡片因未激活，还不具备信用卡的基本功能，属于广义上的无效卡范畴，故盗窃未激活的信用卡超出了《刑法》第 196 条第 3 款规定的"信用卡"外延。

3. 盗窃不同财产权利载体物的处理。随着经济活动日益频繁，有价支付凭证、有价证券、有价票证及信用卡等财产权利载体逐渐丰富。根据最高人民法院 2013 年出台的《关于办理盗窃刑事案件适用法律若干问题的解释》第 5 条的规定，盗窃不记名、不挂失的有价支付凭证、有价证券、有价票证的，按票面数额和盗窃时应得的孳息、奖金或者奖品等可得收益一并计算盗窃数额。盗窃记名的载体物，已经兑现的，按照兑现部分的财物价值计算盗窃数额；没有兑现，但失主无法通过挂失、补领、补办手续等方式避免损失的，按照给失主造成的实际损失计算盗窃数额。这里未区分记名载体物财物价值的不同兑现方式。实务中，可视不同情形作相应认定：（1）盗窃不记名、不挂失的财产权利载体物，因能即时兑现财产权利，行为人窃取后，就拥有了对相对应财物的控制权，以盗窃罪论处。（2）盗窃记名的票据、金融凭证、信用卡，行为人不论是否采取其他欺骗行为，在兑现时，须冒充权利人行使权利从而取得载体物财产价值，且"冒用"情形是票据诈骗罪、金融凭证诈骗罪、信用卡诈骗罪客观方面均要求的行为。行为人如果冒充权利人兑现财产价值，则以上述金融诈骗罪定罪量刑。（3）盗窃其他记名的权利载体物，如果采用伪造银行预留印鉴、印章，仿冒持票人签名等形式兑现财产价值的，由于其后续欺骗行为是取得财产的关键行为，以票据诈骗罪追究刑事责任；如果盗窃的是印鉴齐全的载体物，兑现时无须另行提供身份证明等资料，将其兑现行为视为实现窃取物价值的事后不可罚行为，则以盗窃罪处理。

本案被告人王某军的行为属于上述第二类行为。信用卡作为一种记名的、使用时必须附随一定印鉴、身份证件、密码的金融凭证，行为人盗窃未激活的信用卡后，并不能无条件地获取财物。兑现财物需实施冒名激活、冒名使用的欺诈行为，故以信用卡诈骗罪处理更为合适。

综上，法院认定被告人王某军窃取他人信件，激活信用卡并使用的行为构成信用卡诈骗罪是正确的。

问题 8. 被告人盗窃"未激活"信用卡并挂失补办使用的行为应如何定性

【人民法院案例选案例】鲁某典信用卡诈骗案[①]

［裁判要旨］

尚未激活的信用卡属于广义上的无效卡之一，由于犯罪人针对的犯罪对象仅是未激活的信用卡，其侵犯的客体只能是金融管理秩序，符合信用卡诈骗罪的犯罪构成要件，因此，盗窃未激活的信用卡并挂失使用的行为构成信用卡诈骗罪。

［基本案情］

宁波市江北区人民检察院指控：2013 年 8 月底，被告人鲁某典窃得被害人吴勇放置于本区 329 国道某停车场 2 号仓库办公室柜子内尚未激活的中信银行信用卡一张，利用事先知晓的吴勇的身份信息，以其名义挂失补办并"激活"新卡一张，后分四次通过 POS

---

① 本案例载《人民法院案例选》2018 年第 3 辑，人民法院出版社 2015 年版。

机刷卡套现人民币共计 19800 元。上述事实，被告人鲁某典在庭审中亦无异议，且有公诉机关提交，经庭审质证、认证的物证信用卡，书证到案经过、破案经过、身份证明、扣押清单、照片、信用卡已出账单明细单，被害人吴勇的陈述，证人陈爱国的证言，搜查笔录，被告人鲁某典的供述及辨认笔录等证据证实，足以认定。

［裁判结果］

宁波市江北区人民法院于 2014 年 3 月 28 日作出（2014）甬北刑初字第 148 号刑事判决：一、被告人鲁某典犯信用卡诈骗罪，判处有期徒刑一年，并处罚金人民币 2 万元；二、违法所得责令退赔。一审宣判后，被告人未提出上诉，检察院未提出抗诉，本案判决已发生法律效力。

［裁判理由］

法院生效裁判认为，被告人鲁某典冒用他人信用卡，进行信用卡诈骗，数额较大，其行为已经构成信用卡诈骗罪。公诉机关指控被告人鲁某典信用卡诈骗罪罪名成立。被告人鲁某典归案后能如实供述自己的犯罪事实，依法予以从轻处罚；其当庭自愿认罪，酌情予以从轻处罚。"盗窃信用卡并使用"构成盗窃罪，而冒用他人信用卡进行诈骗则是信用卡诈骗罪，在实践中要根据具体案情分别认定。本案中，被告人窃取他人未激活信用卡后，通过事先获得的被害人信息，向银行挂失旧的未激活信用卡，并补办新卡进行刷卡套现，该行为超出"盗窃信用卡并使用"中的"使用"，不以盗窃罪认定。本案中针对的犯罪对象是经"补办后"的信用卡，侵犯的客体是金融管理秩序，符合信用卡诈骗罪的犯罪构成要件，构成信用卡诈骗罪。宣判后，被告人未提出上诉，检察院未提出抗诉，本案判决已发生法律效力。

［案例注解］

本案被告人鲁某典的行为构成犯罪，没有任何异议，争议的主要焦点在于被告人盗窃"未激活"信用卡并挂失补办使用的行为应如何定性，即该行为应构成盗窃罪还是信用卡诈骗罪。

一种观点认为，被告人鲁某典的行为构成盗窃罪。其理论依据是"事后行为不可罚"，认为盗窃后冒用的行为"只是将信用卡本身所含有的不确定价值转化为具体财物的过程，是盗窃行为的继续"，被告人鲁某典盗窃信用卡的行为已经构成盗窃罪，其后冒用信用卡的行为只是该盗窃犯罪行为的继续，后一行为为"事后不可罚"的行为。因此，根据我国《刑法》第 196 条第 3 款规定，盗窃信用卡并使用的，依照本法第 264 条（盗窃罪）的规定处罚。

另一种观点认为，被告人鲁某典的行为构成信用卡诈骗罪。主要理由是，盗窃信用卡并使用的行为由盗窃信用卡的行为和使用盗窃信用卡的行为两部分构成，其中使用行为在整个过程中所起作用更为重要，因为本案中被告人盗窃的信用卡尚未激活，故本案应定性为信用卡诈骗案。

笔者认为法院的判决更为合理。

1. 未被"激活"的信用卡本身不具有财产的价值属性，不属于"盗窃信用卡并使用"调整的范围。《全国人大常委会关于〈中华人民共和国刑法〉有关信用卡规定的解释》明确规定，刑法规定的"信用卡"，是指由商业银行或者其他金融机构发行的具有消费支付、信用贷款、转账结算、存取现金等全部或者部分功能的电子支付卡。有学者认为，"盗窃信用卡并使用"中的"信用卡"应当是已"被激活"、能正常使用的信用卡，即具备消费、支付、转账、存取等全部或部分功能。也有学者认为，该处所称的"信用卡"还包括无效卡、伪造卡、变造卡和涂改卡。笔者赞同前者的观点，首先是因为刑法规定的行为对象如果是某种物品而又未标明包含伪造的、无效的、虚假的，那就只能理解为是真实、有效的，否则，"如果认为刑法使用的指向某种人或事物的名词都包括虚假的人或事物在内，那么，构成要件就丧失了定型机制。"况且，"明知"是伪造或作废的信用卡而盗窃并使用，那就属于《刑法》第196条第1款中所指的"使用伪造的信用卡""使用作废的信用卡"的情形，是构成信用卡诈骗罪的。《刑法》第196条第3款的立法意图旨在说明此处所称的"信用卡"应该已经具有了财产的价值属性，能够直接转化成相应价值的资金或财产。本案中，被告人鲁某典所窃得的信用卡因未被"激活"，还不具有信用卡的基本功能，属于广义上的"无效卡"范畴，故鲁某典盗窃未"激活"的信用卡，其行为超出了《刑法》第196条第3款规定的调整范围。

2. "挂失"补办"尚未激活"的信用卡并激活新卡的行为不属于"盗窃信用卡并使用"中的"使用"行为。笔者认为，对于刑法规范用语"使用"的解释，首先应从"日常生活"用语的角度进行文义解释，因为专业的刑法用语也来源于"日常用语"，但是对刑法规范的解释，又必须受刑法保护特定法益的目的约束，同时还要考虑用语含义在刑法文本中的"协调"，即按照"文义解释"的解释结论，如果显然与刑法所要实现的目的相左，或者造成与其他规范的解释不相协调的结果，该解释就值得怀疑。总而言之，"目的解释"应当制约"文义解释"，用语的解释也要注意体系解释。很显然，《刑法》第196条第3款规定的"盗窃信用卡并使用"以盗窃罪定罪处罚，目的在于保护信用卡不被他人"秘密窃取"并被冒用。在《刑法》第196条同一个条文中，除第3款中的"使用"外，第1款第1、2项都有"使用"这个词，第3项的"冒用"无非也是冒名、冒充使用之意。所以，尽管"使用"一词在日常生活中可以作非常宽泛的解释，即可以指一切将盗窃所得的信用卡"为行为人所用"的情形，但是，必须肯定的是，从"目的解释"和"体系解释"的角度，原则上只有直接发挥信用卡功能的"使用"行为，才是刑法第一百九十六条第三款规定的"使用"。刑法规定以盗窃罪论处的"盗窃信用卡并使用"行为，核心含义实质上就是"盗窃信用卡"+"冒用盗窃所得的信用卡"，而本案中涉及的信用卡，即尚未"激活"就被被告人电话挂失的"老卡"和以此"补办"并被被告人"激活"的"新卡"，被告人鲁某典的犯罪对象是后者，因为只有通过欺骗银行手段获得的新卡才能被他"实际控制"并透支使用，前者一旦"挂失"成功即失去了利用的价值。

3. 以他人名义"补办"新卡并私自"激活"的行为属于"冒用"他人信用卡行为。信用卡办理流程一般需经过申领、审核、寄送、激活、使用五个阶段。信用卡需要当事人激活才能使用，"激活"又有两种途径，一种是持办卡人的身份证明去银行柜台办理，另一种是通过使用申领时登记的联系电话拨打银行的服务电话，按照"语音提示"输入申领时预留的如联系人电话等私密性较强的信息，才能开通使用。信用卡只有成功"激活"，才能启用信用卡的各项功能，实现信用卡的不特定价值。本案中，被告人鲁某典在窃取吴某未激活的信用卡后，利用熟人关系所知晓的吴某的身份信息，通过电话以吴某名义向银行"谎称"该卡丢失需补办，并以手机丢失为由，用自己的手机号码替代了吴某在银行预留的手机号码，被告人鲁某典收到"补办"的新卡之后，通过电话"激活"新卡来刷卡"套现"。被告人鲁某典犯罪行为的实现，本质上不是"秘密窃取"，而是冒用他人身份欺骗银行，只有通过冒用吴某的身份，才能以其名义补办信用卡，然后"谎称"手机丢失要求银行变更登记的联系电话,为顺利"激活"新卡及对吴某隐瞒消费提示打下基础。可见,只有"冒用"他人身份以及欺骗银行才能实现信用卡的财产价值。换言之,本案中假使被告人鲁某典没有窃取信用卡的行为,只要通过已知的吴某的身份信息,也能实现其犯罪目的。被告人鲁某典的行为在侵犯他人财产权的同时,也侵害了国家对信用卡的管理制度,扰乱了正常的金融管理秩序,定盗窃罪无法反映该行为侵害的客体。况且,如果银行被认定在未经严格审查及向持卡人本人核实的情况下而草率更改了登记的联系电话,就存在民事上的过错,需要承担赔偿责任,吴勇则无须承担还款义务,因此,本案的被害人不是吴勇,而是银行。

综上,本案中,被告人鲁某典窃取他人"未激活"信用卡后,通过向银行"谎称"手机丢失,用自己的手机号码替代他人登记的联系电话,冒用他人名义挂失补办新卡并进行刷卡套现,该行为超出"盗窃信用卡并使用"中的"使用"范畴,不应以盗窃罪认定。同时,由于被告人针对的犯罪对象仅是"未激活"的信用卡,其侵犯的客体只能是金融管理秩序,符合信用卡诈骗罪的犯罪构成要件,构成信用卡诈骗罪。

问题9. 信用卡诈骗罪与妨害信用卡管理罪的区分认定

【中国审判案例要览案例】朱某华等信用卡诈骗、妨害信用卡管理、出售、非法获取公民个人信息案[①]

[案例要旨]

只有当某种手段通常用于实施某种犯罪,或者某种原因行为通常导致某种结果行为时,才宜认定为牵连犯。行为人非法购买了大量他人的银行卡,其中部分用于信用卡诈骗犯罪的赃款转移和取现,部分尚未使用,尚未非法使用他人信用卡的行为与其所实施的信用卡诈骗行为之间没有通常的牵连关系,行为人所持有的尚未使用的他人信用卡数量较大的,应认定行为人另行构成妨害信用卡管理罪,并与其所犯信用卡诈骗罪数罪并罚。

[基本案情]

被告人朱某华从2010年12月至2011年3月期间,通过互联网向史某等人处非法购买了大量他人的银行卡。2011年4月17日朱某华被抓获时,公安人员从其身边搜出招商银行、中国农业银行、中国工商银行的各类银行卡共计40余张。经查证,其中20余张银行卡已被朱某华用于其信用卡诈骗犯罪的赃款转移和取现,另外有近20张银行卡系朱某华非法持有的他人信用卡。

[法院认为]

被告人朱某华以非法占有为目的,通过非法方式获取他人信用卡信息资料后,伙同他人利用互联网、通讯终端等进行使用,冒用他人信用卡进行信用卡诈骗活动,数额特别巨大,其行为已构成信用卡诈骗罪;被告人朱某华还非法持有他人信用卡,数量较大,其行为已构成妨害信用卡管理罪,依法应予数罪并罚。

[①] 本案例载《中国审判案例要览》,中国人民大学出版社2015年版。案例索引:上海市原闸北区人民法院(2011)闸刑初字第823号刑事判决书。

[裁判结果]

综上，上海市原闸北区人民法院判决如下：

朱某华犯信用卡诈骗罪，判处有期徒刑十三年，并处罚金人民币30万元；犯妨害信用卡管理罪，判处有期徒刑一年六个月，并处罚金人民币五万元，决定执行有期徒刑十三年六个月，并处罚金人民币35万元。

[简要分析]

关于行为人朱某华的行为是否构成牵连犯并从一重罪处罚等问题，审理法院认为，牵连犯的特征是行为人必须实施了数行为，而且数行为之间存在手段行为与目的行为、原因行为与结果行为的牵连关系。进一步说，只有当某种手段通常用于实施某种犯罪，或者某种原因行为通常导致某种结果行为时，才宜认定为牵连犯。经查，本案中行为人朱某华从2010年12月至2011年3月期间，非法购买了大量他人的银行卡，其案发时查获的就有40余张，其中除20余张银行卡被朱某华用于其信用卡诈骗犯罪的赃款转移和取现外，另有近20张银行卡尚未使用，故行为人朱某华持有此近20张尚未被其非法使用的他人信用卡的行为与其所实施的信用卡诈骗行为之间没有通常的牵连关系，且朱所持有的尚未使用的他人信用卡数量较大，故应认定行为人朱某华该行为另行构成妨害信用卡管理罪，并与其所犯信用卡诈骗罪数罪并罚。

问题10. 犯信用卡诈骗罪后为抗拒抓捕而当场使用暴力能否转化为抢劫罪的问题

【刑事审判参考案例】王某峰抢劫案[①]

一、基本案情

北京市朝阳区人民法院经公开审理查明：2015年12月11日晚，李某（男，被害人）在朝阳区平房乡一自助银行内使用银行卡从ATM机取款，离开时将卡遗留在ATM机内。李某离开后，被告人王某峰操作该ATM机时发现机内有他人遗留的银行卡，遂连续取款6次，共计取款1.2万元。李某收到取款短信提示后意识到银行卡遗留在ATM机内，立即返回自助银行，要求仍在操作ATM机的王某峰交还钱款。王某峰纠集在附近的工友郭某飞（另案处理）一起殴打李某，致李某受轻微伤。王某峰与郭某飞一起逃离现场，后王某峰将赃款挥霍。

北京市朝阳区人民法院认为，《刑法》第269条规定的"犯盗窃、诈骗、抢夺罪"，既包括《刑法》第264条、第266条、第267条规定的一般类型盗窃、诈骗、抢夺罪，也包括刑法其他章节规定的侵害他人财产权利的特殊类型盗窃、诈骗、抢夺罪。被告人王某峰拾得他人遗留在ATM机内的银行卡并使用，被当场发现后为抗拒抓捕而使用暴力，应当依照《刑法》第269条的规定，以抢劫罪定罪处罚。鉴于王某峰到案后如实交代主要犯罪行为，酌情对其从轻处罚。据此，依照《中华人民共和国刑法》第196条第3项、第263条、第269条、第52条、第53条、第61条、第64条及《最高人民法院、最高人民检察院关于办理妨害信用卡管理刑事案件具体应用法律若干问题的解释》第5条第2

---

① 王海虹、程昊、余琳燕：《王某峰抢劫案——犯信用卡诈骗罪后，为抗拒抓捕而当场使用暴力的，可否转化为抢劫罪》，载中华人民共和国最高人民法院刑事审判第一、第二、第三、第四、第五庭主办：《刑事审判参考》总第113集，法律出版社2019年版。

款之规定,以抢劫罪判处被告人王某峰有期徒刑四年,并处罚金人民币八千元;责令其退赔被害人一万二千元。

一审宣判后,被告人王某峰上诉提出,其以为ATM机无须插卡即可操作,不构成信用卡诈骗罪;只有其工友郭某飞动手,其亦不构成抢劫罪。

北京市第三中级人民法院经审理后认为,原判认定被告人王某峰犯抢劫罪的事实清楚,证据确实、充分,适用法律正确,量刑适当,审判程序合法。王某峰所提上诉理由与审理查明的事实不符,予以驳回。据此,依照《中华人民共和国刑事诉讼法》第225条[①]第1款第1项之规定,于2017年10月20日裁定驳回上诉,维持原判。

二、主要问题

如何界定《刑法》第269条规定的"犯盗窃、诈骗、抢夺罪"的范围?犯信用卡诈骗罪后,为抗拒抓捕而当场使用暴力的,可否转化为抢劫罪?

三、裁判理由

本案中,被告人王某峰的行为可分为两部分:一是王某峰发现ATM机中有他人遗留的银行卡遂操作取款;二是被害人返回自助银行要求王某峰交还取出的钱款,王某峰纠集他人共同殴打被害人并逃离现场。王某峰实施的前部分行为,根据《最高人民法院、最高人民检察院关于办理妨害信用卡管理刑事案件具体应用法律若干问题的解释》第5条第2款的规定,属于"冒用他人信用卡",该行为构成信用卡诈骗罪,对此并无争议。但对于王某峰实施的后部分行为应如何评价,对其实施的全部行为能否适用《刑法》第269条的规定认定为转化型抢劫,在审理过程中存在不同意见。第一种意见认为,从严格遵循罪刑法定原则出发,《刑法》第269条规定的"犯盗窃、诈骗、抢夺罪"仅限于该章规定的盗窃、诈骗、抢夺罪,其他特殊盗窃、诈骗、抢夺罪,《刑法》分则均另行规定了罪名和法定刑。在没有规范性文件予以明确规定的情况下,不能将信用卡诈骗罪纳入转化型抢劫的前提罪名范围,故王某峰不构成抢劫罪。第二种意见认为,《刑法》第269条规定的"犯盗窃、诈骗、抢夺罪"应理解为具体犯罪行为,并不限于第五章规定的三种罪名,可转化为抢劫罪的前提犯罪可以包括特殊的盗窃、诈骗、抢夺犯罪,故王某峰所犯信用卡诈骗罪可以转化为抢劫。第三种意见认为,只有侵犯财产的特殊盗窃、诈骗、抢夺罪才与普通盗窃、诈骗、抢夺罪存在法条竞合关系,可以作为转化型抢劫的前提犯罪。信用卡诈骗具有明显的侵财性,故王某峰的行为可以转化为抢劫。我们同意第三种意见,具体分析如下:

(一)将《刑法》第269条规定的"犯盗窃、诈骗、抢夺罪"理解为具体犯罪行为,更有利于打击侵犯财产犯罪,也符合该条的立法本意

《刑法》第269条规定的"犯盗窃、诈骗、抢夺罪"是指具体犯罪行为,还是仅指《刑法》分则第五章规定的盗窃罪、诈骗罪和抢夺罪,直接关系到转化型抢劫的适用范围。如将上述"犯盗窃、诈骗、抢夺罪"解释为第五章规定的盗窃、诈骗、抢夺罪,形式上符合罪刑法定原则,但存在一定的局限性。刑法分则在规定罪名和法定刑时,并不是严格按照对一种行为只认定为一种犯罪的模式,而是根据打击犯罪的需要,将同一性质的行为分置于不同的罪名中予以规定,从而形成法条竞合犯、想象竞合犯、结果加重犯等多种复杂的罪数形态。就盗窃、诈骗、抢夺罪而言,除《刑法》分则第五章规定的

[①] 本条文现为2018年10月26日第三次修正的《刑事诉讼法》第236条。

三个普通罪名外,还有诸多散见于各章节的相关特殊罪名,如盗伐林木罪、盗掘古墓葬罪、合同诈骗罪、金融诈骗犯罪、战时掠夺居民财物罪等。这些犯罪与普通盗窃、诈骗、抢夺罪存在法条竞合关系,前者是特殊法,后者是一般法。上述特殊类型财产犯罪完全符合普通盗窃、诈骗、抢夺罪的构成要件,因此把这些犯罪归入《刑法》第 269 规定的转化型抢劫的前提犯罪,并不违反罪刑法定原则。例如,盗窃正在使用中的电缆,属于盗窃罪与破坏电力设备罪的想象竞合犯,虽然一般根据从一重罪处断的原则认定为破坏电力设备罪,但不能否认该行为也同时符合盗窃罪的构成要件,该行为同样可以作为转化型抢劫的前提犯罪。全国人大常委会法制工作委员会在答复最高人民检察院关于相对刑事责任年龄人承担刑事责任范围问题时指出:"刑法第十七条第二款规定的八种犯罪,是指具体犯罪行为而不是具体罪名。"这便突破了将该条规定的八种犯罪仅理解为具体罪名的思维模式,对理解第 269 条的前提犯罪范围具有重要的参考意义。此外,从《刑法》分则条文的排列顺序来看,第 269 条排在第 268 条聚众哄抢罪之后,似有将聚众哄抢罪纳入第 269 条规定的抢夺罪之意,在一定程度上也说明能够转化为抢劫罪的抢夺罪应是指抢夺行为,不限于第 267 条规定的抢夺罪。本案中,被告人王某峰的前部分行为构成信用卡诈骗罪,而信用卡诈骗罪与诈骗罪具有法条竞合关系,王某峰的行为符合诈骗罪的构成要件,可以充当转化型抢劫的前提犯罪,因此其实施的全部行为可以认定为抢劫罪。

刑事裁判应当契合主流价值观,赢得公众认同。只有公众对裁判结果理解、信赖、服从,刑事审判才能获得良好的社会效果。通常来说,存在暴力因素的犯罪和不存在暴力因素的犯罪对公众的心理影响是截然不同的。本案中,被害人报案时对事件的总体描述是"被抢了",说明其对存款被取走、自己遭到殴打等情节的认知明显不同于被偷被骗等非暴力性财产犯罪,这也符合公众对此种情形的一般判断。认定被告人王某峰的行为构成抢劫罪,更符合公众认知,更能全面评价犯罪行为的社会危害性,更易于为被害人和社会公众接受,社会效果更好。

(二)《刑法》第 269 条规定的"犯盗窃、诈骗、抢夺罪"应具有侵犯财产犯罪的属性,对于主要侵犯公共安全、社会管理秩序等其他客体的盗窃、诈骗、抢夺行为,一般不宜适用该规定以抢劫罪论处

盗窃、诈骗、抢夺行为在特定情形下能被法律拟制为抢劫罪,原因就在于这些行为与抢劫行为侵犯了相同的法益——财产权利。但从刑法条文来看,并非所有特殊盗窃、诈骗、抢夺行为所侵害的客体均为财产权利,还包括公共安全、社会管理秩序等客体。当特殊的盗窃、诈骗、抢夺行为不是以财产权利为主要的犯罪客体时,即使行为人实施了为窝藏赃物、抗拒抓捕、毁灭罪证而当场使用暴力或者以暴力相威胁的行为,也不宜认定构成抢劫罪。例如,《刑法》第 280 条规定的盗窃、抢夺国家机关公文、证件、印章罪,其保护的客体是国家机关的正常管理活动和信誉,如果行为人在盗窃国家机关公文、证件、印章时为抗拒抓捕而当场采取暴力,因其实施的前部分行为不是侵犯财产类犯罪,故不能适用《刑法》第 269 条的规定转化为抢劫罪。此外,如果盗窃、诈骗、抢夺行为侵犯的客体性质比较模糊,财产属性不十分明确,一般也不宜纳入转化型抢劫的前提犯罪范围,如盗窃尸体行为,尽管行为人可能出于牟取非法利益的目的盗窃尸体,但其侵害的主要是死者及其亲属的名誉、尊严,故该行为不宜作为转化型抢劫的前提犯罪。概言之,对于《刑法》分则第五章以外的其他章节规定的盗窃、诈骗、抢夺类犯罪,在判断其能否作为转化型抢劫的前提犯罪时,应以犯罪客体为基本判断标准,严格、审慎地

认定转化型抢劫。

综上，被告人王某峰拾到被害人信用卡并使用，而后在被害人要求交还钱款时纠集他人共同殴打被害人，属于实施诈骗行为后为抗拒抓捕当场使用暴力，一、二审法院认定其构成抢劫罪是正确的。

第十五章
保险诈骗罪

第一节 保险诈骗罪概述

一、保险诈骗罪概念及构成要件

保险诈骗罪，是指投保人、被保险人或者受益人，以非法占有为目的，违反保险法法律法规，使用虚构事实或者隐瞒真相的方法，骗取保险金，数额较大的行为。1995年6月30日《全国人民代表大会常务委员会关于惩治破坏金融秩序犯罪的决定》第16条首先规定本罪，后吸收规定为《刑法》第198条。

保险诈骗罪的构成要件如下：（1）本罪侵害的客体是国家的保险制度，以及保险公司的财产所有权。犯罪对象为保险金。（2）本罪在客观上表现为违反保险法律法规，使用虚构事实或者隐瞒真相的方法，骗取保险金，数额较大的行为。我国刑法规定了五种具体的行为方式：①投保人故意虚构保险标的，骗取保险金；②投保人、被保险人或者受益人对发生的保险事故编造虚假的原因或者夸大损失的程度，骗取保险金；③投保人、被保险人或者受益人编造未曾发生的保险事故，骗取保险金；④投保人、被保险人故意造成财产损失的保险事故，骗取保险金；⑤投保人、受益人故意造成被保险人死亡、伤残或者疾病，骗取保险金。（3）本罪的犯罪主体既可以是自然人，也可以是单位，但必须具备投保人、被保险人或者受益人的身份。需要说明的是，前述五种行为方式的主体不尽相同，有的行为方式投保人、被保险人或受益人均可以实施，有的行为方式仅限于其中的某一类或某两类主体，实践中应当结合案情情况准确把握。（4）本罪在主观方面表现为直接故意，并且具有非法占有保险金的目的。

根据《刑法》第198条第1款及第3款的规定，通过前述五种行为方式进行保险诈骗活动，数额较大的，处5年以下有期徒刑或者拘役，并处1万元以上10万元以下罚金；数额巨大或者有其他严重情节的，处5年以上10年以下有期徒刑，并处2万元以上20万元以下罚金；数额特别巨大或者有其他特别严重情节的，处10年以上有期徒刑，并处2万元以上20万元以下罚金或者没收财产。单位犯第一款罪的，对单位判处罚金，并对其直接负责的主管人员和其他直接责任人员,处5年以下有期徒刑或者拘役;数额巨大或者有其他严重情节的,处5年以上10年以下有期徒刑;数额特别巨大或者有其他特别严重情节的,处10年以上有期徒刑。需要注意的是,自然人犯保险诈骗罪的,应当并处财产刑;单位犯此罪的,仅需对单位判处罚金,对其直接负责的主管人员和其他直接责任人员不得并处财产刑。

二、保险诈骗刑事案件审理情况

通过中国裁判文书网检索,2017年至2021年间,全国法院审结一审保险诈骗刑事案件共计1929件,其中,2017年423件,2018年413件,2019年410件,2020年519件,2021年164件。

司法实践中,保险诈骗案件主要呈现出以下特点及趋势:一是保险诈骗案件以骗取财产保险类案件居多,涉骗取意外险、人寿保险、医疗保险的案件数量相对较少。骗取财产保险类案件中,涉车险案件又占有较大比重,但涉案金额相对较小;其他涉案险种如骗取信用保证保险、退货险、航班延误险、企财险、银行卡安全险等案件数量不断增多。二是犯罪手段不断翻新,借助互联网实施保险诈骗的趋势愈发明显。随着保险业的发展壮大,各式各样的新型险种如退货险、航班延误险等不断出现,保险业务细化程度越来越高,再加上互联网在保险行业的广泛应用,即使是传统保险业务,也纷纷依托互联网开展业务,在线自动核保、简易理赔等业务在便利人们生活的同时,也常常会被不法分子利用实施保险诈骗,作案手段呈现出隐蔽化、多样化、异地化特征,风控难度和侦查难度显著增加。三是团伙作案频发。近年来,出现了大量内部分工明确、组织化管理的保险诈骗团伙,犯罪分子内外勾结,虚假投保、伪造保险事故、报案索赔等环节由不同人员负责,形成完整的骗保链条;与此同时,保险公司内部人员、评估机构、鉴定机构等中介人员也参与其中,加大了保险公司防范诈骗风险的难度。

三、保险诈骗刑事案件审理热点、难点问题

一是事后投保行为的定性。实践中,事后投保即事故责任人在事故发生后,才以投保人的身份隐瞒事故真相与保险人签订保险合同,从而骗取保险金的情形时有发生。对此,有观点认为,《刑法》第198条所列举的5种保险诈骗的法定行为应以保险合同的成立为先决条件,事后投保显然不符合该条件;如果符合合同诈骗的罪构成要件,可以合同诈骗罪予以规制。也有观点认为,对于事后投保行为同样可以保险诈骗罪定罪处罚。

二是罪数问题。《刑法》第198条第2款规定,"有前款第四项、第五项所列行为(即投保人、被保险人故意造成财产损失的保险事故,骗取保险金的;投保人、受益人故意造成被保险人死亡、伤残或者疾病,骗取保险金的),同时构成其他犯罪的,依照数罪并罚的规定处罚。"据此,有观点认为,实施《刑法》第198条第1款第1、2、3项规定的保险诈骗行为,同时涉及其他犯罪的,则不应数罪并罚而应该一律按照牵连犯的原则处理。也有观点认为,《刑法》第198条第2款规定只是一种提示性规定,并不意味着该条第1款第1、2、3项所列行为同时构成其他犯罪的情形不能数罪并罚。此外,针对仅实施了制造保险事故的犯罪行为,但尚未向保险公司索赔的,能否以其他犯罪与保险诈骗罪的预备犯进行数罪并罚,以及单位制造保险事故的,能否对单位进行数罪并罚等存有争议。

三是保险诈骗共犯关系的认定。主要包括两种情形：(1)投保人、被保险人、受益人与保险公司内部人员相互勾结，共同实施保险诈骗行为的定性问题。对此，理论上主要有"主犯决定说""实行犯决定说""折中说"等观点，实践中亦存在适法不统一的问题。(2)投保人、被保险人、受益人与其他无身份者伙同实施保险诈骗行为的定性问题。对此，是以保险诈骗共犯论处，还是普通诈骗共犯论处，抑或是对有身份者以保险诈骗罪论处，对无身份者则以诈骗罪论处，实践中适法亦不一致。

四是除斥期间是否阻却保险诈骗罪的成立。《保险法》第 16 条第 2 款、第 3 款规定，"投保人故意或者因重大过失未履行前款规定的如实告知义务，足以影响保险人决定是否同意承保或者提高保险费率的，保险人有权解除合同。""前款规定的合同解除权，自保险人知道有解除事由之日起，超过三十日不行使而消灭。自合同成立之日起超过二年的，保险人不得解除合同；发生保险事故的，保险人应当承担赔偿或者给付保险金的责任。"如若投保人在签订保险合同时实施了虚构保险标的等欺骗行为，如隐瞒真实年龄或隐瞒身体健康情况而成功投保，且该行为已经符合保险诈骗罪的构成要件；而保险公司在合同成立之日起 2 年内未解除该合同，根据前述规定，投保人、受益人有权获得保险理赔，此时能否阻却保险诈骗罪的成立争议较大。

四、保险诈骗刑事案件审理思路及原则

一是注重行为人特定身份的审查和认定。如前所述，保险诈骗罪系身份犯，只有具备投保人、被保险人或者受益人身份的行为人才符合本罪的主体要件。实践中，应当结合行为人的身份信息、投保单、保险合同的签署情况、保险公司员工、同案关系人的证言以及行为人的供述等证据综合审查认定行为人是否具备特定身份。实践中还存在实际投保人与名义投保人不一致的情形，应当结合在案证据查明保险诈骗行为的具体实施人、实际受益人。需要注意的是，构成保险诈骗罪不需要行为人在与保险公司等签订保险合同时就具有投保人、被保险人或者受益人的身份，只要在向保险公司等着手实施保险诈骗行为时具有特定身份即可。

二是准确把握罪与非罪、一罪与数罪的界限。实践中，应当注意把握以下情形：(1)虽然保险标的来源不合法，但索赔依据并非因人为原因造成的保险事故的，一般不宜认定构成保险诈骗。(2)行为人为达到保险诈骗的目的，所采取的方法如杀人、纵火等已构成独立犯罪，但保险诈骗行为由于各种原因未予实施的，不影响对杀人、纵火等行为追究刑事责任，但一般不宜认定保险诈骗预备。(3)投保人、被保险人故意造成财产损失的保险事故，骗取保险金，或者投保人、受益人故意造成被保险人死亡、伤残或者疾病，骗取保险金，同时构成其他犯罪的，依照数罪并罚的规定处罚。(4)对单位决定实施放火等行为骗取保险金的行为，可认定单位及单位直接负责的主管人员与其他直接责任人员构成保险诈骗罪；但基于单位不能构成放火罪的主体，故可处罚单位内组织、策划、实施放火行为的人员，如此既适用了《刑法》第 198 条第 2 款的数罪并罚规定，也与 2014 年 4 月 24 日《全国人大常委会关于〈中华人民共和国刑法〉第三十条的解释》的规定相吻合。[①]

[①] 该立法解释规定："公司、企业、事业单位、机关、团体等单位实施刑法规定的危害社会的行为，刑法分则和其他法律未规定追究单位的刑事责任的，对组织、策划、实施该危害社会行为的人依法追究刑事责任。"

三是对保险诈骗罪共犯的认定应当区分情形把握。根据共同犯罪的一般原理，无身份者明知投保人、被保险人、受益人意图实施骗取保险金的行为，仍提供帮助的，可成立保险诈骗罪的共犯。实践中，无身份者又可分为多种情形，如保险公司的内部人员，保险事故的鉴定人、证明人、财产评估人，抑或不具有前述身份的一般人员，前述人员为保险诈骗提供帮助的均可成立共犯，但适用具体罪名时应区分认定。具体如下：（1）保险事故的鉴定人、证明人、财产评估人故意提供虚假的证明文件，为他人诈骗提供条件的，以保险诈骗罪的共犯论处。（2）投保人、被保险人、受益人与保险公司内部人员相互勾结，共同实施保险诈骗行为的，一般以贪污或者职务侵占的共犯论处；但如果保险机构工作人员不具有决定权限或者以职务犯罪处理量刑明显偏轻的，则以保险诈骗共犯处理更为妥当。（3）投保人、被保险人、受益人与其他无身份者伙同实施保险诈骗行为的，同样宜以保险诈骗共同犯罪论处。

第二节　保险诈骗罪审判依据

保险诈骗罪是从《全国人民代表大会常务委员会关于惩治破坏金融秩序犯罪的决定》第 16 条的规定，吸收修改为 1997 年《刑法》的具体规定的。2022 年 4 月 6 日公布的《最高人民检察院、公安部关于公安机关管辖的刑事案件立案追诉标准的规定（二）》对该罪的立案追诉标准予以细化规定。

一、法律

《中华人民共和国刑法》（1979 年 7 月 1 日第五届全国人民代表大会第二次会议通过　1997 年 3 月 14 日第八届全国人民代表大会第五次会议修订　1997 年 3 月 14 日中华人民共和国主席令第 83 号公布　根据历次修正案和修改决定修正）（节录）

第一百九十八条　有下列情形之一，进行保险诈骗活动，数额较大的，处五年以下有期徒刑或者拘役，并处一万元以上十万元以下罚金；数额巨大或者有其他严重情节的，处五年以上十年以下有期徒刑，并处二万元以上二十万元以下罚金；数额特别巨大或者有其他特别严重情节的，处十年以上有期徒刑，并处二万元以上二十万元以下罚金或者没收财产：

（一）投保人故意虚构保险标的，骗取保险金的；

（二）投保人、被保险人或者受益人对发生的保险事故编造虚假的原因或者夸大损失的程度，骗取保险金的；

（三）投保人、被保险人或者受益人编造未曾发生的保险事故，骗取保险金的；

（四）投保人、被保险人故意造成财产损失的保险事故，骗取保险金的；

（五）投保人、受益人故意造成被保险人死亡、伤残或者疾病，骗取保险金的。

有前款第四项、第五项所列行为，同时构成其他犯罪的，依照数罪并罚的规定处罚。

单位犯第一款罪的，对单位判处罚金，并对其直接负责的主管人员和其他直接责任人员，处五年以下有期徒刑或者拘役；数额巨大或者有其他严重情节的，处五年以上十年以下有期徒刑；数额特别巨大或者有其他特别严重情节的，处十年以上有期徒刑。

保险事故的鉴定人、证明人、财产评估人故意提供虚假的证明文件，为他人诈骗提供条件的，以保险诈骗的共犯论处。

二、刑事政策文件

1. **《最高人民检察院、公安部关于公安机关管辖的刑事案件立案追诉标准的规定（二）》**（2022年4月6日 公通字〔2022〕12号）（节录）

第五十一条〔保险诈骗案（刑法第一百九十八条）〕进行保险诈骗活动，数额在五万元以上的，应予立案追诉。

2. **《最高人民检察院法律政策研究室关于保险诈骗未遂能否按犯罪处理问题的答复》**（1998年11月27日 〔1998〕高检研发第20号）

河南省人民检察院：

你院《关于保险诈骗未遂能否按犯罪处理的请示》（豫检捕〔1998〕11号）收悉。经研究，并经高检院领导同意，答复如下：

行为人已经着手实施保险诈骗行为，但由于其意志以外的原因未能获得保险赔偿的，是诈骗未遂，情节严重的，应依法追究刑事责任。

第三节 保险诈骗罪审判实践中的疑难新型问题

问题1. 挂靠车辆的实际所有者能否成为保险诈骗罪的主体

【刑事审判参考案例】 徐某雷保险诈骗案[①]

一、基本案情

法院经公开审理查明：2002年6月，徐个人购买了一辆"凤凰"牌重型自卸货车，并挂靠在北郊运输队，并以北郊运输队的名义向中华联合财产保险股份有限公司无锡市锡山支公司办理了盗抢险保险业务，所有上牌、年检、保险的相关费用均由徐某雷个人支出。2005年5月4日，徐将自己购买的上述"凤凰"牌重型自卸货车出售给他人，次日即向公安机关及保险公司谎报假案，称车辆失窃。2005年9月，徐通过北郊运输队从中华联合财产保险股份有限公司无锡市锡山支公司骗得盗抢险保险金63130.97元。案发后，徐的家属于2007年2月27日代为退出全部赃款，同年3月7日，徐向公安机关投案自首。

法院认为，徐编造未曾发生的车辆失窃的保险事故，骗取保险金63130.97元，数额巨大，其行为已构成保险诈骗罪，依法应予惩处。检察院起诉指控的罪名成立，予以支

[①] 方海朗、闻仕君、范莉：《徐某雷保险诈骗案——被保险车辆的实际所有人利用挂靠单位的名义实施保险诈骗行为的，构成保险诈骗罪》，载中华人民共和国最高人民法院刑事审判第一、第二、第三、第四、第五庭主办：《刑事审判参考》总第61集，法律出版社2008年版。

持。本案中,向保险公司投保的保险标的实际所有人系徐,保险费等也实际系徐缴纳,徐编造保险事故后,利用北郊运输队而实施的诈骗保险公司保险金的行为,使保险公司财产受到了损失,故徐构成间接正犯,应定保险诈骗罪。徐犯罪后能主动向公安机关投案,并如实供述犯罪事实,系自首,依法可以从轻或减轻处罚。徐在庭审中能自愿认罪,其家属已代为退出全部赃款,确有悔罪表现,依法可以从轻处罚。根据徐的犯罪性质、情节及悔罪表现,决定对徐予以减轻处罚。据此,依照《刑法》第 198 条第 1 款第 3 项、第 67 条第 1 款、《最高法院关于处理自首和立功具体应用法律若干问题的解释》第 3 条之规定,判决如下:被告人徐并雷犯保险骗罪,判处有期徒刑二年,并处罚金人民币一万元。

一审宣判后,被告人徐某雷未提起上诉,公诉机关也未提出抗诉,判决已经发生法律效力。

二、主要问题

徐是否符合保险诈骗罪的主体?

三、裁判理由

保险诈骗罪,是指投保人、被保险人或者受益人,违反《保险法》规定,用虚构事实或者隐瞒真相的方法,骗取保险金,数额较大的行为。《刑法》第 198 条明确列举了五种保险诈骗的行为,本案被告人徐某雷将货车出售给他人后,向公安机关及保险公司谎报车辆失窃,从保险公司骗得保险理赔金 6 万余元的行为符合其中"编造未曾发生的保险事故,骗取保险金"数额巨大的情形,但被告人徐某雷是否符合保险诈骗罪"投保人、被保险人或者受益人"的主体要件则有探讨的必要。

本案中,挂靠经营的机动车辆作为保险标的具有特殊性,其所有权名义上的拥有者与实际拥有者并不同一。由于道路运输关涉人民群众人身财产安全,涵盖群体面广量大,因此我国对道路运输实行严格的行政管理。在此背景下,实践中客货运输行业广泛存在着挂靠经营的现象。个人想从事客货运输,通常将所购机动车辆挂靠运输企业名下,双方签订挂靠者自主经营、自负盈亏等内容的挂靠合同,这种广泛存在的经营方式被称为机动车辆挂靠经营,即个人(也就是挂靠者)出资购买车辆而以客货运输企业(即挂靠单位)为车主登记入户,并以其名义进行客货运输经营,由挂靠单位提供适于营运的法律条件,如经营线路、各种营运手续等并收取相应的管理费或有偿服务费的经营方式。虽然机动车辆挂靠经营方式增强了运输企业的实力,同时又实现了个人从事运输经营、使资金更有效增值的目的,但也使法律关系复杂化,给纠纷的司法处理带来难度,本案犯罪主体的准确认定就是其中之一。我们认为,本案被告人徐某雷作为被保险车辆的实际所有人和骗保资金的实际获取人,利用挂靠单位的名义实施的保险诈骗行为,符合保险诈骗罪的主体要件,应当认定为构成保险诈骗罪。具体理由如下:

1. 挂靠车辆的实际所有者作为实际投保人和被保险人,对于保险标的具有直接的保险利益关系,完全可以成为保险诈骗罪的主体。

(1)挂靠者作为隐名被保险人和实际投保人,是保险合同权利义务的实际承受者。依民事公示公信原则,民事权利属于公示于外在的主体,但特殊情况下,同时存在权利的隐名主体,如未登记在册的财产共有人、隐名股东、隐名合伙人、隐名被代理人等,同样受法律保护。也就是说,没有对外公示并不影响在一定情况下民事主体对于民事权利的享有。保险合同的投保人或被保险人同样有可能同时存在形式上的显名主体和实质上的隐名主体。如本案在内的所有挂靠经营方式导致名与实的分离：出于车辆行政管理的现状和实现运输目的的需要，机动车辆登记在挂靠单位名下，但实际由个人出资购买，并缴纳各项运输费用。使得在所有权领域，车辆在名义上归属挂靠单位，而实际所有人为挂靠个人。进入保险领域，车主挂靠的单位自然成为名义上的投保人或被保险人，而实际上，保险标的为挂靠者实际所有，各类保险费用也全部由挂靠者支付，挂靠者应认定为保险合同的权利义务实质承受主体。

2. 对保险标的享有的保险利益实际属于挂靠者。保险利益是指对保险标的具有的法律上承认的利益。财产保险的目的在于填补被保险人所遭受意外财产损失的损害，因此"损害是利益的反面"常作为判断保险利益归属的方法，即谁会因为保险事故的发生而受到损害谁就是保险利益的归属方。挂靠经营双方主体与挂靠车辆之间存在明显的利益关系，挂靠单位通常仅负责出面办理各种运营证件、手续，代缴各项规费，向挂靠者收取管理费，并协助实际车主办理有关保险事务。除作为挂名车主外，挂靠单位与机动车辆之间无直接利害关系，即使投保车辆发生损害事故，挂靠单位实际并没有受到财产损失。相反，挂靠者作为车辆的实际所有者和经营者，与车辆有着切身的利害关系，一旦投保车辆发生意外事故，直接财产的损失承受者就是挂靠者。因此，挂靠单位对保险车辆只具有形式上的保险利益，挂靠者对投保车辆才存在着实质的保险利益。

（3）挂靠者是实际的投保人和被保险人。根据《保险法》的规定，投保人是指对保险标的具有保险利益与保险人签订合同并向保险人交付保险费的人。从外部显示，无可否认挂靠单位是保险合同的投保人，但由于所有保险的相关费用均由挂靠者个人支出，合同标的实际归属者、合同权利义务的实际承受者均是挂靠者，因此虽然挂靠单位是与保险人签订合同的名义主体，但挂靠者却是实际隐名合同主体。挂靠者不以自己名义投保，是因为现实需要而与挂靠单位签订协议将车辆登记于挂靠单位名下所致。本案被告人徐某雷实质上符合"具有保险利益""交纳保险费"的要件，是实际上的投保人。被保险人是受保险合同保障，享有赔偿请求权的人，财产保险须为保险财产所有人或经营管理人。被告人徐某雷是保险财产即机动车辆实际上的所有人及经营管理人，与保险财产存有保险利益，在发生保险事故时享有实质上的借助显名被保险人的名义获得赔偿的请求权，因此徐某雷属于实质被保险人。

综上，被告人徐某雷作为保险标的的实际投保人和被保险人，对于保险标的具有直接的保险利益关系，完全可以成为保险诈骗罪的主体。

2. 徐利用挂靠单位从保险公司骗得盗窃险保险金的行为，属于隐名被保险人（实际投保人）利用显名被保险人（名义投保人）名义实施的保险诈骗行为，构成保险诈骗罪的间接正犯。

刑法理论中，间接正犯是指行为人利用他人作为中介实施犯罪行为，其所利用的他人由于具有某些情节而不负刑事责任，间接正犯对于其通过他人所实施的犯罪行为完全承担刑事责任的情况。间接正犯在主观上具有利用他人犯罪的故意，也就是指行为人明知被利用者没有刑事责任能力或者没有特定的犯罪故意而加以利用，希望或者放任通过被利用者的行为达到一定的犯罪结果；在客观上，间接正犯具有利用他人犯罪的行为，即行为人不是亲手犯罪，而是以他人作为犯罪工具。因此，间接正犯与被利用者之间不存在共同犯罪故意，间接正犯不属于共同犯罪的范畴。因被利用者不负刑事责任，其实施的犯罪行为应视为利用者自己实施，故利用者应对被利用人所实施的行为承担全部责任,也就是说,对利用不负刑事责任的人实施犯罪的,应按照被利用者实行的行为定罪处罚。同时,这种利用他人犯罪的故意也不同于教唆故意与帮助故意。教唆故意是唆使他人犯罪的故意,帮助故意是帮助他人犯罪的故意,这是一种共犯的故意,以明知被教唆人或被帮助人的行为构成犯罪为前提,具有主观上的犯罪联络。而在间接正犯的情况下,行为人明知被利用者的行为不构成犯罪或者与之不存在共犯关系,因而具有单独犯罪的故意,即正犯的故意。一般而言,间接正犯利用他人犯罪的常见情形有:利用未达到刑事责任年龄或利用没有辨认控制能力的人实施犯罪;利用他人无罪过行为实施犯罪;利用他人合法行为实施犯罪;利用他人过失行为实施犯罪;利用有故意的工具实施犯罪。

本案中,由于具体的保险理赔操作中,保险公司只会受理名义上的被保险人(保险合同签订人)提出的理赔申请。因此,被告人徐某雷在将自己购买的自卸货车出售给他人后,想要实现谎报假案并虚假理赔骗取保险公司保险金的目的必须借助于显名被保险人(名义投保人)北郊运输队来实施,而作为名义上的被保险人和投保人,北郊运输队不知道被告人徐某雷的自卸货车实际上没有失窃,并不明知徐开营诈骗保险公司保险金的意图,客观上也没有实际获取保险公司的理赔金,所以由于缺乏主观上的共同犯意,因而北郊运输队与被告人徐某雷不构成保险诈骗犯罪的共犯,也就是说,被告人徐某雷单独对其利用北郊运输队实施的骗取被害单位中华联合保险股份有限公司无锡市支公司盗抢险保险金 63130.97 元的行为承担刑事责任。可见,被告人徐某雷利用挂靠单位从保险公司骗得盗抢险保险金的行为,属于隐名被保险人(实际投保人)利用无犯罪故意的显名被保险人(名义投保人)名义实施的保险诈骗行为,构成保险诈骗罪的间接正犯。之所以不将徐某雷借他人之名实施的行为认定为是冒充他人的诈骗行为,而包容于诈骗客观要件内,正是因为本案被告人与被利用人是隐名与显名关系,隐名者利用显名者名义有其合法基础。行为人是实际被保险人的身份,而现实又不允许行为人以自己名义处理事务,即便在实施合法行为时,隐名被保险人的一切意图、行为也理所当然地必须借助于显名被保险人的名义付诸实施。事实上,无论是隐名者,还是显名者都明知对外的名义仅是为了事务处理的便利,隐名者才是事务的具体实施人、受益人,显名者通过提供名义、协助事务的处理等方式对隐名者利用其名义处理约定事务表示默认。也就是说隐名者利用显名者的名义处理约定事务是符合约定的,显名者对此也是明知的,无所谓冒名一说。

综上,法院以保险诈骗罪对被告人徐某雷以保险诈骗罪对其定罪处罚是正确的。

问题 2. 明知保险诈骗行为人意欲进行保险诈骗而为其提供其他条件或帮助的人是否能够成立保险诈骗罪的帮助犯

【刑事审判参考案例】曾某青、黄某新保险诈骗、故意伤害案[①]

一、基本案情

南平市延平区人民法院经公开审理查明:

2003 年 4 月间,被告人曾某青因无力偿还炒股时向被告人黄某新所借的 10 万元债

[①] 李友寿、郑世文:《曾某青、黄某新保险诈骗案——保险诈骗罪主体、犯罪形态的认定》,载中华人民共和国最高人民法院刑事审判第一庭、第二庭编:《刑事审判参考》总第 38 集,法律出版社 2004 年版。

务，遂产生保险诈骗的念头。被告人曾某青于 2003 年 4 月 18 日在中国太平洋人寿保险股份有限公司南平中心支公司（以下简称太平洋保险南平支公司）以自己为被保险人和受益人，投保了两份太平如意卡 B 款意外伤害保险，保额为 16.4 万元；于 2003 年 4 月 21 日在中国人寿保险公司南平分公司（以下简称人寿保险南平分公司）投保了三份人身意外伤害综合保险（中国人寿卡），保额为 18.9 万元；于 2003 年 4 月 22 日在其单位中国平安人寿保险股份有限公司南平中心支公司（以下简称平安保险南平支公司）投保了 6.5 万元的人身意外伤害保险。被告人曾某青为了达到诈骗上述保险金及其单位平安保险南平支公司为在职普通员工承保的 30 万元人身意外伤害团体保险金的目的，找到被告人黄某新，劝说黄某新砍掉他的双脚，用以向上述保险公司诈骗，并承诺将所得高额保险金中的 16 万元用于偿还所欠黄某新 10 万元债务本金及红利。被告人黄某新在曾某青的多次劝说下答应与曾某青一起实施保险诈骗。之后，由被告人曾某青确定砍脚的具体部位，由黄某新准备砍刀、塑料袋等作案工具，在南平市辖区内寻找地点，伺机实施。2003 年 6 月 17 日晚 9 时许，被告人曾某青按事先与被告人黄某新之约骑上自己的二轮摩托车到南平市滨江路盐政大厦对面，载上携带砍刀等作案工具的被告人黄某新到南平市环城路闽江局仓库后山小路，被告人黄某新用随身携带的砍刀将曾某青双下肢膝盖以下脚踝以上的部位砍断，之后，被告人黄某新将砍下的双脚装入事先准备好的塑料袋内，携带砍刀骑着曾某青的摩托车逃离现场，在逃跑途中分别将两只断脚、砍刀及摩托车丢弃。被告人曾某青在黄某新离开后呼救，被周围群众发现后报警，后被接警而至的 110 民警送医院抢救。案发后，被告人曾某青向公安机关、平安保险南平支公司报案谎称自己是被三名陌生男子抢劫时砍去双脚，以期获得保险赔偿。2003 年 8 月 11 日，被告人曾某青的妻子廖某英经曾某青同意向平安保险南平支公司提出 30 万元团体人身险理赔申请，后因公安机关侦破此案而未能得逞。经法医鉴定与伤残评定，被告人曾某青的伤情属重伤，伤残评定为三级。被告人曾某青于 2003 年 6 月 17 日至 7 月 10 日在中国人民解放军第九十二医院（以下简称九二医院）住院治疗 23 天，共花去医疗费 10055.05 元。

南平市延平区人民法院认为：被告人曾某青作为投保人、被保险人和受益人，伙同他人故意造成自己伤残，企图骗取数额特别巨大的保险金，其行为已构成保险诈骗罪；被告人黄某新故意伤害他人身体，致人重伤，其行为已构成故意伤害罪。公诉机关指控被告人曾某青犯保险诈骗罪、黄某新犯故意伤害罪罪名成立。公诉机关认定被告人曾某青为实施保险诈骗制造条件，系犯罪预备的指控不当，因被告人曾某青通过其妻子廖某英于 2003 年 8 月 11 日，已向平安保险南平支公司申请金额为 30 万元的人身意外伤害团险理赔，从其开始申请理赔之日起，系其着手实施了保险诈骗的行为，由于其意志以外的原因而未能骗得保险金，因此，该案犯罪形态属犯罪未遂而不是犯罪预备。公诉机关指控被告人黄某新犯保险诈骗罪不能成立，按照《中华人民共和国刑法》第 198 条的规定，保险诈骗罪的犯罪主体属特殊主体，只有投保人、被保险人或者受益人才能构成保险诈骗罪，另外保险事故的鉴定人、证明人、财产评估人故意为保险诈骗行为人提供虚假的证明文件，为其进行保险诈骗提供条件的，以保险诈骗罪的共犯论处，这是刑法对保险诈骗罪的主体及其共犯构成要件的严格界定，而本案被告人黄某新既不是投保人、被保险人或者受益人，也不是保险事故的鉴定人、证明人、财产评估人，不具有保险诈骗犯罪的主体资格和构成其共犯的主体资格，因此，被告人黄某新的行为不构成保险诈骗罪。被告人曾某青曾因故意犯罪被判处有期徒刑，在假释期满后五年以内再犯应当判处有期徒刑以上刑罚之罪，系累犯，依法应当从重处罚；但其在实施保险诈骗过程中有30万元因意志以外的原因而未得逞，系犯罪未遂，另41.8万元属犯罪预备，依法可予减轻处罚。被告人黄某新致被害人曾某青重伤，应承担相应的民事赔偿责任，考虑系原告人曾某青叫被告人黄某新砍去其双脚，原告人曾某青自己亦有过错，故双方各自承担一半的民事责任。对于被告人黄某新及其辩护人提出被告人黄某新不具备保险诈骗罪的主体资格不构成保险诈骗罪的辩解和辩护意见，理由成立，予以采纳。对于被告人曾某青及其辩护人提出被告人曾某青未实际骗取保险金，不构成保险诈骗罪的辩解和辩护意见，因保险诈骗罪作为一种直接故意犯罪，其中必然存在未完成形态，只要行为人实施了诈骗保险金的行为，不论是否骗到保险金，即不论诈骗是否成功，情节严重的，均可以构成本罪，而本案被告人曾某青诈骗保险金额达71.8万元，其中30万元属犯罪未遂，另41.8万元属犯罪预备，数额特别巨大，被告人曾某青的行为构成保险诈骗罪未遂，故被告人曾某青所提该点辩解和辩护人所提上述辩护意见，依据不足，不予采纳。依照《中华人民共和国刑法》第198条第1款第5项、第234条第2款、第3条、第22条、第23条、第65条第1款、第2款、第52条、第36条第1款和《中华人民共和国民法通则》第119条的规定，判决如下：

一、被告人黄某新犯故意伤害罪，判处有期徒刑六年。

二、被告人曾某青犯保险诈骗罪，判处有期徒刑五年六个月，并处罚金人民币30000元。

三、附带民事诉讼被告人黄某新应赔偿附带民事诉讼原告人曾某青经济损失共计人民币53492.5元。该款应于本判决生效之日起三十日内付清。

四、驳回附带民事诉讼原告人曾某青的其他诉讼请求。

一审宣判后，被告人曾某青、黄某新均不服，向南平市中级人民法院提出上诉。

上诉人曾某青及其辩护人提出，保险诈骗罪只有既遂才构成，上诉人未领到保险金，且与其共同实施保险诈骗行为的黄某新原判也未认定构成保险诈骗罪，要求改判无罪。

上诉人黄某新及其辩护人提出，上诉人黄某新伤害他人的行为是受曾某青教唆和胁迫，原判对其量刑畸重。

南平市中级人民法院经审理认为：上诉人曾某青作为投保人、被保险人和受益人，伙同他人故意造成伤残，企图骗取数额特别巨大的保险金，其行为已构成保险诈骗罪；上诉人黄某新故意伤害他人身体，致人重伤，其行为已构成故意伤害罪。对上诉人曾某青及其辩护人提出保险诈骗罪只有既遂才构成，其未领到保险金，且与其共同实施保险诈骗行为的黄某新原判也未认定构成保险诈骗罪，因此要求改判上诉人曾某青无罪的诉辩意见，根据《最高人民法院关于审理诈骗案件具体应用法律若干问题的解释》第1条第6款"诈骗未遂，情节严重的，也应定罪处罚"的规定，上诉人曾某青已着手实施诈骗人民币30万元的保险金，虽因意志以外的原因诈骗未遂，但数额特别巨大，情节严重，应予定罪处罚。而上诉人黄某新不具有保险诈骗犯罪的主体资格和构成共犯的主体资格，按照《中华人民共和国刑法》第3条法无明文规定不为罪的原则，上诉人黄某新的行为不构成保险诈骗罪。故上诉人曾某青的上诉理由和辩护人的辩护意见均不能成立，本院不予支持。对上诉人黄某新及其辩护人提出原判对其量刑畸重的诉辩意见，原判根据其犯罪事实和法律规定，对其处以的刑罚适当。故其上诉理由和辩护意见亦均不能成立。原判认定事实清楚，证据确凿，定罪准确，量刑适当，审判程序合法。依照《中华人民共和国刑事诉讼法》第 189 条第 1 项之规定，裁定驳回曾某青、黄某新的上诉，维持原判。

二、主要问题

被告人黄某新是否成立保险诈骗罪共犯，构成保险诈骗罪？

三、裁判理由

1. 对本案被告人黄某新帮助被告人曾某青制造保险事故的行为无须另定保险诈骗罪

本案在审理过程中，对被告人黄某新帮助被告人曾某青制造保险事故的行为是否构成保险诈骗罪，有两种不同的意见：第一种意见认为，被告人黄某新虽不具有投保人、被保险人或者受益人的主体资格，但其明知被告人曾某青意图实施保险诈骗，仍帮助其制造保险事故的行为，可构成保险诈骗罪的共犯。另一种意见认为，保险诈骗罪的犯罪主体属特殊主体。就其单独犯罪形态而言，只有投保人、被保险人或者受益人才能构成保险诈骗罪；就其共同犯罪形态而言，只有保险事故的鉴定人、证明人、财产评估人故意为保险诈骗行为人提供虚假的证明文件，为其进行保险诈骗提供条件的，才能以保险诈骗罪的共犯论处。上述是刑法对保险诈骗罪的主体及共犯构成要件的严格界定，而本案被告人黄某新既不是投保人、被保险人或者受益人，也不是保险事故的鉴定人、证明人、财产评估人，不具有保险诈骗犯罪的主体资格和构成共犯的主体资格，故不构成保险诈骗罪。本案一、二审法院均主张第二种意见，我们认为这一意见值得商榷。理由如下：

（1）根据《刑法》第 198 条的规定，保险诈骗罪是指投保人、被保险人或者受益人，违反《保险法》规定，用虚构事实或者隐瞒真相的方法，骗取保险金，数额较大的行为。至于实施保险诈骗的方法和手段，《刑法》规定了五种，行为人只要实施了其中之一种，即可构成本罪（同时实施了其中两种以上行为的，仍为一罪，不实行并罚）。本案被告人曾某青，作为既是投保人、受益人，又是被保险人的身份，其所实施的保险诈骗的方法显然同时符合其中之两种，即第 2 项：投保人、被保险人或者受益人对发生的保险事故编造虚假的原因，骗取保险金的；以及第 5 项：投保人、受益人故意造成被保险人伤残骗取保险金的（本案特殊的是并非曾某青自残制造保险事故，而是请他人伤残自己。保险诈骗罪主体自残后骗保或者请他人"代手"伤残自己后骗保的，均符合上述第 5 项的本质特征）。因此，本案被告人曾某青的行为构成保险诈骗罪无疑。

（2）我们说保险诈骗罪的犯罪主体是特殊主体，即只有投保人、被保险人或者受益人（这里的"人"包括自然人和单位）才可能构成本罪，这是从单独犯罪的角度而言的。但从共同犯罪角度看，我们知道，无上述特殊身份的人完全有可能成为有此身份的人的共犯。换言之，任何人明知被保险人意欲自伤后骗取保险金而仍为其提供帮助行为的，包括帮助其故意制造保险事故（本案表现为自残）的，尽管该帮助人未参与帮助其进行索赔等事项的，根据共同犯罪的一般原理，仍可成立保险诈骗罪的共犯。就本案而言，被告人黄某新虽不具备保险诈骗罪主体的特殊身份，但其明知曾某青意欲实施保险诈骗仍答应并帮助其故意制造保险事故（帮助自残），共同为曾某青着手实施保险诈骗制造条件，应可成立保险诈骗罪（预备）的帮助犯。尽管除此之外，黄某新未再实施其他任何帮助行为。

（3）《刑法》第 198 条第 4 款规定，保险事故的鉴定人、证明人、财产评估人故意为保险诈骗行为人提供虚假的证明文件，为其进行保险诈骗提供条件的，以保险诈骗罪的共犯论处。该条实质是一项提示性规定,即提示司法者,对上述主体的上述行为,应当以保险诈骗罪的共犯论处,而不能以其他罪如提供虚假证明文件罪等论处。该条规定并不意味着,只有上述主体的上述行为才能构成保险诈骗罪的共犯,除此而外,其他人为保险诈骗行为人进行保险诈骗提供条件或帮助的行为,就无成立保险诈骗罪共犯的余地。事实上,根据刑法总则规定的共同犯罪的一般原理,我们不仅自然能够得出"保险事故的鉴定人、证明人、财产评估人故意为保险诈骗行为人提供虚假的证明文件,为其进行保险诈骗提供条件的,应构成保险诈骗罪的共犯"的结论,而且当然也能得出:除此而外,其他明知保险诈骗行为人意欲进行保险诈骗而为其提供其他条件或帮助的人,同样也能够成立保险诈骗罪的帮助犯。

(4) 就本案而言,我们说被告人黄某新的行为成立保险诈骗罪的帮助犯,但并不等于说,对黄某新就必须作保险诈骗罪的定罪量刑,并与其故意伤害罪实行并罚。事实上,在本案中,被告人黄某新只实施了一个行为,即帮助曾某青实施自残的行为。该一行为又因同时具备两种不同的性质(一方面是故意伤害了他人的身体健康,另一方面是为曾某青进行保险诈骗制造了条件)而触犯了两个罪名即故意伤害罪和保险诈骗罪(犯罪预备中的帮助犯),系想象竞合犯。按照想象的竞合犯的从一重处断原则,显然对被告人黄某新只应定故意伤害罪一罪即可,而不宜作双重评价,以故意伤害罪和保险诈骗罪进行并罚。综上,我们同意一、二审对被告人黄某新的最后的定性意见,但对判决书中的说理部分我们却不能苟同。另外需要说明的是,根据《刑法》第198条第2项的规定,投保人、受益人故意造成被保险人伤残,骗取保险金的,同时构成故意伤害罪和保险诈骗罪的,应当予以二罪并罚。我们认为,就本案被告人黄某新而言,并不属于上述应当并罚的情形(理由后面有述)。

问题3. 没有特定身份的人能否构成保险诈骗罪

【人民法院报案例】黄某花、林某鸿、阎某保险诈骗案[①]

[裁判要旨]

保险诈骗罪以具备投保人、被保险人、受益人的特定身份作为该罪成立的主体要件。没有特定身份的人不可能直接实施保险诈骗罪,也不可以利用具有特定身份的人而成为保险诈骗罪的间接正犯。

[基本案情]

黄某花系上海明虹投资有限公司(以下简称明虹公司)股东。明虹公司车辆的维修、保养、保险等相关事宜委托上海人民企业集团物业管理有限公司(以下简称人民企业物业公司)管理,其中明虹公司所有的佳美轿车于2008年1月已由人民企业物业公司向中国平安财产保险股份有限公司上海分公司(以下简称平安保险公司上海分公司)进行投保,投保人和被保险人均为人民企业物业公司。

2008年4月4日19时许,黄某花的丈夫倪某秋驾驶佳美轿车在浙江省温州市苍南县与停靠在路边的大客车相撞。接警民警赶至现场,倪某秋已弃车逃离。同月9日,黄某花至苍南县交通警察大队要求交警部门出具事故认定书。苍南县交通警察大队认为:肇事

[①] 沈言:《不具有特定身份人不成立保险诈骗罪的间接正犯》,载《人民法院报》2011年5月26日。

驾驶员弃车逃离现场有酒后驾车嫌疑,应负事故全部责任。同年 5 月 14 日,在交警陈孟声的主持下,事故双方签订了协议书,由倪某秋赔偿对方 6000 元,并在协议书中约定,双方对该事故不作任何保险赔偿。

2008 年 4 月中旬,人民企业物业公司总经理沈某向时任该公司车队长的林某鸿询问,轿车在浙江省温州市发生交通事故,能否办理理赔。因人民企业物业公司的车辆维修、保养、保险理赔等事宜均委托由阎某任经理的上海粤海汽车配件修理部负责,故林某鸿打电话给阎某,告知公司一辆佳美轿车在外地发生交通事故,向其咨询理赔事宜。阎某明确告知林某鸿,需当地公安机关出具事故认定书并在 48 小时内向保险公司报案。

2008 年 5 月中旬,黄某花打电话给浙江省温州市平阳县雨田集团有限公司(以下简称雨田公司)的章某和,称明虹公司有一辆车在平阳县海滩围垦工地发生交通事故,让章某和与平阳县交通警察大队联系。章某和遂与平阳县交通警察大队二中队队长苏某联系,要求帮忙出具事故认定书。同年 5 月 19 日,黄某花指使王某传(另案处理)携带由其提供的车辆行驶证、保单及本人的驾驶证,与章某和一起前往交警大队二中队,后由协警根据王某传口述出具了交通事故认定书,认定王某传于 2008 年 5 月 19 日 19 时许驾驶轿车在平阳县海滩围垦工地与该工地上一废弃的压路机相撞,致轿车车头部位受损。

2008 年 5 月 21 日,林某鸿、阎某赶至雨田公司,黄某花将车辆行驶证、驾驶证复印件、保单及王某传从平阳县交通警察大队领来的交通事故认定书、伪造的事故现场照片交林某鸿、阎某查阅,阎某向平安保险公司上海分公司报案,称投保车辆佳美轿车于 2008 年 5 月 19 日 19 时许在平阳县发生单车事故。当晚黄某花、林某鸿、阎某同车返回上海。

2008 年 5 月 23 日,轿车被运至上海粤海汽车配件修理部。林某鸿向被告人阎某提供了人民企业物业公司委托书,全权委托阎某办理车辆理赔手续,在保险公司确定该车的理赔款为 16.8 万元后,林某鸿通知阎某,不用修理直接将车带牌出售,并提供了明虹公司的企业代码证、IC 卡等该车的证明材料,阎某遂以 8.5 万元的价格将该车出售给他人。同年 8 月初,阎某向平安保险公司上海分公司申请理赔,保险公司在向王某传等人调查后,于同年 9 月 8 日将理赔款 16.8 万元转账至上海振祥汽车销售有限公司账上。

[法院认为]

上海市普陀区人民法院认为,被告人黄某花与林某鸿、阎某结伙,以非法占有为目的,采用虚构事实、隐瞒真相的方法,骗取保险公司财产,数额巨大,其行为均已构成诈骗罪,依法应予处罚。本案实施诈骗行为的主体是黄某花、林某鸿、阎某,均非保险合同的投保人或者被保险人,其行为不符合保险诈骗罪的犯罪构成要件,故公诉机关指控三名被告人构成保险诈骗罪的定性不当;公诉机关指控黄某花擅自将佳美轿车予以出售的证据不足。此外,在共同诈骗犯罪中,黄某花起主要作用,系主犯;林某鸿、阎某起次要作用,系从犯,依法应当减轻处罚。林某鸿、阎某有自首情节,到案后自愿认罪,依法均可从轻处罚,并可以适用缓刑。据此,以诈骗罪分别判处黄某花有期徒刑五年,并处罚金 1 万元;判处林某鸿、阎某各有期徒刑一年,缓刑一年,并处罚金 3000 元;赃款依法追缴发还被害单位平安保险公司上海分公司。

一审宣判后,上海市普陀区人民检察院提出抗诉,认为:被告人黄某花指使他人伪造交通事故现场、骗领交通事故认定书,并冒用投保人、被保险人名义向保险公司进行保险理赔,保险公司基于保险理赔被骗钱款,黄某花的行为符合间接正犯的构成要件,应认定黄某花等人的行为构成保险诈骗罪；黄某花擅自将公司交其保管的车辆出售后侵吞钱款，其行为构成职务侵占罪。原判在定性、事实认定以及适用法律上存在错误。

被告人黄某花提出上诉，黄某花及其辩护人认为，本案系具有投保人、被保险人身份的人民企业物业公司决定并安排工作人员林某鸿指使阎某实施诈骗，根据特别法优于普通法的原则，应定性为保险诈骗罪。黄某花在保险诈骗共同犯罪中起次要作用，系从犯，建议二审对黄某花减轻处罚；公诉机关指控黄某花擅自出售明虹公司车辆并侵吞卖车款的证据不足，黄某花不构成职务侵占罪。

上海市第二中级人民法院经审理后认为，间接正犯，是指利用他人行为实施自己犯罪的情形。根据《刑法》第198条之规定，保险诈骗罪的主体为特殊主体，即投保人、被保险人或者受益人。该罪以特定身份作为犯罪成立的条件。没有特定身份的人不可能直接实施保险诈骗罪，也不可以利用具有特定身份的人成为间接正犯。黄某花等人不具有投保人、被保险人、受益人的身份，故不符合保险诈骗罪的主体资格，也不成立保险诈骗罪的间接正犯。检察机关指控黄某花擅自将明虹公司所有车辆出售后的钱款非法占为己有的证据不足。原判认定上诉人黄某花、阎某、原审被告人林某鸿犯诈骗罪的事实和适用法律正确，量刑适当，且诉讼程序合法。

上海市第二中级人民法院于2010年12月14日终审裁定：驳回抗诉、上诉，维持原判。

问题4. 保险诈骗罪犯罪主体的范围

【实务专论】①

保险诈骗罪是行为人在保险法律活动中利用既存的保险合同骗取保险公司的保险赔偿金，因而行为人是处在保险法律关系中具有特定身份的人，即保险合同中的投保人、被保险人和受益人。当前经济活动中，很多单位要为单位职工的人身利益或者单位财产利益进行投保，而单位负责人为单位利益进行保险诈骗活动的现象也屡见不鲜。根据《刑法》第198条第1款与第3款的规定，保险诈骗罪的犯罪主体有自然人和单位两种。但在进行保险诈骗活动时，自然人与单位因保险合同的种类不同而具有不同的身份。

对于自然人主体而言，如果其利用财产保险合同进行诈骗活动，那么，根据我国《保险法》第10条、第22条的规定，其成为保险诈骗罪犯罪主体的身份是投保人、被保险人。该自然人既可以是投保人与被保险人中的某一个，又可以同为投保人与被保险人。如果其利用人身财产保险合同进行诈骗活动，那么，根据我国《保险法》第10条、第22条的规定，该自然人成立保险诈骗罪犯罪主体的身份是投保人、被保险人、受益人。其可以同时为投保人、被保险人、受益人，也可以是投保人、被保险人、受益人中的某一个或者某两个。但在故意造成被保险人死亡、伤残或者疾病的情况下，根据《刑法》第198条

总而言之，不管是自然人，还是单位，凡成立保险诈骗罪者，均须在保险合同中具有某种保险法律关系。此种特殊的身份与法律地位，是成立保险诈骗罪所必需的。因此，保险诈骗罪是在成立犯罪意义上要求行为主体具有特定身份的身份犯罪，即真正的身

---

① 万鄂湘、张军主编：《最新刑事法律文件解读》2007年第6辑，人民法院出版社2007年版，第207页。

份犯。

问题5. 未实际骗得数额巨大的保险金，是否构成保险诈骗罪

【刑事审判参考案例】曾某青、黄某新保险诈骗、故意伤害案[①]

一、主要问题

未实际骗得数额巨大的保险金，是否构成保险诈骗罪

二、裁判理由

《刑法》第198条第1款列举的五种骗取保险金数额较大的情况，均为既遂行为，构成保险诈骗罪。但对保险诈骗未得逞即未遂，是否需要定罪处罚，刑法和相关司法解释并未作出明确规定。本案在审理过程中，对被告人曾某青是否构成保险诈骗罪，有两种分歧意见：一种意见认为保险诈骗犯罪是结果犯，行为人必须实际骗取了保险金，如果行为人实施的保险诈骗行为及时被揭穿，没有实际取得保险金，其行为性质只是属于保险违法行为，只有对那些实际取得了保险公司赔付的保险金的行为，才能追究刑事责任，故认为保险诈骗未遂，不构成保险诈骗罪。另一种意见认为以骗取数额巨大的保险费为目的，虽因意志以外原因未得逞，也可以构成保险诈骗罪而予以定罪处罚。一、二审法院均主张第二种意见，我们认为是恰当的。

首先，保险诈骗罪确是结果犯，但所谓结果犯仅是就犯罪既遂标准而言的。已经着手实施保险诈骗，但因意志以外的原因未得逞的，系保险诈骗未遂。既遂犯需要定罪处罚，至于未遂犯，根据《刑法》第23条的规定，可以比照既遂犯从轻或减轻处罚。可见，我国刑法对未遂犯的处置原则是一般需要定罪处罚，只不过可以比照既遂犯相应从轻或减轻处罚而已。本案被告人曾某青已通过其妻子着手向保险公司索赔，只是因为公安机关及时破案而未得逞，构成保险诈骗罪未遂犯，根据上述原则需要定罪处罚。

其次，根据1996年12月16日最高人民法院《关于审理诈骗案件具体应用法律若干问题的解释》第1条第6款规定，"已经着手实行诈骗行为，只是由于行为人意志以外的原因未获取财物的是诈骗未遂，诈骗未遂情节严重的，也应当定罪并依法处罚"。该《解释》虽已失效，但却不失参照作用。该《解释》的精神实质在于说明，诈骗未遂情节严重的，如以数额巨大的财物为诈骗目标等，应当定罪处罚，至于诈骗目标数额较小等情节并不严重的诈骗未遂情形，可不予再追究刑事责任。保险诈骗罪在刑法修订前也是诈骗罪之一种，两者是特殊与一般的关系。参照上述《解释》规定，本案被告人曾某青意图进行保险诈骗目标数额高达71.8万元，其中30万元属未遂，41.8万元属预备，应属情节严重，理应予以定罪处罚。

问题6. 保险诈骗罪是否存在未完成形态

【实务专论】[②]

保险诈骗罪是否存在未完成形态？理论上存在不同的认识。持否定说的学者认为，

[①] 李友寿、郑世文：《曾某青、黄某新保险诈骗案——保险诈骗罪主体、犯罪形态的认定》，载中华人民共和国最高人民法院刑事审判第一庭、第二庭编：《刑事审判参考》总第38集，法律出版社2004年版。

[②] 赵志华、鲜铁可、陈结淼：《金融犯罪的定罪与量刑》，人民法院出版社2008年版。

保险诈骗罪只有既遂形态，没有未遂形态。同时认为，构成本罪，行为人不仅要实施了保险诈骗行为，而且要事实上骗取到了数额较大的保险金。否则，不能构成本罪。例如，有学者认为，"如果虽有保险诈骗行为，但被及时揭穿，诈骗没有成功……不作为犯罪处理。""投保人、被保险人或者受益人实施了编造保险事故骗取保险金等行为……在保险事故发生后没有实际获取保险金的……不宜以犯罪论处。"有的学者更明确地指出，本罪列举的五种情形均为既遂行为，即骗取了保险金的行为是构成这类犯罪的必备条件，因此，区别保险诈骗罪与非罪的界限，其中一个极重要的标准是看其行为是否达到既遂状态，即是否骗取了保险金。如果行为人虽然实施了本罪所列五种情形的行为，但骗赔行为被及时揭穿，未骗得保险金，那么其行为性质属违反保险法的违法行为。持肯定说的学者认为，只要行为人实施了诈骗保险金的行为，不论是否骗得保险金，均可构成本罪。例如，有的学者认为，"金融诈骗罪各条所说的数额较大'，并不是指行为人已骗取的财物数额，而是指行为人实施金融诈骗活动，意图骗取的财物数额。因此，只要行为人实施上述金融诈骗行为之一，数额较大，而且主观上是故意的，即构成本节各该条规定的犯罪。"我们认为，保险诈骗罪作为一种直接故意犯罪，其中应该存在未完成形态。例如，行为人为了骗取数额巨大的保险金，实施了保险诈骗行为，由于其意志以外的原因，犯罪未能得逞，就是保险诈骗罪的未遂形态。只要行为人实施了诈骗保险的行为，不论是否骗到了保险金，即不论诈骗是否成功，情节严重的，均可以构成本罪。因为本罪与其他以数额作为定罪情节的犯罪相比较，并无实质上的差别。单独将这一犯罪理解为只有行为人实施了完全具备《刑法》第198条规定的保险诈骗罪构成要件的，才以犯罪论处，否认该罪存在未完成形态，缺乏充分的法律依据，在理论上也难圆其说。认为保险诈骗罪没有未完成形态的学者显然把区分保险诈骗罪与非罪的标准与区分本罪完成形态与未完成形态的标准混淆了，这对司法实践中有效地严厉打击、预防这类犯罪是不利的。对此，最高人民检察院的态度是比较明确的。该院在《关于保险诈骗未遂能否按犯罪处理问题的答复》中指出："行为人已经着手实施保险诈骗行为，但由于意志以外的原因未能获得保险赔偿的，是诈骗罪未遂，情节严重的，应当依法追究刑事责任。"这一答复肯定了保险诈骗罪的未遂形态，但其处理结论说得不明确。这种情况应以保险诈骗罪未遂而不是诈骗罪未遂追究刑事责任。

另一个问题是，如何确定保险诈骗罪的"着手"？对此，理论上存在不同的看法。一种观点认为，保险诈骗罪是双重实行行为，行为人开始实施虚构保险标的、编造未曾发生的保险事故、夸大损失程度、制造保险事故等行为时，是犯罪的"着手"时期。另一种观点认为，保险诈骗罪以行为人开始向保险人申请给付保险金时为着手。我们赞同第二种观点。因为第一种观点在区分保险诈骗罪完成形态与未完成形态，确定保险诈骗罪的"着手"时，将保险诈骗罪理解为双重实行行为，这是不妥的。所谓双重实行行为，是指手段行为中的实行行为和目的行为中的实行行为。而确定保险诈骗罪的完成形态与未完成形态，只能是指目的行为中的实行行为。根据《刑法》第198条第2款的规定，对手段行为独立成罪，且应实行数罪并罚的，手段行为所构成之罪又有完成形态与未完成形态之分。但不能将手段行为的着手与目的行为的着手混为一谈，更不能取而代之。

问题 7. 伪造资料投保后因保险事故索赔行为的定性

【人民法院案例选案例】 马某春保险诈骗、购买伪造的增值税专用发票案①

[裁判要旨]

购买伪造的购车发票、行驶证、号牌等"合法手续",套用在购买的来历不明而不能落户的"黑户车"上,向保险公司投保,后因非人为原因所造成的保险事故向保险公司索赔的行为,不构成保险诈骗罪。

[基本案情]

2013年11月,被告人马某春从马杨处得知马某林(另案)能办理无车上牌手续,便同马某林取得联系,后经二人商议,马某春将其个人身份证复印件、照片提供给马某林。在没有购置车辆的情况下,马某林从他人处购买票面金额为68万元的伪造的机动车销售统一发票(发票中购货人为马某春,车辆类型为轻型客车,厂牌型号为丰田牌CA6521XXX,产地为四川,发动机号为H98XXX,车辆识别代码/车架号为LEMG2K747XXXX)、合格证(编号为WDZ165E7HXXXX),马某林缴纳车辆购置税(纳税人名称为马某春,金额为76200元)后在石家庄市公安局交通管理局车辆管理所第一分所办理了所有人为马某春,号牌为冀A8XXXX的白色丰田兰德酷路泽的机动车注册、转移、注销登记/转入申请表、机动车查验记录表以及行驶证、号牌交给被告人马某春,被告人马某春通过马杨共给付马某林酬金20万元。

被告人马某春按照其购买的冀A8XXXX白色丰田兰德酷路泽车辆相关手续对应的车型购置一辆汽车,套用其非法购买的车辆注册登记手续。2014年5月4日,被告人马某春与中国人民财产保险股份有限公司西宁市城西支公司签订保险合同,向保险公司隐瞒车辆真相,为该车辆投保(保险费27702.72元,保值1073500元)。2014年8月18日被告人马某春以冀A8XXXX白色丰田兰德酷路泽车辆被盗为由向西宁市公安局刑事侦查支队及保险公司报案,2015年2月4日被告人马某春向中国人民财产保险股份有限公司西宁市城西支公司提出索赔申请,2015年8月21日中国人民财产保险股份有限公司西宁市城西支公司向其支付赔付金1005375.69元。

[裁判结果]

西宁市城西区人民法院于2016年12月26日作出(2016)青0104刑初446号刑事判决:认定被告人马某春犯购买伪造的增值税专用发票罪,判处有期徒刑十个月,并处罚金2万元。宣判后,被告人马某春未提出上诉,公诉机关未抗诉,判决已发生法律效力。

[裁判理由]

法院生效裁判认为:保险诈骗罪,是指投保人、被投保人或者受益人违反《保险法》规定,用虚构事实或者隐瞒真相的方法,骗取保险金,数额较大的行为。我国《保险法》第12条规定:"投保人对保险标的应当具有保险利益。投保人对保险标的不具有保险利益的,保险合同无效。"对不具有保险利益的标的进行投保,会导致合同无效。保险标的来源不合法,可以认为是投保人在投保时虚构了保险利益,但该行为并不能给保险诈骗保险金创造决定性条件。被告人马某春和保险人双方合意签订保险合同,按约支付保费,这是一个正当的过程,非人为原因造成保险事故,但被告人马某春对该车的实际占有是

---

① 本案例载《人民法院案例选》2018年第5辑,人民法院出版社2018年版。

不为法律所承认的，因此，被告人马某春对该车不具有《保险法》所指的保险利益，此保险合同属无效合同。被告人马某春将以伪造的购车发票办理的行驶证、号牌等"合法手续"套用在其购买的来历不明而不能落户的"黑户车"上，向保险公司投保，后因车辆失窃保险事故向保险公司索赔获取保险金的行为是否属于"虚构保险标的，骗取保险金"？刑法上的虚构保险标的仅指虚构不存在的保险标的，不应做扩大解释。保险标的来源的不合法并不对危险因素的增加有任何影响，也没有改变该保险标的出现保险事故的概率。被告人马某春以实际存在的财产投保，不能认定被告人马某春具有虚构保险标的，骗取保险金的主观故意。公诉机关对被告人马某春犯保险诈骗罪的指控事实不清，证据不足，不能认定。故被告人马某春及其辩护人对起诉书指控其犯保险诈骗罪提出的被告人马某春主观上没有通过保险合同诈骗的犯意，同时也不具备犯罪的客观要件，其与保险公司间属民事法律关系，公诉机关定性错误的辩护意见应予支持。

关于被告人马某春的辩护人提出的被告人马某春不知其购买的车辆手续系假手续，且其未见过假的购车发票，行为没有造成严重的社会危害后果的辩护意见。经查，被告人马某春明知在没有合法购置车辆的情形下，不能取得合法的车辆购置专用增值税发票，也不能取得合法的车辆注册登记手续，但其仍购买马某林使用伪造的车辆购置专用增值税发票非法取得的车辆注册登记手续，应当明知该手续系假手续，故该辩护意见不予采信。其辩护人提出的被告人马某春有自首情节，可对被告人马某春适用单处罚金的处罚的辩解意见。经查，被告人马某春主动到石家庄市公安局桥西分局苑东刑警中队投案，并如实供述自己的犯罪事实，属自首，辩护人关于被告人马某春自首的辩护意见应予采信。对其单处罚金的量刑建议，在量刑时综合评判。

被告人马某春的行为构成购买伪造的增值税专用发票罪，公诉机关指控被告人马某春犯购买伪造的增值税专用发票罪的罪名及事实成立。被告人马某春主动投案，如实供述自己的犯罪事实，是自首，依法可以从轻处罚。

[案例注解]

本案争议的焦点在于被告人马某春将以伪造的购车发票办理的行驶证、号牌等"合法手续"套用在其购买的来历不明而不能落户的"黑户车"上，向保险公司投保，后因车辆失窃保险事故向保险公司索赔获取保险金的行为是否属于"虚构保险标的，骗取保险金"。保险标的来源的不合法并不对危险因素的增加有任何影响，也没有改变该保险标的出现保险事故的概率。保险标的的来源不合法，可以认为是投保人在投保时虚构了保险利益，但该行为并不能给保险诈骗保险金创造决定性条件。被告人马某春和保险人双方合意签订保险合同，按约支付保费，这是一个正当的过程，非人为原因造成保险事故，由于保险标的不合法，投保人或受益人根据《保险法》的有关保险利益的规定不能得到保险金，在这一过程中，不能认定投保人具有"虚构保险标的，骗取保险金"的非法占有的目的。

问题8. 事后投保骗取保险金的定性

【人民司法案例】陆某生保险诈骗案[①]

[案情]

江苏省海门市正余镇建筑管理站（以下简称正余建管站）具有办理海门人寿保险公司镇村居民建房建筑施工人员意外伤害保险的代理权。被告人王志江系该站站长，具有管理、决策站内事务的职权。被告人陆某生系村镇建筑工匠，具有承建三层以下民房建筑的从业资格。

2004年12月，被告人陆某生在未按海门市建筑工程管理局的规定办理镇村居民建房建筑施工人员意外伤害保险及民房建筑施工合同的情况下，承建了本村村民虞某高家住宅楼房。2004年12月12日下午，被告人陆某生雇佣的施工人员冯某生在二楼搬砖时不慎坠下，经抢救无效死亡。被告人陆某生为骗取保险金，于当晚与虞某高、范某群夫妻到正余建管站找到被告人王某江，请求补办保险手续。王虽未同意，但仍向中国人寿保险股份有限公司海门支公司（以下简称海门人寿保险公司）报告了出险事故。13日上午，被告人陆某生与虞某高、范某群夫妻又到正余建管站找到被告人王某江商量补办保险手续，后被告人王某江吩咐会计张某芬为被告人陆某生补办了虞某高家建房的村居民建房建筑施工人员意外伤害保险，开具了中国人寿保险股份有限公司海门支公司№005623号保险理赔凭证，并将投保时间提前到2004年11月30日。海门人寿保险公司接受被告人陆某生的理赔申请后，于2005年1月28日支付保险金80000元，由被告人陆某生出具收条，被告人王某江将其中1万元扣留作为补偿处理事故的费用，余70000元交给被告人陆某生用于支付赔偿款。

2004年12月14日，被告人陆某生、建房业主虞某高与死者家属在海门市正余镇人民调解委员会主持下，达成调解协议一份，约定：（1）上诉人陆某生、建房业主虞某高一次性赔偿死者家属赡养费、抚养费共计人民币83800元，其中被告人陆某生承担82800元，虞某高承担1000元；（2）死者冯某生的保险费由上诉人陆某生受偿，死者家属有义务协助陆某生办理保险事宜。

[审判]

江苏省海门市人民检察院以被告人陆某生、王某江犯合同诈骗罪，向海门市人民法院提起公诉。

被告人陆某生、王某江对指控的事实、罪名未提出异议和辩解。陆某生的辩护人提出陆在共同犯罪中系从犯的辩护意见；王某江的辩护人提出王主观上无非法占有的故意，且只应承担单位犯罪直接负责的主管人员的法律责任。

江苏省海门市人民法院经公开开庭审理认为：被告人陆某生以非法占有为目的，在发生死亡事故后，为骗取保险金，故意虚构保险标的，两次请求被告人王某江为其补办保险手续。被告人王某江在明知被告人陆某生虚构保险标的欲骗取保险金的情况下，利用手中掌握办理保险的代理权，仍帮助被告人陆某生虚构保险标的，从而使被告人陆某生骗取保险金人民币80000元，数额巨大。两被告人的行为均已构成保险诈骗罪，均应处五年以上有期徒刑，并处罚金。海门市人民检察院的指控事实清楚，证据确实、充分，

[①] 郭庆茂、顾尧：《事后投保骗取保险金构成保险诈骗罪》，载《人民司法·案例》2008年第22期。

但定性欠妥，应予变更。两被告人系共同犯罪，在共同犯罪中，被告人陆某生作为投保人，虚构保险标的，骗取保险金，起主要作用，是主犯，应按照其所参与的全部犯罪处罚。被告人王某江帮助被告人陆某生虚构保险标的骗取保险金，起次要作用，是从犯，应当减轻处罚，并对被告人王某江可适用缓刑。案发后，两被告人认罪态度较好，被告人陆某生退清了赃款，可酌情从轻处罚。依照《中华人民共和国刑法》第198条第1款第1项，第25条第1款，第26条第1款、第4款，第27条，第72条之规定，于2006年11月6日作出判决：

一、被告人陆某生犯保险诈骗罪，判处有期徒刑五年，并处罚金人民币二万元。

二、被告人王某江犯保险诈骗罪，判处有期徒刑三年缓刑三年，并处罚金人民币二万元。

宣判后，被告人陆某生不服，向江苏省南通市中级人民法院提出上诉。要求二审改判其无罪。理由是：其请原审被告人王某江补办意外伤害保险手续的意图是减少建房业主的损失，故其主观上无保险诈骗的故意；能否补办成功，取决于有权代理保险公司的正余建管站，故其客观上也没有实施隐瞒事实真相的诈骗行为。其辩护人亦提出上诉人陆某生无罪的辩护意见，并补充如下主要理由：上诉人系受雇于建房业主的施工人员，双方属雇佣关系，无须签订民房建筑施工合同；上诉人只有补办保险的意思表示，但并没有与他人合谋犯罪，且其没有实施虚构保险标的的客观行为，而具体实施虚构保险标的行为的是原审被告人王某江；上诉人基于人民调解协议的约定而受托接受保险理赔款并无不妥。

江苏省南通市中级人民法院于2006年12月18日裁定：驳回上诉，维持原判。

［评析］

本案属典型的事后投保的保险诈骗案件。一、二审法院通过对本案的审理，较好地解决了审理保险诈骗罪中最为疑难的两个问题：一是对事后投保如何定罪？二是保险代理人帮助保险诈骗人骗取保险金的行为如何处理？

1. 保险诈骗人事后投保，骗取数额较大保险金的，构成保险诈骗罪

所谓事后投保，简单地说就是先出险后投保，即投保人原先并没与保险人就保险对象订立保险合同以确立保险利益，只是在某一特定事故发生后，事故责任人为转嫁其应当或者可能将要承担的该事故所造成的经济损失，才以投保人的身份隐瞒事故真相向保险人投保，将该事故转化为保险标的，从而骗取保险金的行为。

然而，从公诉机关以合同诈骗罪指控，法院最终以保险诈骗罪作出判决上看，说明在司法实务界对以实施事后投保的行为骗取保险人保险金的认识并未趋于统一。其实，该问题的焦点是对于《刑法》第198条保险诈骗罪规定的5种法定行为方式之一"投保人故意虚构保险标的，骗取数额较大保险金的"如何理解。

一种观点持否定说，认为此种情形不属故意虚构保险标的，应当以合同诈骗罪定罪。理由是：（1）《刑法》第198条所列举的5种保险诈骗的法定行为方式均以保险合同的成立为先决条件，且并未设置以其他方式骗取保险金的兜底条款，属完全列举的立法方式，说明对以事后投保方式骗取保险金的行为并未进行明确性的规制，属法无明文规定。如果将事后投保纳入故意虚构保险标的之中，属类推解释，违反罪刑法定原则。（2）事后投保将双方并未建立合同关系虚构为已经建立了合同关系，从而骗取数额较大保险金的，只能以合同诈骗罪定罪。

另一种观点持肯定说，认为对故意虚构保险标的应当作宽泛的理解，它不仅只是狭义上所指的诈骗人为骗取保险金，虚构一个根本不存在的保险标的与保险人订立保险合同的情形，而且可以在此基础上紧扣虚构一词的含义，作广义上的扩张解释，即将所有以保险标的为内容无中生有的情形涵盖在内。具体说来，所谓故意虚构保险标的，既可以表现为将并不存在的保险标的虚构为已经存在的保险标的，也可表现为将价值较小的保险标的虚构为价值较大的保险标的，还可以表现为将并不符合保险合同的保险标的虚构为符合保险合同的保险标的，从而骗取保险金的行为。

笔者赞同肯定说。否定说的观点，实际上提出了《刑法》上对于故意虚构保险标的的行为有无必要在时间或者阶段上予以限制的问题。笔者认为，现实生活的多样性与复杂性，决定了诈骗犯罪的多样性与复杂性，保险诈骗亦然，故我们不应在该问题上有所限制，拘泥于虚构保险标的的时间以及阶段。我们也不能苛求立法者在制定刑法时预知或者穷尽所有的犯罪现象，但我们可以根据立法旨意去探寻立法目的。其一，从故意虚构保险标的的含义来考虑，根据我国《保险法》第12条①第1、2款之规定，投保人对保险标的应当具有保险利益，否则保险合同无效。那么，什么是保险标的以及保险利益？本条第3、4款亦作了进一步明确，即：保险标的是指作为保险对象的财产及其有关利益或者人的寿命和身体；保险利益是指投保人对保险标的具有的法律上承认的利益。由此可见，保险对象即为保险标的。保险标的是保险利益的载体，而保险利益是保险标的的法律内涵。保险利益的客观经济价值则可以保险金额来体现，故从刑法角度进行分析，作为贪利型的保险诈骗犯罪，行为人虚构保险标的的行为实际上是虚构保险利益的行为，其最终目的就是非法占有保险金。据此，为了遏制保险金不被非法占有，就有必要制止其上游行为虚构保险标的的发生。所以，这是《刑法》第198条将故意虚构保险标的作为保险诈骗的一种行为方式的原因所在。其二，从法律解释说上讲，扩张解释是解释《刑法》的一种方法。所谓扩张解释，是指刑法条文所使用的文字过于狭隘，不足以表明刑法的真实意义，需要扩大其意义，使其符合《刑法》的真实意义的一种解释方法。由于国民中各人文化素质、理解能力不同的关系，很可能会出现有人易于将扩张解释与类推解释混同，故在判断扩张解释的结论是否与罪刑法定原则相抵触时，应当注意把握这样三个方面：（1）在考虑用语可能具有的含义的同时，还必须考虑处罚的该当性；（2）扩张解释的结论，必须与刑法的相关条文内容以及刑法的整体精神协调；（3）通过一般人的接受程度来判断是否会超越国民的预测可能性。笔者认为，禁止类推解释，并不意味着不能对刑法分则条文的用语内容作同类的理解与解释。很显然，以事后投保的方式骗取数额较大的保险金，严重侵犯了国家的保险制度和保险人的财产所有权，具备较大的人身危险性，因而具有处罚的该当性。事后投保的实质就是将并不存在的保险标的虚构为已经存在的保险标的，这与事前投保时故意虚构保险标的并无二致，两者都是无中

---

① 本案例引用的保险法为2002年修订的《保险法》，该法第12条规定：投保人对保险标的应当具有保险利益。投保人对保险标的不具有保险利益的，保险合同无效。保险利益是指投保人对保险标的具有的法律上承认的利益。保险标的是指作为保险对象的财产及其有关利益或者人的寿命和身体。现行有效的保险法为2015年修订的保险法，该法第12条规定：人身保险的投保人在保险合同订立时，对被保险人应当具有保险利益。财产保险的被保险人在保险事故发生时，对保险标的应当具有保险利益。人身保险是以人的寿命和身体为保险标的的保险。财产保险是以财产及其有关利益为保险标的的保险。被保险人是指其财产或者人身受保险合同保障，享有保险金请求权的人。投保人可以为被保险人。保险利益是指投保人或者被保险人对保险标的具有的法律上承认的利益。

生有地虚构事实。因而，在事后投保引申出的无中生有与故意虚构保险标的引申出的无中生有之间的交叉点上的内容出现了重合与同一，故将两者作同类的理解与解释，既与刑法设置保险诈骗罪以保障保险事业健康发展的立法精神毫无冲突，也没有超越一般国民的预测可能性。

通过上述分析，结论是：事后投保的诈骗与事前投保的诈骗并无本质区别，都是将保险合同作为形式载体，使得保险人产生了错误认识，目的行为都是非法占有保险金。那么，这种通过订立虚假保险合同关系的方式虚构保险标的，将黑手指向保险金的犯罪行为，必须接受《刑法》第198条设置的保险诈骗罪的规制。这也是遵循特别法优于普通法刑法原理的必然结果。所以，法院对本案改公诉机关指控的合同诈骗罪为保险诈骗罪是正确的。

2. 保险代理人帮助保险诈骗人骗取保险金的，是保险诈骗的共犯，并处于从犯的地位

被告人王某江在本案中的身份是保险代理人海门市正余建管站的负责人，是其最终决定同意被告人陆某生的请求，吩咐本单位会计为陆补办保险手续，开具保险理赔凭证的。因此，会计开具保险理赔凭证的行为实际上就是王某江的行为，应由其承担相应的责任理由充分。然而，法院在审理中，对王某江究竟应承担怎样的责任，则存在更大的争议。

第一种意见是无罪说，认为王某江不符合保险诈骗罪共犯的主体资格，依罪刑法定原则，应宣告其无罪。理由是：《刑法》第198条明确规定了保险诈骗罪的犯罪主体，一类是第1款规定的特殊主体，即投保人、被保险人、受益人（以下简称投保方）；一类是第4款规定的以共犯论的主体，即保险事故的鉴定人、证明人、财产评估人（以下简称鉴定人等）。王某江的主体身份只是保险代理人，与这两类均不符。

第二种意见是主犯决定说。该说站在陆某生的角度审视，将具有保险代理人身份的王某江依据海门人寿保险公司的委托，有着与该公司工作人员办理保险业务相同的权限，视其为保险公司内部的工作人员（以下简称保方人员），认定其具有办理保险业务职务侵占的犯罪主体。其相对于陆某生而言属内，而陆则属外，那么陆与王相互串通骗取保险金，符合内外勾结共同犯罪的特征。但在定罪时，可依王与陆在共犯中的作用大小来划分主、从犯，以主犯来确定。具体说来，王为陆补办保险手续，是利用了海门人寿保险公司委托行使保险代理权的职务之便。没有该职务之便，陆的骗保行为不能得逞，故王的作用大于陆，王系主犯。至于犯罪所得由陆占有王并未占有的问题，这涉及对职务侵占罪非法占有的理解问题。根据理论上的通说，王为陆占有保险金的行为，可以认定其非法占有保险金后对赃款的处置问题。结论是王与陆共同构成职务侵占罪。

第三种意见是特殊身份说。该说在赞同主犯决定说的基础上，认为还要以王某江的特殊身份来定性，即王是建管站的站长，而该建管站系国有事业单位，王则具有国家工作人员的主体身份。其之所以可以吩咐会计为陆补办保险手续，正是利用了该国家工作人员身份，故王与陆共同构成贪污罪。

第四种意见是作用相当说，认为陆某生是犯意的提起者，是教唆王某江犯罪的教唆犯，而王某江是本案的主要实行犯，两人的作用相当，不分主、从，应分别定罪，即王构成职务侵占罪，陆构成保险诈骗罪。

第五种意见是核心角色说。该说采用部分犯罪共同说，以实行犯作为共犯定性的首

要标准来考察谁是核心角色,以核心角色的性质来定罪,考察的方法是综合主体身份、主观内容、客观行为以及主要的被害法益等,同时兼顾共犯实行行为的相对性,认为:投保方为了骗取保险金而与保方人员相勾结时,投保方为核心角色,系实行犯,保方人员是帮助犯,应在保险诈骗罪的范围内成立共犯;反之,保方人员为了骗取本单位的财产而与投保方相勾结时,保方人员为核心角色,系实行犯,投保方是帮助犯,应在职务侵占罪的范围内成立共犯。基于陆某生是保险诈骗犯意的提起者,又是教唆王某江利用保险代理人的身份实行职务侵占的教唆犯,且是保险金的非法占有者,应认定陆为核心角色。结论是两人均构成保险诈骗罪的共犯,陆为实行犯,王为帮助犯。

第六种意见是择一重处说,认为王、陆两人的共同犯罪行为分别构成了诈骗罪和职务侵占罪,属想象竞合犯,应比较法定刑的轻重,择一重处。本案海门人寿保险公司损失了 80000 元保险金,相对于保险诈骗而言,属数额巨大,法定刑是处五年以上十年以下有期徒刑;但相对于职务侵占而言,只能算数额较大,法定刑是处五年以下有期徒刑或者拘役。故陆与王都应以保险诈骗罪定罪。

笔者认为:上述诸多意见中,第一种意见无罪说的错误十分明显。其是将保险诈骗罪当作必要的共犯看待的,等于是抛弃了刑法总则关于共同犯罪的原则规定。我国刑法分则的各罪大部分是作任意共同犯罪规定的,即能够由一人实施的犯罪而由数人实施时,则成立刑法总则规定的共同犯罪。《刑法》第 198 条保险诈骗罪亦是如此,属一般共犯主体,即不仅本条第一款的投保方与第四款的鉴定人等相互之间可以构成本罪共犯,而且投保方相互之间也可以构成本罪共犯,还可以由除此之外其他任意第三人构成本罪共犯。应当明确的是,第四款有关鉴定人等以共犯论处的规定,属于注意规定。注意规定的设置并没有改变相关规定的内容,只是对相关规定内容的重申或者具体化,是提示司法人员注意,以免司法人员忽略。

第二种意见主犯决定说的理论缺陷明显。因为在共犯中的作用大小是确定量刑的根据,而不是定罪的根据。主犯、从犯的划分是在确定了共同犯罪性质的情况下认定的,如果先量刑,后定罪,属于本末倒置。此外,此说在陆为主犯、王为从犯的情况下是可行的,但如果陆与王双方均是主犯,那么究竟以哪个为主犯来定罪,就难以自圆其说了。

第三种意见的特殊身份说的理论错误与主犯决定说相同,不可取之处还在于只注意到了王某江是建管站站长,属于国家工作人员的身份,但忽略了其在本案中并未利用该身份,而是利用了其作为保险代理人负责人的身份,且建管站的保险业务代理权并非基于国有保险公司的委派以形成行政隶属关系,而是基于股份有限公司性质的海门人寿保险公司的委托,双方属于平等主体之间建立的民事法律关系。故而,该理由牵强。

第四种意见作用相当说的错误是忽视了本案陆某生与王某江两者之间行为的互动性、紧密性与完整性。没有王的帮助行为,陆的骗保不能得逞;没有陆的唆使,王也不会给予帮助。故该说肢解了一个完整的共犯行为,实不足取。

第五种意见核心角色说将共犯的定性求之于犯罪的诸多因素,相对于传统的根据行为人在共犯中的作用定性的主犯决定说是一个很大的进步。其中的部分共同说以及共犯实行行为的相对性,对于裁断内外勾结共犯中的主、次的见解颇为准确和有成效。

第六种意见的择一重处说,在考察保方人员作为身份犯在内外勾结的骗保中具有更大危害性的同时,运用想象竞合犯的理论择一重处,理论依据充分,较好地处理了罪与罚的衡平关系。因此,如果将核心角色说与择一重处说两种意见能有机地整合在一起,是当前正确处理内外勾结的骗保案件最为理想的一种思路。

但是，上述第二、三、四、五、六种意见均是站在投保方的角度，将保险代理人视为保方人员对待的，以致对投保人与保方人员串通在一起进行骗保时，得出这种情形属于内外勾结共同犯罪的结论。这种见解是否正确，很值得商榷。其一，根据《保险法》第125条、第127条的规定，保险代理人是指根据与保险人签订委托代理协议，在授权的范围内代为办理保险业务，并向保险人收取代理手续费的单位或者个人。据此说明，保险代理人与保险人之间不具有隶属关系，而是平等主体之间的业务合作关系，双方有各自的权利与义务。其二，本案的被害人是保险人，正确的做法应当是站在被害人的角度来审视这种情形。故相对于保险人来说，作为投保人的陆某生属于外，作为保险代理人的王某江也属外，能真正属于内的只能是保险人内部的工作人员。因此，保险代理人与投保方串通共同骗保，不可能构成职务侵占罪或者贪污罪之情形，只能成立保险诈骗罪的共犯。所以，法院最终根据这些理由，认定被告人陆某生、王某江的行为共同构成保险诈骗罪。然后在此基础上，吸收核心角色说中对共犯的实行行为具有相对性的理论，作为认定陆为实行犯、王为帮助犯的理论依据来确定主、从犯后所作出的量刑是恰当的。

编后记

刑事审判要兼顾天理国法人情，以严谨的法理彰显司法的理性，以公认的情理展示司法的良知，做到既恪守法律，把案件的是非曲直、来龙去脉讲清楚，又通达情理，让公众理解和认同裁判结果，让人民群众感受到刑事司法有力量、有是非、有温度。为准确适用刑事法律规范，提高刑事法律工作者的办案水平，《刑事法律适用与案例指导丛书》应时而生。

丛书付梓在即，回顾成书之路，感慨万千。丛书自策划至今历时三年有余，其间虽有疫情的阻断，也有服务于最高人民法院的出版工作穿插，但编辑团队未曾懈怠，持续推进丛书的编辑工作，收集、筛选了刑事方面近十年的权威、典型、有指导意义的案例，刑事法律法规、司法解释、刑事审判政策、最高人民法院的权威观点等，线上线下召开丛书编撰推进会十七次，统一丛书编写内容要求、编写规范与体例，并先后赴天津高院、重庆高院、黑龙江高院、云南高院、上海一中院、重庆五中院等地方法院开展走访、座谈调研。为保证丛书内容权威、准确，不断充实作者团队，邀请最高人民法院咨询委员会副主任、中国法学会案例法学研究会会长胡云腾作为丛书总主编全程指导，吸纳最高人民法院对口领域的专家型法官作为审稿专家，对丛书内容观点进行审定。2023年8月底，在云南省高级人民法院的大力指导协助下，出版社组织丛书各卷作者在云南召开编写统稿会，研讨争议观点，梳理类案裁判规则，对丛书的内容进行最后把关敲定。

丛书汇聚了诸多领导、专家及法官的思想、经验与智慧。最高人民法院刑二庭庭长王晓东、最高人民法院研究室主任周加海、上海市高级人民法院副院长黄祥青、最高人民法院刑三庭副庭长陈学勇、最高人民法院刑五庭副庭长欧阳南平、国家法官学院教授袁登明、最高人民法院研究室刑事处处长喻海松等领导专家在百忙之中抽出宝贵时间参与指导并审定具体内容，提供具体详细的修改建议，给予了大力支持与帮助，在此表示衷心的感谢！特别指出的是，陈学勇副庭长、欧阳南平副庭长克服巨大的工作压力，利用休息时间，认真审读书稿，为我们提供了长达十几页的意见建议，让我们十分感动！北京高院、天津高院、黑龙江高院、上海高院、江苏高院、浙江高院、山东高院、云南高院、重庆高院、天津一中院、上海一中院、重庆五中院等各卷作者积极组织、参与线下座谈调研及线上统稿会，提供地方法院典型案例，充实丛书内容，感谢各法院的鼎力支持，感谢各位作者在繁忙的工作之余为撰写丛书付出的辛勤劳动和智慧！

同时，编辑团队也为丛书的出版做了大量工作，付出了大量心血。丛书策划方案形成后，出版社教普编辑部和实务编辑部随即组成丛书编辑团队落地推进。从前期资料收集与汇总整理、问题提炼、目录编制、内容填充修改、对接地方法院、形成初始素材，到后期提交专家审定、再次打磨等，在编辑团队的合理分工和成员间的高效配合下，丛书最终得以顺利出版。在此，也要感谢我们曾经的伙伴杨钦云、邓灿、卢乐宁在丛书编创初期所做的大量工作和辛苦付出！

最后，特别感谢，最高人民法院咨询委员会副主任、中国法学会案例法学研究会会长胡云腾对整套丛书给予的指导与大力支持，感谢上海市高级人民法院副院长黄祥青在云南丛书编写统稿会期间的全程主持评议、研讨指导与帮助！

《刑事法律适用与案例指导丛书》的付梓凝聚了作者团队与编辑团队的辛勤付出与汗水，但面对刑事审判实践中层出不穷的问题，仍然显得汲深绠短，诚望广大读者提出宝贵意见，使本书不断完善，真正成为广大参与刑事诉讼工作的法律工作者把握刑事法律规范政策精神实质、解决刑事审判实务问题的良朋益友！

编者

2023 年 10 月 20 日